Vor der Reise
Tauchen Spezial

Praktische Tipps A–Z
Anhang

Malta und seine Bewohner
Kartenatlas

Rund um Valletta

Ostmalta

Maltas Südwesten

Maltas Norden

Gozo, Comino

001-M Foto: wl

D1664090

Werner Lips
Malta, Gozo, Comino

*Geradeso wie Sizilien ist auch das unter englischer Herrschaft stehende Malta
ein Überrest des versunkenen Kontinents zwischen Afrika und Europa
und seinen geologischen Verhältnissen nach nur ein Stück von Tunis.*

(aus „Die Wunder der Welt" von *Ernst von Hesse-Wartegg,* ca. 1900)

Impressum

Werner Lips
Malta, Gozo, Comino

erschienen im
REISE KNOW-HOW Verlag Peter Rump GmbH
Osnabrücker Str. 79, 33649 Bielefeld

© Peter Rump 1999, 2001, 2004
4., komplett aktualisierte Auflage 2006

Alle Rechte vorbehalten.

Gestaltung
　Umschlag: M. Schömann, P. Rump (Layout);
　　Katja Schmelzer (Realisierung)
　Inhalt: Günter Pawlak (Layout);
　　Kordula Röckenhaus (Realisierung)
　Fotos: der Autor, Maltesisches Femdenverkehrsamt (MTO)
　Titelfoto: der Autor
　Karten: Catherine Raisin, der Verlag

Lektorat (Aktualisierung): Katja Schmelzer

Druck und Bindung
　Fuldaer Verlagsanstalt GmbH und Co. KG, Fulda

ISBN-10: 3-8317-1452-5
ISBN-13: 978-3-8317-1452-0
Printed in Germany

Dieses Buch ist erhältlich in jeder Buchhandlung
Deutschlands, der Schweiz, Österreichs, Belgiens
und der Niederlande. Bitte informieren Sie Ihren
Buchhändler über folgende Bezugsadressen:
Deutschland
　Prolit GmbH, Postfach 9, D-35461 Fernwald (Annerod)
　sowie alle Barsortimente
Schweiz
　AVA-buch 2000
　Postfach, CH-8910 Affoltern
Österreich
　Mohr Morawa Buchvertrieb GmbH
　Sulzengasse 2, A-1230 Wien
Niederlande, Belgien
　Willems Adventure
　Postbus 403, NL-3140 AK Maassluis

Wer im Buchhandel trotzdem kein Glück hat,
bekommt unsere Bücher auch über
unseren **Büchershop im Internet:**
www.reise-know-how.de

Werner Lips

Malta,
Gozo, Comino

REISE KNOW-HOW im Internet

Aktuelle Reisetipps und Neuigkeiten
Ergänzungen nach Redaktionsschluss
Büchershop und Sonderangebote

www.reise-know-how.de
info@reise-know-how.de

Wir freuen uns über Anregung und Kritik.

Vorwort

Die Inselrepublik Malta im zentralen Mittelmeer lebt von, aber auch in ihrer bewegten Geschichte. Zahlreiche unterschiedliche Kulturen prägten Sprache, Kultur und auch Landschaftsbild. Unter anderem stand das kleine Land unter der Herrschaft von Phöniziern, Römern, Arabern, Johannitern und schließlich Briten. Seit Mai 2004 ist Malta nun auch Vollmitglied der Europäischen Union.

Heute versteht sich der Inselstaat als Drehscheibe zwischen den Kulturen und bietet Erholungssuchenden, Aktivurlaubern und Bildungsreisenden eine Vielzahl an unterschiedlichsten Möglichkeiten. Auf dieses breite Angebot wird in diesem Reiseführer ausführlich eingegangen.

Wer sich bereits von Zuhause aus einen Standort aussuchen möchte, der den persönlichen Interessen und Vorlieben entspricht, findet alle notwendigen Informationen im Kapitel *Vor der Reise.*

Die *Praktischen Reisetipps A–Z* bieten einen schnellen und unkomplizierten Zugriff auf alle reisepraktischen Informationen von „Anreise" bis „Versicherungen".

Das Kapitel *Malta und seine Bewohner* erlaubt einen gründlichen Einblick in den Inselstaat: Von der Natur über die allgegenwärtige Geschichte bis zu den Menschen und ihrem Alltag heute.

Die *Ortsbeschreibungen* schließlich bieten detaillierte Darstellungen der einzelnen Orte und Sehenswürdigkeiten, nicht nur auf der Hauptinsel Malta, sondern auch auf Gozo, der so ganz anderen Schwesterinsel Maltas.

Ein umfangreiches Spezialkapitel *Tauchen* erläutert für Anfänger und Profis die faszinierenden Möglichkeiten die maltesische Unterwasserwelt kennen zu lernen.

Ein Anhang mit *Glossar,* ausführlichem *Register* und weiterführender *Literatur* beantwortet schnell die noch offenen Fragen.

Gleich ob Sie Valletta, Europas einzige Hauptstadt unter Denkmalschutz, besuchen, die zahlreichen Steinzeittempel der Inseln – die ältesten Europas überhaupt – besichtigen, Maltas faszinierende Unterwasserwelt erkunden, einfach an einem der sonnigen Strände entspannen oder auf eigene Faust das Hinterland erkunden – dieses Buch wird Ihnen ein kundiger und hilfreicher Begleiter sein.

Gute Reise!

Danksagung

Ein herzlicher Dank an das Maltesische Fremdenverkehrsamt, Frankfurt a. Main, für Vorabinformationen und die Bilder J.P. de la Valettes, des Hypogäums, der St. John's Co-Kathedrale und der Katakomben von Rabat.

Vor allem aber ein herzliches Dankeschön für alle Zuschriften und Verbesserungsvorschläge, insbesondere an: B. & P. Kaiser, D. Mackau, S. & M. Sandri, M. Zulauf, K. Wilken, T. Rust, K. Bode, E. Schwierskott, I. Kreuziger, C. Arnet, L. Deininger, M. Gerstner sowie A. Grimme.

Inhalt

Vorwort	7
Hinweise zur Benutzung	11
Das Land im Überblick	11

Vor der Reise

Standortwahl	14
Vorbereitung	15
Zeiteinteilung	16
Was man unbedingt sehen sollte – Highlights	17

Praktische Reisetipps A–Z
(unter Mitarbeit von E. H. M. Gilissen)

An- und Rückreise, Ankunft auf Malta	20
Ausflüge und Touren	22
Ausrüstung und Bekleidung	23
Behinderte auf der Reise	24
Ein- und Ausreisebestimmungen	24
Einkäufe und Souvenirs	26
Elektrizität	27
Essen und Trinken	28
Feste und Feiertage	32
Film und Foto	35
Geldangelegenheiten	35
Gesundheit und Hygiene	39
Informationsstellen	39
Kinder auf der Reise	42
Klima und Reisezeit	43
Kosten	45
Maße und Gewichte	46
Medien	47
Nachtleben und Unterhaltung	47
Notfälle	48
Öffnungszeiten	49
Orientierung	49
Post	50
Sicherheit	50
Sport und Aktivitäten	52
Sprache	58
Telefonieren	60
Unterkunft	61
Verkehrsmittel	63
Versicherungen	76

Malta und seine Bewohner

Geographie	80
Natur	80
Geschichte	82
Staatsname und Symbole	100
Staat und Verwaltung	102
Wirtschaft und Handel	103
Tourismus	104
Verkehr und Umwelt	105
Bevölkerung	106
Religion	106
Mentalität und Brauchtum	107
Bildung und Soziales	108
Traditionelle Künste	109
Kunst und Film	109
Architektur	110

Malta

Überblick	114

Rund um Valletta

Valletta (Il Belt)	115
Floriana	147
Sa Maison, Pièta, Gwardamanġa und Msida	150
Ta Xbiex und Manoel Island	151

Sliema 152
St Julians (San Gilian), Paceville 158
Die alten Städte: Attard,
  Balzan, Lija und Birkirkara 163
Marsa 167
Pawla (Paola) und Tarxien 167
The „Three Cities" (Cottonera) 173
Kalkara 183

Ostmalta

Xgħajra 184
Żabbar 185
Żejtun 186
Marsaskala 188
St. Thomas Bay 193
Tas Silġ 193
Delimara 193
Marsaxlokk 195
Birżebbuġa 199
Fort Bengħisa und Ħal Far 204

Südwestmalta

Die Dörfer um Luqa
  International Airport: Luqa,
  Ġudja Kirkop, Mqabba 207
Qrendi 208
Żurrieq 210
Wied iż-Żurrieq, Blue Grotto 211
Filfla Island 212
Ħaġar Qim und Mnajdra 212
Għar Lapsi 216
Siġġiewi 217
Żebbuġ 218
Rund um die Buskett Gardens 219
Mdina und Rabat 222
Mtarfa 241
Victoria Lines 241
Mġarr und Żebbiegħ 243
Għajn Tuffieħa 245

Nordmalta

Marfa-Ridge 248
Il Għadira 251
Mellieħa 253
Anchor Bay (Popeye Village) 256
St. Paul's Bay (Il Bajja
  Ta'San Pawl il-Baħar) 257
St. Paul's Island 259
Xemxija 259
San Pawl il-Baħar (St. Paul's) 260
Buġibba 269
Qawra 274
Salina Bay 275
Burmarrad 276
Mosta 277
Ta Qali 282
Naxxar 283
Għargħur 285
Baħar iċ Ċagħaq 285

Gozo – Insel der Kalypso

Überblick 288
Mġarr 290
Għajnsielem 291
Xewkija 291
Sannat 293
Victoria (Rabat) 294
Munxar 304
Xlendi 304
Kerċem und Sta. Lucija 309
San Lawrenz 310
Għarb 312
Għammar 314
Żebbuġ 314
Marsalforn 315
Calypso Cave und Bajja ir-Ramla 319
Xagħra 320
Nadur 323
Qala 324
Comino **325**

Tauchen rund um Malta

Faszination Tauchen	330
Praktische Hinweise	333
Spots um Malta, Gozo und Comino	340
Tauchschulen	355

Anhang

Kleines Malta-Glossar	368
Kurzbiographien	369
Literaturtipps	373
Hilfe!	374
Register	380
Der Autor	384
Kartenverzeichnis	384
Kartenatlas	*nach Seite 384*

Exkurse

Echte Parteidemokratie	32
Fototipps für unterwegs	36
Die Ursprünge des Johanniterordens	90
The Great Siege (1565)	92
Die Johanniter bis heute	97
Dänische, maltesische oder Johanniterflagge?	101
Die Valletta-Rabat-Bahn	164
Wandern an der Ostküste	194
Wiċċ Laskri	223
Wanderung Rabat – Għajn Tuffieħa	238
Wanderung Rabat – Dingli Cliffs	240
Paulus auf Malta – eine lukrative Legende	258
Wanderung Xemxija – Mellieħa	261
Wanderung San Pawl – Ġebel Għawżara	266
Das „Wunder von Mosta"	280
Schnorcheln oder Tauchen – Maltas Unterwasserwelt für Einsteiger	332

Hinweise zur Benutzung

Um Zweideutigkeiten zu vermeiden, wurde für die Bezeichnung des gesamten maltesischen Staatsgebietes mit allen Inseln die Formulierung *„in Malta"* gewählt; handelt es sich nur um die Hauptinsel Malta, wurde *„auf Malta"* verwendet.

In den Ortsbeschreibungen wird zusätzlich zu den **Kartenhinweisen** in der Kopfzeile bei allen wichtigen Sehenswürdigkeiten mit einem **Pfeil** ↗ auf den Farbkarten-Atlas verwiesen, z.B. ↗ **XX A-B2.** Dabei verweist die römische Zahl auf die Atlasseite, Buchstaben und arabische Ziffern auf das Planquadrat.

Bei wichtigen Orten, die anders als im Deutschen ausgesprochen werden, steht hinter der maltesischen Schreibweise eine **Aussprachehilfe** in eckigen Klammern, beispielsweise Għawdex [Audesch].

Die Bedeutung der ***Sterne** für die **Unterkunftskategorien** ist in der hinteren Umschlagklappe und, ausführlicher, im Kapitel Unterkunft erklärt.

Das Land im Überblick

Staatsform	parlamentarische Demokratie, Mitglied der EU
Fläche	316 km²
Hauptstadt	Valletta (ca. 150.000 Einwohner)
Einwohner	364.000
Sprachen	Malti (Maltesisch) und Englisch
Religion	römisch-katholisch
Höchste Erhebung	Dingli Cliffs, 263 m
Währung	Maltesische Lira (1 Lm = 2,17 €)
Hauptreisezeit	Juli/August
Klima	mediterran mit heißen, trockenen Sommern und milden Wintern
Uhrzeit	Mitteleuropäische Zeit (MEZ), Sommerzeit: April bis Oktober

Vor der Reise

013-M Foto: wl

331-M Foto: wl

In Maltas Felslandschaften
gedeihen zahlreiche Kakteen

Autofähren verkehren regelmäßig
zwischen Malta und Gozo

Our Lady of Virtue –
eine historische Pfarrkirche auf Gozo

Bevor man mit der Planung seiner Maltareise beginnt, sollten einige grundlegende Dinge wie Art der Reise, Standort und Verkehrsmittel geklärt werden. Diese Vorbereitung ist der Schlüssel zu einem angenehmen Aufenthalt.

Malta bietet auf relativ kleiner Fläche eine unglaubliche Vielfalt für die verschiedensten Interessen vom Strandurlaub über Sprach-/Bildungsreise und Tauchurlaub bis hin zum Wandeln auf historischen Spuren der Steinzeitmenschen oder der Kreuzritter.

Standortwahl

Die wichtigsten Orte

Natürlich kann man während des Urlaubs den Standort wechseln, nur ist dies bei der geringen Größe Maltas überflüssig – ein Hotelstandort genügt, aber der muss passen.

Hierzu vorab ein kurzer Steckbrief der wichtigsten Orte auf Malta und Gozo:

● *Valletta:* Hauptstadt, kulturelles und historisches Zentrum, wichtigste nationale Museen, Veranstaltungen, zentrale Busdrehscheibe, kaum Hotelunterkünfte, kaum Nachtleben, kein Strand.
● *Sliema:* Wirtschaftszentrum (keine Industrie!), Sprachschulen, Einkaufszentrum, viele Hotels, gute Anbindungen nach Valletta (Fähre, Bus), entlang der Nordküste und nach Mdina; kein Strand, einige Kneipen.
● *St. Julian's:* „Nachtclub Maltas" (Casino, Top-Discos, Bars), noch Gehnähe zu Sliema, etliche Unterkünfte, kleiner Strand.
● *Mdina/Rabat:* alte Hauptstadt im Hochland, historischer Höhepunkt, mäßige Busanbindung, gute Wandermöglichkeiten, wenig Hotels, keinerlei Nachtleben.
● *St. Paul's Bay/Buġibba:* Klein-St.-Tropez mit etwas von allem; gute Verkehrsanbindungen, viele Unterkünfte, Strände, Promenade, Verleih-

stellen (auch Räder), Nightlife mit Disco und Kinos im Entstehen, Wandermöglichkeiten.
● *Marsaskala:* Mäßige Busanbindung, einige Unterkünfte, Strand, wesentlich ruhiger als Buġibba, recht neu und noch im Aufbau.
● *Victoria/Gozo:* Hauptstadt Gozos, Dreh- und Angelpunkt für Busse, Veranstaltungen, Zitadelle, historischer Höhepunkt. Kaum Unterkünfte!
● *Marsalforn/Gozo:* Strandstädtchen und Haupt-Touristenzentrum auf Gozo mit vielen Unterkünften und Wassersportaktivitäten; mäßige Busanbindung.
● *Xlendi/Gozo:* Landschaftlich reizvoller als Marsalforn, deutlich kleiner und ruhiger; Bootstouren, Wanderungen, Tauchen, aber kein Badestrand. Mäßige Busanbindung, notfalls Gehnähe zu Victoria (3 km).

Hinzu kommen noch etliche abgelegene *Resorthotels und -villages,* die vom normalen Leben vollkommen abgeschnitten sind und in der Regel pauschal vorab gebucht werden.

Wahl nach der Art des Urlaubs

Berücksichtigt man die Tatsache, dass je nach Buslinie nach 20/21 Uhr kaum noch etwas fährt, ergeben sich folgende grundsätzliche Überlegungen für die Standortwahl:

● Wer überwiegend *Museen und historische Stätten* besuchen möchte, sollte sein Hotel in Valletta oder alternativ in Sliema wählen.
● Wer seinen persönlichen Schwerpunkt im *Nachtleben* sieht, geht nach St. Julian's, sonst hat er nachts Probleme mit dem Transport.
● Wessen Priorität der *Strand- und Sonnenurlaub* ist, der wählt als Standort ein Beach-Resort (Mellieħa, Golden Bay oder Marsalforn/Gozo).
● Wenn man *landschaftliches Panorama und Wandermöglichkeiten* bevorzugt, bietet sich Mdina an, die Auswahl an Unterkünften ist allerdings begrenzt.
● *Taucher* sollten ihren Standort nicht nach der Tauchbasis bzw. Tauchplätzen, sondern

nach einem alternativen Interessensschwerpunkt wählen, da viele Basen den Taucher täglich vom Hotel abholen.

● *Für den „Von-allem-etwas-Typ"* empfiehlt sich Buġibba/St. Paul's Bay, da gute Busanbindung, aber auch Räder/Mopeds und Leihwagen vorhanden sind, wenn man mal einen Tag per Moped „overland", mal mit dem Bus nach Valletta, mal Mosta usw. möchte. Hier auch Ausflugsboote.

Vorbereitung

Als zweites ist die Frage zu klären, wie viel Vataborganisation für eine Maltareise notwendig ist. Das „Gesamtpaket" setzt sich aus den vier Teilen „An- und Abreise – Unterkunft – Aktivität – Fahrzeug" zusammen. Da die Reise auf dem kombinierten Land-/Seeweg über Sizilien kaum Sinn hat, kommt man um die **Buchung eines Fluges** nicht herum (⌀ An-/Abreise).

Unterkunft

Fraglich ist nun, ob man im Falle Maltas eine Unterkunft gleich mitbuchen sollte. Dies erspart zwar etwas Arbeit, schränkt aber, da bei Pauschalreisen nur wenige Hotels zur Auswahl stehen, den Einfluss auf die Unterkunftswahl stark ein – und der Standort spielt ja gerade in Malta eine wichtige Rolle. Der Leser sollte berücksichtigen, dass die noch so netten Reisebürofachkräfte in erster Linie verkaufen und den praktischen Wert des Standortes selbst meist weniger gut kennen als der informierte Kunde! Vor allem für kleinere Gruppen oder Familien kann es deutlich preiswerter sein, sich direkt per Fax mit einem maltesischen Anbieter von Ferienwohnungen

und Farmhäusern in Verbindung zu setzen (⌀ Unterkunft im Kap. Praktische Tipps), ehe man zum Flug pauschal ein Hotel mitbucht. Man beachte ob dabei der Transfer vom und zum Flughafen inbegriffen ist.

Leihfahrzeug

Die nächste Frage ist, wann und ob ein Leihfahrzeug sinnvoll ist. Wer einen der oben genannten Interessenschwerpunkte gewählt hat und dazu nur den einen oder anderen Ausflug machen möchte, benötigt ebenso wenig ein Leihfahrzeug wie die in Valletta, Sliema oder St. Paul's/Buġibba Untergekommenen. Auf Gozo und den anderen Orten/Resorthotels auf Malta als Standort ist man ohne Fahrzeug dagegen oft verloren. Wiederum besteht die Möglichkeit, direkt vom Heimatland aus über das Reisebüro oder privat direkt beim Anbieter zu buchen oder aber erst vor Ort. In der Hauptulaubszeit (Juli–August) empfiehlt sich wegen eventueller Engpässe die Vorauborganisation, ansonsten wird man in allen größeren Orten leicht selbst fündig (⌀ Verkehrsmittel und Adressen in den Ortsbeschreibungen).

Freizeitprogramme

Schließlich kann der Maltareisende auch diverse Freizeitprogramme vom Englischkurs bis zum Tauchpaket vorab organisieren (⌀ Sprachreisen sowie Sport und Aktivitäten). Auch hier ist es möglich, direkt mit Anbietern in Malta in Kontakt zu treten, viele bieten neben dem Kernangebot (z.B. Sprachkurs) gleichzeitig Flughafentransfer,

Leihwagen und Unterkunft mit an – oft preiswerter, als man es selbst erzielen könnte. Diese Vorgehensweise mag manchem als mit dem Makel einer Pauschalreise behaftet erscheinen, ist sie aber wahrlich nicht. Es handelt sich meist um kleine Anbieter, die nicht an internationale Agenturen angeschlossen sind, der Umgang ist sehr familiär.

Es empfiehlt sich also, neben einer Anfrage beim Reisebüro auch eine den eigenen Vorstellungen entsprechende Anfrage nach Unterkunfts- und Aktivitätenpaket direkt an eine Tauch-/Sprachschule, einen Ferienwohnungs-Vermieter oder ein Hotel, eventuell unter Einbeziehung eines mobilen Untersatzes, zu richten. Wer unsicher ist, sollte als Standort Valletta/Sliema oder St. Paul's Bay/Buġibba wählen, ebenso Kurzurlauber bis zu einer Woche.

Zeiteinteilung

Die nachfolgenden Empfehlungen dienen als Überblick, welche sehenswerten Orte Maltas innerhalb einer bestimmten zur Verfügung stehenden Zeit als Höhepunkte besichtigt werden können. Lediglich die Empfehlungen für zwei oder mehr Wochen auf Malta richten sich auch an Selbstfahrer. Wenn nicht gesondert darauf hingewiesen ist, können alle genannten Punkte problemlos per Bus und/oder Fähre besucht werden.

Kurzaufenthalte auf Malta

Angesichts sinkender Flugpreise – Flüge sind für rund 200 € zu haben – und der günstigen Abflugzeiten ab Frankfurt/Main am Abend bietet sich Malta auch als Ziel für Kurzurlaube oder verlängerte Wochenenden an. Hier empfiehlt es sich dann, die Unterkunft in Sliema zu wählen und von dort aus am ersten vollen Tag *Valletta,* am zweiten Tag *Mdina/Rabat* und am Vormittag des dritten Tages *Mosta* zu besuchen.

Malta und Gozo in einer Woche

Eine große Anzahl Reisender bleibt für eine gute Woche in Malta – ausreichend Zeit für die wichtigsten Sehenswürdigkeiten einschließlich eines Abstechers nach Gozo. Bei Hinflug Freitagabend und Rückflug am Sonntag stehen acht Tage zur Verfügung. In diesem Fall bietet es sich an, Buġibba/St. Paul's Bay als Standort zu wählen, da die Busverbindungen zu den einzelnen Orten besser sind als in Sliema:

- *Valletta* sollte auch hier am Anfang stehen.
- Tagesfahrt per Boot nach *Comino* und zur Blue Lagoon (ab San Pawl)
- *Mdina/Rabat*
- Wanderung San Pawl – Mellieħa; *Mellieħa, Mellieħa Bay, Popeye Village*
- Bus-/Fährfahrt nach *Victoria/Gozo*
- *Cottonera,* (Bus nach) *Floriana,* (Stadtfähre nach) *Sliema*
- *Mosta* (halber Tag), einer der *Strände* Nordmaltas
- *Pawla* (halber Tag), *Valletta* (halber Tag)

Empfehlungen für zwei oder mehr Wochen auf Malta und Gozo

Diese Hinweise gelten natürlich nur dann, wenn man auch die entsprechende Zeit zur freien Verfügung hat; Teilnehmer an Sprachkursen oder

Tauchurlauber müssen, je nach ihrer „Freizeit", ein entsprechend kürzeres Kulturprogramm wählen. In zwei Wochen kann man schon einen guten Einblick in das Leben in Malta und einen Überblick über die sehenswertesten Punkte gewinnen; auch hier empfiehlt sich Buġibba/San Pawl als Ausgangspunkt, ein Ortswechsel für zwei oder drei Nächte auf Gozo ist durchaus in Erwägung zu ziehen:

- Wanderung San Pawl – **Mellieħa;** Blata L–Bajda oder Mellieħa Bay (schwimmen), **Popeye Village**
- **Valletta**
- **Mdina/Rabat**
- Tagesfahrt per Boot (**Comino,** Blue Lagoon)
- Eine der **Wanderungen von Rabat** zur Südküste
- **Pawla, Floriana**
- **Mosta; die alten Städte**
- **Għajn Tuffieħa** mit römischem Badehaus; Strandtag
- **Cottonera**
- Bus-/Fährfahrt nach **Xlendi/Gozo**
- (zu Fuß oder per Bus) **Victoria/Gozo**
- für einen Tag per Leihfahrzeug **Inselrundfahrt**
- Bus-/Fährfahrt nach **Sliema**
- Halbinsel **Delimara; Marsaxlokk**

Wer von San Pawl aus mit einem Leihfahrzeug (Wagen oder Moped) unterwegs ist, sollte unbedingt die Punkte am **Laferla Cross Vista,** die beschriebene Nebenroute entlang der **Victoria Lines** sowie das Gebiet **Marfa Ridge – Manikata – Għajn Tuffieħa** einplanen – es lohnt sich!

Wer gut zu Fuß ist, sollte überlegen, die streckenweise abenteuerliche Route **Rabat – Fomm ir-Riħ – Gnejna Bay – Għajn Tuffieħa** in Angriff zu nehmen.

Was man unbedingt sehen sollte – Highlights

Die anschließend aufgeführten **Highlights** stellen einen kurzen Überblick über die Top-Sehenswürdigkeiten der jeweiligen Orte dar. Die Kennbuchstaben „K" (für kulturelle, geschichtliche oder kirchliche Sehenswürdigkeit) und „N" (für Natur, Landschaft, Aussicht, Strand) erleichtern das Zuordnen zum eigenen Interessenschwerpunkt.

- **Valletta:** Upper Barakka Gardens (N), Großmeisterpalast (K), St. John's Co-Cathedral (K), Auberge de Provence, (Nationalmuseum, K)
- **Cottonera:** Inquisitorenpalast (K), San Lawrenz (K), Vedette (N)
- **Mdina/Rabat:** Bastionsmauern (N), Kathedrale (K), St.-Paul's-Kirche & Grotte (K)
- **Pawla:** Hypogäum (K), Tarxien-Tempel (K)
- **Mosta:** Rotunda (K)
- **Marsaskala:** Fischereihafen mit Markt (N), Delimara-Halbinsel (N)
- **Mellieħa:** Pfarrkirche Sta Marija (K), Sweethaven (Popeye Village, N)
- **Die alten Städte:** St. Anton Gardens (K,N)
- **Gozo:** Zitadelle (Victoria, K), San Lawrenz (N)

Badebuchten und Landschaft

Die schönsten Badebuchten sind die **San Blas Bay** (Gozo), **Peter's Pool** (Delimara) und **Gnejna Bay** (nahe Mġarr/Malta). Die landschaftlich schönsten Regionen liegen auf Malta und Gozo jeweils an der Südküste. Auf Malta sind die Regionen **Laferla Cross Vista** und die **südlichen Victoria Lines** besonders hervorzuheben, auf Gozo die gesamte Südseite zwischen **Xlendi und Mġarr/Gozo.**

Praktische
Tipps
von A bis Z

019A-M Foto: wl

019B-M Foto: wl

Windräder dienen als
Energiequelle für die Bewässerung

Warten auf die
nächsten Zahlen beim Bingo

Hausnummern sind auf Malta selten

An- und Rückreise, Ankunft auf Malta

Flug

Die wichtigste Gesellschaft für Flüge von und nach Malta ist *Air Malta* mit **Direktflügen** ab/bis Frankfurt/Main, München, Berlin, Hamburg, Düsseldorf, Stuttgart, Köln/Bonn, Zürich und Wien. Daneben fliegen *Lufthansa* von Frankfurt, *Air Berlin* von mehreren deutschen Flughäfen sowie *Condor* von Frankfurt und München sowie *Austrian Airlines* von Wien nach Malta. Die Flugzeit z.B. von Frankfurt nach Malta beträgt etwa 2,5 Stunden.

Zudem gibt es eine ganze Reihe von **Umsteigeverbindungen** nach Malta, die zwar billiger sein können als die Nonstop-Flüge, bei denen man aber auch eine längere Flugdauer einkalkulieren muss. Diese sind mit den oben genannten Fluggesellschaften von anderen Flughäfen im deutschsprachigen Raum möglich, aber auch z.B. mit *Alitalia* über Mailand oder Rom.

Flugpreise

Ein Economy-Ticket von Deutschland, Österreich und der Schweiz hin und zurück nach Malta bekommt man je nach Jahreszeit und Aufenthaltsdauer **ab knapp über 100 €** (Endpreis inklusive aller Steuern, Gebühren und Entgelte). Am teuersten ist es in der Hauptsaison im Sommerhalbjahr, in der die Preise für Flüge im Juli und August besonders hoch sind und über 400 € betragen können.

Bei *Air Malta* können **Taucher** 20 kg Gepäck extra mitnehmen, jedoch nur nach schriftlicher Voranmeldung, Fax: 069-9203551, sonst Aufpreis.

Für die Tickets der Linienairlines kann man bei folgenden **zuverlässigen Reisebüros** meistens günstigere Preise als bei vielen anderen finden:

● **Jet-Travel,** Buchholzstr. 35, 53127 Bonn, Tel. 0228284315, Fax 284086, info@jet-travel.de, www.jet-travel.de. Sonderangebote auf der Website unter „Schnäppchenflüge".
● **Globetrotter Travel Service,** Löwenstr. 61, 8023 Zürich, Tel. 012286666, zh-loewenstrasse@globetrotter.ch, www.globetrotter.ch. Weitere Filialen, siehe Website.

Daneben kann man auch die Preise für Flüge von Reiseveranstaltern wie *FTI, Neckermann-Reisen* sowie *TUI* (in allen Reisebüros) und *Malta direkt* (www.maltadirekt.de) vergleichen.

Last-Minute

Wer sich erst im letzten Augenblick für eine Reise nach Malta entscheidet, kann Ausschau nach Last-Minute-Flügen halten, die von einigen Airlines mit deutlicher Ermäßigung **ab etwa 14 Tage vor Abflug** angeboten werden, wenn noch Plätze zu füllen sind. Diese Last-Minute-Flüge lassen sich nur bei Spezialisten buchen:

● **L'Tur,** www.ltur.com, in Deutschland: Tel: 01805212121, in Österreich: Tel: 0820 600800, in der Schweiz: Tel: 0848808088, sowie 140 Niederlassungen europaweit. Unter „Super Last Minute" gibt es Angebote für den Abflug innerhalb der nächsten 72 Std.
● **Lastminute.com,** www.de.lastminute.com, Deutschland: Tel: 01805777257.
● **5 vor Flug,** www.5vorflug.de, in Deutschland: Tel: 01805105105.

● www.restplatzboerse.at, Schnäppchenflüge für Reisende aus Österreich.

Ankunft auf Malta

Luqa International Airport liegt etwa 10 Straßenkilometer südöstlich von
Valletta und ist mit dem Taxi in wenigen Minuten zu erreichen; von keinem
Ort auf Malta dauert die Fahrt länger
als eine halbe Stunde.

Nach Erledigung der Einreiseforma-
litäten wird das *Gepäck* in Empfang
genommen, was manchmal eine Wei-
le dauern kann. Man sollte daher die
Zeit nutzen, um am Wechselautomaten etwas *Geld zu wechseln.* Der Au-
tomat akzeptiert Banknoten gängiger
Währungen einschließlich Dollar,
Franken und Euro.

Anschließend passiert man den
Zoll, der insbesondere auf Harpunen
achtet, da das Harpunieren auf Malta
für Touristen verboten ist; der normale
Tourist ohne Tauchgepäck wird nahezu immer durchgewunken.

Die meisten Flüge aus Mitteleuropa
landen nach 20 Uhr auf Malta, öffentli-
che Busse fahren dann nicht mehr. Ein
Taxi nach Valletta kostet ca. Lm 7, nach
Sliema/St. Julian's rund Lm 8, nach St.
Paul's Bay oder Mellieħa etwa Lm 11.

Mit *öffentlichen Bussen* kommt
man mit den Linien 8 und 39 vom,
bzw. zum Zentralbusplatz in Valletta.
Von 6 bis 22 Uhr verkehren diese Lini-
en alle 20 Minuten und können zumindest für die Rückfahrt nützlich sein, da
die meisten Rückflüge am Nachmittag
starten.

Wer den Taxis nicht traut, kann auch
schon in Deutschland über das Reise-

Mini „Flug-Know-How"

Check-in

Nicht vergessen: Ohne einen **gültigen
Reisepass bzw. Personalausweis** (nur
Bürger der EU) kommt man nicht an
Bord.

Bei den innereuropäischen Flügen
muss man mindestens **eine Stunde vor
Abflug** am Schalter der Airline einge-
checkt haben. Viele Airlines neigen zum
Überbuchen, d.h., sie buchen mehr Pas-
sagiere ein, als Sitze im Flugzeug vorhanden sind, und wer zuletzt kommt, hat
dann möglicherweise das Nachsehen.

Das Gepäck

In der Economy-Class darf man in der
Regel nur **Gepäck bis zu 20 kg pro Person** einchecken (steht auf dem Flug-
ticket) und zusätzlich ein Handgepäck
von 7 kg in die Kabine mitnehmen, welches eine bestimmte Größe von 55 x 40 x
23 cm nicht überschreiten darf. In der Business Class sind es meistens 30 kg pro
Person und zwei Handgepäckstücke, die
insgesamt nicht mehr als 12 kg wiegen
dürfen. Man sollte sich beim Kauf des
Tickets über die Bestimmungen der Airline informieren.

Aus Sicherheitsgründen gehören
Waffen, Explosivstoffe, Munition, Feuerwerke, leicht entzündliche Gase (z.B. in
Sprühdosen, Campinggas), entflammba-
re Stoffe (z.B. in Benzinfeuerzeugen, Feu-
erzeugfüllung) sowie Aktentaschen oder
Sicherheitskoffer mit installierten Alarm-
vorrichtungen nicht ins Passagiergepäck.

büro einen *Flughafentransfer* mitbuchen, viele Reiseagenturen stehen dabei aber schon vor einer unlösbaren
Aufgabe oder schlagen selbst kräftig
auf. Individualreisende, die „nur Flug"
buchen, dann aber privat mit maltesischen Vermietern für eine Unterkunft

Praktische Reisetipps A–Z

oder mit einem Tauchkurs/Sprach-
kursveranstalter vor der Anreise kor-
respondieren, können in aller Regel
entweder von diesem abgeholt werden oder über diesen einen Abholservice günstig vereinbaren.

Pauschalreisende sollten darauf achten, ob der Flughafentransfer im Paket-
preis inbegriffen ist.

Weiterreise nach Gozo

Bei vorgebuchtem Arrangement auf
Gozo ist i.d.R. der Transport inklusive.

Weit schwieriger ist die direkte Weiterreise nach Gozo, wenn man auf eigene Faust unterwegs ist. Man kann
entweder den **Helikopter** (⤢ Verkehrsmittel), ein **Taxi** zum Fährhafen Ċirkewwa (Lm 14) und auf Gozo für Lm 5
von Mġarr zum Hotel nehmen (das
läppert sich, vor allem nachts) oder –
sofern man am Tag ankommt – mit
Bus 8 oder 39 nach Valletta, umstei-
gen in 45, 48 oder 645 (Sliema/Buġib-
ba) nach Ċirkewwa und ab Mġarr/Go-
zo mit Bus oder Taxi weiter.

Doch sind derartige Experimente
aufwendig und/oder teuer, so dass
man als Individualtourist besser zunächst in Valletta übernachtet.

Rückflug

Die **Rückflughalle** ist klein und funk-
tional. Nach der Gepäckaufgabe kann
man oben im Duty Free Bereich neben den üblichen Flughafen-Souvenir-
shops einen Internetzugangsbereich
(Voucher hierfür im Buchshop erhältlich) oder die kleine Playmobil-Anlage
besuchen.

Die malerische San Blas Bay auf Gozo

Ausflüge und Touren

Alle sehenswerten Orte Maltas sind
mit öffentlichen Verkehrsmitteln zu
erreichen, ohne dass man auf eine organisierte Tour zurückgreifen muss.
Für Tagesausflüge und Bootsfahrten
gibt es jedoch eine Reihe von Anbietern vor Ort, die es Besuchern mit wenig Zeit erlauben, Malta zu entdecken.

Zu den beliebtesten Angeboten zählen die **Bootsfahrten nach Comino** mit
Badeaufenthalt (Lm 6), **per Boot um
Malta und/oder Gozo** (Lm 12), **Hafenrundfahrten** im Grand Harbour (ab
Lm 5), **Luxus-Tageskreuzfahrten** auf
großen Segeljachten mit exquisitem
Buffet (Lm 25), so genannte **Unter-
wassersafaris** (Lm 6) mit Sitzplätzen
und Fenstern unterhalb der Wasseroberfläche sowie **Jeep-Safaris** (Lm 25/
Tag). **Kinder** unter 5 Jahren fahren in
der Regel kostenlos mit, bis 10 Jahre
ist der halbe Preis zu entrichten.

Anbieter gibt es in Hülle und Fülle
(die meisten sind auch mit „fliegenden
Händlern" oder kleinen Tischen an
den Uferpromenaden der Touristen-
orte zu finden), hier eine kleine Auswahl an den wichtigsten Standorten
auf Malta und Gozo:

● **Captain Morgan Cruises,** Dolphin Court,
Tigné Sea Front, Sliema, Tel: 23463333, Fax:
23463344, www.captainmorgan.com.mt, um-
fangreichstes Programm (sogar Hubschrau-
berrundflüge ab Lm 21) mit Filialen in Buġib-
ba/St. Paul's Bay (⤢ Ortsbeschreibungen).
● **Xlendi Pleasure Cruises** mit Filialen in Xlen-
di/Gozo, Tel: 562548 und Marsalforn/Gozo,
Tel: 21555667.
● **Romantika Cruises,** Harbour Rd., St. Paul's
Bay, Tel: 21974168, bietet Comino-Badetour
inkl. St. Paul's Island für Lm 3 an!

Ausrüstung und Bekleidung

Eine Maltareise ist heute gewiss keine Expedition mehr, auch kann man vor Ort so gut wie alles Notwendige erwerben. Bei der Kleidung richte man sich nach dem (♫) **Klima** und achte auf **Bequemlichkeit,** was insbesondere für die Schuhe gilt.

Kurze Hosen werden zwar toleriert, sind aber selbst im Hochsommer in gehobenen Restaurants, dem Casino oder vielen Kirchen explizit unerwünscht. Kurzärmelige Hemden, T-Shirts usw. sind dagegen immer in Ordnung.

„Oben ohne" ist grundsätzlich ebenso verboten wie **FKK,** wird aber in der Gnejna Bay zumindest toleriert.

Für alle Fälle empfiehlt sich die Mitnahme einer leichten Windjacke für die Abendstunden. Von Oktober bis Mai können abends heftige Windböen empfindlich frisch werden, ein leichter Pullover unter einem windundurchlässigen **Regenschutz** sollte aber selbst für diese Jahreszeit hinreichen – die Temperaturen sinken nie unter 15° C.

Ansonsten sollten besondere **Medikamente** (z.B. für Diabetiker) ebenso mitgebracht werden wie **Sonnenschutz** (Kopftuch/Schirmmütze), Sonnenbrille, Regenschutz (Schirm für Ortschaften, wer z.B. reitet oder wandert, wird einen Poncho bevorzugen), Mehrzweckmesser, Nähzeug usw.

Wichtig für Schwimmer: Für die Felsbadeplätze empfiehlt sich die Mitnahme von **Badeschuhen.**

Praktische Reisetipps A–Z

Landkarte

Eine empfehlenswerte **Karte von Malta und Gozo** ist bei REISE KNOW-HOW im world mapping project erschienen, Maßstab 1:50.000, GPS-tauglich und mit farbigen Höhenschichten versehen.

Auf Grund der geringen Entfernungen auf Malta sind häufige Standortwechsel nicht zu empfehlen, als Gepäckstück genügt daher **Koffer** oder Reisetasche. Ein zusätzlicher kleiner **Rucksack** oder **Beutel** für Wanderungen (Getränke) oder Einkäufe hat sich als sehr praktisch erwiesen.

Behinderte auf der Reise

Malta ist gewiss nicht so behindertenfreundlich wie Mitteleuropa, vom abgeflachten Bürgersteig über behindertengerechte Toiletten bis hin zu rollstuhlgeeigneten Telefonzellen fehlt so gut wie alles – vom öffentlichen Nahverkehr ganz zu schweigen (unmöglich). Dennoch kommt es ganz auf die Art der Behinderung an, ob man sich eine Reise nach Malta zutraut oder nicht. Gerade in den vergangenen Jahren wurde auch in dieser Hinsicht viel getan, neben der St. John's Co-Cathedral wurden vor allem die Tempel von Ħaġar Qim und Tarxien für Rollstuhlfahrer zugänglich gemacht. Die öffentlichen Telefonzellen sollen umgerüstet werden, von den großen **Hotels** sind bislang die folgenden uneingeschränkt

für behinderte Reisende empfehlenswert:

- **Coastline,** Salina Bay, Salina
- **Imperial,** Sliema
- **Holiday Inn Crown Palace,** Sliema
- **Jerma Palace,** Marsaskala
- **Sea Breeze,** Birzebbuġa

Daneben bieten immer mehr **Organisationen** ihre Hilfeleistung auch ausländischen Besuchern an, organisieren Transfers und geeignete Ausflugsfahrzeuge und stellen Gehhilfen und Rollstühle bereit.

- **Association for the Physically Handicapped & Rehabilitation Centre,** Corradino Hill, Pawla, Tel: 21693863, Fax: 21692221
- auf Gozo: **Għaqda Għawdxija Għall-Persuni B'Disabilita,** Mġarr Rd., Għajnsielem, Gozo, Tel: 21553886

Ein- und Ausreisebestimmungen

Dokumente

Staatsbürger der EU-Länder und der Schweiz benötigen für die Einreise in die Republik Malta (EU-Vollmitglied seit 1.5.2004) lediglich einen gültigen **Personalausweis,** für einen Aufenthalt bis zu drei Monaten ist kein Visum erforderlich.

Kinder unter 16 Jahren benötigen einen Kinderausweis, der mit Lichtbild versehen sein muss! Besondere **Impfungen** sind nicht vorgeschrieben.

Bei längerfristigen Aufenthalten oder Arbeitsaufnahme in Malta wendet man sich für die entsprechenden

Visa *im Heimatland* an. Auch in Deutschland, Österreich oder der Schweiz lebende Staatsbürger anderer Länder sollten sich bei der diplomatischen Vertretung Maltas in Deutschland, Österreich oder der Schweiz nach der Notwendigkeit für ein Visum erkundigen:

●*Deutschland:*
Botschaft der Republik Malta,
Klingelhöferstr. 7, Tiergartendreieck, Block 4, 10785 Berlin,
Tel: 030-263911-0 bis 9, Fax: 2639 1123.
●*Österreich:*
Botschaft der Republik Malta,
Opernring 5/1, 1010 Wien,
Tel: 01-5865010, Fax: 5865 0109.
●*Schweiz:*
Konsulat der Republik Malta,
Forchstr. 59, 8032 Zürich,
Tel: 044-3823141, Fax: 382 3142.

Wer Visa für die Weiterreise nach Nordafrika benötigt, kann diese auf Malta organisieren, es empfiehlt sich allerdings die Organisation schon in Europa. Alle diplomatischen Vertretungen in Deutschland, Österreich und der Schweiz findet man hier:

●*Deutschland:*
www.auswaertiges-amt.de, Tel. 030-5000-0,
Fax 5000-3402.
●*Österreich:*
www.bmaa.gv.at (Bürgerservice),
Tel. 05-01150-4411, Fax 05-01159-0.
●*Schweiz:* www.dfae.admin.ch,
Tel. 031-3238484.

Ein- und Ausfuhr

In allen EU- und EFTA-Mitgliedstaaten gelten weiterhin **nationale Ein-, Aus- oder Durchfuhrbeschränkungen,** z.B. für Tiere, Waffen, starke Medikamente, Drogen und auch für Cannabisbesitz und -handel. **Zollfrei einführen** darf man persönliches Reisegut, Reiseproviant sowie alkoholfreie Getränke. Für die steuerfreie Mitnahme von Alkohol, Tabak, Kaffee u.a. bestehen jedoch Grenzen. Bei Überschreiten der Freigrenzen muss nachgewiesen werden, dass keine gewerbliche Verwendung beabsichtigt ist.

Innerhalb von EU-Ländern

Seit 1.5.2004 gelten die EU-Richtlinien auch für Malta, was theoretisch einen freien Warenverkehr bedeutet. *Freigrenzen innerhalb der EU:*

●**Alkohol:** 90 Liter Wein (davon max. 60 Liter Schaumwein), 110 Liter Bier, 10 Liter Spirituosen über 22%, 20 Liter unter 22% Vol.
●**Tabakwaren:** 800 Zigaretten, 400 Zigarillos, 200 Zigarren, 1 kg Tabak.
●**Anderes:** 10 kg Kaffee, 20 Liter Kraftstoff in einem Benzinkanister.

Nicht-EU-Staatsangehörige

Schweizer Staatsangehörige oder andere Reisende, die nicht im Besitz einer Staatsbürgerschaft eines EU-Landes sind, müssen nach wie vor durch die Grenz- und Zollkontrolle. *Freigrenzen für Nicht-EU-Bürger:*

●**Tabakwaren:** 200 Zigaretten oder 100 Zigarillos oder 50 Zigarren oder 250 g Rauchtabak oder eine anteilige Zusammenstellung dieser Waren.
●**Alkohol:** 1 Liter Spirituosen (über 22% Vol.) oder 2 Liter Spirituosen, Aperitifs oder ähnliche Getränke (22% oder weniger) oder 2 Liter Schaumweine oder Likörweine oder eine anteilige Zusammenstellung dieser Waren und 2 Liter nicht schäumende Weine.
●**Kaffee/Tee:** 500 g, nach Österreich zusätzlich 100 g Tee (der in Deutschland nicht mengenbeschränkt ist).

- **Parfums:** 50 g, Eau de Toilette: 0,25 l.
- **Arzneimittel:** die dem persönlichen Bedarf während der Reise entsprechende Menge.
- **Andere Waren:** bis zu einem Warenwert von insgesamt 175 €. Ausgenommen davon sind Goldlegierungen und Goldplattierungen in unbearbeitetem Zustand oder als Halbfabrikat.

Auch bei der **Rückeinreise in die Schweiz** müssen Schweizer folgende Freimengen beachten:

- **Alkohol:** 2 Liter bis 15% Vol. und 1 Liter über 15% Vol.
- **Tabakwaren:** 200 Zigaretten oder 50 Zigarren oder 250 g Pfeifentabak.
- **Nahrungsmittel:** 3,5 kg Fleisch, 1 l/kg Butter/Rahm, 5 l/kg Käse und andere Milchprodukte.
- **Anderes:** neuangeschaffte Waren für den Privatgebrauch bis zu einem Gesamtwert von 300 SFr.

Nähere Informationen

- **Deutschland:** www.zoll.de oder beim Zoll-Infocenter Tel: 069-46997600.
- **Österreich:** www.bmf.gv.at oder beim Zollamt Villach Tel: 04242-33233.
- **Schweiz:** www.zoll.admin.ch oder bei der Zollkreisdirektion in Basel Tel: 061-2871111.

Einkäufe und Souvenirs

Wie überall in touristisch frequentierten Regionen auf dem Globus wird der Reisende auf der Suche nach dem einen oder anderen **Andenken** an die Maltareise Kitsch und Kram zu Hauf finden. Den netten Aschenbecher mit Malteserkreuz für den Onkel, das Spitzendeckchen – handgeklöppelt – für die Großmutter und Ähnliches mehr findet man in der Republic Street von

Valletta. Strickwaren, Spitzendeckchen und Pullover scheinen ohnehin ein großer Exportschlager Maltas zu sein – im Inland hat man ob der hohen Temperaturen ohnehin kaum Verwendung dafür.

Auch die Erzeugnisse der heimischen **Glasbläsereien** vom Kerzenständer bis zur Blumenvase erfreuen sich großer Beliebtheit bei den Besuchern (Manoel-Island/Sliema und Ta Qali).

Wirklich originell und landestypisch sind da schon eher die schweren **Messingtürklopfer in Delfinform.**

Modisches und **Sommerkleidung** findet man auf den Straßenmärkten (Valletta, Victoria/Gozo und Marsaxlokk), vor allem No-name-Jeans sind recht begehrt.

Auch **Tonträger** sind hier zu finden, wobei aber die Qualität unterschiedlich sein kann (am besten anhören).

Beliebte Mitbringsel sind auch die **typischen maltesischen Lebensmittel** wie Honig, eingelegte Kapern oder auch der heimische Wein. In den Haushaltsgeschäften wird man die Formen für die berühmten Pastizzi und Ravjul finden, in den Buchhandlungen Kochbücher für original maltesische Gerichte.

Der geschichtlich Interessierte wird sich sicherlich das eine oder andere Fachbuch mitbringen wollen – die **Buchhandlung** Sapienza's in der Republic Street/Valletta dürfte die bestsortierte für alle Zwecke sein.

Auch **Gold- und Silberschmuck** wird gerne gekauft, man beachte jedoch die Einfuhrbestimmungen der EU (♪ Ein- und Ausreisebestimmungen)!

Türklopfer – ein beliebtes Souvenir

Die Ausfuhr von **Antiquitäten** ist grundsätzlich verboten, der sonntägliche **Trödelmarkt** an der ↗ Bastion Vallettas bietet aber ganz legal eine Reihe von Dingen, die bis zum Zweiten Weltkrieg und davor zurückreichen – für den einen ist dies Plunder, für den anderen das schönste Andenken der Welt.

Für **Taucher** können italienische Produkte preislich recht interessant sein (z.B. MARES), aber auch No-name-Shorties/Wetsuits sowie „Kleinkram" (Adapter, Messer) können sehr günstig erworben werden.

Elektrizität

Maltas **Stromspannung** beträgt 240 V Wechselstrom bei 50 Hz und stellt für alle neueren Elektrogeräte kein Problem dar.

Die (britischen) **Steckdosen** benötigen allerdings Stecker mit drei flachen Stiften, die bei den in Baumärkten oder Elektrogeschäften erhältlichen **Adaptern** („Welt-Reisestecker") integriert sind. Aber auch vor Ort sind für Lm 0,75 in allen Elektroläden Adapter erhältlich (klobige, weiße Adapter mit integrierter Sicherung). Diese sind dem Weltreisestecker sogar vorzuziehen, da sie für flache und runde Stecker geeignet sind, während der Weltadapter oft für unsere älteren, runden Stecker etwas zu klein ist.

In den größeren Hotels sind häufig Adapter bereits im Zimmer vorhanden, bei Mietwohnungen, Farmhäusern und kleineren Hotels muss ein eigener Adapter mitgeführt werden.

Essen und Trinken

Maltesische Küche

Die maltesische Küche ist bei uns weitgehend unbekannt oder wird als Anhängsel der italienischen Küche abgetan. Dieses Vorurteil resultiert aus den Anfängen des Tourismus auf Malta in den 60er Jahren, als die Hotelküchen und Gaststätten ausschließlich internationale (italienische und englische) Gerichte servierten, damit sich der Gast „wie daheim" fühle. Erst mit der zunehmenden Nachfrage internationaler Besucher nach einheimischen Gerichten wurde die heimische Gastronomie neu „entdeckt", so dass mittlerweile neben der stark vertretenen italienischen auch die maltesische Küche dem Besucher Gaumenfreuden bietet.

Die wichtigsten *Zutaten* der maltesischen Küche sind Kapern, Oliven und Tomaten beim Gemüse, Ricotta und Schafs- oder Ziegenkäse, beim Brot das Weizenbrot mit dunkler, knuspriger Kruste, Reis oder Nudeln als Beilage sowie frischer Fisch oder Kaninchen als Hauptspeise. Alle Zutaten werden vorzugsweise frisch auf den Märkten oder von fahrenden Gemüsehändlern und Bäckerwagen

gekauft, in größeren Orten gibt es natürlich auch Fischgeschäfte, Metzgereien und Bäckereien.

Nicht zuletzt wegen des hohen Touristenaufkommens muss ein Gutteil der Nahrungsmittel importiert werden, je nach Saison werden aber auf Malta selbst u.a. Weintrauben, Feigen, Kakteenfrüchte, Erdbeeren, Orangen, Linsen, Bohnen, Kohl, Kartoffeln, Tomaten, Oliven (Olivenöl) und natürlich Kapern geerntet. Auch der maltesische Honig erlangte im ganzen Mittelmeerraum Berühmtheit.

Neben Weintrauben gehören *Blutorangen,* die um Attard, Rabat und Buskett gezüchtet werden, zu den bedeutendsten maltesischen Früchten. Der maltesischen Blutorange wurden seit jeher besondere Heilkräfte zugesprochen, so dass sich schon zu Johanniterzeiten die Tradition entwickelte, ausländischen Rittern und höchsten Würdenträgern als Gastgeschenk Honig und Apfelsinen zu überreichen – eine Tradition, die der maltesische Präsident bei Staatsbesuchen noch heute aufrecht hält.

Die verschiedenen Völker und Kulturen, die Malta im Laufe der Jahrhunderte beherrschten, hinterließen auch ihre kulinarischen Spuren, und so zentral Maltas Lage im Mittelmeer zwischen Italien und Nordafrika ist, so vermischt scheinen auch die Gerichte; etliche Begriffe wurden aus dem Arabischen oder Italienischen übernommen.

Gedeihen im Sommer reichlich und schmecken köstlich erfrischend: Kakteenfrüchte

Maltesische Gerichte

Maltesische Gerichte findet man vor allem in einfachen Kneipen, Kiosken, Bäckereien und Snack-Bars *(Takeaway)*. Die nationale „Stulle" ist das sehr nahrhafte *Hobż Biż Żejjt* (Brot mit Öl), ein großes, rundes Brötchen, belegt mit Tomate, Oliven, Kapern, Minze, (eventuell) Sardellen und mit etwas Öl beträufelt. In Bars bekommt man als Snack den Hobż Biż Żejjt in leicht abgewandelter Form: Das Brot wird in Stücke geschnitten und in Öl getränkt, dann mit den genannten Zutaten bestreut; gegessen wird es ohne Besteck.

Ebenfalls ein Häppchen sind die *Pastizzi* (kleine, gebackene Teigtaschen) mit Ricottakäse, Spinat und Erbsenpas-

te als Füllung – ein Gedicht, aber ähnlich wie die Weißwurst in Bayern nur sehr früh zu bekommen, meist bei Straßenverkäufern und Bäckereien, vor allem in Valletta.

Eine sehr günstige und sättigende Hauptmahlzeit wird mit *Timpana* geboten, einer Lasagneart, die mit Rigatoni (Röhrennudeln), viel Gemüse und Ġbejniet-Käse (aus Gozo) zubereitet wird, gelegentlich auch mit Schinken, Leber oder Speck. In Malta werden alle möglichen Reste in die Timpana gegeben, so dass sie nirgends gleich schmeckt und vom Prinzip her etwa dem mitteleuropäischen Eintopf entspricht.

Süße Snacks, die man in Bäckereien, vor allem aber während der vielen Festas in den Buden findet, sind *Imqa-*

ret (mit Datteln gefüllte Pfannküchlein) und **Qubbajt** (Karamellschnitte mit Nüssen und Mandeln oder Früchten und Mandeln ähnlich dem „Halva" oder „türkischem Honig"), beides Kalorienbomben. Auf den Festas erkennt man die Händler leicht an den alten Balancewaagen, mit denen Qubbajt abgewogen wird.

Ganzjährig kann man in Malta exquisite **Kuchen und Torten** aller Art probieren, unerreicht dürfte die Schokoladentorte des *Fontanella Tea Garden* in Mdina sein.

Bei den durchfahrenden Obstwagen (in kleineren Orten) kann man die köstlichen **Bajtra Tax Xewk (Kaktusfeigen)** für wenige Cent entstachelt und essbereit erstehen. Der Beruf des Kaktusfeigenverkäufers wird heute von wenigen alten Männern mit *Karretun* (Eselskarren) und *Mus* (kleines, gebogenes Schälmesser) ausgeübt. Hierbei schält der Verkäufer die in einem mit Wasser gefüllten Eimer lagernden Früchte mit Gummihandschuh und *Mus*. Die Haupterntezeit sind die Monate August und September, die heißesten Monate also. Wer zu Fuß durch Malta und Gozo wandert, wird die roten Früchte überall an den Kakteen hängen sehen und kann sich an den saftigen Früchten laben – auf die splitterähnlichen Stacheln achten!

Arabischer Herkunft sind Gerichte wie **Ful** (gebackene Bohnen), **Biġilla** (Bohnenpürree) oder **Fazola bit Tewn** (in Öl und Knoblauch eingelegte Bohnen), die mit Brot als Vorspeise gegessen werden. Deftig schmeckt **Faqqieh bil bejken,** ein Pilzgericht mit Speck.

Unbedingt probieren sollten Fischfreunde die maltesische **Aljotta** (Fischsuppe) und den Nationalfisch **Lampuki** (Makrelenart), den man sich nach Wunsch in den verschiedensten Zubereitungsformen bestellen kann (Saison von August bis November). Ohnehin wird man den Fisch kaum frischer als in Malta bekommen können, Hochburgen für frische Fischgerichte sind Marsaxlokk und St. Paul's Bay sowie Xlendi auf Gozo. Köstlich sind auch **Cerna** (Seebarsch) und **Qarni stuffat** (geschmorter Tintenfisch).

Sehr italienisch scheinen die **Ravjul** (Ravioli) zu sein, deren Tasche in Malta aber mit Gries und Mehl, die Füllung mit Petersilie und Ricotta (nie Hackfleisch) gekocht wird. Großer Beliebtheit erfreut sich auch **Ross Il Forn,** ein Reisrisotto mit Hackfleisch, Speck, Zwiebeln und Tomaten, im Ofen mit Parmesan und Eiern überbacken.

Maltas unerreichter und auch für den Besucher unbedingt empfehlenswerter Sonntagsbraten aber ist das **Fenek,** Wildkaninchen, in Rotweinsauce gebacken – ein Gaumengenuss, aber nicht überall erhältlich.

Kleiner Menüsprachführer

Viele Lokale bieten zwar mehrsprachige (englisch-italienisch-maltesische) Speisekarten an, aber gerade kleine Schänken weisen im englischsprachigen Teil nur wenige Menüs auf. Mit Hilfe der folgenden Liste sollte man auch maltesische Karten verstehen können.

Suppen

Aljotta	Fischsuppe
Minestra tal Ħaxix	Gemüsesuppe (Kohl, Kürbis)
Kawlata	Gemüsesuppe m. Wurst
Soppa tal armla	Gemüsesuppe mit Käse
Brodu tat Tiġiega	Hühnersuppe
Brodu taċ Ċanga	Rindfleischsuppe
Kapunata	vegetarischer Eintopf

Kleinigkeiten, Vorspeisen

Bebbux bl-Arjoli	Schnecken in Sauce
Ravjuletti bl-Irkotta	Ravioli mit Quarkkäse
Fażola bit Tewn	Bohnen in Knoblauchöl
Bigilla	Bohnenpüree
Barbuljata	Rührei m. Zwiebel
Torta ta'L-Irkotta	Ricotta-Auflauf
Froġa tat-Tarja	Vermicelli-Omelette

Hauptgerichte

Timpana	Nudelauflauf
Ross il-Forn	Reisauflauf
Ravjul	Teigtaschen mit Tomatensauce
Braġjoli	Rouladen in Rotweinsauce
Stuffat	Rindsgulasch
Fenek bit-Tewn u bl-Imbid	Kaninchen in Knoblauch u. Wein
Falda Mimlija	Schmorbraten
Laham fuq il-Fwar	Rinderfilets in Knoblauch
Pulpettun	Hackbraten m. Schinken
Torta tal Lampuki	Lampuki-Auflauf
Pixxispad Mixwi	Schwertfisch, gegrillt
Lampuki biż żalza pikkanti	Lampuki in pikanter Sauce
Stuffat tal Qarnit	gedünsteter Tintenfisch
Merluzz Mixwi	gegrillte Rotbarbe
Ċerna	Seebarsch
Qara bagħli biż żalza pikkanti	Zucchini pikant
Brinġiel Mimli	gefüllte Auberginen (Fleisch)
Bżar Aħdar Mimli	gefüllte Paprikaschoten
Qaqoċċ Mimli	gefüllte Artischocken (Sardellen)
Fritturi tal-Pastard	frittierter Blumenkohl
Ful bit-Tewm	Bohnen m. Knoblauch
Patata Fgata	Kartoffel m. Fenchel

Getränke

Maltesischer Wein

Die von der Sonne verwöhnten maltesischen Inseln sind seit den Zeiten der Phönizier und Römer ein bekanntes Anbaugebiet, lediglich unter arabischem Einfluss ging der Weinanbau, religiös bedingt, stark zurück. Die Normannen führten ein kleines Parzellensystem mit umgebenden Steinmauern ein, welche vor den heftigen Winden schützten. Doch erst mit den Johannitern, die aus weintrinkenden Ländern stammten, wurden die beiden Sorten **Insolja** (grüne Traube) und **Mammolo** (blaue Traube) als die für Malta geeignetsten festgelegt. Unter den Briten kamen neue Abfüllverfahren (Flasche statt Holzkübel) hinzu, heute wird der Wein auf Malta ebenso professionell erzeugt wie anderswo. Ein großer Unterschied zu den mitteleuropäischen Weinbergen wird allerdings schnell offenkundig: Wegen der starken Sonne kann die Weinpflanze auf flachem Feld angebaut, muss aber aus dem gleichen Grund etwa kniehoch gestutzt werden, wobei die Blätter einen natürlichen Sonnenschutz bilden. Wer fränkische oder rheinische Weinberge im Sinn hat, wird die maltesischen Weinfelder auf der Durchfahrt möglicherweise sogar übersehen.

Die Weine Maltas werden für den heimischen Markt erzeugt, sind außerordentlich preiswert – ab Lm 0,75. die Flasche – und werden als Tafelwein auch von Touristen sehr geschätzt. Weinkenner werden allerdings bald feststellen, dass die maltesischen Trau-

Echte Parteidemokratie

Eine ungewöhnliche Möglichkeit für Maltareisende, einen Imbiss oder ein Getränk zu sich zu nehmen, mutet beinahe filmreif an. In vielen kleinen Orten liegen in Kirchennähe und dicht beieinander die Parteilokale der *Partit Laburista* und *Partit Nationalista*. Und wie bei *Don Camillo & Peppone* muss jeder den anderen übertreffen: mehr Mitglieder haben, das schönere Parteilokal besitzen, die Fahne höher hängen, das Parteilied lauter schmettern – natürlich nur dann, wenn auch die anderen gerade singen – und ähnliche Nicklichkeiten mehr. Diese Parteilokale heißen nicht nur „Lokal", sondern dienen auch als solche. Zum einen bekennt hier der „Lokalgänger" öffentlich seine politische Haltung, zum anderen werden aber auch parteiintern und ganz offen Diskussionen an der Basis geführt. Stehen parteiinterne Entscheidungen oder Wahlen an, wird hier heiß diskutiert, ansonsten kann der neutrale Besucher das Parteilokal nur anhand der aushängenden Portraits der Parteichefs von einer Kneipe unterscheiden. Für den Touristen sind diese Parteilokale nicht unwichtig, da sie in kleinen Dörfern oft die einzige Möglichkeit zur Einkehr bieten.

ben durch die starke Sonne zu schnell reifen, als dass echte Spitzenweine möglich wären.

●*Tipp: Farmer's Wine* an der Hauptstraße rechts zwischen Burmarrad und Buġibba/St. Paul's Bay (3 Minuten zu Fuß vom Supermarkt/Bushaltestelle Burmarrad) bietet Weinverkauf direkt vom Erzeuger mit kostenloser Weinprobe an (werktags 9–17 Uhr).

Sonstige Getränke

In Malta ist mittlerweile die übliche Angebotspalette an **alkoholfreien Ge-**

tränken (oft sogar in Pfandflaschen) überall erhältlich.

Einmalig, unverwechselbar und in Europa weitgehend unbekannt dürfte der beinahe zum Nationalgetränk aufgestiegene Softdrink **Kinnie's** sein, ein dem österreichischen Almdudler ähnliches, kohlensäurehaltiges Getränk aus den heimischen Bitterorangen und 18 Kräutern – das Rezept geht angeblich auf die Ritterzeit zurück und soll heilende Kräfte besitzen.

Das Bier (Lager) auf Malta ist ausgezeichnet, neben dem heimischen **Cisk** der Farsons-Brauerei in Attard wird vor allem **Löwenbräu,** in Lizenz auf Malta gebraut, gerne getrunken. In den Bars bekommt man den half-pint (etwa 0,5 l) schon ab Lm 0,60, während der „Happy-Hour" (legt jede Kneipe ganz unterschiedlich fest) auch darunter.

H-Milch ist in Malta weitgehend unbekannt, **Frischmilch** wird jedoch täglich in Lebensmittelgeschäften und vor allem am frühen Morgen in den Bäckereien verkauft. Schnell aufbrauchen, selbst im Kühlschrank verdirbt sie nach zwei Tagen!

Feste und Feiertage

Festas

Was tun 350.000 Menschen auf einer kleinen Insel in ihrer Freizeit am liebsten? Sie feiern die Feste, wie sie fallen! Es gehört zu den hervorstechenden Charaktereigenschaften der Malteser, dass jede auch noch so kleine geschichtliche oder kirchliche Traditi-

Festas während der Hauptsaison auf Malta

Datum	Anlass	Festa in
2. So im Juni	St. Philip	Żebbuġ
Letzter So im Juni	St. George	Qormi
Letzter So im Juni	St. Nicholas	Siġġiewi
1. So im Juli	St. Joseph	Birkirkara
1. So im Juli	St. Paul	Rabat
1. So im Juli	Our Lady of the Sacred Heart	Sliema
1. So im Juli	St. Andrew	Gżira
2. So im Juli	St. Joseph	Kalkara
3. So im Juli	St. Sebastian	Qormi
3. So im Juli	St. George	Victoria/Gozo
Letzter So im Juli	St. Lawrence	St. Lawrenz/Gozo
Letzter So im Juli	Our Lady of Carmel	Balluta Bay (Sliema/St. Julian's)
Letzter So im Juli	Our Lady of Sorrows	St. Paul's Bay
Letzter So im Juli	St. Anne	Marsaskala
Letzter So im Juli	St. Venera	Santa Venera (Msida)
So vor d. 4. Aug.	St. Dominic	Valletta
1. So im August	St. Joseph	Qala/Gozo
1. So im August	St. Peter	Birzebbuāia
So nach d. 7. Aug.	St. Gaetan	Hamrun (die alten Städte)
So n. d. 15. Aug.	Our Lady of Lourdes	Pawla
So n. d. 18. Aug.	Stella Maris	Sliema
Letzter So im Aug.	St. Dominic	Vittoriosa
Letzter So im Aug.	Maria Regina	Marsa
1. So im Sept.	St. Catherine	Żurrieq
1. So im Sept.	St. Gregory	Sliema
So nach d. 8. Sept.	Our Lady of Grace	Żabbar

Praktische Reisetipps A–Z

on zum Anlass für eine jener „Festas" genommen wird, an der jeder Tourist zumindest einmal teilgenommen haben sollte. Und derartige, überwiegend kirchliche Anlässe gibt es auf Malta zuhauf, beinahe jeder Ort veranstaltet mindestens einmal jährlich ein großartiges Spektakel mit duftenden Süßigkeiten, Imbissständen, fliegenden Händlern und lautstarken Kapellen im Zentrum, meist **rund um die Kirche.** Es sind gerade die Kirchen, die mit Flaggen, Tüchern und Lichterketten prächtig ausstaffiert werden und auch die bedeutendsten weltlichen Stätten an solchen Feiertagen in den Schatten stellen.

Den ungekrönten Höhepunkt der Festa aber bildet jeweils ein traditionelles, das Böse verscheuchende **Feuerwerk.** Stimmungsvoll wird es nach Einbruch der Dunkelheit, das Feuerwerk beginnt meist gegen 22 Uhr. Die Dorfkapelle (Band Club) tritt sehr oft als Veranstalter einer Festa auf. Schon Wochen vor Beginn der Dekorationsarbeiten werden Spenden gesammelt, Sponsoren und freiwillige Helfer ge-

Nationale und kirchliche Feiertage auf Malta

Datum	Feiertag	Hauptort der Feierlichkeiten
1 Januar	Neujahrstag	(Nationalfeiertag)
10. Februar	Schiffbruch des Apostel Paulus	St. Paul's Bay, Mdina
Februar/März	Karneval	Valletta
31. März	Abzug der Briten von Malta	Vittoriosa
März/April	Ostern	Prozessionen allerorts
1. Mai	Tag der Arbeit	(Nationalfeiertag)
7. Juni	Austand am 7.6.1919	Valletta
2. o. 3. Juniwochenende	Il Bandu, Vorfest der L-Imnarja	Mdina
28./29. Juni	L-Imnarja (Lichterfest)	Buskett, Mdina, Rabat (Eselrennen!)
Juli/August	Kulturmonat	je nach Veranstaltung wechselnd
4. August	Lejla Mgarrija (Folklorefestival)	Mġarr/Gozo
15. August	Mariä Himmelfahrt	Gozo, Birzebbuġa u. Mosta (legendär)
1. Sept. wochenende	Ende der Belagerung von 1565	Grand Harbour, Valletta
21. September	Unabhängigkeitstag	Floriana
Anfang Oktober	Folklorefestival	Vittoriosa
Anfang November	Sankt Martin (Nikolaus)	überall
13. Dezember	Tag der Republik	(Nationalfeiertag)
24. Dezember	Weihnachten	Abendprozessionen überall
25. Dezember	1. Weihnachtstag	(Nationalfeiertag)

sucht. Ein wichtiger Hinweis zu den Feuerwerken: Es gibt zwar im Land eine ganze Reihe von *firework-factories* (Feuerwerksfabriken), am bekanntesten sind jene in Zurrieq und Bidnija, die wahre Kunstwerke zusammenbasteln. Mancherorts werden Knallkörper aber auch in Eigenarbeit aus Patronenpulver und nicht so ganz den DIN-Normen entsprechend zusammengebastelt. Auf Grund der massiven Steinbauweise brennt es zwar selten auf Malta, man sollte aber vielleicht nicht unbedingt in unmittelbarer Nähe der Kracher stehen, wenn das Feuerwerk gezündet wird.

Feiertage und Festivals

Zu den Festas kommen noch einige Nationalfeiertage und besondere Festivals, die durchaus auch für den Touristen von Interesse sein könnten.

An diesen Tagen, insbesondere am 15. 8. empfiehlt es sich, auf einen Besuch Gozos zu verzichten, da die Fähren hoffnungslos überlastet sind. Auf Gozo finden an Mariä Himmelfahrt allerorts feierliche Zeremonien und Festas statt, während sich auf Malta die Aktivitäten an diesem Tag jährlich wechselnd auf Mosta und Birżebbuga beschränken.

Film und Foto

In Valletta und Sliema gibt es einige Fotogeschäfte, die **Filmmaterial** (auch Diafilme), **Ersatzbatterien** und **Zubehör** aller Art führen.

Auch **Entwicklungen** sind in diesen Fachgeschäften zuverlässig und schnell möglich, die Preise entsprechen denen in Mitteleuropa. Vor allem in der langen Mittagspause und am Abend ist in kleineren Orten dagegen nichts zu machen. Es empfieht sich in den meisten Fällen, alle benötigten Filme mitzubringen und auch wieder im Heimatland entwickeln zu lassen.

Fotofreunde werden auf Malta und Gozo Motive im Überfluss finden, ganz obenauf steht Valletta mit seinen Wehranlagen und Palästen. Fotografieren ist prinzipiell überall erlaubt, an manchen empfindlichen Orten wird deutlich durch Hinweisschilder auf **Fotografierverbote** aufmerksam gemacht (u.a. Hypogäum, Nationalbibliothek). Auch in fast allen Kirchen können Detailaufnahmen gemacht werden, allerdings lieben es die Malteser selbst nicht, als Motiv herhalten zu müssen; Diskretion ist hier vonnöten.

Die **Digitalfotografie** steckt in Malta noch in den Anfängen; insbesondere Speicherkarten sind derzeit deutlich teurer als bei uns. Die Anschaffung von Hardware (Objektive, Gehäuse) lohnt sich definitiv nicht, auch wenn die internationale Garantie selbstverständlich geworden ist – für Kunden bedeutet dies dennoch eine Menge Lauferei.

(⌕ auch Exkurs Fototipps.)

Geldangelegenheiten

Währung

Die offizielle Bezeichnung für die maltesische Währung lautet **Lira Malti (maltesische Lira, Lm)**, umgangssprachlich wird in Anlehnung an die britische Kolonialzeit auch **Pound** (Pfund) gesagt. Seit 2004 ist Malta zwar EU-Vollmitglied, der Zeitpunkt der Euro-Einführung steht jedoch noch nicht fest (⌕ Geldwechsel).

Die Lira ist in 100 Cent unterteilt und in **Münzen** zu 1, 2, 5, 10, 25 und 50 Cent sowie zu Lm 1 in Umlauf. **Banknoten** sind zum Nominalwert von Lm 2, 5, 10 und 20 erhältlich.

Wechselkurse (Stand Mai 2006)

Lm 1 = 2,17 €	1 € = Lm 0,40
Lm 1 = 3,26 SFr	1 SFr = Lm 0,24

Geldwechsel

Mit dem EU-Beitritt Maltas liegt auch der Wechselkurs nahezu fest, größere Schwankungen sind nicht zu befürchten. Zudem will Malta 2007 (turnusmäßige Überprüfung der Konvergenzkriterien für Neubeitrittsländer) die Gemeinschaftswährung einführen, was allerdings noch 2–3 Jahre dauern kann.

Ein Umtausch vor Reiseantritt ist unnötig, Wechselstuben, Banken, Geldscheinautomaten (mit Kreditkartenlogo oder blaurotem Cirrus-Logo; bis 200 Lm pro Transaktion) sind mittlerweile schon längst keine Ausnahme mehr.

Für die Barabhebung vom Geldautomaten mit der **Maestro-Karte** (in

Praktische Reisetipps A–Z

Fototipps für unterwegs

Wahl der Kamera

Welche Kamera man für seine Reise wählt, hängt hauptsächlich von den **eigenen Ansprüchen ans Fotografieren** und dem jeweiligen **Geldbeutel** ab. Daneben sollte man aber auch die Faktoren **Gewicht, Robustheit, einfache und unauffällige Handhabung** und den möglichen **Verlust** bei Beschädigung oder Diebstahl einkalkulieren. Vor allem sollte man bedenken, dass gute Bilder nicht von der perfekten technischen Ausrüstung gemacht werden, sondern vom Menschen hinter der Kamera.

Einfache Kompaktkamera

Für „ganz normale" Urlaubsfotos genügt sicherlich eine einfache, leichte Kompaktkamera mit eingebautem Blitz. Sie ist auch deshalb nützlich, weil man sie immer dabeihaben kann und nicht erst komplizierte Einstellungen vornehmen muss, wenn sich eine Gelegenheit zum Fotografieren ergibt.

Kompaktkameras mit Zoomoptik

Einen **guten Kompromiss** zwischen dem niedrigen Gewicht und Preis der Kompaktkameras einerseits, der Flexibilität und guten optischen Qualität der Spiegelreflexkameras andererseits bieten die modernen Kompaktkameras mit fest eingebauter Zoomoptik. Leider haben sie generell recht **lichtschwache** Objektive. Die schönen Lichtstimmungen am Abend oder frühen Morgen lassen sich dann nur noch verwacklungsfrei festhalten, wenn die Kamera **längere Belichtungszeiten** ermöglicht und außerdem **Stativ** und **Drahtauslöser** benutzt werden.

Spiegelreflexkamera

Wer hohe Ansprüche an die technische Qualität seiner Bilder stellt und in Objektiv- und Zubehörauswahl flexibel sein will, kommt um eine Spiegelreflexkamera nicht herum – aber leider auch nicht um eine beträchtliche Geldausgabe, Schlepperei und fototechnisches Fachwissen.

Viele moderne elektronische Kameras sind empfindlich gegen Nässe und Verschmutzung. Eine **mechanische oder halbmechanische Kamera** (oft günstig gebraucht zu kaufen) ist robuster, aber meist umständlicher in der Handhabung.

Der Kompaktheit und des Gewichtes wegen sind **Zoomobjektive** ideal, die allerdings viel Licht schlucken. Fast komplett ist man mit zwei Objektiven mit 28–80 mm und 80–200 mm Brennweite ausgerüstet. Ein **lichtstarkes Normalobjektiv** für Aufnahmen bei schlechtem Licht und ein starkes **Weitwinkelobjektiv** für Landschaftsaufnahmen können die Ausrüstung ergänzen.

Zubehör

● Vor jedes Objektiv gehört ein leicht rötlicher **Skylightfilter,** der den häufigen Blaustich mildert und das Objektiv vor Schmutz und Kratzern bewahrt. Auch ein **UV-Filter** schützt, verändert jedoch die Farben nicht.
● Ein **Polfilter** verstärkt das Himmelsblau und vermindert Reflexe, z.B. auf Blättern oder Wasser, was manchmal zur erheblichen Verbesserung der Farbsättigung führt. Bläulicher Dunst wird oft stark gemildert.
● Für Innenaufnahmen, Dämmerungs- und Nachtaufnahmen oder bei Verwendung von Teleobjektiven ist häufig die Benutzung von **Stativ** und **Drahtauslöser** nötig.
● Ein **Blitz** ist nützlich bei Innenaufnahmen und zur Aufhellung bei Gegenlicht und Schlagschatten.
● **Staubpinsel, Reinigungstücher** sowie **Ersatzbatterien** nicht vergessen!

Fototasche

Die Ausrüstung sollte wasser- und schmutzdicht sowie vor Stößen geschützt transportiert werden, dazu noch bequem zu tragen sein. Für längere, raue Transporte empfiehlt sich die **Kameratasche** oder der **Fotokoffer.** Leider führen diese zu unerwünschter Aufmerksamkeit von **Langfingern**. Eine normale, robuste Tasche oder ein Tagesrucksack, dicke Wollsocken oder Ähnliches für die Polsterung von Objektiven und Kameragehäuse, außerdem Plastiktüten als Schutz vor Regen und Schmutz sind oft ausreichend, preisgünstig und unauffällig.

Filme

Grundregel ist, dass man stets zu wenig Filme dabei hat. Da Filme in Deutschland fast immer günstiger oder genauso teuer wie im Ausland sind, sollte man einen entsprechend **großen Vorrat mitnehmen.** So kann man sich sicher sein, dass die Filme nicht überaltert oder falsch gelagert sind.

Negativfilme haben den Vorzug, preisgünstiger zu sein und einen größeren Spielraum bei der Belichtung zu bieten. **Dias** können projiziert werden, zudem kann man auswählen, von welcher der vielen Aufnahmen tatsächlich ein Abzug gemacht werden soll – eventuell ein ziemlicher Preisvorteil.

Für normale Situationen sind Filme mit der **Lichtempfindlichkeit** ASA 100 ausreichend. Für Dämmerungs- oder Innenaufnahmen, Fotos mit Teleobjektiven oder im Wald benötigt man höhere Filmempfindlichkeiten, die aber eine schlechtere Bildqualität nach sich ziehen, zudem teurer sind.

Wichtig ist es, Filme (besonders nach der Belichtung) so **kühl und trocken** wie möglich zu lagern, weil Hitze zu Farbstichen oder flauen Bildern führen kann. Gut eingewickelt im Schlafsack oder mitten im Koffer lagern, niemals in die pralle Sonne legen oder bei Hitze im Auto lassen!

Wer Schäden durch **Röntgenstrahlen** bei der Gepäckkontrolle befürchtet (bei modernen Geräten kein Problem), kann um Handkontrolle seiner Filme bitten.

Verhalten und Tipps beim Fotografieren

● **Respekt** vor dem Gegenüber ist bei der Fotografie von anderen Menschen erstes Gebot. Es handelt sich schließlich um Men-

schen, nicht um Fotoobjekte. Man sollte sich stets die **Erlaubnis** einholen, jemanden zu fotografieren. Ein Satz in der Landessprache, ein freundlicher Blick und eine entsprechende Geste können Wunder wirken und sogar der Auftakt einer kleinen Begegnung sein, an der man viel mehr Freude hat als an einem anonymen, „gestohlenen" Bild. Möchte jemand nicht fotografiert werden, ist das unbedingt zu respektieren, nicht zuletzt, um sich selber Ärger zu ersparen.

● Hemmungsloses **Blitzen** in Situationen oder Räumen, die für andere Menschen privat oder gar heilig sind, zeugt von Respektlosigkeit, ist lästig und zieht oft Ärger nach sich, manchmal sogar handfesten.

● Fotografieren von **Militäreinrichtungen, Brücken** oder **Häfen** ist in vielen Ländern verboten. Entsprechende Regeln sollte man unbedingt erfragen und beherzigen, auch wenn es nicht nachvollziehbar ist, warum. Wer mit der Beschlagnahmung des Films wegkommt, kann manchmal froh sein!

● **Fotoverbote oder -einschränkungen in Sehenswürdigkeiten und Museen** sollten ebenfalls beachtet werden. Wer unbedingt ein Bild braucht, sollte die entsprechenden Stellen um Erlaubnis fragen, manchmal ist eine saftige Gebühr zu zahlen.

● Das **Detail nicht vergessen** – Gesamtaufnahmen werden schnell langweilig. Versteckte Reize in Kleinigkeiten oder scheinbaren Nebensächlichkeiten zu entdecken, schult den eigenen Blick für das Besondere.

● **Geduldig sein:** Es lohnt sich, eine Situation zu beobachten, gutes Licht abzuwarten, nach einem geeigneten Blickwinkel zu suchen.

● Lieber **mal ein Bild mehr fotografieren** – schließlich kann ein schönes Foto noch nach Jahren an ein Reiseerlebnis erinnern. Deswegen aber ständig den Sucher vor dem (inneren) Auge zu haben, **begrenzt den eigenen Blickwinkel** für andere Aspekte des Reisens. Man muss nicht jedes Bild „einfangen".

● **Buchtipp:** Praxis „Reisefotografie" und „Reisefotografie digital", beide im REISE KNOW-HOW Verlag erschienen.

gene Öffnungszeiten festlegen kann und zudem ein Sommer- und Winterplan existiert. Am besten stellt man sich darauf ein, von Montag bis Samstag zwischen 9 und 12 Uhr zur Bank zu gehen – zu dieser Kernzeit hat jede Filiale geöffnet. Einige Filialen haben werktags (außer Samstag) am Nachmittag entweder von 15 bis 18 Uhr oder von 16 bis 19 Uhr geöffnet.

Da wegen der komplizierten Öffnungszeiten nicht wenige Urlauber ohne Bargeld vor verschlossener Tür standen, wurde eine Reihe von **Bargeld-Wechselautomaten** installiert. Diese kinderleicht zu bedienenden Automaten akzeptieren Scheine von mehr als einem Dutzend Länder, darunter auch aus der Schweiz und den Euro-Ländern. Wechselautomaten gibt es z.B. am Flughafen/Ankunftshalle, Republic Street/Valletta oder in Buġibba und anderen größeren Orten.

Bereits heute haben einige Geschäfte **auf zwei Währungen umgestellt** (in Victoria/Gozo auch die Museen), es kann parallel zur maltesischen Lira auch in Euro gezahlt werden (ggfls. fragen bzw. Schilder beachten). Hierzu besteht keine Verpflichtung für Ladenbesitzer (es gibt auch keine Faustregel wer dies tut und wer nicht), doch gewöhnt man sich als maltesischer Geschäftsmann so schrittweise an die neue Währung und rundet leicht vorteilhaft auf „1 Lm = 2,50 €" auf.

Deutschland auch EC-Karte genannt) wird je nach Hausbank pro Abhebung eine Gebühr von 1,30–4 € bzw. 4–6 SFr berechnet. **Barabhebungen** per Kreditkarte kosten je nach ausstellender Bank bis zu 5,5% an Gebühr, aber für das bargeldlose Zahlen werden nur ca. 1–2% für den Auslandseinsatz berechnet. Also am besten oft bargeldlos bezahlen und für Bargeld gleich größere Summen mit der Maestro-Karte abheben.

Viele Restaurants und Hotels ab drei Sternen (darunter seltener) akzeptieren gängige **Kreditkarten** *(Visa, American Express* oder *Mastercard)*, bei Tankstellen wird grundsätzlich bar bezahlt. *Diners Club* wird hingegen nur selten akzeptiert.

Die **Öffnungszeiten** der Banken sind sehr kompliziert, da jede Filiale ei-

Gesundheit und Hygiene

Die hygienischen und gesundheitlichen Standards auf Malta sind ausgezeichnet, Befürchtungen wegen des Trinkwassers oder etwaiger Unsauberkeit, wie man sie aus manchem nordafrikanischem Land kennt, sind unnötig.

Traditionell stehen übrigens jedem Malteser täglich 12 Liter Wasser kostenlos zu – erst ab dem 13. muss eine Gebühr an das Wasserwerk bezahlt werden. Das **Trinkwasser** wird aus Meerwasserentsalzungsanlagen gewonnen und kann unbedenklich getrunken werden, es schmeckt allerdings nicht besonders gut.

Denkbare gesundheitliche Probleme können insbesondere **Verstopfung** (Flüssigkeitsmangel, viel trinken), ein **Sonnenbrand** (entsprechender Sonnenschutz ist vor allem in den ersten Tagen wichtig) oder **Stechmücken** sein. Ein Mückenschutzmittel (z.B. *Autan)* sollte unbedingt mitgeführt werden.

Gelegentlich kann es zu unangenehmen Begegnungen mit **Quallen** kommen. Gegen die nesselnden Schmerzen hilft das Mittel *Fenazil*, welches in den örtlichen Apotheken zu Lm 3 erhältlich ist.

Besondere **Impfungen** sind für Malta nicht vorgeschrieben, der allgemeine Grundschutz (Polio, Tetanus und Diphterie) genügt.

Es empfiehlt sich der Abschluss einer privaten **Auslandsreisekrankenversicherung** (⤸ Versicherungen).

Allgemeine **Notrufnummer:** 196.

Krankenhäuser

Sollte ein Notfall eintreten, empfehlen sich für eine umfangreichere Behandlung:

- **St. Luke's Hospital,** Gwardamanġa/Msida (Großraum Valletta), Tel: 21241251
- auf Gozo: **Craig Hospital,** Victoria, Tel: 21556851

Kleinere Behandlungen können in einem der zahlreichen **Health Centres** vorgenommen werden, unter anderem in:

- Floriana, Tel: 21243314
- Pawla, Tel: 21242103
- Cospicua, Tel: 21675492
- Mosta, Tel: 21433256
- Rabat, Tel: 21459082

Tauchsportler wird es beruhigen zu wissen, dass im Falle eines **Dekompressionsunfalls** die Deko-Kammer des St. Luke's Hospital unter den Sonderrufnummern 21234765 und 2123 4766 schnell erreicht werden kann.

Informationsstellen

In Deutschland und Österreich

Für weitergehende Auskünfte, touristische Informationen und Anfragen auch für Geschäftsleute stehen www.urlaubmalta.com sowie die Dienststellen des maltesischen Fremdenverkehrsamtes zur Verfügung:

- in **Deutschland:** Fremdenverkehrsamt Malta, Schillerstr. 30–40, 60313 Frankfurt/Main, Tel: 069285890, Fax: 069285479, info@urlaubmalta.com.

Praktische Reisetipps A–Z

030-M Foto: wl

Praktische Reisetipps A–Z

●in **Österreich:** Fremdenverkehrsamt Malta, Opernring 1/E/3, 1010 Wien, Tel: 01585 3770, Fax: 015853771, wien@urlaubmalta. com.
●in der **Schweiz:** Fremdenverkehrsamt Malta, Sumatrastr. 25, 8023 Zürich, Tel: 01350 3983, Fax: 013503984, switzerland@urlaub malta.com.

In Malta

Filialen der **National Tourism Organisation Malta (NTOM)** wurden in den wichtigsten Orten Maltas eingerichtet. Die für den Besucher wichtigste und nützlichste liegt in **Valletta, City Gate Arcade,** Tel: 21237747. Hier gibt es nicht nur Broschüren, es werden auch Unterkünfte oder Eintrittskarten zu Veranstaltungen aller Art vermittelt; das Personal spricht mindestens englisch und italienisch. Die übrigen Filialen sind nicht so gut ausgestattet, die Information beschränkt sich in der Regel auf die Ausgabe von kleinen Broschüren:

●**Malta International Airport,** die Informationsstelle in der Ankunftshalle ist automatisiert mit sofortiger Ausdruckmöglichkeit aller angefragten Informationen. Die Wartezeit auf das Gepäck kann so sinnvoll genutzt werden.
●**Sliema,** Bisazza St., Tel: 21313409.
●**St. Julian's,** Main St., Balluta Bay, Tel: 21342671.
●**Buġibba,** Islets Promenade, Tel: 21477382.
●**Victoria/Gozo,** Tigrija Shopping Mall (UG), Mo–Fr 9:30–12:30 und 13–17 Uhr; So/Fe nur 13–17 Uhr, Tel. 21558105.
●**Mġarr/Gozo:** Der Hafen wird derzeit komplett neu gebaut, so dass wie in Ċirkewwa eine vollständige Automatisierung möglich sein wird. Bis dahin liegt eine kleine Informationsstelle provisorisch direkt am Kai.

Im Internet

●**Allgemeine Landesinformationen:**
www.urlaubmalta.com

www.guidegozo.com
www.gozo.com
www.discover-malta.com
●**Maltesisches Bussystem:**
www.atp.com.mt
●**Spezialseiten für besondere Interessen und Aktivitäten:**
www.maltamarathon.com.mt
www.malta-rockclimbing.com
www.maltachoirfestival.com

Wer unterwegs nicht auf seinen **Modemanschluss** verzichten möchte sei auf Maltanet (www.Maltanet.net) verwiesen, wo per Kreditkarte ein Prepaid-Arrangement (z.B. 30 Stunden für Lm 6) online freigeschaltet werden kann.

Info-Telefone

An vielen historischen Bauwerken wurde ein Informationstelefon installiert. Unter der Nummer 97300002001 kann man dort zum nationalen Mobiltelefontarif Tonbandinformationen von ca. 2 Minuten Länge abrufen.

Deutsch-Maltesische Gesellschaft

Wer sich eingehend mit Malta beschäftigen möchte, sollte die Deutsch-Maltesische Gesellschaft e.V., Mittelbachstr. 26, D-53518 Adenau (Städtepartnerschaft mit Mellieħa), Tel: 02691501, Fax: 026912283, kontaktieren. Hier werden Schüleraustausch und Städtepartnerschaften organisiert, kulturpolitische Kontakte gepflegt sowie politische und wirtschaftliche Entwicklungen beobachtet.

Auf Malta nennt sich der Verein **German-Maltese Circle** und hat seinen Sitz in der 141 St. Christopher St., Valletta, Tel: 21246967, Fax: 21240552.

Malteser Ritter-Orden

●*Deutsche Assoziation des Malteserordens,* Kanzlei, Burgstr. 10, 53505 Kreuzberg, Tel: 026432038, Fax: 026432393, www.malteser.de/1.02.Malteserorden/Malteserorden_ Deutschland/Deutsche_Assoziation.asp.

●*Souveräner Malteser-Ritter-Orden,* Großpriorat von Österreich, Johannesgasse 2, 1010 Wien, Tel: 015127244, Fax: 01513 9290, www.malteserorden.at.

●*Malteserorden (Association Helvetique),* Technikumstr. 6, 9470 Buchs, Tel: 081756 5608, Fax: 0817561209, www.orderofmalta. org.

Kinder auf der Reise

Malta ist auch für jüngere Besucher ein Erlebnis; die Malteser sind sehr *kinderfreundlich* und empfinden Kinder nie als unbequeme Last. Maltesische Kinder sieht man bis in die Abendstunden auf den Straßen herumtollen, während der Mittagshitze ist dagegen „Siesta" angesagt.

Kinderportionen und Hochstühle für Kleinkinder sind in **Restaurants** zwar unbekannt, es wird aber schnell improvisiert und auf die Sonderwünsche der kleinen Gäste gerne eingegangen.

Auf *Kinderwagen* oder Buggy sollte man wegen der fehlenden abgeflachten Bordkanten verzichten, ein Tragetuch oder Rückensitz ist empfehlenswerter.

Viele Kinder lieben *Ritter* – und zu diesem Thema findet man auf Malta mehr als genug überwältigende Plätze. Gleichzeitig bieten sich aber auch **Strände,** das berühmte **Popeye-Village** (Anchor Bay, Nordmalta) oder der **Splash Fun Park** (Baħar Iċ-Ċagħaq,

Nordmalta) zum Herumtollen am Wasser an. Letzterer wurde als eine Art Kinderbetreuungsstelle für Urlauber eingerichtet. Der Park hat täglich von 9 bis 20 Uhr geöffnet, ist auch zur Seeseite hin umzäunt und bietet beaufsichtigte Kinderbadebecken, Wasserrutsche und Dino-Abteilung (Tageskarte für Kinder unter 13 Jahren Lm 3,20).

Lange Anfahrten und quälende Staus entfallen auf Grund der geringen Größe Maltas gänzlich, so dass es den Kleinen – von stundenlangen Museumsbesuchen abgesehen – nicht langweilig werden kann.

Auch *unter gesundheitlichen Gesichtspunkten* ist Malta ein ideales

Spaß für die Kleinen: Karussell in Buġibba

Reiseziel. Über schädliche Pflanzen oder giftige Kleintiere braucht man sich keine Gedanken machen, so dass Kinder gefahrlos auch einmal das Gelände abseits der Wege erforschen können.

Zu beachten sind lediglich die starke **Sonne/Hitze** von Juni bis August und die oft lästigen **Stechmücken.**

Spezielle **Babynahrung** oder besondere **Medikamente** für Kinder bringt man besser von daheim mit.

Klima und Reisezeit

Maltas Lage im zentralen Mittelmeer auf der geographischen Höhe von Nordafrika bedingt ein ausgeprägtes **Mittelmeerklima** mit heißen, trockenen Sommern und sehr milden, frühlingshaften Wintermonaten. Meist weht ein erfrischender Wind über die Inseln, der den Besuchern höchst willkommen, den Bauern verhasst ist, da er gerade im Sommer die wenigen Re-

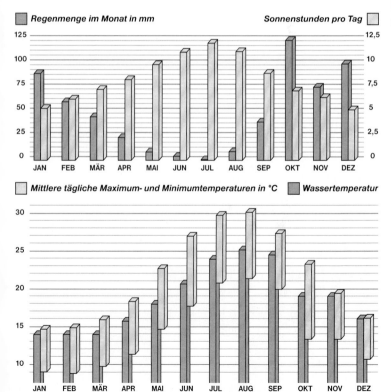

Regenmenge im Monat in mm Sonnenstunden pro Tag

Mittlere tägliche Maximum- und Minimumtemperaturen in °C Wassertemperatur

genwolken von Malta fern hält und den kargen Boden ausdörrt.

Wind und Wasser

Es sind drei unterschiedliche, häufig auftretende und für das maltesische Archipel typische Winde, die das Wetter prägen. Im Winter weht ein feuchter Nordostwind, **Grigal** genannt, und beschert die für die Landwirtschaft und den Grundwasserspiegel wichtige Feuchtigkeit.

Von Nordwesten her weht der so genannte **Majjistral,** ein kühler und trockener Wind, der im Sommer gelegentlich willkommene Abkühlung bringt.

Der **Xlokk** kommt aus Zentralafrika (Sahara), nimmt auf seinem Zug über das Mittelmeer reichlich Feuchtigkeit auf und bewirkt ein drückend-schwülwarmes Klima.

Das **Mittelmeerwasser** ist um Malta von Mitte Mai bis Anfang Oktober angenehm warm, getaucht wird auf einigen Basen sogar ganzjährig, von Dezember bis März allerdings mit reduziertem Personal.

Die autofreie Flaniermeile Republic Street in Maltas Hauptstadt Valetta während der Hochsaison

500-M Foto: wl

Jahreslauf

Die Monate **Juni bis August** sind knochentrocken, von der dritten Augustwoche (laut Bauernregel heftige Regentage) abgesehen. Ein leichter Regen fällt zu dieser Zeit überwiegend nachts, was der Tourist allerdings kaum realisieren wird.

Mitte **September** endet der Hochsommer mit sintflutartigen Regenfällen, die wegen des knochenharten Bodens zu Straßenüberschwemmungen führten (Höhepunkt **Oktober).**

Dann pendelt sich der maltesische „**Winter**" mit launischem und täglich völlig unterschiedlichem Wetter von mild bis stürmisch ein.

Ab Mitte **Februar** nehmen die Regentage deutlich ab und die Pflanzenwelt blüht auf.

Ende **April** beginnt für die Landwirtschaft dann wieder die lange Trockenzeit. Während dieser Trockenphase wird die Luft so staubig, dass Fahrzeuge nach einem kleinen Sommerregen mit einer deutlich sichtbaren Staubschicht bedeckt sind und schmutziger aussehen als vorher!

Reisezeit

Eine Empfehlung für die beste Reisezeit ist allerdings nicht nur wetterabhängig. Ein kulturgeschichtliches Besichtigungsprogramm ist zu jeder Jahreszeit attraktiv, Strandbesuche dagegen überwiegend im Sommer.

Touristische Hochsaison herrscht während der Monate Juli/August, wenn in Italien und Malta die großen Betriebsferien anstehen und auch massenweise Briten, mittlerweile auch viele Deutsche, ihre Ferien hier verbringen.

Wer auf ein gemischtes Kultur- und Strandprogramm Wert legt und es sich zeitlich einrichten kann, wird sicherlich den Zeitraum **Mitte Mai bis Ende Juni** bevorzugen, wenn die Temperaturen warm, aber nicht unerträglich heiß sind, kaum Regen fällt und die Hauptreisezeit noch nicht begonnen hat.

Wen gelegentliche Schauer nicht stören, dem sei der **September** bei sehr guten Wassertemperaturen empfohlen.

Kosten

Der größte Kostenfaktor ist neben der Anreise die Unterkunft, die je nach Anspruch und Bedürfnissen die Reisekasse unterschiedlich stark belastet (↗ Unterkunft).

Der **Individualtourist** kommt bei Übernachtung im einfachen Guesthouse, Fahrten mit öffentlichen Bussen und einfacher Verpflegung mit Lm 15/Tag in der Nebensaison gut aus.

Eine **Familie,** die sich eine Ferienwohnung und einen Kleinwagen mietet, sollte pro Woche Lm 100–120 (Wohnung inkl. Wagen) veranschlagen zuzüglich Lebensmittel.

Das Preisniveau für **Lebensmittel** und sonstige Waren entspricht etwa dem Mitteleuropas, wobei importierte Dosenware meist etwas teurer, frische, einheimische Obst- und Gemüsesorten in der Regel etwas billiger sind. Frischer Fisch ist überall deutlich preisgünstiger als bei uns. Eingekauft wird auf Märkten und in kleineren Tante-Emma-Läden. Supermärkte liegen in Burmarrad (Ortsausgang ↗ St. Paul's Bay), in Sliema (nahe dem Deutschen Konsulat) sowie in Victoria/Gozo im Zentrum (Arcadia-Galerie). Es lohnt sich für Selbstversorger, hier einmal einen Großeinkauf zu machen, vor allem für Getränke.

Essen gehen ist in Malta nicht wesentlich billiger als bei uns, von den einfacheren, einheimischen Lokalen mit kleinen Gerichten (Timpana, Ħobż biż Żejt) oder „Happy Hour"-Preisen abgesehen.

Eintrittspreise

In den 1990er Jahren wurden die Eintritte zu staatlichen Museen und archäologischen Stätten drastisch erhöht. In der nahen Zukunft ist daher mit einer relativen Stabilität zu rechnen. Kinder und Jugendliche bis 18 Jahre und Senioren ab 65 haben offiziell freien Eintritt, diese Praxis wird allerdings leider durch ermäßigten Eintritt (meist 50%) für Kinder unter 16 und Senioren abgelöst. Dies betrifft Nationalmuseum, Kunstmuseum, War Museum und Großmeisterpalast in Valletta, Għar Dalam, Ħaġar Qim, Tarxien, Hypogäum, Inquisitorenpalast und Marinemuseum (Vittoriosa), Nationalhistorisches Museum (Mdina), römisches Museum und St.-Paul's-Katakomben (Rabat) sowie San Pawl Milqi in Burmarrad. Der internationale Studentenausweis ermöglicht freien Eintritt zu staatlichen Museen (z.B. Großmeisterpalast). Andere Attraktionen kosten teils deutlich mehr.

Spartipp

Bei bestimmten Unterkünften, Veranstaltungsorten, Museen, Tourveranstaltern etc. kann man Rabatt bekommen, wenn man im Besitz eines internationalen Studentenausweises (ISIC) ist (siehe „Discounts" unter www.isic.de). Dies gilt mit Einschränkungen auch für den Lehrerausweis (ITIC) oder Schülerausweis (IYTC). Den Ausweis muss man allerdings schon zu Hause bei STA Travel oder beim Studentenwerk u.Ä. erworben haben (10 € bzw. 20 SFr).

Maße und Gewichte

In Malta wurde nach Abzug der Briten das in Europa übliche Dezimalsystem bei Maß- und Gewichtsangaben eingeführt. Lediglich bei importierten Waren aus Großbritannien, Getränkehohlmaßen in Bars sowie bei Fahrzeugen britischer Herkunft trifft der Besucher auf einige ungewohnte Begriffe:

Gewichte	
1 ounce (oz)	29 Gramm
1 pound (lbs)	450 Gramm
Geschwindigkeit	
1 mile per hour (m.p.h.)	1,66 km/h
25 m.p.h.	40 km/h
40 m.p.h.	65 km/h
Hohlmaße	
1 fluid ounce/fl.o.	28 ml
1 pint	0,57 l
1 gallon	4,5 l

Medien

Zeitungen

Aus den Printmedien hebt sich die englischsprachige *Malta-Times* hervor, die internationale und lokale Nachrichten sehr objektiv darstellt und nicht umsonst das auflagenstärkste Blatt Maltas wurde. Als Wochenzeitung empfiehlt sich *Malta Business Weekly* (Lm 0,20), die hauptsächlich ökonomisch Interessierte anspricht.

Internationale, auch *deutschsprachige Zeitschriften* und Boulevardblätter sind in den Zeitschriftenläden in Valletta, Sliema und St. Paul's Bay/Buġibba erhältlich.

Radio und Fernsehen

Die für den Besucher interessanteste Radiostation dürfte *ISR (Island Sound Radio)* auf 101.8 FM mit 24 Stunden lokalen und internationalen Informationen in englischer Sprache sein. *Radio Calypso* (102,3 MHz sendet englischsprachige Nachrichten der BBC, *Bay Radio* auf 89,7 MHz ist der bei der maltesischen Jugend beliebteste Musiksender. Auf MW 1557 ist die *Deutsche Welle* täglich ab 19 Uhr zu empfangen.

Die maltesische Rundfunkanstalt *Xandir Malta* strahlt maltesischsprachige Hörfunksendungen sowie ein eigenes Fernsehprogramm aus. Von den ausländischen Fernsehsendern sind das englischsprachige *BBC,* alle italienischen Programme *(RAI)* und mittlerweile sogar *deutsche Programme* via Satellit auf Malta zu empfangen.

Nachtleben und Unterhaltung

Malta wird zwar hoffentlich nie ein zweites Mallorca werden, dennoch gingen die Bedürfnisse der Jugend wie auch der Touristen nicht spurlos am Land vorüber. Das intensivste Nachtleben, endlose *Bars und Diskotheken* findet man in St. Julian's bei Sliema (wo es sogar ein Spielcasino gibt), in kleinerem Maßstab auch in St. Paul's Bay/Buġibba. Einschlägige Amüsierbetriebe wird man auf Malta allerdings vergeblich suchen.

Kinos gibt es mittlerweile in Buġibba, Marsaskala, Sliema und Valletta, anspruchsvolle Unterhaltung wird in den *Opernhäusern Astra und Aurora* (Victoria/Gozo) sowie dem *Manoel-Theater* (Valletta) geboten.

Die interessantesten kleinen Dinge erlebt der aufmerksame Beobachter allerdings bei abendlichen Spaziergängen in den Ortschaften. Da werden Pferde im Meer abgekühlt, trainieren die Wasserball-Mannschaften landesweit in Seewasserbecken am Ufer oder versammeln sich die Einheimischen in Gärten, Parks oder auch nur vor irgendeiner Haustür zum *Bingo,* der beliebtesten Lotterie des Landes. Wer im 5-Sekunden-Takt lautstark Zahlen ausgerufen hört und dabei vorwiegend ältere Malteserinnen, rund um die Sprecherin eifrig ein Zettelchen untersuchend, sieht, kann sicher sein, auf eine Bingo-Gruppe gestoßen zu sein. Der Bingo-Schein besteht aus einem Quadrat mit 25 oder 36 gleich-

Praktische Reisetipps A–Z

mäßig in 5 oder 6 Reihen aufgedruckten Zahlen zwischen 1 und 100. Während die Sprecherin die Zahlen ununterbrochen auslost, müssen die Mitspieler die Zahl auf dem Schein finden und umkringeln. Es gewinnt derjenige, der zuerst 5 (6) senkrecht oder waagerecht zusammenhängende Zahlen eingekreist hat.

Aushänge in einer Bar

Notfälle

Verlust von Geldkarten

Bei Verlust oder Diebstahl der Kredit- oder Maestro-Karten sollte man diese umgehend sperren lassen. Für deutsche Maestro- und Kreditkarten gibt es die einheitliche **Sperrnummer 0049-116116** und im Ausland zusätzlich 0049-3040504050. Für österreichische und schweizerische Karten gelten:

● **Maestro-Karte,** A: Tel. 0043-1-2048800; CH: Tel. 0041-1-2712230; UBS: 0041-8488-88601; Crédit Suisse: 0041-8008-00488.
● **MasterCard und VISA,** A: Tel. 0043-1-717014500 (Euro/MasterCard) bzw. Tel. 0043-1-71111770 (VISA); CH: Tel. 0041-44-2008383 für alle Banken außer Crédit Suisse, Corner Bank Lugano und UBS.
● **American Express,** A: Tel. 0049-69-97971000; CH: Tel. 0041-1-6596666.
● **Diners Club,** A: Tel. 0043-1-501350; CH: Tel. 0041-1-8354545.

Ausweisverlust/dringender Notfall

Wird der Reisepass oder Personalausweis im Ausland gestohlen, muss man diesen bei der örtlichen Polizei melden. Darüber hinaus sollte man sich an die nächste diplomatische Auslandsvertretung seines Landes wenden, damit man einen Ersatz-Reiseausweis zur Rückkehr ausgestellt bekommt (ohne kommt man nicht an Bord eines Flugzeuges!).

Auch in **dringenden Notfällen,** z.B. medizinischer oder rechtlicher Art, Vermisstensuche, Hilfe bei Todesfällen, Häftlingsbetreuung o.Ä. sind die Auslandsvertretungen bemüht vermittelnd zu helfen.

●*Deutschland,* II Piazetta Building, Tower Road, Sliema, Tel: 21336520 und 21336531.
●*Österreich,* Palazzo Marina, 143 St. Christopher Street, Valletta, Tel: 21255379.
●*Schweiz,* 6 Zachary Street, Valletta, Tel: 21244159.

Öffnungszeiten

Die allgemeinen Öffnungszeiten in Malta werden dem Besucher sehr gewöhnungsbedürftig erscheinen. Jedes Geschäft, jede Bankfiliale, jede Behörde und jedes Museum legt seine Öffnungszeiten mehr oder weniger frei fest. Hinzu kommen jeweils ein Sommer- und ein Winteröffnungsplan, bei einigen wenigen Bankfilialen sogar noch einmal eigene Öffnungszeiten im Übergangsmonat Oktober.

Allgemein versteht man in Malta unter „Sommer" die Zeit vom 15. Juni bis zum 30. September, von Anfang Oktober bis Mitte Juni gelten Winteröff-

nungszeiten. Die nachfolgende Übersicht versteht sich als Orientierungshilfe, einzelne Abweichungen kommen durchaus vor.

Orientierung

Auf den ersten Blick scheint auch der Malta-Neuling keine Probleme zu haben, sich in den Dörfern und Städten der Inselrepublik zurechtzufinden. Dennoch fällt die Orientierung gerade in den Städten nicht leicht, da die maltesischen Wohnhäuser in der Regel einen mehr oder weniger kunstvollen Namen wie zum Beispiel *Villa Marija* oder *St. John's Court* tragen, aber **keine Hausnummern!** Zwar versuchte die britische Post während der langen Kolonialzeit immer wieder, ein klassisches System mit Straße und Hausnummer einzuführen, doch blieb dieses bis heute in den Kinderschuhen

Praktische Reisetipps A–Z

Öffnungszeiten

Institution	15. Juni bis 30. Sept.	1. Okt. bis 14. Juni	Anmerkungen
Banken	werktags 8:30–12:00 und 16:00–19:00 Uhr, Sa nur vormittags	werktags 9:00–12:30 und 16:00–19:00 Uhr. Sa nur vormittags	Nicht alle Banken sind nachmittags geöffnet.
Postämter	Mo–Sa 7:30–12:45 Uhr	Mo–Sa 8:00–13:00 Uhr	Hauptpost Valletta Mo–Sa 7:30–18:00 Uhr
Geschäfte	Mo–Sa 9:00–19:00 Uhr	Mo–Sa 9:00–19:00 Uhr	Gozo Sa nur vormittags
Bäckereien / Lebensmittel	Mo–Sa 7:00–19:00 Uhr	Mo–Sa 7:00–19:00 Uhr	überwiegend „Siesta" von 12:00–15:00 Uhr
Restaurants	12:00–15:00 und 19:00–22:00Uhr	12:00–15:00 und 19:00–22:00Uhr	teilw. bis 24:00 Uhr
Museen	täglich 7:45–14:00 Uhr	Mo–Sa 8:15–17:00 Uhr, So 8:15–16:15 Uhr	Details ♪ Ortsbeschreibungen

stecken. Daher ist in der Hälfte der Fälle bei den Adressen die Angabe einer Hausnummer nicht möglich. Ebenso wenig kann sich der suchende Tourist an auf- oder absteigenden Hausnummern orientieren. Andererseits sind die Straßen der Ortschaften in Malta meist sehr kurz, kilometerlange Abschnitte wie die Tigné Sea Front/Sliema oder die Republic Street/Valletta bilden die Ausnahme.

Viele Leser werden den einen oder anderen Tag mit einem *Leihfahrzeug* unterwegs sein, und spätestens dann scheint Malta plötzlich riesengroß und die kleinen Dörfer Großstädte geworden zu sein.

Ein allgemeiner Orientierungspunkt auf Malta und Gozo ist die *Dorfkirche* in der Ortsmitte. Hier liegen fast grundsätzlich die Bushaltestelle, eine Bankfiliale, die Dorfkneipe/Parteilokal und (seltener) eine Post unmittelbar beieinander.

Post

Die maltesische Post arbeitet zuverlässig und schnell, *Briefe und Postkarten* ins europäische Ausland kosten Lm 0,16, sonst Lm 0,27. Für *Päckchen* ist ein Beförderungsentgelt von Lm 5 bei einem Gewicht bis 1000 g zu entrichten, für jedes weitere Kilo Lm 48. Eine Anpassung an die standardisierten Entgelte innerhalb der EU erfolgt in Kürze.

Das Postamt mit den längsten Öffnungszeiten ist die Hauptpost von Valletta, lokale *Postämter* gibt es in allen größeren Ortschaften. An den Schaltern werden nur Briefmarken verkauft, die der Kunde selbst aufkleben und in einen der roten (ehemaligen britischen) Postkästen einzuwerfen hat; die Schalterbeamten nehmen keine Post (außer Päckchen) zum Abstempeln an.

Sicherheit

Malta liegt zwischen Sizilien und Nordafrika, so dass man meinen sollte, dass die Kleinkriminalität und Gefahren dieser Regionen auch auf die kleine Inselrepublik zuträfen. Doch weit gefehlt; organisierte Kriminalität lohnt kaum, Banküberfälle und Kapitalverbrechen scheitern an mangelnden Fluchtwegen – wo will man sich in Malta schon verstecken? Und nicht zuletzt bedingt durch die ländliche Struktur fehlen großstädtische Probleme wie Drogen, Beschaffungskriminalität oder Raub aus sozialer Armut fast gänzlich.

Das bedeutet nicht, dass man einen Griff in die Reisekasse provozieren sollte, größere Bargeldbeträge sollten grundsätzlich verschlossen am Körper (z.B. in einem Geldgurt oder Brustbeutel) getragen werden.

Übergriffe auf Touristen sind nahezu unbekannt, auch Einzelreisende werden in Malta allenthalben auf Höflichkeit der Bevölkerung stoßen. Das gilt auch für *alleinreisende Frauen,* sofern sie die in den südeuropäischen Kulturkreisen übliche gelegentliche Anmache nicht weiter stört.

Eine ärgerliche Zeitverschwendung sind die **Apartmentverkäufer.** Man wird aus PKW heraus angesprochen und mit Rubbelkarten zum Gewinner eines Camcorders o.Ä. gekürt, müsse aber dazu in eine Hotelanlage mitkommen, wo man in ein Verkaufsgespräch verwickelt wird.

Die größte Gefahr droht dem Touristen vom ungewohnten, aus der britischen Kolonialzeit übernommenen **Linksverkehr,** bei dem Fußgänger vor Überqueren einer Straße stets zuerst den Verkehr von rechts beobachten müssen. Auch die teilweise chaotische Fahrweise der Malteser ist zunächst gewöhnungsbedürftig.

Weitere Gefahren drohen von Mutter Natur: Wer bei **Gewitter** im Boot auf See bleibt, dem ist ebenso wenig zu helfen wie jenen Sonnenanbetern, die bei 40°C und mehr stundenlang in der **prallen Sonne** liegen.

●**Buchtipp:** „Als Frau allein unterwegs", erschienen in der Praxis-Reihe des REISE KNOW-HOW Verlages.

Praktische Reisetipps A–Z

051-M Foto: wl

Sport und Aktivitäten

Ebenso vielseitig wie sich Maltas Kultur und Geschichte dem Besucher darstellt, sind auch Aktiv-Erholungsmöglichkeiten auf den Inseln. Topp-Hotels und Ferienanlagen bieten auf eigenem Gelände das übliche Angebot von Tennis, Squash, Schwimmbad, Tauchen usw., während der Individualtourist aus einem breiten, zum Teil auch spektakulären Angebot wählen kann.

Angeln und Fischen

Das Angeln am Ufer ist grundsätzlich erlaubt, **Harpunieren** wird dagegen strafrechtlich verfolgt. Etliche Spezialanbieter von Angelausflügen organisieren auch für Touristen halb- oder ganztägige Bootstouren, darunter:

- **Ernest's Marine Centre,** 61 Żejtun Road, Marsaxlokk, Tel: 21684449.
- **Pirotta Fishing Centre,** 136 Manoel Street, Gżira, Tel: 21331279.
- **Għaqda Kooperativa Tas Sajjed,** Xatt is-Sajjed, Marsaxlokk, Tel: 21681826.

Bowling

Maltas großes Bowling-Zentrum liegt im Herzen von St. Julian's und bietet neben 20 Bahnen mit internationalem Standard *(Malta Open)* Unterhaltung durch eine Mega-Vidoanlage sowie Barbetrieb. Eine Bahn kostet Lm 8 pro Stunde, geöffnet täglich 10–1 Uhr.

- **Eden Super Bowl,** St. George's Bay, St. Julian's, Tel: 21319888.

Fallschirmspringen

Zwei Unternehmen in Buġibba bieten verschiedene, attraktive Kurse. Vom **A–Schein** (5 Sprünge, Lm 180) über den **Tandemsprung** (fest am Lehrer angeschnallt, Lm 70) bis zum kompletten **AFF-Brevet** (25 Sprünge, Lm 600) wird alles geboten. Ein Sprung besteht übrigens aus 60 Sekunden freiem Fall aus 4000 Metern Höhe und rund 8 Minuten Flug am Schirm. Wie beim Tauchen gilt: Am allerersten Schritt wird man feststellen, ob man den Mut aufbringt oder nicht.

- **Sport Parachuting Association of Malta,** 8 Buckingham Court, Fisherman Street, Buġibba, Tel: 21582153, Fax: 21585766.
- **Maltese Falcon Skydiving Ltd.,** Triq il-Ħafel, Buġibba, Tel: 21582153, Fax: 21571135.

Fußball

Das beliebte Spiel um das runde Leder kam mit den Briten nach Malta und hat sich längst zum **Nationalsport Nummer 1** entwickelt. Jedes Dorf hat seinen eigenen Verein, die bekannteste Mannschaft stellt Sliema mit den *Sliema Wanderers.*

Top-Ligaspiele und internationale Matches werden im modernen, 17.000 Zuschauern Platz bietenden **Nationalstadion von Ta Qali** abgehalten. Bei Länderspielen zeigt sich ganz Malta fußballverrückt, das Wettfieber bricht aus, die Buchmacher machen Kasse, in jeder Bar wird der Wirt handgreiflich zum Umschalten auf den entsprechenden Sender gezwungen. Zwar haben maltesische Mannschaften wie zuletzt bei der WM-Qualifikation für Deutschland 2006 keine Chance, in ihrer Gruppe über den letzten Platz mit deftigen Niederlagen hinauszukommen, doch das tut der landesweiten Begeisterung keinen Abbruch. Von eigenen Teams abgesehen, schlägt das Fußballherz der Malteser übrigens für die Boys des ehemaligen Mutterlandes England. Wer die Stimmung einmal selbst erleben möchte, kann im National Stadium, Ta Qali, Tel: 21411505, Fax: 214 11091 für Lm 4 einem internationalem Spiel und ab Lm 1 einem Ligaspiel beiwohnen.

Golf

Der *Royal Malta Golf Club* wurde von den Engländern 1888 gegründet und bietet einen hervorragenden 18-Loch-Platz auf 5024 Metern Länge.

● **Malta Golf Club,** c/o Marsa Sports Club, Marsa, Tel: 21233851, Fax: 21231809, Besucher können täglich von 8 Uhr bis Sonnenuntergang für Lm 10 pro Tag oder Lm 50 pro Woche (zuzüglich Ausrüstung) den Schläger schwingen.

Parasurfen

In Früh- und Spätsommer, insbesondere im September, wird auf *Gozo* seit neuestem das „Parasurfen" (surfen mit Hilfe eines Gleitfallschirmes) bevorzugt in der Ramla-Bay betrieben. Clubs und Verleihstellen gibt es noch nicht, doch haben sich schon etliche Freaks um den gozitanischen Surfer *Christopher Tabone* geschart. Er bietet Interessenten an, unter it@gozochannel.com Kontakt aufzunehmen.

Rad fahren

Die Rahmenbedingungen scheinen ideal: Malta mit 250 km², Gozo mit gerade einmal 100 km² haben die ideale Radlergröße, keine Berge, *Air Malta* transportiert Räder für ca. 50 € Aufpreis (vorher anmelden wegen Bereitstellung eines Transportkartons), die ersten Verleihstellen entdecken den Markt ...

Doch Vorsicht, so attraktiv eine Radtour auf den ersten Blick auch scheinen mag, so muss doch auf einige **Hindernisse** aufmerksam gemacht werden. Zunächst hat sich Malta praktisch zur „radwegfreien Zone" erklärt; die Hauptstraßen an der Nordküste sowie in und um den Großraum Valletta sind viel zu befahren, und der Schwächere hat stets das Nachsehen.

Die mit meterhohen, kakteenbewachsenen Natursteinmauern umsäumten Nebensträßchen der Südküste und im Zentrum sind zwar wenig befahren, haben aber den Nachteil, dass sich die „nicht vorhandenen" Berge für den Normalsterblichen plötzlich als unüberwindbar herausstellen **(Steigungen** von bis zu 20%). Die zahllosen **Schlaglöcher** verlangen von Drahtesel und Esel selbst allerhöchstes Durchhaltevermögen, und schließlich lassen die **heißen Sommermonate** auf der schattenlosen Insel allein den Gedanken an Bewegung im Schweiße davonfließen.

Wer sich davon sowie von **missverständlichen Wegweisern** nicht abschrecken lässt und die Straßen der Nordküste meidet, wird sicherlich die

Praktische Reisetipps A–Z

501-M Foto: wl

schöneren Gegenden Maltas hautnah erleben können.

Die Malteser können sehr gut bei kleinen und mittleren Schäden improvisieren, es kann aber bei **Ersatzteilen** hapern.

Für Tagesausflüge per Rad kann auf die **Verleihstellen** (⌕ Ortsbeschreibungen) zurückgegriffen werden. St. Paul's Bay/Buġibba ist eine allgemeine Hochburg für Verleiher, ansonsten helfen die Hotelrezeptionisten, der *All Terrain Club*, 106 Islets Promenade, Buġibba oder *Malta Outdoors*, Tel: 21236839, Fax: 21310086), einem Organisatoren von Outdoor-Aktivitäten aller Art.

Reiten

Von Oktober bis Juni dauert die **Rennsaison** auf Malta, ein von den Engländern eingeführtes Vergnügen, bei dem sich die Wettleidenschaft der Malteser ganz besonders zeigt. Im Hippodrom

Parasurfer in der Ramla Bay

von Marsa, *Marsa Sports Club*, kann auch der Tourist den Rennen beiwohnen (Eintritt ab Lm 1), Informationen zu den Renntagen können unter Tel: 21224800 erfragt werden.

Einige **Reitschulen** auf dem Land bieten Urlaubern die Möglichkeit zum Ausflug zu Pferde oder zu Reitstunden und -kursen, z.B.:

- **Wagon Wheel,** Marsalforn Road, Victoria/Gozo, Tel: 21556254.
- **Half Ferh Riding School,** Golden Bay, Tel: 21573360.
- **Ghadira Riding School,** Mellieħa Bay, Mellieħa, Tel: 21573931.

Schwimmen

Die maltesischen Inseln bieten zahlreiche Strände mit absolut sauberem und glasklarem Wasser zum Schwimmen, Schnorcheln und Plantschen.

Sandstrände gibt es vergleichsweise wenige, die bekanntesten liegen im Norden von Malta und Gozo. Den größten bietet die Mellieħa Bay, die im Hochsommer äußerst stark besucht ist. Schöner sind die Sandbuchten von Gnejna und Ramla (Golden Bay) sowie Ir-Ramla (Gozo). Zwei weitere Sandstrände liegen im Südosten Maltas, die Pretty Bay (Birżebbuġa) und die St. Thomas Bay (Marsaskala). Nicht zu vergessen die famose Blue Lagoon (Comino), wo vom feinen, weißen Sand bis zu Felsen zum Schnorcheln alles vorhanden ist.

Ferner gibt es etliche hervorragende *Felsbadeplätze* wie Peter's Pool (Delimara), Għajn Tuffieħa Bay oder der berühmte Inland Sea (Qawra, Gozo).

Süßwasserschwimmbäder gibt es – von Hotelpools abgesehen – nicht, eine Ausnahme bildet der *National Swimming Pool*, University Sports Complex, Tal-Qroqq, Tel: 21318251. Die Anlage ist eigentlich ein Trainingszentrum für Sportstudenten und Leistungssportler; Besucher können werktags von 6 bis 22 Uhr und an Wochenenden von 8 bis 17 Uhr für Lm 1,50/Stunde schwimmen, die Jahreskarte kostet Lm 100.

Segeln und Surfen

Segelfreunden bietet sich Malta mit seinen großen, natürlichen Häfen als lohnenswertes Ziel für ausgedehnte Törns an. Kenner werden sich auf der alljährlichen, im Januar stattfindenden Düsseldorfer Bootsmesse mit einem der zahlreich vertretenen **Veranstalter für Segeltörns** in Verbindung setzen.

Verantwortlich für alle organisatorischen Fragen bei **Überfahrt mit dem eigenen Boot** ist die *Malta Maritime Authority*, *Yachting Centres Directorate*, Msida Marina, Msida MSD 08, Malta, Tel: 21235713, Fax: 21243094.

Die *Liegegebühren* betragen im Sommer je nach Bootslänge Lm 25–60, im Winter Lm 20–50 pro Woche. Vor Ort können auch Segelboote und Motorjachten aller Art angemietet werden; hier einige **Verleihstellen:**

- **Malta Sailing School,** Hotel Cavalieri, Spinola Road, St. Julian's, Tel: 21336255, Fax: 21330542.
- **Strand Boat Hire,** 47 The Strand, Sliema, Tel: 21315479.
- **Nautica,** 21 Msida Road, Gżira, Tel: 21338253.

●**Sun n'Fun Marine Services Ltd.,** Omega/San Ġwakkin Rd., L-Imriehl/Birkirkara, Tel: 21373822, Fax: 21440099.

●**Captain Morgan Cruises,** Tigné Seafront, Sliema, Tel: 21343373, Fax: 21332004.

●**R.T.L. Ltd.,** 156 Ta'Xbiex Sea Front, Ta'Xbiex, Tel: 21331192, Fax: 21241127, www.yacht charter.com.mt.

Tretboote, Wasserscooter und **Surfbretter** werden direkt bei den großen Hotels, einigen Tauchschulen, an Stränden sowie u.a. folgenden Verleihern angeboten:

●**Aquaventure,** Mellieha Bay Hotel, Għadira, Tel: 21522141, Fax: 21521053.

●**Qawra Water Sports Centre,** Qawra, Tel: 21580660, Fax: 21580662.

●**Dragonara Water Sports Centre,** St. Julian's, Tel: 21336431.

●**Banis Water Sports,** 12 Spinola Beach, St. Julian's, Tel: 21339821.

●**NSTS Aquacentre Beach Club,** Qui Si-Sana, Sliema, Tel: 21338568.

●**Luzzu Water Sports,** Qawra, Tel: 21573 925, Fax: 21576629.

Tauchen

Rund um Malta und Gozo findet der Taucher alles, was das Mittelmeer zu bieten hat: Felslandschaften, Grotten, Höhlen, Wracks und Seegraslandschaften. Außerdem sind die Gewässer im Gegensatz zu den Küstengebieten Südeuropas nicht verschmutzt, und die Wassertemperatur von minimal 15°C bis rund 27°C gestattet ganzjährig das Tauchen. Schließlich erweist sich die Sicht wegen des überwiegend felsigen Meeresbodens als fast überall gut bis hervorragend. Zahlreiche, zum Teil deutschsprachige Tauschschulen bieten Kurse und Tauchpakete aller Art, auch unbeglei-

tete Tauchgänge sind möglich (⇗ Spezialkapitel Tauchen).

Tennis, Squash und Badminton

●Im **Marsa Sports Club,** Marsa, Tel: 21233851, Fax: 21231809 (für Gäste geöffnet täglich 8–15 Uhr), kosten 90 Minuten Tennis oder Squash Lm 4 Platzgebühren, Leihequipment jeweils Lm 1. Zusätzlich ist eine Mitgliedsgebühr von Lm 2,50/Tag, Lm 13/Woche oder Lm 35/Monat zu entrichten.

●Günstiger ist der **Malta Union Club,** Tigné Street, Sliema, Tel: 21332011, Fax: 21310703, bei Lm 5 Wochenmitgliedschaft, Lm 0,80 Platzgebühr (90 Minuten) und Lm 1 für Leihgerät. Geöffnet täglich 9–24 Uhr, sonntags bis 21:30 Uhr.

●Ähnliches bietet der **Vittoriosa Lawn Tennis Club,** Corradino Heights, Pawla, Tel: 21801154, Fax: 21686877, Aufnahmegebühr: Lm 7, Platzgebühren: Lm 1.

●Spezielle Badmintonplätze bieten die **Badminton Clubs** in der Windmill Street, Birkirkara, Tel: 21491545, und in der Princess Margaret Street, Ta'Xbiex, Tel: 21624251.

Tontaubenschießen

Während viele Malteser bedauerlicherweise ihre Treffsicherheit am lebenden Objekt üben, kann sich der Tourist beim **Clay Pigeon Club,** Bidnija, Tel: 21243043, für Lm 2 (25 Schuss) an Tontauben üben. Die eigene Waffe darf benutzt werden, es bedarf hierzu aber der vorherigen Anmeldung beim Club, der auch die Lizenz für die Einfuhr arrangiert.

Wandern

Auf Malta und Gozo sind einige famose kleinere und mittlere **Halbtages- bis**

054-M Foto: vvl

Tageswanderungen möglich, bei denen der Wanderer so intensiv wie nirgends sonst mit dem beinahe menschenleeren Hinterland Maltas in Berührung kommt und das Rätsel gelöst sieht, woher die Malteser ihre schier unerschöpflichen Vorräte an Obst und Gemüse beziehen. Eine Wanderung im Südwesten entlang der teilweise Hunderte von Metern steil abfallenden Klippen mit fantastischem Meerblick ist ein unvergessliches Erlebnis.

Jedem Besucher wird empfohlen, zumindest eine der in den Ortsbeschreibungen dargestellten Wanderungen zu unternehmen. Die schönste, allerdings nur ausdauernden und trittsicheren Wanderern **zu empfehlende Wanderung** führt von der alten Hauptstadt Mdina bis zur Golden Bay im Nordwesten.

Wer ausgedehnte, auch mehrtägige, organisierte **Trecking-, Kletter- oder Mountainbike-Touren** unternehmen möchte, kann sich an folgende Anbieter wenden:

●**All Terrain Club,** 106 Islets Promenade, Buġibba.
●**Malta Outdoors Activity Organisers,** 112 Triq il-Kbira, Hamrun, Tel: 21236839, Fax: 21310086.

Malerische Buchten für Sonnenanbeter

Sprache

Die offiziellen Amtssprachen in Malta sind **Malti** (Maltesisch) und **Englisch,** beides wird von klein auf gelehrt und gesprochen.

Das Maltesische ist eine Mischsprache auf nordafrikanisch-arabischer Basis, deren Wurzeln aber möglicherweise bis in die phönizische Zeit reichen. Schriftliche Aufzeichnungen in größerer Zahl gibt es erst seit dem 19. Jh., bis dahin wurde die Sprache lediglich von Generation zu Generation mündlich überliefert. Alle den Phöniziern nachfolgenden Kulturen, insbesondere Römer (Schrift) und Araber (geographische Begriffe) bereicherten die Sprache ebenso wie das unter den Johannitern zur Amtssprache erhobene **Italienisch.** Erst 1934 wurde Italienisch von Englisch als Amtssprache abgelöst, und eine Rechtschreibung für das Maltesische offiziell eingeführt. Malti wurde so zur einzigen mit **lateinischem Alphabet** geschriebenen arabisch-semitischen Sprache.

Es ist für Touristen nicht notwendig, Malti zu lernen, da Englisch als Amtssprache von jedermann fließend gesprochen wird. Die nachfolgende kleine Sprachhilfe und Wortliste dient in erster Linie dazu, unterwegs die **Ortsnamen** richtig auszusprechen, wenn man jemanden nach dem Weg fragen möchte. (Im Übrigen steht in den Ortskapiteln bei allen wichtigen Ortsnamen in Klammern die Aussprache.)

Wer sich näher für die maltesische Sprache interessiert, sei auf den **Kauderwelsch-Sprechführer** „Maltesisch – Wort für Wort" verwiesen (REISE KNOW-HOW Verlag, Begleit-CD erhältlich) sowie auf das einzige und sehr ausführliche Wörterbuch Maltesisch – Deutsch/Deutsch – Maltesisch von Prof. *M. Moser,* San Gwann 1999 (über www.malta-shop.de auf Nachfrage erhältlich).

Ausspracheregeln

Malti	Aussprache	Beispiel	Aussprache
aj	ai	Għajn	Chain
c	k	Cottonera	Kottonera
ċ	tsch	Ta Ċenċ	Ta Tschentsch
ġ	dsch	Mġarr	Hmdschar
għa	aa	Għarb	Aarb
għi	ei	Żgħira	Sei-ra
għu	ou	Gargħur	Gah-rour
h	(stumm)	Hompesch	Om-pesch
ħ	ch	Ħal Far	Chal-Far
ie	ii	Mellieħa	Melli-ia
q	kurzes e	Qrendi	Errendi
s	ß	Marsa	Mar-ßa
w	u	Wied	Uiid
v	w	Valletta	Waletta
x	sch	Xlendi	Schlendi
ż	s (super)	Żabbar	Sabbar
z	ts(*)	grazzi	grattsi

(*) Eine Ausnahme bildet die Insel Gozo, wo das z nicht ts, sondern als stimmhaftes „s" gesprochen wird („Go-so"); dies resultiert aus der englischen Aussprache, die Gozitaner selbst nennen ihre Insel übrigens Għawdex (gesprochen „Audesch").

Wichtige Begriffe

Im Folgenden eine Liste der wichtigsten **geographischen Bezeichnungen,** die in vielen Ortsnamen oder Sehenswürdigkeiten in Malta vorkommen, sowie ein paar Alltagsbegriffe:

Malti	Deutsch
Ġebel	Berg (arab.)
Wied	Tal (arab.)
Għar	Höhle (arab.)
Għajn	Quelle (arab.)
Bir	Brunnen (arab.)
Triq	Straße
Ħal	Dorf
Ċitta	Stadt (ital.)
Alla	Gott (arab.)
Fortizza	Festung (ital.)
Torri	Turm (latein.)
Marsa	Hafen (phön.)
Baħar	Meer (arab.)
Ras	Landzunge (arab.)
Ramla	Sand (arab.)
Skużi	Entschuldigung (ital.)
Grazzi	Danke (ital.)
ekk joghġbok	Bitte
Bonġu	Guten Tag (frz.)
Il-lejl	Guten Abend
iva/le	Ja/Nein
narak/saħħa	Auf Wiedersehen/Tschüss
Kif inti?	Wie geht's?

Fremdsprachen

Wichtigste **Fremdsprachen** in Malta sind Italienisch, welches schon durch den Einfluss des nahen italienischen Fernsehens weit verbreitet ist, sowie Arabisch und mit Abstrichen auch Deutsch.

Trotz der lateinischen Schrift sollte sich der Besucher nicht wundern, dass es mit der Einheitlichkeit der Schriftsprache nicht ganz so eng gesehen wird wie in anderen Sprachen; so existieren insbesondere bei den Straßen- und Ortsnamen oftmals mehrere Schreibweisen (z.B. Benghisa – Bengħajsa – Bengħasja), die teils auf den englischen Einfluss, teils auf unklare Regeln der maltesischen Schriftsprache zurückzuführen sind.

Sprachaufenthalt, Englischunterricht

Wie wäre es mit einem vom Finanzamt anerkannten oder gar von der Firma bezahlten **Bildungsurlaub** auf Malta? Kein Problem – Malta als englischsprachiges Territorium bietet ganzjährig ein- oder mehrwöchige Kurse mit Unterbringung nach Wahl bei einer maltesischen Familie, in einer Ferienwohnung oder in einem Hotel.

Sprachkurse in der Inselrepublik sind außerordentlich beliebt, da sie preiswerter sind als vergleichbare Angebote in Großbritannien oder den USA und zudem noch ein angenehmes Klima sowie eine faszinierende Umgebung geboten wird. Nicht nur bei Schülern steht Malta für einen Sprachkurs ganz oben auf der Wunschliste, auch Geschäftsleute weichen zunehmend aus dem teuren London nach Malta aus. Hier eine kleine Liste der bekanntesten **Schulen und Veranstalter,** die meisten mit Sitz und Ausbildungsstätte in Sliema:

● **Inlingua School of Languages,** 9 Triq Ġuże, Sliema, Tel: 21313158, Fax: 21336419, info@inlinguamalta.com, www.inlinguamalta.com.
● **Institute of English Language Studies,** Mattew Pulis St., Sliema, Tel: 21320381, Fax: 213 43332, iels@lalgroup.com, www.lalgroup.com.
Diese Schule hat gerade für deutschsprachige Interessenten eine Informations- und Buchungsstelle in der Nymphenburger Straße 1, 80335 München, Tel: 0895455011, Fax: 0895455019 eingerichtet. Sehr zu empfehlen.
● **English Language Academy,** 9 Tower Lane, Sliema, Tel: 21346264, Fax: 21339656, info @elamalta.com, www.elamalta.com.
● **International English Language Centre,** 78 Tigné Street, Sliema, Tel: 2134 4262,

Fax: 21311385, info@ielc.com.mt, www.ielc.
com.mt.
- **European Centre of English Language Studies,** New St. Ecke San Andrija St., St. Julians, Tel: 21388500, Fax: 21388499, info@ec english.com, www.ecenglish.com.
- **MSD International School of English** (Prolingua), Triq it-Torri, St. Paul's Bay, Tel: 214 84304, Fax: 21443558, jsd@vsa.ne.
- **Kalypso Academy of English Language,** Mro. Dirjano Lanzon St., Victoria, Gozo, Tel: 21562226, Fax: 21558669, www.gotoed. com/school/Kalypso.
- Als beliebt und zuverlässig erweist sich vielen Kursteilnehmern zufolge das **Sprachcaffé – Sprachreisen** mit Sprachschule im sehr beliebten St. Julian's (Prospekt anfordern!): Gartenstr. 6, 60594 Frankfurt, Tel: 0696109120, Fax: 6031395, www.sprachcaffe-malta.com.

Für **Schüler** kommen vor allem die *Holiday Courses* (Ferienkurse) von vierwöchiger Dauer in Betracht, die im Sommer (Juni bis September) angeboten werden. Nach einer kleinen Überprüfung der Kenntnisse werden verschiedene Leistungsgruppen zusammengestellt, so dass jeder sicher sein kann, bei Kursbeginn nicht besser oder schlechter als die Mitschüler zu sein.

Telefonieren

Auf Malta und Gozo verfügt jeder kleine Ort über zumindest ein öffentliches Kartentelefon. Maltaweite Gespräche kosten rund 1 Ct/Min., Auslandsgespräche variieren je nach System und Anbieter erheblich, wobei ein „normales" Festnetzgespräch zur Haupttageszeit ca. Lm 2/5 Min. kostet. Für Gespräche in Malta ist überall eine 8-stellige Rufnummer ohne weitere Vorwahl zu wählen. Festnetznummern beginnen mit „2", Mobilfunknummern erkennt man an einer „99" am Anfang.

Mobilfunk

Das eigene **Mobiltelefon** lässt sich in Malta problemlos nutzen, denn die meisten Mobilfunkanbieter haben Roamingverträge mit den maltesischen Gesellschaften Go Mobile (www. go. com.mt, GSM 1800 MHz) oder Vodafone Malta (www.vodafone. com.mt, GSM 900 MHz). Wegen hoher Gebühren sollte man bei seinem Anbieter nachfragen oder auf dessen Website nachschauen, welcher der Roamingpartner günstig ist und diesen per **manueller Netzauswahl** voreinstellen.

Prepaid-Karten

Mittlerweile setzt sich die Privatisierung des ehemaligen Monopols Enemalta fort, so dass zahlreiche Anbieter auf dem Markt konkurrieren. So haben sich die meisten Anbieter von so genannten „prepaid-cards" darauf verständigt, dass die Karten netz- und systemübergreifend (Mobil oder Festnetz) gelten. Für den Kunden bedeutet dies, dass er eine Karte zu Lm 2, 5, 6, 10 oder 15 in Zeitschriften-, Lebensmittel-, Souvenirgeschäften usw. kaufen kann und diese dann uneingeschränkt per **Mobiltelefon oder Kartentelefon** nutzen kann. Hierzu wird lediglich die auf der Karte angegebene Telefonnummer gewählt und im weiteren Verlauf die Anweisungen (auf Englisch) befolgt.

Falls das Mobiltelefon **SIM-lock-frei** ist (keine Sperrung durch andere Provider), kann man sich eine örtliche **Prepaid-SIM-Karte** („Ready to go" von Go Mobile oder „eone" von Vodafone) besorgen.

Vorwahlen

- *Malta:* 00356
- *Deutschland:* 0049
- *Österreich:* 0043
- *Schweiz:* 0041

(plus Ortsvorwahl ohne die erste „0")

Unterkunft

Malta verfügt über ein recht breites Angebot von Hotels über einfache Bed & Breakfast-Herbergen *(Guesthouses)* bis hin zu kompletten Ferienwohnungen *(Apartments)* und -häusern *(Farmhouses)*. Und wer sich etwas bemüht und frühzeitig direkt mit Vermietern oder Vermittlern auf Malta Kontakt aufnimmt, der bekommt für den Preis eines Hotelzimmers durchaus auch eine komplette Ferienwohnung in Toplage.

Touristenunterkünfte wurden in Malta per Verordnung einer bestimmten Kategorie zugeordnet. *Hotels* sind mit einem (einfach) bis fünf (Top) Sternen

versehen, sogenannte **Holiday Complexes** (große Hotelanlagen mit Strand, Golfplatz usw.) und **Aparthotels** (Hotels, die Apartments vermieten) werden in die Klassen 1 bis 4 eingestuft (First Class usw.), wobei „First" top und „Fourth" einfach ist. Gleiches trifft auf die sogenannten *Tourist Villages* (reine Ferien-Apartmentanlagen) zu. Unterkünfte der beiden oberen Klassen sind in ihrer Preisgestaltung frei.

Die bei Rucksackreisenden beliebten, aber keinesfalls immer günstigen *Guesthouses* (einfache Pensionen) erhielten einen (einfach) bis maximal drei Sterne, die Obergrenzen liegen hier also immer fest. In der Regel wird „bed & breakfast" (Übernachtung mit Frühstück) angeboten, wobei das Frühstück dieser Pensionen mit Toast und Marmelade eher spartanisch ausfällt.

Die Tabelle oben (zum raschen Nachschlagen auch auf der hinteren Umschlagklappe abgedruckt) zeigt zwar die Preise im Sommer, außerhalb der Saison sind allerdings erhebliche Rabatte, teilweise bis zur Hälfte, möglich. Dennoch kosten sechs Nächte für

Praktische Reisetipps A–Z

Preiskorridore der Hotels und hotelähnlichen Unterkünfte in Malta (*pro Person und Nacht in Lm*)

	Hotel	Holiday Complex	Aparthotel	Tourist Village	Guesthouse
***** / 1st Class	ab 70	ab 70	ab 70	ab 70	———
**** / 2nd Class	25–35	25–35	25–35	25–35	———
*** / 3rd Class	18–25	18–25	18–25	18–25	10–15
** / 4th Class	12–18	12–18	12–18	12–18	6–9
*	8–12	———	———	———	4–6

zwei Personen bei Lm 15 pro Nacht immerhin Lm 180 – recht viel im Vergleich zu manchem *Pauschalreiseangebot*. Nun kann man zwar mit etwas Verhandlungsgeschick (Wochenarrangement) noch die eine oder andere Lira herunterhandeln, unter dem Strich lohnt sich die eigene Suche im Sommer (!) weder logistisch noch finanziell – ein Pauschalarrangement ist da vorzuziehen.

Ebenfalls interessant und besonders für Familien zu empfehlen sind die Angebote für umgebaute *Bauernhäuser* (*farmhouses*, sehr hübsch und stilvoll) sowie vor allem Ferienwohnungen, meist außerhalb der größeren Orte oder auf Gozo. Es ist möglich, zumindest außerhalb der Hochsaison, auch erst vor Ort eine solche Unterkunft zu buchen, eine Anmeldung vorab ist allerdings empfehlenswert. Meist gilt eine Mindestmietzeit von einer Woche, oft wird auf Anfrage auch ein Leihwagen und/oder der Flughafentransport zu Vorzugspreisen arrangiert. Für die Farmhäuser sind aufgrund der großen Unterschiedlichkeit bezüglich Größe, Lage und Qualität keine Preisangaben möglich, die Erfahrung zeigt aber, dass man etwa Lm 20/Tag rechnen sollte. Bei Anfragen immer nach Flughafentransfer und/oder Leihwagen fragen, da Farmhäuser oft außerhalb der Ortschaften liegen! Selbstverständlich kann man auch bei „Freizeitgestaltern" wie Tauchschulen, Sprachschulen, Reitschulen usw. nach einer Unterkunft anfragen (Anschriften ♫ Sport und Aktivitäten bzw. in den Ortsbeschreibungen).

Jugendherbergen

Schüler und Studenten können auch mittels einer der beiden Jugendherbergsorganisationen unterkommen, was allerdings mit ein wenig Aufwand verbunden ist und offenbar nicht allzu gerne gesehen wird, da die wenigen Herbergen vorwiegend für einheimische Schulklassen gedacht sind.

Zunächst muss der Interessent Mitglied des *Maltesischen Jugendherbergsverbandes (Malta Youth Hostel Association, MYHA)* werden, was vom Heimatland aus gegen Einsendung eines Paßfotos und der Mitgliedsgebühr von Lm 3 vorab entweder bei der MYHA, 17 Triq Tal-Borg, Pawla, Tel/Fax: 2169 3957 oder der NSTS, 220 St. Paul's Street, Valletta, Tel: 21244983, Fax: 21230330, beantragt werden muss. Hat man die Mitgliedskarte erworben, müssen vor Reiseantritt Aufenthaltsort und -dauer angemeldet werden. Zur Wahl stehen Unterkünfte in *Pawla, Senglea, Paceville (St. Julian's)* und *Għanjsielem (Gozo)* mit Übernachtungspreisen von Lm 3–5 pro Person und Nacht. Erschwerend kommt hinzu, dass die einzelnen Häuser nur morgens von 9–11 Uhr und abends von 18–22 Uhr geöffnet haben. Der Aufwand lohnt sich eher für Sprachschüler, die für mehrere Wochen eine günstige Unterkunft suchen.

Camping

Wildes Zelten wird auf Malta zwar geduldet, ist aber – mit Ausnahme Cominos – sowohl offiziell verboten als auch völlig unzweckmäßig. Im Sommer wird das Zelt zur Sauna, ansonsten wegen starker Winde zum fliegenden Teppich. In den letzten Jahren kam dennoch bei den jugendlichen Maltesern das Campen über das Wochenende an entlegenen Buchten (z.B. Mistra Bay) oder in zerfallenen Fortanlagen (z.B. Fort Campbell) etwas in Mode. **Campingplätze** gibt es keine, so dass ein Campingurlaub in Malta nicht ratsam ist.

Das Tourist-Service-System

Viele Maltareisende werden schon vor Reiseantritt ein Hotel oder Ferienapartment gebucht haben. Dies kann über ein Reisebüro, selbstständig vom Heimatland aus oder aber erst vor Ort geschehen. Eine in Malta recht junge (und sehr nützliche) Erscheinung sind die so genannten „Tourist-Service-Agenturen", die mittlerweile in den meisten unterkunftsrelevanten touristischen Regionen mehrfach vertreten sind; dies gilt insbesondere für **St. Paul's Bay, Buġibba, Mellieħa** und **Marsaskala** auf **Malta** sowie für **Xlendi** und **Marsalforn** auf **Gozo**. Derartige Agenturen sind entweder nur lokal oder landesweit tätig und bieten Unterkunftsvermittlung (meist Apartments/Ferienhäuser), Ausflüge, Fahrzeugvermietung, Bootstouren und vieles mehr. Sie treten quasi als Makler/ Vermittler auf und die Preise sind leicht höher als bei der Selbstorganisation. Dafür spart man jedoch Zeit und eine Menge Lauferei vor Ort.

Verkehrsmittel

Fähren

Malta – Gozo

Die wichtigste Fährverbindung der maltesischen Inselgruppe ist die **Autofähre zwischen Ċirkewwa/Malta und Mġarr/Gozo.** Sie verkehrt von Mai bis Oktober rund um die Uhr und 30-mal täglich (von Juni bis September 34-mal), und zwar von 5:30 bis 21 Uhr alle halbe Stunde, danach stündlich und nachts alle 90 Minuten. Zur jeweils halben und vollen Stunde ist Abfahrt in Mġarr, zur Viertel- und Dreiviertelstunde Abfahrt in Ċirkewwa. Im kühleren Halbjahr von Oktober bis April fährt die Fähre nachts nicht.

Die Überfahrt dauert 20 Minuten, die **Tickets** werden derzeit provisorisch in Ċirkewwa elektronisch erstellt und müssen für Kontrollen aufbewahrt werden, da Hin- und Rückfahrt inbegriffen sind (man zahlt nur einmal). Sobald der neue Hafen in Mġarr/Gozo fertiggestellt sein wird (2007/2008) soll wieder umgestellt werden, so dass vor der Fahrt von Malta nach Gozo zunächst nichts gezahlt wird und die Rückfahrkarte dann wieder in Mġarr/ Gozo gekauft wird.

Der **Fahrpreis** beträgt Lm 2 pro Person, Kinder Lm 0,50 , ein Moped inkl. Fahrer Lm 3,50, ein PKW inkl. 1 Personen Lm 6,50.

Valletta – Sliema

Eine ebenfalls wichtige Fähre verkehrt (außer im Winter) täglich zwischen Sliema und Valletta alle 30–60 Minuten von 7:30 bis 18 Uhr. Die Überfahrt dauert 10 Minuten und kostet 40 Cent, Kinder 20 Cent. Diese nette **Hafenrundfahrt** in der himmelblauen „Löwenbräu"-Star-Ferry ist ein äußerst preiswertes Vergnügen und bietet großartige Fotomotive.

Comino – Fähren

Lange Jahre gab es keine Möglichkeit, regulär auf die kleinste der bewohnten Inseln Maltas zu reisen. Nachdem immer wieder Besucher das Fährboot des *Island of Comino Hotel* um Mitnahme baten, hat sich das Hotel zur Einrichtung eines **regelmäßigen Fährservices** von Mai – September für jedermann entschlossen. Die Fähre pendelt wechselweise zwischen Comino – Malta und Comino – Gozo, der Fahrpreis beträgt einheitlich Lm 2 für die Rückfahrkarte.

● **Comino – Gozo**

Abfahrt ab Comino	Rückfahrt ab Mgarr/Gozo
	08:10
10:30	11:05
14:30	15:00
15:30	15:45
17:45	18:00
21:15	22:00

● **Comino – Malta**

Abfahrt ab Comino	Rückfahrt ab Cirkewwa/M.
06:40	07:30
08:30	09:00
09:30	10:00
11:30	12:00
16:15	16:45
18:30	19:00

Neben der Fähre gibt es außerdem die Möglichkeit, mit einem **Ausflugsboot** ein paar Stunden auf Comino zu verbringen (⟂ Ausflüge).

Helikopter

Malta Aircharter/Gozo Wings bietet einen regelmäßigen Hubschrauberservice **zwischen Luqa Airport (Malta) und Gozos Heliport Xewkija** (zwischen Mġarr und Victoria).

Der **Flugpreis** beträgt moderate Lm 25 (Rückflugticket mit Rückflug am selben Tag) bzw. Lm 33 bei offenem Rückflug.

Ein interessantes Angebot von *Malta Aircharter* ist der **Day Trip** für Lm 30 mit Rückflug am selben Tag, jedoch inklusive eines Leihwagens für diesen Tag (steht am Heliport bereit). Der Preis gilt für den Fahrer, andere Mitfahrer zahlen Lm 22.

Familientickets (100% für den Zahlenden, 50% für jedes Familienmitglied über zwölf, 25% für Kinder von 2 bis 12) sind ebenfalls erhältlich.

Es genügt, 30 Minuten vor der Abflugzeit am Flughafen zu sein. Weitergehende **Auskünfte und Buchungen:**

● **Gozo Heliport,** Main Reservations Office, Tel: 21557905, Fax: 21562797.
● **Air Malta**
(Luqa-Airport oder Stadtbüro Valletta)

Von Malta nach Gozo

00:05	Mo, Mi–So
03:40	tägl.
05:15	Mi–So
07:10	tägl.
09:40	Mi, Fr–So
11:40	tägl.
13:40	tägl.
15:25	tägl.
17:00	tägl.

20:00   tägl.
21:40   Mi, Fr–So

Von Gozo nach Malta

02:00   Mo, Mi–So
05:00   Mi–So
05:30   Mo, Di
05:50   Mi–So
07:45   tägl.
10:15   Mi, Fr–So
12:15   tägl.
14:15   tägl.
16:00   tägl.
17:35   tägl.
20:20   tägl.
22:10   Mi, Fr–So

Leihwagen und -motorrad

Auch wenn man gelegentlich Fahrzeuge mit ausländischem Kennzeichen in Malta entdeckt, man muss es schon als ziemlichen Unfug ansehen, sich selbst den Strapazen und Mehrkosten gegenüber dem Flug auszusetzen, um das *eigene Auto* mitzubringen. Das Bussystem funktioniert – mit Einschränkungen – gut, und für Touristen gibt es preiswerte Mietfahrzeuge.

Die Wahl, ob man vor Ort ein Leihfahrzeug unbedingt benötigt, hängt in erster Linie von den eigenen Plänen und vom Standort ab (↗ Kapitel Vor der Reise). Wer in Valletta oder Sliema wohnt, braucht definitiv kein Fahrzeug, und selbst in Marsaskala, Buġibba, St. Paul's Bay und Mellieħa ist es nur dann nötig, wenn man sehr wenig Zeit hat und unbedingt alle entfernten Winkel Maltas erkunden möchte.

Wer kein Fahrzeug vorab gebucht hat, vor Ort dann aber zumindest zwei, drei Tage einen mobilen Untersatz für die ländlichen Regionen benötigt, wird am ehesten in Buġibba/St. Paul's Bay und Mellieħa sowie Sliema fündig – hier reihen sich die Verleihstellen aneinander.

Je nach Saison sind Kleinwagen zu rund Lm 10 und Mopeds *(Scooter)* zu Lm 7 pro Tag zu haben. Der ausgehandelte **Mietpreis** wird sofort fällig, man frage stets danach, ob die obligatorische Versicherung *(insurance)* im Preis inbegriffen ist, sonst kommen nochmals einige Lm hinzu – meist sind die Preise inklusive aller Nebenkosten.

Für das Anmieten sind **Pass** oder **Personalausweis** und internationaler **Führerschein** angeraten, meist genügt aber auch der nationale, wenn der Verleiher solche schon gesehen hat (er kann die nationale Lizenz akzeptieren, muss es aber nicht). Der Fahrzeugführer muss **mindestens 21 Jahre** alt sein (Vollkasko obligatorisch), ab 25 Jahren genügt Teilkasko mit Lm 150 Selbstbeteiligung. Bei Motorrädern ist es üblich, eine Kaution (Lm 5) für den Helm zu hinterlegen, die bei Rückgabe zurückerstattet wird. Vor Vertragsabschluss sollte das Gefährt gründlich geprüft werden (Licht!). Stellt man Schäden (z.B. Beulen) fest, sollte man darauf bestehen, dass diese im Leihvertrag festgehalten werden.

Normalerweise übernimmt man in Malta das Fahrzeug mit leerem Tank und übergibt es auch wieder so. Da die meisten Touristen einen halb vollen Tank übergeben, erhalten die Verleihstellen so eine Zusatzeinnahme. Die **Benzinpreise** auf Malta liegen auf knapp mitteleuropäischem Niveau.

Praktische Reisetipps A–Z

Bei vielen Tauch- und Pauschalreisen mit Unterkunft in Farmhäusern (↗ Unterkunft) wird ein Leihfahrzeug sehr günstig mit angeboten.

Die kleineren **Verleihstellen** werden in den Ortsbeschreibungen aufgeführt. In der Regel können Leihfahrzeuge mit nach Gozo genommen werden, einige Verleiher schließen dies jedoch aus. Auch auf Gozo gibt es einige wenige Verleihstellen (↗ Ortsbeschreibungen), wirklich zu empfehlen ist gerade auf Gozo ein Moped für ein oder zwei Tage.

Wer auf einen renommierten Verleiher zurückgreifen möchte, auf Malta und Gozo sind beispielsweise die folgenden vertreten:

Avis

- 50 Msida Sea Front, Msida, Tel: 21235751, Fax: 21243612, www.avis.de, mit Filialen am Flughafen, Tel. 21232422.
- Ankunftshalle Luqa Airport, Tel: 21232422.
- 5 New Street off Pioneer Rd., Buġibba, Tel: 21576428.
- Jerma Palace Hotel, Marsaskala, Tel: 218 23222.
- Seabank Hotel, Marfa Road, Mellieħa, Tel: 21521460.
- Malta Hilton, St. Julian's, Tel: 21336804.
- Mistra Village Clubhotel, Xemxija Hill, Xemxija, Tel: 21580481.
- Republic St., Għajnsielem, Gozo, Tel: 215 58582. Hauptverwaltung und 24-Stunden-Service.

E-Sixt

- Flughafen, Tel: 21490400, www.e-sixt.de.

Hertz

- United House, 66 Gżira Rd., Gżira, Tel: 213 14630, Fax: 21338982.
- Ankunftshalle Luqa Airport, Tel: 21249600.
- United Travel, Bisazza St., Sliema, Tel: 213 37252.

Hinweise für Selbstfahrer

- In Malta herrscht **Linksverkehr!**
- Die **Höchstgeschwindigkeit** beträgt innerorts 50, sonst 80 km/h.
- Es gelten **0,0 ‰** Blutalkoholspiegel!
- Das gesetzliche **Mindestalter** zum Führen eines Kraftfahrzeuges liegt bei 18, für das Ausleihen bei 21 Jahren. Viele Verleihstellen akzeptieren nur Fahrer ab 25 bis 69 Jahren.
- Von Juli bis August herrschen **Engpässe bei den Verleihern** – vorabbuchen!
- Wegen der geringen Entfernungen gibt es keine **Kilometerbeschränkungen.**
- **Tankstellen** haben von 6 bis 18 Uhr geöffnet, am Sonntag nur wenige (dann bis 12 Uhr). Nachttankstellen (Kassenautomat) gibt es in St. Paul's Bay und Sliema.
- Im **Schadensfall** Verleihstelle und Polizei informieren, keine Reparatur selbstständig in Auftrag geben.
- Bei **Unfall** 196 (Malta) bzw. 21556851 (Gozo) für den Rettungsdienst und 191 oder 112 bzw. 21556011 für Polizei anrufen.
- **Parkplätze** sind rar – in Sliema und Valletta absolute Mangelware – Parkhaus beim Busplatz in Valletta nutzen! Größere Parkflächen sind meist bewachte Parkplätze und kosten ca. Lm 0,20 „Bakschisch".
- Maltas **Pannendienst** heißt RMF unter Tel: 21142222 zu erreichen.
- Noch ein letzter Hinweis – gerade für Mopedfahrer – zum **Straßenzustand.** Als Malta den Beitritt zur EU plante, besuchte eine Kommission den Inselstaat und stellte fest, dass gerade einmal 1% der maltesischen Straßen EU-tauglich waren. Tatsache ist, dass für Zweiräder verhängnisvolle „Krater" eher die Regel denn die Ausnahme sind, es sei denn, man bleibt auf den absoluten Hauptstraßen. Wer die Wahl hat, sollte eine Straßenmaschine (125er/175er) anstatt eines Scooters nehmen.

●Preluna Hotel, Tower Rd., Sliema, Tel: 21334001.

● 19 St Anthony St., Sliema, Tel: 21330125, im Internet auch vorab unter www.hertz.de buchbar.

●Weitere **Anbieter für die Voraborganisation** finden sich beispielsweise unter www.autovermietung.com, www.mietwagen.com oder www.autoeurope.de.

Bahn

Was den praktischen Reisenutzen betrifft, so gibt es heute keine Bahnlinie mehr auf Malta. Einige wenige Relikte werden den aufmerksamen Besucher aber an die Zeit erinnern, als auch auf Malta eine Bahn verkehrte (⌁ jeweilige Ortsbeschreibungen sowie Exkurs „Die Valletta-Rabat-Bahn").

Bus

Busse auf Malta

Auf Malta können bis auf wenige Ausnahmen alle Orte mit dem Bus erreicht werden, zudem ist das System in einem Satz erklärt: **in Valletta starten die meisten Busse sternförmig in alle Richtungen und kommen auf demselben Weg zurück.** Dies bedeutet andererseits, dass ein Ausflug nahezu immer einen Umstieg in Valletta bedingt, und das wiederum legt es dem Individualreisenden (der alles sehen möchte) nahe, seine Unterkunft möglichst in Gehnähe zum zentralen **Busplatz von Valletta/Floriana** oder **Sliema** zu wählen. Fast alle Ressort-

Praktische Reisetipps A–Z

074-M Foto: wl

und Stadthotels liegen aber außerhalb Vallettas, weshalb die Tendenz zum Leihwagen ungebrochen ist. Nur einige wenige Busse fahren nicht ab Valletta, etwa in Sliema oder Buġibba (viele Reisende die sich überwiegend per Bus fortbewegen wollen, wohnen daher bevorzugt in Buġibba).

Das öffentliche Bussystem auf Malta und Gozo ist durchweg sehr gut und vor allem preiswert. Wer nicht gerade eine „All-inclusive-Tour" im klimatisierten Reisebus gebucht hat, wird sicher das eine oder andere Mal auf die mittlerweile in die Jahre gekommenen **Gelben Blitze** (gelb-orange auf Malta) bzw. **Roten Teufel** (Gozo) zurückgreifen. Zum Leidwesen vieler fotografierender Touristen werden die alten Busse zunehmend ausgemustert und durch (gleichfarbige) moderne, weniger fotogene Exemplare ersetzt.

Nach jahrelangen zähen Verhandlungen (und auf Druck der Jugend) wurde erst vor kurzem das gesamte System vollkommen umgekrempelt und bietet nunmehr folgende Möglichkeiten:

● **Tagesbusse,** im Sommer (16. Juni–30. September) häufiger als im Winter.
● **Nachtbusse,** fahren hauptsächlich am Wochenende die Disk-ohochburg Paceville an, Verlauf entspricht etwa den Tageslinien.
● **Schnellbusse,** verkehren zwischen zwei Punkten, wobei nur an den wichtigsten Haltestellen gehalten wird.
● **Sonderlinien,** für besondere Routen, z.B. zum Flughafen.

Das neue **Preissystem** wurde sowohl vereinfacht als auch elektronisiert. Gezahlt wird beim Einstieg (vorne), Einzelfahrten kosten je nach Entfernung 20, 23 oder 25 Ct., Schnellbusse pauschal 50 Ct. Das ist durchaus äußerst preiswert und animiert zur Nutzung der öffentlichen Busse.

Für Einheimische wurde ein **multiple store ticket** eingeführt, welches (leer) Lm 1,50 kostet und an Automaten der größeren Stationen (Valletta, Buġibba) mit Lm 0,5–20 aufgeladen werden kann. Beim Einstieg wird dann mittels dieser Karte bargeldlos der jeweilige Fahrpreis abgebucht. Natürlich können auch Touristen diese Karte erwerben, aufgrund der Kartengebühr lohnt sich dies jedoch nur bei langen Aufenthalten. Für den „normalen" Reisenden empfehlen sich die **Tages-/Mehrtagestickets,** die Lm 1,50 (1 Tag), Lm 4,50 (3 Tage), Lm 5 (4 Tage) und Lm 6 als Wochenkarte kosten. Diese können ebenfalls an Ticketautomaten, aber auch direkt beim Fahrer erworben werden.

Offiziell existieren auch genaue **Fahrpläne,** doch durch Berufsverkehr oder Touristen, die beim Einstieg nach Kleingeld suchen, werden diese nicht eingehalten (und darum auch gar nicht erst publik gemacht).

Vom zentralen Busplatz Vallettas/Florianas um den Tritonenbrunnen vor dem Stadttor von Valletta abgesehen, sind die **Bushaltestellen** auf Malta durch kreisrunde rote oder blaue Schilder *(bus stop)* gekennzeichnet. Ferner wurde ein Zusatzschild mit den Ziffern der hier haltenden Buslinien angebracht – andere Busse halten nicht. Wenn man zusteigen möchte, muss man die Busse herbeiwinken,

Tagesbusse auf Malta (mit eingesetzten Nachtbussen)

(Je nach Route und Tageszeit **7:30–19:30, alle 15–30 Minuten,** jeweils umgekehrt zurück, **N** = Nachtbus)

01 Valletta – Vittoriosa
02 Valletta – Paola – Vittoriosa
03 Valletta – Senglea
04 Valletta – Kalkara
06 Valletta – Paola – Cospicua
08 Valletta – Tarxien – Airport
11, 12 Valletta – Tarxien – Għar Dalam – Pretty Bay – Birżebbuġa
  (**N 11/N 118,** Fr und Sa 24–1:30 Uhr)
13 Valletta – Tarxien Temples – Għar Dalam – Pretty Bay – Birzebbuġa – Ħal Far
15 Valletta – Paola Hypogäum
17 Valletta – Żabbar – Zonqor Point – Marsaskala
18 Valletta – Paola – Fgura – Żabbar
  (**N 18/N 118,** Fr und Sa 24–1:30 Uhr)
19 Valletta – Paola – Fgura – Żabbar – Marsaskala
20 Valletta – Paola – Fgura – Marsaskala
21 Valletta – Fgura – Żabbar – Xgħajra Bay
22 Cospicua – Żabbar – Marsaskala
27 Valletta – Tarxien – Zejtun – Tas-Silġ – Marsaxlokk
29 Valletta – Hypogäum Paola – Tarxien Temples – Zejtun
30 Valletta – Hypogäum Paola –Tarxien Temples – Zejtun – St. Thomas Bay
32 Valletta – Żurrieq
34 Valletta – Luqa – Safi – Kirkop – Żurrieq
  (**N 34/N 134,** Fr und Sa 24–1:30 Uhr)
35 Valletta – Airport Cargo Terminal – Mqabba – Qrendi
38 Valletta – Luqa/Air Malta – Żurrieq – Blue Grotto – Ħagar Qim
40 Valletta – Birkirkara – Balzan – San Anton Gardens – Lija – Attard – Ta Qali
41 Valletta – San Gwann
42 Valletta – San Gwann – Birkirkara
43 Valletta – Mosta – St. Paul's Bay – Xemxija – Mellieħa
44 Valletta – Mosta – St. Paul's Bay – Xemxija – Mellieħa – Għadira Bay
45 Valletta – Mosta – St. Paul's Bay – Xemxija – Mellieħa – Għadira Bay – Ċirkewwa
  (**N 45,** Mo–Fr 24, 1, 2, 3 Uhr, Sa 24–1:30, pendelnd)
47 Valletta – Birkirkara – Mosta – Żebbiegħ – Mġarr – Golden Bay – Manikata
48 Buġibba – St. Paul's Bay – Xemxija – Selmun Palace – Mellieħa – Għadira Bay –
  Ċirkewwa
49 Valletta – Birkirkara – Naxxar – Lija – Mosta – St. Paul's Bay – Buġibba
  (**N 49,** nur Winter, 24–1:30 Uhr, pendelnd)
50 Valletta – Birkirkara – Naxxar – Lija – Mosta – St. Paul's Bay – Xemxija –
  Selmun Palaca – Mellieħa – Mellieħa Bay – Armier Bay (nur im Sommer)
53 Nachtbus N 53, Paceville – San Gwann, tgl. 24, 1, 2, 3 Uhr
  (15.6.–15.9.)
55 Valletta – Birkirkara – Naxxar – Lija – Naxxar – Għargħur
56 Valletta – Birkirkara – Naxxar – Lija – Naxxar – Mosta
58 Valletta – Birkirkara – Mosta – Buġibba

Tagesbusse auf Malta (mit eingesetzten Nachtbussen, Fortsetzung)

(Je nach Route und Tageszeit **7:30–19:30 Uhr alle 15–30 Minuten,** jeweils umgekehrt zurück, **N** = Nachtbus)

59 Valletta – Msida – Birkirkara – Lija – Naxxar – Mosta – Qawra – Buġibba
60 Valletta – Msida
61 Sliema – Msida – Valletta
62 Valletta – Msida – The Strand/Sliema – Tower Road/Sliema – St. Julian's – Paceville
   (**N 62,** tgl. 23:30–2:20 Uhr, 8x)
63 Valletta – Msida – Sliema
64 Valletta – Msida – The Strand/Sliema – Tower Road/Sliema – St. Julian's –
   Paceville – Swieqi – St. Andrew's
65 Sliema – St. Julian's – Paceville – Naxxar – Mosta – Ta' Qali – Mdina
66 Valletta – Msida – Sliema – St. Julian's – Paceville – Dragonara/Hilton –
   St. George's Bay
67 Valletta – Msida – Sliema – St. Julian's – Paceville – St. Andrew's
68 Valletta – Msida – Sliema – St. Julian's – Paceville – Baħar iċ-Ċagħaq (hier Splash &
   Fun Park)
70 Sliema – St. Julian's Bay – Paceville – Baħar iċ-Caghaq – Buġibba – Qawra
   (nur April–November)
71 Valletta – Hamrun – Sta. Venera – Fleur De Lys – Birkirkara
73 Valletta – Hamrun – Birkirkara – Lija
74 Valletta – Hamrun – Corinthia Palace Hotel – San Anton Gardens
75 Valletta – Hamrun – St. Luke's Hospital
80 Valletta – Hamrun – Attard – Ta' Qali – Mdina.
81 Valletta – Hamrun – Attard – Ta' Qali – Rabat – Buskett Gardens – Dingli
   (**N 81,** Fr und Sa 24–1:30 Uhr)
84 Valletta – Hamrun – Attard – Ta' Qali – Rabat – Nigret – Mtarfa
86 Buġibba – St. Paul's Bay – Mosta – Ta' Qali Crafts Village – Mdina
88 Valletta – Hamrun – Marsa – Qormi – Żebbuġ
   (**N 88/881,** Fr und Sa 24–1:30 Uhr)
89 Valletta – Hamrun – Marsa – Qormi – Siġġiewi (ab hier die **94** nach Għar Lapsi)
91 Valletta – Hamrun – Marsa – Qormi
94 Siġġiewi – Għar Lapsi Bay (nur im Sommer)
110 Birżebbuġia – Marsaxlokk – Zejtun – Tarxien – Paola – Marsa
115 Valletta – Paola Hypogäum – Birżebbuġia
138 Valletta – Marsa – Cargo Terminal – Mqabba – Qrendi – Haġar Qim – Blue Grotto
141 Valletta – Msida – University Heights – Gzira – San Gwann
142 Valletta – Msida – University Heights – San Gwann – Birkirkara
145 Valletta – Msida – University – Birkirkara – Mosta – St. Paul's Bay – Mellieħa –
   Ċirkewwa
157 Valletta – Birkirkara – Mosta
159 Valletta – Hamrun – Birkirkara – Lija – Naxxar – Mosta – St. Paul's Bay – Qawra –
   Buġibba
163 Valletta – Msida – Sliema
169 Valletta – Msida – University – New Hospital –Birkirkara
300 Senglea – Vittoriosa – Żabbar – Fgura – Paola – Msida – University
350 Mqabba – Qrendi – Żurrieq – Safi – Kirkop – Luqa – Marsa – Msida – University

427 Buġibba – St. Paul's Bay – Mosta – San Anton Gardens – Tarxien Temples – Marsaxlokk
441 Mellieħa Bay – Popeye Village
449 Valletta – Msida – University – San Gwann – Baħħar iċ-Caghaq – Qawra – Buġibba
499 Buġibba – Burmarrad – Mosta – Lija – Birkirkara – Msida – Valletta (nur Juli–September)
627 Buġibba – St. Paul's Bay – Paceville – St. Julian's – Sliema – University – Cottonera – Marsaxlokk
645 Sliema – St. Julian's Bay – Paceville – St. Paul's Bay – Xemxija – Mellieħa – Ċirkewwa
652 Sliema – St. Julian's – Paceville – Qawra – St. Paul's Bay – Golden Bay
662 Valletta – Msida – Sliema – Paceville
667 Valletta – Msida – Paceville
671 Valletta – Msida – Sliema – St. Julian's – Paceville – St. Andrew's
800 Luqa Airport Terminal – Ġudja – Għaxaq – Paola – Marsa – University
810 Dingli – Rabat – Attard – Birkirkara – University
890 Siġġiewi – Żebbuġ – Qormi – Hamrun – University

Praktische Reisetipps A–Z

Schnellbusse auf Malta (jeweils umgekehrt zurück)	Bus-Nr.	Frequenz
Valletta – Blue Grotto/Haġar Qim	38	9:15–16:15 Uhr, stdl.
Valletta – Wied iż Żurrieq/Haġar Qim	138	9:15–16:15 Uhr, stdl.
Buġibba – Gozo-Fähre	48	8:30–18:30 Uhr, alle 15 Min.
(Nur Hinweg, bzw. eine Strecke)		
Sliema – Buġibba – Għajn Tuffieħa – **Golden Bay**	652	8:45–19:10 Uhr, alle 15 Min.
Sliema – Baħar iċ Ċagħaq – **Buġibba**	70	8–20:30 Uhr, alle 20 Min. (Baħar = Splash & Fun Park!)
Sliema – Mosta – **Mdina**	65	8:30–17:30 Uhr, alle 30 Min.
Buġibba – Mosta – **Mdina**	86	9–17:15 Uhr, alle 20 Min.
Buġibba – Sliema – Cottonera – **Marsaxlokk**	627	9:30–15 Uhr, 6x tgl., wegen des Marktes in Marsaxlokk So häufiger
Buġibba – Mosta – San Anton Gd. – Cottonera – **Marsaxlokk**	427	3x tgl., wegen des Marktes in Marsaxlokk So häufiger

Sonderlinien auf Malta (jeweils umgekehrt zurück)	Bus-Nr.	Frequenz
Flughafen – Valletta	8	Tgl. 6–21 Uhr, alle 20 Min.
Flughafen – Valletta	39	Nur 21:30 und 22 Uhr
Flughafen – Valletta	32, 34, 35	6–22 Uhr, alle 15 Min., **nur Frachtterminal**/Air Malta
Flughafen – Sliema	800	Mo–Fr, 9–16 Uhr, stdl.
Valletta – Gozo-Fähre (Ċirkewwa)	45	5:30–21 Uhr, alle 15 Min.
Sliema/Buġibba – Gozo-Fähre	645	8–19:45 Uhr, alle 20 Min.
Stadtbus Valletta (Floriana, Barakka Gd., Harbour, St. John's Cathedral usw.)	98	6:30–21 Uhr, alle 30 Min.

Wichtige Busverbindungen auf Gozo

(Fahrzeiten **täglich 6 Uhr–21 Uhr. Achtung:** die **Nr 5** fährt nur von Juli bis September via San Lawrenz zum Inland Sea, sowie die **Nr. 42/43** zur Ramla Bay. Insgesamt verkehren die Busse deutlich seltener als auf Malta.)

25 Victoria – Mġarr (Hafen), **Letzter Bus Victoria – Mgarr um 20 Uhr**	25x
05 Victoria – Għarb – San Lawrenz – Għarb	3x
91 Victoria – Għarb – San Lawrenz – Dwejra – Ta Pinu - Għasri - Żebbuġg	13x
50 Victoria – Sannat – Ta Ċenċ – Munxarr	9x
61 Victoria – Xagħra – Ggantija	3x
64 Victoria – Xewkija – Xagħra – Ġgantija	14x
90 Victoria – Żebbuġ – Għasri –Ta Pinu	10x
87 Victoria – Xlendi	12x
21 Victoria – Marsalforn	26x
42/43 Victoria – Xewkija – Nadur/Qala	15x

sonst fahren sie in der Annahme vorüber, man warte auf eine andere Linie. Dies kann auch passieren, wenn man winkt, der Bus aber überfüllt ist (nur *peak-hour*). Hält der Bus, gibt man dem Fahrer das Ziel bekannt und bezahlt den genannten Fahrtpreis. Dieser ist auch auf dem Einzelfahrschein aufgedruckt, den man unbedingt für durchaus häufig vorkommenden **Kontrollen** aufbewahren muss. Auch beim Aussteigen gilt: der Fahrer hält nur, wenn es gewünscht wird. Hierzu drückt man den Klingelknopf, bei älteren Bussen zieht man an einer an der Dachreling des Busses entlanglaufenden Klingelschnur.

Wer weitergehende Informationen sucht und Einsicht in den (theoretischen) *Fahrplan* nehmen möchte, sei auf die offizielle Seite des maltesischen Transportverbandes unter www.atp.com.mt verwiesen.

Busse auf Gozo

Die genannten *Wert- und Mehrtageskarten Maltas gelten nicht auf Gozo,* die Preise sind jedoch noch etwas günstiger (die Entfernungen auch kleiner) als auf der großen Schwesterinsel. Die Einzelfahrt kostet hier auf Kurzstrecken 7 Ct. (Sonn- und Feiertage 13 Ct.), sonst 20 Ct. Auch sind am Busbahnhof von Victoria (Rabat), an-

ders als in Valletta, an den Bussteigen die Endstationen namentlich ausgeschildert.

Die *wichtigsten Linien* starten und enden alle in Victoria, und auch auf Gozo gilt: gefahren wird zwischen 6–21 Uhr, wobei die Touristenhochburg Marsalforn eine bislang einmalige Ausnahme bildet: der letzte Bus von Victoria fährt um 22:30 Uhr (von Marsalforn aus um 23 Uhr).

„Gelber Blitz" auf Malta

Taxi

Am Abend ankommenden Reisenden bleibt oft keine andere Wahl, als auf ein Taxi zurückzugreifen. Für das Gebotene erscheinen die maltesischen Taxipreise recht hoch: Neben einer Grundgebühr von Lm 1,50 fallen pro Kilometer Lm 0,35. an.

Man achte darauf, dass das *Taxameter* eingeschaltet ist und dass der Fahrer keine Ehrenrunden dreht – hilfreich sind beiläufige Bemerkungen wie „ hat sich nichts verändert", dann wird man für ortskundig gehalten, und der Fahrer nimmt den kürzesten Weg.

Das Malta Tourist Office (⌨ Informationsstellen) gibt eine Liste mit Taxikosten für etliche Verbindungen kostenlos heraus – sie mag als Anhaltspunkt dienen, Taxifahrer halten sich auch eher an diese offizielle Liste.

● *Richtpreise Taxi in Lm* *für die wichtigsten Verbindungen:*				
von/nach	Valletta			
Sliema		4,50	Sliema	
Luqa-Airport	6	7,50	Luqa-Airport	
Ċirkewwa	15	13,50	15,50	Ċirkewwa
Mdina/Rabat	6	5	6,75	8	Mdina
St. Paul's/Buġ.	8	7	10	7,50	7

Der wichtigste Sammelpunkt für Taxis liegt – vom Flughafen abgesehen – am Busplatz von Valletta, in Sliema stehen sie oft an der Uferpromenade, ansonsten muss man Glück haben und eines herbeiwinken.

In einigen Touristenzentren wird ein *Transport Service* angeboten mit Fixpreisen für eine bestimmte Route, z.B. Buġibba – Flughafen. Hier kann man etliche Tage vorab buchen und ist am Reisetag keinem Taxifahrer „ausgeliefert". Diese Fahrservices erkennt man an mit Kreide beschrifteten Tafeln, oft handelt es sich gleichzeitig um Autovermietungen.

Auf Gozo sammeln sich die Taxis am Hafen in Mġarr sowie am Busplatz in Victoria, eine Fahrt kostet rund Lm 5. Zum Heliport bei Xewkija gibt es keine andere Möglichkeit als das Taxi – Fahrpreis ab Victoria Lm 4.

Karozzin

In Valletta und Mdina wird der Fahrzeugverkehr strengstens kontrolliert, nur Lieferverkehr und Anwohner sind überhaupt zur Durchfahrt berechtigt – sobald der Besucher die engen Sträßchen dieser beiden Städte gesehen hat, wird auch klar, warum.

Für den innerstädtischen Transport sorgen hier die originellen Karozzin, traditionelle *Pferdedroschken.* Dieses ursprünglich auch von Einheimischen genutzte Transportmittel lebt heute überwiegend vom Tourismus.

Man kann die Karozzin entweder *als Taxi nutzen* (z.B. Fort St. Elmo – Upper Baracca Gardens ca. Lm 4) oder für eine *Stadtrundfahrt* mieten (je nach Verhandlungsgeschick Lm 12–15 für 45–60 Minuten/2–3 Personen).

Karozzin – Fortbewegungsmittel
vornehmlich für Touristen

Die Karozzin stehen in **Valletta** hauptsächlich vor Fort St. Elmo, in **Mdina** am Saqqajja Square und in **Sliema** an The Strand.

Es ist zwar unüblich, die Karozzin außerhalb der Orte zu nutzen, bei entsprechender Bezahlung ist aber auch eine nette **Landpartie** auf dem Fuhrwerk denkbar (z.B. Mdina – Buskett Gardens).

Fahrrad

Die **Verleihstellen** sind bei den jeweiligen Ortsbeschreibunngen angegeben, alles weitere zum **Radfahren** ⌀ Sport und Aktivitäten.

Zu Fuß

In den Städten und Dörfern Maltas und Gozos kommt man zu Fuß prima zurecht, dies ist die vernünftigste und intensivste Art, die Sehenswürdigkeiten des Landes zu erkunden – alle Orte sind klein und überschaubar (⌀ auch Wandern im Kapitel Sport und Aktivitäten).

Wichtigster Sicherheitshinweis für Fußgänger: Wegen des **Linksverkehrs** muss man vor Überqueren der Straße auf Fahrzeuge von rechts achten – dies klingt einfach, ist aber erst einmal gewöhnungsbedürftig, zumal es keine Fußgängerampeln und nur wenige Zebrastreifen gibt.

Versicherungen

Egal welche Versicherungen man abschließt, hier ein Tipp: Für alle abgeschlossenen Versicherungen sollte man die **Notfallnummern** notieren und mit der **Policenummer** gut aufheben! Bei Eintreten eines Notfalles sollte die Versicherungsgesellschaft sofort telefonisch verständigt werden!

Auslandskrankenversicherung

Die gesetzlichen Krankenkassen von Deutschland und Österreich garantieren eine Behandlung im akuten Krankheitsfall auch in Malta, wenn die medizinische Versorgung nicht bis nach der Rückkehr warten kann. Als Anspruchsnachweis benötigt man die **Europäische Krankenversicherungskarte,** die man von seiner Krankenkasse erhält.

Im Krankheitsfall besteht ein Anspruch auf ambulante oder stationäre Behandlung bei jedem zugelassenen Arzt und in staatlichen Krankenhäusern. Da jedoch die Leistungen nach den gesetzlichen Vorschriften im Ausland abgerechnet werden, kann man auch gebeten werden, zunächst **die Kosten der Behandlung** selbst zu tragen. Obwohl bestimmte Beträge von der Krankenkasse hinterher erstattet werden, kann ein Teil der finanziellen Belastung beim Patienten bleiben und zu Kosten in kaum vorhersagbarem Umfang führen.

Deshalb wird der Abschluss einer **privaten Auslandskrankenversicherung** dringend empfohlen. Diese sollte eine zuverlässige Reiserückholversicherung enthalten, denn der Krankenrücktransport wird von den gesetzlichen Krankenkassen nicht übernommen. Auslandskrankenversicherungen sind in Deutschland mit Preisen ab 5–10 € pro Jahr auch sehr günstig.

Schweizer sollten bei ihrer Krankenversicherungsgesellschaft nachfragen, ob die Auslandsdeckung auch für Malta inbegriffen ist. Sofern man keine Auslandsdeckung hat, kann man sich kostenlos bei Soliswiss (Gutenbergstr. 6, 3011 Bern, Tel. 0313810494, info @soliswiss.ch, www.soliswiss.ch) über mögliche Krankenversicherer informieren.

Zur Erstattung der Kosten benötigt man ausführliche *Quittungen* (mit Datum, Namen, Bericht über Art und Umfang der Behandlung, Kosten der Behandlung und Medikamente).

Der Abschluss einer *Jahresversicherung* ist in der Regel kostengünstiger als mehrere Einzelversicherungen. Günstiger ist auch die *Versicherung als Familie* statt als Einzelpersonen. Hier sollte man nur die Definition von „Familie" genau prüfen.

Andere Versicherungen

Ob es sich lohnt, weitere Versicherungen abzuschließen wie eine Reiserücktrittsversicherung, Reisegepäckversicherung, Reisehaftpflichtversicherung oder Reiseunfallversicherung, ist individuell abzuklären. Gerade diese Versicherungen enthalten viele *Ausschlussklauseln,* sodass sie nicht immer Sinn machen.

Die *Reiserücktrittsversicherung* für 35–80 € lohnt sich nur für teure Reisen und für den Fall, dass man vor der Abreise einen schweren Unfall hat, schwer erkrankt, schwanger wird, gekündigt wird oder nach Arbeitslosigkeit einen neuen Arbeitsplatz bekommt, die Wohnung abgebrannt ist u.Ä. Nicht gelten hingegen: Terroranschlag, Streik, Naturkatastrophe etc.

Auch die *Reisegepäckversicherung* lohnt sich seltener, da z.B. bei Flugreisen verlorenes Gepäck oft nur nach Kilopreis und auch sonst nur der Zeitwert nach Vorlage der Rechnung ersetzt wird. Wurde eine Wertsache nicht im Safe aufbewahrt, gibt es bei Diebstahl auch keinen Ersatz. Kameraausrüstung und Laptop dürfen beim Flug nicht als Gepäck aufgegeben worden sein. Gepäck im unbeaufsichtigt abgestellten Fahrzeug ist ebenfalls nicht versichert. Die Liste der Ausschlussgründe ist endlos ... Überdies deckt häufig die Hausratsversicherung schon Einbruch, Raub und Beschädigung von Eigentum auch im Ausland.

Eine *Privathaftpflichtversicherung* hat man in der Regel schon. Hat man eine *Unfallversicherung,* sollte man prüfen, ob diese im Falle plötzlicher Arbeitsunfähigkeit aufgrund eines Unfalls im Urlaub zahlt.

Praktische Reisetipps A–Z

Malta
und seine
Bewohner

079A-M Foto: wl

079B-M Foto: wl

Karge Klippen prägen die Südküste

Folgen der Luftangriffe

Christliches Höhlengrab bei Bingemma

Geographie

Wegen der größeren Nähe zu Sizilien und der frühgeschichtlichen Besiedlung von Italien her zählt Malta *geographisch zu Europa*. Die Republik Malta liegt im zentralen Mittelmeer, nur 95 km südlich von Sizilien und 290 km östlich von Tunesien.

Zu Malta gehören die bewohnten Inseln *Malta* (246 km²), *Gozo* (67 km²) und *Comino* (2,5 km²), ferner die unbewohnten Eilande Filfla, Cominotto und St. Paul's Island sowie einige aus dem Meer ragende Felsformationen. Die Hauptinsel Malta erstreckt sich von Nordwest nach Südost auf einer Länge von maximal 27 km und einer Breite von bis zu 15 km und ist von seiner Schwesterinsel Gozo durch den 5 km breiten Gozo-Channel getrennt.

Erdgeschichtlich war Malta noch im Quartär (vor zwei Millionen Jahren) durch eine *Landbrücke* mit dem europäischen Festlandssockel (Sizilien) und Nordafrika verbunden.

Geologisch wird Malta vom so genannten *Globigerinenkalk* geprägt, einem gut zu bearbeitenden, an der Luft harten und außerordentlich witterungsbeständigen Kalksandstein. Dieser Globigerinenkalk mit seiner ockerbis sandbraunen Farbe prägt seit jeher die Bauten auf dem maltesischen Archipel. Noch heute wird fast ausschließlich mit diesem für Malta so typischen Baustoff gearbeitet, wichtige Abbaugebiete liegen um Luqa/Malta und Gebel Ben Ġorġ/Gozo.

Malta und Gozo werden von schroffen *Steilküsten* an den Südseiten geprägt, die nach Norden hin leicht abfallen und sich zu einigen Buchten an der jeweiligen Nordseite hin öffnen. Dieser Steilküstencharakter sowie die zentrale Mittelmeerlage zwischen Sizilien und Nordafrika charakterisierten Malta als eine bedeutende, natürliche und – wie die Geschichte zeigen sollte – uneinnehmbare „Festung".

Die *höchste Erhebung* Maltas, Ta Dmejrek, auf dem Plateau der Dingli-Cliffs südlich Clapham Junction misst 262,6 m. Ganzjährig wasserführende Bäche oder *Flüsse* gibt es keine.

Auf Malta herrscht ein ausgeprägtes *Mittelmeerklima* (⌦ Reisetipps, Klima und Reisezeit).

Natur

Pflanzen

Die noch im Neolithikum umfangreiche *Bewaldung* Maltas fiel schon zu römischer Zeit dem steigenden Holzbedarf für den Schiffbau nahezu völlig zum Opfer, die Landschaft verkarstete. Auch die mühsamen Kultivierungsbemühungen der Araber mit weitläufigen, zumindest auf Gozo heute noch vorherrschenden Terrassenfeldern, änderten daran kaum etwas. So macht Malta auf den ersten Blick einen kargen, nahezu trostlosen Eindruck.

In der Felslandschaft wachsen hauptsächlich *mittelmeertypische Sträucher und Kräuter* wie Wolfsmilch, Thymian, Rosmarin, Mohn und Heidekraut. Weiterhin prägen *Feigenbäume* und *Kak-*

teen mit essbaren Früchten sowie der von den Arabern eingeführte **Johannis-brotbaum** das Landschaftsbild. Die Früchte des Letzteren wurden zu Notzeiten (Belagerungen, Zweiter Weltkrieg) geerntet, dienen heute aber allenfalls als Viehfutter.

Wer sich ins Hinterland begibt, wird insbesondere in Zentral- und Ostmalta sowie auf Gozo **Gemüsefelder, Weinkulturen und Obstplantagen** – kurz, eine intensive Felderwirtschaft finden, wie es sie überall in Europa gibt.

Dabei wird dem Boden buchstäblich jeder Meter abgerungen, nur mit umfassender **künstlicher Bewässerung** können die Pflanzen über die trockenen Sommermonate gedeihen.

Wasser

Eine Schlüsselfunktion kommt der künstlichen Bewässerung zu. Malta verfügt über viele Brunnen mit einem sich rasch erschöpfenden Grundwasserspiegel, der aber für den Eigenbedarf einschließlich der Felderbewirtschaftung bis in die 1960er Jahre ausreichend war.

Durch den aufkommenden Tourismus vervielfachte sich der Süßwasserbedarf, mehrere moderne **Meerwasser-Entsalzungsanlagen** (Reverse Osmosis Plants, z.B. in Sliema oder Ghar Lapsi) entstanden. Diese decken mittlerweile zu knapp 50% den Wasserbedarf, da aber dieses künstlich gewonnene Wasser für die Industrie nicht verwendet werden kann, wird weiter das knappe Grundwasser angezapft. Daher wird der Besucher auch weiter-

hin auf gelegentliche Wasserknappheit und Hinweisschilder wie **„Water is precious in Malta – don't waste it!"** treffen.

Es gibt keine Stauseen oder Regenrückhaltebecken – mit Einsetzen der **Regenzeit** ergießen sich wahre Sturzbäche ins Meer, da der ausgetrocknete Boden und die Felsschichten kaum Wasser aufnehmen können.

Tierwelt

Während es noch zu Johanniterzeiten Großwild auf Malta gegeben haben soll, beschränkt sich die Tierwelt heute – von Schlacht- und Nutzvieh abgesehen – auf einige Kleinsäuger, Vögel, Insekten und Reptilien.

Zu den frei lebenden Säugetieren Maltas zählen das **Wildkaninchen „Fenek"** (welches als Nationalgericht auf dem Teller endet), Igel, Wiesel, Ratten und Mäuse. Sie ernähren sich zum Teil von den zahlreichen Schmetterlingen, Libellen, Grillen und **Bienen.** Letztere spielen bei der Erzeugung des berühmten maltesischen Honigs eine traditionelle Rolle, schon den Römern war Malta als „Honiginsel" bekannt. Der besondere Geschmack ist auf das überall wuchernde Thymiankraut zurückzuführen.

Skorpione und (ungiftige) **Schlangen** sind gelegentlich auf Comino und Gozo anzutreffen. Abseits der Wege werden Wanderer auch **Eidechsen** sehen, von denen mehrere Arten auf dem maltesischen Archipel beheimatet sind. Eine Art, die *Laferla Filfolensis*, lebt nur auf dem Inselchen Filfla.

Malta und seine Bewohner

Bedingt durch den Mangel an Bäumen brüten in Malta nur wenige *Vogelarten.* Zu den wichtigsten der zwölf hier vertretenen zählen Sturmtaucher, Sturmschwalbe, Kurzzehenlärche und die Blaumerle, der Nationalvogel Maltas. Der natürliche Lebensraum dieser Vögel ist auf die Naturschutzgebiete Filfla und Għadira (Mellieħa Bay) sowie den kleinen Wald in Buskett Forest beschränkt.

Die maltesischen Inseln sind aber auch alljährlich eine bedeutende Zwischenstation für zahlreiche *Zugvögel,* darunter bedrohte Arten, auf dem Weg zwischen Europa und Afrika.

In diesem Zusammenhang muss auf eines der düstersten Kapitel der maltesischen Gegenwart aufmerksam gemacht werden. Zu den über Malta das Mittelmeer überquerenden Zugvögeln gehören Fischadler, Falken, Reiher, Singdrosseln, Lerchen, Finken und Grünlinge. Schätzungen der *Maltese Ornithological Society* zufolge werden von den Maltesern *alljährlich (!) rund eine halbe Million Vögel abgeschossen,* darunter 200.000 Drosseln, 50.000 Lerchen sowie 10.000 Greifvögel und Reiher. Die meisten Tiere verenden einfach, etliche werden aber auch ausgestopft und entweder im Heim als Trophäe ausgestellt oder an skrupellose Touristen verkauft. Unvermeidlich wird der Besucher bei seinen Wanderungen auf Malta auf haufenweise Hülsen von Schrotpatronen, gelegentlich sogar auf Vogelleichen treffen. Hinzu kommen noch Zehntausende von Singvögeln, die mit Lockvögeln und Fangnetzen lebend gefangen und anschließend als zwitschernde Hausgenossen in Käfigen verkauft werden. Seit 1980 untersagt zwar ein Gesetz die *Vogeljagd,* und die beiden genannten Schutzgebiete wurden eingerichtet. Doch ist dieses Gesetz das Papier nicht wert, auf dem es geschrieben steht, in einem Land, in dem jeder zehnte Einwohner Mitglied des Jagdverbandes ist und die Politik diese starke Lobby als Wählerpotenzial und Wirtschaftsfaktor eindeutig den umweltpolitischen Erfordernissen vorzieht. Die beiden „Vogelschutzgebiete" können daher allenfalls als Alibi (aus Angst vor internationaler Ächtung) und „good-will"-Bezeugung gegenüber dem Wirtschaftsfaktor Tourismus dienen. Auch beim EU-Beitritt wurden für Malta *Sonderrechte* ausgehandelt, so dass zwar EU-Artenschutzrecht gilt, für Malta aber Ausnahmen gemacht werden (Arten) und generell eine Übergangsfrist bis 2008 eingeräumt wurde.

Die *Gewässer um Malta* sind weder tropisch noch gibt es mangels hinreichenden Planktons eine besonders große Vielfalt an Fischen oder Unterwasserflora. Sardinen, Barben, Schwertfisch, Dorsch und der „Nationalfisch" *Lampuki* (Makrelenart) stehen dennoch oft auf dem Speisezettel. Weitere Einzelheiten zur maltesischen Unterwasserwelt ⟋ Spezialkapitel Tauchen.

Geschichte

Kaum anderswo in Europa wird ein Besucher auf so engem Raum auf die Spuren der unterschiedlichsten Kulturen aus 8000 Jahren Menschheitsgeschichte treffen wie gerade auf Malta. Angefangen von den ältesten jungsteinzeitlichen Tempelanlagen Europas, über die Reste der phoenizischen, punischen, römischen und byzantinischen Kulturen, der prägenden landwirtschaftlichen Kultivation der Araber, weiter über die großartigen Bauten der Normannen und Johanniter bis hin zur britischen Kolonialzeit bietet Malta einen unvergleichlichen Abriss der europäischen Geschichte.

Mit seinen noch heute alles überragenden Festungs- und Kirchenbauten und dem militärischen Sieg von 1565 über die Türken prägte insbesondere der Ritterorden der **Johanniter** das maltesische Archipel. Erst die Kenntnis der Hintergründe und Taten des Ordens – auch über die maltesische Phase der Johanniter hinaus – ermöglicht dem Reisenden das Verständnis für diesen im Landesbild so allgegenwärtigen Einfluss in Malta.

Das Neolithikum

Um 7000 v. Chr. kamen erste Siedler auf den Archipel. Ähnlichkeiten zur Stentinello-Kultur von Syrakus (gleiche Werkzeuge, ähnliche Keramik und gleiche Haustiere) deuten auf eine Besiedlung von Norden (Sizilien) hin. Die Siedler lebten vermutlich in natürlichen Höhlen und ernährten sich von Fischfang, Jagd und primitivem Feldanbau. Diese **erste Phase** dauerte bis um 5200 v. Chr., einzig sehenswertes Relikt dieser Zeit ist die Höhle **Għar Dalam** bei Birżebbuġa.

Während der **zweiten Phase** (5200– 3600 v. Chr.) entstanden erste kleeblattförmige Tempel aus riesigen, bis zu 60 Tonnen schweren Megalithen, die als älteste frei stehende Großsteinarchitektur der Welt gelten

(zum Vergleich: Cheops-Pyramide 2500 v. Chr., Stonehenge 2300 v. Chr.). Die Innenwände wurden grob poliert und mit wellenlinienförmigen Verzierungen versehen, die Böden mit *Torba* bestrichen. Die Altäre bestanden meist aus einer hohen Stufe im Tempelraum. Die Menschen wohnten nicht mehr in Höhlen, sondern bauten erste, ungeschützte Dörfer. Ihre Werkzeuge bestanden aus einfachem Feuerstein. Bekannteste Tempelanlagen aus dieser Phase sind **Ġgantija (Gozo), Ta Ħagrat, Skorba, Mnajdra** und **Tarxien.**

Die **dritte Phase,** von 3600 bis 3000 v. Chr., setzte die Entwicklung der Megalithenarchitektur in verfeinerter Form fort. Es wurden nunmehr so genannte „Doppelnieren-Tempel" gebaut, deren Grundriss zwei waagerecht hintereinander liegenden Nieren gleicht. Hinzu kam die unvergleichliche, un-

Magna Mater – Kultgöttin der Neolithischen Kulturen

Malta und seine Bewohner

terirdische Begräbnisstätte des *Hypogäums* von Ħal-Saflieni. In den Tempeln wurde der Stufenaltar allmählich vom Trilithenaltar verdrängt, der aus zwei aufrecht stehenden und mit einer schweren Platte abgedeckten Megalithen bestand. Gut erhaltene Beispiele der Doppelnierentempel sind *Ħaġar Qim* und *Tarxien;* Skorba und Ta Hagrat sind nicht zugänglich.

Während der *vierten Phase* (3000–2500 v. Chr.) wurde vom Grundriss her die Doppelnierenform fortgesetzt und perfektioniert, die Innenwände glatt poliert und der Säulenaltar (dicke Säule mit aufliegender kreisrunder Platte) eingeführt. Zu dieser Zeit entstanden die Zentraltempel von *Tarxien, Ġgantija, Ħaġar Qim* und *Mnajdra,* ferner wurden die tieferen Stockwerke des *Hypogäum* angelegt. Die Tempel späterer Phasen entstanden oft unmittelbar neben denen vorheriger Phasen und wurden zuletzt mit bis zu 15 m hohen Mauern als Gesamtkomplex umgeben, weshalb der Name einer Stätte teilweise in mehreren Zeitphasen auftritt.

Die neolithische Kultur

Die architektonisch deutlich unterscheidbaren vier Phasen bilden in Kunst und Kultur jedoch eine Einheit ohne große Unterschiede. Die Funde, zu sehen im nationalen *Archäologiemuseum* von Valletta, stammen fast ausschließlich aus den Steinzeittempeln und bestehen aus Keramiken, Muschelamuletten, Opfermessern, Werkzeugen und Tonfiguren. Anhand der gefundenen Opfermesser sowie Löchern in den Tempeln zum Anbinden von Opfertieren wurde gefolgert, dass Blutopfer – hauptsächlich Hühner und Ziegen – gebracht wurden. Zu den figürlichen Darstellungen der Jungsteinzeit gehören verschiedene weibliche Statuen. Legendär ist die so genannte *„Magna Mater“,* eine weibliche, bis zu drei Metern hohe Kolossalfigur, deren häufige Anwesenheit in den

Älteste erhaltene Spuren der Menschheit (hier: Mnajdra)

084-M Foto: wf

jungsteinzeitlichen Tempeln zu dem Schluss führte, sie könne jene Hauptgottheit dieser frühen Kultur gewesen sein, die für Leben, Fruchtbarkeit und Erdboden verantwortlich war. Aus dem Hypogäum stammt die *„schlafende Priesterin"*, eine graziöse und naturalistische Darstellung einer Tempelpriesterin auf einem steinernen Diwan. Weiterhin verblüfft die Ähnlichkeit der fein gearbeiteten *„Venus von Malta"* (Ħaġar Qim) mit *Guan Yin*, dem buddhistischen Boddhisatva der Barmherzigkeit: Beide verschränken einen Arm unter der Brust und deuten mit dem anderen auf den Boden.

Diese Dominanz weiblicher Figuren sowie der *Magna Mater* in den Tempeln ließen den Schluss zu, auch die einfachen Menschen seien matriarchalisch organisiert gewesen (alle wesentlichen Funktionen der Gesellschaft wurden von Frauen bekleidet), was für frühe Kulturen nicht unüblich war. Die weibliche Priesterschaft bestimmte den Tagesablauf, bestehend aus Viehzucht, Feldbestellung, Tempelbau, Nahrungsverteilung usw. Der Kontakt zu den Gottheiten blieb der Priesterinnenkaste vorbehalten, sie allein durfte die Tempel betreten, Opferzeremonien durchführen und in den Orakelkammern der Tempel als Medium agieren, welches die Stimmen der Götter empfing und anschließend verkündete.

Auf Grund der Insellage und dem völligen Fehlen von Waffen nimmt man an, das die neolithische Kultur auf Malta eine friedliche Gesellschaft ohne kriegerische Auseinandersetzungen gewesen sein muss.

Bronzezeit (2000–1000 v. Chr.)

Um 2500 v. Chr. verschwand aus ungeklärten Gründen für etwa 500 Jahre jegliche menschliche Besiedlung von den maltesischen Inseln. Eine Seuche oder Naturkatastrophe scheinen die naheliegendsten Erklärungen zu sein. Erst ab etwa 2000 v. Chr. erfolgte eine neuerliche Besiedlung der maltesischen Inseln, wieder von Sizilien aus. Mit ihr kam das Metall (Bronze) nach Malta, die steinzeitlichen Tempelanlagen wurden nicht weiter genutzt. Einzig das *Hypogäum* fand

als bronzezeitlicher Ort für Brandbestattungen auch weiterhin Verwendung.

Diese Siedler bauten auf einigen Höhen so genannte „Fliehburgen", eine Art Festung, in die sich die Bevölkerung bei Gefahr zurückziehen konnte. Sie kannten Dolche, Äxte, gefärbtes Leinen und trieben vermutlich auch Handel mit Sizilien. Das interessanteste Siedlungsrelikt aus der Bronzezeit befindet sich bei *Borġ in-Nadur*, der Urnenfriedhof von Tarxien wurde dagegen vollständig abgetragen.

Aus dieser Phase stammen auch jene auf Malta allgegenwärtigen, ominösen *Schleifspuren (cart-ruts)*, aus denen E. von Däniken nach einer Besichtigung messerscharf auf die Bremsspuren außerirdischer Raumgleiter schloss. Wissenschaftler deuten diese 40 cm breiten, parallel in einem Abstand von 135 cm verlaufenden und bis zu 60 cm tiefen „Gleise" als *bronzezeitliches Transportsys-*

Ominöse Schleifspuren aus der Bronzezeit

Malta und seine Bewohner

085-M Foto: wf

tem. Hierzu wurden zwei schlanke, längliche Steine im Abstand von gut einem Meter parallel liegend miteinander verbunden – vermutlich mittels durch Bohrlöcher geschobener Holzstämme oder Metallstangen – und anschließend die schweren Bausteine vom Abbauort auf diesem „Schlitten" zum Bauplatz gezogen. Im Laufe einiger Transporte ergaben sich „Spurrillen", die man immer wieder nutzte. Das beste Beispiel sind die **Clapham Junctions** bei Laferla Cross Vista/Südwestmalta.

Phönizier und Karthager (1000–218 v. Chr.)

Das Handelsvolk der **Phönizier,** beheimatet an den Küsten des heutigen Syrien, hatte um 1000 v. Chr. seine Handelswege bis ins westliche Mittelmeer ausgedehnt. Eine wichtige Schaltstelle auf ihren Routen war für sie Malta. Sie nannten die Inseln *Malet* (Zufluchtsort) und prägten damit den heutigen Namen der Inselrepublik. Zu den Hinterlassenschaften der Phönizier zählen Namen (z.B. *Marsa* = Hafen), die phönizische Galeere in Form des farbigen, mit Augen versehenen Fischerbootes *(Luzzu)* sowie zahlreiche Schachtgräber mit Grabbeigaben. Die Phönizier waren Händler, keine Krieger und lebten hauptsächlich in wenig befestigten Siedlungen nahe den natürlichen Häfen.

Im 8. Jh. v. Chr. kam Sizilien unter griechischen Einfluss. Die von einer phönizischen Kolonie zum Verbündeten aufgestiegenen **Karthager** (nach dem phönizischen Gründer der Kolonie, *Punici,* auch „Punier" genannt) aus dem nordafrikanischen Karthago (heute in Tunesien) versuchten, der griechischen Expansion entgegenzusteuern und bauten Malta erstmals weitläufig aus. Verteidigungsbollwerke wurden errichtet, Landwirtschaft und Handel erweitert, Hauptort wurde das wegen seiner Hügellage strategisch bedeutsame heutige Mdina. Haupthafen war Marsaxlokk, wo in den 1960er Jahren im nahe gelegenen Tas Silġ eine große, der Hauptgottheit Astarte geweihte Tempelanlage entdeckt wurde. Ein wesentliches Erbe der Punier ist die maltesische Sprache, die in ihren Grundzügen auf das phönizisch-punische Sprach-

system zurückzuführen ist. Bis ins dritte vorchristliche Jahrhundert blieb Malta ein Vorposten der expandierenden Karthager, doch spielten die Inseln erstmals jene bedeutende Rolle als Schnittstelle zwischen rivalisierenden Mächten, die sich im Laufe der Geschichte mehrfach wiederholen sollte.

Die Römer auf Malta (218 v. Chr.–395 n. Chr.)

Der unaufhaltsame Aufstieg Roms führte zwangsläufig zu Konflikten mit dem mächtigen Karthago auf der anderen Seite des Mittelmeers. Karthago führte drei Kriege gegen die neue Macht, an deren Ende die Stadt abgetragen und der Boden umgepflügt und eingesalzen wurde.

Relikt der Phönizier: bemalte Fischerboote mit Augenpaar

Malta fiel während des zweiten der **Punischen Kriege** (218–202 v. Chr.) an *Konsul Titus Longus*, der von Sizilien aus vorstieß. Als *Melita* wurde das Archipel dem Imperium Romanorum einverleibt, die punischen Einrichtungen unbeschädigt übernommen und erweitert. Die Astarte-Tempel wurden nun Juno geweiht, Badehäuser eingerichtet, die Landwirtschaft Maltas mit der Erzeugung von Olivenöl, Honig, Getreide und Flachstuch vorangetrieben. Wegen des hohen Bedarfs der Römer an Galeeren wurden die Inseln nahezu vollständig abgeholzt. Erstmals wurde der heutige Grand Harbour mit Dockanlagen und Lagerhäusern intensiv genutzt, auch ein planmäßiges Straßensystem geht auf die Römer zurück. Als Hauptstadt diente – wie schon zu punischer Zeit – das heutige Mdina. Das besterhaltene Relikt der Römer auf Malta sind die **Thermen von Għajn Tuffieħa.**

In die Frühzeit des Christentums fällt ein für Malta bedeutendes Ereignis, welches noch bis in die 80er Jahre des 20. Jh. von Historikern und Kirchenforschern als Tatsache akzeptiert wurde: die **Strandung des Apostel Paulus** in der St. Paul's Bay im Jahre 59 n. Chr. Die Christianisierung Maltas während der Spätphase des römischen Imperiums wird mit diesem Ereignis in Verbindung gebracht. Heute glaubt neben den Maltesern selbst nur noch ein Teil der katholischen Kirche an die „maltesische Version", unbestritten ist jedenfalls die rasche **Ausbreitung des Christentums** auf Malta, wovon zahlreiche Katakomben (↗ Rabat) zeugen.

In den Zeiten der **Christenverfolgungen** durch die Römer, von denen auch das nahe Sizilien ab 303 n. Chr. besonders betroffen war, flohen zahlreiche Christen, darunter die *Hl. Agathe* nach Malta (↗ Rabat). Während dieser Phase war das Ende des römischen Weltreichs durch innere Zerfallserscheinungen bereits absehbar.

Römisches Bad bei Għajn Tuffieha

Malta und seine Bewohner

Goten und Byzantiner

Nach der Teilung Roms (395 n. Chr.) in ein oströmisches (Byzanz = Ostrom, 395–870) und ein weströmisches Reich (Rom), blieb Malta politisch zunächst ein Teil Westroms, wurde aber um 450 von den nordafrikanischen **Vandalen** unter *König Geiserich* erobert.

Nachdem *Theoderich* und die **Ostgoten** im Jahre 476 Rom erobert und das weströmische Restreich übernommen hatten, entriss *Theoderich* 494 Malta den Vandalen mit Waffengewalt.

Religiöse und politische Streitigkeiten zwischen West- und Ostrom führten zu mehreren Kriegen, die 533 in der Eroberung ganz Italiens und der Einverleibung Maltas in das oströmische Reich durch den Feldherren *Belisar* gipfelten. Für die nächsten 350 Jahre unterstand Malta damit **Ostrom** und wurde von einem *Dux* (Gouverneur) verwaltet. Der tatsächliche Einfluss der Byzantiner scheint aber eher gering gewesen zu sein, die Malteser pflegten kulturelle, kirchliche und Handelskontakte zu Süditalien und Sizilien. Lediglich **byzantinische Münzfunde** (Zitadelle, Gozo) aus dem 6.–9. Jh. erinnern heute an diese Epoche.

Malta unter arabischer Herrschaft (870–1090)

Im Zuge der Ausbreitung des Islam und des Vorstoßes der Araber von Nordafrika nach Südeuropa eroberte 870 *Habashi al-Aghlab* aus der tunesischen Dynastie der **Aghlabiden** Malta als Sprungbrett nach Sizilien. Über die Vorgänge im Einzelnen ist relativ wenig bekannt, die Meinungen gehen von einer völligen Ausrottung der byzantinischen Bevölkerung bis hin zur lediglich lockeren Verwaltung weit auseinander. Die Erlaubnis der freien Ausübung des Christentums spricht eher für die letztgenannte Möglichkeit.

Die **Hauptstadt Mdina** wurde ausgebaut und von ihrer Vorstadt Rabat getrennt. Beide Namen, *Mdina* (die Ummauerte) und *Rabat* (Pferdelagerplatz) gehen auf die Araber zurück. Sie führten Malta zu einer neuen **kulturellen und wirtschaftlichen Blüte,** brachten den Terrassenfeldbau (noch heute auf Gozo weit verbreitet), die überirdische Bestattung auf Friedhöfen (zuvor Katakomben) oder den so typisch maltesischen Holzbalkon, der noch heute an vielen Häusern in Valletta zu sehen ist. Neue landwirtschaftliche Produkte wie Zitrusfrüchte und Baumwolle kamen ebenso durch die Araber nach Malta.

Der **Grand Harbour** wurde erstmals durch ein Fort befestigt, dessen Reste die Johanniter bei ihrer Ankunft in Vittoriosa vorfanden und zum Fort San Angelo ausbauten. Große Teile der Bevölkerung traten angesichts dieser Blüte sogar zum Islam über, Sakralbauten wie Moscheen sind allerdings – mit Ausnahme eines vermuteten Fundamentes in Mdina – nicht gebaut worden.

Auch die auf punische Grundformen zurückgehende **maltesische Sprache** wurde stark vom Arabischen geprägt: Geographische, technische und landwirtschaftliche Begriffe, die es zuvor nicht gab, vermischten sich mit der vorhandenen Sprache zum Malti.

Normannen und Staufer (1090–1282)

Zeitgleich mit dem ersten Kreuzzug eroberte der **Normannenkönig Roger I** Malta im Jahre 1090 von Sizilien aus, administrativ und kulturell wurde das Land vollkommen verändert. Zunächst ließ er überall sein silber-rotes Banner hissen (seither ⚐ Landesflagge Maltas). Die Dörfer wurden eigenständige Gemeinden, ein frühes maltesisches Parlament, das *consiglio populare*, eingeführt.

Der Adel wurde in Mdina angesiedelt und erhielt erstmalig Lehensrechte, in der Hauptstadt entstanden erste **Prachtbauten im normannischen Stil.** Zahllose **Kirchenbauten** gehen ebenso auf *Roger I* zurück wie auch das Einsetzen des ersten Bischofs. Der moslemische Teil der Bevölkerung wurde mit Abgaben belastet und schlechter gestellt als die Christen.

1194 traten die Staufer unter *Heinrich VI* (verheiratet mit einer Tochter *Rogers II*) nach dem Tod des letzten Normannen deren Erbe

(als Nachfolger Roms) als *„Heiliges Römisches Reich Deutscher Nation"* an. Auf Malta erhoben sich moslemische Bevölkerungsteile wegen der hohen Abgaben, *Kaiser Friedrich II.* ließ 1224 die Aufständler nach Italien umsiedeln oder christianisieren – die Malteser sind seither ausschließlich römisch-katholisch.

Die Staufer, die traditionell im Streit mit dem Vatikan lagen, sahen sich 1268 einer übermächtigen Allianz aus Franzosen und päpstlichen Anhängern gegenüber. *Konradin,* der letzte Staufer, wurde hingerichtet, *Charles d'Anjou* eroberte Sizilien mit Malta kurzzeitig für **Frankreich.**

Normannenhaus, Mdina,
mit späterem Obergeschoss

Spanier (1282–1530)

Zwar war es den **Franzosen** 1268 gelungen, die Staufer zu vernichten und Sizilien und Malta zu besetzen, nach geltendem Recht waren jedoch die Spanier *(Peter von Aragon)* die legitimen Erben der Staufer. Insbesondere die Sizilianer protestierten gegen dieses Unrecht und erhoben sich 1282 in einem blutigen, *„sizilianische Vesper"* genannten Aufstand. Die Franzosen lenkten ein, und auch Malta fiel an Spanien.

Malta wurde fortan als Lehen an sizilianische Adelige vergeben, die das kleine Land auspressten und für ihre Textilmanufakturen nutzten. Der lokale Adel protestierte und formierte sich als so genannte **Università,** ein Zusammenschluss der maltesischen Adeligen, die eine innere Selbstverwaltung anstrebten. Nach wiederholten Übergriffen der Italiener auf Malta erkannte 1397 der spanische König *Martin von Aragon* die Università an und unterstellte Malta direkt der Krone. Doch die Malteser wurden bald betrogen: 1419 wollte *König Alfons V.* Neapel erobern und vergab zur Finanzierung des Feldzugs Malta dem Vizekönig von Sizilien erneut als Lehen. Es gelang der Università von Mdina, Spenden zu sammeln und das Land von der Lehenschaft freizukaufen („Freiheitsbrief" von 1428).

Doch die Freude währte nicht lange: Die aufopferungsvolle Leistung des maltesischen Volkes hatte sich bald zu nordafrikanischen **Piraten** herumgesprochen, die reiche Beute in Malta wähnten. 1429 wurden die Inseln nahezu völlig verwüstet, große Teile der Bevölkerung in die Sklaverei verschleppt. Erneut wurde Aufbauarbeit geleistet, und als *König Alfons V.* Mdina 1432 besuchte, verlieh er der Stadt den Titel *Città Notabile* (bewundernswerte Stadt). Während Malta in der zweiten Hälfte des 15. Jh. wiederholt Opfer von Piratenüberfällen wurde und die Bevölkerung sich teilweise in die noch heute existierenden **Wohnhöhlen** an der Südküste zurückzog, spielte die große Weltpolitik im Osten und Westen des Mittelmeeres – und wieder einmal lag Malta genau in der Mitte.

Im Westen entwickelte sich **Spanien** durch die Vereinigung der Königreiche von Aragon

Malta und seine Bewohner

Die Ursprünge des Johanniterordens

Kreuzzüge und Ordensgründung

Nach dem Fall Roms (395 n. Chr.) konnte sich das oströmische Kaiserreich (Byzanz) im östlichen Mittelmeer zunächst behaupten, wurde *christianisiert* (1054 Spaltung von der Westkirche), sah sich aber gerade im 11. Jh. wiederholten Angriffen der Türken ausgesetzt. 1071 fiel Jerusalem den Angreifern in die Hand, Pilgerfahrten von Christen aus ganz Europa zur heiligen Stadt waren gefährdet.

Im *Konzil von Piacenza* verkündete Papst *Urban II.* einen europäischen Feldzug „im Zeichen des Kreuzes" *(1. Kreuzzug).* Unter dem französischen Fürsten *Gottfried von Bouillon* konnte 1099 Jerusalem zurückerobert werden. Während die Türken jedoch in ihren besetzten Gebieten eine eher friedliche Integration anstrebten, massakrierten die Christen jeden Andersgläubigen, der ihnen vor das Schwert lief. Dieses Verhalten, gerade bei der Rückeroberung Jerusalems, war mit ausschlaggebend für die Rivalität zwischen Moslems und Christen, die das gegenseitige Verhältnis bis in die Neuzeit prägen sollte.

Bei Beginn der *Belagerung Jerusalems* durch die Kreuzfahrer ließen die Türken jeden Christen unbehelligt die Stadt verlassen, einige wenige blieben jedoch in der umkämpften heiligen Stadt. Darunter auch der Provenzale *Bruder Gérard de Martigues (Bruder Gerhard),* seines Zeichens seit etwa 1080 Vorsteher einer christlichen Pilgergaststätte, gewidmet Johannes dem Täufer. Sein Hospiz machte sich besonders dadurch verdient, dass Kranke jeglicher Glaubensrichtung gepflegt wurden, was sich auch nach der Eroberung durch die Normannen fortsetzte. *Bouillon* zeigt sich über die Versorgung der Kranken so dankbar, dass er dem Hospiz Land und ein Zehntel der Beute

weiterer Feldzüge überließ. *Gerhard* organisierte seine Gast- und Pflegestätte als 1113 vom Papst anerkannten Orden *„Ordo militiae Sancti Johannis Baptistae hospitalis Hierosolymitami" (Militärorden des Spitals des Hl. Johannes des Täufers zu Jerusalem).* Hauptaufgabe war die Armen- und Krankenpflege ungeachtet deren Herkunft, als Ordenssymbol wählte man ein *weißes Kreuz auf rotem Grund.* Viele der normannischen Kreuzritter beschenkten den Orden mit Ländereien auch in Italien, Frankreich und Spanien, einige traten auch dem Orden bei. Beim Tod *Gerhards* 1120 war der stark normannisch-französisch geprägte Johanniterorden bereits wohlhabend und eine feste Größe geworden.

Sein Nachfolger erweiterte die Funktion des Ordens um den fortan charakteristischen *militärischen Schutz* der Pilger auf dem Weg zum heiligen Land. Diese Funktion übten auch die beiden anderen Kreuzfahrerorden, der von französischen Rittern als reiner Militärorden gegründete *Templerorden* (rotes Kreuz auf weißem Grund) sowie der *Deutsche Orden* (schwarzes Kreuz auf weißem Grund). Allein bei den Johannitern blieb die ursprüngliche Krankenpflege eine wichtige Säule, Kontakte und Kenntnisse aus Kleinasien (Syrien, Persien) beeinflussten das Pflegewesen und führten so später *zum hohen medizinischen Standard* auf Rhodos und Malta.

Daneben begründeten die Kreuzritter die berühmte *Festungsarchitektur,* bei der den in Kleinasien bereits vorhandenen Burgen normannische Charakteristika hinzugefügt wurden, so dass jene seinerzeit mächtigsten Burgen der Welt mit Kurtinen, Bastionen und Kavalieren entstanden.

Nachdem Jerusalem wieder an die Türken gefallen war, folgten weitere erfolglose Kreuzzüge der Christen (1148, 1187 und 1198), die mit dem Sieg *Sultan Saladins* endeten. Im 13. Jh. fiel eine christliche Stadt nach der anderen, die Bevölkerung wurde versklavt oder massakriert.

Am 18. Mai 1291 eroberten die Türken Akkon, die letzte christliche Stadt im heiligen Land, doch während Templer und Deutschordensritter fielen oder flohen, zogen sich die überlebenden Johanniter unter Großmeister *Jean de Villiers* nach **Zypern** zurück, wo die Ordensgemeinschaft etliche Ländereien und eine Burg besaßen. Dort reorganisierte sich der Orden, war aber nur geduldet und ohne eigenes politisches Territorium.

Die Möglichkeit zur Erlangung eines eigenen und eigenständigen Gebietes ergab sich 1306, als der Statthalter von **Rhodos** dem byzantinischen Regenten die Gefolgschaft kündigte und der Papst Rhodos als abtrünnig und somit „frei" erachtete. Mit Hilfe des Piraten *Vignoli* aus Genua wurde Rhodos drei Jahre lang belagert, ehe es den Johannitern im August 1309 gelang, den Widerstand zu brechen.

Rhodos

Mit dem Einzug auf Rhodos 1309 besaß der *„Militärorden des Spitals des Hl. Johannes des Täufers von Rhodos, vormals Jerusalem"* ein eigenes Staatsgebiet. Rund um den Hafen wurde eine gigantische, nach dem Vorbild der Burgen des heiligen Landes entworfene Festung errichtet. Angesichts einer stets zu erwartenden türkischen Offensive wurde die Insel verteidigungsfähig gemacht und die Organisationsstruktur der Johanniter entwickelt, die dann über Jahrhunderte beibehalten werden sollte:

Der Orden ruhte auf acht Säulen, die sich aus den wichtigsten *„Zungen"* (= sprachlich verwandte Landsmannschaften) herauskristallisierten. Jeder Zunge stand ein *„Pilier"* vor, erwählt aus seiner Landsmannschaft. Der *Ordensrat* stand dem mittels Wahlmännern gewählten *Großmeister* beratend zur Seite. Die Großmeister von Rhodos herrschten so über einen zwar kleinen, aber den ersten multinationalen Staat Europas. Die Territorien auf dem Festland (so genannte Priorate, Ballayen und Kommenden), die im Besitz,

aber nicht unter der politischen Hoheit der Johanniter standen, wurden von delegierten Ordensrittern verwaltet.

Von entscheidender Bedeutung für die weitere Existenz der Johanniter war die **Auflösung des rein militärischen Templerordens** 1312 wegen angeblicher Verehrung der mysteriösen Gottheit *Baphomet*, womit per päpstlichem Dekret alle Templer-Besitztümer an die Johanniter fielen. Allmählich wurde von den alten, strengen Ordensregeln abgewichen, die Ordensritter genossen sichtlich das Leben.

Militärisch wurden Rhodos und die Johanniter durch den Ausbau zur **Seemacht** (Bau der berühmten Kriegsgaleeren) selbst von den Türken gefürchtet. Siege zu See gegen türkische Flotten folgten.

Nach einer längeren Phase der geringen Bedrohung stießen die Türken Mitte des 15. Jh. in einer groß angelegten Offensive (1453 Eroberung Konstantinopels und Ende Ostroms) bis nach Südosteuropa vor. Die Johanniter erwarteten jederzeit einen Angriff auch auf Rhodos.

Am 27. Juni 1480 begann der Großangriff einer erdrückenden Übermacht, der wie durch ein Wunder abgewendet werden konnte. Das für die Johanniter wichtige Ergebnis war, dass ganz Europa den Orden nun als Vorposten des Abendlandes gegen die Türken betrachtete und Hilfsgüter nach Rhodos strömten.

Obwohl Rhodos-Stadt zu einer der mächtigsten Festungen der damaligen Welt ausgebaut wurde, hielt es dem nächsten **Angriff der Türken** nicht mehr stand: 1522 mussten die Johanniter unter dem Großmeister *L'Isle Adam* kapitulieren, konnten aber den freien Abzug aller Ritter und Einwohner aushandeln.

Anfang Januar 1523 zog eine kleine Flotte der Ritter von Messina und **Viterbo** (bei Rom). Verblieben waren die persönlichen Waffen, einige Wertgegenstände und Reliquien wie z. B. die Hand des Hl. Johannes. Vor *L'Isle Adam* lag eine schwere Aufgabe: die Suche einer neuen Heimat vom provisorischen Ordenssitz Viterbo aus.

Malta und seine Bewohner

und Kastilien 1469, vor allem aber durch die Entdeckung und Erschließung Amerikas (1492) zur Weltmacht. Im Osten dagegen rückten die **Türken** unerbittlich auf Mitteleuropa vor: 1396 fiel Bulgarien, 1453 Konstantinopel, 1463 Bosnien und 1522, als letztes Bollwerk gegen den Islam im östlichen Mittelmeer, Rhodos!

Die Johanniter auf Malta

Von 1523 bis 1530 bemühte sich der Großmeister der Johanniter, *L'Isle Adam*, unermüdlich, bei den europäischen Fürsten um ein Stück **Land als Ersatz für Rhodos.** Doch die meisten hielten Kreuzzugsgedanken und Ritter für antiquiert, der Papst als Schutzpatron der Kreuzritter hatte dringendere Probleme zu lösen: Der Reformator *Luther* verbreitete ketzerisches Gedankengut und gefährdete den Bestand der Kirche – was zählte da eine Hand voll geschlagener Ritter.

Nur bei einem Monarchen fiel das Ansinnen der Johanniter auf fruchtbaren Boden – *Kaiser Karl V.* von Spanien. Er erkannte die Gefahr für Spaniens Stellung als Seemacht, falls die Türken weiter im Mittelmeer nach Westen vordrängten und die Seerouten nach

San Angelo –
erster Johannitersitz auf Malta

The Great Siege (1565)

Sultan *Suleyman der Prächtige* beschloss im Herbst 1564, seine gegen Westeuropa vorrückenden Landtruppen durch einen Vorstoß zur See mit dem Fernziel Sizilien zu unterstützen. Hätte er Sizilien, wäre der Weg nach Südeuropa frei. Es gab nur ein Hindernis, welches auch der große Sultan nicht hatte vorhersehen können: Malta und die Ordensritter, die er in ritterlicher Großmut 1522/23 von Rhodos abziehen lassen hatte in der Annahme, der Orden sei geschlagen, ohne eigenes Territorium und würde sich rasch auflösen. *Suleyman* entsandte daher im Frühsommer 1665 rund 35.000 *Janitscharen* (Eliteeinheiten) und weitere 4000 *Iayalaren* (Selbstmord-Truppen) nach Malta mit dem Auftrag, „diese Söhne des *Shejtan* (Teufel) zu zerschmettern und ein für allemal zu vernichten". Den Oberbefehl hatte jener *Mustafa Pasha*, der schon in Rhodos gegen die Johanniter gekämpft hatte.

Dem standen gerade einmal 540 Ritter und rund 5000 Söldner und Freiwillige gegenüber. Der Gegenspieler *Mustafa Paschas* hieß **Jean Parisot de la Valette**, 1557 zum Großmeister gewählt und bei Beginn der Belagerung im 70. Lebensjahr. Als Kämpfer von Rhodos kannte er die Türken, und obgleich Malta weit schlechter befestigt war als seinerzeit Rhodos, schätzte er die Lage als nicht völlig hoffnungslos ein. Zum einen waren die feindlichen Nachschubwege um ein Vielfaches weiter als in Rhodos, zum anderen boten die maltesischen Inseln den Türken nicht die Möglichkeit, sich aus dem Land zu ernähren, und schließlich – für *de la Valette* ein entscheidender Faktor – wusste er, dass bei einer neuerlichen Niederlage kein Regent Europas den Johannitern auch nur einen Felsblock abtreten würde. Es ging für den Orden um Triumph oder Untergang, als am 18. Mai 1565 die Wachtposten in Fort San Angelo die türkische Flotte sichteten.

Die Truppen setzten in Marsaxlokk an Land und errichteten ihre Basis unterhalb des Monte Scibberas (heute Valletta) und begannen mit dem *Beschuss des Fort San Elmo.* Die Schiffe sollten dann im Schutz des eroberten Forts auf der anderen Seite des Grand Harbour (Marsamxett) ankern und die Versorgung sicherstellen. *De la Valette* hatte Kampf bis zum letzten Mann befohlen, um Zeit für die Vorbereitung auf den Hauptangriff gegen San Angelo zu gewinnen. San Angelo, von einer kleinen Garnison besetzt, wurde ununterbrochen bombardiert und nach 31 Tagen, am 23. Juni, unter hohen Verlusten im Sturm erobert.

Beide Seiten gingen mit *äußerster Grausamkeit* vor: Die Türken enthaupteten die toten Ritter, nagelten sie auf Kreuze und ließen die Leichname nach San Angelo treiben. *De la Valette* revanchierte sich mit der Enthauptung aller Gefangenen und ließ die Köpfe mit Mörsern in das türkische Lager schießen.

Anfang Juli begann der *Beschuss von Birgu,* dem mehrere erfolglose land- und seeseitige Anstürme folgten. Am 7. August hatten die Türken bereits eine Bresche in die Verteidigungslinien von Senglea geschlagen und standen kurz vor dem Sieg, als sie zurückbeordert wurden – ein Entsatzheer aus Europa sei eingetroffen und habe das Lager vernichtet. Die Türken zogen sich eiligst ins Lager zurück, und *Mustafa Pasha* bemerkte zu spät, dass lediglich eine Hand voll Kavalleristen aus Mdina einen unbedeutenden Ausfall gewagt hatten – Senglea war vorerst gerettet.

Mustafa ließ Birgu nun Tag und Nacht beschießen, der Kanonendonner soll noch in Sizilien zu hören gewesen sein. Am 18. August brach die Mauer des *Poste de Castille* zusammen, die Türken stürmten hinauf, und unter den Verteidigern schien Panik auszubrechen. Der greise *de la Valette* selbst eilte mit einer Hand voll Ritter an die bedrohte Stelle und schlug die Angreifer wie ein Berserker unter schweren eigenen Verwundungen zurück.

Die zweite Augusthälfte brachte beiden Seiten die Hölle. Im türkischen Lager brachen, bedingt durch große Hitze und von den Rittern verseuchte Brunnen, *Krankheiten und Seuchen* aus. Die Verteidiger hatten kaum noch Munition und waren mit den Kräften am Ende – es gab kaum jemanden, der noch keine Verletzung erlitten hatte.

Mustafa verstärkte den Beschuss weiter und wollte um jeden Preis vor Einbruch der Regenzeit die Entscheidung herbeiführen, doch die Moral seiner Truppen war bereits empfindlich getroffen, die Verluste unglaublich hoch. *De la Valette* hatte fortwährend Botschaften über Sizilien an die europäischen Regenten mit Bitte um Unterstützung gesandt, und am 6. September fuhr tatsächlich ein *spanisches Entsatzheer* von 7000 Mann auf Malta zu.

Die Nachricht allein genügte, um die Türken zum *Abzug* zu bewegen: Am Morgen des 8. September stachen die geschlagenen Truppen überstürzt in See. Angesichts der größten Niederlage, die den Truppen von Sultan *Suleyman dem Prächtigen* je beigebracht worden war – nur ein Drittel des Heeres kehrte zurück – schwor dieser, er selbst werde im Folgejahr die endgültige Vernichtung der Johanniter leiten.

Ungeachtet der *Jubelfeiern in ganz Europa* wusste *de la Valette* um diese Gefahr. Er wusste auch, dass bis zur Fertigstellung Vallettas und dem Wiederaufbau der Bastionen am Grand Harbour Jahre vergehen würden und Malta einem erneuten Angriff nicht würde standhalten können. Er ließ daher die großen Pulverkammern von Konstantinopel durch Spione sprengen, was die im Aufbau begriffene türkische Armee erheblich zurückwarf. Nach dem Tod *Suleymans* 1566 wurden die Angriffspläne verworfen, die Gefahr war damit zunächst gebannt.

Amerika und Asien gefährdeten. Auch sah er Sizilien, damals zu Spanien gehörend, in Gefahr. So war es schließlich keine Verbeugung vor dem Orden, sondern rein machtpolitisches Kalkül, dass er 1530 den Johannitern **Malta als Bollwerk gegen die Türken** überließ. Die Sache hatte nur zwei Haken: Zum einen mussten die Ordensritter auch Tripoli übernehmen (die einzige europäische Festung mitten im islamischen Nordafrika), zum anderen war die „Überlassung" formal ein ewiges Lehen, die Ländereien gingen – anders als Rhodos – nicht in das Eigentum der Johanniter über. Noch heute wird heiß debattiert, ob Malta als Lehen damals als eigenes Staatsgebiet zu zählen war. In der Praxis durfte der Ordensstaat allerdings nach Belieben schalten und walten. Die Gegenleistung bestand in der symbolischen Zahlung eines Falken jährlich an den spanischen Monar-

Schnurgerader Straßenbau
als Teil der Verteidigung

chen – eine Vereinbarung, die 411 Jahre später von dem amerikanischen Regisseur *John Huston* in seinem berühmten Bogart-Film „*The Maltese Falcon*" aufgegriffen wurde.

So erreichte die nun **„Militärorden des Spitals des Hl. Johannes des Täufers zu Malta, vormals Jerusalem, vormals Rhodos"** genannte Ritterschar im Herbst 1530 den maltesischen Archipel. Die einheimische Bevölkerung zeigte sich zunächst reserviert, da sich die Johanniter aber als Christen und Feinde der plündernden Piraten erwiesen, wurden sie rasch akzeptiert.

Im Gegensatz zu allen Vorgängern auf Malta wurde als **Hauptsitz Birgu** (Vittoriosa) am Grand Harbour gewählt, in auffallender Anlehnung an den Ort Rhodos, der den Landzungen von Birgu und Senglea stark ähnelt. Bei ihrer Ankunft fanden die Johanniter lediglich drei befestigte Punkte vor: die ziemlich zerfallene Bastion in Birgu aus arabischer Zeit, das kleine Fort San Elmo auf der gegenüberliegenden Hafenseite sowie die alte Hauptstadt Mdina.

Nach dem Tod *L'Isle Adams* 1534 machte sich insbesondere Großmeister *Juan de Homedes* (1536–53) um den **Ausbau der beiden Befestigungen** am Grand Harbour verdient, zusätzlich wurde die Landzunge von Senglea verstärkt. Das Paradestück aber war die „große Karacke", ein unsinkbares Schlachtschiff mit acht Decks, metallverkleideten Bordwänden (die auch später nie durchschossen werden konnten), Hunderten von Kanonen, einer Bordbäckerei und einer Galeere auf Deck als Rettungsboot.

Man rechnete jederzeit mit einem türkischen Angriff, „Vorboten" zeigten sich in Form des mit den Türken verbündeten Piraten **Dragut,** der in den 40er und 50er Jahren mehrfach die Inseln heimsuchte und dabei insbesondere Gozo verwüstete.

1551 fiel das zum Lehen gehörende Tripoli, und **1565** erfolgte dann tatsächlich der befürchtete Großangriff, der mit Ach und Krach zurückgeschlagen werden konnte und als **„große Belagerung"** in die Geschichte einging (⇗ Exkurs).

Die Johanniter hatten mit dem erfolgreichen Überstehen der großen Belagerung nicht nur ihr kleines Territorium behauptet, sie hatten insbesondere die europäischen Staaten von ihrer Existenzberechtigung als Vorposten gegen die Türken überzeugt. Unterstützungsgelder zum Aufbau der nach *de la Valette* benannten **neuen Hauptstadt Valletta** wurden bereitwillig zur Verfügung gestellt, überall in Europa wurden die Retter des Abendlandes gefeiert.

De la Valette starb 1568 im Alter von 74 Jahren und wurde in "seiner" neuen Hauptstadt begraben. Seine Nachfolger sicherten Malta in einer großen Seeschlacht bei Lepanto (1571) und konnten sich nunmehr inneren Angelegenheiten zuwenden. Die Ordenskirche **St. John's Co-Cathedral,** die Herbergen der Zungen (Auberges), das Ordensspital sowie der **Großmeisterpalast** entstanden in dieser Phase.

1574 wurde die gefürchtete *Inquisition* auch in Malta eingeführt, sie residierte im Inquisitorenpalast von Vittoriosa ("die Siegreiche"), wie Birgu jetzt hieß.

Das 17. Jh. war von einer ungekannten **kulturellen Blüte** geprägt. Der reichste Orden der Welt übte sich in Selbstdarstellung, und jeder Großmeister versuchte, mit großartigen Bauwerken den Vorgänger zu übertreffen. Die militärische Komponente für den Fall einer stets zu erwartenden weiteren Offensive wurde jedoch nie ganz vernachlässigt, im Gegenteil: *Alof de Wignacourt* (1601–22) ließ den Aquädukt und viele der Wachttürme rund um die Inseln bauen, seine Nachfolger *Lascaris Castellar* und *de Redin* zeichneten für zahlreiche Speicher und Werften verantwortlich, und *Nicola Cotoner* ließ ab 1670 die "Cottonera-Lines", einen knapp 5 km langen Verteidigungswall um Cospicua, Senglea und Vittoriosa bauen.

Die Gelder kamen hauptsächlich aus den ordenseigenen Ländereien in Europa sowie den zunehmend bedeutsameren **Kaperfahrten** des Ordens (genannt *Corso*, daher Korsar) gegen nordafrikanische Piraten und Türken, die Seide, Gold, Edelsteine und Sklaven im Überfluss nach Malta brachten.

Der allmählich entstehende Luxus führte zu einer zunehmenden Zügellosigkeit und dem **Verfall der Ordenssitten im 18. Jh.** Die alten Seefahrernationen wie Spanien oder Portugal, die für ihre Interessen im Mittelmeer den Orden großzügig finanziert hatten, mussten neuen Seenationen wie Holland oder England weichen. Diese Länder bauten auf ihre eigene Kraft und schenkten dem katholischen Ordensstaat kaum Beachtung. In diese Phase fiel die Regentschaft des Großmeister *Manoel Pinto de Fonseca*, der von 1741 bis 1773 amtierte und somit der am längsten an der Spitze des Ordens stehende Großmeister war. Er regierte wie ein absolutistischer Monarch, ohne Minister und ohne den Rat zu befragen. Sein autokratischer Stil bei gleichzeitig fehlender außenpolitischer Aufgabe führte zum endgültigen Sittenverfall des Ordens. Stellvertretend hierfür steht die Aussage eines Sekretärs von Pinto, der 90-jährige Greis sei 1773 in den Armen seiner Geliebten verschieden. Seine sonstigen "Leistungen" waren die Verbannung der Jesuiten von Malta (1769) sowie die Niederschlagung einer Sklavenrebellion (1749).

Die zunehmende Geldnot veranlasste seinen Nachfolger *Ximenes* (1773–1775) zur Besteuerung des Grundnahrungsmittels Brot, woraufhin es 1775 zum so genannten **Priesteraufstand** kam, der aber von den Johannitern niedergeschlagen werden konnte.

Während der langen Regierungszeit von *Emmanuel de Rohan* (1775–97) wurden zahlreiche **Reformen** eingeleitet, um den Ordensstaat wieder in den Griff zu bekommen. So entstanden öffentliche Schulen oder der "Code Rohan", ein an das späte 18 Jh. angepasster Ordenskodex.

Allerdings beging er auch einen entscheidenden Fehler: 1789, während der französischen Revolution, stellte er *König Ludwig XVI* rund eine halbe Million Franc für die Flucht zur Verfügung – eine Tatsache, die seinem Nachfolger, dem deutschen Großmeister *Ferdinand von Hompesch* (1797–98) bitter aufstoßen und das Ende der Johanniter auf Malta bedeuten sollte.

Napoleon auf Malta – Götterdämmerung (1798–1800)

Auch der antiquierte Ritterstaat auf Malta wurde von den **Folgen der französischen Revolution** von 1789 nicht verschont. Moral und Ritterlichkeit spielten bei den Johannitern zusehends eine geringere Rolle. Als *Napoleon Bonaparte* 1798 auf seinem Ägyptenfeldzug vor dem Grand Harbour stand und die Johanniter ultimativ zur Kapitulation aufforderte, war von ritterlicher Verteidigungsbereitschaft kaum die Rede. Hinzu kam, dass ein Großteil der Ritter französischstämmig war und einen „Bruderkrieg" ablehnte (die Ordensregeln verboten ohnehin einen Kampf gegen Christen). Doch die Revolution hatte nicht nur moralische, sondern für die Johanniter auch existenzielle Folgen: Das französische Direktorium (Revolutionsrat) enteignete alle Großgrundbesitzer – und der Orden war einer der größten!

Die Johanniter wurden daher automatisch als Staatsfeinde eingestuft, General *Bonaparte* per Dekret vom 12.4.1798 beauftragt, „Besitz von der Insel Malta zu ergreifen". Dem (einzigen) deutschen Großmeister *Ferdinand von Hompesch* blieb daher aus Vernunftgründen kaum etwas anderes übrig, als am 11. Juni 1798 formell zu **kapitulieren**. Sein Verhalten wird zumeist als unritterlich und feige beschrieben, letztlich sollte jedoch die Tatsache, dass die Krise unblutig beendet wurde, ein gewisses Gewicht finden.

Napoleon blieb eine knappe Woche auf Malta, die zurückbleibenden Besatzungstruppen versuchten rigoros, die **französischen Interessen** durchzusetzen. Die Università wurde aufgelöst, zur Finanzierung von Revolution und Ägyptenfeldzug wurden die Kunstschätze der Kirchen und Paläste geplündert.

Unter der maltesischen Bevölkerung machte sich rasch Unmut breit, man war offensichtlich vom Regen in die Traufe gekommen. Der Erzrivale Frankreichs, England, wurde um Hilfe gebeten und eine Blockadeflotte unter der Leitung von *Alexander Ball* zusammengestellt. Als die Franzosen im August 1800 die Kathedrale von Mdina plünderten, kam es zu dem berüchtigten **Fenstersturz von Mdina**, wobei der französische Kommandant, *General Masson*, getötet und der **Aufstand gegen die Franzosen** begonnen wurde. Mit Hilfe der englischen Blockadetruppen gelang es schließlich, die Franzosen am 5. September zur Kapitulation und zum Abzug zu bewegen. Malta schien frei ...

Kolonie des British Empire (1800–1964)

Nach dem Abzug der Franzosen im September 1800 besetzten die Engländer Malta. Gleichzeitig verlangte die Bevölkerung ein Mitspracherecht, die zuvor aufgelöste Università organisierte sich neu, und schließlich forderten auch Johanniter aus ihrem russischen Exil die Rückgabe der Inseln. Tatsächlich wurde im **Frieden von Amiens** (1802) die Rückgabe Maltas an den Orden vertraglich festgelegt und von den europäischen Großmächten garantiert. Inzwischen war aber Zar *Paul I.*, der Schutzherr und Gönner der Johanniter, 1801 gestorben; die Ritter kehrten in ihre Heimatländer zurück, der Orden war in Auflösung begriffen.

Die Umsetzung der vertraglichen Bestimmungen scheiterte daher, die Briten blieben unter dem mittlerweile als Gouverneur eingesetzten *Alexander Ball* in Malta. Dieser Zustand wurde 1814 im Frieden von Paris bestätigt und die Inseln als **britische Kolonie** endgültig anerkannt. Neuer Gouverneur wurde *Sir Thomas Maitland*, der die Verwaltung reformierte und die Università endgültig auflöste.

Bis 1849 erhielt Malta eine **eigene Verfassung**, wonach eine gewisse Pressefreiheit, Mitbestimmung am politischen Entscheidungsprozess sowie die Besetzung lokaler Verwaltungsämter durch Malteser gewährt wurde.

Mit der **Eröffnung des Suezkanals** 1869 wurde Malta für die Briten zur bedeutenden Schaltstelle auf dem Weg vom Mutterland zur Kanalzone und weiter zu den Kolonien. Der Grand Harbour wurde ausgebaut, 1870 die Verteidigungslinie der Victoria-Lines quer durch Malta errichtet, 1890 eine Eisenbahnlinie von Valletta nach Rabat gebaut. Die Wirtschaft florierte, 1887 kamen politische Freiheiten wie aktives und passives Wahlrecht zu Exekutive und Legislative hinzu. Malta boomte im gesamten 19. Jh., so dass sich die Bevölkerungszahl in der zweiten Hälfte des 19. Jh. auf 180.000 verdoppelte.

Ein erster Einbruch folgte 1914–1918 während des **Ersten Weltkrieges.** Malta war

Die Johanniter bis heute

Als der Johanniterorden in seiner Blüte stand, hatte er zahlreiche Abteilungen und Ordenszweige auf dem europäischen Festland. Nach dem Ende des Ordens auf Malta wurden die meisten Güter der Kirche zugeführt, in Frankreich schon 1789 (Revolution) zwangsweise eingezogen. Die Güter konnten zwar konfisziert werden, die Menschen aber blieben. Was wurde aus ihnen?

Am 18. Juni 1798, sechs Tage nach der Unterzeichnung der Kapitulation, wurde der *„Militärorden des Spitals des Hl. Johannes des Täufers zu Malta, vormals Jerusalem, vormals Rhodos"* (und nun auch vormals Malta) der Insel verwiesen, 35 französische Ritter schlossen sich *Napoleon* an. *Von Hompesch* und sein kleiner Tross segelten nach Norden, wieder war der Orden heimatlos. Der gebrochene *Hompesch* zog mit einem Teil der Ritter nach Österreich, ein anderer Teil nach Sizilien, der Rest nach Russland.

Zar Paul I. war seit langem ein Bewunderer der Johanniter, er unterstützte den Orden seit Jahren mit hohen Summen als „Ordensprotektor" und nahm die Ankömmlinge bereitwillig auf, die ihn dafür im Dezember 1798 zum (vom Papst nicht anerkannten) Großmeister ernannten und *von Hompesch* in Abwesenheit absetzten. *Von Hompesch*, übrigens einziger deutscher und letzter Großmeister von Malta, starb verarmt und verachtet 1805 in Montpellier.

Nach dem Tod *Pauls I.* (1801) und als der Orden nach dem Rückzug der Franzosen (1802) Malta nicht zurückerhielt, verloren die Russen das Interesse an den Rittern, die verbliebenen Ordensmitglieder sammelten sich in **Catania** (Sizilien), wo 1803 *Giovanni Tommasi* vom Papst offiziell zum Großmeister ernannt wurde.

Nach dessen Tod (1805) blieb der Posten lange unbesetzt, der Ordenssitz schließlich wurde 1834 nach **Rom** verlegt. Dort residiert seither – in direkter Tradition des 1099 gegründeten Ordens – der katholische *Souveräne Malteser-Ritterorden;* seit 1879 ist das Amt des Großmeisters wieder besetzt. Seit 1798 ist der Orden zwar staatsrechtlich nach wie vor ein Staat, aber ohne Staatsgebiet, er unterhält diplomatische Beziehungen zu 38 Staaten, u. a. Deutschland und Malta. Hauptaufgabe ist seit 1834 die Kranken- und Sozialpflege in Europa und Entwicklungsländern. Gleichzeitig bildet der Orden eine Art Dachverband für die Malteser-Hilfsdienste in ganz Europa.

Aus der deutschen Zunge und dem *Großpriorat Deutschland* (1806 aufgelöst) entstanden über Zwischenschritte der *Malteser Hospital Dienst Austria* (MHDA, 1957) und der *Malteser Hilfsdienst* (MHD, 1953), beide (katholische) Dienste beschäftigen sich mit karitativen Aufgaben.

Eine Sonderstellung nahm die (evangelische, 1811 aufgelöste) *Balley Brandenburg* ein. 1852 organisierten die Protestanten den *Johanniter-Orden,* deren direkter Nachfolger die *Johanniter-Unfallhilfe* (1952) wurde.

Die englische Zunge, von *Heinrich VIII.* 1540 schon einmal und 1808 erneut aufgelöst, organisierte sich 1831 neu. Aus ihr ging unmittelbar die **St. John Ambulance Association** hervor, deren Hospitäler („St. John's") in den ehemaligen Kolonien und Ländern des Commonwealth weit verbreitet sind.

Die protestantischen Johanniter wie auch ihre englischen Pendants sind eigenständige Organisationen und nicht mit dem katholischen Malteser-Ritter-Orden (Rom) assoziiert.

Malta und seine Bewohner

zwar als *Nurse of the Mediterranean* (Krankenschwester des Mittelmeeres) eine feste Größe der britischen Soldaten in Ägypten, die hohen Abgabenlasten nach Kriegsende führten jedoch zu dem berühmten **„Sette Giugnio"-Aufstand** vom 7.6.1919 gegen erhöhte Preise, insbesondere beim Brot. Der Aufstand konnte zwar niedergeschlagen werden, kostete aber einige Menschenleben. An diesen Aufstand erinnern zahlreiche Straßennamen und Denkmäler in Malta.

1921 wurde erstmals ein eigenes, rein **maltesisches Parlament** gewählt, welches parallel zur Kolonialverwaltung über innere Angelegenheiten entscheiden durfte, nicht jedoch über Außenpolitik, Verteidigungswesen oder Währungsordnung. Hierzu formierten sich erstmalig zwei Parteien, die konservative **Nationalist Party** (MNP) und die sozialistische **Labour Party** (MLP).

So entwickelte sich Malta friedlich weiter zu einem der wichtigsten Mittelmeerhäfen. Die Zeiten äußerer Bedrohung wie der „großen Belagerung" waren längst Geschichte, und niemand war auf der Insel selbst im Traum daran, dass die schrecklichste aller Belagerungen erst noch kommen sollte: *Benito Mussolini* hatte Großbritannien und Frankreich gerade den **Krieg** erklärt, als am Morgen des 11. Juni 1940 auf Malta auch schon der erste von vielen Tausend Fliegeralarmen erklang. Die Royal Navy hatte Malta bereits als „nicht haltbar" Richtung Ägypten verlassen; erst als seit September 1940 der Wüstenkrieg in Nordafrika begann, schickte der britische Premier *Winston Churchill* mehr Truppen nach Malta. Wieder einmal war Maltas Lage nützlich: Der Nachschub für das deutsche „Afrikakorps" sollte über Sizilien nach Tripolis geführt werden, britische Zerstörer und Flugzeugträger operierten aber vom Grand Harbour in Valletta aus und unterbrachen erfolgreich die Versorgungskette. *Göring* forderte die völlige Vernichtung Maltas und beorderte sein Elite-Fliegerkorps nach Sizilien. Von dort aus wurde bis Ende 1942 täglich **Angriff um Angriff gegen Malta** geflogen, insbesondere auf den Grand Harbour sowie die Flugplätze Ħal Far und Ta Qali. Allein im April 1942 wurden über 6700 Bomben abgeworfen, Malta war letztlich eines der am schwersten bombardierten Ziele des Krieges. Hauptverlierer war die Bevölkerung, die sich in Stollen verbergen und abgeschnitten von jeglichen Fluchtmöglichkeiten dort ausharren musste. Den massiven Felslandschaften und Festungsanlagen hatten es die Malteser zu verdanken, dass am Ende unter der Bevölkerung nicht mehr als die gefallenen 2000 Opfer zu beklagen waren.

Auf dem Höhepunkt der Belagerung, im April 1942, verlieh König *George VI.* dem gesamten Archipel das **Georgskreuz,** die höchste britische Auszeichnung für Zivilisten und seither Teil der maltesischen Flagge.

Nach dem Ende des „Afrikakorps" (Tunis, Mai 1943) verlegte die Luftwaffe ihre Einheiten von Sizilien nach Russland; die als „zweite große Belagerung" in die Geschichte Maltas eingegangenen Ereignisse hatten ein Ende. Die **Kriegsschäden** sind noch heute teilweise sichtbar, Valletta und die Siedlungen um den Grand Harbour wurden zu 90% zerstört.

Während der ersten zehn Jahre nach Kriegsende stand der **Wiederaufbau** mit britischer Finanzhilfe im Vordergrund. Das duale System (maltesisches Parlament neben britischer Kolonialverwaltung) wurde fortgesetzt.

Als 1955 unter dem sozialistischen Premier *D. Mintoff* (MLP) eine Volksabstimmung durchgeführt wurde, sprach sich die Mehrheit der Malteser für die direkte Eingliederung Maltas in Großbritannien aus. Die Briten lehnten ab, was zu heftigen Diskussionen und dem **Ruf nach Unabhängigkeit** führte. Dieser Trend wurde von den Nationalisten (MNP), seit 1959 mit Premier *Ġorġ Borg Olvier* gefördert.

1962 handelte dieser eine neue Verfassung mit Autonomiestatus und uneingeschränkt selbstverantwortlichem maltesischen Parlament aus. Am 21. September 1964 wurde Malta zum unabhängigen **Mitglied des Commonwealth of Nations** erklärt, jenem rein formellen Gebilde, dem mit *Queen Elisabeth II.* als Staatsoberhaupt viele ehemalige Kolonien (wie z.B. Kanada) noch heute angehören.

Ende der Belagerung – Our Lady of Victory

Unabhängigkeit und Republik Malta (seit 1964)

099-M Foto: wl

Die **Anfangsphase der maltesischen Unabhängigkeit** stand unter keinem allzu glücklichen Stern. Im Zuge des Nahostkonfliktes wurde 1967 der Suez-Kanal geschlossen, der Hauptwirtschaftszweig Maltas, die Werftenindustrie, wurde hart getroffen.

Die Arbeitslosigkeit wurde zum Hauptproblem, viele Malteser versuchten ihr Glück im englischsprachigen Ausland. Schätzungen zufolge leben und arbeiten noch heute 150.000 maltesische Gastarbeiter in England, Kanada, Australien oder den USA.

Bei den Neuwahlen 1971 siegte zwangsläufig die linke MLP unter Urgestein und Paradiesvogel *Dominik „Dom" Mintoff,* der eine Reihe von **abenteuerlichen Reformen** einleitete, innerhalb derer sich Malta an den planwirtschaftlich gelenkten Staaten Osteuropas und Chinas orientierte und verstärkt Handelskontakte zu Libyen suchte. Ein anderes Beispiel für die Vielfalt in der Wahl der politischen und wirtschaftlichen Beziehungen Maltas zeigte sich bei dem 1969 erbauten Schnellstraßen-Tunnel im Bezirk Santa Venera, der von taiwanesischen Tunnelbau-Ingenieuren errichtet und daher nach dem Gründer der Republik China (Taiwan) „Sun Yat-Sen-Tunnel" genannt wurde.

Diese völlige Neuorientierung, auch außenpolitisch, gipfelte 1974 im Ausstieg aus dem Commonwealth bei gleichzeitiger Proklamation der *„Republic of Malta",* der Kündigung des Truppenstationierungsvertrages mit Großbritannien und der Gründung des libyschen Kulturinstitutes (welches mit den EU-Beitrittsverhandlungen wieder geschlossen wurde). Dies wiederum bedeutete eine Vertiefung der diplomatischen Beziehungen zum libyschen Staatschef *Ghaddafi.* Malta hatte damit zwar libysches Öl gewonnen, Einnahmen durch die britischen Truppen aber verloren. 1987 siegte die konservative MNP mit **Dr. E.F. Adami** (⌀ Kurzbiographien) als neuem Premier, der schon damals einen vorsichtigen Kurs auf die Europäische Union zu steuern versuchte, die strikte Neutralität Maltas wurde jedoch in der Verfassung verankert. Dieser Passus hat letztlich mit dazu beigetragen, dass die Gipfelkonferenz der Supermächte zwischen *Michail Gorbatschow* und *George Bush* im Dezember 1989 im Hafen von Marsaxlokk und im Mediterranean Conference Centre (Valletta) stattfand.

1991 stellte Malta einen **offiziellen Antrag auf Mitgliedschaft in der EU,** was 1993 auch generell befürwortet, aber von diversen wirtschaftlichen und rechtlichen Reformen abhängig gemacht wurde. In der Hoffnung, durch den EU-Beitritt insbesondere in der Landwirtschaft und als „Stätte europäischen Kulturgutes" Vorteile zu erreichen, wurde die MNP 1992 mit großer Mehrheit wiedergewählt und *Adami* im Amt bestätigt. Der arbeitete in den folgenden Jahren weiter auf das Ziel der EU-Mitgliedschaft hin, wurde aber 1996 aus allen Träumen gerissen, als die MLP (Labour) bei den Parlamentswahlen siegte und **Dr. Alfred Sant** als neuer Premier vereidigt wurde. Dieser fror im August 1997 den Antrag auf EU-Mitgliedschaft formell ein und verfolgte einen außenpolitisch strikt neutra-

Malta und seine Bewohner

len Kurs. Sein – noch heute verbreitetes – Hauptargument für diese Politik ist die Randlage Maltas in Europa, aufgrund derer sein kleines Land mit Nordafrika gute Kontakte wahren müsse.

Doch *Sant* war zu selbstsicher: schon 1998 ließ er aufgrund günstiger Wahlprognosen Neuwahlen ausschreiben – und verlor.

EU-Beitritt und Dreiparteiensystem

Die Malteser waren selbst sehr überrascht von der Rückkehr des legendären „Kaninchen" *Edward Fenech* (Fenek = Kaninchen) *Adami* und seiner National Party an die Macht. Adami wiederbelebte sofort die EU-Beitrittspläne und ließ im März 2003 ein Referendum zum EU-Beitritt durchführen. Die Bevölkerung sprach sich mehrheitlich für den Beitritt aus, womit Adami nicht nur die Parlamentswahlen vom Frühjahr gewann (MNP 51,8%/35 Parlamentssitze gegenüber 47,5%/ 30 der MLP), sondern auch den offiziellen EU-Beitritt Maltas zum 1.5.2004 legitimierte. Adami – zu diesem Zeitpunkt bereits über 70 Jahre alt – trat kurz zuvor gemäß einer internen Absprache vom Amt des Premierministers zurück und übergab im März 2004 die Amtsgeschäfte an seinen Stellvertreter *Lawrence Gonzi*.

Edward Fenech Adami zog sich – seine Popularität nutzend – keinesfalls von der Politik zurück, sondern wurde im April 2004 direkt vom Volk zum **Präsidenten der Republik** gewählt. Dieses rein repräsentative Amt als Staatsoberhaupt übt Adami bis 2009 aus.

Nach diesen dramatischen, von der außenpolitischen Orientierung geprägten Jahren wandte *Gonzi* sich nach geglücktem „EU-Start" der Innenpolitik zu. Hier hatte sich still und heimlich neben den beiden etablierten Parteien MLP und MNP unter Professor *Arnold Cassola* die neue Partei **Alternativa Demokratika** (demokratische Alternative) als – noch – eher belächelte dritte politische Kraft im Lande etabliert. Zwar verfügt die AD über keinen Parlamentssitz (1% der Stimmen), doch dürfte mittelfristig der Weg vom traditionellen Zweiparteiensystem, in dem Wahl-

en stets 52 zu 48 ausgehen, zu einem Dreiparteiensystem führen, da die AD ihr Wählerpotenzial hauptsächlich in der modernen Jugend sieht.

Staatsname und Symbole

Staatsname

Der heutige Name Maltas **Republika Ta Malta** (Republik Malta) geht auf die Unabhängigkeit von Großbritannien (1964) sowie den Ausruf zur Republik (1974, ⌕ Geschichte) zurück.

Staatsflagge

Die Flagge setzt sich aus zwei Teilen zusammen, dem **silber-roten Banner** des Normannenfürsten *Roger I.*, der 1099 Malta in Besitz nahm, sowie dem **Georgskreuz** in der linken, silbernen Hälfte. Letzteres wurde 1942 den Inseln von *König Georg VI.* für das tapfere Aushalten der Bombardements im

Die maltesische Flagge

Zweiten Weltkrieg verliehen und in die Flagge aufgenommen. Als die Unabhängigkeit in einer Volksabstimmung 1964 zur Wahl stand, wurde mehrheitlich entschieden, das Georgskreuz in der Flagge zu belassen, obgleich es an die Kolonialzeit erinnert.

Staatswappen

Das Wappen besteht aus einem von einem Öl- und einem Palmzweig umsäumten Schild in den silber-roten Landesfarben mit dem Georgskreuz in der silbernen Hälfte. Oberhalb des Schildes wird ein goldener Helm von einer stilisierten Krone in Form einer Stadtmauer gekrönt. Der Schild ruht auf einer stilisierten Insel, vor der das achtzackige Johanniterkreuz von einer geschwungenen Banderole mit dem Wahlspruch *Virtute et Constantia* (lat: mit Tapferkeit und Beständigkeit) umrahmt wird.

Malteserkreuz

Das Georgskreuz hat nichts mit dem Malteserkreuz zu tun (weder mit dem Symbol, noch mit Aquavit-Malteserkreuz). Ohnehin ist der Begriff Malteserkreuz streng genommen nicht zutreffend. Gemeint ist das achtzackige, nach innen zusammenlaufende *Johanniterkreuz* aus der Gründerzeit des Ordens. Nach dem Abzug aus Malta und der Verlegung des Ordenssitzes nach Rom (1834) benutzte der *Souveräne Malteser-Ritter-Orden* dieses Johanniterkreuz nun als – von Malta kommend – „Malteserkreuz" genann-

Dänische, maltesische oder Johanniterflagge?

Die Johanniter behielten auch auf Malta das althergebrachte *weiße Kreuz auf rotem Grund*, wie es zur Zeit des ersten *Kreuzzuges* entstand, als Flagge bei. Noch heute wird dieses Banner an Festtagen (8. September, Ende der Belagerung von 1565) gehisst und von Besuchern versehentlich für die dänische Flagge gehalten. Tatsächlich haben die „Danebrog" und die praktisch gleich aussehende Johanniterflagge den selben Ursprung. Die Johanniter setzten sich in ihrer Frühzeit hauptsächlich aus *Normannen* zusammen, die teilweise aus der heutigen (französischen) Normandie stammten; diese jedoch war von Skandinavien aus besiedelt worden (Normanne = Nord-Mann). Führendes skandinavisches Reich im Hoch- und Spätmittelalter war Dänemark, seit 1016 (Schlacht von Assington) auch über England und Norwegen herrschend; 1397 (Kalmarer Union) kamen Finnland, Island und Schweden hinzu. All diese Länder (auch England!) haben im Prinzip die „Dänenflagge" übernommen und lediglich modifiziert.

tes Insignium. Dasselbe Zeichen verwendeten nahezu einheitlich auch die deutschen (katholisch: Malteser, evangelisch: Johanniter), englischen (St. John's) und sonstigen Nachfolgeorganisationen der Hilfsdienste und Unfallhilfen. Das Malteserkreuz wird auch in den Logos zahlreicher Institutionen wie z.B. *Air Malta* oder der *Malta Tourist Organisation* verwendet.

Malta und seine Bewohner

Nationalhymne

Dr. A. Laferla suchte 1922 als Rektor einer Grundschule nach einem Schullied und stieß dabei auf ein eingängiges, von *Dr. R. Samut* komponiertes Musikstück. Er beauftragte *Dun Karm Psaila*, einen Priester mit dichterischer Begabung, einen Text zur Melodie zu schreiben. Dieser schuf eine Hymne in Gebets- und Lobpreisungsform. *Dun Karm*, der später einer der bekanntesten Dichter Maltas wurde, wollte eine Brücke zwischen den politischen Parteien schaffen und alle Malteser unter Religion und Patriotismus vereinen. Uraufführung von L-Innu Malti war am 3.2.1923; unter diesem Titel wurde sie 1945 zur offiziellen Nationalhymne der Republik Malta.

> *„Schütze es, O Herr, wie Du es immer*
> *beschützt hast,*
> *Dieses Mutterland; dieses gute,*
> *dessen Namen wir tragen!*
> *Behalte es in Erinnerung,*
> *das Du so schön erschaffen hast!*
> *Möge er, der regiert, für seine Weisheit*
> *geachtet werden;*
> *Unter der Gnade des Herrn die Stärke im*
> *Menschen wachsen.*
> *Stärke uns alle in Einheit und Frieden!“*

Staat und Verwaltung

Seit Mai 2004 ist die Republik Malta **Vollmitglied der EU** (⌖ Geschichte). Auch der Euro soll als alleingültige Währung eingeführt werden, hierzu ist jedoch eine Wartezeit von drei Jahren erforderlich, nach denen die Konvergenzkriterien geprüft werden.

Innenpolitisch ist das Land auf Grund seiner geringen Größe einfach strukturiert. Nominelles **Staatsoberhaupt** mit reinen Repräsentationsaufgaben ist ein direkt vom Volk gewählter Präsident (seit 2004 *Edward Fenech Adami*).

Die eigentliche Macht liegt bei der **Regierung** (Exekutive) und dem **Parlament** (Legislative).

Um 65 Parlamentssitze bemühen sich in freien und allgemeinen Wahlen (alle 5 Jahre) zwei **Parteien,** die linksorientierte *Malta Labour Party (MLP,* maltesisch *Laburista* oder *tal-Haddiema)* sowie die konservative *Malta Nationalist Party (MNP, Nazzjonalista).*

Der Wahlsieger stellt dann den Regierungschef *(Premier),* der seine Minister bestimmt und mit ihnen die **Regierung** (Gouvernment) bildet. Aus den letzten Parlamentswahlen vom Juni 2003 ging die MNP unter *Eddie Fenech Adami,* damals als Premier, siegreich hervor, der sein Amt jedoch im März 2004 an seinen bisherigen Stellvertreter *Lawrence Gonzi* abgab. Dieser leitet 13 Schlüsselministerien und 5 parlamentarische Staatssekretäre mit untergeordneten Aufgabenbereichen.

Eine weitere politische Untergliederung, etwa in „Bundesländer" oder „Kreise", gibt es nicht, alle politischen Aufgaben werden direkt vom Parlament und der Regierung wahrgenommen. Lediglich zu verwaltungstechnischen Zwecken (Wasser, Müll usw.) ist Malta in sechs **Regionen** gegliedert.

Seit 1987 gibt es in der Regierung einen parlamentarischen Staatssekretär mit dem Aufgabenbereich der **Wahrnehmung der Interessen Gozos.**

Wirtschaft und Handel

Nach der schwierigen Aufbauarbeit seit der Unabhängigkeit befindet sich auch die maltesische Wirtschaft auf dem Weg zur **Dienstleistungsgesellschaft.**

Nur noch 3% des volkswirtschaftlichen Gesamteinkommens werden in **Landwirtschaft und Fischerei** erwirtschaftet, obgleich jedes Fleckchen Erde außerhalb der Siedlungen irgendwie genutzt zu werden scheint. Angebaut werden Zitrusfrüchte, Wein, Getreide, Kartoffeln und Gemüse. In Stallhaltung werden Milch- und Federvieh sowie (auf Comino) Schweine gezüchtet. Der Eigenbedarf wird bei Fleisch und Feldprodukten nicht ganz gedeckt, Malta ist immer noch auf Nahrungsmittelimporte angewiesen. Gleiches gilt in noch höherem Maße für die Fischerei, die überwiegend im Nebengewerbe ausgeübt wird, und nicht einmal die Hälfte des Bedarfs decken kann. In Landwirtschaft und Fischerei sind rund 5% der Werktätigen im Haupt- oder Nebengewerbe tätig.

Die klein- und mittelständische **Industrie** (BSP-Anteil ca. 35%) beschäftigt mittlerweile etwa 20% der Erwerbstätigen und arbeitet hauptsächlich im Textilbereich, als Zulieferer der europäischen Automobilindustrie sowie im Schiffbau. Die beiden Industriegebiete liegen um die Werften von Marsa sowie auf dem Gelände des ehemaligen Flughafens Ħal Far.

Der **Tourismus** wurde in den vergangenen Jahren verstärkt ausgebaut und zum wichtigsten Faktor der maltesischen Volkswirtschaft mit einem Anteil am BSP von ca. 40%. Heute ist nahezu jeder zweite Erwerbstätige direkt oder indirekt vom Tourismus abhängig (⌐ folgendes Kapitel).

Knapp 25% der Beschäftigten sind im übrigen **Dienstleistungsbereich** tätig (internationale Schiffs- und Fährverbindungen, Messe, Banken usw.).

Nach Jahren des überproportionalen Wachstums hat sich die jährliche **Wachstumsrate** zwischen 3 und 4% eingependelt. Das gesamte **Bruttosozialprodukt** betrug 2005 15.450 € pro Kopf der Bevölkerung, womit Malta im internationalen Vergleich noch vor Ländern wie der Türkei und Portugal, aber deutlich hinter den deutschsprachigen Ländern (BRD 29.000 €, Österreich 29.500 €, Schweiz 42.000 €) liegt. Die **Arbeitslosenquote** konnte auf unter 5% gesenkt werden, auch die Währung der letzten Jahre blieb bei einer **Inflationsrate** von durchschnittlich 2,5% sehr stabil.

Die wichtigsten **Handelspartner** Maltas sind Italien, Deutschland und England, auch mit den nordafrikanischen Anrainerstaaten, allen voran Libyen, bestehen wichtige Handelsbeziehungen. 2003 gelang es Malta, keinen geringeren als Microsoft-Gründer *Bill Gates* zu einer Investition im High-Tech-Entwicklungsbereich im Industriepark Bulebel (bei Żabbar) in Höhe von über 50 Mio. Euro zu bewegen. 2005 zog die Playmobil-Gruppe von Bulebel nach Ħal Far.

Insgesamt weist die **Handelsbilanz** erhebliche Defizite auf, da Malta über keine nennenswerten Rohstoffe ver-

Malta und seine Bewohner

fügt und selbst im Nahrungsmittelbereich den Eigenbedarf nicht oder nur unvollständig decken kann. Die eigenen Exporte können die hohen Importe seit Jahren nicht decken, weshalb dem Tourismus als ausgleichendem Faktor und Devisenbringer eine Schlüsselrolle zufällt.

●Wer sich geschäftlich näher mit der maltesischen Wirtschaft befassen möchte, sollte die **Malta External Trade Corporation,** Trade Centre, Industrial Estate, P.O. Box 8, San Ġwann, Tel: 21446186, Fax: 21496687, kontaktieren. Diese Organisation ist für Exportförderung und Handelskontakte zuständig und bietet Interessierten kostenlose Dienstleistungen wie Produktsuche, Unternehmensbesichtigungen und natürlich alle wesentlichen Informationen für Geschäftsleute.

Tourismus

Die strategisch entscheidende Rolle, die Malta während des Zweiten Weltkrieges für Großbritannien spielte, trug wesentlich dazu bei, dass trotz der immensen Zerstörungen durch die Bombardierungen der Achsenmächte schon in den 1950er Jahren eine Art **Kriegstourismus** entstand. Es waren zunächst hauptsächlich Briten, die in ihre Kolonie reisten und durch ihre Ausgaben nicht unwesentlich zum Wiederaufbau beitrugen.

Es dauerte bis in die **1970er Jahre,** ehe andere Reisenationen ganz allmählich Malta als lohnenswertes Urlaubsziel entdeckten, und in den **1980er Jahren** setzte, allen politischen Schlingerkursen zum Trotz, ein stetig steigender Besucherstrom ein. Unmittelbar damit einher ging die touristische Erschließung des Landes mit guten Hotels und Restaurantbetrieben sowie Freizeitanlagen und einer kontinuierlichen Renovierung der alten Bauwerke.

Am Beginn des neuen Jahrtausends ist Malta so weit „wiederhergestellt", dass über 1,3 Millionen **Besucher** jährlich auf den Spuren der Johanniter wandeln, davon knapp die Hälfte aus Großbritannien. 300.000 deutschsprachige Touristen, 100.000 Italiener und 60.000 Nordafrikaner bilden das Gros der übrigen Maltareisenden.

Natürlich hat Malta dabei auch von Krisen anderer Urlaubsländer (Ägypten, Ex-Jugoslawien, Türkei) profitiert, und der Tourismus avancierte längst zur **Schlüsselbranche** der Inselrepublik. Über die Hälfte aller Reisenden kommt in den Monaten Juni bis August sowie über Weihnachten auf die maltesischen Inseln, die andere Hälfte verteilt sich gleichmäßig auf den Rest des Jahres.

Urlauber auf Malta sind, ohne damit jemandem zu nahe treten zu wollen, ein gänzlich anderer Typ als viele, die man in Südwesteuropa (gemeint sind die spanischen Costas, Gran Canaria oder Mallorca) antrifft. Es sind geschichtlich Interessierte, Tauchsportler und Teilnehmer an Englischkursen, die den Löwenanteil der Touristen auf Malta stellen – alle drei „Kategorien" sind bei den Maltesern sehr beliebt.

Umgekehrt freuen sich die Touristen, dass es kaum Betrügereien, falsche Preise oder unverschämtes „Abzocken" auf Malta gibt. Das haben die stolzen Malteser einfach nicht nötig. Natürlich gibt es auch hier und da Probleme. Das beginnt bei kleinen kulturellen Unterschieden (Vogelschießen) und geht über eine andere Einstellung zum Nationalstolz oder zur Umwelt (Müll) bis hin zu vorsätzlichem Fehlverhalten von Gästen.

Verkehr und Umwelt

Als Malta den Aufnahmeantrag in die EU gestellt hatte und eine Brüsseler Kommission die Inseln besuchte, wurde festgestellt, dass lediglich 1% der 1400 km umfassenden maltesischen Straßen dem EU-Standard entspricht. Nun schienen die *Straßenzustände* nach der zeitweiligen Rücknahme des EU-Aufnahmeantrags zwar politisch nicht weiter wichtig zu sein, sie waren und sind es aber für den Tourismus (mindestens jeder Dritte reist zumindest teilweise per Leihfahrzeug) und für die sich mehrenden Überschwemmungen zu Beginn der Regenzeit, welche auf die fehlende Kanalisation zurückzuführen sind.

Das *Verkehrsaufkommen* in und um den Großraum Valletta ist deutlich höher als andernorts, aber natürlich nicht mit europäischen Metropolen zu vergleichen; einen Stau kann es allerdings auch auf Malta geben: vor Feiertagen (verlängerten Wochenenden), wenn ganz Malta auf dem Weg nach Gozo zu sein scheint, und sich ein Rückstau vom Fährhafen Ċirkewwa bis Mellieħa bilden kann.

Dennoch steht auch die Republik Malta vor Umweltproblemen. Aufsehen erregte eine breit angelegte Studie der Bodenbelastung Anfang der 1990er Jahre, wonach bei schwedischem Kohl lediglich ein Drittel des *Bleianteils* nachgewiesen wurde, der im maltesischen Kohl festzustellen war. Ursachenforschung wurde betrieben, und bald waren mehrere Erklärungen zur Hand. Offiziell wurde der hohe Fahrzeugverkehr – verstärkt durch das hohe Aufkommen an Leihfahrzeugen bei Touristen – in Verbindung mit Industrie-Emissionen als Hauptursache genannt. Klingt einleuchtend, ist es aber nicht: Zum einen bestehen die Hauptabgase der Industrie aus Schwefel, zum anderen wächst der Großteil des Gemüses auf Gozo, wo kaum Verkehr herrscht und erst recht keine Industrie angesiedelt ist. Ohnehin kann sich die Luft in Malta kaum stauen, und während der stickigsten, windstillsten Monate des Hochsommers liegen die meisten Felder brach. Eine einleuchtendere Erklärung bieten aber die maltesischen Umweltschützer (↗ auch Tierwelt): Jährlich „regnen" über 250.000 kg an Munition vom Vogelschießen auf die Felder – der Bleigehalt ergebe sich daher zwangsläufig aus der hohen Konzentration an Schrotkugeln.

Ein weiteres Problem sind die Unmengen an *Müll,* wofür letztlich auch die vielen Touristen mit verantwortlich sind. Dabei liegen die Schwierigkeiten nicht in etwaiger Unsauberkeit, im Gegenteil, die Straßenzüge der Städte und Dörfer erscheinen zwar ältlich, aber sehr gepflegt. Das Problem sind die ungeschützten Mülldeponien, das Fehlen von Sondermüllsammelstellen sowie der Mangel an Kanalisation und Kläranlagen. Auch Recycling oder Mülltrennung sind unbekannt, Plastikflaschen und -tüten auf Maltas Deponien sind ein beredtes Zeugnis dafür. Immerhin wird das Thema mittlerweile heiß diskutiert und in eigenem Interesse und auch, um die Touristen nicht zu verprellen, angegangen.

Für Wassersportler sei zur Beruhigung erwähnt, dass die maltesischen *Gewässer* zu den am wenigsten belasteten im ganzen Mittelmeer gehören.

Bevölkerung

Die maltesische Bevölkerung gehört, bedingt durch die Besiedlung hauptsächlich von Sizilien her, am ehesten der romanischen Volksgruppe an, wobei sich aus der wechselhaften Geschichte Einschläge der unterschiedlichsten Völker ergaben.

Von den etwa 380.000 Einwohnern leben auf Malta rund 345.000, auf Gozo rund 35.000; dazu kommen über 200.000 Malteser, die als Auswanderer oder Gastarbeiter dauerhaft im englischsprachigen Ausland oder in Italien leben. Als Folge der Kolonialzeit bilden die *Briten* heute die größte Minderheit Maltas mit 8500 Mitgliedern.

Bei einer Landesfläche von 316 km² ergibt sich eine *Bevölkerungsdichte* von 1179 Menschen/km² (BRD 229), womit Malta zu den am dichtesten besiedelten Regionen Europas gehört.

Während bis in die 1970er Jahre ein hoher *Bevölkerungszuwachs* zu verzeichnen war, hat sich diese Entwicklung seit den 1980ern deutlich verlangsamt. Dennoch wächst die Bevölkerung, bedingt durch moderne Medizin, Wohlstand und den konservativen Einfluss der katholischen Kirche (strengste Abtreibungsgesetze Europas!), weiterhin um rund 1600 Menschen jährlich.

Religion

Von der kleinen anglikanischen Minderheit der im Lande verbliebenen Briten abgesehen, gehört die Bevölkerung Maltas fast ausnahmslos zur *römisch-katholischen Kirche.*

Ein deutliches Zeichen dafür, wie wichtig die Kirche auch im Alltag der Malteser ist, sind die zahlreichen *Festas* zu Ehren diverser Schutzheiliger.

Ein unübersehbares, prägendes Merkmal auf Malta sind die *über 300 Kirchen* des Landes, die zum Teil bis in das 11. Jh. (zweite Christianisierung unter *Roger I.*) zurückreichen. Selbst wenn der Tourist einen Bus betritt, wird er bereits den starken Einfluss der Kirche feststellen: Viele Fahrerbereiche gleichen kleinen Kapellen und sind mit Heiligenbildern und Statuetten ausgeschmückt. Ebenso tragen viele Privathäuser anstatt einer Hausnummer den Namen eines Schutzheiligen. An kirchlichen Feiertagen ist das ganze Dorf auf den Beinen, Tradition und Familie werden in allen Lebensbereichen groß geschrieben (⌖ Bildung und Soziales). Ein Großereignis der jüngeren Kirchengeschichte Maltas war der **Besuch Papst Johannes Paul II.** 1990. Ihm zu Ehren wurde in Mosta ein Oratorium nach ihm benannt.

Mentalität und Brauchtum

Auf die großen Ereignisse im Leben der Malteser wurde bei „Feste und Feiertage" hingewiesen, viele interessante Eigenheiten offenbaren sich aber auch im Alltag.

Nicht zu übersehen ist die **Wettleidenschaft** der Malteser. Bingo, Lotto, Fußballtoto und Pferderennen sind beliebte Glücksspiele. Aber auch ganz simple Wetten um bescheidene Einsätze werden untereinander abgeschlossen: „Wetten, dass der Präsident heute hier vorbeikommt?" oder „Wetten, dass die Sizilien-Fähre heute Verspätung hat?" – 164 Jahre britische Kolonialzeit hinterlassen eben ihre Spuren!

Wenig britisch, dafür typisch südländisch und angesichts der im Sommer unerträglichen Hitze auch verständlich ist die lange **Mittagspause,** die teilweise von 12 bis 16 Uhr dauert. Zu dieser Zeit scheinen Dörfer und Altstadtgassen wie ausgestorben und leer.

Auch wenn sich zunehmend mehr Malteser einen neueren Kleinwagen leisten können, so wird der Besucher dennoch von der auseinander fallenden Klapperkiste bis zum museumsreifen Oldtimer die sonderbarsten **Fahrzeuge** zu sehen bekommen.

Wer erinnert sich nicht an *Guareschis* Roman *„Don Camillo und Peppone"?* Treffender lassen sich die kleinen **Animositäten** zwischen den Gemeinden, aber auch unter den Fraktionen in den Dörfern kaum beschreiben. Verbale Verunglimpfungen der Schutzheiligen der jeweils anderen Gemeinde sind da noch harmlos. Am interessantesten wird es alle fünf Jahre während des Wahlkampfes. Wie bei einer Verschwörung trifft man sich im jeweiligen Parteilokal, Schilder werden handbemalt, dann zieht man durch die Straßen. Pech, wenn auch die andere Partei davon Wind bekommen hat und ihrerseits gleichzeitig in lustiger Formation lautstark durch die Sträßchen zieht. Dann stehen die Menschen an den geöffneten Fenstern und erwarten das Aufeinandertreffen der beiden Gruppen, welches dann meist in einer handfesten Rauferei endet – natürlich wird allseits gewettet, wer diesmal die Oberhand behält!

Politik ist Männersache in Malta, **Frauen** lösen sich erst ganz allmählich aus der traditionellen Rolle als Hausfrau und Mutter. Immerhin sind per Gesetz die Löhne und Gehälter zwischen den Geschlechtern angeglichen worden, und eine moderne Sozialgesetzgebung erweitert beispielsweise durch Erziehungsurlaub die beruflichen Möglichkeiten.

Der **familiäre Zusammenhalt** ist nach wie vor sehr groß und bildet den Kern der sozialen Gemeinschaft. Während bei uns Menschen gleichen Nachnamens außer diesem nichts mehr miteinander gemein haben, ste-

Malta und seine Bewohner

hen in Malta hinter Namen wie *Borg*, *Azzopardi* oder *Grech* immer Großfamilien, die – schon wegen der Insellage – nicht nur auf gemeinsame Vorfahren zurückzuführen sind, sondern innerhalb derer auch heute noch tatsächlich engere Bande bestehen.

Allgemein sind die Malteser **freundlich und hilfsbereit,** dabei aber weniger aufdringlich als man dies aus anderen Ländern der Region gewohnt ist.

Es ist aber sehr wichtig, die **Privatsphäre** zu beachten, bei aller Freundlichkeit bleibt man Fremden gegenüber immer etwas reserviert. Die meisten Touristen werden kaum Gelegenheit haben, einmal ein Privathaus von innen zu sehen. Wer aber zum Beispiel für einen Sprachkurs bei einer Gastfamilie untergebracht ist, wird rasch Ordnungsliebe, Sparsamkeit und ausgesprochene Reinlichkeit im Privatbereich feststellen.

Zu jeder Wohnung gehört auch ein **Fernseher,** längst beliebtestes Freizeitvergnügen, und ein preiswertes obendrein. Ansonsten trifft man sich zu einem **Plausch vor der Tür,** spaziert die Promenaden entlang, beobachtet die Wasserballmannschaften beim Training in den zahlreichen Meerwasserpools an der Küste oder spielt eine Partie **Boccia.**

Am Sonntag treffen sich die Männer nach dem Kirchgang zum **Frühschoppen** und Hobż biż Żejt in einer der vielen Bars, die Frauen treffen sich zum Schwatz; gelegentlich kann man sie, vorwiegend auf Gozo, beim Klöppeln in den traditionellen, schwarzen Trachten, genannt *L-Ghonella*, sehen.

Auch wenn die strikten, kirchlich geprägten Wertvorstellungen allmählich bröckeln, ist **Oben-ohne-Baden** verpönt; auch sollte man Kirchen nicht in Shorts betreten.

Das Wichtigste aber ist, dass der Besucher den **Stolz der Malteser** auf ihre junge Republik und die erreichten wirtschaftlichen Leistungen beachtet und nicht durch abwertende Bemerkungen über Land, Leute und Eigenheiten verletzt.

Bildung und Soziales

In der Republik Malta besteht eine **allgemeine Schulpflicht** von 9 Schuljahren ab dem 5. oder 6. Lebensjahr. An sechs Jahre Grundschule *(Primary School)* schließt sich eine gestaffelte Sekundärausbildung *(Secondary School)* an: Nach drei weiteren Jahren wird die Grundausbildung, vergleichbar dem Hauptschulabschluss, beendet. Anschließend ist der Besuch einer *Business School* (Handelsschule) möglich, oder die *Secondary School* wird nach fünf Jahren beendet, und der Abschluss entspricht dann in etwa dem Abitur.

Danach kann an den beiden nationalen Hochschulen *(Technical University of Malta; University of Malta)* oder im Ausland ein **Studium** aufgenommen werden. Für Malteser ist der Besuch aller staatlichen Einrichtungen (einschließlich der Kindergärten und Hochschulen) kostenlos, Unterrichtssprachen sind vom ersten Schuljahr an gleichberechtigt Englisch und Malti.

Daneben existiert eine Reihe **privater Bildungsträger,** von denen die meisten auf das traditionelle Bildungsmonopol der Kirchen zurückgehen; auch die kirchlichen Schulen sind mittlerweile kostenlos und haben einen guten Ruf.

Zu **Sprachenschulen** ⌀ Praktische Reisetipps, Sprachaufenthalt.

Seit dem „**Social Security Act**" von 1987 sind die Malteser sozial umfassend abgesichert. Zu den Leistungen gehören Behindertenversorgung, freie medizinische Behandlung (in staatlichen Krankenhäusern), Kindergeld, Arbeitslosengeld, Mutterschutz und Mindestrente. Das **Rentenalter** liegt bei derzeit 62 Jahren für Männer und 60 Jahren für Frauen. Die meisten Arbeitnehmer sind in der Zentralgewerkschaft **General Workers Union** organisiert, die auf erste Vereinigungen von Hafenarbeitern aus der Zeit nach dem ersten Weltkrieg zurückgeht.

Traditionelle Künste

Zu den interessanten kunsthandwerklichen Besonderheiten in Malta gehört das **Klöppeln** von Zierdeckchen und Westen, eine noch heute insbesondere von älteren Frauen vor der Haustür oder im Hinterhof ausgeübte Volkskunst. Einige Bekanntheit erlangte auch die maltesische **Glasbläserei,** deren Fertigungsstätten u.a. in Ta Qali besichtigt werden können. Viele Besucher sind von den zahlreichen Schmiedearbeiten fasziniert, landestypisch sind die **Türklopfer** an den Haustüren, meist in Form eines Delfins.

Die traditionelle maltesische **Musik** ist geprägt von sizilianischen und arabischen Einflüssen, wobei getragene melodische Weisen mit wechselnden Rhythmen überwiegen. Tonträger kann man auf den Straßenmärkten kaufen.

Kunst und Film

Seine künstlerische Blüte erfuhr Malta mit der Ankunft der Johanniter, die in ihren vorherrschend barocken Bauten zahllose bedeutende Gobelins, Schnitzereien und Gemälde anfertigen ließen. Einen bedeutenden Beitrag während dieser Epochen leisteten die maltesischen Künstler **Mattia Preti** (1613–1699) **und Stefano Erardi** (1650–1733), beides Namen, auf die der Besucher in zahlreichen Orten und Bauwerken treffen wird (⌀ Glossar). Zu den bedeutendsten maltesischen Künstlern des 20. Jh. zählen der Bildhauer **Antonio Sciortino** (1879–1947), der Maler **Guiseppe Cali** (1846–1930) und der Schriftsteller **Carmelo „Dun Karm" Psaila** (1871–1961).

Das künstlerische Schaffen setzt sich heute auch im Film fort. Mit den **Malta Film Studios** (Kalkara, Großraum Valletta) verfügt Malta über ein kleines, aber leistungsfähiges Produktionszentrum, wo zahlreiche Top-Filmproduktionen wie z.B. *Popeye* (mit *Robin Williams*), *Gladiator* (mit *Russel Crowe, Joaquin Phoenix*) oder *Troja* (mit *Brad Pitt, Peter O'Toole*) entstanden.

Malta und seine Bewohner

Architektur

Trotz der Vielzahl an Völkern und Regenten, die auf Malta die unterschiedlichsten Einflüsse ausübten, muss vor allem eine Phase für das architektonische Stadt- und Ortsbild als besonders charakteristisch und für die Gegenwart prägend hervorgehoben werden: die Zeit der **Johanniter** auf Malta (1530–1798). Ihr Streben nach Verteidigungsfähigkeit, Geradlinigkeit und schlichter Funktionalität ließ nicht nur Valletta als neue Hauptstadt „am Reißbrett" entstehen, sondern war ausschlaggebend für den Stil der großartigen Festungsbauten, Wachtürme, Kirchen und Privathäuser. Um die großartige Wehranlage von Valletta machte sich der italienische Festungsbaumeister **Francesco Laparelli** (1521–1570) verdient, der von *Papst Pius IV.* 1566–69 als Anerkennung für die überstandene „große Belagerung" nach Malta entsandt worden war. Sein Werk wurde von einem der größten

Söhne Maltas, **Gerolamo Cassar** (1520–1592), fortgesetzt, der auch die meisten der Herbergen der Ordenszungen und Kirchen sowie den Großmeisterpalast Vallettas baute.

Die barocke Sakralbaukunst erreichte einen Höhepunkt im 17. Jahrhundert und setzte sich mit einer von der Geltungssucht der Großmeister geprägten Baulust bis ins 18. Jahrhundert fort. Das Merkmal der Wehrhaftigkeit trat nun zugunsten repräsentativer Elemente in den Hintergrund. Dies gilt sowohl für die Sakralbauten **Lorenzo Gafàs** (1639–1703, z.B. San Lawrenz/Vittoriosa) und die Profanbauten **Giuseppe Bonnicis** (1707–1779, u.a. Zollhaus und Gerichtshof/Valletta) wie für die Werke des vielseitigen **Domenico Cachia** (1690–1761), der unter anderem auch die Auberge de Castille/Valletta als Profanbau, den Selmun Palace/Mellieħa als Wehrburg sowie die Kirche St. Helena/ Birkirkara baute.

Mit den **Briten** änderte sich der Schwerpunkt der Bautätigkeit schlagartig: Im Mittelpunkt des Interesses des Empire standen umfangreiche Werft- und Hafenanlagen, die grandiosen Bauten der Johanniter wurden aber weiterhin unverändert genutzt. Anders als in vielen ehemaligen Kolonien hinterließen die Briten in Malta daher keine bedeutenden Kolonialbauten.

Die **einfachen Wohnbauten** der Malteser wurden der schnörkellosen Geradlinigkeit der Johanniter weitgehend angepasst. Der einheitliche Baustoff, Globigeriner-Kalkstein in der stets gleichen ocker-sandfarbenen Färbung, unterstreicht diesen Eindruck noch.

Bauernhäuser erwecken oft den Eindruck einer kleinen Festung – und nichts anderes waren sie auch: Bei den zahlreichen Piratenüberfällen und Eroberungsversuchen konnten sich die Bewohner zumindest eine Zeit lang verschanzen.

Auch die **Straßenzüge** der Kleinstädte und Dörfer ähneln sich ungemein, wozu letztlich auch britische Bauvorschriften beitrugen. In der zweiten Hälfte des 19. Jh. wurde zweigeschossig mit Hof oder Garten zur rückwärtigen Seite gebaut, stets ohne Lücken zum Nachbarhaus. Eine gewisse Ähnlichkeit mit den uniformen Ziegel-Reihenhäusern von Manchester oder anderen Arbeitersiedlungen Englands ist unverkennbar. In Malta wurde allerdings nie mit Schrägdach und Dachziegeln, sondern stets mit dem zum Wäschetrocknen nutzbaren Flachdach gebaut.

Moderne **Neubauten** unterscheiden sich nicht allzu sehr von der traditionellen Bauweise. Hochhäuser gibt es keine (nur den modernen Portomaso-Tower in St. Julian's/Paceville), die großen Hotels sind die höchsten Bauten auf Malta und Gozo. Von diesen Zweckbauten abgesehen, verwenden auch heute noch die wenigsten Putz oder Mauerfarbe. Ein bleibender Eindruck, den der Besucher aus Malta mitnehmen wird, ist die überall vorherrschende goldbraune Farbe der Kalksandsteine, die vor allem in der Abendsonne unvergleichlich strahlt.

Malta und seine Bewohner

Malta

113A-M Foto: wl

113B-M Foto: wl

Famoser Blick über Valletta

Wappen früherer Regenten

Typische Gasse mit Balkonen

Überblick

Die 246 km² große Insel Malta bildet das politische, kulturelle und wirtschaftliche Zentrum des kleinen Mittelmeerstaates, der neben der Hauptinsel die kleineren Nachbarinseln Gozo und Comino umfasst. Alle internationalen Anbindungen der Inselrepublik treffen hier zusammen, Handel und Gewerbe wie auch die wenige Industrie des Staates befinden sich vorwiegend hier. So suchen denn auch die meisten Malteser ihr Glück auf der Hauptinsel, rund *335.000 Einwohner* – das sind 93% der Gesamtbevölkerung – leben und arbeiten auf Malta. In ähnlichem Umfang konzentriert sich hier auch der Tourismus – Gozo und Comino sind dagegen meist nur Ziele für Tagesausflügler.

Auch wenn Malta mit rund 1180 Einwohnern pro km² sehr dicht besiedelt scheint, konzentriert sich das städtische Siedlungsgebiet jedoch nur auf Valletta und seine Vororte. Daneben gibt es noch eine Hand voll Kleinstädte an der Nord- und Ostküste, Zentral- und Südwestmalta sind überraschend ländlich.

In der Regel kommt der Besucher Maltas am *internationalen Flughafen Luqa* an und ist in wenigen Minuten mit dem Taxi – bei Ankunft vor 20 Uhr auch per Bus – an jedem Zielort der Insel. Ob per Bus, Taxi oder Leihwagen – die ersten Eindrücke, die der Neuankömmling auf der Fahrt vom Flughafen zur Unterkunft gewinnt, gehen meist einher mit einem überwältigenden Respekt vor den *architektonischen Leistungen* der Erbauer der gigantischen allgegenwärtigen Festungen, Kirchen und Mauern. Nicht selten fühlt man sich auf Malta von der ersten Minute an, oft auch schon bei den ersten Blicken während des Landeanflugs, wie in einem riesigen Freilichtmuseum.

Während Valletta wegen seiner einmaligen Architektur fasziniert, verbreiten Küstenorte wie St. Paul's Bay, Marsaxlokk oder Birżebbuġa mediterranes Flair. Die alte Hauptstadt Mdina erscheint wie ein Schritt ins Mittelalter, die ländlichen Gebiete Zentral- und Südwestmaltas hingegen wirken karg, schroff und unwirtlich.

Rund um Valletta

Das dicht besiedelte **Städtekonglomerat** an der Nordostküste rund um Valletta und den **Grand Harbour** (großen Hafen), bestehend aus 25 auf dem Papier immer noch eigenständigen Orten von St. Julian's über Birkirkara und Pawla bis Vittoriosa, ist heute praktisch eine zusammengewachsene Großstadt mit entsprechenden Stadtteilen. Rund 150.000 Menschen leben hier im wirtschaftlichen, politischen und kulturellen **Herzstück der Inselrepublik.** Universität, Schulen, Hafenanlagen und Lagerbauten sind ebenso zu finden wie Museen, Verwaltungsgebäude, Ministerien und diplomatische Vertretungen.

Wer auch nur ein klein wenig Vorliebe für die Geschichte mitbringt, wird sich zwischen steinzeitlichen Monumenten, uneinnehmbaren Kreuzritterfestungen und Weltkriegsrelikten pudelwohl fühlen. Auch logistisch führen alle Wege über „Malta-City" als Dreh- und Angelpunkt der inselweiten Busverbindungen.

Valletta (Il Belt)

↗ X/B-C1-2

„Es bestand kein Grund zu Fröhlichkeit und Ausgelassenheit an jenem Septembermorgen anno domini 1565, als Fra Jean Parisot de la Valette, mit 70 Lenzen betagter Großmeister des „ritterlichen Ordens des heiligen Johannes vom Spital in Jerusalem, vormals Rhodos", durch die blutgetränkten Gassen der Festungen am großen Hafenbecken schritt. Die Türken waren, mit Gottes Hilfe, in letzter Sekunde vertrieben worden, doch der Blutzoll war immens gewesen – einem weiteren Angriff würde der Orden nicht standhalten können. De la Valette

Rund um Valletta

blickte hinüber auf die andere Seite des Hafenbeckens, den Monte Scibberas mit seinem Fort St. Elmo. Dort, mutmaßte er, könne man den gesamten Hafen besser kontrollieren und gleichzeitig eine befestigte Stadt zum Schutz aller anlegen. Uneinnehmbar sollte sie werden, auf ewig, und seinen Namen tragen – Valletta."

(Legende zur Stadtgründung)

Valletta oder *Il Belt* (die Stadt), wie die Malteser ihre Stadt nennen, birgt das kulturelle, historische und politisch-administrative Zentrum Maltas und fungiert offiziell als **Hauptstadt** der Inselrepublik. Der politische Bereich wird allerdings zunehmend in das modernere Wirtschaftszentrum Sliema verlegt, die Mehrzahl der ausländischen Konsulate hat sich dort, auf der anderen Seite des Marsamxett-Hafens, angesiedelt. Der Hauptgrund hierfür liegt in der Tatsache, dass in Valletta praktisch keinerlei bauliche Veränderungen an den jahrhundertealten Bauwerken vorgenommen werden dürfen – ganz Valletta steht, für eine Hauptstadt einmalig in Europa, **vollständig unter Denkmalschutz.** Fahrzeugverkehr innerhalb der Stadtmauern ist ausschließlich für die ca. 15.000 Anwohner gestattet. Zudem bestehen etliche Straßenfluchten aus breiten Treppen und sind ohnehin nicht befahrbar – eine für Fußgänger sehr angenehme Tatsache.

Viele Impressionen der Stadt mit ihren schnurgeraden Sträßchen und Hügeln erinnern an die berühmten „Straßen von San Francisco". Valletta ist hervorragend zu Fuß zu erkunden. Wer ganz Valletta durchstreift, wird sicherlich das eine oder andere über-flüssige Pfund, und zwar nicht nur das maltesische, loswerden!

Es sollten trotz des kleinstädtischen Charakters etwa zwei bis drei Tage eingeplant werden, um die wichtigsten Sehenswürdigkeiten und Museen zu besichtigen. Auch wer nicht unbedingt geschichtlich interessiert ist, sollte einmal durch die Sträßchen Vallettas schlendern und einen Blick auf das Alltagsleben der Malteser werfen. Die Festungsarchitektur, die gemächliche Lebensweise wie auch die grandiose Lage über dem Grand Harbour – all dies verlockt dazu, einfach umherzubummeln, den Pastizzibäckern zuzusehen oder ein kühles Glas Ċisk-Bier zu genießen.

Eine Vielzahl der prunkvollen Bauwerke Vallettas befindet sich heute entweder in Privatbesitz oder dient als Amts- und Verwaltungsgebäude. Die zur Besichtigung freigegebenen Häuser und Museen sind als solche gekennzeichnet, Kirchen und Gärten können ohnehin uneingeschränkt besucht werden.

Der Busreisende kommt am **zentralen Busplatz** mit dem Tritonenbrunnen vor dem Stadttor Vallettas an, der verwaltungstechnisch zu Floriana gehört. Mit Haltestelle „Valletta" ist immer dieser Platz gemeint.

Architektur und Geschichte

Nachdem die Türken im September 1565 am Ende der großen Belagerung abgezogen waren, legte der siegreiche Ordensgroßmeister **Jean de la Valette** am **28.3.1566** den **Grundstein** für

die neue Hauptstadt. Beeindruckt von der heldenhaften Leistung der Ordensritter, erwiesen sich insbesondere die spanischen und französischen Könige als besonders großzügige Geldgeber. Der päpstliche Architekt *Francisco Laparelli da Cortona* (1521–1570) hatte binnen weniger Tage „am Reißbrett" ein auf die Verteidigungsbedürfnisse des Ordens abgestimmtes Konzept entwickelt, welches nun von Sklaven und süditalienischen Lohnarbeitern umgesetzt wurde.

Der Felsboden südlich des zerstörten *Fort St. Elmo* wurde begradigt und landseitig, vor der Stadtmauer, ein 15 m tiefer Graben gezogen. Anschließend kamen die turmartigen Festungen (*Kavaliere*, engl. *cavalier*) sowie die Verbindungsmauern zwischen den Bastionen (*Kurtinen*, engl. *curtain*) hinzu. Schließlich legte man in der Stadt ein **gitternetzförmiges Straßensystem** an, und die Monumentalbauwerke Vallettas wurden errichtet. Das Straßensystem sollte vor allem schnellen Nachschub im Falle von Angriffen ermöglichen. Alle Bauwerke mussten über einen eigenen Brunnen sowie „Kanalanschluss", ein vom Meerwasser durchflutetes unterirdisches System, verfügen.

Laparellis maltesischer Assistent **Gerolamo Cassar** (1520–1587) übernahm ab 1568 den weiteren Ausbau Vallet-

Valletta – Hauptstadt in Mauern

tas und baute neben vielen anderen Bauwerken den **Großmeisterpalast,** die **Ordenskirche** und sieben der berühmten acht Herbergen der Landsmannschaften (frz. *Auberge*), Sitz der einer bestimmten „Zunge" zugehörigen Ordensritter. Auch die Festungsmauern und Bollwerke wurden, einer alten Ordenstradition gemäß, den diversen Zungen (= Sprachen) des Ordens zugewiesen und nach ihnen benannt (French Curtain, German Curtain usw.). *Cassars* bollwerkartiger Baustil mit untergeordnetem Zierwerk wurde prägend für das Stadtbild. Weitere namhafte Baumeister waren *G. Barbara, G. Bonnici, G. Bonavia* und *L. Gafà* (⚐ Glossar), auf deren Namen man in Malta wiederholt treffen wird.

Gebaut wurde schon damals mit dem typischen, grob gehauenen, gelben Globigerinerkalk, der auch heute noch südlich von Luqa (Mqabba, Żurrieq) abgebaut wird. Je nach Sonneneinstrahlung erscheinen Gemäuer und Gebäude mal cremig-hell, mal goldschimmernd, mal gleißend – ein gleichsam faszinierendes wie auch monotones Farbenspiel.

De la Valette und seine Ordensmannen waren allerdings nicht die ersten Siedler auf dem Monte Scibberas. Jahrtausende zuvor hatten unbekannte Siedler hier eine Megalithenkonstruktion errichtet, die in den Berichten *Laparellis* zum Fortgang seiner Bauarbeiten beiläufig als „Hindernis" Erwähnung fanden.

Im 17. Jahrhundert wurde landseitig der Verteidigungsgürtel durch den italienischen Festungsbaumeister **Paolo Floriani** erweitert und rund um den heutigen, nach ihm benannten Stadtteil Floriana gezogen. Dieser Vorwall Vallettas ist auch heute noch gut erhalten und lohnt einen Besuch.

Bis zur Landung *Napoleons* (1798) blieb Valletta der Hauptsitz des Malteserordens, dann mussten sich die Ordensritter zurückziehen. Die letzten, überwiegend hafenseitigen Änderungen und Erweiterungen des Festungswalls ließen die **Engländer** im **19. Jh.** vornehmen. Valletta und der strategisch bedeutsame **Grand Harbour** wurden im 2. Weltkrieg wiederholtes Ziel von **Luftangriffen,** wobei fast neunzig Prozent der Stadt zerstört wurden. Nach dem Krieg wurde die Hauptstadt nach den alten Plänen *Laparellis* **originalgetreu wieder aufgebaut,** und so konnte – trotz aller Zerstörungen – der ritterliche Charme nahezu vollständig erhalten werden.

Sehenswertes

City Gate und Republic Street ⚐XIV/A-B2

Hinter der Brücke über den Stadtgraben, vorbei an fliegenden Händlern, Losverkäufern und Bäckern mit typisch maltesischen Teilchen und Broten, betritt man mit dem Durchschreiten des voluminösen Stadttores (City Gate, vormals Porto San Giorgio), einem der ersten Mauerwerke Vallettas, die eigentliche Stadt. Während das Gebäude zur linken – eines der neuesten und daher auffallend untypisch – ein modernes **Einkaufszentrum** beherbergt, wurden rechter Hand etliche Boutiquen in die Stadtmauer integriert. Hier befinden sich unter anderem *Air Malta* und die **Touristeninformation.** Von hier bis zum Fort St. Elmo am anderen Ende der Stadt zieht sich die schnurgerade Republic Street (Triq ir-Repubblika), die Hauptstraße und **Flaniermeile** mit zahlreichen Geschäften, Institutionen und interessanten Bauwerken.

St. John's Cavalier und Hastings Gardens ⌁XIV/A2

Die Festung St. John's Cavalier, einer der beiden „Wächter" Vallettas aus der Gründerzeit, ist heute Sitz der **Botschaft des Souveränen Malteser-Ritter-Ordens** (⌁ Geschichte).

Auf der anderen Seite der Pope Pius V. und Windmill Street erstrecken sich auf den starken, äußeren Festungsmauern die Hastings Gardens von der **St. John's Bastion** bis zur **St. Michael's Bastion.** Dieser größte Park der Stadt wurde nach dem ehemaligen britischen Gouverneur *Francis Rawdon Marquis of Hastings* (1754–1826) benannt, der sich für das Empire in Indien und Nepal verdient gemacht hatte. Von hier aus hat man einen guten Überblick über den Marsamxett-Harbour sowie über die gigantischen äußeren Stadtmauern Vallettas, in die auch die *Central Bank of Malta* teilweise unterirdisch integriert wurde.

St. James Cavalier ⌁XIV/A-B2

Die St. James Cavalier (St. Jakob), der andere „Wächter", war eine der ersten Anlagen, die *Jean Parisot de la Valette* zum Schutz der neuen Stadt anlegen ließ. Die schweren **Kanonen** konnten von hier aus sowohl das Hafengebiet wie auch die Stadt bis zum Fort St. Elmo erreichen. Die Inschrift am Tor „Università de dei grani 1686" weist auf das einstige verwaltungstechnische Instrument Maltas, die **Università** (⌁ Glossar) hin.

Heute befinden sich im Inneren ein Kino und eine (kostenlose) Wechselausstellung, an Sonntagvormittagen wird vor den Gemäuern ein auch für Besucher interessanter **Wochenmarkt** mit allerlei heimischen landwirtschaftlichen Produkten, Küchenutensilien und Kleintextilien abgehalten.

National Museum of Fine Arts (Admiralty House) ⌁XIV/B1-2

Das Gebäude an der South Street wurde vom Johanniterorden in den 60er Jahren des 18. Jh. als Gästehaus – gewissermaßen als erstes Hotel der Stadt – errichtet (Architekt: *J. Soubiran)* und ab 1821 von den Engländern als Sitz der Admiralität genutzt. Unter vielen anderen residierte hier der berühmte *Lord Mountbatten*, oberster Flottenchef Englands im 2. Weltkrieg.

Der Bau wurde bis 1974 restauriert und als nationales Kunstmuseum hergerichtet. Der historisch interessanteste Teil des Museums liegt im Untergeschoss und hat mit „Fine Arts" wenig gemein: Hier werden unter anderem eine **Waffensammlung** sowie Utensilien und Zubehör des früheren Ordenshospitals gezeigt. Im Obergeschoss werden neben überwiegend italienischen Gemälden aus dem

Rund um Valletta

14.–17. Jh. Werke des *maltesischen Bildhauers Antonio Sciortino* ausgestellt, im Erdgeschoss nationale und internationale Kunstwerke sowie Gemälde mit *historischen Eindrücken von Malta* durch die Jahrhunderte.

● *National Museum of Fine Arts,* geöffnet tgl. 7:45–14 Uhr, Eintritt Lm 1. Achtung: Die Zeiten werden des Öfteren geändert, es wird manchmal um 7:45 Uhr geöffnet und schon um 12 Uhr geschlossen. Ein Museumsbesuch empfiehlt sich daher eher zu Beginn eines Stadtrundgangs.

Auberge de France

Die Franzosen nahmen eine herausragende Rolle unter den Johannitern ein, der bedeutende *Grand Hospitalier* (Vorsteher des Ordensspitals) kam grundsätzlich aus Frankreich. Auch die Verteidigung der landseitig wichtigsten Bastion Vallettas, St. James Cavalier, blieb ihnen vorbehalten. Dementsprechend prächtig war auch ihr Sitz. Die 1588 von *G. Cassar* für die französische Landsmannschaft des Ordens errichtete Auberge de France wurde allerdings im letzten Krieg *vollständig zerstört.* Außer historischen Fotografien und Stichen in den Museen ist äußerst wenig von der Zentrale der bedeutendsten Landsmannschaft des Johanniterordens bekannt. An der Stelle der ehemaligen Herberge wurde nach dem Weltkrieg das heutige *Workers Memorial Building* (Arbeitergedenkhaus) errichtet.

● Die *Gaststätte* im Inneren bietet sehr preiswerte Schnellgerichte und Snacks an.

St. Augustine's Church   ↗XIV/B2

Eines der unbekannteren Bauwerke des maltesischen Vorzeige-Architekten *G. Cassar* kann man in der Old Bakery Street bewundern. 1571 baute er diese dem Hl. Augustin geweihte Stadtteilkirche, die von innen geradezu bombastisch wirkt. Die Figur des Augustin wird auf dem kleinen Balkon oberhalb des Hauptaltars aufbewahrt.

● Geöffnet täglich 6–12 Uhr und 15–18 Uhr.

Buttiġieg-Francia Palace   ↗XIV/B2

Errichtet 1876 von „Stararchitekt" *Giuseppe Bonavia*, vereint der ehemalige *Stadtpalast* an der Republic Street maltesische, venezianische und klassische Elemente. Das Gebäude wurde auf dem Gelände der einstigen Waffenschmiede der Ordensritter, der so genannten *Ferreira* (von lat. *ferrum* = Eisen), gebaut und trägt noch heute inoffiziell den Namen *Palazzo Ferreira.* Der von *Bonavia* als architektonisches Gegengewicht zur gegenüberliegenden alten Oper gedachte Palastbau wurde im ausgehenden 19. Jh. das Vorbild vieler kleinerer Privathäuser der Stadt. Heute haben hier diverse Verwaltungen Maltas ihren Sitz.

Royal Opera   ↗XIV/B2

Zur Zeit der britischen Kolonialherrschaft errichtete der Brite *E.M. Barry* um 1860 die Königliche Oper, die im Zweiten Weltkrieg zerstört wurde. Da sie als untypisch für das Stadtbild eingestuft wurde, beließ man sie als *Ruine* und Parkplatz. Der eigentliche Grund, so wird hinter vorgehaltener Hand gemunkelt, sei jedoch die Tatsache, dass die britische Kolonialverwaltung bei der Auftragsvergabe seinerzeit einen Engländer dem maltesischen Architekten *Giuseppe Bonavia* vorgezogen habe. Tatsächlich existieren Originalpläne *Bonavias* aus dem Jahre 1858, die dem Stadtbild deutlich besser entsprochen hätten. Mysteriös war auch die Tatsache, dass die Oper im Mai 1873, sieben Jahre nach der Uraufführung, unter nie völlig geklärten Umständen niederbrannte und danach erneut nach den Plänen *Barrys* wieder aufgebaut wurde. Ein Modell der Royal Opera ist heute im Manoel-Theater zu sehen.

Die Oper war nicht das erste Gebäude an diesem Platz. Vom vorherigen Bauwerk, dem Sitz des *Turcopiliers* (Oberbefehlshaber der Kavallerie), ist allerdings nichts erhalten.

St. Francis Church ⌕**XIV/B2**

Die keineswegs immer mit den Johannitern übereinstimmenden Ordensbrüder der **Franziskaner** durften 1598 eine eigene, kleine **Ordenskapelle** in Valletta errichten. Die barocke Fassade an der Republic Street stammt allerdings erst aus dem Jahre 1681, das Titularbild „Verklärung des Franziskus" im Inneren wurde vom maltesischen Maler *Giuseppe Cali* im späten 19. Jh. hinzugefügt.

St. Barbara Church ⌕**XIV/B2**

Die Konventskirche für die Ordensritter provenzalischer Herkunft entstand 1739 nach Plänen von *Giuseppe Bonnici* schräg gegenüber der St. Francis Church und ist, wie viele andere kleinere Kirchen der Stadt, fest in die Häuserzeile integriert und daher kaum

zu erkennen. St. Barbara ist eine der wenigen Kirchen Maltas, in denen an Sonntagen vormittags eine **Messe in deutscher Sprache** abgehalten wird.

Kirche Our Lady of Victory und Boffa-Memorial ⌕**XIV/B2**

Am Victory Square, dem Siegesplatz, legte Großmeister *Jean Parisot de la Valette* am 28. März 1566 den **Grundstein für die neue Stadt** mit dieser Kirche. In Angedenken an den glorreichen Sieg nannte er sie *Ta Vittoria* (Siegreiche), später wurde sie gemeinhin *Our Lady of Victory* genannt. *De la Valette* selbst wurde hier 1568 bestattet (später in die Co-Kathedrale verlegt); ab dem Anfang des 17. Jh. diente Ta Vittoria lange Zeit als Ordenspfarrkirche. Die heutige barocke Fassade wurde im 18. Jh. von *R. Carapecchia* hinzugefügt. Die Büste oberhalb des Portals stellt *Papst Innozenz XI.* dar, eine Dankesgeste von Großmeister *R. Perellos* für die Schlichtung einer Auseinandersetzung zwischen Orden und Bischof.

Das **Denkmal** links vor der Kirche zeigt einen der bedeutendsten maltesischen Politiker der Nachkriegszeit, **Sir Paul Boffa** *(Pawl Boffa,* 1890–1962), der sich von 1947 bis 1950 als erster Premierminister einer Labour-Regierung nach dem Krieg verdient gemacht hat.

Auberge d'Italie (Hauptpost) ⌕**XIV/B2**

Dieses Gebäude mit einer äußerst wechselhaften Geschichte geht auf *G. Cassar* zurück, der es 1574 für die italienische Zunge errichtete. Der zunächst einstöckige Bau wurde im 17. Jh. unter dem italienischen Großmeister *Carafa* erweitert und im *barocken Stil* neu ausgebaut, da dieser einen einstöckigen Bau für die Landsmannschaft eines italienischen Großmeisters als unangemessen ansah. Er findet sich mit Büste und Wappen oberhalb des Portals verewigt.

Die Italiener waren für die Verteidigung der Peter & Paul's Bastion zuständig, ihr Pilar (Pilier) hatte stets auch den Posten des Großadmirals der Ordensflotte inne. Der zentrale Sitzungssaal im Erdgeschoss erinnert mit **Gemälden der Dardanellenschlacht** (1656) an die glorreichsten Tage des Ordens.

Während des Zweiten Weltkriegs richteten die Engländer hier ihren Gerichtshof ein, nach Kriegsende entstand ein Museum. Erst nach der vollständigen Beseitigung der Kriegsschäden nahm die maltesische **Hauptpost** in der Auberge d'Italie ihren Sitz.

St. Catherine Church   ⤢ XIV/B2

Gegenüber der Ta Vittoria schließt sich unmittelbar an die Auberge d'Italie die Katharinenkirche, seinerzeit Kapelle der italienischen Zunge, an. Der kleine Kuppelbau entstand 1576 unter der Leitung von *G. Cassar*. Das heutige Gebäude wurde allerdings um 1715 komplett neu errichtet und mit einem Titularbild des maltesischen Künstlers *M. Preti* versehen. Wieder verwendete Originalteile der ursprünglichen Kirche sind die Eckpilaster und Halbbogenfenster.

Auberge de Castille, Leon et Portugal   ⤢ XIV/B2

Auch diese „Herberge" wird nicht ganz zutreffend als Werk *Cassars* bezeichnet. Zwar baute der maltesische Architekt 1574 am gleichen Ort eine kleinere Auberge, doch wurde diese von Großmeister *Emanuel Pinto de Fonseca* (Portugal) abgerissen und durch den Baumeister *D. Cachia* 1744 als **barocker Prunkbau** neu errichtet. Wie bei der Auberge d'Italie empfand man das ursprüngliche Gebäude als nicht angemessen und wollte einen zweistöckigen Bau als landsmannschaftliche Repräsentanz. *Pintos* Name ist in den Kanonen vor dem Palast verewigt, seine Büste findet sich an der Fassade oberhalb des Säulenportals, sein Wappen oberhalb des Mittelfensters im Obergeschoss.

Die **Iberer** hatten, neben den Franzosen, eine Schlüsselposition im Ordensstaat inne, sie stellten den *Gran Cancellar* (Großkanzler) und wachten über die Ordenssiegel. Nach dem Ende der Ordensherrschaft residierten die jeweiligen Machthaber in der Auberge de Castille, Leon et Portugal, heute dient sie als **Amtssitz des maltesischen Premierministers.** Die Statue vor dem Palast zeigt *Manwell Dimech* (1860–1921), den Vorkämpfer der Sozialisten auf Malta.

Palazzo Parisio   ⤢ XIV/B2

Dieses 1760 entstandene Privathaus ging wenig später in den Besitz der Familie *Parisio* über, von deren Name sich die heutige Bezeichnung ableitet. Im Juni 1798 erwählte *Napoleon Bonaparte*

während seiner Landung auf Malta den Palazzo Parisio zu seinem Quartier.

Heute ist er der Sitz des *maltesischen Außenministeriums* und daher für die Öffentlichkeit nicht zugänglich.

Upper Barakka Gardens ⟋XIV/B3

Der einstige Exerzierplatz der Johanniter oberhalb der St. Paul's Bastion fasziniert seit jeher jeden Besucher Vallettas durch seine famose Lage. Ob am frühen Morgen, tagsüber oder nach Einbruch der Dunkelheit, ein Besuch hier zeigt Valletta und den gesamten Grand Harbour einschließlich der mächtigen Festungen auf der anderen Hafenseite von seiner schönsten Seite. Die *fantastische Aussicht* über Stadt und Umland muss man einfach mehrmals ausgiebig auf sich wirken lassen: Das Panorama reicht von interessanten Perspektiven durch die schnurgeraden Straßenzüge Vallettas über die Hafeneinfahrt, die Forts Ricassoli, San Angelo und St. Michael mit der berühmten Vedette (von links nach rechts) bis zu den Docks und Hafenanlagen von Marsa. Nicht nur Touristen, auch die Einheimischen lieben es, im Park zu sitzen, ein paar mitgebrachte Pastizzi zu genießen oder eine Erfrischung am kleinen Kiosk im Park zu nehmen.

Im Garten selbst ist eine Reihe von *Statuen und Portraits* zu sehen, etwa *Antonio Sciortinos* berühmte Bronze der Kindergruppe *Les Gavroches* (Die Straßenkinder, 1907) oder die Büsten des britischen Weltkriegs-Premiers *Sir Winston Churchill* und *John Bathurst Thomsons*, einem 1850 im Kampf gegen die Cholera umgekommenen Arzt des 69. Britischen Regiments.

● Der Park wird abends gegen 22:30 Uhr geschlossen, Eintritt frei.

● Vor dem Parkeingang liegt linker Hand das *Dar L'Emigrant*, wo mehrmals täglich die Multivisions-Show *„The Sacred Island"* dargeboten wird. Zentrales Thema ist der Schiffbruch des Apostel Paulus auf Malta, aber auch maltesische Folklore und Kultur werden dem Besucher mehrsprachig (auch deutsch) näher gebracht. Vorstellungen werktags 10, 11:30, 13, 14:30 und 16 Uhr, samstags 10, 11:30 und 13 Uhr, an Sonntagen nur 10 und 11:30 Uhr, Eintritt Lm 1,50, Kinder Lm 1, Familienkarte Lm 2.

Victoria Gate ⟋XIV/B3

Das Südtor entstand in der Gründungsphase Vallettas und war neben der Porto San Giorgio (heutiges City Gate) und dem Jew's Gate (östlich unterhalb San Elmo) einer der drei Zugänge zur Stadt. Es war hier an der *Porta del Monte* (und nicht am City Gate), wo die Johanniter im Jahre 1571 die neue Stadt in einer feierlichen Prozession offiziell betraten. 1884 wurde die Porta del Monte erweitert und in Victoria Gate umbenannt. Im Gegensatz zum Victory Square und zur Stadt Vittoriosa, deren Namen auf die siegreichen Johanniter zurückgehen, benannten die britischen Kolonialherren das Tor zu Ehren der *Königin Victoria* von England.

Castellania ⟋XIV/B2

Unter dem spanischen Großmeister *M. Pinto de Fonseca* wurde 1748 das *Gerichtshaus und Gefängnis* des Ordens mit einer sehenswerten Marmorfassade des Bildhauers *M. Gian* fertig gestellt. Federführende Baumeister waren *G. Bonnici* und der weniger bekannte *F. Gerafa*. Oberhalb des Portals symbolisieren zwei Figuren Gerechtigkeit und Wahrheit. An der Ecke des Gebäudes befindet sich ein Sitzstein, der als Pranger diente und auf dem die Verurteilten zum „Schandsitzen" Platz nehmen mussten.

Während viele andere Ordensämter immer einer bestimmten Nationalität zugeordnet waren, wurde der *Castellano*, eine Art oberster Justiziar, abwechselnd für zwei Jahre aus den Reihen der Ritter gewählt. Um absolute Neutralität zu gewährleisten, wohnte und lebte er in seinem Amtssitz und verließ diesen nicht einmal zum Gottesdienst – sogar eine Kapelle wurde in die Castellania eingebaut!

Heute hat das *maltesische Gesundheitsamt* hier seinen Sitz.

St. James Church ⌐ XIV/B2

Die kastilischen Ordensbrüder liessen diese Kirche im Jahre 1710 vom ausschließlich für die Johanniter tätigen Architekten *R. F. Carapecchia* nach dem Vorbild der Kirche Santa Maria della Vittoria in Rom errichten. *Carapecchias* Werke in Valletta, zu denen neben St. James auch St. Barbara, St. Catharine und die Auberge d'Aragon gehören, zeichnen sich durch **reichhaltige Fassadenverzierungen** aus, ein für den maltesischen Barock eher untypisches Merkmal. Daher ist auch St. James, ansonsten eine unscheinbare Kapelle, durchaus eine genauere Betrachtung wert.

Malta Gouvernment Crafts Centre ⌐ XIV/A2

Das **staatliche Kunsthandwerkszentrum Centru Snajja Maltin** bietet einen guten Überblick über die lokalen künstlerisch-handwerklichen Produkte. Es handelt sich um eine reine **Ausstellung**, anhand derer sich der Interessierte informieren und Bezugsadressen aushändigen lassen kann. Ein Verkauf findet nicht statt, man kann sich hier vollkommen unbedrängt umsehen.

● **Malta Gouvernment Crafts Centre,** geöffnet Mo–Fr 9–12:30 und 13–17 Uhr, Juni–September nur vormittags; kein Eintritt.

Auberge de Provence (Nationalmuseum für Archäologie) ⌐ XIV/B2

Die **französischen Ritter** des Johanniterordens, welche stets die numerische Mehrheit des Ordens stellten und auch die wichtigsten Posten innehatten, besaßen alleine drei Herbergen in Valletta. Die Auberge de Provence entstand unter der Leitung von *Gerolamo Cassar* um 1571–75 und zählt zu den schönsten Werken des maltesischen Baumeisters. Architektonisch betonte *Cassar* hier vor allem das Obergeschoss, in dem sich auch die getäfelte und reich verzierte Haupthalle befindet – einer der schönsten **Rittersäle** auf Malta. Stallungen und Lagerräume waren im Erdgeschoss untergebracht. *Cassars* Dachkonstruktion, das angewinkelte Schrägdach, ist für Malta ungewöhnlich und bei den bedeutenden Bauwerken nur noch beim Großmeisterpalast und dem ehemaligen Ordensspital zu sehen.

Mit der Übernahme Maltas durch die Briten und dem Ende der Ritterzeit wurde in der Auberge de Provence der **British Union Club** eingerichtet, eine jener stolzen Einrichtungen, in der die Kolonialherren ihre Freizeit zu verbringen pflegten.

1960 wurde das Bauwerk seiner heutigen Bestimmung als bedeutendstes maltesisches Museum für Archäologie und Geschichte zugeführt. Die Exponate wurden allerdings schon weit früher zusammengetragen. Erste Teile der Sammlung gehen auf den Malteser *F. Abela* (17. Jh.) zurück, der sich für die Altertumsforschung in seinem Land interessierte und eifrig alte Funde sammelte. Der vorletzte Ordensgroßmeister *de Rohan* (1775–97) war sehr an der maltesischen Geschichte interessiert, erweiterte die Sammlung und ließ sie in der Nationalbibliothek archivieren. Ein erstes historisches Museum mit Zugang auch für die Öffentlichkeit entstand allerdings erst 1904 im Palazzo de Blancas (nicht erhalten) gegenüber der St. John's Co-Cathedral. Das Museum wurde um 1920 wegen der umfangreichen Funde von Tarxien zu klein und in die Auberge d'Italie verlegt. Die Konzentration von **ausgezeichnet erhaltenen Fundstücken der frühen Menschheitsgeschichte** in der Auberge de Provence dürfte einmalig in Europa sein.

Das gesamte Erdgeschoss ist Funden aus der **Jungsteinzeit** (5000–2500 v. Chr.) und der **Bronzezeit** (2000–1000 v. Chr.) vorbehalten. Bedeutendste Exponate sind die „Venus von Malta" sowie Magna-Mater-Figu-

ren aus Hagar Qim, „die Schlafende" aus dem Hypogäum sowie Sakral- und Opfergegenstände aus Tarxien.

Der erste Stock beherbergt eine umfangreiche **phoenizisch-punisch-römische Sammlung** mit Grabbeigaben, Alltagsgegenständen und Darstellungen von Kriegs- und Handelsgaleeren aus dem 7.–3. Jh. v. Chr. Das historisch bedeutsamste Stück ist hier ein Doppelgebetsstein aus Marsaxlokk, auf dessen Stirnseite eine zweisprachige **Inschrift auf Griechisch und Phoenizisch** die Entschlüsselung des phoeni-

Steinzeitliche Magna-Mater-Figur

zischen Alphabets (Vorfahr unseres lateinischen Alphabets) ermöglichte.

Die Exponate sind mit englischen Erläuterungen versehen, **Führungen in deutscher Sprache** sind auf Anfrage ebenfalls möglich. Nachweislich ernsthaft Interessierte können sogar auf Antrag im Museumsarchiv die Grabungsberichte einsehen.

Ein Besuch des Museums ist für historisch Interessierte obligatorisch, insbesondere wenn man wenig Zeit für einen Besuch der steinzeitlichen Anlagen außerhalb Vallettas hat oder mehr an den Funden denn an den Anlagen selbst interessiert ist.

●*Geöffnet* täglich 9–17 Uhr, *Eintritt* Lm 2, Kinder Lm 1. **Informationen** vorab unter Tel: 21225577.

St. John's Co-Cathedral ⤢XIV/B2

Die St. John's Co-Cathedral (Zweitkathedrale des Hl. Johannes) sollte auf dem Programm eines jeden Maltabesuches stehen, selbst wenn man weder religiös noch künstlerisch interessiert ist. Sie ist ein Juwel und Schmuckkästchen der abendländischen Ritter- und Kirchengeschichte.

Zunächst ein Wort zur nicht gerade alltäglichen Bezeichnung *„Zweikathedrale":* Üblicherweise wurde die Hauptkirche am Sitz des jeweiligen Bischofs „Kathedrale" genannt. Auf Malta war dies die Kathedrale von Mdina, der alten Hauptstadt. Nachdem sich in der späten Ordenszeit und unter den Briten das politische und gesellschaftliche Leben nach Valletta verlagert hatte, wurde die Ordenskirche St. John's im Jahre 1816 durch ein Dekret von

Papst Pius VII. zur „Zweitkathedrale", de facto also auf die gleiche Bedeutungsstufe wie die Kathedrale von Mdina gestellt.

Zur **Baugeschichte:** Der tiefgläubige Großmeister *Jean L'Eveque de la Cassière* (Großmeister von 1572 bis 1581) wollte aus weitgehend eigenen Mitteln eine dem Ordenspatron Johannes (John) geweihte Ordenskirche errichten lassen. So beauftragte er den berühmtesten maltesischen Architekten, *Gerolamo Cassar*, mit dieser Aufgabe. *Cassar* begann mit seinem bedeutendsten Werk im November 1573. Er war sicherlich der erfahrenste und talentierteste Baumeister auf Malta, die Errichtung eines Gewölbes über einer rechteckigen Grundfläche für das Hauptschiff von 58 x 40 m war jedoch auch für ihn Neuland. Er griff daher zu einem Trick, den er selbst als Notlösung („Pferdestall mit Kapellen als Tierboxen"), die Bewunderer dagegen als genial bezeichneten: Er zog Quermauern und tragende Säulen von den Seiten her so weit ein, dass ein relativ schmaler Hauptsaal mit je sechs Seitenkapellen entstanden war. Nach vierjähriger Bauzeit wurde die Ordenskirche im Februar 1578 von Erzbischof *L. Torres* aus dem sizilianischen Erzbistum Monreale Johannes dem Täufer geweiht.

Die äußerlich eher schlichte **Fassade** weist in keiner Weise auf die Pracht im Inneren hin. Bemerkenswert ist der rechte **Glockenturm,** der neben einem Uhrwerk auch über zwei **Kalenderuhren** für Tag und Monat verfügt. Von dem bei kirchlichen Bauten nicht

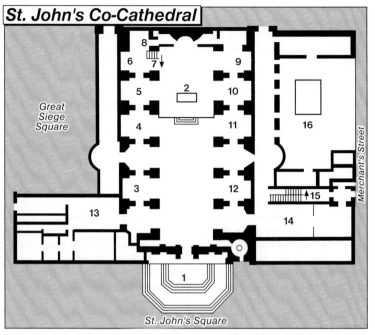

St. John's Co-Cathedral

1 Hauptaufgang	**10** Kapelle der Zunge der Auvergne
2 Chorraum mit Hochaltar	**11** Kapelle der Zunge von Aragon
3 Kapelle der deutschen Zunge	**12** Kapelle der kastilischen Zunge
4 Kapelle der italienischen Zunge	**13** Sakristei
5 Kapelle der französischen Zunge	**14** Oratorium
6 Kapelle der Zunge der Provence	**15** Aufgang zum Kathedralmuseum
7 Abgang zur Großmeistergruft	**16** Campo Santo
8 Reliquienkapelle	
9 Sakramentskapelle des Ordens	

unbedingt üblichen **Balkon** wurde seinerzeit der wartenden Menge das Ergebnis der Wahl zum Großmeister bekannt gegeben.

Schließlich sind noch die beiden **gusseisernen Kanonen** vor St. John's erwähnenswert, von denen die rechte

ein Geschenk *Ludwigs von Hessen* im Jahre 1600 war. Die linke stammt aus dem frühen 18. Jh. und trägt das Wappen des portugiesischen Großmeisters *Manoel de Vilhena*.

Ehe man nun **das Innere** betritt, sollte man sich vor Augen halten, dass die

Kirche innen anfangs ebenso schlicht gehalten war wie die Außenfassade. Da St. John's als Ordenskirche diente, war es für die Ritter aber heilige Pflicht, Verzierungen und Ausgestaltung fortlaufend zu verbessern und das Innere mit Kunstschätzen, Behängen und allerlei Wertvollem zu versehen. Kirchenabgaben, Spenden und Beutegut wanderten in den nachfolgenden Jahrhunderten in die Ordenskirche, die so mutmaßlich zur reichsten Kirche der Welt avancierte!

Die **Malereien** und Ausschmückungen der Wände sind das Werk von *Mattia Preti* (1613–1699, ↗ Glossar), der ab 1662 „kostenlos" für den Orden malte. Auch viele der Symbole und Wappen – wie das achtspitzige Johanniterkreuz an den Säulen – wurden von *Preti* nachträglich angebracht.

Im Mittelpunkt des mächtigen, leicht erhöhten Chorraumes steht ein **Hochaltar** aus Marmor, Gold und Lapislazuli. Die Marmorskulptur „Taufe Christi" wurde vom maltesischen Künstler *Melchior Gafà*, Bruder des Baumeisters *Lorenzo*, begonnen. Da er 1667 unerwartet verstarb, vollendete der Italiener *G. Mazzuoli* dieses Meisterwerk. Das **prächtige Interieur** entstammt den Händen diverser Meister des 16. und 17 Jh. Erwähnenswert ist das 50 kg schwere „Ewige Licht", welches 1798 von *Napoleon* geraubt wurde und nur zu einer astronomischen Summe zurückgekauft werden „durfte".

Der Kathedralenboden besteht aus rund 400 fein gearbeiteten **Marmorgrabplatten,** unter denen die bedeutendsten Ordensritter bestattet liegen, wobei die Inschriften von Leben und Taten der einzelnen Ordensbrüder berichten. Begraben liegen hier unter anderen *M. Preti* und 26 der 28 Ordensgroßmeister – *Ferdinand d'Hompesch* (der letzte Großmeister auf Malta, ↗ Geschichte) starb im Exil, und der in Abwesenheit gewählte Franzose *Didier de Sainte Jalle* starb 1536 im Ausland, noch ehe er zum Amtsantritt nach Malta kommen konnte. Auch berühmte Namen des europäischen Hochadels wie *Grimaldi* (Monaco), *Medici* (Florenz) oder *Doria* (Genua) sind hier zu finden.

Die Grabplatten liegen nicht nur im Hauptschiff, sondern auch in den **Seitenkapellen.** Diese von *Cassar* lediglich als Stützwerk für die Dachkonstruktion vorgesehenen „Nebenprodukte" wurden im Laufe der Zeit zu Kapellen der einzelnen Landsmannschaften. Diesen oblag es, die Kapellen auszuschmücken, auch wurden die Großmeister in der Kapelle ihrer Landsmannschaft bestattet.

Die **Deutsche Kapelle,** den Heiligen Drei Königen geweiht, wurde mit finanzieller Unterstützung der Ordensritter *P. von Guttenberg, Graf Nesselrode, C. von Osterhausen* und *F. von Sonnenberg* ausstaffiert.

Die **Italienische Kapelle** (Hl. Katharina) birgt ein Kleinod des Malers *Michelangelo da Caravaggio*, das Bild des Hl. Hieronymus von 1608, wobei das Gesicht dem Gönner des Künstlers, Großmeister *Wignacourt*, sehr ähnlich sehen soll. Eindrucksvoll ist hier auch das Grabmal von Großmeister *Gregorio Carafa* (1680–1690).

In der **Französischen Kapelle** des Hl. Paulus findet sich das Altarbild „Bekehrung des Paulus" von *M. Preti*, das als dessen reifste Arbeit gilt. Hier ruhen die Ritter der Familie *Wignacourt*, die zwei Großmeister und weitere hohe Würdenträger des Johanniterordens hervorbrachte.

In der **Kapelle der Provence** (Hl. Michael) sind die Grabstätten der Großmeister *Antoine de Paule* und *Jean Paul Lascaris Castellar* zu sehen.

Ein Gang führt hinunter in die **Krypta** der Großmeister mit den Gräbern der Ordensoberhäupter bis 1623, darunter *L'Isle Adam* und *Jean Parisot de la Valette*. Als einzigem Nicht-Großmeister war es dem Berater *de la Valettes*, dem Engländer *Sir Oliver Starkey*, vorbehalten, hier bestattet zu werden.

Die **Reliquienkapelle** birgt die Holzfigur des Hl. Johannes von der *Gran Carracca* (große Karacke), dem Flaggschiff des Ordens. Per päpstlichem Dekret wurde die Kapelle 1782 der englisch-bayerischen Landsmannschaft zugeordnet.

In der **Sakramentskapelle** befinden sich die größten Heiligtümer, darunter die rechte Hand des Hl. Johannes und die Madonna von Philermos, ein Schrein aus der Frühzeit des Ordens. Angeblich wurden beide 1798 rechtzeitig vor den französischen Plünderern außer Landes gebracht, vermutlich nach Russland. Der Legende nach wurden die silbernen Kapelltüren in aller Eile schwarz angestrichen, weswegen sie den gierigen Blicken der Franzosen entgingen.

In der **Kapelle der Auvergne,** gewidmet dem Hl. Sebastian, ruhen Großmeister *Annet de Clermont-Gessan* sowie der Ritter *Melchiore de Robles y Preira*, der sich während der „Großen Belagerung" durch ganz besondere Tapferkeit ausgezeichnet hatte. Ihm gilt ein individuelles Requiem am 8. September.

Für die **Kapelle von Aragon, Katalonien und Navarra** schuf *M. Preti* das Titularbild „Der Hl. Georg zu Pferde" (1657). Hier ruhen die Großmeister *Ramon Perellos, Raphael Cotoner, Nicola Cotoner* und *Martin de Redin*.

In der **Kapelle von Kastilien, Leon und Portugal** (Hl. Jakobus) findet sich das schwere, bronzene Grabmonument des Großmeisters *Antonio Manoel de Vilhena*. Dargestellt ist *Vilhena* mit seinen Architekten bei der Erörterung zum Bau von Fort Manoel. Auch *Manoel Pinto de Fonseca* liegt in dieser Kapelle.

Vom Haupteingang aus betrachtet, liegt linker Hand *Marc Antonio Zondadari*, der als einziger Großmeister nicht in einer Krypta oder Kapelle bestattet wurde. Im anschließenden Vorraum, der architektonisch einer der Kapellen gleicht, findet man die Grabplatte von *M. Preti*, dahinter liegt die **Sakristei** mit unschätzbar wertvollen Malereien diverser Meister des 16. Jh.

Auf der gegenüberliegenden Seite liegen Oratorium und Museum der Kathedrale. Das **Oratorium,** für viele Kunstkenner der Höhepunkt eines Besuches der Kathedrale, birgt unersetzliche Originale *Pretis* (u. a. die „Dornenkrönung") und *Caravaggios* **„Ent-**

hauptung *Johannes des Täufers"* (1608, ↗ Glossar), eines der bedeutendsten Werke europäischer Malerei. Auf 20 m² stellt es in grandioser Farb- und Lichtwirkung die erst mit Schwert und anschließend mit Dolch vollzogene Hinrichtung des Ordensheiligen dar. Ursprünglich wurde das Oratorium als Unterrichtsraum für Ordensneulinge in geistlichen Fragen genutzt.

Auch das angeschlossene **Museum** mit Chorbüchern aus dem 15. und 16. Jh. sowie zahlreichen Wandteppichen, die u. a. nach Vorlagen von *Rubens* entstanden, ist außerordentlich sehenswert.

● Kathedrale, Oratorium und Kathedralenmuseum (Lm 2,50) können nur über den neuen Seiteneingang (Republic Street) besucht werden; geöffnet Mo–Fr 9:30–12:30 und 13:30–16:30 Uhr, Sa 9:30–12 Uhr.

Great Siege Square   ↗ XIV/B2

Der „Platz der großen Belagerung" ist heute eine Art **Zentrum der Stadt.** Am 8. September, dem Jahrestag des Abzugs der Türken im Jahre 1565 und heutigen Nationalfeiertag, findet hier alljährlich eine **Gedenkveranstaltung** statt. Um das Monument des maltesischen Bildhauers *A. Sciortino* werden alljährlich Blumengebinde in Erinnerung an die große Belagerung niedergelegt. Das Denkmal selbst symbolisiert die Johanniterideale Religion, Freiheit und Mut.

Justizpalast (ehem. Auberge d' Auvergne)   ↗ XIV/B2

Der wichtigste militärische Posten der Johanniter neben dem Großadmiral, der des Großmarschalls, war den Rittern der Auvergne vorbehalten. Dieser kommandierte die Landstreitkräfte und im Einsatzfalle auch die meisten anderen Ordensmitglieder. Die 1575 von *Cassar* erbaute Auberge d' Auvergne wurde 1942 bis auf die Fundamente zerstört. Das heutige Gebäude stammt aus den 1960er Jahren und dient als **Oberster Gerichtshof** (Law Court) Maltas.

National Library   ↗ XIV/B2

In das Obergeschoss der Nationalbibliothek Maltas sollte man einen Blick werfen. Dort liegen für jedermann zugänglich unersetzliche **Folianten und Schriften** im Hauptlesesaal aus, aber auch echte Ölgemälde, wie z.B. von Zar *Paul I.* von Russland (↗ Geschichte), sind hier zu sehen. Kernstück der Literatursammlung sind die vollständig erhaltenen **Aufzeichnungen des Ordens** von 1107 bis 1798, die Gründungsurkunde des Ordens durch *Papst Pascalis II.* von 1113 sowie die Urkunde *Kaiser Karls V.* von 1530, in welcher den Johannitern Malta und Tripolis als Lehen gegeben worden war (liegen in Vitrinen im Hauptsaal), aber auch Werke zur Kirchengeschichte des Mittelalters und der frühen Neuzeit.

Die maltesische Nationalbibliothek besteht, wenn auch in anderer Form, schon seit 1555 und war zunächst in Birgu untergebracht. Sie wurde nach dem Bau der St. John's Co-Cathedral in das Oratorium und ins heutige Museum verlegt. Bis zur „großen Plünderung" durch die Franzosen (1798) war der Bestand auf für damalige Verhältnisse unglaubliche 80.000 Bände angewachsen. 1776 hatte die spanische Landsmannschaft den Bau der heutigen Bibliothek in Auftrag gegeben, die aber erst unter den Engländern im Jahre 1812 mit den rund 30.000 verbliebenen Bänden tatsächlich bezogen wurde.

● Die Bibliothek ist werktags (außer Mi) 8:15–13 Uhr und 14–17:45 Uhr sowie Sa 8:15–13:15 Uhr geöffnet, in den Sommermonaten nur vormittags. Eintritt frei, bitte das absolute Fotografierverbot beachten!

● Unten am Republic Square lädt das *Trattoria Palazzo Restaurant* zu einer guten, wenn auch nicht gerade billigen Erfrischung oder Kaffee und Kuchen ein. An den alten Namen des beliebten Platzes, Queens Square, erinnert ein Denkmal der *Königin Victoria*.

● Speziell zur großen Belagerung wurde unter der Nationalbibliothek die *Multimediashow „The Great Siege of Malta"* eingerichtet (Eintritt Lm 2,50, täglich 9–16 Uhr, Tel: 21247300), die auf unterhaltsame Art (man geht mit einer funkgesteuerten Audioanlage/Kopfhörer durch nachgestellte Einzelszenen) diesen herausragenden Teil der maltesischen Geschichte vermittelt.

St. Paul's Shipwreck Church   ♫ XIV/B2

In Angedenken an das große kirchengeschichtliche Ereignis der (mutmaßlichen) *Strandung des Apostel Paulus auf Malta* wurde 1609 die St. Paul's Shipwreck Church (Schiffbruchkirche des Paulus) von *G. Cassar* in sehr schlichter Form errichtet. Ähnlich wie bei *Cassars* Kathedralbau dienen hier einzelnen Handwerkszünften zugeordnete Seitenkapellen als Stützhilfe. Bereits 1629 hielt man die Einfachheit der Stätte für nicht angemessen und ließ sie nach Plänen *L. Gafàs*

prunkvoll mit sakralen Gold- und Silbergegenständen umgestalten. Sein Bruder *M. Gafà* steuerte die noch heute in der Kirche befindliche Holzfigur des Paulus bei.

In St. Paul's Shipwreck Church liegen über 30 Würdenträger bestattet, überwiegend die Finanziers des Bauwerkes. Zentrales Themenbild über dem Hauptaltar ist der Schiffbruch des heiligen Paulus in der (♫) St. Paul's Bay von *M.P. d'Aleccio*. Als größte Heiligtümer der Kirche werden ein Armknochen des Apostels und ein Teil der Säule, an der Paulus enthauptet wurde, verehrt.

● Geöffnet täglich 9:30–12 Uhr und 16–17 Uhr, Seiteneingang benutzen!

Markthalle
(As Suq Tal Belt)   ♫ XV/C2

Das ursprüngliche Marktgebäude wurde schon 1630 errichtet und diente seither der Versorgung der Bürger von Valletta. Über Jahrhunderte hinweg war As Suq Tal Belt der zentrale Waren- und Lebensmittel-Umschlagplatz des Landes. Aus Stabilitätsgründen wurde das alte Marktgebäude um 1859 durch eine Eisenhalle ersetzt, in der von Frischfleisch bis zur eingelegten Kaper alles zu haben ist, was das Land erzeugt. In den letzten Jahren bekamen die Pächter der kleinen Läden im Markt zunehmend Umsatzprobleme wegen neuer Supermärkte – sollte sich diese Tendenz fortsetzen, wird eine Schließung des traditionellen Marktes wohl unausbleibliche Folge sein.

Rund um Valletta

Grand Master's Palace (Großmeisterpalast) ⌁ **XIV/B-C2**

Ein Besuch des Großmeisterpalastes gehört zu den Höhepunkten Vallettas und sollte unbedingt mit einbezogen werden.

Der tatsächliche Ursprung des Großmeisterpalastes in der Triq ir-Repubblika konnte nie ganz geklärt werden, sollte doch, laut einhelligem Ratsbeschluss der Ordensritter um 1568, die Residenz der Großmeister auf dem höchsten Punkt Vallettas (das wäre die heutige Auberge de Castille) gebaut werden. Der seinerzeit amtierende italienische Großmeister *del Monte* plante an der jetzigen Stelle eine Familienresidenz und überzeugte den Orden, dass der Palast just hier gebaut werden müsse, da das Grundstück der Familie *Scibberas* gehörte, die möglicherweise nie einem Verkauf an die Privatperson *del Monte* zugestimmt hätte, hinter die Interessen des Ordens dann aber zurücktrat. Als Gegenleistung wurde vereinbart, dass für das Familienoberhaupt der *Scibberas* jährlich eine feierliche Zeremonie mit der symbolischen Übergabe von Getreide und Wasser stattzufinden habe – was bis 1798, dem Ende des Ordens auf Malta, auch erfolgte.

So wurde *G. Cassar* 1571 mit dem Bau beauftragt, der drei Jahre später bereits bezogen wurde. Durch zahlreiche Erweiterungen und Anbauten wurde er in der heutigen Form allerdings erst im späten 18. Jh. fertig gestellt. Die Meinungen über das Werk *Cassars* gehen auseinander, wobei insbesondere das schlichte Äußere zum häufigen Gegenstand der Kritik wurde. Es muss daran erinnert werden, dass die Johanniter ein militärischer Ritterorden waren, der in frischer Erinnerung an die große Belagerung höchsten Wert auf die so genannte „Festungsbauweise" legte. Ähnlich wie die St. John's Co-Cathedral lehnt sich der Großmeisterpalast daher zwangsläufig an die militärische Zweckmäßigkeit des ehemaligen Stammsitzes der Johanniter auf Rhodos an.

Jüngeren Datums sind einige Erinnerungstafeln an der **Fassade,** die auf besondere Ereignisse des Zweiten Weltkrieges hinweisen, u.a. auf die Verleihung des St.-Georgs-Kreuzes (⌁ Staatswappen und -symbole).

Der Palast wird heute fast ausschließlich durch das **Bogentor** von der Republic Street aus betreten. Im Tor erinnern Gedenktafeln an Besuche der britischen Königsfamilie im Palast.

Das Innere des Palastes überrascht durch den krassen Gegensatz zum schlichten Äußeren. Schon die beiden miteinander verbundenen **Innenhöfe Neptune's Court** und **Prince Alfred Court** sind eine Augenweide: Die grüne Oase bildet einen deutlichen Kontrast zum sonst eher kargen Valletta, auch die Neptunsfigur *(M. Gafà,* 1615) sowie die Pinto-de-Fonseca-Uhr mit Glockenspiel und türkischen Figuren (1745) sind sehenswert.

Im Untergeschoss befinden sich hauptsächlich Verwaltungsräume, lediglich die ehemalige **Waffenkammer** (Palace Armoury, Eintrittskarten dort) ist für die Öffentlichkeit zugänglich. Hier konnten bis zu 60.000 Mann be-

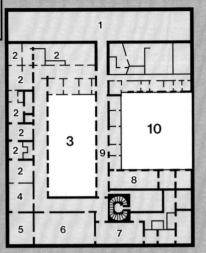

Großmeisterpalast (Obergeschoss)

1 Parlamentssaal
2 Ministerial- und Abgeordnetenräume
3 Neptune Court
4 Gelber Saal
5 Roter Saal
6 Großer Ratssaal
7 Speisesaal
8 Tapestry Chamber (kleiner Ratssaal)
9 Armoury-Korridor
10 Prince Albert Court

Rund um Valletta

waffnet werden. Heute sind noch knapp 6000 Uniformen, Säbel und Gewehre erhalten, darunter auch ausgezeichnete Stücke wie die Paradeuniformen der Großmeister *Alof de Wignacourt* (mit Gold ausgelegt), *Martin de Garzez* und *Jean de la Valette* sowie die Original-Kampfrüstung des späteren Großmeisters *Jean de la Cassière*, die er während der großen Belagerung trug.

Besucher gelangen nicht über die Haupttreppe zum Obergeschoss, sondern über eine kleine Wendeltreppe (ehem. Dienstbotenaufgang) im Prince Alfred Court. Dieser Aufgang scheint bei Renovierungen immer wieder übersehen zu werden und bildet einen starken Kontrast zum prunkvollen **Armoury Corridor,** den man oben

als Erstes betritt. An den Wänden hängen die Portraits aller Großmeister, in den Boden sind die diversen Ordenswappen und das neue Wappen der Republik eingelassen.

Am rechten Ende des Korridors liegt der heutige **Sitzungssaal des maltesischen Parlamentes,** das ehemalige **Waffenarsenal.**

Am anderen Ende des Korridors liegt die **Dining Hall** (Speisesaal) mit Portraits der britischen Königsfamilie und Kristall-Lüstern aus Böhmen sowie Große Ratssaal, auch **Throne Room** genannt. Hier sind eine Bilderserie der Großen Belagerung (*P. d'Aleccio*, um 1576) sowie der Thron der Großmeister zu sehen. Staatsbesucher werden hier vom Präsidenten der Republik Malta empfangen.

An den Thronsaal schließen sich noch der **Ambassador's Room** (Botschafterzimmer), nach der roten Wandverkleidung auch Red Room genannt, mit Malereien zur Geschichte des Ordens sowie der **Conference Room** (kleiner Konferenzsaal) an. Neben bemalten Friesen über die Frühzeit des Ordens ist hier eine Reihe von Gegenständen und Gefäßen aus dem ehemaligen Ordensspital (Sacra Infermeria) zu sehen. Ein besonderer Hinweis auf die weit reichenden medizinischen Beziehungen der Johanniter findet sich in zwei chinesischen und vier persischen Vasen – ein Geschenk Persiens, der im Mittelalter in der Medizin führenden Nation an den Orden.

Ein besonderes Prunkstück ist die **Tapestry Chamber** (Gobelinsaal), die bis in die 1970er Jahre als Sitzungssaal des Parlamentes diente. Die Wandbehänge stammen aus Frankreich und wurden von königlichen Webern um 1700 gewebt. Derartige Stücke wurden in so genannten Sätzen gefertigt, wobei jeder Satz thematisch abgeschlossen war. Der Johanniterorden hatte unter Großmeister *Ramon Perellos* acht Sätze beantragt und, von *Ludwig XIV.* genehmigt, erhalten. Der ausgehängte Satz mit seiner Kollektion von Großwild scheint dem Besucher vermutlich recht befremdlich – es handelt sich um Reiserlebnisse eines nassauischen Prinzen in Afrika und Südamerika, der sie dem französischen Sonnenkönig in Form von Reisemalereien schenkte. Dieser ließ sie schließlich als Gobelins verewigen. In weiteren Decken- und Wandgemäl-

den der Tapestry Chamber sind Szenen aus der Frühzeit der Johanniter festgehalten.

Die übrigen Räume waren Privaträume der Großmeister, in denen heute Amtsstuben untergebracht sind. Teile des Obergeschosses sind den Parlamentariern vorbehalten und somit auch nicht zu besuchen. Gleiches gilt bei Renovierungsarbeiten, Staatsbesuchen und Sondersitzungen (beides kommt nicht selten vor), es bleibt dann einzig die Waffenkammer im Erdgeschoss. Für sich alleine gesehen scheint diese allerdings eher langweilig und kann allenfalls als kleiner Ersatz für einen Besuch des Palastes herhalten. Die sehenswerten Räume liegen oben, es empfiehlt sich daher, vor dem Kauf der Eintrittskarte an der Waffenkammer zu fragen (unter Tel: 21221221), ob denn das Obergeschoss überhaupt besucht werden kann. Sollte das nicht der Fall sein, empfiehlt es sich, den Besuch eher auf einen anderen Tag zu verlegen.

●Geöffnet täglich 9–17 Uhr; Eintritt je Lm 2 für Waffensaal und Staterooms. Informationen und Anmeldungen zu einer kostenlosen Führung unter Tel: 21454125 (Trinkgeld erwünscht).

Hauptwache ⌇XIV/B-C2

Gegenüber des Großmeisterpalastes liegt ein eher unscheinbares, nichtsdestoweniger aber hochinteressantes

Denkmal für den Aufstand vom 7. Juni

7 TA GUNJU 1919

Gebäude. Erbaut um 1601, diente es zunächst der Leibwache des Ordensgroßmeisters als Unterkunft, ehe es zu Beginn der britischen Ära im frühen 19. Jh. zum „Commonwealth Office" umfunktioniert wurde. Aber mit der englischen Fremdherrschaft waren nicht alle Malteser einverstanden – das Denkmal auf dem Vorplatz erinnert an den Aufstand vom 7. Juni 1919. Nach dem Zweiten Weltkrieg nahm in den 60er Jahren das libysche „Kulturinstitut" hier seinen Sitz.

Wartime Experience und Valletta Experience ⤢**XV/C2**

Von der Aufmachung her eng an die (⤢) „Malta Experience" angelehnt, bietet das kleinere St. George's Theatre am Palace Square abwechselnd gleich zwei recht unterschiedliche Multimedia-Vorführungen. Während die „Wartime Experience" die Ereignisse des Zweiten Weltkrieges und ihre Bedeutung für Malta beleuchten, bietet die „Valletta Experience" einen Streifzug durch die umfangreiche Geschichte der Hauptstadt. Wer aus Zeitgründen nur eine der drei „Experiences" besuchen kann, dem sei die „Valletta Experience" empfohlen.

●Standardpreis sind hier Lm 3 für eine oder Lm 5 für beide Vorführungen. Kinder unter 16 Jahren zahlen Lm 1. Vorführungen täglich außer Sonntag und Samstagnachmittag von 10 bis 15 Uhr zu jeder vollen Stunde. Das Verwirrspiel bei den Öffnungszeiten Vallettas erreicht hier seinen vorläufigen Höhepunkt: Mal werden die beiden Shows stündlich abwechselnd gezeigt, mal die eine am Vormittag, die andere am Nachmittag – wer ganz speziell nur eine Vorführung besuchen

möchte, muss sich unter Tel: 21247891 oder am Aushang (Theatereingang) erkundigen.

Our Lady of Damascus ⤢**XV/C2**

Mit der Vertreibung des Johanniterordens aus Rhodos kamen auch zahlreiche griechisch-orthodoxe Christen aus Furcht vor den Türken nach Malta. Sie bauten im 16. Jh. diese **griechisch-orthodoxe Kirche,** die allerdings im letzten Krieg schwer beschädigt und anschließend neu gebaut wurde. Typisch für griechisch-orthodoxe (wie auch russisch-orthodoxe) Kirchen sind die farbigen Ikonen, mit Text und vergoldeten Elementen versehene Heiligenbilder.

Alte Universität und Jesuitenkirche ⤢**XV/C2**

Ab 1577 ließen die in jener Zeit noch geduldeten Jesuiten ihre Kirche (1596) mit angeschlossenem Hochschulhaus (1592 fertig gestellt) für die Fächer Theologie, Literatur und Philosophie unter dem Namen **Collegium Melitensia Societatis Jesu** (Maltesisches Kolleg der Gemeinschaft Jesu) von *G. Valeriano* bauen. Die Explosion eines nahe gelegenen Pulvermagazines im Jahre 1634 richtete erheblichen Schaden an, so dass *F. Buonamici* mit der Erweiterung und völligen Neugestaltung einer barocken Fassade beauftragt wurde. Nach der Ausweisung der Jesuiten aus Malta unter Großmeister *Pinto de Fonseca* 1768 gestattete *Papst Clemens XIV.* den Johannitern die komplette Übernahme der Universität, die im Laufe der Zeit um die Fächer Jura und Medizin erweitert wurde. Gerade die medizinische Fakultät war mit Lehrstühlen für Hygiene, Physiologie, Anatomie, Chirurgie, Pharmazie und Therapeutik führend in Europa. Die heute sichtbare Fassade des Bauwerkes stammt erst aus dem 18. Jh.

Aus Platzgründen wurde die heutige Universität in den 1960er Jahren nach Msida verlegt, im ehemaligen Jesuitengebäude befindet sich heute ein *Gymnasium.*

Casa Rocca Piccola   ⚲XV/C2

In der 74 Triq ir-Repubblika (Republic Street) bietet die Familie *de Piro* Einblick in ein kleines Privatmuseum und das Privatleben des maltesischen Altadels. Der ehemalige Stadtpalast der *de Piros*, die der italienischen Landsmannschaft angehörten und die auch einen Großadmiral stellten, ist täglich außer Sonntag von 10 bis 16 Uhr zur vollen Stunde (Führung, Tel: 21231796) geöffnet, Eintritt Lm 2,50, Kinder die Hälfte.

Gegenüber liegt das *Toy-Museum* (Tel. 21251652, Mo–Fr 10:30–15:30, Sa, So bis 13:30 Uhr, Eintritt Lm 1,50), eine kleine Privatsammlung historischer und altertümlicher Spielwaren.

Manoel Theater   ⚲XIV/B1-2

Nachdem sich die Ordensritter im 18. Jh. weniger dem Kampf und mehr der Freizeitgestaltung widmen konnten, wurden die Räumlichkeiten der traditionell für Darbietungen und Aufführungen im kleineren Kreis genutzten Auberge d'Italie zu klein. Großmeister *Manoel de Vilhena* gab daher im Jahre 1731 den Bau des später

nach ihm benannten Manoel-Theaters bei *F. Zerafa* und *A. Azzopardi* in Auftrag. Da die Engländer 1886 „ihr" Theater eröffneten (⚲ Royal Opera), konnte das Manoel-Theater nicht gehalten werden und wurde verkauft. Es zerfiel und wurde sogar zeitweise als Sozialstation für die Ärmsten genutzt. Nach einer umfangreichen Renovierung wurde das Manoel-Theater erst 1960 wieder seiner ursprünglichen Bestimmung zugeführt. Das komplett mit Holz ausgekleidete Theater verfügt über Parkett, vier Ränge sowie eine an beiden Seiten offene Galerie und bietet 720 Besuchern Platz.

●Kartenvorverkauf und Programme am Zugang Mo–Fr 10–12 Uhr und 17–19 Uhr, Sa nur 10–12 Uhr, Tel: 21246389 (phone-booking), Fax: 21237340. Kartenabholung binnen 48 Stunden gegen bar, Scheck oder Kreditkarte. Geführte Touren Mo–Fr 10:45 und 11:30, Sa 11:30 Uhr, Eintritt Lm 1 (sehr zu empfehlen!).

Im frei zugänglichen Vorhof des Theaters liegt das vornehme *Café/Restaurant Vilhena* – etwas teurer, aber sehr stilvoll. Nicht zu verwechseln mit dem Café Manoel an der Ecke der Old Theatre Street.

Our Lady of Mount Carmel Church   ⚲XIV/B1

Mit ihrer 42 m hohen Kuppel ragt die von *G. Cassar* um 1570 gebaute *Karmeliterkirche* deutlich aus den Bauwerken Vallettas heraus. Sie erreichte allerdings nie eine ähnliche Bedeutung wie die Kathedrale St. John's oder der Dom von Mosta. Im Zweiten Weltkrieg nahm die Kirche so starken Schaden, dass sie von *Ġuze Damato* bis 1958 praktisch vollständig neu aufgebaut werden musste. Ihr Äußeres wirkt

Rund um Valletta

sehr unscheinbar und nicht sonderlich spektakulär, die Innengestaltung erweist sich dagegen als ausgesprochen hübsch und erscheint durch die Kuppel wesentlich heller und freundlicher als viele andere Kirchen Vallettas.

● Geöffnet täglich 6–12 und 16–19:30 Uhr.

St. Paul's Church ⌖XIV/B1

Direkt oberhalb der deutschen Kurtine der Mauern Vallettas stand die **Auberge d'Allemagne** (Quartier der deutschen Zunge), ehe an diesem Platz 1839–43 die anglikanische Kirche St. Paul's für die neuen Herren entstand – angeblich auf Anweisung von *Adelaide*, Königswitwe von England, die 1839 während eines Besuches der Kolonie ihr Morgengebet verrichten wollte und keine anglikanische Kirche vorfand.

Auberge d' Aragon ⌖XV/C1

Gegenüber der anglikanischen St.-Paul's-Kirche liegt die 1571 von *G. Cassar* gebaute und somit älteste aller Herbergen, die Auberge d'Aragon für die Landsmannschaften aus Aragon, Navarra und Katalonien. Sie stellten den obersten Organisator in Nachschubfragen für alle Ordensteile (Heer, Marine, Spital), den so genannten *Gran Conservator*. Heute ist hier das **Verkehrsministerium** untergebracht, das Gebäude daher nicht der Öffentlichkeit zugänglich.

Auf dem **Independence Square** genannten Platz vor der Auberge d'Aragon erinnert ein Denkmal an den aufständischen Priester *Mikiel Xerri*, der 1799 von Franzosen ermordet wurde.

Archbishop's Palace ⌖XV/C1

Zwar war Valletta nach der Gründung die Hauptstadt Maltas, es wurde dem **Erzbischof** auch gerne gestattet, einen Wohnsitz in Valletta zu nehmen, doch verweigerten die Ordensritter jegliche weitere Privilegien. So wurde der Palast im Jahre 1624 zwar begonnen, da die jeweiligen Erzbischöfe aber ihre administrativen Sitze in den alten Zentren Vittoriosa bzw. Mdina behielten, verzichteten sie auf den Weiterbau. Erst 1953 wurde der erzbischöfliche Palast schließlich fertig gestellt.

Auberge d' Angleterre et Bavière ⌖XV/C1

In die Phalanx der Cassar-Herbergen drang lediglich Carlo Gimachs Palazzo Carnerio von 1696 ein, welcher zunächst als Privatgebäude diente. Die englische Zunge war von Heinrich VIII. 1540 zwangsweise aufgelöst worden, konnte aber im Jahre 1784 auf Betreiben des Zaren *Paul I.* von Russland als „angelsächsisch-bayerische Zunge" wieder belebt werden. Daher diente der Palazzo der englischen und bayerischen (und auch russisch-polnischen) Landsmannschaft gemeinsam als Sitz. Ihnen oblag auch die Verteidigung des direkt gegenüberliegenden „Poste d'Angleterre". Der „kombinierten" Zunge gehörte auch eine gemeinsame Seitenkapelle der (⌖) St. John's Co-Cathedral.

Lower Barakka Gardens ⌖XV/C3

Viele Reisende verzichten auf den Besuch des zweiten ehemaligen Exerzier-

Rund um Valletta

platzes (engl. *barracks* = Kaserne) der Johanniter in der Annahme, der „kleine Bruder" könne sich nicht mit den berühmten Upper Barakka Gardens messen. Nachdem nach jahrelanger Renovierung die Ostgalerie wieder eröffnet ist, sind die Lower Barakka Gardens unbedingt empfehlenswert. Das einzige Monument im Park, ein neoklassizistischer Tempel, erinnert an *Sir Alexander Ball* (↗ Glossar), den britischen Kommandanten bei der Vertreibung der Franzosen im Jahre 1800.

● Geöffnet täglich 7–21 Uhr, im Sommer bis 23 Uhr, Eintritt frei.

Siege Bell Memorial   ↗ XV/C3

Die **gusseiserne Glocke** und eine große **Gedenktafel** erinnern hier an die während der zweiten großen Bela-

Lower Barakka Gardens
mit Alexander Ball Memorial

gerung im Zweiten Weltkrieg gefallenen Malteser. Das schlichte, aber beeindruckende Mahnmal wurde direkt auf einer noch erkennbaren ehemaligen Artilleriestellung errichtet.

Sacra Infermeria San Spirito (Mediterranean Conference Centre) ⚜XV/C2

Das 1575 vermutlich von *Gerolamo Cassar* errichtete **Ordensspital** Sacra Infermeria war eines der ältesten Gebäude der Stadt und hatte schon bald den Ruf, Europas beste Krankenstätte zu sein. Dies bezog sich nicht nur auf qualitative Elemente wie Einzelbetten, getrennte Säle für verschiedene Krankheiten, absolute Hygiene, Isolations- und Quarantänestationen oder die Einnahme der Mahlzeiten von Silbergeschirr, sondern auch auf die Spitalphilosophie. So wurden nicht nur Katholiken behandelt, sondern auch Kranke gänzlich anderer Konfessionen aufgenommen – nach Ansicht Roms seinerzeit ein Sakrileg. Ferner gab es auch Stationen für alte Menschen, ausgesetzte Kinder oder Arme. Die Kapazität soll im Notfall bei 2000 Betten gelegen haben, das Fachpersonal wurde im Ordensspital selbst aus- und weitergebildet. So oblag es jedem Ordensritter, während seiner Probezeit für einen gewissen Zeitraum sozialen Dienst im Spital zu tun, und selbst der Ordensgroßmeister war verpflichtet, einmal wöchentlich in der Pflege aktiv mitzuwirken. Der Leiter des Spitals, der *Gran Hospitalier*, kam grundsätzlich aus der französischen Landsmannschaft und war der Einzige, dem ein

unangemeldetes Kommen und Gehen erlaubt war.

Noch im Zweiten Weltkrieg wurde das Ordensspital als **Militärlazarett** genutzt, teilweise allerdings zerstört. Bis 1979 wurde es restauriert und zu einem modernen **Konferenzzentrum** umgebaut. Möglicherweise wurde hier auf dem 89er-Gipfeltreffen Bush-Gorbatschow die jüngere deutsche Geschichte maßgeblich bestimmt. Neben wirtschaftlichen und politischen Tagungen finden in den verschiedenen Trakten auch wechselnde Sonderveranstaltungen und Ausstellungen statt.

Eine permanente Ausstellung ist die an die ursprüngliche Funktion erinnernde, allerdings etwas glorifizierende **Knight Hospitalers.** Immerhin wird hier mit der verblüffenden und sehr beeindruckenden Technik der gleichzeitigen Einbeziehung verschiedener Sinne (Geruch, Gehör, Optik) gearbeitet, was die Fantasie beim Eintauchen in die Ritterzeit merklich fördert.

● Geöffnet 9:30–16:30 Uhr, Sa, So und feiertags 9:30–13 Uhr, Eintritt Lm 2,50, Kinder die Hälfte, unter sieben Jahren Eintritt frei, Tel: 21224135. Vor allem für Familien mit Kindern sehr zu empfehlen.

Malta Experience ⚜XV/D2

Die landeskundlich-historische Multimediavorstellung „Malta Experience" unterhalb des Ordenshospitals (der Eingang liegt aber auf der meerseitigen Straßenseite schräg gegenüber) wird oft mit der ähnlich angelegten Show (⚜) „Valletta Experience & Wartime Experience" verwechselt. In einer 45-minütigen **Diavorstellung** mit Über-

blendtechnik werden dem Besucher 7000 Jahre maltesischer Geschichte im Zeitraffer gut verständlich näher gebracht. Es empfiehlt sich, eine Vorstellung möglichst ganz am Anfang einer Maltareise zu planen, da Land, Leute und die bewegte Geschichte so besser gewürdigt werden können. Andererseits ist es eigentlich schade, dass diese Einführung in Land und Leute nicht für jedermann kostenlos schon während des Fluges angeboten wird, denn letztlich handelt es sich um eine reine Promotion für das Land. Dennoch für den nicht historisch vorgebildeten Besucher durchaus zu empfehlen, wenn auch etwas teuer.

●Der Saal ist vollklimatisiert und bietet bequeme Sessel mit Kopfhöreranschluss mit Begleitton in 10 Sprachen. Eintritt Lm 3, Kinder Lm 1,50. Vorstellungen täglich 11, 12 und 13 Uhr, Mo–Fr zusätzlich 14, 15 und 16 Uhr; Tel: 21243776.

Fort St. Elmo   ⌖XV/D1-2

Das Fort wurde von den Johannitern im Jahre 1552 angesichts einer drohenden Osmaneninvasion ausgebaut und verstärkt. Die etwas seltsam anmutende äußere Form eines vierzackigen Sterns wurde gewählt, da dies nach Ansicht der Ritter die bestmögliche Verteidigung gegen See- und Landbedrohung bot. Die Invasion ließ lange auf sich warten, kam aber im Jahre 1565 in umso schrecklicherem Ausmaß. Fort San Elmo war zu diesem Zeitpunkt ein wichtiger, wenn nicht der bedeutendste Eckpfeiler für einen der glorreichsten, aber auch tragischsten Augenblicke der maltesischen Mi-

litärgeschichte. Am 23.6.1565 fielen das Fort und alle 600 Verteidiger nach monatelanger Belagerung dem unerbittlichen Ansturm der türkischen Angreifer zum Opfer. Das heldenhafte Ausharren der Belagerten ermöglichte den Hauptkräften in Birgu (Vittoriosa), die Verteidigung vorzubereiten, und rettete so den Ordensstaat (⌖Geschichte). Nach dem Ende der großen Belagerung („Great Siege") wurde St. Elmo wiedererrichtet und bis in die jüngere Vergangenheit militärisch genutzt. Im Zweiten Weltkrieg stand das Fort erneut im Blickpunkt des Geschehens, als vom Fort aus wiederholt Angriffe der italienischen Marine auf den Grand Harbour abgewehrt wurden und so der für die Alliierten äußerst wichtige Anlaufpunkt für Nachschubkonvois gesichert werden konnte.

Der obere Teil von St. Elmo wurde nach dem Krieg zum **Hauptquartier der maltesischen Polizei** ausgebaut und liegt – baulich deutlich getrennt – auf der gegenüberliegenden Straßenseite.

Die runden „Deckel" im Pflaster auf dem Parkplatz vor dem Fort sind ehemalige **unterirdische Getreidespeicher** der Johanniter. Es gab sie in vielen Orten Maltas, doch nur hier und vor der Publius-Kirche (Floriana) kann man sie in größerer Zahl sehen.

Der untere Teil von St. Elmo, das eigentliche Fort, dient heute als Schauplatz der Wachablösung sowie gelegentlich als Filmkulisse.

●Geführte Touren zur vollen Stunde Sa 13–17 Uhr und So 9–17 Uhr. Eintritt Lm 0,50, Kinder Lm 0,25, das Ticket gilt auch für St. Angelo (Vittoriosa).

Als „historisches Spektakel" wird die (für den Tourismus) inszenierte **Wachablösung „In Guardia"** aufgeführt, die mittels prächtiger Aufmachung und farbenfroher Paraderüstungen die Ritterzeit wieder erwecken soll. Die Wachablösungen sind in etwa identisch mit denen der Citadella Victoria auf Gozo.

●Das einstündige Schauspiel im Fort St. Elmo findet jeweils am ersten und dritten Samstag eines Monats (Richtwert, auf Hinweisbanderolen in Valletta achten) um 11 Uhr (Oktober–Juni) bzw. 20 Uhr (Juli–September) statt und kostet Lm 1/Kinder Lm 0,50 Eintritt.

Ein Teil des Forts ist als so genanntes **National War Museum** täglich 8:15–17 Uhr (sonntags 16:15 Uhr) bzw. in den Sommermonaten Mo, Mi, Fr, So 7:45–14 Uhr und Di, Do, Sa von 7:45–17:30 Uhr zugänglich (Eintritt Lm 1). Anhand von originalem Kriegsgerät sowie einer Fotodokumentation werden die Luftangriffe auf Malta während des Zweiten Weltkrieges beleuchtet. Als die Royal Navy 1940 aus Angst vor einer Invasion der Achsenmächte nach Ägypten verlegt wurde, hatten die Briten auf Malta zunächst recht halbherzig nur 2 (!) veraltete Flugzeuge belassen, von denen eines als Höhepunkt der Ausstellung erhalten ist.

Einige interessante Punkte liegen auch **außerhalb der Stadtmauern** Vallettas. Da die Stadt als Bollwerk gebaut wurde, gibt es auch heute nur wenige „Schlupflöcher" durch die unüberwindlichen Mauern. Neben dem Stadttor sind dies das Victoria-Gate, die Straße Triq il-Mediterran am Grand Harbour sowie ein Durchgang in der San Mark Road zum Marsamxett-Harbour. Das ehemalige Jew's-Gate an der St. Elmo Bay ist geschlossen.

Marsamxett-Harbour (Sliema-Fähre) ⊅XIV/B1

Von einem echten Hafen kann hier unten in Marsamxett, unterhalb der Stadtmauern, eigentlich keine Rede sein. Lediglich die traditionelle Fähre Valletta-Sliema (Anlegestelle vor der Pizzeria *Al Mare)* erinnert noch an die einstige maritime Bedeutung des Vorortes. Ein Stück weiter Richtung St. Elmo liegt rechter Hand die deutsche Kurtine, um die Ecke dann die englisch-bayerische. In den ehemaligen Vorratsluken in den Mauern werden unter stillschweigender Duldung der diskret darüber hinwegsehenden Behörden illegal Kampfhunde gehalten.

Fischmarkt ⊅XV/C3

Unterhalb der Lower Barakka Gardens an der kastilischen Kurtine findet in den Morgenstunden traditionell ein großer Fischmarkt statt. Man erreicht den Markt am besten über die Triq il-Mediterran (am Siege Bell Memorial abwärts).

Notre Dame de Lièsse und Old Customs House ⊅XIV/B3

Ein kleines Stück die Mauer entlang Richtung Floriana liegt rechter Hand das Victoria Gate sowie der Lièsse Hill mit der kleinen Kapelle Notre Dame de Lièsse. Sie wurde 1737 von *A. Belli* als **Seefahrerkapelle** der französichen Zunge gebaut, vermutlich auf den Grundmauern einer älteren Kapelle aus dem Jahre 1620.

G. Bonnici baute 1774 das ehemalige Hafengebäude, welches die Engländer später zum *Zollhaus* umfunktionierten. Das mit seinen Fundamenten im Hafenbecken verankerte Bauwerk weist einen wesentlichen Unterschied zu den anderen Bauten Vallettas auf: Hier wurde mit aus Meereskorallen gewonnenem Kalk gearbeitet, da dieser dem unmittelbaren Seewassereinfluss am besten widersteht.

Lascaris War Rooms   ⚓ XIV/B3

Am Originalschauplatz der britischen Kommandozentrale in den Tiefen der Festungsmauern Vallettas kann sich der Besucher in die Phase der Verteidigung Maltas im Zweiten Weltkrieg zurückversetzen. Das militärische Nervenzentrum der Briten auf Malta ist für Militärhistoriker und Interessierte sehr aufschlussreich aufbereitet, die groben Abläufe der Kriegsereignisse sollten allerdings vor einem Besuch bekannt sein. Erläuterungen auch in deutscher Sprache.

● Geöffnet Mo–Fr 9:30–16 Uhr, Sa und So 9:30–13 Uhr, Eintritt Lm 2, Kinder Lm 1, Tel: 21234936, letzter Einlass 30 Minuten vor Schließung.
● Die Lascaris War Rooms liegen, wie sich das für eine Kommandozentrale geziemt, sehr versteckt am östlichen Ende des *Lascaris Garden* in den Stadtmauern und sind nicht ganz einfach zu finden. Man muss entweder durch den ganzen Garten bis zum Schotterplatz unter der Brücke gehen (ein Schild weist hier zum Eingang) oder vom zentralen Busplatz aus (2 Minuten, dabei die Stadtmauer immer links).

Unterkunft

Hotels

Valletta ist zwar nominell Hauptstadt, bei der geringen Anzahl an Unterkünften wähnt man sich jedoch in der Provinz. Zählt man das (streng genommen zu Floriana gehörende) Phoenicia mit, verfügt Valletta über ganze fünf Hotels:

● *Phoenicia* (*****), The Mall, Floriana, Tel: 21225241, Fax: 21235254, info@phoenicia. com.mt, www.lemeridien-phoenicia.com, traditionelles, prestigeträchtiges Tophotel mit tollem Ausblick direkt vor Valletta.
● *Osborne* (***), 50 Triq Nofs In-Nhar, Tel: 21343656, Fax: 21247293, plaza@aghl.com. mt, gehobene Mittelklasse ohne Besonderheiten.
● *Castille* (***), Castille Square, Tel: 21243677, Fax: 21243679, castillehotel@ vol.net.mt, sehr stilvoll, gehobene Mittelklasse.
● *British* (**), 267 St Ursula Street, Tel: 212 24730, Fax: 21239711, info@britishhotel. com.
● *Grand Harbour* (**), 47 Battery Street, Tel: 21246003, Fax: 21242219, www.grandharbourhotel.com.
Die beiden Letzteren sind ordentliche Mittelklasse-Hotels mit einem schönem Blick über den Hafen.

Guesthouses

Der Mangel an Hotels wird durch ein breites Angebot an günstigen Guesthouses aufgewogen. Hier eine kleine Auswahl. Bei allen genannten handelt es sich um **-Guesthouses. Wer selbst überhaupt nicht fündig wird oder von Valletta aus eine Unterkunft in einem anderen Ort vorab sucht, sollte sich entweder an die Tourist-Information am City Gate wenden (die Angestellten helfen bei der Suche) oder die Vermittlungsfirma *Resotel*, Tel: 21333583 kontaktieren.

● *Bonheur Guesthouse,* 18 Sappers Street, Tel: 21238433, bonheur-2@hotmail.com. Verlangt je nach Saison zwischen Lm 4 und 6 pro Person.
● *Coronation Guesthouse,* 10 M. Anton Vassalli Street, Tel: 21237652. Gleiche Preise wie im Bonheur.

●*Royal Guesthouse,* 18 Windmill Street, Tel: 21234077, überwiegend englische Gäste und gute Stimmung, Übernachtung im Doppelzimmer Lm 5.

●*Midland Guesthouse,* 255 St Ursula Street, Tel: 21236024, Fax: 21689766, robertgz@maltanet.net, direkt über der Bridge-Bar. Mit Lm 4,50 das günstigste in Valletta, aber etwas laut.

●*Asti Guesthouse,* 18 St Ursula Street, Tel: 21239506, stilvoll renoviert (toller Speisesaal), Lm 6 pro Person im DZ mit englischem Frühstück.

Essen und Trinken

Es bereitet dem Besucher Vallettas keinerlei Mühe, etwas dem Geldbeutel und Geschmack Angemessenes zu finden. Viele Restaurants haben sich allerdings auf Tagesbesucher spezialisiert und bieten selten mehr als Pizza, Pasta und Kleinigkeiten an.

Snacks und Fast Food

●In und um die Republic Street locken zahlreiche Imbissbuden mit Kleinigkeiten wie Pastizzi oder gefüllten Hefeteilchen.

●Sehr gute und preiswerte Kleinigkeiten brät die *Gambrinus Snackbar* in der Zachary St./Ecke Melita St. mit Pastizzi und Pasta (auch zum Mitnehmen).

●Ein kühles Ċisk mit Blick über Fort St. Elmo und den Marsamxett-Harbour bietet die *Gun Post Snackbar* in der Marsamxett Road am English Curtain.

●Die *Boccia Bar* gegenüber vom Siege Bell Memorial wird selten von Touristen besucht, morgens gibt es hier das – in Valletta nicht oft erhältliche – so gesunde Ħobż biż Żejt.

●Bekannt für ausgezeichnete Pastizzi ist die *Cafèteria da Lucia* in der South St.

●Das *Café La Veneziana* in der Melita St. ist ebenfalls empfehlenswert für Snacks und Pastizzi.

●Auch namhafte Fast-Food-Ketten haben den ersten „Foot" in die Türen Vallettas bekommen: *McDonald's* in der 24 Republic St., *Burger King* im Einkaufszentrum gegenüber der Opernruinen, *Pizza Hut* in der 20 South

St. oder die nicht so bekannte Hühnerbraterei *Chick King* in der 280 Republic St.

●*Agius Bäckerei* – Pastizzi in der St. Paul's St.!

Cafés

Die zahlreichen Cafés verlocken zu einem Espresso und einem Stück guten Kuchens.

●Das eher einfache *QE 2 Café & Bar* liegt direkt an den Lower Barakka Gardens. Das *Capri Café* (Zachary St./Ecke South St.) bietet gute und preiswerte süße oder herzhafte Gebäckteilchen für Lm 0,10–0,20.

●Neben einem klangvollen Namen bietet das *Café Manoel* an der Ecke des gleichnamigen Theaters hervorragende Tees (nicht zu verwechseln mit dem Restaurant im Theater selbst).

●Unbedingt empfehlenswert – allerdings nicht für den schmalen Geldbeutel – ist das *Cafe Cordina.* Gepflegte Atmosphäre, ausgezeichnete Backwaren, bestes und namhaftestes Café der Stadt in Toplage am Queens Square in der Republic St. Vergleichbar ist allenfalls das *Café Marquee* am St. John's Square gegenüber der Kathedrale.

Restaurants

Von der Vielzahl der Speiselokale Vallettas sind hier diejenigen hervorgehoben, die zumindest auch maltesische Speisen anbieten. Es sei nochmals daran erinnert, dass die meisten Lokale während der Mittagszeit bis 14 oder 15 Uhr und am Abend ab 18 oder 19 Uhr geöffnet sind.

●Sehr zu empfehlen ist der Lampuki mit Beilagen (Lm 2,50) im einfachen und guten *Al Mare* direkt an der Sliema-Fähre.

●Nebenan in die Stadtmauer gebaut liegt *Cockney's Bar & Restaurant,* Speisen auch zum Mitnehmen.

●Zu teuer bei nur mäßiger Qualität scheint das *Cocopazzo-Restaurant* in der South Str., sehr zu empfehlen dagegen ist das *Still Alive,* Old Theatre Str., ein kleines und vor allem von Einheimischen besuchtes Lokal.

●*Arcades Hole,* Old Theatre Street, liegt im Keller unterhalb der Nationalbibliothek. Sehr edel bei entsprechenden Preisen.

●Das *Papagall* bleibt unter Touristen ein Kultlokal. Pasta preiswert, Fleisch und Fisch sehr teuer – ob die Bekanntheit des Restaurants die hohen Preise rechtfertigt?

● Das **Happy Return,** 55 Strait St., ist ein einfaches Jugendlokal mit zünftigen Gerichten.

● Das **Ristorante de Vilhena** (Tischreservierung empfehlenswert unter Tel: 21232574) ist durch sein Ambiente (im Manoel-Theater) sehr angenehm bei mittlerer bis gehobener Preisklasse.

● **La Cave,** Tel: 212436779, im Hotel Castille gelegen, ist für ausgezeichnete maltesische Gerichte berühmt.

● Einen guten Ruf genießen auch die Küchen der beiden benachbarten Hotels Grand Harbour und British Hotel, wobei das **Grand Harbour,** Tel: 21246003, eher mittelpreisig (Lampuki-Gericht Lm 3), das **British,** Tel: 21224730, eher höherpreisig (Fenek ab Lm 5) einzustufen ist.

Kneipen/Bars

Für eine Hauptstadt zeigt sich Valletta am Abend erstaunlich brav, was auch daran liegt, dass die wenigsten Touristen in Valletta übernachten. Immerhin gibt es ein paar Bars und Kneipen, in denen man auch nach 22:00 Uhr außerhalb der Hotelbars noch etwas zu trinken bekommt.

● Die **Lantern Bar & Restaurant** beim Bonheur Guesthouse ist eine einfache, urige Kneipe, **The Stable,** stilvoll integriert in einen umgebauten Pferdestall, liegt schräg gegenüber. Beide werden überwiegend von jüngeren Reisenden der umliegenden Guesthouses besucht.

● Fest in britischer Hand ist die mit zahllosen Geschwaderabzeichen geschmückte **Royal British Legion,** Veteranentreffpunkt und Billardbar.

● Wenn gar nichts mehr offen ist – die **Bridge Bar,** St. Ursula Street, schräg gegenüber vom Victoria Gate, nimmt es mit der Sperrstunde oft nicht ganz so ernst.

● Leser empfehlen die **Trabuxu Wine Bar,** 1d Strait Street Valletta. Neben Wein und Bier gibt es auch Kleinigkeiten zu essen. Nette Musik, klein und gemütlich.

Einkaufen

Erstaunlicherweise gibt es in Valletta nur ein paar kleine **Lebensmittelhändler** für Wein, Getränke oder auch eingelegte Kapern (am Anfang und Ende der Republic Street), aber bislang keine Supermärkte.

Entlang der Republic Street findet man eine Reihe **Souvenirläden** für das übliche „Ich-war-auf-Malta-T-Shirt" oder Aschenbecher im Ritterschild-Format. Interessanter sind da doch die kleinen **Haushaltsläden,** wo man maltesische Kochbücher und Pastizziformen zum „Nachbacken" für daheim findet (Republic St. und Merchant St.). In diesen Geschäften, aber auch in Eisenwarenhandlungen findet man die in Malta typischen Türklopfer, meist in Delfinform.

Etwas ganz Besonderes ist die **„Andrew Barbara English Shoe Factory"** in der St. Mark Street. Old Andrew gilt als wahrer Großmeister seiner Zunft und stellt alles von Stiefeln bis Sandalen her.

Für Textilien, CDs und sonstiges Allerlei bietet sich ein Bummel über den allmorgendlichen **Straßenmarkt** in der Merchant Street (etwa auf Höhe der St. John's Co-Kathedrale) an. Kleidung nach der neuesten Mode gibt es u.a. in den kleinen Boutiqen der **Shopping Mall** gegenüber den Ruinen der alten Oper, No-name-Textilien und auch sonstige interessante Kleinigkeiten findet man auf dem **Sonntagsmarkt** an der St. James Bastion (8–14 Uhr). Trödel- und Antiquitätenfreunde können hier tatsächlich noch so manches Schnäppchen machen.

Für einen Überblick über das Angebot an handwerklichen Erzeugnissen lohnt sich ein Blick in das **Malta Craft Centre** am St. John's Square (kein Verkauf). Einen Besuch lohnen auch die **Buchhandlungen,** allen voran Sapienza's in der 26 Republic Street.

Sonstiges

Informationsstellen

● Die **National Tourism Organisation** of Malta (NTOM) unterhält ein äußerst nützliches Büro in der City Gate Arcade gleich am City Gate (Tel: 21237747). Neben allgemeinen Fragen kann man sich hier auch bei der Zimmersuche oder der Vorbestellung von Karten für kulturelle Veranstaltungen helfen lassen.

● Der Sitz des **German-Maltese Circle** (Deutsch-Maltesische Gesellschaft, ⌕ Informationsstellen) liegt in der 141 St. Christopher Street, Messina Palace, Tel: 21246967 und 21606967, Fax: 21240552.

Theater und Kinos

Valletta ist sicherlich nicht der beste Ort, um auf Malta ein Lichtspieltheater zu besuchen. Immerhin gibt es zwei Häuser, das **Citylight Cinema,** 56 St. John's Street und das **Ambassador,** St. Lucia/Ecke Strait Street. Die Vorstellungen beginnen meist um 18:30 und 20:30 Uhr, Eintritt ab Lm 3,50.

Viel Empfehlenswerter ist ein Besuch im **Manoel-Theater,** 116 Old Theatre Street, Tel: 21246389 (⌕ Sehenswürdigkeiten).

Banken

Die beiden großen Banken Maltas sind in Valletta mehrfach vertreten.

● Die Zentrale der **HSBC-Bank** liegt in der 32 Merchants Street, Tel: 21249804, Filialen in der Republic Street sowie am Sizilien-Hafen (geöffnet werktags 8:30–16 Uhr, samstags 8:30–12:30 Uhr).

● Die **Bank of Valletta** hat ihre Zentrale in der South Street (Tel: 21249970) und Filialen in Republic Street und South Street (Öffnungszeiten Anfang Oktober bis Mitte Juni werktags 8:30–15 Uhr samstags bis 12 Uhr, Mitte Juni bis Ende September werktags 8:30–13 Uhr und samstags 8:30–12Uhr).

● Einige Filialen von HSBC und BoV verfügen außen über Geldautomaten (Maestro-Logo).

● In der Republic Street gibt es außerdem ein paar **24-Stunden-Geldwechselautomaten** wie jenen am Flughafen.

Hauptpost

● Die Hauptpost von Valletta liegt in der 229 Merchants Street und ist täglich außer Sonntag 8–18:30 Uhr, Mitte Juli bis Ende September 7:30–18 Uhr geöffnet.

● Rund um die Hauptpost sowie am Great Siege Square gibt es einige **Karten-Telefone.** Telefonkarten kann man bei den Zeitschriften-, Andenken- und Lebensmittelgeschäften kaufen.

Krankenhaus/Notfälle

In Valletta selbst gibt es kein Krankenhaus, zuständig sind die Poliklinik Floriana, Tel: 21514085, sowie das St. Luke's Hospital, Gwardamanġa/Msida, Tel: 21621251.

Bei Unfällen kann Hilfe natürlich auch über die allgemeine **Notrufnummer** 191 (Unfall) bzw. 196 (erste Hilfe) angefordert werden.

Bei **Zahnbeschwerden** hilft z.B. *Dr. Caruana,* 69 Merchants Street, Tel: 21224718.

Polizei

● Zuständig für Valletta ist das Police Headquarter, Harper Lane, *Floriana,* Tel: 21236719, 21224001.

Die Police Academy in Fort St. Elmo ist *keine* Touristenpolizei und bittet, von Besuchen Abstand zu nehmen.

Parkplatz

Wer als Selbstfahrer nach Valletta kommt, wird garantiert keinen Parkplatz finden,

außer im großen **Parkhaus** beim Tritonenbrunnen/Floriana. Die Stunde kostet Lm 0,25, pro Tag werden Lm 1,50 berechnet, an Sonn- und Feiertagen gelten pauschal Lm 0,30.

Agenturen und Fluggesellschaften

Als zuverlässige Agenturen für Flugtickets, aber auch für die Organisation von Ausflügen und Touren, Unterkunftsvermittlung, Arrangements von Leihfahrzeugen usw. empfehlen sich die *Agenturen John Portelli Travel*, St. John's St., Tel. 21550334, Mo–Fr 8–13 und 16–18, Sa 8–13 Uhr, *MBC Travel*, St. Ursula St., Tel. 21222644, oder *Britannia Services*, Melita St., Tel. 21245418.

Für die **Rückbestätigung von Flügen** wende man sich direkt telefonisch oder persönlich an die jeweilige Fluggesellschaft:

- **Air Malta,** 285 Republic Street, Tel: 21234397.
- **Lufthansa,** 142 Christopher Street, Tel: 21621178.
- **Swissair,** 6 Zachary Street, Tel: 21624159.
- **Austrian Airlines,** 33 St Frederic Street, Tel: 21627356.
- **British Airways,** 26 Republic Street, Tel: 21622233.
- **Alitalia,** Valletta Buildings No. 19, South Street, Tel: 21629527.

Stadtbus

Der **Stadtbus 98** fährt von 6:30–18 Uhr stündlich für Lm 0,10 vom Grand Harbour über das Lascaris War Museum (nahe Bahnhof), das Conference Centre (Malta Experience), St. John's Cathedral und die Upper Barrakka Gardens die wichtigsten innerstädtischen Sehenswürdigkeiten an. Der zentrale Busbahnhof mit Anbindung zu allen Orten auf Malta (↗ Verkehrsmittel, Busplan) liegt am Tritonenbrunnen in Floriana.

Floriana ↗ X/B-C2

Wer Valletta besucht, passiert zwangsläufig auch Floriana, die „Vorburg" der Hauptstadt. Der **zentrale Busbahnhof** für den Großraum Valletta, ja für ganz Malta, liegt hier am markanten Tritonenbrunnen, und einige interessante Punkte machen einen Besuch lohnenswert. Die wenigsten Malta-Besucher machen sich allerdings die Mühe, einmal durch Floriana zu streifen.

Wie der Grundriss Florianas zeigt, handelt es sich um eine vollkommen eigenständige Festung (mit der Publius-Kirche im Zentrum), die vor die Tore Vallettas gebaut wurde und somit einen weiteren Schutzwall bildete.

Diese Idee stammt von Großmeister *Antoine de Paule* aus dem Jahre 1634, also bereits eine deutliche Zeit nach der Einweihung Vallettas (1571). *De Paule* beauftragte mit dem Bau den italienischen Festungsspezialisten *Pietro Paolo Floriani*, nach dem der Stadtteil auch benannt wurde.

Sehenswertes

Tritonenbrunnen und Busplatz ↗ XIV/A2

Das Herzstück des Busbahnhofes bildet *Vincent Araps* riesiger neoklassizistischer Tritonenbrunnen mit der Darstellung der drei Giganten, die gemeinsam eine überdimensionale Schale stützen. Diese Kulisse mit den emsigen Händlern, den verunsicherten Touristen, den kleinen Buden mit Erfrischungen und Snacks und den so typischen gelb-orangefarbenen „Oldti-

Rund um Valletta

mer"-Bussen zählt sicher zu den meistfotografierten Motiven auf Malta. Von hier aus sind per Bus praktisch alle Ziele der Insel zu erreichen (↗ Verkehrsmittel).

● Selbstfahrer können in der angrenzenden Tiefgarage am Royal-Air-Force-Denkmal für Lm 0,25/Stunde oder Lm 1,50/Tag parken.

Indipendenzia   ↗ XIV/A2

Dem Stadttor Vallettas entgegengesetzt, läuft man vom Tritonenbrunnen genau auf die **Statue** Indipendenzia (Unabhängigkeit) zu. Sie erinnert an den Tag der Unabhängigkeit Maltas von der britischen Kolonialherrschaft am 21.9.1964, wurde aber erst 1989 zum 25-jährigen Jubiläum aufgestellt.

RAF Memorial
und War Memorial   ↗ XIV/A2-3

Um den Erhalt der „Festung Malta" machte sich im Zweiten Weltkrieg insbesondere die britische Luftwaffe *(RAF = Royal Air Force)* verdient (↗ Geschichte). Zu Ehren der Gefallenen der Flugstaffeln wurde ein gesondertes Monument errichtet.

Nur wenige Meter weiter auf der Triq Nelson erinnert ein weiteres Mahnmal („War Memorial") an die Opfer des Zweiten Weltkrieges.

Gegenüber vom War Memorial an der Triq Cassar liegt der **Lascaris Garden** und führt eine Treppe zum **Passagierhafen** (↗ Verkehrsmittel).

Maglio Gardens   ↗ XIV/A2

Der schlauchförmige Zentralpark, der sich vom Tritonenbrunnen bis zur Publius-Kirche erstreckt, wurde unter Großmeister *Lascaris* als Sportplatz für

die jüngeren Ritter angelegt (ital. *la Maglia* = Trikot). Körperliche Ertüchtigung und geistige Disziplin sollten dem zunehmenden Sittenverfall im Orden Einhalt gebieten. Mit Beginn der englischen Ära dienen die Maglio Gardens seit Anfang des 19. Jh. als öffentlicher Park, im Laufe der Jahrzehnte wurde eine Reihe von Büsten maltesischer Persönlichkeiten aus Wissenschaft und Politik, z.B. *Adrian Dingli*, aufgestellt.

Die sportliche Tradition der Gegend wurde bis in die jüngste Vergangenheit beibehalten: Auf der gegenüberliegenden Straßenseite liegt die **Independence Arena,** bis zum Bau von Ta Qali Austragungsort von Fußball-Länderspielen.

● Der Park ist durchgehend geöffnet, kein Eintritt

St. Publius Church   ↗ X/B2

Als letzten großen Sakralbau gaben die Ordensritter 1733 die Publius-Kirche in Auftrag, welche in etlichen Etappen errichtet wurde. Der ursprüngliche Entwurf ohne Seitenflügel und Fassade stammt vermutlich von *F. Marandon*. Erst 1771 vollendete *G. Bonnici* den Bau beider Glockentürme und vervollständigte die Fassade. 1856 *(P. Attard)* kamen die beiden angesetzten Seitenkapellen hinzu. Die heutige Fassade stammt schließlich von *N. Zammit* (1885). Geweiht wurde die Kirche dem ersten Bischof Maltas, der, Überlieferungen zufolge, vom Apostel Paulus eingesetzt wurde.

Bei den kanaldeckelähnlichen Steinplatten auf dem Vorplatz handelt es sich um Abdeckungen **unterirdischer**

Getreidespeicher, wie sie auch in Valletta am Fort St. Elmo zu sehen sind.

Am oberen Ende des Platzes steht die **Bronzestatue** des Großmeisters *de Vilhena*, der sich zum Patron Florianas erhob; die offizielle Bezeichnung „Borgo Vilhena" erinnert daran. Auf dem Vorplatz finden sehr oft Festas oder Freilichtaufführungen statt.

Sarria Church ⟋ X/B2

Im Schatten der Publius-Kirche steht die kleine Sarria Church, die von *M. de Sarria* (um 1585) als Kuppelbau errichtet und von *L. Gafà* 1678 vollständig umgebaut wurde. Die Innengestaltung stammt von *M. Preti,* der durch seine Arbeiten in der St. John's Co-Cathedral (Valletta) bekannt wurde.

Wignacourt Tower ⟋ X/B2

Zwischen Maglio Gardens und Sarria Church steht der gut erhaltene Endpunkt des ehemaligen Wignacourt Aquädukts, ein Wasserturm von 1615. Das Wappen des Großmeisters *Alof de Wignacourt* am Turm, auf dessen Initiative diese wichtige Wasserleitung zurückging, ist noch sehr gut erhalten.

Argotti Botanic Gardens und St. Filipo Gardens ⟋ X/B2

Direkt hinter dem Wignacourt Tower liegen die Zugänge für zwei sehr hübsche öffentliche Gärten. Die **Botanic Gardens** gehen auf den Gelehrten *Argotti* zurück, der diesen Garten für die alte Universität anlegte. Der hübsche Park mit seinen Bäumen und Blu-

Rund um Valletta

Das Kapuzinerkloster

Ein eher obskurer Platz liegt nahe der St. Francis Bastion am Ende der Triq il-Kapuccini auf der Südseite von Floriana: das Kapuzinerkloster und die schaurigen Reste seiner Ordensbrüder. Das Kloster liegt nur gut zehn Gehminuten vom Busbahnhof Florianas entfernt und kann nach Voranmeldung bei *Pater Francis Azzopardi* unter Tel: 21225525 oder 21234949 jederzeit besucht werden.

Großmeister *de Verdalle* rief 1588 die Kapuziner nach Malta und versprach ihnen Land, Schutz und Verpflegung. Kirche und Kloster stammen aus dieser Zeit. Damals wurden Ordensmitglieder in den jeweiligen Gotteshäusern selbst bestattet (so die Johanniter in der St. John's Co-Cathedral/Valletta). Daher bauten auch die Kapuziner eine Carneria (Knochenhaus) mit drei unterirdischen Krypten von 70 Metern Länge. Die Mumifizierungsmethode bleibt ein Geheimnis, die Aufzeichnungen darüber gingen verloren. Vermutlich wurde der Leichnam ausgeweidet und anschließend über mehrere Jahre luftdicht verschlossen, bevor man ihn in den Kryptennischen aufrecht aufstellte. Noch heute sind Schädel und Beckenknochen in den Nischen angenagelt zu sehen.

1872 verboten die britischen Kolonialbehörden die unterirdischen Bestattungen. Danach geriet die Krypta in Vergessenheit. 1942 wurde das Kapuzinerkloster weitgehend zerstört, nach dem Krieg dann allmählich wieder aufgebaut. Erst 1979 wurde die Krypta von *Pater Francis Azopardi* restauriert und damit wieder entdeckt. Die meisten Knochen sind heute in einer tiefen Grube zu sehen. Vollständig restauriert und in der Glasvitrine aufgebahrt sind heute lediglich die sterblichen Relikte des gozitanischen *Frater Crispin Zammit.*

Es wird gebeten, die Ordensstätte in angemessener Kleidung (möglichst schulter- und kniebedeckend) zu betreten!

menbeeten sowie einer Kakteensammlung wird im Sommer auch für Freilicht-Theateraufführungen genutzt.

Direkt angrenzend liegen die **St. Filipo Gardens,** der schönste städtische Garten, der hübsch in die Bastionsmauern Florianas integriert wurde und sehr gepflegt wirkt. Es verirrt sich kaum einmal ein Besucher hierher, obgleich sich allein der Gang durch die dicken Bastionsmauern lohnt.

●Beide Parks kosten keinen Eintritt und sind offiziell täglich von 8 bis 20 Uhr geöffnet. Die Öffnungszeiten werden außen auf Kreidetafeln angeschrieben, es kann während im Park stattfindender Veranstaltungen vorkommen, dass einer oder beide Gärten nur vormittags geöffnet werden.

Sa Maison Gardens ⚓ X/B2

An der Außenseite der Mauern Florianas und somit eigentlich schon im Stadtteil Sa Maison gelegen, empfiehlt sich ein Besuch der Sa Maison Gardens dennoch von Floriana aus. Der wie die St. Filipo Gardens in die Mauern integrierte **Park** wird leider bei weitem nicht so gut gepflegt wie die anderen Parks. Der Blick von hier ist allerdings besser als in St. Filipo, da man einen guten **Ausblick** auf Pièta (Gozo-Transportfähre), Msida (Segeljacht-Hafen), Manoel-Island und bis nach Sliema (Tigné Fort) hat. Unterhalb der Mauern liegt hafenseitig die maltesische Küstenwache.

●Der Park ist bis 17 Uhr geöffnet, Eintritt frei. Aus dem Tor rechts hinaus die Triq Sa Maison hinunter gelangt man zur Gozo-Fähre (nur Fracht) und dem Msida-Jachthafen. In beiden Buchten halten die **Busse** nach Sliema, St. Paul's/Buġibba, Rabat, Mosta und alle anderen Linien nach Nordwest.

Sa Maison, Pièta, Gwardamanġa, Msida

[Guardamandscha, Imsida] ⚓ X/A-B2

Direkt unterhalb der Sa Maison Gardens liegen **der Bucht folgend** die ineinander übergehenden Stadtteile Sa Maison, Pièta und Msida.

Die kleine Bucht zwischen Sa Maison und Pièta („Pièta Creek") hätte beinahe eine große historische Rolle gespielt: Die Johanniter planten zur weiteren Sicherheit der Hauptstadt um 1630 allen Ernstes einen **Kanal** vor den Mauern Florianas vom Pièta Creek zum Marsa Creek, der Valletta und seine Vorstadt zur Insel gemacht hätte. Das Projekt wurde zwar begonnen (alte Gräben zeugen davon), bald aber als unmöglich ad acta gelegt.

Auf der Landzunge zwischen Pièta und Msida liegt, etwas zurückgesetzt, **Gwardamanġa** mit dem Nationalkrankenhaus St. Luke's Hospital (⚓ Valletta).

Im Msida Creek liegt der moderne **Jachthafen** für private Segeljachten.

Will man nach einem Rundgang durch Floriana und die Bucht in den Norden oder Westen Maltas fahren, bietet es sich an, von den Sa Maison Gardens zu Fuß hinunterzulaufen und hinter dem Kreisverkehr einen Bus zu allen Orten im Norden und Westen der Insel zu nehmen.

In Sa Maison legen die **Versorgungsfähre** (kein Passagierbetrieb) sowie eine **PKW-Fähre** für Pendler nach Gozo an.

Unterkunft

Pièta und Msida, an der Schnittstelle zwischen Valletta und Sliema gelegen, bieten unterschiedlicher Unterkünfte, die hauptsächlich dann in Frage kommen, wenn man als Segelsportler nahe am Jachthafen wohnen möchte.

● *Charlie's Guesthouse* (*), Valley Road, Msida, Tel: 21236641, 16 Zimmer, Lm 4 im DZ, Tipp für Backpacker.
● *Helena Hotel* (**), 192 Marina Street, Pieta, Tel: 21336417, Fax: 21237655
● *Grand Hotel Les Lapins* (****), Ta Xbiex Sea Front, Tel: 21342551, Fax: 21343902, info@les-lapins.com.

Weiterreise

Man kann entweder zu Fuß immer am Ufer entlang von/nach Floriana gehen oder per Bus (Haltestellen etwa alle 300 Meter) Richtung Sliema, Mosta, Rabat oder Buġibba fahren. Vom Kreisel in Msida sind es per Bus je 10 Minuten bis zur Endstation Sliema oder Valletta.

Ta Xbiex [Ta Schbiesch],
Manoel Island ♫ X/B1-2

An Msida schließt sich nordwärts das **Wohnviertel Ta Xbiex** an, in dem viele ausländische Diplomaten und Geschäftsleute ihren Wohnsitz haben.

Übergangslos folgt am Nordende Ta Xbiexs ein kleiner Damm mit einem so genannten **Wasservogel-Schutzgebiet** en miniature (ein paar Enten laufen hier herum).

Die **Manoel-Insel,** benannt nach dem gleichnamigen Fort, wirkt sehr unattraktiv und beinahe verlassen.

Bedeutung erlangte die Insel unter den Großmeistern *Castellar* (1636–1657) und *N. Cotoner* (1663–1680), die hier das so genannte „Lazaretto" einrichten ließen, eine durch die in ganz Europa wütende Pest notwendig gewordene **Quarantänestation,** in der alle einlaufenden Schiffe 30 Tage in Quarantäne lagen. Bis in die britische Epoche wurde Manoel-Island als Notlazarett genutzt.

Großmeister *Manoel de Vilhena* (1722–1736) ließ an der Inselspitze ein **Fort** errichten, welches ebenso wie die Insel selbst fortan seinen Namen trug. Heute dient ein Bereich der Insel als streng bewachtes **Munitionsdepot** *(Ammunition Ordnance Disposal)*, in dem seltsamerweise viele Bomben offen herumliegen.

Ein Stück weiter den Uferweg entlang liegt ein kleiner **Badeplatz.**

Die Ost- und Südseite der Halbinsel wird heute vom **Valletta Yacht Club/ Royal Malta Yacht Club** eingenommen (für Segler und Motorbootsportler wichtigste Auffüllstation; Tel: 21331131). Zwei weitere Punkte sind allerdings von größerem touristischem Interesse: eine traditionelle Glasbläserei sowie das Fort (beide nur zu Fuß über den Damm zu erreichen).

Fort Manoel ♫ X/B1

Das Fort zwischen Valletta und Sliema entstand auf Anweisung von Großmeister *Manoel de Vilhena* (1722–1736) zum Schutz der auf der Insel liegenden Lazarettstation. Das Fort, dessen imponierende Größe noch heute zu erahnen ist, zerfiel nach etlichen

Rund um Valletta

Bombardements im Zweiten Weltkrieg und wirkt heute beinahe wie ein Schrottplatz oder eine Müllhalde. Davon unberührt bleiben aber die sehr schönen **Ausblicke** von dort auf Sliema und Valletta. Kinder mag hier der kleine Entenpark sowie die Gokart-Bahn interessieren (nur Sa, So 10–17 Uhr).

Anfahrt

Die Anfahrt nach Manoel-Island per Bus erfolgt am besten über Sliema (⚲ Verkehrsmittel, Bus, Endstation The Strand), von wo aus man zu Fuß an der Promenade entlang in 10 Minuten Manoel Island erreicht.

Sliema ⚲ X/B1

Sliema, das erst 1878 als Wohnviertel der Gutsituierten gegründet wurde, ist mit seinen rund 20.000 Einwohnern nominell die größte Stadt Maltas. Lediglich das Tigné Fort und der St. Julian's Tower auf der Halbinsel Dragut Point stammen aus der Johanniterzeit. Unter englischer Leitung entstand Ende des 19. Jh. eine **Meerwasser-Entsalzungsanlage,** die heute ungenutzt an der Tigné Seafront steht. 1985 nahm stattdessen die moderne *Reverse Osmosis Plant* (Entsalzungsanlage) neben Fort Tigné ihren Betrieb auf.

Fußballfreunde werden sicher den Namen der **Sliema Wanderers** kennen, Maltas bekanntester Vereinsmannschaft und häufigem (Erstrunden-) Teilnehmer an UEFA- und Meistercup-Wettbewerben.

Sliema kann im Gegensatz zu Valletta oder Cottonera nicht auf historische Wurzeln zurückblicken, sondern steht für „Moderne" und „Fortschritt". Dienstleister, Verwaltungen, Unternehmenssitze, Banken und auch Botschaften liegen bevorzugt in Sliema, das zum wirtschaftlichen Zentrum avancierte und auch für Touristen ein beliebter Standort wurde. In wenigen Minuten ist man mit Fähre oder Bus in Valletta, auch andere Teile des Landes sind gut per Bus zu erreichen, wenn auch längst nicht so gut wie von Valletta aus. Auch das Zentrum von Maltas Nachtleben, St. Julian's, liegt nur ein paar Minuten zu Fuß entfernt. Viele Besucher, die auf ein Leihfahrzeug verzichten wollen, legen daher großen Wert darauf, eine Unterkunft in Sliema zu finden. Einheimische wie Touristen schlendern gerne an Maltas schönster Uferpromenade, „The Strand", entlang, bummeln durch die Geschäfte von The Strand und dem Zentrum Tower Road oder erfrischen sich während der heißen Sommermonate in den kleinen Badebuchten im Meer. Die in den Fels am Ufer gehauenen kleinen Becken findet man insbesondere in Sliema und St. Paul's Bay/ Buġibba. Dabei handelt es sich nicht um die ähnlich aussehenden Salzpfannen, sondern um Kinderplanschbecken!

Sehenswertes

The Strand ⚲ XVI/A-C3

Während in Valletta, umgeben von den gewaltigen Festungsmauern, das blaue Meer praktisch nur als entfernter Hintergrund für Fotos erscheint, liegt

The Strand – die Uferpromenade
von Sliema

das Meer um die Halbinsel herum in unmittelbarer Nähe. Nicht umsonst nannten die Engländer Maltas *imposanteste Uferpromenade* The Strand.

Dragut Point   ↗ **XVII/D3**

Wer seinen Rundgang in der Marina Street/Manoel Island beginnt, läuft automatisch auf die Spitze der Halbinsel, den Dragut Point mit dem 1792 fertig gestellten **Tigné Fort** zu. Die kasernenartige Anlage war das letzte Festungsbauwerk der Johanniter auf Malta, gebaut um den Hafen von allen Seiten zu schützen. Genützt hat es wenig, sechs Jahre später standen die Franzosen vor den Toren. Das Fort wurde bis zum Abzug der Briten militärisch genutzt, verfällt allerdings seither und gleicht heute einem Spukschloss. Erst in den letzten Jahren wurden Teile des Forts als Sozialwohnungen freigegeben, die eine oder andere Halle wird von Kampfsportclubs oder anderen Verbänden genutzt. Am Fort liegen auch Vereinsheim und Kunstrasenplatz des Fußballclubs **Sliema Wanderers.**

Il Fortizza   ↗ **XVII/C1**

Einen weiteren **Festungsbau** errichteten die Engländer Mitte des 19. Jh. am **Sliema Point.** Die damals als Küstenartilleriestation gebaute Festung beherbergt ein *Freibad* (geöffnet 9:30–18:30 Uhr) und das noble, überteuerte Terrassen-Restaurant *Fortizza*.

St. Julian's Tower   ↗ XVI/A1

Sliemas ältestes Bauwerk liegt am äußeren nördlichen Ende der Halbinsel, dem *St. Julian's Point.* Nachdem alle Kraft bis in das 17. Jh. hinein in den Aufbau von Valletta investiert worden war, besann sich Großmeister *Martin de Redin* (1657–1660) auf die mögliche Gefahr einer erneuten türkischen Landung nördlich von Valletta, wie während der großen Belagerung geschehen. So ließ er 1658 den St. Julian's Tower (nach ihm auch *Redin Tower* genannt) errichten.

Balluta Bay   ↗ XVI/A1-2

Noch ein kurzes Stück die Uferpromenade entlang endet Sliema in der Balluta Bay und geht direkt in St. Julian's über. Das große, trutzburgartige Gebäude mit der großen Marienstatue an der Balluta Bay ist das noch recht junge *Marija-om-Alla-Karmeliterkloster,* gebaut von *Emanuele Galizia* im Jahre 1871, wobei die alte Kirche auf dem Gelände schon von *G. Bonavia* (1856) stammt.

Stella Maris Church   ↗ XVI/B2

Zwei weitere interessante Sakralbauten liegen abseits der See im Zentrum von Sliema. Die *Stella-Maris-Pfarrkirche* in der High Street wurde von *Giuseppe Bonavia* um 1878 begonnen, das Innere von *Andrea Vassallo* umgebaut und gegen 1920 fertig gestellt.

Sacro Cuor Church   ↗ XVI/B2

Ein kleines Schmuckstück ist auch die – ebenfalls *E. Galizia* (↗ Balluta Bay) zugeschriebene – *Our Lady of Sacred Heart Church,* auch Sacro Cuor genannt, in der Triq San Trofimu, die außerhalb der Gottesdienste leider nicht geöffnet ist.

Unterkunft

Sliema als modernes Zentrum und Hotelhochburg bietet weit mehr Unterkünfte als die Hauptstadt, insbesondere Teilnehmer an Sprachkursen und Gruppenreisende werden bevorzugt in Sliema untergebracht. Auch wer besonders auf das Nachtleben des benachbarten St. Julian's Wert legt, dort aber nicht mehr unterkommt, sollte eine Alternative in Sliema suchen. In der Regel handelt es sich bei den unten genannten Häusern um *Hotels; Aparthotels* und *Guesthouses* sind als solche bezeichnet.

Vor allem *für Gruppen- und Pauschalreisende* war und ist Sliema der wohl wichtigste Standort für Unterkünfte in allen Preis- und Komfortklassen. Zum einen wohnt man unmittelbar in der Nähe Vallettas (wo keine Hotelneubauten zulässig sind), zum anderen profitiert man von der ausgezeichneten städtischen Infrastruktur vom Friseur bis zur Sprachenschule.

Prinzipiell gliedert sich der Unterkunftsbereich in Sliema in je zwei geographische Abschnitte: die *Mittel- bis Oberklassehotels* liegen entlang der Tower Road zwischen Sliema Point und Qui-Si-Sana/Deutsches Konsulat sowie am Fort Tigné, die günstigeren *Guesthouses* für Backpacker sowie *Hotels im ein bis zwei Sterne-Bereich* sind vorwiegend im Westteil inlandsseitig zwischen St. Julian's Tower und Balluta Bay, aber auch am Sliema Creek entlang von The Strand zu finden. In beiden Abschnitten gibt es weit mehr als die hier beispielhaft angeführten Häuser.

● Im Fünf-Sterne-Bereich empfiehlt sich das Hotel *Crowne Plaza* (*****), Tigné Street, Tel:

Torri – Fort Tigné

21343400, Fax: 21343410, hotel@crowneplaz amalta.com; das sehr hübsche Top-Hotel – eines der Kleinsten der Holiday Inn Gruppe – wurde dem Stil des Tigné-Fort angepasst und liegt sehr ruhig zwischen Fort und Stadt auf der Halbinsel.

● Absolut zentral, topp in Schuss und sehr zu empfehlen für den gehobenen Anspruch ist auch das Hotel *Diplomat* (****) der Howard Johnson Gruppe, Tel: 21345361-6, Fax: 21345 351, salesdip@hojoeurope.net.

● Bei Geschäftsleuten und Pauschalreisegruppen ist seit 2006 und der umfassenden Renovierung des neuen Flügels das markante Hotel **Preluna & Towers** (****), 124, Triq It-Torri, Tel: 21334001, Fax: 21337281, info@ preluna-hotel.com, außerordentlich beliebt. Es liegt günstig zur Valletta-Fähre wie auch zu den örtlichen Shopping-Gelegenheiten und bietet modernes Ambiente der gehobenen Kategorie; mit knapp 600 Betten größtes Hotel in Sliema.

● In unmittelbarer Nähe und direkt neben dem Deutschen Konsulat wirkt das schmale, familienbetriebene Hotel *Roma* (***), Ghar Il-Lembi, Tel: 21318587, Fax 21319112, wie eines der berühmten „holländischen Bürgerhäuser" der frühen Neuzeit. Die Zimmer sind schlicht, aber mit Balkon zur Meeresseite in dieser Klasse sehr zu empfehlen.

● Als eines der ältesten Guesthouses der Stadt blickt das **New Strand Pebbles Guesthouse** (***), 88 The Strand, Tel: 21311889, Fax 21316907, pebbles@keyworld.net, auf eine langjährige Tradition als Backpacker-Treff zurück. Angefangen hat man mit riesigen Dormitories, heute gibt es hauptsächlich kleine Ferienwohnungen für 2–3 Personen.

● Alternativen im mittleren Bereich sind reichlich vorhanden; so etwa das **Metropole** (***), Sir Adrian Dingli St., Tel: 21339700, Fax: 21336282, sales@metropolemalta.com, seit vielen Jahren von *Simon Gatt* mit rustikalem Humor und großem Hintergrundwissen zu allen anstehenden Fragen über Sliema und das Umland verwaltet. Das Hotel ist in die Jahre gekommen, gilt aber nach wie vor als eine der besten Adressen im mittleren Preissegment.

● Zwar zählt das nahe gelegene **Patricia-Hotel** (***), New Howard Road/Triq Guze Howard, Tel. 21336285, Fax 21342866, lino@clt hotels.com.mt nicht zu den Billigunterkünften, dient aber als markanter Orientierungspunkt im Westend bei der Suche nach den einfachen Unterkünften.

● In dessen Nähe findet man rasch das **Trafalgar Guesthouse** (**), 7 Howard Street, Tel. 21336527, welches neben ordentlichen Zimmern auch ein für maltesische Verhältnisse beinahe üppiges Frühstück anbietet.

● Ebenfalls im Westend findet man das noch günstigere **Adelaide-Guesthouse** (*), 229 Tower Road/Triq it-Torri, Tel/Fax: 21330361, adelaidehotel@cheerful.com. Schlicht und funktionabel.

● Das **Soleado Guesthouse** (*), 15 Ghar id-Dud Street, Tel. 21334415, www.soleadomal ta.com, akzeptiert als eines der ganz wenigen günstigen Guesthouses eine Vorabbuchung im Internet. Die Zimmer, inkl. *continental breakfast*, sind nicht berauschend, aber ausreichend und ruhig gelegen.

● In dieser Kategorie gibt es nur noch das zentrumsnähere **Penthouse-Guesthouse** (*) in der 44 Amery Street, Tel: 21316692, Fax: 21344718, penthouseorbit.net.mt.

Essen und Trinken

Vor allem entlang der Uferpromenaden bietet die „heimliche Hauptstadt" einen wahren Überfluss an Lokalen, Cafés, Bars und Imbissstuben, so dass für jeden Geschmack und jeden Geldbeutel etwas dabei ist.

● Zwei besondere Tipps für Sliema: Im rustikalen **Black Gold Saloon** kann man sehr gut Grillgerichte (Spareribs usw., große Portionen) essen; als echter Geheimtipp sei **Ta'Kris** (Tel: 21337367) in der 80 Fawwara Lane mit sehr nettem Ambiente und guter Küche empfohlen.

● Gut, aber teuer speist man bei **Marianna Tex-Mex**, Tower Road. Gleiches gilt für das Edelrestaurant **Ponte Vecchio** (ebenfalls Tower Road).

● Günstiger ist die **Cuccina Italiana** (Pasta ab Lm 2,50, Fleisch/Fisch ab Lm 4,50) in der Main Street/schräg gegenüber St. Julian's Tower.

● Wirklich empfehlenswert für Kleinigkeiten (alle Preise unter Lm 2) ist **La Colomba Coffeeshop** in der Tower Road/Ghar id-Dud Bay.

● Das kleine familienbetriebene Restaurant **Il-Merill** (St. Vincent St., Tel: 21332172) wird von Reisenden für Fisch und Kaninchen besonders gelobt. Tipp!

● Gut bürgerlich und sehr empfehlenswert ist **Vince's Bar & Restaurant** (Ponsonby Street, gegenüber Taormina Hotel), wo neben internationaler Küche auch traditionelle maltesische Gerichte angeboten werden.

● Moderner sind **Barney's Snackbar** und das benachbarte **Snoopy's Restaurant,** beide in der Main Street nahe Karmeliterkloster.

● Satt für wenig Geld wird man bei **Cuccagna Pizza & Pasta** (Lm 1,80–2,60), Amery Street/Tower Road.

● Gut indisch isst man bei **Krishna** an The Strand (Tischreservierung empfehlenswert, Tel: 21346291).

● Wer die berühmten maltesischen Pastizzi sucht, sollte unbedingt bei **Mr. Maxim's Pastizzeria** (The Strand, kurz vor Manoel Island) vorbeischauen.

● **Maxman** (Qui-Si-Sana, Tel. 21696937) bietet für wenig Geld leckere Pastizzi und Pizza zum Mitnehmen.

● Gute Eiscreme serviert die Eisdiele **La Gelateria** in der Stella Maris Street.

● Für Selbstverpfleger hat **Nicholsons Supermarket,** Amery Street, im Sommer auch teilweise am Sonntag von 8 bis 12 Uhr geöffnet, **Maltas größter Supermarkt** liegt um die Ecke von der deutschen Botschaft.

● Und wem gar nichts einfällt – eine **McDonald's**-Filiale befindet sich in der Shopping Mall (Towe Road/Bisazza Street), **Burger King** bietet sein Fast-Food direkt neben dem Marina Hotel an, und **Pizza Hut** serviert in der Bisazza Street.

Unterhaltung

Am Abend ist längst nicht so viel los wie in St. Julian's, einige Bars laden aber auch in Sliema zum Verweilen ein.

● Originell aufgemacht wurde **Torri Beergarden & Pub,** der in den Wasserturm/Verlies des Tigné Fort integriert wurde. Derzeit ist er allerdings wegen Umbau geschlossen.

● **Plough and Anchor** in der Main Street rühmt sich in uriger Atmosphäre eines breiten Scotch-Angebotes, außerdem gibt es diverse Biersorten vom Fass.

● **Shutter's Pub** (Mrabat Street, gegenüber Rudolph Street) bezeichnet sich selbst als „grottiest pub in town".

● Zu fortgeschrittener Stunde geht es durchaus zünftig in der **Britannia Bar** (gegenüber der Tankstelle bei Manoel Island) zu. Dieser Pub ist im August fest in der Hand von trinkfesten englischen und schottischen Touristen, der Wirt musste schon desöfteren Ausverkauf vermelden!

● Sehr beliebt ist auch **Zeppi's** in der St. Julian's Hill Road, der momentane, sehr gepflegte Stimmungsmacher in Sliema aber bleibt **Salisbury Arms** (gegenüber Stella Maris).

Sonstiges

Einkaufen

● Wer auf Malta die berühmten Pullover und Strickjacken sucht, sollte einmal bei **George's Souvenirs** in der Manwell Dimech Street vorbeischauen; gute Strickjacken/-westen gibt es schon ab Lm 5.

● Im großen **Kaufhaus** zwischen Tower Road und Bisazza Road findet der Besucher alles, was Malta zu bieten hat.

● Für Computerzubehör liegt man bei **Digitone** oder **Opcom** (beide St. Mary/Ecke M. Dimech) richtig.

● Eine Auswahl internationaler und lokaler **Zeitungen** findet man im Zeitschriftenhandel Triq N. Isourad/Tower Road.

● Interessant für Philatelisten dürfte der **Sliema Stamp Shop** in der 93 Manwell-Dimech-Road sein, der interessante maltesische Briefmarken und Unterlagen zur maltesischen Postgeschichte vertreibt.

Information

● Die **Malta Tourist Information** liegt in der Bisazza Street (Tel: 21313409). Die Filiale soll zum neuen Town Square (Fertigstellung 2007) auf dem Gelände des ehemaligen libyschen Kulturinstitutes verlegt werden.

Internetcafés

● Auch in Maltas Metropole gibt es zahlreiche Internetcafés, insbesondere **rund um Pebbles Aparthotel** an The Strand. 20 Minuten kosten hier Lm 0,60, eine Stunde Lm 1.

● Neben dem Europa-Hotel findet man das etwas teurere **Wave Internet-Café,** info@wavesinternet.com.

Ausflüge

Eine Reihe von Veranstaltern bietet Touren und Ausflüge aller Art an, beispielsweise:

● **Captain Morgan Cruises** mit Filialen an The Strand und Tigné Seafront, Tel: 21343373.

● **Tim Travel,** The Strand, Tel: 21333548.

● **Midway,** The Strand, Tel: 21341724.

● **ATV Travel Agency** neben dem Plaza Regency Hotel in der Tower Road.

● **Oasis Tours** an der Promenade mit Bootsausflügen.

Geldwechsel

● Geldwechsel ist bei **der Bank of Valletta,** The Strand (gegenüber Manoel Island), der **HSBC Bank** mit Filialen in der Bisazza Street, Tel: 21314880, 112 Manwell Dimech Street und High Street (Öffnungszeiten ⌀ A–Z-Teil) oder den zahlreichen Büros von **Thomas Cook** (u.a. gegenüber Il Fortizza oder unterhalb der deutschen Botschaft) möglich.

Post, Polizei

● An der Kreuzung Rudolph Street und Manwell Dimech Street liegen sowohl die **Hauptpost** (geöffnet 8–18 Uhr, an Samstagen nur vormittags) als auch die **Polizei** (Tel: 21330502).

Fahrzeugverleih

Neben Buġibba/St. Paul's Bay bietet Sliema die besten Möglichkeiten, ein Leihfahrzeug (Wagen, Moped, Fahrrad) zu mieten. Obwohl für die Stadt selbst wenig sinnvoll, kann dies für Tagesausflüge oder Inselrundfahrten durchaus interessant sein.

- Die *Tankstelle* gegenüber der Karmeliterkirche vermietet Fahrräder, Motorräder und PKW.
- *Windsor Car Rental,* 10 St. Francis Street, Tel: 21346921, bietet auch Touren an.
- *Strand Rental,* The Strand, Tel: 21315479, auch Boote und Räder.
- *St. Paul's Rental,* Tel: 21340089, beim Petit Paradise Hotel.
- *Princess Car Hire,* Manwell Dimech Street, Tel: 21331368.
- *Hertz,* mehrfach, ♪ Verkehrsmittel.
- *Budget* am Carlton Hotel.

Fluggesellschaften

- *Air Malta* unterhält eine Filiale in der 28 Tower Road (Tel: 21330646).

Anfahrt

- Sliemas *zentrale Bushaltestelle* liegt in der Mitte der Promenade The Strand. Valletta (62, 64 und 66–68), Rabat/Mdina (65) sowie die gesamte Nordküste bis zum Fährhafen Cirkewwa (645) sind sehr gut zu erreichen.
- Auch die *Stadtfähre Sliema – Valletta* (♪ Verkehrsmittel) pendelt zwischen The Strand und Marsamxett/Valletta für Lm 0,40 (Erwachsene) bzw. Lm 0,20 für Kinder.
- *Selbstfahrer (PKW)* sollten wegen des regen Verkehrs und dem chronischen Mangel an Parkplätzen auf den Bus zurückgreifen, Parkplätze findet man allenfalls in der Qui-Si-Sana am Spielplatz.

St. Julian's (San Gilian), Paceville [Pahtschewill] ♪ XIX

Noch vor 20 Jahren war Sliemas nördlicher Vorort Paceville, nach der vorgelagerten St. Julian's Bay (die sich aus den Einzelbuchten Balutta, Spinola, Dragunara und St. George's zusammensetzt) auch einfach San Ġiljan (St. Julian's) genannt, unbedeutend und verschlafen. Mit dem aufkommenden Massentourismus und der damit einhergehenden Notwendigkeit abendlicher Freizeitgestaltung entwickelte sich aus der kleinen Vorstadt ein modernes, quirliges, aber dennoch angenehmes Kino-, Kneipen- und Diskothekenviertel. Hier ist abends der Bär los, hier bereitet die maltesische Jugend ihren Eltern graue Haare. Wer etwas auf sich hält, verbringt die Abende in St. Julian's, hier spielt im wahrsten Sinne des Wortes die Musik. Wochenendbesucher aus Sizilien und jüngere Touristen aus ganz Europa legen bevorzugt Wert auf Unterbringung in St. Julian's/Paceville, um bei der abendlichen Sause nicht auf Taxis angewiesen zu sein. Busse fahren – auf Druck vieler einheimischer Jugendlicher – zumindest am Wochenende bis ca. 2:30 Uhr.

Sehenswertes

Spinola Bay ♪ XIX/A-B2

Zu sehen gibt es außer dem *alten Ortskern* an der Spinola Bay mit ein paar übrig gebliebenen Fischerbooten hauptsächlich den *Palazo Spinola.* Im

Spinola Bay –
alter Kern im modernen St. Julian's

Auftrag der angesehenen Familie *Spinola* baute der durch zahlreiche Prachtbauwerke in Valletta bekannt gewordene Architekt des Johanniterordens, *R. F. Carapecchia* im Jahre 1733 den neuen Stammsitz der Familie. Die weiteren Ereignisse sind nicht vollständig geklärt, doch haben die *Spinolas* den Palast scheinbar nicht unterhalten können. Im Ersten Weltkrieg wurde das Gebäude jedenfalls bereits als Hospital genutzt, in der Zwischenkriegszeit als Hotel und zuletzt als Sitz der maltesischen Schifffahrtsbehörden.

Küste   ♫ XIX/B1-2

Schwimmfreunde haben es seit dem Bau des *Hilton* schwer: Der gesamte Felsstrand gehört entweder zum *Hilton* oder *Dragunara Palace Hotel*, erst wieder in der **St. George's Bay** gibt es einen kleinen öffentlichen (Sand-) Strand; gegen unverschämt hohe Gebühr (Lm 3, Hotelgäste frei) kann man den zugegeben sehr schön in die Felsen gearbeiteten **Dragunara Beach Club** nutzen.

Dragunara Point   ♫ XIX/B1

Dahinter liegt die Landspitze Dragunara Point mit dem gleichnamigen und einzigen **Casino** auf Malta. Das Land hatte unter sozialistischer Regierung (wie auch jetzt wieder) gute Kontakte zu Libyen, dem wichtigsten Öllieferanten Maltas. Man munkelt, dass libyschen Geldgebern Bau und Betrieb des Spielcasinos genehmigt wurden,

Rund um Valletta

159-M Foto: wl

da Malta die Ölimporte nicht bezahlen konnte. Heute verspielen hier die ausländischen Diplomaten und Geschäftsleute ihre Auslandszulagen (Eintritt Lm 2,50/Person, Anzugs- und Krawattenpflicht), der kleine Mann füttert – ebenso chancenlos – gierige Maschinen im Automatencasino **Slots Palace** nebenan (ohne Kleiderordnung und Eintritt).

Unterkunft

Für St. Julian's/Paceville gilt in Bezug auf die Besuchergruppen eine klare Zweiteilung wie sonst nirgendwo auf Malta: die Jugend kommt, um das intensivste Nachtleben der Inselrepublik zu genießen, was auch die andere Gruppe der Betuchten und Betagten tut, jedoch nicht in Discos und Dancehalls, sondern im Casino oder den Etablissements ihrer 5-Sterne-Hotelkomplexe. Dies äußert sich auch im Unterkunftsangebot, wo die echte Mittelklasse qualitativ (nicht preislich!) unterrepräsentiert scheint. Zu allen 4- und 5-Sternehotels sei gesagt, dass die wenigsten am Meer liegen und daher nur wenige Zimmer Meerblick haben. Im einfachen Segment hat sich ein kleines Zentrum rund um den Triq Ross mit Aparthotel, einfachen Hotels und Guesthouses entwickelt, in dem auch Gäste mit schmalerer Brieftasche etwas finden sollten.

Hotels

● **Hilton Malta** (*****), Triq Il-Knisja (direkt am Portomaso-Tower), Tel: 21383383, Fax: 21386386. Neues Tophotel im Paradedistrikt Portomaso-Tower mit eigenem Bootshafen und Konferenzzentrum.

● **St George's Korinthia** (*****), Tel: 21374114, Fax: 21374039, sangorg@corinthia.com, mit zahlreichen Annehmlichkeiten wie diversen Pools, angeschlossener Tauchschule und Wellnessbereich. Liegt auf der Nordseite der St. George's Bay und daher doch etwas vom Zentrum entfernt.

● **Malta Intercontinental** (*****), Tel: 2137 7 600, Fax: 21372222, malta@intercontinental. com.mt, www.intercontinental.com, wird gerne von Geschäftsreisenden besucht und liegt in der Haupteinkaufsgegend von Paceville gegenüber der Bay Street Arcade. Sehr komfortabler und geräumiger Neubau.

● **The Westin Dragonara Resort** (*****), Dragonara Road, Tel: 21381000, Fax: 21381347, westin.dragonara@westin.com, bietet u.a. eine umfangreiche Wellnessabteilung und ein öffentliches Casino. Traditionellstes Haus in Paceville.

● **Hotel Bernard** (****), St. Augustine Road, Tel: 21373900, Fax: 21314726, hotelbernard @hotelbernard.com.mt, gehört zu den unauffälligen, aber geschmackvoll gestalteten Neubauten oberhalb der St. George's Bay. Zentral zu Casino, Einkaufs- und Unterhaltungsmöglichkeiten gelegen.

● Auch das **Golden Tulip Vivaldi** (****), Dragonara Road, Tel: 21378100, Fax: 21378101, sales@goldentulipvivaldi.com, gehört zu den jüngsten Ergebnissen der Tourismusoffensive (2005 fertiggestellt) und liegt ebenfalls sehr zentral; alle Annehmlichkeiten.

Im **mittleren Preissegment** wird vergleichsweise weniger als anderswo geboten, die Zimmer sind sehr einfach ausgestattet, großartiger Service über das Frühstück hinaus darf nicht erwartet werden. Durchaus zu empfehlen sind hier die Hotels:

● **Rokna** (***), Church Street, Tel: 21311380 und 21311556, Fax: 21343240, roknahotel@ mol.net.mt, unmittelbar gegenüber vom Portomaso-Tower und mit nur 25 Zimmern sehr familiär.

● Das nur geringfügig größere, sehr ruhig ein Stück landseitig der Durchfahrtsstrasse gelegene **Rafael Spinola Hotel** (***), Upper Ross Street, Tel: 21374488, Fax: 21336266, rafael @onvol.net, verfügt auch über einige wenige Einzel- und Dreibettzimmer.

● Das **Alfonso** (***), Triq Il-Qaliet, Tel: 213 50053, Fax: 21384880, alfonso@alfonsoho tel.com, mit nur 28 Zimmern, ist ebenfalls ein kleines Familienhotel.

● Das in die Jahre gekommene **Tropicana** (**), Triq Ball, Tel: 21337557, Fax: 21342890, mar cel@melita.net, liegt mitten im Amüsierviertel und vermietet neben 60 Doppelzimmern auch einfache Ferienwohnungen im Zentrum. Sehr schlicht und hauptsächlich von Nachtbummlern frequentiert – aber günstigste Hotelunterkunft im Ort.

Ferienwohnungen & Guesthouses

Die Betreiber der Dance-Hall Footlose erkannten den Bedarf der zum Umfallen erschöpften Gäste nach einem nahe gelegenen Platz zum Betten des Hauptes und bieten seit neuestem unter fun@footloosefunbar.com, Tel. 31371389 auch *Zimmer und Ferienwohnungen im Zentrum* (**) an.

● Ebenfalls sehr zentral in der Triq Wilga bietet *Alfred Mamos*, Mobil 99445469, mamoalfred@onvol.net, einfache Apartments (**) ab Lm 10/Tag (2 Pers.) an.
● Als offizieller Holiday Complex (***) vermietet *Dean Hamlet*, Upper Ross St., Tel: 213 14838, deanhamlet@deanhamlet.com.mt, 137 kleine Apartments für 2–3 Personen. Etwas abseits vom Trubel und ruhig gelegen, sehr empfehlenswert.
● Sehr ruhig in einem traditionellen Stadthaus gelegen bietet sich *Adam's Guesthouse* (***), Triq Ross, Tel: 21381705, Fax: 21375731, an. Nur 13 angenehme und ruhige Zimmer, ursprüngliche Gegend abseits der großen Hotels, 10 Minuten zum Nightlife.

Essen & Trinken

Im Discotheken- und Kneipenviertel Paceville findet sich für jeden Geschmack auf engem Raum etwas Passendes zu essen.

● Echt italienisch und ebenfalls nicht zu teuer isst man bei *Stefano,* 31 Church Street, gegenüber Spinola Palace, Tel: 21377211.
● Gegenüber liegt das sehr gute und hübsch in den Spinola Palace integrierte *La Ghonnella,* Tel: 21341027.
● Eine große Auswahl an Kleinigkeiten zum Mitnehmen bietet *Take Away Tastes* in der Triq Wilga.

● Rein maltesische Spezialitäten zu Preisen um Lm 3 bietet *La Maltia,* Triq il-Knisja, Tel: 21339602.
● Sehr zu empfehlen ist auch das *Borgo Vecchio Restaurant* mit Kleinigkeiten (Lm 1,50), Hauptgerichten zu Lm 2–3 und frischem Fisch zu Lm 3–5, 33 Vjal Paceville, Tel: 21336032.
● Gepriesen für seine maltesischen Kaninchen wird *Giuseppe,* Triq Ball, Tischreservierung unter Tel: 21330733 ratsam.
● Kenner der indischen Küche empfehlen das *Bombay,* Triq Ball, Mo Ruhetag, Preise zwischen Lm 1,50–3,00 und 10% Rabatt für Mitnahmegerichte, als bestes indisches Restaurant Maltas.
● Im *Brigante* schräg gegenüber hängen reihenweise Bilder bekannter US-Filmstars wie *Clark Gable* oder *Humphrey Bogart;* sehr gut schmeckt hier das Fenek für Lm 3,55, Filmfreunde essen hier „Chicken Bogey" und „Chicken Casablanca".
● Orientalische Küche bietet der *Orient Express,* Triq Sant Andrija, türkisch & libanesisch.
● Das *Sundown* (neben Orient Express) kocht einfache, aber gute amerikanische und mexikanische Küche.
● Natürlich sind auch amerikanische Burgerfabriken wie *McDonald's* oder *Burger King* anzutreffen.
● Leser empfehlen die *Fuego Salsa-Bar/Disko,* lateinamerikanische Tänze und Bar im Freien bei exzellenter Küche (gegenüber der Bay Street Mall).
● An der Durchfahrtsstrasse, St. George's Rd., Tel: 21353660, kann man im *Scotsman* typisch britische (und gute!) Fish & Chips-Gerichte genießen. Das Lokal ist zweigeteilt und bietet baulich getrennt einen Restaurant- sowie einen gesonderten Drinkbar-Bereich.

Nachtleben & Unterhaltung

Im Straßendreieck Triq San Ġorġ, Triq il-Knisja und Triq Dragunara liegen Dutzende von Bars, Kneipen und Diskotheken. Letztere sind täglich ab 22

Uhr bis 4 Uhr, an Wochenenden ab 19 Uhr geöffnet.

● Maltas „Kultdisco" **AXIS,** Tel: 21318078, wo einfach jeder gewesen sein muss, verlangt Lm 2,50 Eintritt. Nebenan wird nun wieder unter dem Namen **Footlose** geröhrt – der Name scheint hier so oft zu wechseln wie die Gäste (vormals Empire, Sinners in Heaven usw.); viele Skandinavier und Briten.

● Ruhiger ist der **Freehouse Pub** (Pint Lm 0,45), Touristen gehen allerdings eher ins **Easy Rider,** eine empfehlenswerte Bar mit guter Stimmung.

● Neu, urig, pfiffig – ganz im pseudoafrikanischen Stil kann man sich im **Zulu Tribe** im wahrsten Sinne des Wortes „die Kanne geben". Hier wird Bier in so genannten „pitchers" (ca. 2 l, Lm 1,80) ausgeschenkt. Wer nur gemütlich einen Pint schlürfen möchte – in der **Peppermint Bar** kostet er 50 Ct. Vom **Axis** wenige Meter die Treppen hinunter werden in der **Cube Vodka Bar** spezielle (alkoholische) Themenabende wie „Vodka only", „Studentenabfüllung" u.ä. angeboten. Nebenan sitzt man sehr gemütlich in der **Bar Native** (Bier 50 Ct., Mixdrinks 75 Ct.), ein paar Schritte weiter bietet die **Moskito-Bar** regelmäßig Livekonzerte. Auch unterhalb des Burger King wird in der **Alternative Alley,** www. at-the-alley.com, mit Livemusik und wechselnden Star-DJ's aus Italien und Malta insbesondere das studentische Publikum angelockt.

● Eine kleine Besonderheit bietet der **Best-in-Town-Pub** mit seinen Laser-Karaoke-Einlagen.

● Einen gänzlich anderen Eindruck macht die **Sun-Inn-Slender-Bar** mit stilvollem, altem Holzmobiliar und ruhigerer Atmosphäre.

● Einfacher und untouristisch geht es in **Dicks Bar** zu, wo englisches Frühstück für Lm 0,85, aber auch Sandwiches und Snacks günstig angeboten werden.

Shopping

Die **Bay Street Mall** bietet neben hochmodernen Einkaufsmöglichkeiten auch einen maltesischen Ableger der weltbekannten **Hard Rock Cafés,** Chaucer's Buch- und Zeitschriftenhandel, Spielothek u.a. Interessant:

Die aktuellen Flugzeiten werden auf Großleinwand permanent eingeblendet.

Ein neuer **Baymart-Supermarkt** liegt nahe der Kirche hinter der zentralen Bushaltestelle.

Sonstiges

Geldwechsel

● **Bank of Valletta,** Grenfell u. St. George's St.

● **HSBC Bank,** zweifach in der Triq San Ġorġ.

● **Wechselstube** am Hotel Conway, Ross St.

Post

● Die Post von St. Julian's befindet sich in der Triq E. Zammit.

Polizei

● Eine örtliche Polizeistation, Tel: 21332196, liegt gegenüber der Bushaltestelle in der Wied Ghomor Street.

Fahrzeugverleih

● **Hertz,** Zammit Street und Bisazza St., Tel: 21337252.

● **Joe's Garage,** Mensija St., Tel: 21314819.

● **Med Sun Rent a Car,** Tel: 21378711, an der zentralen Bushaltestelle/Ecke High Street.

● **Budget** bietet den so genannten *Flydrive Service*, wobei ein Fahrzeug am Flugplatz übernommen und abgegeben werden kann (Sliema: Palmex Petrol Station, 261 Tower Rd., Tel. 21330424, Airport: 21244023).

● **Captain Morgan,** St. George's St., bietet PKWs, Ausflugpakete und Bootstouren.

Die alten Städte: Attard, Balzan, Lija und Birkirkara   ♺ IV/A2-3

Die Bezeichnung „alte Städte" trifft streng genommen nur auf Lija, Balzan und Attard zu, das Zusammenwachsen mit Birkirkara wie auch praktische Erwägungen für den Besucher lassen es ratsam erscheinen, alle vier Teile auf der Südwestseite des Großraums Valletta zusammenzufassen. Lija, Balzan und Attard gehören zu den ältesten erhaltenen Siedlungsgebieten auf Malta, ihre Namen leiten sich von hier einst sitzenden maltesischen Großfamilien gleichen Namens ab.

Auch das Anbaugebiet der berühmten maltesischen **Orangen** liegt rund um die alten Städte, auch wenn der Durchreisende entlang der Hauptstraßen vergeblich danach Ausschau halten wird. Viele Haine mussten Wohnungsbauten weichen, auf den Hügeln außerhalb der besiedelten Fläche wachsen auch heute noch diese für Malta wichtigen Früchte (Marmelade, Kinnie's).

Sehenswertes

Birkirkara Zentrum   ♺ **IV/A2**

Von Msida, dem Schnittpunkt zwischen Valletta und Sliema führt die Triq il Ferovija (später als Triq Salvu Psaila) direkt ins Zentrum von Birkirkara (auf Schildern oft B'kara genannt). Hier beginnt man zweckmäßigerweise seinen Rundgang, Orientierungspunkt ist die auffällige McDonald's-Filiale auf

der rechten Straßenseite (Busse 43–47, 49–50, 52–57 sowie Bus 74 zum St. Anton's Garden halten hier).

Santa Elena   ♺ **IV/A2**

Rechts der Hauptstraße liegt, der Triq San Rokku kurz vor McDonald's nach rechts bis ans Ende und der Kurve nach links folgend, die vielleicht imposanteste **Barockkirche** Maltas. Santa Elena (St. Helen's) wurde um 1740 vermutlich von *S. Borg* oder *D. Cachia* errichtet. Wer von beiden letztlich verantwortlich zeichnet, bleibt bis heute in der maltesischen Architekturgeschichte ungeklärt, obgleich die Mehrheit der Forscher davon ausgeht, dass die Johanniter *D. Cachia* wegen dieser Kirche mit dem Bau der Auberge de Castille (Valletta) beauftragten. Interessant auch hier die Kalenderuhr am rechten Glockenturm.

Station Park   ♺ **IV/A2**

Auf der anderen Seite der Hauptstraße Triq Salvu Psaila biegt (kurz vor McDonald's) die Triq Fleur de Lis spitz nach links ab, wo nach 50 Metern der Station Park liegt. Die **Bahnstation** blieb trotz der Einstellung der Bahnlinie (♺ Exkurs) als einzige auf Malta – vom Restaurant vor Rabat abgesehen – erhalten, ein Wagon auf Schienen wurde originalgetreu restauriert.

●Geöffnet: 1.10–15.6. 8–12 und 14–16, 16.6.–30.9. 7:30–12 Uhr. Am Haupttor endet direkt **Bus 71** (alle 15 Minuten 5:30–22 Uhr), ansonsten die genannten Busse nach Birkirkara nehmen.

Direkt an der anderen Seite des Parks (hinteres Parktor) schließt sich die

Die Valletta-Rabat-Bahn

Haben wir nicht in der Schule gelernt „Malta gehört zu Europa" und „Island ist das einzige europäische Land ohne Eisenbahn"? Also gibt es auf Malta eine Bahn, sollte man meinen! Nun, es gab von 1883 bis 1931 eine Eisenbahnlinie von Valletta nach Mdina, die zur Zeit der britischen Kolonialherrschaft entstand. Die Malteser sind noch heute stolz auf ihren heimischen Architekten *A. Vassallo*, der vier Brücken auf der Strecke baute. Mit der Fertigstellung des ersten Elektrizitätswerkes 1903 wurde ein Teil der Schienenstrecke ab Februar 1905 sogar elektrifiziert – zumindest bis Balzan. Doch dann kamen bald die schnelleren Busse nach Malta, und die Linie musste mangels Kundenaufkommens stillgelegt werden. Heute erinnern nur noch drei Punkte an diese (einzige) maltesische Linie: das *Restaurant „Stazzjon"* in Mdina (ehemaliger Bahnhof), der *Original-Bahnhof* mit Wagon im Park von Birkirkara sowie ein kleines, privates *Eisenbahnmuseum* in Attard. In der jüngeren Vergangenheit wurde desöfteren diskutiert, ob eine ähnliche Linie nicht die durch den zunehmenden Individualverkehr entstandenen Verkehrsprobleme lösen könnte. Doch momentan ist das Thema „Bahn" Geschichte beziehungsweise Zukunftsmusik.

Relikt der Valletta-Rabat-Bahn

hübsche *Renaissancekirche Sta. Marija* an. Sie gilt als gelungenstes Werk des Architekten *T. Dingli* und wurde zwischen 1613 und 1616 errichtet.

Wignacourt-Aquädukt   🚋 IV/A2

Von der Kirche aus folgt man den Qadima- und Knisja-Straßen zum Wignacourt-Aquädukt, jener von Großmeister *Alof de Wignacourt* Anfang des 17. Jh. errichteten Wasserleitung bis Valletta, die hier entlang der Hauptstraße (Triq l'Mdina) nach Attard und Rabat über 1,5 km hervorragend erhalten ist; das schönste Stück führt von hier zum Fleur-de-Lis-Gate (Busse 80 und 81 fahren diese Strecke entlang).

Attard   🚋 IV/A2

Folgt man dem Aquädukt in die andere Richtung etwa 700 m die Triq l'Mdina entlang bis zum Ende, trifft man zwei Abzweigungen weiter rechter Hand auf die große Vjal-de-Paule-Straße, an deren Ende nach 200 Metern die berühmten **St. Anton's Palace und Gardens** von Attard liegen (Triq Salvu Psaila; die Busse 40 und 74 von Valletta oder Birkirkara fahren direkt dorthin, Bus 427 von/nach Buġibba). Der hübsche Palast und Garten geht auf Großmeister *Antoine de Paule* zurück, der den Palast um 1624 als Landsitz anlegen ließ, inoffiziell ein Geschenk des französischen „Sonnenkönigs" *Ludwig XIV.* Bis zum Ende der Johanniter auf Malta diente St. Anton den Rittern als Landsitz, anschließend den britischen Gouverneuren als Sommerresidenz. Eine Gedenk-

Rund um Valletta

Wignacourt-Aquädukt

tafel am Palast erinnert an die Erhebung der Malteser gegen die Franzosen (1800), die Malta rigoros plünderten. Selbst der Malteser *Mikiel Vassali*, der dafür eintrat, Malti als offizielle Umgangssprache einzuführen, wurde nach dem Umsturz als zu französisch verhaftet.

Der Palast ist leider nur von außen zu besichtigen, da hier seit 1974 der **maltesische Präsident** seinen Sitz hat.

Die **Gärten** sind sicherlich die bestgepflegte Anlage Maltas, mit Vogelvolieren, Schatten spendenden Bäumen und verschiedensten Blumenbeeten, in denen das ganze Jahr über etwas blüht. Schöner als Buskett und unbedingt sehenswert! Geöffnet: im Sommer täglich 9–20 Uhr, im Winterhalbjahr 8–11, 12–13:30 und 16–20 Uhr, Eintritt frei.

Vor dem Zugang zum Garten führt die Triq Idmeija (nicht die Hauptstraße Birbal) in die It Tliet Knejjes (Three Churches Road), benannt nach **drei Kapellen** rechter Hand, von denen **St. Annunziata** die größte ist.

St. Anton's Palace

Weiter geradeaus kommt man in die Triq il Mithna (Mill Street) von Attard, wo in Nummer 63 das kleine private **Eisenbahnmuseum** von *Nicolas Azzopardi* liegt. Der alte Herr zeigt gerne gegen einen kleinen Obulus seine Sammlung von Originalgegenständen aus der Zeit der Valletta–Rabat-Eisenbahn (⤲ Exkurs), bei der sein Vater noch selbst tätig war.

Lija   ⤲ **IV/A2**

An der Hauptstraße Triq in Naxxar fahren die Busse 40–45, 47–50 und 52–58. Nur die 40 fährt nach Lija,

berühmt für sein **Feuerwerk während der Festa am 8. August** rund um die **Pfarrkirche St. Saviour.** Zwar werden auch in anderen Orten Feuerwerke gezündet, Lija aber gilt landesweit als das Nonplusultra! Die Pfarrkirche stammt von *G. Barbara* und wurde zwischen 1642 und 1728 auf dem Grundriss eines lateinischen Kreuzes errichtet.

Hamrun, Qormi   ⤲ **X/A-B3**

Östlich von Birkirkara liegt der Ortsteil Hamrun, ein reines **Wohngebiet;** südlich und damit am südwestlichen Ende des Großraumes Valletta der Bezirk Qormi, wo traditionell die **Backöfen** der maltesischen Bäcker hergestellt werden.

Marsa   ↗ X/B-C3

Hält man sich – von Valletta/Floriana aus landeinwärts blickend – nach links, so erreicht man das **Hafenviertel** Marsa, die Vorstädte der berühmten Steinzeittempel Tarxien und Paola (Pawla) sowie die alten Stadtteile Birgu, Kalkara und Cospicua jenseits der „Cottonera-Lines", jenen alten Siedlungen der Kreuzritter, die lange vor der Gründung Vallettas entstanden.

Marsa, was auf maltesisch soviel wie „Hafen" bedeutet, ist seit jeher der Werften- und Umschlagplatz Vallettas. Durch die Eröffnung des Freeport Birżebbuga hat sich die Bedeutung Marsas auf den **Werftenbetrieb** reduziert. Auf der Fahrt zum Flughafen, den Steinzeittempeln oder den Städten der Cottonera passiert jeder Besucher Marsa und wird feststellen, dass ein Großteil der maltesischen **Industrie** hier zu finden ist.

Lohnenswert ist ein Blick auf Maltas größten **Friedhof,** den **Addolorato Cemetery** an der Triq il Garibaldi, an der Ausfallstraße Richtung Luqa-Airport linker Hand.

Auch das moderne Sport- und Freizeitzentrum Maltas, der **Marsa Sports & Country Club** mit Sportangeboten von Billiard bis Cricket auch für Touristen (↗ Sport und Aktivitäten) liegt in Marsa.

Pawla (Paola) [Paula] und Tarxien

[Tarschien]   ↗ XI/C-D3

Auf dem Weg von Marsa nach Vittoriosa (Birgu) fällt an der Hauptstraße in Paola rechter Hand Maltas größte **Moschee** auf. Nachfahren der nicht zum Christentum konvertierten Araber, vor allem aber moslemische Gastarbeiter aus Libyen und Tunesien haben sich hier zu einer kleinen Gemeinde zusammengefunden.

Hypogäum   ↗ XI/C3

Der Hauptgrund aber, warum Heerscharen von Archäologen und Historikern nach Paola kommen, ist das weltbekannte Hypogäum von Hal Saflieni.

Die **Entdeckung** des Hypogäums verdankt die Welt einem Zufall. Im Jahre 1902 schwang ein Straßenarbeiter beim Bau einer Zisterne in Pawla etwas zu rabiat die Spitzhacke und brach dabei in den Boden ein, um kurz darauf als Entdecker einer alten Kultur gefeiert zu werden.

Die **Ausgrabungen** der vollständig erhaltenen Anlage wurden im Wesentlichen von T. Zammit, dem damaligen Direktor des Nationalmuseums geleitet.

Das **Alter** war durch die Fundstücke schon bald auf etwa 3500 v. Chr. bestimmt und fällt somit noch vor die Entstehung von Tarxien, aber nach Ġgantija/Gozo. Insgesamt umfasst das Hypogäum auf knapp 500 qm über dreißig Räume und Nischen.

Man ging zunächst davon aus, dass es sich um einen unterirdischen Friedhof (= *Hypogäum*) handelt, diese Meinung wurde aber dahingehend revidiert, dass es sich um eine **Kultstätte der Priesterinnen** handele, wobei nur diese – also weder Männer noch Nicht-Priesterinnen – hier auch bestattet wurden. Dies scheint auch mit dem damals verbreiteten Matriarchat und dem Glauben an die Erdgöttin *Magna Mater* in Einklang zu stehen. Der Glaube an die nahrungsspendende Erde ließe es auch plausibel erscheinen, dass für allerheiligste Rituale ein der Erde und dem Erdinneren (= Schoß der Magna Mater) möglichst naher Tempel gebaut wurde, für allgemeine Alltagsrituale wie Tieropfer, Wetterflehen usw. aber ein überirdischer Megalithenbau genügte. Auch wenn die Funktion vieler Räume geklärt werden konnte, bleibt dem Hypogäum auch heute noch einiges Mysteriöses.

Das gesamte erste und Teile des zweiten unterirdischen Stockwerkes waren mit „vielen" (die Angaben schwanken zwischen 100 und 30.000) **weiblichen Skeletten** angefüllt, der Rest wurde leer vorgefunden, von einigen wenigen Steinfiguren und unregelmäßigen erdfarbenen Bemalungen abgesehen.

Die Tatsache, dass der Bau **über drei Stockwerke** etwa 15 m tief in die Erde führt, unterscheidet das Hypogäum von anderen steinzeitlichen Tempelanlagen und ließ heftige wissenschaftliche Debatten über den Zweck entbrennen.

● Ursprünglich wurde das Hypogäum über den unterirdischen, am höchsten gelegenen 1. Stock betreten. Aus statischen Gründen wurde eine **Wendeltreppe (1)** von der Erdoberfläche zum 2. Stock eingebaut, auf welcher man heute in die Anlage hinabsteigt.

● Am Ende des kleinen Korridors liegen die Reste des alten **Brunnens (2),** an dem jener besagte „Entdecker" 1902 arbeitete. Dieser Teil ist also modern und hat nichts mit dem sich anschließenden Tempel zu tun.

● Der erste Raum des Hypogäums wird als **Lobby oder Korridor (3)** bezeichnet.

● Von dort führt ein Anstieg rechter Hand zum **1. Stock (4).** Hier in den Seitenkammern wurden die meisten Skelette gefunden, und hier befand sich auch der ursprüngliche Eingang, sehr wahrscheinlich in Form einer von Megalithen gesäumten steinernen Treppe (nicht erhalten).

Marsa-Mosque – größte Moschee Maltas

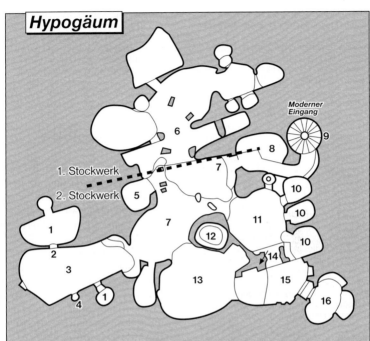

Hypogäum

Moderner
Eingang

1. Stockwerk
2. Stockwerk

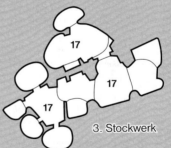

3. Stockwerk

1 Nebenkammern
2 Durchbruch zur Nebenkammer
3 Accoustic Hall
4 Orakelloch
5 Kleine Kammer
6 1. Stock mit Nebenhöhlen
7 Korridor
8 Zisterne von 1902
9 moderner Zugang
10 kleine Etagenkammern
11 Main Hall
12 Grube
13 Orakelkammer
14 Durchgang zur Tempelhalle
   und Abgang 3. Stock
15 Tempelraum
16 Opferraum
17 Kammern der dritten Etage

0   5 m

Rund um Valletta

- Die kleine Höhle am Ostende zwischen beiden Etagen könnte eine Art **Warteraum (5)** gewesen sein.
- Auf der zweiten Etage zweigen vom Korridor drei Räume nach Osten, Süden und Westen ab. Nach Osten schließt sich die **Main-Hall (Haupthalle, 6)** an, hinter der mehrere kleine, bienenwabenähnlich übereinander gebaute **Kammern (7)** liegen.
- Die steinerne **Treppe (8)** am Südende der Haupthalle, neben dem Durchgang zum Tempelraum führt abwärts zum 3. Stock – Vorsicht Falle! Unter die siebente Stufe wurde eine 2,50 m tiefe Grube gegraben, ein nur handbreiter Steg an der rechten Mauerseite führt zu den Kammern dieses Stocks.
- Die einzelnen **Kammern (9)** hier unten waren ursprünglich nicht miteinander verbunden, sondern durch 2 m hohe Wände getrennt (der heutige Durchgang wurde für die Besucher angelegt). Die Mutmaßungen über den Zweck dieses Stockwerks reichen von Vorratskammer über Meditationszentrum bis hin zu sakraler Schatzkammer der Jungsteinzeit.
- Wieder im 2. Stock liegen am westlichen und südwestlichen Ende des Korridors zwei weitere Kammern. Zum einen die in Steinzeittempeln häufig anzutreffenden **Orakelkammer (10)**, in der die Priesterin in abgeschiedener Meditation eine Weissagung erfuhr.
- Zum anderen die so genannte **Accoustic Hall (11)**, so bezeichnet nach einem kleinen Erker, aus dem sich bei Hineinsprechen das Echo bis in die Haupthalle entfaltet.
- Die übrigen **Nebenräume (12)** der Akkustikhalle dienten vermutlich als Lagerräume.
- Man gelangt von einem schmalen Durchgang der Haupthalle oder vom Südende des Korridors aus in die **Great Hall (große Halle)**, einem leicht vertieften Vorraum zum **Tempelraum (13)**.
- In die linke Wand ist eine **Grube (14)** eingelassen, in der die meisten Figuren der Anlage (zu sehen im Nationalmuseum) gefunden wurden. Die bedeutendste Fundfigur aus dem Hypogäum ist die **Schlafende Magna Mater** auf einer Steinbank (ausgestellt im Nationalmuseum, Valletta).
- Von der Haupthalle oder der großen Halle aus erreicht man endlich den eigentlichen Tempelraum mit sich anschließendem vertieftem, bogenförmigem **Opferraum (15)**. Blutauffangschalen und Anordnung des Opferaltars deuteten auf Tieropfer-Rituale hin. Es verwundert allerdings, dass sich im Gemäuer Löcher – vermutlich für Befestigungsseile – und keine Tierskelette, wohl aber Tausende menschlicher Skelette befanden. Trotz der einhelligen wissenschaftlichen Meinung, dass es auf Malta keine Menschenopfer gab, muss hinterfragt werden, ob Hühner tatsächlich vor der Opferung gefesselt wurden!

Bevor sich der begeisterte Hobbyforscher und Interessierte nun auf den Weg nach Paola macht, muss leider auf ein Problem hingewiesen werden: Das Hypogäum zählt zu den unersetzlichen Relikten der jungsteinzeitlichen Kulturen des Mittelmeerraumes. Was im Schoße der Erde unentdeckt Jahrtausende unversehrt überdauert hat, litt spürbar in nur wenigen Jahren durch den modernen Tourismus. Hauptsächlich die feuchte Atemluft hat den Malereien, teilweise aber auch der Bausubstanz so stark zugesetzt, dass praktisch **fortwährend Renovierungsarbeiten** anfallen.

Nach Jahren der Unsicherheit, ob das Hypogäum jemals wieder der **Öffentlichkeit** zugänglich sein würde (die Atememissionen der Besucherströme sowie das Licht beschädigten die Artefakte teilweise nachhaltig), hat man sich nunmehr auf einen – hoffentlich dauerhaften – Kompromiss verständigt, mit dem die „Zufallskundschaft" verständlicher Weise außen vor gehalten werden soll: im Museum für Archäologie (↗ Valletta, Tel. 21221623) oder direkt am Hypogäum (Tel. 21805019) muss man 10 Tage vor dem geplanten Besuch sein Ticket ordern (Lm 4), wobei maximal 10 Besucher pro Stunde zugelassen werden. Da die meisten Besucher 2 Wochen in Malta bleiben und in den ersten Tagen nicht daran denken ein Hypogäumticket zu beantragen stehen die Chancen für einen Besuch für wirklich Interessierte Archäologen und Historiker durchaus gut.

Tempelanlagen von Tarxien   ↗ XI/C3

An Paola schließt sich, obschon im Stadtbild nicht zu unterscheiden, der Bezirk Tarxien an, bekannt durch die gleichnamigen *jungsteinzeitlichen* *Megalithentempel.* Ein gutes Jahrzehnt nach der Entdeckung des Hypogäums grub *T. Zammit* 1915 hier die Relikte zweier verschiedener Phasen aus. Die untere, ältere Schicht stammt von 3000–2500 v. Chr. (jungsteinzeitlich), darüber wurden Knochenreste und Keramiken aus der späteren Bronzezeit (2000–1000 v. Chr.) gefunden. Letztere wurde vollständig abgetragen, Gefäße und Schmuckstücke, die als Grabbeigaben dieses bronzezeitlichen Urnenfriedhofes interpretiert werden, sind im Nationalmuseum (Valletta) zu sehen. Das gesamte Urnenfeld war mit einer Ascheschicht bedeckt, was auf eine spätere Verbrennung des Friedhofes schließen lässt.

Rund um Valletta

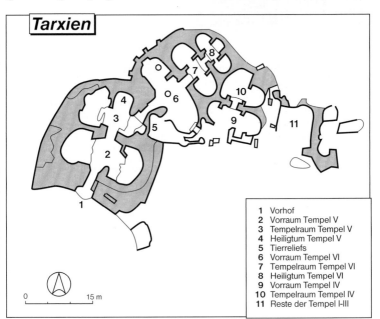

Tarxien

1 Vorhof
2 Vorraum Tempel V
3 Tempelraum Tempel V
4 Heiligtum Tempel V
5 Tierreliefs
6 Vorraum Tempel VI
7 Tempelraum Tempel VI
8 Heiligtum Tempel VI
9 Vorraum Tempel IV
10 Tempelraum Tempel IV
11 Reste der Tempel I-III

0   15 m

Architektonisch sind sie alle von der in Malta häufig vorkommenden **„Trilithen"-Bauweise** (griech. *Tri* = 3 und *Lithos* = Stein) geprägt, was nichts anderes bedeutet, als dass auf zwei schwere, schlanke, senkrecht stehende Steine ein großer Querblock oben aufgelegt wurde. Die steinernen Kugeln, auf denen die schweren Quader transportiert wurden, hat man teilweise in der Anlage belassen.

Zu besichtigen ist in Tarxien daher der ältere, **neolithische Tempelbereich,** dessen mobile Fundstücke einschließlich der Opferaltäre ebenfalls im Nationalmuseum ausgestellt werden. Jeder in der Anlage zu sehende Altar ist daher „nur" eine originalgetreue Kopie.

Tatsächlich handelt es sich, soweit bislang ausgegraben, um **sechs Tempel,** die von I (ältester) bis VI (jüngster) nummeriert wurden. Gut erhalten sind die Tempel IV–VI, die an und auf den älteren (I–III), nur noch zu erahnenden Bauten errichtet wurden. Zeitlich sind die jüngeren drei Tempel (IV–VI) in die Zeit um 2800–2600 v. Chr. einzuordnen.

Steinernes Gefäß im Tarxien-Tempel

●Vom **Vorhof (1)** aus betritt man den **Vorraum (2)** des zweitjüngsten **Tempel V** mit einem erhaltenen Altarraum (links), in dem ein Spiralenmotiv (vermutlich ein Lebenskreislauf) gut zu erkennen ist. Diverse Tierzeichnungen deuten auf die hier stattgefundenen Opfer hin – verbrannte Knochen von Ziegen und Schafen gehörten zu den häufigsten Funden. Rechts steht die Nachbildung der spektakulären, seinerzeit 3 m hohen **Magna Mater.** Nur die untere Hälfte der breithüftigen Kolossalfigur wurde allerdings gefunden, die obere Hälfte blieb verschollen.

●Über den **Tempelraum (3)** mit den erwähnten Spiralen an den von Blutrinnen begrenzten Altären gelangt man zum **Heiligtum (4).** Dieses durfte vermutlich nur von Auserwählten betreten werden und zeichnet sich durch besonders fein gearbeitete Altarsteine aus.

●Die rechte Seitenkammer des Tempelraumes bildet den Durchgang zum **Vorraum (6)** des jüngsten **Tempel VI.** Im Zentrum dieses besterhaltenen Vorraumes aller maltesischen Steinzeittempel steht eine steinerne, von Brandspuren gezeichnete Feuerschale. Die hervorragend aufeinander abgestimmten Bodenplatten wie auch die Wände vermitteln hier den besten Eindruck, wie es wohl vor knapp 5000 Jahren aussah.

●Vom rechten Flügel des Vorraumes führt ein Durchgang zur längsten **Steinplatte (5)** aller Tarxientempel, auf der noch schwach originale Tierdarstellungen, sehr wahrscheinlich Rinder und ein Schwein mit Ferkeln, zu erkennen sind.

- Im *Hauptraum (7)* deuten Altäre, Spiralen und eine weitere Steinschale auf einen ähnlichen Zweck (Opfer) wie in Tempel V hin.
- Der kleinste Raum des Zentraltempels, das *Heiligtum (8)* war wiederum den Hohepriesterinnen vorbehalten.
- Vom ältesten *Tempel IV* sind die äußeren Steinplatten nur noch teilweise vorhanden. *Vorraum (9)* und *Tempelraum (10)* wurden sehr wahrscheinlich von den Benutzern des später gebauten Tempel VI mitbenutzt. Gut zu erkennen ist auch hier die bei älteren Anlagen oft zu findende Orakelnische mit dem Orakelloch, in dem der Priester kauerte, auf göttliche Eingebung wartete und diese anschließend nach außen flüsterte. In den Resten dieses Tempels wurden die meisten Urnen und Überreste der späteren Bronzezeit gefunden.
- Hinter Tempel IV sind noch einige Fundamente der *Tempel I-III* zu erkennen; die Ausgrabungen sollen zwar fortgesetzt werden, verzögern sich aber wegen etlicher Probleme mit den direkt angrenzenden Wohnhäusern.

Von allen steinzeitlichen Anlagen Maltas wurde auf Tarxien offensichtlich die größte Mühe verwandt, was letztlich auch darauf zurückzuführen ist, dass hier mehrere Tempel zusammenliegen. Wer sich anhand nur einer Anlage einen exemplarischen Überblick über die neolithische Megalithenkultur auf Malta verschaffen möchte, sollte sich auf Tarxien beschränken.

- *Geöffnet* täglich außer sonn- und feiertags von 8:15–17 Uhr, von Mitte Juni bis Ende September nur 7:45–14 Uhr.
- *Eintritt* Lm 2, Kinder die Hälfte.

Anfahrt

Man erreicht das Hypogäum wie auch die Tarxien-Anlage mit den Paola-Bussen, die am großen Kirchplatz in Paola halten. Von hier aus sind es 200 m die (hier beginnende) Triq

Ħal Luqa entlang bis zur großen Kreuzung mit der Triq Ħal Tarxien. 50 m nach rechts kommt man zur (beschilderten) Triq Ħal Saflieni und dem Hypogäum, nach links folgt man der Ħal Tarxien (geht in Sta. Maria über) etwa 400 m bis zu der kleinen Stadtparkfläche mit WC (hier auch Haltestelle der Linien 8, 11-13, 15, 26, 27, 29, 115, und 427), dort liegen die Tempel (Schild „Neolithic Temples") 50 m linker Hand.

The „Three Cities" (Cottonera)   ♫ XI/C-D2-3

Auf der Valletta südostwärts gegenüberliegenden Seite des Grand Harbour liegen zwei spitze Landzungen mit den Ortsteilen Vittoriosa (Birgu) und Senglea, verbunden landseitig durch die Siedlung Cospicua. Dieser „Three Cities" genannte Komplex ist von der Hauptstadt Valletta durch den Marsa Creek und den Hafenbezirk Marsa getrennt.

Als die Johanniter 1530 nach Malta kamen, fanden sie an älteren, vermutlich bis in die phoenizische Epoche zurückreichenden *Befestigungen* neben Fort St. Elmo auf dem Monte Scibberas nur die der Hauptstadt Mdina sowie St. Angelo in Birgu vor. Die Johanniter erkannten den strategischen Wert des natürlichen Grand Harbour und konzentrierten sich auf den Ausbau dieser Stützpunkte.

Birgu (Borgo = Burg), wo schon etliche Bauten der Normannenzeit standen, sollte alle provisorischen Verwaltungseinrichtungen der Ritter beherbergen. Natürlich trugen die bis dahin kleineren Befestigungen noch nicht diese Namen und wurden erst von den Ordensrittern in den Jahren um 1530–1550 zu Festungen ausgebaut.

Nach der ersten Angriffswelle der Türken (1552) kam landseitig im heutigen *Senglea* das Fort St. Michael hinzu, und dies waren dann auch schon alle Forts, die während der großen Belagerung (1565) zur Verfügung standen.

Der militärische Schwachpunkt des neuen Hauptsitzes, das landseitige Siedlungsgebiet *Cospicua,* wurde erst lange nach der großen Belagerung und dem Bau Vallettas verstärkt. 1638–1736 wurde der erste Festungsring um Cospicua als Sta. Margarita Lines aufgestellt; dauerhafte Uneinnehmbarkeit wurde aber erst mit den unter Großmeister *Nichola Cotoner* (1663–1680) gebauten, äußeren, fast 5 km langen und nach ihm benannten Cottonera Lines gewährleistet.

Dieser Festungsgürtel umschließt Vittoriosa, Senglea und Cospicua, woraus der Name „Three Cities" oder eben Cottonera entstand.

Vittoriosa (Birgu)   ♫ XX/A-B1-2

„Die Befestigungsanlagen der Stadt, Zufluchtsort und Sitz des ehemaligen Johanniterordens zu Jerusalem, bestürmt im Jahre des Heils 1565 von einem riesigen Türkenheer und wegen ihrer durch göttliche Fügung vortrefflichen Verteidigung mit dem Namen „Die Siegreiche" ausgezeichnet, wurden durch die Kriegseinwirkungen stark beschädigt und stürzten im Laufe der Zeit ein. Auf Grund der Fürsorge und Wachsamkeit des Großmeisters, des Herren Ant. Manoel de Vilhena, wurden sie erneuert. Im gegenwärtigen Jahr des Heils 1826 sind sie noch verstärkt worden." (lateinische Inschrift am Stadttor von Vittoriosa)

Vittoriosa (= die Siegreiche), wie das alte Birgu seit der überstandenen Türkenbelagerung 1565 genannt wird, ist die älteste Siedlung der Johanniter auf Malta, birgt aber auch Relikte der weiter zurückliegenden Normannenzeit. Als Besucher empfindet man den kleinstädtischen Charakter Vittoriosas mit gerade einmal 4000 Einwohnern als willkommenen Kontrast zum quirligen Valletta.

Ein kompletter *Rundgang* mit Besichtigungen ist leicht an einem Vormittag möglich; wenn nicht anders erwähnt, befinden sich die Gebäude in Privatbesitz und können nicht von innen besichtigt werden.

Bastionszugang   ♫ XX/B1-2

Man betritt Birgu über den ehemaligen *Wassergraben* und das beeindruckende *Stadttor,* welches von den beiden mächtigen Kavalieren *St. John's* (rechts, geschlossen) und Poste d'Aragon/Poste de France linker Hand gesäumt wird.

Auf der *Poste de France* sind noch alte Kanonen zur Hafenverteidigung zu sehen, in der *Poste d'Aragon* wird in einer permanenten *Fotoausstellung* die Geschichte Vittoriosas in Bildern und Fotografien beschrieben (Eintritt frei).

Annunciation Church
(St. Dominik)   ♫ XX/B1

Die in Birgu ansässigen Dominikanermöche erbauten 1528, kurz vor der Ankunft der Johanniter auf Malta, diese ihrem Schutzpatron geweihte *Verkündigungskirche.* Sie wirkt innen durch die roten Wandbehänge, die sil-

Anlegestelle von Vittoriosa

bernen Kerzenleuchter und Kristall-Lüster schlicht und doch gleichzeitig prunkvoll. Auf der rechten Seite im Schiff steht eine Statue des heiligen Dominik aus dem 16. Jahrhundert.

● Geöffnet täglich 8–17 Uhr, So 8–14 Uhr.

Inquisitorenpalast　　　⚲ XX/B1

Nach ihrer Ankunft bauten die Johanniter das vorgefundene Gebäude (vermutlich ein Gerichtshof) aus der Normannenzeit ab 1535 aus und nutzten es zunächst als Castellania (⚲ Valletta) und Hinrichtungsstätte. Die kirchliche Inquisition oblag bis 1574 dem jeweiligen Bischof von Malta, der vom Vizekönig des spanischen Monarchen (Sitz in Sizilien) entsandt wurde. Als oberste Entscheidungsinstanz in Glaubensfragen schickte dann der Papst von 1574 bis 1798 insgesamt 68 Inquisitoren nach Malta. Diese nutzten im Namen des Herren den einzigen heute noch erhaltenen Inquisitionspalast Europas als Sitz, Folterkeller und Kerker.

Die Inquisitoren verstanden ihr Geschäft offenbar, immerhin wurden später zwei zu Päpsten und 22 zu Kardinälen ernannt.

Interessant ist der **Verhandlungssaal,** den die Gefangenen auf die Worte „Knie hin, beug das Haupt zum Knie – *in excelsis domini* " in demütiger Haltung durch die zu diesem Zweck vertiefte Tür zu betreten hatten.

● Geöffnet täglich 9–17 Uhr, Eintritt Lm 3, Kinder frei.

Victory Square ☷ XX/B1

Die Main Gate Street öffnet sich zum Victory Square (Siegesplatz), dem dörflichen Zentrum Vittoriosas. In der Mitte wurde 1705 das **Victory Monument** zum 140. Jahrestag der großen Belagerung aufgestellt.

Das **steinerne Kreuz** auf dem Platz markiert die ehemalige Richtstätte, auf der bis zur Verlegung in den Inquisitorenpalast im 16. Jahrhundert die Köpfe rollten.

Am Victory Square liegt ferner der traditionelle Treffpunkt des örtlichen Musikvereins, der **Grenzstein** daneben markiert das dahinter liegende, seinerzeit exklusiv den Ordensrittern vorbehaltene Wohngebiet.

Oratorium St. Joseph's ☷ XX/B1

St. Joseph's Oratory oder Chapel wird das kleine **Kirchenmuseum** unmittelbar an der St. Lawrence Church am Victory Square genannt. Eigentlich handelt es sich hier mehr um ein Museum mit Ausstellungsstücken zum Zweiten Weltkrieg, aber auch Kampfschwert und Hut des Großmeisters *Jean Parisot de la Valette* sind hier zu sehen.

● Die Öffnungszeiten werden handschriftlich auf einer Tafel angezeigt und ändern sich häufig, als Kernzeit kann aber täglich 8–12 Uhr und 13–16 Uhr gelten; Eintritt frei, eine kleine Spende wird allerdings erwartet (Lm 0,30–0,50 pro Person sind in Ordnung).

Kirche San Lorenzo ☷ XX/B1-2

Schon im 11. Jahrhundert stand hier, den heutigen Jachthafen überblickend, Maltas älteste Pfarrkirche. Ob sie damals schon San Lorenzo hieß oder tatsächlich von *Roger dem Normannen* gebaut wurde, konnte nicht eindeutig geklärt werden. Als „San Lorenzo del Mare" ist ein Neubau von 1432 an gleicher Stelle urkundlich erwähnt. 1530 bestimmte Großmeister *L'Isle Adam* San Lorenzo zur Ordenskirche, woraufhin sie nach und nach um Sakristei und Friedhof (1532), Kuppel (1581) sowie Chor und Langhaus (1586) erweitert wurde. Trotz der vielen und aufwendigen Verbesserungen wurde *L. Gafà* mit einem völligen Neubau (1681–1697) anlässlich des Einzuges des neugewählten Großmeisters *Ramon Perellos y Rocaful* beauftragt. *Gafà* wählte als Grundriss ein christliches Kreuz mit drei Kapellen an den kurzen Seiten. Sehr selten und beeindruckend sind die mit rosa Marmor verkleideten Zentralpilaster im Inneren. Die Gewölbemalerei stammt von *I. Cortes* und zeigt Szenen aus dem Leben des Kirchenpatrons Laurentius (Lawrenz). Sehenswert sind auch die Großmeisterdarstellungen neben den Gewölbefenstern.

Freedom Memorial   ↗ XX/B2

Als Pendant zur Independenzia von Floriana wurde 1979, nach dem Abzug der letzten britischen Truppen von Malta, das *Freiheitsdenkmal* errichtet. Der kleine Platz zwischen dem Seiteneingang der Kirche San Lorenzo und dem Hafenbecken wurde nicht zufällig gewählt: Genau hier betrat der letzte britische Soldat die Planke zum Schiff in die Heimat.

Maritime Museum   ↗ XX/B2

Wer sich von einem Marinemuseum Aufschlüsse über die lange Geschichte der Seefahrt auf Malta erhofft, wird im Gebäude der *ehemaligen Pulverkammer und Bäckerei* eher enttäuscht werden. Geworben wird mit den Abteilungen *Picture Gallery, Underwater Archeology, Models, Order of St John, Navigational Instruments, Malta Customs, Maltese Boats* und *British Malta*. Jede „Abteilung" besteht aber bislang nur aus einer Hand voll Exponaten, ein umfassender Eindruck über Seefahrtsgeschichte kann leider nicht so recht entstehen. Die Ausstellung wird jedoch noch erweitert.

●Eintritt Lm 2, Kinder und Senioren frei, geöffnet täglich 9–17 Uhr.

Fort St. Angelo   ↗ XX/A1-2

Die ältesten Teile des Fort St. Angelo reichen zurück bis ins 9. Jh., die Phase der Araber auf Malta. Großmeister *L'Isle Adam* ließ 1530 die heutige Festung ausbauen und erwählte sie als Sitz des Ordens. Auf dem höchsten Punkt St. Angelos wurde die *St.-Anna-Kapelle* errichtet, in der eine antike, möglicherweise von einem hier einst existierenden Juno-Tempel stammende Granitsäule aufbewahrt wurde.

Von der (seit 2003 gesperrten) steinernen Brücke vor dem Fort blickt man hinunter in den so genannten *Galley Harbour* (Galeerenhafen), wo die von Sklaven angetriebenen Karacken (Galeeren) des Ordens anlegten.

St. Angelo behielt seine *militärische Bedeutung* bis in die jüngere Vergangenheit; auch im Zweiten Weltkrieg wurde St. Angelo zum Symbol der Uneinnehmbarkeit Maltas. Nach dem Krieg hatte die Admiralität der britischen Mittelmeerflotte bis 1979 hier ihren Sitz.

Heute unterhält der Malteserorden unter dem aktuellen Großmeister *Fra' Andrew Bertie* in Fort St. Angelo eine *historische Sammlung (Accademia Internazionale Melitense)*, ein Militär- und Marinemuseum ist im Aufbau.

Man kann ab dem Maritime Museum am Hafen entlang und über eine Treppe bis zum Fuß des Forts und weiter gehen. Mit Mut und Taschenlampe können Unerschrockene sich dann von unten her durch die ehemaligen Sklavenverliese und dunkle, bis auf Skelette und Ratten verlassene Katakomben tasten ...

Die Herbergen der Zungen ♒ XX/A-B1

Zwei architektonische Epochen kamen bei den Ordensbauten Vittoriosas zum Tragen. Während St. Angelos Großmeisterpalast, Spital und Castellania unverzüglich nach Ankunft der Ritter gebaut wurden (1530–1533) und gotische Stilelemente aufweisen, zeigen die den Architekten *N. Bellavanti* und *B. Genga* zugeschriebenen Herbergen der Landsmannschaften (ab 1535 und später) Merkmale der frühen Renaissance.

Die **Auberge d'Allemagne,** direkt am Victory Square gelegen, wurde 1942 zerstört und nur teilweise im alten Stil wieder aufgebaut.

Direkt nebenan in der Britannic Street liegt die alte **Auberge d'Angleterre,** wobei die deutschen und angelsächsischen Zungen als einzige direkt benachbart waren. Die Sprachen beider Landsmannschaften (Altenglisch und Altmittelhochdeutsch) waren eng verwandt, was die kulturelle und lokale Nähe beider erklärt (die spätere Vereinigung der bayerischen, englischen und russischen Zunge, geht auf *Zar Paul I.* von Russland zurück, ♒ Valletta).

Gegenüber bauten die romanischen Zungen ihre **Auberge d'Auvergne et de Provence** und die **Auberge de France.**

Die **Auberge de Castille et Portugal** liegt rechts am Ende der Britannic Street.

Nur die Italiener, die traditionell den Großadmiral stellten und für die Flotte verantwortlich waren, wählten ihren Sitz, die **Auberge d'Italie,** direkt am Galeerenhafen vor St. Angelo. Wie die italienischen Ritter die senkrecht abfallenden fünfzig Meter zum Hafenbecken überbrückten? Durch einen Geheimgang in ihrer Auberge! Italien war daher auch von der Verteidigung der Landfestung ausgenommen, allen anderen Zungen war traditionell ein bestimmter Abschnitt der Mauern zur Verteidigung zugeordnet.

An einer Stelle, dem kastillanischen Abschnitt **(Poste de Castille)** gelang den Türken 1565 um Haaresbreite der Durchbruch, die ersten Belagerer hatten bereits die Mauern erklommen und drangen in die Stadt vor. Den Urkunden zufolge wehrte *de la Valette* höchstpersönlich an der Spitze seiner Leibwache kämpfend die Eindringlinge ab (♒ Geschichte).

Viele der Herbergen wurden durch die Luftangriffe 1941 und 1942 zerstört oder stark beschädigt und nach dem Krieg nur teilweise nach den alten Plänen renoviert und wieder aufgebaut. Eine Innenbesichtigung ist leider nicht möglich, alle Gebäude dienen heute als private Lager-, Werkstatt- oder Wohnräume.

Ordenshospital und Waffenkammer ♒ XX/B1

Als Vorläufer des Ordensspitals von Valletta blickte die **Sacra Infermeria** von Vittoriosa nach Aufnahme ihrer Tätigkeit im Jahre 1531 auf eine lange, noch aus der Zeit von Rhodos stammende Tradition hervorragender Heilkunst zurück. Der ausgezeichnete Ruf wurde während der großen Belagerung von 1565 bestätigt, denn einen

Großteil des Erfolges hatten die Johanniter ihrem Spital zu verdanken. Während auf der Seite der türkischen Belagerer Epidemien und erbärmliche hygienische Zustände die Zahl der Belagerer verringerte, konnten auf Seiten des Ordens die Verluste dank der hervorragenden Pflege vergleichsweise gering gehalten werden.

In der Triq il Kwartier/Barrack Street, hinter der St. James Bastion, lag die große **Waffenkammer** des Ordens, die nach Ausgabe aller Waffen während der Belagerung dem Spital übergeben wurde und als Lazarett diente.

1604, nach der Fertigstellung des Spitals von Valletta, wurde die Sacra Infermeria den **Benediktinerinnen** übereignet. Für die Waffenkammer fanden die frommen Schwestern allerdings keine Verwendung – sie blieb Ordensbesitz der Johanniter.

Normannenhaus   ⤷ XX/B1

Das so genannte Norman House in der North Street wird als eines der wenigen normannischen Relikte aus dem 11. Jahrhundert gehandelt. Tatsächlich stammt das heutige Gebäude aus dem 16. Jahrhundert, lediglich die Fensterbögen wurden von einem älteren normannischen Gebäude übernommen.

Bischofspalast   ⤷ XX/B1

In der Bishop's Palace Street steht der 1542 gebaute Sitz des Erzbischofs, der zuvor in der Hauptstadt Mdina, mit Ankunft der Johanniter aber auch im neuen Zentrum Vittoriosa residierte. Nach dem Bau Vallettas sollte auch der Erzbischof in die neue Hauptstadt

übersiedeln. Da die Ordensritter alte erzbischöfliche Privilegien in Valletta nicht zulassen wollten, behielten die geistlichen Würdenträger ihren Sitz in Vittoriosa und Mdina. Auf der gegenüberliegenden Straßenseite im linken Gebäudeblock waren die einfachen Geistlichen (Ordenskapläne) untergebracht.

Palazzo Università   ⤷ XX/B1

Vor der Übernahme Maltas durch die Johanniter existierten natürlich alteingesessene Adelsfamilien, die nicht per Federstrich des fernen Kaisers auf ihre alten Machtpositionen verzichten wollten. Diesem Università genannten Stand gestattete Großmeister *de Homedes* eine Art **Lokalverwaltung** mit einem eigenen Verwaltungsgebäude, dem Palazzo Università (1538).

Bis zur Abschaffung der Università durch die Briten agierte sie zunächst als Lokalverwaltung, später als zuständiges Organ für Lebensmittel- und Getreideimporte und letztlich auch als Bindeglied zwischen den Ordensrittern und der Bevölkerung. Zum Gebäude gehörten sechs unterirdische **Getreidespeicher** für Belagerungszeiten.

Senglea (Isla)   ⤷ XX/A-B2-3

Erfreut sich der Besucher schon in Vittoriosa der Ruhe und Beschaulichkeit, so wird er sich in Senglea in noch ältere Zeiten zurückversetzt fühlen. Obgleich diese Landzunge optisch Vittoriosa sehr ähnelt, spielte sie nie eine sonderlich bedeutsame Rolle. Groß-

Rund um Valletta

meister *Claude de la Sengle* (1553–57) ließ hier die Lagerräume des Ordens errichten, wirklich befestigt wurde die nach ihm benannte Halbinsel nach dem ersten, glücklich abgewehrten Türkenüberfall mit Fort St. Michael (1552). In der Hauptstraße von Senglea, der **Victory Street,** die sich von der Kirche Our Lady of Victory bis zur San-Filipu-Kirche erstreckt, wurden an den Laternenpfählen Schilde mit den Wappen aller Großmeister auf Malta angebracht.

Fort St. Michael   XX/B2

Nachdem die Türken 1547 bereits kurzzeitig in Marsaxlokk landen konnten, 1550 Gozo überfielen und 1551 dem Orden die zum Lehen gehörende Grafschaft Tripolis entreißen konnten, mussten die wichtigen Lagerhäuser auf der „Isla" genannten Landzunge Senglea geschützt werden. Der Orden bat den Vizekönig von Sizilien um Entsendung des Festungsbauers *Pietro Pardo*, der daraufhin um 1552 landseitig die Festung St. Michael errichtete.

Der Besucher betritt den Ort durch die mächtigen Mauern des **Stadttores,** der schönste Aussichtspunkt ist der meerseitige Wachtposten ⌕La Gardjola.

Our Lady of Victory   XX/B2

Das Originalgebäude von 1743 fiel den Luftwaffenangriffen auf den zur Reparatur im Hafen liegenden britischen Flugzeugträger „*Illustrious*" zum Opfer und wurde nach dem Krieg bis 1957 neu aufgebaut. Die kleine **Kirche** ist heute wieder ein sehenswertes Bauwerk, wirklichen Ruhm aber erlangt die hier jeden 8. September stattfindende **Festa** zum Sieg über die Türken. Das Straßenfest vor der Kirche, Feuerwerke und Prozessionen sind nirgendwo sonst so feierlich und gleichzeitig lebhaft wie gerade in Senglea.

Vedette (La Gardjola)   XX/A2-3

Im 16. und 17. Jahrhundert wurde Fort St. Michael auch hafenseitig erweitert, an der Spitze der Landzunge die Bastion **Senglea Point** errichtet. Von ihr ist heute neben den beeindruckenden Mauern des **Safe Haven Garden** (Sicherer-Hafen-Garten) mit

Die Vedette – Wahrzeichen Maltas

der zum Wahrzeichen Maltas avancierten „Vedette", maltesisch „Gardjola" (Wachposten) erhalten. Der im Vergleich zu den Bastionen des Grand Harbour eher zierlich wirkende Ausguck bietet einen feinen Ausblick über Valletta, Floriana und Marsa. Die Augen und Ohren an der Vedette symbolisieren die Haupteigenschaften der Wache. Der ebenfalls stilisierte Pelikan ernährt dem Volksglauben nach seine Jungen im Notfall mit dem eigenen Blut und gilt als Symbol für aufopfernde Mutterliebe, aber auch für den Opfertod Christi.

Cospicua
(Bormla)   ♫ XXI/C-D1-3

Wenn man von Vittoriosa aus einfach der Hauptstraße am Hafen entlang durch Cospicua Richtung Senglea läuft, passiert man linker Hand die **Kirche Immaculate Conception** (unbefleckte Empfängnis), eine modern anmutende Monumentalkirche mit Mahnmal an die Bombardierung vom November 1942. Der ursprüngliche Bau reicht in das Jahr 1584 zurück, nach mehreren Erweiterungen wurde er schließlich 1732 fertig gestellt.

Hält man sich hinter der Biegung am **Hafenbecken** rechts und biegt in die Triq Panzaveccia ein, ist Senglea bald erreicht.

Wen die alten Festungen der Cottonera interessieren: Von der Biegung aus kann man in wenigen Minuten zu Fuß die **Sta Margarita Lines** (300 m) und die äußeren **Cottonera Lines** (750 m) von Cospicua erreichen.

An-/Abreise

●Die **Busse 1, 4** und **6** halten direkt vor dem Stadtgraben **Vittoriosas,** (die 2 fährt bis Ortsmitte), zurück nach Valletta geht es an der großen Haltestelle schräg gegenüber auf der anderen Straßenseite.

Nur **Bus 3** fährt nach **Senglea** hinein, die anderen halten nur an der Landzunge, man muss dann etwa 250 m die Triq Panzaveccia bis zum Stadttor von Senglea laufen.

●Eine weitaus stilvollere Anreisemöglichkeit besteht mit der Überfahrt in den **Dhgajjes,** jenen venezianischen Gondeln ähnelnden bunten Fährbooten, die privat – und mangels Kundschaft in zunehmend geringerer Zahl – zwischen Valletta (Old Custom's House) und Vittoriosa (Kai am Marinemuseum) verkehren – Preis vorher aushandeln, Richtpreis Lm 2/Person (öfters in Vittoriosa anzutreffen).

●**Zu Fuß** dauert der Weg zwischen Vittoriosa und Senglea von Stadttor zu Stadttor etwa 20 Minuten (♫ Cospicua).

Essen und Trinken
in der Cottonera

●Für eine Erfrischung bietet sich in Vittoriosa das **Café de Brazil** am Misrah ir-Rebha (Victory Square) bei der *Auberge d'Allemagne* an, für den größeren Hunger empfiehlt sich die **Pastizzeria Vittoria** (Pizza, Pasta, Pastizzi, auch zum Mitnehmen) auf der gegenüberliegenden Seite des Platzes an.

●In Senglea liegen auf die Vedette zulaufend linker Hand der Triq Vittoria (Victory Street) der **Queens Own Band Club** (Café & Bar) sowie die **Senglea Social Centre Bar** (Kneipe mit sehr gutem Ħobż biż Żejt und anderen Kleinigkeiten). Selbstversorger finden am Busplatz einen **Mini-Markt,** ferner befinden sich hier die Polizei, Tel: 21824218, und eine Filiale der Bank of Valletta mit **EC-Automat.**

Kalkara ♫ XI/C-D2

Nordöstlich von Vittoriosa und außerhalb der Cottonera Lines schließt sich der Stadtteil Kalkara mit einigen Punkten von touristischem Interesse an, leider verkehren hier kaum noch Busse (nur Nr. 4, die wenige hundert Meter jenseits der Cottonera an der Biegung des Kalkara Creek/Ortseingang endet), so dass sich ein Besuch praktisch nur für Fahrer eines Leihfahrzeuges empfiehlt.

Royal Navy Spital

Von Vittoriosa aus dem Stadttor kommend und der Hauptstraße nach links folgend passiert man das unübersehbare ehemalige Royal Navy Spital, welches im Zweiten Weltkrieg ähnlich legendären Ruf errang wie die Sacra Infermeria von Vittoriosa während der großen Belagerung. Im 17. Jh. als *Familienpalast* errichtet, war es kein geringerer als *Lord Nelson*, der die Umfunktionierung zum Marinehospital anordnete (1805). Um Verletzte direkt vom Schiff ins Hospital zu befördern, ließ *Nelson* einen flaschenzugbetriebenen Aufzug von der Anlegestelle zum Hospital bauen.

Heute ist hier das MCR *(Malta Centre for Restauration)* untergebracht. Hier wird nicht nur restauriert, sondern auch geforscht und gelehrt, auch mit Hilfe ausländischer Spezialisten. Das MCR hat sich die Bewahrung des kulturellen Erbes (Baudenkmäler, Büsten usw.) zum Ziel gesetzt.

Die Forts von Kalkara

Entlang der neuen Küstenstraße zum Ricasoli-Industriegebiet sieht man drei alte Forts (ausgeschildert): An der Einfahrt zum Grand Harbour, gegenüber von Fort St. Elmo (Valletta) liegt zunächst das halb zerfallene, 1670 unter Großmeister *Cottoner* vom Festungsbaumeister *M. Valperga* errichtete **Fort Ricasoli** (geschlossen, als einziges nicht beschildert).

Zu besichtigen ist das benachbarte **Fort Rinella** (zu besichtigen von Oktober bis Mai Mo–So 10–17 Uhr, Juli bis September Mo–Sa 10–17 und So 10–13 Uhr; Eintritt Lm 2 , Kinder Lm 1). Festungsarchitekt *Guthrie* baute dieses britische Fort mit komplett einfahrbarer Zugbrücke Ende des 19. Jahrhunderts. Besonders interessant ist hier ein originales, 100 Tonnen schweres Artilleriegeschütz. Rinella wurde 1884 von den Briten als zusätzlicher Schutzposten der Einfahrt zum Grand Harbour gebaut.

Die Reste von **Fort St. Rocco** liegen etwas weiter östlich in einem Industriegebiet.

Malta Film-Studios

Auf dem Weg zu Fort St. Rocco liegen linker Hand die Malta Film-Studios mit dem Filmwrack der Santa Maria *(Kolumbus'* Flaggschiff) – leider nicht zu besichtigen. Hier und im Rinella Creek entstanden Filme wie „Orca, der Killerwal", „Sindbad, der Seefahrer" oder „Christoph Columbus" (nicht „1492").

Ostmalta

Östlich außerhalb der Mauern der Cottonera, von Xgħajra entlang der Küste über die Marsaxlokk Bay mit Maltas heute größtem Hafen Birżebbuġa bis zum alten, zum Industriegebiet umfunktionierten Flugplatz Ħal Far im Südosten, erstreckt sich der Osten Maltas. Weit weniger von Touristen besucht liegen Relikte der Johanniter (Żabbar), das ursprüngliche, dörfliche Malta (Marsaxlokk), hübsche Badebuchten (Delimara) und unwirtliche Felsenklippen (Għar Hasan) dicht beieinander. Per Bus erreicht man alle Orte außer Ħal Far/Għar Hasan gut von Valletta, Sliema und sogar St. Paul's Bay/Buġibba aus. Leider sind die Verbindungen unter den Dörfern des Ostens eher dürftig. Mit eigenem fahrbaren Untersatz sind alle sehenswerten Punkte im Osten durchaus an einem Tag besuchbar.

Xgħajra

[Schaira] ↗ V/C-D2

Einen Besuch des Küstendorfes Xgħajra verbindet man zweckmäßigerweise mit Żabbar.

Neben dem **Badeplatz Ras il Ġebel** (Felskap), den wegen der heftigen Wellen bei Wind nur wenige Schwimmer aufsuchen, lädt die kleine **Uferpromende** zum Besuch des Dorfes ein. In der Bucht gibt es ein kleines Snacklokal, wo in den Sommermonaten kühle Getränke erhältlich sind. Zwischen den traditionellen **Salinenfeldern** am Ufer wird der aufmerksame Beobachter rund um Xgħajra **Reste britischer Geschützgräben** aus dem 19. Jh. entdecken.

● Xgħajra erreicht man ab Valletta oder ab Żabbar mit **Bus 21**.

Küstenpiste nach Marsaskala

Für Wanderfreunde bietet sich die steinige, mit normalem PKW nicht befahrbare Küstenpiste nach Marsaskala an. Unterwegs passiert man die Reste des **Fort Leonardo**, einer alten Meldestation, die heute an Wochenenden von Jugendlichen als Camp- und Grillplatz genutzt wird. Nach weiteren 1,5 km erreicht man den **Zonqor Point** mit Blick auf die Marsaskala Bay. Für die knapp 6 km lange Strecke rechne man mit 1,5 Stunden.

Ostmalta

Żabbar

[Sabbar] ↗ **V/C2-3**

Der umstrittene, einzige deutsche und letzte Großmeister der Johanniter auf Malta (↗ Geschichte) ernannte sich zum Schutzpatron von Żabbar oder **Citta di Hompesch**. Bis heute zieht daher die 14.000 Einwohner umfassende Gemeinde zwischen Cottonera und Marsaskala viele deutsche Touristen an.

Etliche Geschäfte, Snackbars und Lokale sind im Zentrum zu finden, bester Orientierungspunkt ist die **Our-Lady-of-Grace-Kirche** (Ta Grazzia). Sie stammt aus der Feder des Architekten T. Dingli, unter dessen Leitung mit dem Bau von Ta Grazzia 1641 begonnen wurde. Der Grundriss, wie bei den meisten barocken Kirchen Maltas, entspricht einem Kreuz mit drei Seitenkapellen. Mehrere Modifikationen folgten, entscheidenden Einfluss auf Innengestaltung und Fassade nahm G. Bonnavia in der ersten Hälfte des 18. Jh. Hinter dem Eingang steht links eine Erinnerungssäule an den Priester Balthasar Cassar, ausnahmsweise kein Baumeister des Cassar-Clans.

Ferdinand von Hompesch

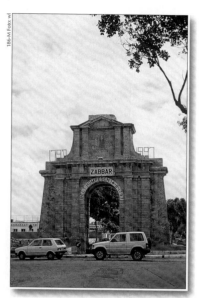

186-M Foto: wl

Rechts außen an der Kirche schließt sich das *Żabbar Sanctuary Museum* an (wechselnde Öffnungszeiten, an Wochenenden immer vormittags, in den Sommermonaten auch täglich 9–16 Uhr). Ausgestellt werden Relikte der großen Belagerung von 1565, eine Kutsche des Großmeisters *Wignacourt* sowie Geschenke der Johanniter an die Pfarrkirche.

Gegenüber des Museums ist die *Büste des Ferdinand von Hompesch* zu sehen.

Hompesch-Arch

An- und Weiterreise

● Die *Busse* von Valletta (außer der 18, die direkt ins Zentrum fährt) halten auf der Umgehungsstraße Triq Tal Labour, wo die Triq Hompesch/Lunzjata/Kunvent und die parallel dazu verlaufende Hauptstraße Triq Santwarju ins Zentrum führen.

● Folgt man der Triq Santwarju von der Kirche aus Richtung Zentrum, liegen linker Hand **HSBC Bank** und **Bank of Valletta** sowie rechter Hand die **Bushaltestelle** der 18, 21 und 22, fünfzig Meter weiter die Endstation der 18 auf der linken Seite.

Hompesch Arch

Folgt man der abknickenden Triq Tal Labour etwa 400 Meter Richtung Żejtun durch das Industriegebiet Bulebel, erreicht man den großen *Hompeschbogen,* das von *Hompesch* errichtete ehemalige große Stadttor Żabbars.

Żejtun

[Sejtun] ♪ V/C-D3

Sowohl Żabbar wie auch Żejtun mit seinen heute 12.000 Einwohnern liegen „schutzlos" außerhalb der großen Cottonera-Lines. Anders als die alte Agrargemeinde Żabbar, die erst Ende des 18. Jh. zur Stadt erwuchs, war Żejtun, mitten im Zentrum Ostmaltas und wichtigstes Anbaugebiet für Oliven, immer wieder Überfällen von Piraten und Türken ausgesetzt. In der Folge versuchten die Bauern, ihre Wohnhäuser wehrhafter zu gestalten, so dass viele ältere Gebäude noch heute den Eindruck kleiner Trutzburgen erwecken. Wer von Valletta aus Richtung M'xlokk unterwegs ist und sich für

Stadtarchitektur und Kirchen interessiert, sollte in Żejtun die Reise unterbrechen.

Sehenswertes

Auf der rechten Straßenseite der Triq Madonna tal Bon Kunsill, gegenüber vom Kiosk an der Bushaltestelle, steht die kleine Kapelle **San Angliu,** gewidmet der Schutzpatronin von Zejtun. Nur einen Steinwurf entfernt in der Kurve liegt die **Alte Konventskirche** der Stadt (Old Convent), berühmt für ihren Vierfach-Glockenturm. Folgt man der Straßenbiegung, passiert man linker Hand Polizeistation, *Juve Bar & Pastizzeria* sowie die Post.

St. Catherine of Alexandria

Gegenüber sieht man das barocke Prunkstück Zejtuns, die **St.-Katharina-Kirche.** Die Entstehungsgeschichte spiegelt die eher ärmliche und aus der Verteidigungslinie Cottonera ausgeschlossene Stellung Żejtuns im damaligen Malta wieder. *Lorenzo Gafà* wurde beauftragt, ab 1692 mit dem Bau zu beginnen, doch finanzielle Nöte der Gemeinde ließen ein ganzes Jahrhundert verstreichen, ehe die Kirche schrittweise fertig gestellt werden konnte. Wegen des Baubeginns wird St. Katharina meist pauschal *Gafà* zugeschrieben, es war jedoch die maltesische Familie *Cachia* (Großvater *Nunziato,* Vater *G. Maria* und Sohn *Michele),* die sich während des 18. Jh. für das Vorankommen des Bautätigkeiten verantwortlich zeigten.

Im so genannten Ratssaal wurde ein kleines **Kirchenmuseum** eingerichtet (Lm 0,50), das aber nur für Kirchenhistoriker von Interesse sein dürfte.

Hinter der Kirche finden Selbstfahrer einen größeren **Parkplatz** sowie das Parteilokal der **Partit Laburista** (MLP).

Folgt man der Triq San Girgor 400 m, liegt kurz vor dem Ende linker Hand das **Nazarene Institute,** eine Stiftung für Waisenmädchen aus dem Jahre 1930.

San Girgor

Schräg gegenüber steht die Friedhofskapelle **St. Gregory,** deren eigentlicher Name **Old Parish Church St. Catharine** (alte Pfarrkirche St. Katharina) lautet. Ehe die oben genannte neuere Katharinenkirche gebaut wurde, war die dem heiligen Gregor geweihte Stätte die Hauptkirche von Żejtun. Bis heute konnte die Entstehungsgeschichte nicht genau rekonstruiert werden, einige Teile scheinen sogar bis in die Normannenzeit (11. Jh.) zurückzureichen.

Wie man an den burgähnlichen Mauern erkennt, wurde St. Gregory im 15. Jh. unter Einbeziehung eines alten Wachturmes zur **Wehrkirche** ausgebaut. Bei den häufig vorkommenden Plünderungen durch Piraten und Türken zogen sich die Einwohner Żejtuns hierher zurück. In seiner heutigen Erscheinungsform ist San Girgor eine wundersame Mischung aller erdenklichen Baustile, die auf die ständige Erweiterung und Veränderung hinweisen.

Vor einigen Jahren wurde eine aufregende Entdeckung gemacht: In der Kapelle wurde ein **Geheimgang mit menschlichen Skeletten** gefunden.

Man vermutete lange, dass sich einige Dörfler während der Plünderung Żejtuns (1614) hier vor den Türken versteckt hielten, sich auch nach dem Ende des Überfalls nicht aus ihrem Versteck wagten und qualvoll erstickten. Neueste Untersuchungen förderten aber Urkunden zutage, die belegen, dass der Beauftragte des Vatikans schon 1565 den Bau von zwei Gruften in San Girgor anordnete, damit die Toten, die zuvor außerhalb des Kapellengrundes bestattet wurden, nunmehr im Schutz der Kapelle ihren Frieden finden sollten.

Am Namenstag des Gregor (eine Woche nach Ostern), dessen Statue auf dem Vorhof der Kapelle zu sehen ist, findet in Żejtun eine feierliche *Prozession* statt.

St. Gregory dient heute als Friedhofskapelle und kann in der Regel leider nicht von innen besichtigt werden. Am Ende der Triq San Girgor zweigt nach links die Triq it Dahlet ab; rechts steht ein alter *Wachturm* und Warnposten der Bauern.

An- und Weiterreise

● Die *Busse 27, 29* und *30* halten in der Triq Madonna tal Bon Kunsill im Zentrum (auf der linken Straßenseite steht ein Kiosk, hier aussteigen).

● Mit *Bus 27* kann man von hier aus sowohl die *Tarxien-Tempel* als auch den Hafenort *Marsaxlokk* besuchen; *Bus 29* fährt via Tarxien und Hypogäum nach Valletta, *Bus 30* (in den Sommermonaten) zur St. Thomas Bay bei Marsaskala (nicht in den Ortskern).

Marsaskala ⚓ V/D2-3

Bis in das 20. Jh. hinein war die Bucht von Marsaskala nur sehr gering besiedelt. Der Hauptgrund hierfür lag darin, dass hier ein beliebter Anlandeplatz der *Mittelmeerpiraten* war, die von hier aus plündernd bis vor die Tore der Cottonera oder Mdinas zogen. Auch wegen des Frischwassers, das aus Zisternen sprudelte, legten die Freibeuter häufig in der Bucht an. Aus dieser Zeit stammt noch der alte Name *Wied il-Għajn [Uidilain]* (Brunnental).

Nachdem die Türkengefahr im 17. Jh. zunehmend zurückging, entwickelte sich allmählich ein kleiner *Fischereihafen,* der sich bis ins späte 20. Jh. hinein kaum veränderte.

Dann kam die nächste Invasion, nämlich die der *Touristen.* Sie brachten so viel Geld, dass Marsaskala sich heute vom touristischen Angebot her bereits zur Nummer drei auf Malta nach Sliema/St. Julian's und St. Paul's Bay/Buġibba aufgeschwungen hat. Der nicht zu unterschätzende Vorteil Marsaskalas besteht in der nahe gelegenen *Badebucht St. Thomas Bay* (20 Minuten zu Fuß), was etwa Sliema/St. Julian's nicht zu bieten hat. Marsaskala mit knapp 5000 Einwohnern bietet sich heute als empfehlenswerte Alternative für diejenigen an, die eine ruhige, kleinstädtische Atmosphäre ohne unbotmäßigen Tourismus suchen, auf eine gewisse Auswahl an Lokalen und Unterkünften aber dennoch nicht verzichten wollen.

Ostmalta

Sehenswertes

Marsaskala gliedert sich in zwei Abschnitte, einen flachen Teil nordwestlich der Bucht und den Hügel Siberia mit dem St. Thomas Tower als höchstem Punkt östlich der Uferpromenade. Am Schnittpunkt beider Teile treffen die fünf wichtigsten Straßen (Salini, Qaliet, Gardiel, Antnin und Xatt) aufeinander, und dort sind auch die wichtigsten logistischen Einrichtungen (Busplatz, Restaurants usw.) anzutreffen.

Marsaskala –
kleiner aber feiner Urlaubsort

St. Anne's

Das nördliche Ende der kleinen, aber feinen Uferpromenade Triq ix-Xatt wird von der *Pfarrkirche* dominiert. Erst 1949 wurde Marsaskala zur eigenständigen Pfarrgemeinde ernannt. Die heutige Kirche wurde 1953 an der Stelle einer ursprünglich viel kleineren Kapelle errichtet und vereint gotische mit modernen Elementen.

Im Juli findet eine farbenfrohe *Prozession* entlang der Uferpromenade zu Ehren der Heiligen Anna statt.

Oberhalb der Kirche liegt die von den Briten 1886 zum Schutz der Marsaskala-Bucht errichtete *Zonqor-Battery,* ein kleines, von einem Graben umgebenes Fort mit Stellungen für drei schwere Artilleriegeschütze.

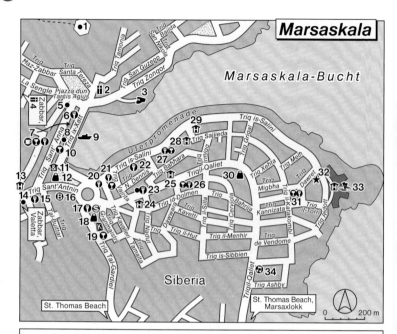

Marsaskala

Marsaskala-Bucht

Siberia

St. Thomas Beach

St. Thomas Beach,
Marsaxlokk

0   200 m

•	1	Zonqor Battery
⛪	2	Pfarrkirche St. Anne's
⚓	3	Polizei
⛪	4	Kapelle Tad'Dawl
•	5	Trattoria i Taliana
🍴	6	Southern Fried Chicken
☕	7	19 Twenty Al Kafe,
🍴🍴		Coxswains Bar & Restaurant
•	8	Dahlia Fahrzeugverleih & Makler
⛵	9	Luzzu Cruises Bootsausflüge
🍴	10	Lemon & Lime und Chick King
🏨	11	Summer Nights
		Bed & Breakfast
🍴	12	Bäckerei Country-Style
🏨	13	Faulty Towers Guesthouse
		(via Triq Gemmugha)
•	14	Joe's Rent a Car
🍴	15	St. Antonio Pizzeria
		und Di Wang chinesisches Rest.
Ⓑ	16	Busse und Kartentelefone
🍴	17	Jakarta Restaurant,
Ⓢ		Bank of Valetta
🍞	18	Bäckerei
🎬	19	Kino,
🍴		Relations Bar
🍴	20	Waterline Restaurant
🍴	21	Chinese Takeaway,
🍴		Tudor Inn
🍴	23	Shalima Indian Restaurant
	24	Oasis Tours,
🍴		La Scala Restaurant
🏨	25	Alison's Holiday Apartments
🏨	26	Etvan Hotel
🍴🍴	27	Il Karretun Bar & Restaurant
🍴🍴	28	Tooze Rest. & Beergarden
🏨	29	Southend Holiday Flats
🏨	30	Charion Hotel
🍞	31	Supermarkt
🍴🍴	32	Old Inn Bar & Restaurant
★	33	St. Thomas Tower
🏨	34	Jerma Palace Hotel
🤿		& Tauchschule
🍴	35	Beach Club Disco & Nightclub

St. Thomas Tower

Am höchsten Punkt Marsaskalas oberhalb der kleinen Landzunge il-Mitquba steht der St. Thomas Tower, das Wahrzeichen der Stadt. Er wurde unter Großmeister *Alof de Wignacourt* 1615 gebaut und diente als wichtigster **Signalposten** im Osten Maltas. Bei Gefahr wurde mit Signalen (Spiegel, Flaggen) von Turm zu Turm entlang der Küstenlinie alarmiert. Die Briten nutzten den Turm im 19. Jh. weiter als Meldeposten, während des Zweiten Weltkrieges diente St. Thomas Tower als Gefängnis für Deserteure.

Zum Turm gehörten auch Unterkunftsbereiche an der Klippe, **Fort St. Thomas** genannt. Dieses wurde von libyschen Investoren aufgekauft und auf dem Gelände das moderne Tophotel *Jerma-Palace* errichtet. Insbesondere nordafrikanische Geschäftsleute und Politiker mit Rang und Namen sind hier anzutreffen.

Kapelle Tad Dawl

Ein kleines Stück außerhalb, von der Pfarrkirche 1 km die Triq Ħaz Żabbar nach Nordwesten und an einer kleinen Kreuzung nach Süden abbiegend, liegt nach 250 m die Kapelle Tad Dawl oder *Tal Bidni,* eine mit hübschen Malereien ausgestattete Landkapelle aus dem 18. Jh.

Östlich der Kapelle wurden rund 5000 Jahre alte, **jungsteinzeitliche Gräber** entdeckt.

Unterkunft

Um den Unterkunftsbereich ist es in allen Kategorien durchaus gut bestellt, man kommt in Marsaskala durchweg günstiger weg als etwa im Großraum Valletta oder Bugibba. Der fortgesetzte Neubau von Ferienwohnungen und Hotelanlagen zeigt den Stellenwert, den man der touristischen Entwicklung der Stadt beimisst. Hier eine kleine Auswahl:

● Das unter libyschem Management mit sehr viel Ölgeld gebaute **Corinthia Jerma Palace Hotel** (****), Dawret It-Torri, Tel: 21633222, Fax: 21639496, jerma@corinthia.com, darf sich seit nunmehr 20 Jahren die Nummer Eins vor Ort nennen. Das Tophotel gilt als „Kurhotel" arabischer Geschäftsleute, wird aber in den letzten Jahren zunehmend von internationalem Publikum besucht. Die angeschlossene Tauchschule rühmt sich als einzige den berühmten „Blenheim-Bomber" zu finden (♫ Tauchen), doch scheint das Geheimnis mittlerweile auch anderen bekannt zu sein.

● Als kleines Mittelklassehotel empfiehlt sich das **Etvan** (***), Triq Il-Bahhara, Tel: 2163 2323, Fax: 21634330, info@etvan.com. Es liegt zwischen der Ortsbucht und der St. Thomas Bay und bietet Standardzimmer ohne großen Schnickschnack.

● Preiswerter und besser an der Uferpromenade gelegen erweist sich das **Charian** (**), Triq Is-Salini, Tel: 21636392, Fax: 21636391, charian@mail.link.net.mt, als brauchbare Alternative, wenn der etwas ältliche Eindruck nicht stört; nur 25 schlichte, aber ordentliche Zimmer.

● In dieser Preisklasse kann man auch an der St. Thomas Bay im Hotel **Ramla Lodge** (**), Triq Il-Bajja San Tumas, Tel: 21637596, Fax: 21634195, unterkommen. Kleines Familienhotel, abends sehr ruhig.

● Im Bed & Breakfast Bereich der Guesthouses kann man entweder zentral bei **Summer Nights Bed & Breakfast** (*), 44 Triq Sta. Anna, Tel: 21687956, unmittelbar am Fischerhafen oder nahe der St. Thomas Bay im **Piccolo Mondo Guest House** (*), Triq Il-Qaliet, Tel: 21829709, unterkommen.

Ferienwohnungen kommen bislang anscheinend nicht so gut an, werden aber über die Firma *Dahlia*, Triq ix-Xatt, Tel: 21639983, am Fischerhafen im Zentrum vermittelt.

Ostmalta

Essen und Trinken

Marsaskala bietet zahlreiche Restaurants der internationalen und maltesischen Küche. Insbesondere an der Uferpromenade Ix-Xatt, rund um das Kino sowie entlang der Triq Is-Salini reiht sich eine Gaststätte an die andere. Hier eine kleine Auswahl der empfehlenswertesten:

● Für ein kühles Getränk oder einen maltesischen Snack bieten sich die **Kioske** vor der St. Anne's Church und am Busplatz an.
● Englische Küche und Fastfood wie Fish & Chips zu vernünftigen Preisen bietet das **Brighton Restaurant** an der Uferpromenade Ix-Xatt.
● Etwas günstigere chinesische Lokale sind **Di Wang** (Tal Buttar) und das **DongFang** (Ix-Xatt).
● Indonesische und malayische Küche bietet das **Jakarta** am Pjazza Dun Tarcis Agius (bei St. Anne's Church).
● Ein sehr populäres Straßencafé mit Bar und Snacks ist das **Lemon Lime** (Ix-Xatt).
● Klein, pfiffig und berühmt für seine ausgezeichneten Omelettes ist **Mama's** in der Triq is-Salini.
● Das sehr beliebte **Old Inn Bar & Restaurant,** Dawret it-Torri, Tel: 21639841 (an Wochenenden Tischreservierung ratsam), bietet sehr gute Pizza und Snacks, gehört aber den mittel- bis höherpreisigen Lokalitäten an.
● Ein paar Meter weiter liegt **Tooze,** ein kleines Snacklokal mit nettem Biergarten.
● Im **Country Style** Stehcafé, Triq ix-Xatt, am Hafenbecken, findet man eine breite Auswahl an *Doughnuts.* Wenige Meter weiter ist die Auswahl im **19Twenty Al Kafe** deutlich größer; einige Außensitzplätze, gute Küche. Das urige, rustikale und gemütliche **Coxswains** nebenan empfiehlt sich nicht nur auf einen Drink, auch die maltesischen und internationalen Gerichte sind vorzüglich (mittlere Preisklasse). Für Fischgerichte empfiehlt sich besonders das **Tudor Inn,** Triq is-Salini, wo u.a. hervorragender *Octopus-Prawn Salad* sowie gerillter Schwertfisch serviert wird. Gehobene italienische Küche bietet die **Trattoria i Taliana** am Piazza Dun Agius, wo Selbstversorger gegenüber auf dem morgendlich am Ufer abgehaltenen Markt frisches Obst und Gemüse einkaufen können.

Unterhaltung

Marsaskala verfügt bei weitem nicht über das breite Angebot von Buġibba oder gar St. Julian's, die Stadt bietet dennoch weit mehr, als es auf den ersten Blick scheint.

● So liegt in der Triq Tal-Gardiel Maltas zweitmodernstes Kino (nach Buġibba), der **Sun City Cine Palais,** mit mehreren Sälen und guten englischsprachigen Filmangeboten (Eintritt Lm 2).
● Angeschlossen sind dem Kino eine **Eisdiele** sowie die **Casablanca-Bar.**
● Immer interessant ist ein Abendspaziergang entlang der kleinen **Flaniermeile** und Uferpromenade Ix-Xatt, wo Touristen wie Einheimische die schaukelnden, farbigen Fischerboote beobachten.
● Phonstarke Stimmung bietet **The Beach Club,** Triq Il-Qaliet, Tel: 21616228, mit Tanz und guter Musik (je später der Abend, umso diskohafter).

An- und Weiterreise

● **Busse 17, 19** und **20** fahren von 5 bis 20 Uhr nach Valletta, Linie **22** fährt 15x tgl. nach Cospicua (Cottonera). Inoffiziell treffen sich die Fahrer auf ein Schwätzchen am Kiosk beim Straßenschnittpunkt am Ende der Bucht – hier stehen die Busse oftmals länger als oben am Tower.
● Der Maklerfirma Dahlia, Tel: 21639983, in der Ix-Xatt ist ein **Autoverleih** angeschlossen, Leihfahrzeuge gibt es auch bei Joe's Rent a Car, Tel: 21827573.

Sonstiges

● **Wanderfreunde** haben die Möglichkeit zu zwei Touren: einmal der Küstenwanderung nach ⌇ Xghajra, und außerdem den anstrengenderen Marsch von der ⌇ St. Thomas Bay bis Marsaxlokk über den Xrobb il Ghagin.

● **Tauchsportler** können mit der Tauchschule *Sport-Diving*, Tel: 21829418, des *Jerma Palace Hotel* den Weltkriegsbomber *Blenheim* auf 40 m Tiefe betauchen.

● **Luzzu Cruises** (an der Uferpromenade) bietet Bootsausflüge nach Comino & Blue Lagoon für Lm 7,50, Hafenrundfahrten für Lm 3,50 und einen Transport nach Marsaxlokk für Lm 5.

● **Oasis Tours** in der Triq il-Qaliet (neben La Scala Restaurant) hat gleiches im Programm, zusätzlich aber auch Landausflüge.

● Eine Filiale der **Bank of Valletta** befindet sich in der Triq Frans Grech/Ecke Triq L-Iskal.

● Der Supermarkt **St. Thomas Shopping Centre** in der Triq Il-Qaliet liefert sogar frei Haus unter Tel: 21822014.

● Die **Polizei**, Tel: 21637103, liegt am Ende der kleinen Triq San Ġorġ/off Zonqor St.

St. Thomas' Bay ⌇ V/D3

Etwa 1,5 km ab Marsaskala in Richtung M'xlokk liegt die hochgelobte, objektiv betrachtet aber eher mittelprächtige **Badebucht** St. Thomas' Bay, zu der im Sommer sogar extra Bus 30 ab Valletta via Żejtun fährt. Für die Einheimischen ist St. Thomas ein beliebter Wohnwagen- und Bootstreff sowie eines der Küstenzentren für Ferienhäuser wohlhabender Malteser. An Wochenenden herrscht an dem kleinen Sandstrand Hochbetrieb, unter der Woche ist es eher ruhig.

● Neben der **Tomaso Pizzeria** am Eingang zur Bucht bietet **Fisherman's Rest,** Tel: 21632049, gute Fischgerichte.

● **Bus 30** fährt nur in den Sommermonaten, ansonsten bleibt nur ein 20-minütigem Fußmarsch vom Zentrum bis zur Bucht.

Tas Silġ

[Tas Sildsch] ⌇ IX/D2

Die Region rund um die **Madonnenkapelle** Tas Silġ erlangte in den 1960er Jahren schlagartig Berühmtheit, als italienische Forscher zahlreiche **archäologische Funde** aus Steinzeit, Bronzezeit, phönizisch-punischer Zeit (unter anderem einen Tempel der Göttin Astarte, der später von den Römern als Juno-Tempel genutzt wurde), römische Relikte sowie ein frühes christliches Kloster aus dem 4. Jahrhundert entdeckten. Die Forschungsergebnisse von Tas Silġ trugen dazu bei, die Zeitabläufe der maltesischen Geschichte recht genau bestimmen zu können. Gefunden wurden lediglich Fundamente, Mauerreste und Scherben, wobei häufig die nachfolgende Epoche auf den Resten der vorherigen gebaut hatte, was die Grabungen erschwerte. Das ummauerte Gelände ist für die Öffentlichkeit leider nicht zugänglich, man kann aber von außen hineinsehen. Interessanter dürften für Besucher daher die Fundstätten Għar Dalam und Borġ in-Nadur bei Birżebbuġa sein.

Delimara ⌇ IX/D2

Die Delimara-Halbinsel südöstlich von Marsaxlokk mit der wunderschönen **Felsbadebucht Peter's Pool** wird von vielen als der schönste Schwimmplatz auf Malta bezeichnet. Die leicht zugängliche Bucht, die tatsächlich wie

Wandern an der Ostküste ⌁ IX/D1-2

Eine Wanderung *von St. Thomas' Bay über Delimara nach Marsaxlokk* dauert etwa 1½ Stunden.

Am südlichen Ende der Bucht führt ein Feldweg (nicht mit PKW, auch nicht mit dem Moped befahrbar) zur *Landzunge Xrobb il Għagin* hinauf.

Auf der Höhe liegt ein ummauertes Gelände – hier sendete noch vor wenigen Jahren die *Deutsche Welle* ihr Auslandsprogramm. Aus finanziellen Gründen, manche sagen auch: auf libyschen Druck, wurde der Sendebetrieb eingestellt.

Auch die verschlossene und wegen der bröckelnden Felsüberhänge sehr gefährliche Ausgrabungsstätte einer *jungsteinzeitlichen Tempelanlage* (2500 v. Chr.) liegt an der ehemaligen Sendeanlage.

Am Ende der Mauer endet der Pfad auf einer befestigten Straße; links geht es zur (nicht sonderlich attraktiven) Klippe Xrobb

il Għagin, wo der kleine und sehr selten benutzte *Badeplatz Slug's Pool* liegt.

Rechts führt die Wanderroute allmählich abwärts an einem kleinen Wäldchen vorbei. In diesem (⌁) Tas Silġ genannten Wald wurden *Relikte der Phönizier* auf Malta ausgegraben.

200 Meter hinter dem Hain ist erneut eine Abzweigung erreicht: Links geht es zur Delimara Halbinsel (1,5 km bis Peter's Pool), rechts kommt man nach 500 m zur *Madonnenkapelle Tas Silġ* und der Hauptverbindungsstraße M'xlokk – M'skala. Hier hält man sich links und erreicht nach 1 km die Ortsmitte von M'xlokk.

Es ist auch möglich, einen ca. 3,5 km langen Umweg um die *Halbinsel* (⌁) *Delimara* zu gehen; dazu verlässt man den befestigten Weg ab der *Deutschen Welle* nach 500 Metern wieder (Weg nach links, anstatt dem befestigten Weg rechts um die Biegung zu folgen). Dieser Pfad wird zunehmend schlechter (nicht befahrbar) und endet an Peter's Pool, von wo aus man der befestigten Straße zur Madonnenkapelle und nach Marsaxlokk folgt.

ein natürliches Schwimmbecken am Meer aussieht, wird von schroffen, bis zu 10 Meter hohen Klippen umsäumt und bietet eine ungefährliche Möglichkeit, Klippenspringen im Kleinen zu üben.

500 Meter weiter, die kleine Straße entlang Richtung Landspitze, liegt das ehemalige *Fort Delimara,* der südlichste Vorposten der Briten auf Malta. Das Fort ist zwar geschlossen, vom Vorplatz aus hat man allerdings eine hervorragende Aussicht über die südliche Bucht von Marsaxlokk bis Birżebbuġa.

Die maltesischen Schifffahrtsbehörden nutzen das Gelände heute mit dem *Delimara Lighthouse* (Leucht-

turm) für den Schiffsverkehr in den Hafen von Birżebbuġa.

Anreise

Es gibt keinen Busverkehr nach Delimara, man ist auf eigenen Transport angewiesen oder wandert ab Marsaxlokk zu Fuß. Hierzu verlässt man M'xlokk über die Triq Tas Silġ bergauf etwa 1 km zur Madonnenkapelle Tas Silġ (nicht beim Schild „Power Station" abbiegen!) An der Kapelle rechts abbiegen und dem befestigten Weg immer geradeaus ca. 1,5 km folgen (die Abzweigung links führt hinauf zur ehemaligen Deutschen Welle und zu Slug's Pool). Linker Hand liegt ein größerer, unbefestigter Parkplatz, von dem aus Trampelpfade zu Peter's Pool hinunterführen.

Erfrischung im kühlen Nass – Peter's Pool

Marsaxlokk

[Marsaschlock]   ↗ **IX/C-D2**

Die von Benghisa Point und Delimara Point eingefasste **Bucht von Marsaxlokk** bildete 1565 die Bühne für den Auftakt der großen Belagerung. Hier setzten die Türken ihre Truppen an Land und marschierten auf Mdina, St. Elmo und Birgu zu. Auch Napoleon nutzte die Bucht 1798 für seine Eroberung Maltas. Vom Grand Harbour um Valletta abgesehen können Flotten nur in der Bucht von Marsaxlokk anlanden, wovon heute der neue Freihafen im benachbarten Birżebbuġa zeugt.

Marsaxlokk liegt direkt im Einflussbereich der warmen nordafrikanischen Wüstenwinde, was sich auch im Ortsnamen *(Marsa* = Hafen, *Xlokk* = Scirocco) niederschlug. Wegen der Schiffbarkeit lebt der Ort (2500 Einwohner) seit Jahrhunderten von der **Fischerei,** noch heute gilt der tägliche Vormittagsmarkt als der schönste und ursprünglichste in ganz Malta.

Marsaxlokk steht bei vielen Maltareisenden ganz oben auf der Liste für einen Halbtagsausflug und ist gut per Bus zu erreichen. Es ist auch möglich, in M'xlokk zu übernachten, doch davon ist eher abzuraten, da die benachbarten Orte Birżebbuġa und Marsakala über ein wesentlich breiteres Angebot an Unterkünften oder Restaurants verfügen.

Ostmalta

195-M Foto: wl

Sehenswertes

Fischerhafen

Der Fischerhafen mit seinen traditionellen, farbenprächtigen **Fischerbooten, Luzzi** genannt, ist absolut sehenswert. Den traditionell blau-gelb-roten Booten wird am Bug ein Augenpaar aufgemalt, welches stetige Aufmerksamkeit vor den Gefahren der See symbolisiert. Dieses Symbol der Wachsamkeit findet man bei den Fischereikulturen vieler Völker, im Mittelmeerraum geht dieser Brauch auf die phönizischen Seefahrer zurück.

Rund um den Hafen findet sonntags in den Vormittagsstunden der landesweit berühmte und an ein Volksfest erinnernde **Fischmarkt** statt, auf dem sich alle Händler, aber auch Privatleute mit frischem Fisch eindecken. Daneben werden Gemüse, Eingelegtes in Gläsern (Kapern!), aber auch Textilien, Haushaltswaren und Leder angeboten. Gegen Mittag sind alle Stände verschwunden, ein Besuch lohnt hauptsächlich in den Vormittagsstunden.

Our Lady of Pompej

Im Ortszentrum in der Triq iż-Żejtun steht die Pfarrkirche Our Lady of Pompej, die wiederholt während zahlreicher größerer und kleinerer Überfälle von Türken und Piraten zerstört und in bescheidenem Umfang von den Fischern wieder aufgebaut wurde. Vorherige Kapellen, die bis ins 14. Jh. zurückdatiert werden, waren teilweise provisorisch aus Holz zusammengezimmert worden, wovon freilich nichts mehr erhalten ist. Der gegenwärtige Bau wurde erst nach dem Zweiten Weltkrieg fertig gestellt.

St. Lucian's Tower

Am Südende des Dorfes, am Sportplatz 600 Meter den Uferweg entlang, liegt der sehr gut erhaltene Turm St. Lucian's Tower, Teil jener Turmkette von der Südostküste bis zum Grand Harbour, die Großmeister *Alof de Wignacourt* Anfang des 17. Jh. als Warnposten gegen anrückende feindliche Flotten errichten ließ. Klugerweise wurde dem Turm ein Fort angegliedert, welches sich mehrfach als ausschlaggebend für die Verhinderung weiterer Eroberungsversuche der Osmanen erweisen sollte.

Heute liegen hier die Forschungsräume des *Malta Marine Biology Centre,* eine Besichtigung ist nicht möglich.

St. George's Bay

Nach weiteren 500 m erreicht man die St. George's Bay, in der hauptsächlich **Sportboote** liegen und Schwimmen nur eingeschränkt möglich ist. Für Badefreunde empfiehlt sich der etwas längere Fußweg von M'xlokk nach Delimara mit Peter's Pool.

Unterkunft

● Das traditionelle **Marsaxlokk-Hostel** (**) in der Żejtun Road, Tel: 21871709, ist beliebt.
● *Golden Sun Aparthotel* (*), mit Restaurant, Triq il-Kajjik, Tel: 21871762, Fax: 21681139.

Essen, Trinken, Unterhaltung

„Wer wirklich **frischen Fisch** essen möchte, muss nach Marsaxlokk kommen", heißt es

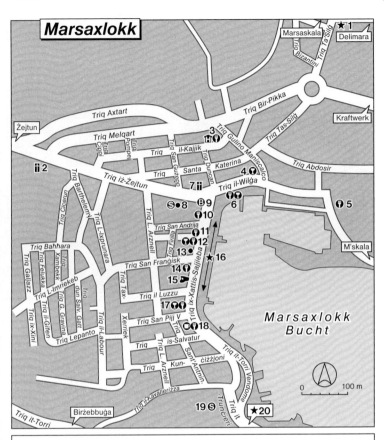

Marsaxlokk Bucht

0   100 m

Ostmalta

★	1	Madonna Tas Silg (dahinter rechts nach Delimara)
ii	2	Kapelle
🏨	3	Golden Sun Hotel mit Restaurant
🍴	4	Rising Sun Bar
🍴	5	Hunter's Tower Pizzeria
🍴🍴	6	Harbour Lights Rest. & Biergarten
ii	7	Pfarrkirche Our Lady of Pompej
Ⓢ	8	HSBC-Bank,
•		Kazin Partit Nationalista
Ⓑ	9	Bushaltestelle
🍴	10	Ir Rizzu Restaurant

🍴	11	Mathew's Restaurant
🍴	12	Il Bukit Bar/Restaurant
🍴		und Fisherman's Snackbar
•	13	Kazin Partit Laburista
🍴	14	Pisces Restaurant
➤	15	Polizei
★	16	Fischmarkt/Straßenmarkt
🍴🍴	17	Carrubia Bar & Restaurant
☕🍴	18	Café de Paris und Mr. Fitz Snackbar
Ⓢ	19	Sportplatz
★	20	Küstenweg nach Birzebbuġa, St. Lucian Tower und St. George's Bay

198-M Foto: wl

unter Feinschmeckern. Etliche Restaurants entlang der Uferpromenade bieten die frischeste Ware auf ganz Malta an.

● Zu den empfehlenswertesten gehört das gehobene Fischrestaurant **Pisces,** Ix-Xatt is-Sajjeda, mit gemäßigten Preisen. Fischgerichte kosten zwischen Lm 4,50 und 7. Besonders zu empfehlen sind die Nationalsuppe *Aljotta* (Lm 1,60) sowie die Garnelen (Lm 2,50). Auch sehr gute Kuchen sind hier für ca. 90 Ct. das Stück zu haben.

● Am Ende des Hafenbeckens liegt die vor allem in den Abendstunden gut besuchte Nobelpizzeria **Hunter's Tower** mit exzellenter italienischer Küche, aber auch Fischgerichten bei leichter Klaviermusik.

● Maltesische Hausmannskost und köstlichen *Lampuki* mit Sitzgelegenheit im Freien bietet **Harbour Lights** im Zentrum der Uferpromenade.

● Kleinigkeiten und Snacks bieten das **Café de Paris** und die **Mr. Fitz Snackbar** in der ix-Xatt is-Sajjieda.

Der Fischerhafen in Marsaxlokk

●Weitere Snackbars liegen direkt gegenüber der Bushaltestelle, u.a. **Fisherman's, Mathew's** und **Ron's.**

●Sehr beliebt ist auch die **Schiavone-Eisdiele** (neben Marina Seafood) in der Triq il-Wilġa.

●Ein gepflegtes Bier trinkt man in der **Rising Sun Bar,** Triq il Wilġa.

An- und Abreise

●Marsaxlokk wird von den **Buslinien 27, 427** und **627** angefahren, die 27 ist die häufigste Verbindung nach Valletta. Die **427** und **627** verbinden als Schnellbusse Marsaxlokk mit Buġibba/St. Paul's Bay.

●**Zu Fuß** kann man entweder die Marsaxlokk-Marsaskala-Wanderung (↗ St. Thomas' Bay) in Erwägung ziehen oder dem Uferweg (kein Verkehr) etwa eine halbe Stunde bis Birżebbuga folgen.

Sonstiges

●Eine Filiale der **HSBC-Bank** befindet sich in der Triq iż-Żejtun gegenüber der Pfarrkirche.

●Eine kleine **Polizeistation,** Tel: 21651258 liegt neben dem Pisces-Restaurant in der ix-Xatt is-Sajjieda.

●Bei der Polizei findet man **öffentliche Kartentelefone** mit **Internetzugang.**

Birżebbuġa

[Birsebudscha]   ↗ IX/C2-3

Maltas südlichste Stadt Birżebbuġa mit seinen 6000 Einwohnern könnte der angenehmste **Badeort** auf Malta sein: Im Osten erstreckt sich die St. George's Bay mit der Delimara-Halbinsel, was malerische Sonnenaufgänge verspricht, und mit der Pretty Bay mitten im Ort verfügt Birżebbuġa über die größte Sandbucht der Insel.

Doch das mediterrane Flair des verträumten Küstenortes wird durch den Blick auf den unmittelbar angrenzenden neuen **Freihafen** im Süden der Marsaxlokk Bay getrübt. In der Tat wirkt es etwas seltsam, am Sandstrand zu liegen, während gleichzeitig in unmittelbarer Nähe die großen Frachtschiffe vor Anker liegen.

Zwischen Pretty Bay und der benachbarten St. George's Bay liegt eine Landzunge, auf der die **Raffinerie Enemalta** ihre Produktionsstätten hatte. Die Anlagen werden nach Bengħisa/Ħal Far verlegt, die Landzunge im Ort wird in den kommenden Jahren mit Wohnungen und Hotels bebaut.

Nicht nur wegen des Sandstrandes zählt Birżebbuġa zu den beliebtesten Zielen auf Malta. Insbesondere für Historiker und Archäologen sind die **Tropfsteinhöhle Għar Dalam** mit ihren Knochenfunden sowie die **Steinzeitanlage Borġ in-Nadur,** beide am Ortsrand gelegen, absolute Höhepunkte.

Daneben machen gute Busverbindungen wie auch eine attraktive, weil nicht übertriebene touristische Infrastruktur Birżebbuġa (auf Schildern B'buġa) zu einem lohnenswerten Ausflugsziel.

Sehenswertes

Rund um die Pretty Bay

Das Ortszentrum erstreckt sich rund um die große **Sandbucht** Pretty Bay, einen der wenigen Sandstrände Maltas. Vor allem Familien mit Kindern bevorzugen wegen der geringen Verletzungsgefahr den Sandstrand gegenüber

anderen nahe gelegenen Buchten wie St. George's Bay oder Peter's Pool.

Richtung Freihafen erstreckt sich die kleine *Uferpromenade,* auf der abends Jung und Alt gemütlich entlang schlendern.

In der Triq Birżebbuġa liegt die erst 1926 gebaute *Pfarrkirche St. Peter,* nach dem Altarbild „Petrus in Ketten" benannt.

Borġ in-Nadur

Zu Fuß keine 20 Minuten ab Pretty Bay (die Triq B'buġa und Triq Żejtun den Hügel nördlich der Stadt hinauf) liegt linker Hand die kleine Kapelle St. Gregory. Gegenüber führt ein Pfad zu den Resten der 5000 Jahre alten *jungsteinzeitlichen Tempelanlage* Borġ in-Nadur. Der Tourist wird sich des Eindrucks eines unaufgeräumten Feldes nicht erwehren können. In der Tat wirkt die Anlage im Vergleich zu anderen Steinzeittempeln, insbesondere Tarxien (Pawla), uneinheitlich und stark zerstört. Dies liegt den seit 1922 durchgeführten Grabungen zufolge daran, dass Borġ in-Nadur bis ins 8. vorchristliche Jh. fortlaufend genutzt und mehrfach umgebaut wurde.

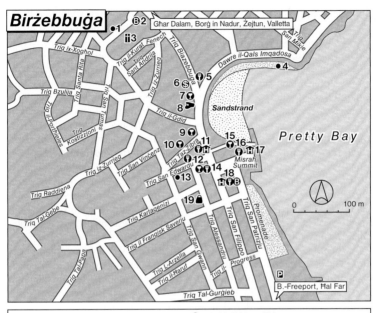

●	1	Joe's Garage	
Ⓑ	2	Bushaltestelle	
⛪	3	Kirche St. Peter	
●	4	Wasserballanlage	
☻	5	Takeaway Pizza	
Ⓢ	6	HSBC-Bank (m. EC)	
☻	7	Friends Karaoke Bar	
☛	8	Polizei	
☻	9	St Peter's FC Bar, Nationalista und	
☻		Johnny's Bars	
☻	10	Jojo-Bar	

☻	11	Mr Whippy Takeaway
🏨		und Seabreeze Hotel
☻	12	Al Pasta Restaurant
●	13	Lido Hall Disco
☻☻	14	Charles' Bar, Borda's Bar & chin. Rest.
☻	15	Illusions Bar
☻	16	Bellini Restaurant
🏨	17	Southend Guesthouse
🏨	18	Reno's Guesthouse
☻Ⓑ		& Rest., zentr. Busplatz
⬛	19	Minimarkt

In 200 Meter Entfernung liegt auf dem höchsten Punkt (direkt an der Böschung entlang, hinter den kleinen Mauern) die jüngste, **bronzezeitliche Siedlung.** Die Mauerfundamente sind Überreste der ältesten nachgewiesenen Wehranlage Maltas, weshalb Forscher schon für die Zeit um 1500 v. Chr. von Überfällen auf Malta ausgehen. In den Mauerresten wurden sogar Wasser- und Getreidespeicher entdeckt, was auf Belagerungen hinweist. Ferner wurde anhand der Steine festgestellt, dass die Erbauer der kleinen Festung die Baumaterialien der alten, jungsteinzeitlichen Anlage nebenan verwendeten.

Es gibt Überlegungen, das gesamte Gelände mit der nahe gelegenen Höhle Għar Dalam zusammenzufassen, mit einer Mauer zu umschließen und als eine große archäologische Stätte zu vermarkten; bislang ist Borġ in-Nadur noch frei zugänglich.

Rund um die Anlage ließen *von Dänikens* grüne Männchen etliche der ominösen „Cart Ruts" (⤳ Geschichte, Bronzezeit) zurück.

Għar Dalam

Die Hauptstraße 250 Meter weiter hinauf, zu erkennen an dem kleinen Parkplatz und den Bushaltestellen beiderseits der Straße, befindet sich eines der interessantesten prähistorischen Relikte Maltas, das **Höhlenmuseum** Għar Dalam (Höhle der Finsternis).

Die Entdeckungsgeschichte von Għar Dalam ist untrennbar mit dem Namen des italienischen Spezialisten der Frühgeschichte *Arturo Issel* verbunden. Beeinflusst von den damals aufsehenerregenden Werken *Charles Darwins* zur Artentheorie (1860) forschte Issel auf Malta nach Spuren frühgeschichtlicher Tiere. Er hielt Malta wegen seiner abgeschotteten Insellage – ähnlich wie *Darwin* Galapagos – für ein ideales Untersuchungsgebiet und stieß 1865 im „finsteren Tal" (Wied Dalam) auf einen ausgetrockneten, unterirdischen Flusslauf.

Die **Höhle** erstreckt sich über 250 Meter unter der Erde entlang und verzweigt sich am Ende in mehrere, kleinere Verästelungen. Der begehbare Bereich von etwa 75 Metern ist durchschnittlich 10 Meter breit und 6 Meter hoch, Reste von Stalagtiten und Stalagmiten deuten auf einstige Tropfsteinbildung hin. Der hintere Bereich

nach ca. 80 Metern verengt sich zunehmend und ist noch nicht vollständig erforscht.

Nun war *Issel* weniger von der Höhle an sich, sondern mehr von dem angetan, was er im Inneren vorfand und was die wissenschaftlichen Erkenntnisse über die maltesische Frühgeschichte revolutionieren sollte. In den oberen Ablagerungsschichten fand er **menschliche Skelette und Tonscherben,** die den Gefäßen sizilianischer Kulturen stark ähneln. Es wurde festgestellt, dass diese Gefäßreste sage und schreibe 7500 Jahre alt sind, Għar Dalam somit die älteste menschliche Siedlung auf Malta war.

Doch das war erst der Anfang: *Issel* trug nacheinander die Bodenschichten ab und fand darin unter anderem Skelettteile von Flusspferden, Elefanten, Zwergelefanten, Riesenschwänen, Bären, Wölfen und nur auf Malta gefundenen bestimmten Mäusearten. Erste Interpretation der **paläontologischen Funde** reichten von einem „unterirdischen Tierfriedhof" bis zur „göttlichen Sintflut". Heute weiß man, dass Malta vor zwei Millionen Jahren sowohl mit dem europäischen als auch mit dem nordafrikanischen Festland durch eine Landbrücke verbunden war. Zu dieser Zeit herrschte von Südeuropa bis Nordafrika tropisches Klima, was die Verbreitung dieser Tiere erklärt. Über den Zeitraum von 1,7 Millionen Jahren wurde ein kleiner Teil der anfallenden Skelette allmählich in Għar Dalam angeschwemmt und mit Sedimenten bedeckt. Vor 300.000 Jahren versiegte der Fluss, und die Ablagerungen fanden ein Ende. Als vor etwa 15.000 Jahren jene Landbrücke versank, starben die verbliebenen Großtiere wegen Nahrungsmangel und der Klimaveränderung aus.

Noch heute sind in der Höhle zahlreiche Knochenreste zu sehen, einen Überblick über die Funde gewinnt man im kleinen **Museum** im Eingangsbereich der Anlage.

● Obgleich an der Hauptstraße gelegen, erkennt man Għar Dalam nur an der **Bushaltestelle (11, 12, 13, 115)** beiderseits des kleinen Parkplatzes an der linken Straßenseite auf dem Weg von B'buġa nach Ghaxaq/Żejtun.

● Eintritt Lm 1,50, geöffnet während der Sommermonate Mo, Mi, Fr, So 7:45–17:30 Uhr und Di, Do, Sa 7:45–14 Uhr, sonst 9–17 Uhr.

Unterkunft

Trotz der Beliebtheit bei einheimischen Tagesbesuchern und Touristen blieb Birżebbuġa bislang von umfangreichen touristischen Hotelbauten verschont. Unter Wanderfreunden ist die Route Xghajra – M'scala – M'xlokk – B'buġa sehr beliebt, wobei mancher vielleicht in Birżebbuġa nächtigen möchte. Hier ein paar Empfehlungen:

● **Sea Breeze** (***), Pretty Bay, Tel: 21651256, Fax: 21681898, bestes und größtes Hotel mit 30 Zimmern.

● **Southend Guesthouse** (***), B'bugia Square, Tel: 21828441. Schöne Zimmer mit Balkon und Meerblick.

● **Reno's Guesthouse** (**), St. Patrick Street, Tel: 21871165, 21651165. Hier auch Fahrzeugverleih.

● Bei **Johnny's Bar**, Triq San Filipu gegenüber vom Strand, Tel: 21695782, werden **Ferienwohnungen** angeboten, ebenso bei **Joe's Garage**, Tel: 21871124.

Essen, Trinken, Unterhaltung

Rund um die Pretty Bay liegen Dutzende von Bars, Restaurants und Imbissstuben.

● Kleinigkeiten bieten die sehr gute und preiswerte **Hotspot Takeaway Pizzeria** in der Triq B'buġa, Tel: 21685677 (auch Lieferservice), sowie **Mr. Whippy** (½ Hähnchen Lm 1,60, „English Breakfast" Lm 1,50 und kleine Pizza ab Lm 0,65) an.

● Etwas gepflegter, mit Preisen für Hauptgerichte zwischen Lm 1,5 und Lm 2 ebenfalls sehr günstig ist das **Al Pasta Restaurant** in der San Edwardu.

● Am oberen Ende der Preisskala rangiert das **Bellini Restaurant** direkt am Strand. Sehr gute italienisch-maltesische Küche.

● Das **Parteilokal** der Partit Laburista weist ausdrücklich darauf hin, dass Touristen willkommen sind. Selbstversorger finden in der Triq Alessandru einen kleinen **Mini-Markt.**

● Mit der **Lido Hall Disco**, Triq San Edwardu, bemüht sich die erste Diskothek, in B'buġa Fuß zu fassen – bislang sieht es so aus, als würde es bei einem Versuch bleiben.

● Selbst zum Mikrofon greift der Gast bei **Friends Karaoke Bar**, Triq B'buġa.

Sonstiges

● Touren, Ausflüge, Mietfahrzeuge und Ferienwohnungen – alles aus einer Hand – findet man bei **Joe's Garage**, Tel: 21871124, neben St. Peter's Church.

An-/Abreise

● Die zentrale **Bushaltestelle** der Linien **11–13**, und **115** liegt unmittelbar an der Pretty Bay. Alle Busse fahren via Għar Dalam und Ghaxaq (Triq Birżebbuġa, aussteigen für Żejtun) und weiter über Pawla (Paola) nach Valletta.

Fort Benghisa [Benihsa] und Hal Far

⌖ IX/C-D3

Am Südostzipfel Maltas, vom Birżeb-buġa Freeport, in dem heute bereits die meisten der auf dem Seeweg ein- und ausgeführten Waren umgeschlagen werden, bis zum alten Flughafen Hal Far hat sich die wenige Großindustrie Maltas angesiedelt.

Fort Benghisa

Am südlichen Ortsende von B'buġa knickt die neue Hauptstraße vor dem Hafen (Schilder Terminal I & II) scharf nach rechts ab. 100 Meter weiter führt links eine schmale Feldstraße hinauf zum 2 km entfernten Fort Benghisa. Von den Briten Mitte des 19. Jh. als südlichste Garnison auf Malta erbaut, ist das Fort heute nahezu völlig zerfallen und gleicht einer Müllhalde. Immerhin hat man von hier oben den besten Blick auf den Hafen von Birżebbuġa. Man ist auf Schusters Rappen oder ein eigenes Vehikel angewiesen, um auf dem zunehmend schlechter werdenden Weg zum Fort zu gelangen.

Ghar Hazan

Einen knappen Kilometer weiter trifft der Feldweg auf Triq Ghar Hazan (auf Schildern auch „Hasan" oder „Hassan" genannt), die zur gleichnamigen *Höhle* unmittelbar vor der Zufahrt zum Industriegebiet Hal Far führt. Wie die nahe gelegene Höhle von Ghar Dalam (B'buġa) war auch Ghar Hazan ein unterirdischer Flusslauf, man vermutet sogar eine Verbindung der beiden, wobei dann bei Ghar Hazan der Fluss als 100 Meter hoher Wasserfall ins Meer stürzte. So hässlich das industrielle Umland erscheint, so spektakulär ist die Lage der Höhle hoch oben in den steil abfallenden Klippen.

Der maltesische Historiker und Archäologe T. Zammit fand in den Bodenablagerungen *zahlreiche Spuren menschlicher Besiedlung* der Jungsteinzeit (3000 v. Chr.) sowie ein komplett erhaltenes Skelett aus der phönizischen Zeit (800 v. Chr.). Weitere Funde von Schafs- und Ziegenskeletten belegen, dass Ghar Hazan über Jahrtausende als Wohnhöhle diente. Im Zweiten Weltkrieg wurde das in unmittelbarer Nähe liegende Flugfeld Hal Far bombardiert, viele Malteser suchten deshalb während der Luftangriffe in der Höhle Schutz. Um den Namen Ghar Hazan (Höhle des Hassan) ranken sich etliche Geschichten und Legenden, so soll einer Darstellung zufolge Hassan ein berüchtigter Pirat und Sklavenhändler gewesen sein, der in der Höhle seine auf Malta gemachte Beute sammelte.

Hal Far

Die Straße oberhalb von Ghar Hazan führt unmittelbar durch den zum *Industriegebiet* umfunktionierten alten Flughafen Hal Far.

Für die Engländer war er der wichtigste *Flugplatz* während des Zweiten Weltkrieges, den Maltesern diente Hal Far bis zur Fertigstellung des neuen Luqa International Airport als Flughafen. Start und Landebahn sind noch vollständig erhalten, die Flughafengebäude dienen heute der Industrie als

den Stoßzeiten entsprechend voll. Zwischen den Stoßzeiten verkehrt er deutlich seltener (etwa alle 60 Minuten), im August, während der Hauptferienzeit, wo praktisch alle Betriebe Ferien haben, muss damit gerechnet werden, dass er überhaupt nicht fährt.

Playmobil Fun Park

Selbstfahrer mit Kindern werden wohl nicht umhinkommen, den **Playmobil Fun Park** mit den gleichnamigen Figuren zu besuchen.

● Der kleine Park (Ħal Far Industrial Estate, Tel: 22242445) ist täglich 10–18 Uhr geöffnet, Eintritt frei.
● Um zum Park zu gelangen, fährt man am Besten über Marsaskala, dann der Beschilderung Ħal Far folgen, dort ist der Playmobil-Park ausgeschildert; **Bus 13** fährt von/nach Valletta.

Lager-, Fertigungs- oder Verwaltungsgebäude, einige wurden zu Hühnerfarmen umgebaut.

An Wochenenden wirkt das Gelände gespenstisch leer, ist aber noch offen zugänglich. Die kilometerlangen Pisten werden dann vor allem von jugendlichen maltesischen Autofahrern gerne als **Rennstrecke** genutzt, da anderswo in Malta Papas Porsche nicht ausgefahren werden kann.

An-/Abfahrt

● Während Fort Benghisa nur zu Fuß zu erreichen ist, fährt **Bus 13** unmittelbar an der Höhle Għar Hasan vorbei, umrundet anschließend den alten Flugplatz und fährt zurück über B'buġa bis Valletta. Die 13 ist vorwiegend ein Pendlerbus ins Industriegebiet, in

Unwirtliche Südostküste – Għar Hazan

Ostmalta

Südwestmalta

Maltas Süden und Südwesten, die sich südlich des internationalen Flughafens über Żebbuġ und Ta Qali bis zu den Badestränden von Golden Bay und Gnejna Bay im Westen der Insel erstrecken, sind der ruhigste, ländlichste und – von Blue Grotto und Golden Bay abgesehen – untouristischste Bereich auf Malta.

Wanderer haben die Wahl zwischen mehreren idyllischen Spaziergängen, die schönsten führen von Mdina nach Dingli sowie von Mdina nach Għajn Tuffieħa. Spektakuläre Blicke bieten die Klippen von Dingli oder Laferla Cross Vista.

Nicht zuletzt wird man auch hier auf die unübersehbaren Spuren der maltesischen Geschichte treffen, sei es im römischen Badehaus bei Għajn Tuffieħa, bei den Steinzeittempeln von Ħaġar Qim und Mnajdra oder in der alten Hauptstadt Mdina. Die meisten Dörfer und Sehenswürdigkeiten sind zwar per Bus zu erreichen, meist aber nur einzeln von Valletta aus mit jeweils eigenen Linien, Querverbindungen sind dagegen selten. Gerade für die Erkundung des Südwestens bietet sich daher das Mieten eines Fahrzeuges an, und sei es nur für einen oder zwei Tage.

Die Dörfer um Luqa International Airport

Luqa, Ġudja
[Lu'a, Dschudja]   ♫ VIII/B1-2

207-M Fotos: wl

Nordöstlich des Flughafens liegen die Dörfer Luqa und Ġudja, zwischen denen die Kirche **St. Marija ta Bir Miftuħ** liegt, berühmt für ihre farbenprächtigen **Prozessionen** am 15. August (Mariä Himmelfahrt).

Von Gudja Richtung Għaxaq passiert man den großen, teilweise erhaltenen **Landsitz der Familie Dorell** aus dem 18. Jh., zu erkennen an den teilweise eingestürzten Türmchen. Am Palast geht es rechts ab nach Għaxaq, Zejtun, M'xlokk und M'skala.

● An der Pfarrkirche in Gudja empfiehlt sich eine Einkehr im **Pub der Partit Laburista** oder in der **Pastizzeria Di Carlo,** Tel: 21800772.
● Nebenan liegt eine Filiale der **HSBC-Bank** sowie die **Bushaltestelle** der Flughafenlinie **8.**

Kirkop, Mqabba
[Kirkop, Im'abba]   ♫ VIII/A-B2

Auf der anderen Seite der Flughafenpisten liegt Kirkop, wo die **St. Benedict's Church** aus dem frühen 20. Jh. das einzig Sehenswerte in diesem Wohngebiet für Militär und Flughafenpersonal darstellt.

Von Kirkop bis Mqabba erstreckt sich südwestlich des Flughafens das **Steinbruchzentrum** Maltas, wo noch heute wie vor Jahrhunderten die großen, ockerfarbenen Globigerinenkalksteine abgebaut werden, die das architektonische Bild Maltas so unvergleichlich prägen.

Mqabba (Bus 35), auf den ersten Blick lediglich ein Arbeiterdorf, ist ein musikalisches Zentrum Maltas, in dem gleich mehrere so genannte **Club Bands** anzutreffen sind, jene Gruppen also, welche die berühmten Festas organisieren. Um die Pfarrkirche Il Knisja Sta. Marija liegen der **King George Band Club** in einem hübschen, stilvollen Gebäude von 1910 sowie die **Societa Musikali,** eine der berühmtesten Musikschulen des Landes.

Mqabba – musikalisches Zentrum Maltas

Qrendi ['rendi]   ↗ VIII/A3

Knapp 2 km südlich folgt der kleine, aber hochinteressante Ort Qrendi, der wahrlich mehr als die jährlich zwei Dutzend Besucher verdient hätte.

Qrendi ist übrigens eine Hochburg der Knallkörper-Produktion, wovon die örtlichen **Feuerwerksfabriken** *El-lul-*, *St. Mary-* und *Lourdes Firework Factory* zeugen.

Torri iġ-Ġwarena

An der Mehrfachgabelung hinter der St. Saviour Chapel (Bushaltestelle) führt der mittlere Weg nach 30 Metern auf die Triq it-Torri (Turmstraße), wo linker Hand schon der Torri iġ-Ġwarena *(Cavalier Tower)* zu sehen ist. Der wegen seines achteckigen Grundrisses einmalige Turm entstand 1659 unter Großmeister *de Redin* (1657–1660).

Sta. Marija

Im Ort ist die **Pfarrkirche,** erbaut 1685–1712 von *L. Gafà*, sehenswert. Die domähnliche Kirche wurde teilweise den Fassaden von St. Francis (Valletta) und der Karmeliterkirche von Mdina nachempfunden. An St. Saviour geht man links in die Triq il-Kbira bis zur Triq Buħaġiar, wo Sta. Marija nach 50 Metern rechts erreicht ist. Davor

Steinbruch bei Qrendi

liegt auch ein kleiner Mini-Markt mit kühlen Getränken.

Zurück die Buhaġiar entlang (über die Kbira hinweg) liegt rechter Hand ein **Kriegerdenkmal,** ein Stück dahinter erneut eine Bushaltestelle (35 in beide Richtungen).

Senke Il Maqluba

Biegt man an der Kbira aber rechts ab, vorbei an der San-Mattew-Kirche und folgt der Triq San Mattew bis zum Ende (Schild „Hagar Qim"), liegt schräg linker Hand über den kleinen Kreuzungsplatz am Ortsausgang die kleine **Kapelle San Andrew** (von Blue Grotto kommend geradeaus über die Kreuzung hinauf).

Dem Trampelpfad links von der Kapelle folgend, eröffnet sich unvermittelt die berühmte Senke Il Maqluba. Wie ein ausgehöhlter Zahn oder Meteoritenkrater erscheint **ein Loch mit 100 m Durchmesser** und über 45 Tiefenmetern. Wasser sammelt sich am Boden, den kaum ein Sonnenstrahl erreicht, so dass der Krater auch im Hochsommer tropisch grün wirkt. Natürlich ranken sich etliche Legenden um die Entstehung der Senke. Die örtlichen Bauern sprechen von einem Erdbeben im Mittelalter, andere halten sie für einen Meteoriteneinschlag aus

Il Maqluba

209-M Foto: wf

der Steinzeit, wieder andere bringen sie in Verbindung mit dem Magna-Mater-Kult auf Malta, und *von Däniken* schließlich ... Ungeachtet dessen ist die Senke unbedingt sehenswert.

Anreise

● *Von Mqabba aus* kommend gabelt sich die Hauptstraße: Rechts geht es vorbei an der Sta.-Katharina-Kapelle (rechter Hand) nach Siġġiewi (Triq is-Siġġiewi), links führt die Triq it-Tempesta zu einer weiteren Kreuzung. Hier geht es rechts ins Zentrum, *Bus 32* fährt links nach Żurrieq.

● *Bus 35* endet ausnahmsweise nicht nahe der Kirche, sondern in der iz-Żurrieq vor der St. Saviour Chapel.

Żurrieq [Surrie']   ♫ VIII/B3

Bereits Anfang des 15. Jh. wurde Żurrieq als eigenständige Gemeinde urkundlich erwähnt, touristische Berühmtheit erlangte die 8000 Einwohner zählende Kleinstadt durch das nach ihr benannte Tal Wied iż-Żurrieq, welches zur wenige Kilometer entfernten Blauen Grotte *(Blue Grotto)* führt. Mit etlichen netten Schänken und Sehenswürdigkeiten bietet sich auch der Ort selbst zu einem Stopp an.

Kapelle Ħal-Millieri

Am nördlichen Ortsende liegt ein fünfarmiger Kreisverkehr mit einer Tankstelle. Auf dieser Seite führt vom Kreisel die Triq Zarb ab, die in die Ħal-Millieri mündet (rechts). Hier liegt die gleichnamige, besterhaltene *mittelalterliche Kapelle* Maltas. Die Verkündigungskapelle stammt mindestens aus dem 14. Jh., die inneren Fresken (San

Ġorġ) aus dem 15. Jh. Ħal Millieri war bis in die frühe Johanniterzeit hinein ein eigenständiges Dorf mit nur einem Dutzend Bauernfamilien, die mittlerweile ihre Häuser aufgaben und ihr Glück in der Stadt suchen.

Xarolla Windmill

Wieder am Kreisverkehr, zieht sich gegenüber der Triq Zarb die Vjal ix-Xarolla 500 m durch Wohnhäuser zur Xarolla Windmill, der schönsten, noch voll funktionsfähigen *Windmühle* der Insel. Selbstfahrer kommen an der Mühle links nach Safi und Birżebbuġa, rechts nach Ħal Far.

Xarolla Windmill

210-M Foto: wl

St. Catherine

Vor der Mühle führen rechts Triq San Bartilmew und Triq Karmnu ins Zentrum. Hier liegt die hübsche *Pfarrkirche* St. Catherine, entworfen 1634 von einem Priester des Ortes namens *M. Saliba*. Die Kirche wurde im Laufe der Jahrhunderte zahlreichen Änderungen unterworfen, so stammt die Fassade aus dem 18. Jh., die Glockentürme kamen erst 1861 hinzu.

Berühmtheit aber erlangte St. Catherine durch Maltas berühmten Sohn *M. Preti*, der einige Jahre in Żurrieq lebte und in dieser Zeit auch die Pfarrkirche innen neu gestaltete. Dabei schuf er unter anderem das Altarbild „Martyrium Catarinae" (Martyrium der heiligen Katharina).

Rechts um die Ecke in der Triq Zammit lohnt sich ein Blick auf den *Palazzo Armeria*, ein ehemaliges Waffenarsenal der Johanniter und heute Sitz der Stadtverwaltung.

● Gegenüber der Kirche liegt eine kleine *Ċisk-Bar*, links davon in der Triq il-Kbira eine Filiale der *HSBC-Bank* sowie *La Prima Pizzeria & Pastizzeria* mit sehr günstigen Snacks für wenige Cent zum Mitnehmen).
● Rechts der Ċisk-Bar die große Triq P. P. Saydon hinunter findet man die *Kristiane-Boutique*, das moderne *Bistro Six-Bar* sowie die Parteilokale der beiden Parteien (hier ausnahmsweise kein Barbetrieb).
● Die *Ortspolizei* in der Triq il-Bartelmew (neben der *Post)* ist unter Tel: 21826721 zu erreichen.
● Die *Bushaltestelle* von Żurrieq liegt in der Triq P. Saydon, hier fahren die *Busse 32, 34* und *38* nach *Valletta*, 38 kann man auch nach *Ħaġar Qim/Blue Grotto* nehmen.

Wied iż-Żurrieq
[Uied Isurrie'],
Blue Grotto   ⤳ VIII/A3

Wied iż-Żurrieq (auch Il Ħnejja oder Blue Grotto) am fjordähnlichen Ausgang des gleichnamigen Tals hat sich vom kleinen, unbedeutenden *Fischerdorf* in den vergangenen 20 Jahren zu einem der meistbesuchten Orte Maltas entwickelt.

Sehenswert sind die kleine seeseitige *Promenade* mit schönem Blick über die Klippen bis zur Insel Filfla sowie die Reste des *Scintu Tower* aus dem 17. Jh. (vom Parkplatz zurück Richtung Hauptstraße rechter Hand).

● Oberhalb des Piers liegt ein großer (kostenpflichtiger) Parkplatz, an den sich die recht hochpreisigen *Ausflugslokale* Kingfisher Restaurant, Roof-Garden Restaurant, Congreve Restaurant und Blue Cave Bar & Restaurant anschließen.
● *Busse 38* und *138* (138 nicht über Żurrieq) Valletta – Żurrieq – Ħaġar Qim halten auch in Blue Grotto, ansonsten ab Qrendi/Maqluba Senke knapp 2 km Richtung Ħaġar Qim.

Blue Grotto

Vom Fischfang lebt die Hand voll Einwohner längst nicht mehr, jeder betreibt hier ein Restaurant oder steuert ein Ausflugsboot durch den Fjord Tat il Ħnejja zur ausschließlich vom Wasser her erreichbaren *Blauen Grotte*. Es handelt sich dabei um mehrere Höhlen in der Steilküste, die ihren Namen aus dem überreichen Bewuchs an Blaualgen erlangten. In der Tat erscheint das Wasser in den Grotten geradezu kitschig-leuchtend hellblau,

Sonneneinfall vorausgesetzt (nur dann lohnt sich ein Besuch wirklich!). Die Bootsführer behaupten oft, jene gelegentlich durchblitzenden, leuchtorangenen Punkte seien Korallen, doch hier handelt es sich um die in weit geringerem Umfang vorkommenden Rotalgen. Wegen der bei Sonne brillianten Sicht (vormittags) wurde die blaue Grotte auch zu einem beliebten Tauchplatz (⤢ Tauchen).

● Es wird dringend abgeraten, zu den Grotten zu **schwimmen,** denn die erste Höhle unterhalb vom Scintu Tower liegt 1 km vom Pier entfernt, wobei der Wellengang sehr oft mörderisch wird. Die Besichtigung ist nur per Boot möglich, anders kommt man nicht (unversehrt) von der Steilküste nach unten.

Filfla Island

Rund 8 km südöstlich der Blue Grotto liegt Maltas mit 1,8 km² viertgrößte Insel Filfla, die **Pfefferinsel.** Spuren menschlicher Besiedlung der Jungsteinzeit wurden ebenso gefunden wie Reste einer kleinen Kapelle aus dem frühen 14. Jh.

Die Insel darf – auch von Tauchern – **nur mit Sondergenehmigung** besucht werden, wofür es eine offizielle und eine inoffizielle Begründung gibt.

Offiziell wurde Filfla 1988 zum **Naturschutzgebiet** erklärt, zahlreiche anderswo in Europa und Malta ausgestorbene Vogel- und Echsenarten haben hier ihren Nistplatz gefunden.

Eine andere Geschichte erzählen die älteren Einwohner der Küstendörfer: Bis Anfang der 1960er Jahre nutzte die

britische Royal Air Force Filfla von Ħal Far aus als **Zielübungsgebiet für Bombenabwürfe.** Filfla sei früher doppelt so hoch gewesen wie heute, durch die Bomben seien große Teile der Insel weggesprengt worden. Noch heute würden Tausende von Blindgängern rund um und auf der Insel liegen, weshalb man sie kurzerhand zum Naturschutzgebiet erklärte und für die Allgemeinheit sperrte.

Filfla dürfte ein fantastischer Tauchplatz sein, es soll Bootsbesitzer geben, die sich nicht um das Verbot kümmern und abenteuerlustige Besucher gegen entsprechendes Bakschisch übersetzen. Wer erwischt wird, hat mit drastischen Konsequenzen zu rechnen ...

Ħaġar Qim [Hadschar'im] und Mnajdra [Imnaidra]

⤢ VII/D3

An der Küstenstraße zwischen Blue Grotto und dem Badeplatz Għar Lapsi liegen – gut ausgeschildert – gleich zwei der besterhaltenen und interessantesten **Steinzeittempel** Maltas nebeneinander: Ħaġar Qim (übersetzt etwa: Gebets-Hinkelsteine) und Mnajdra (etwa: Panorama).

Ħaġar Qim

Die Existenz der großen Anlage von Ħaġar Qim war zwar bekannt, Untersuchungen wurden aber erst 1901 durch den deutschen Altertumsforscher *Albert Mayr* durchgeführt. Genaue Untersuchungen und Restaurationen folgten in den 1950er Jahren. Demnach entstand Ḥaġar Qim um 3000 v. Chr. und unterschied sich vom prinzipiellen Aufbau her deutlich von anderen Tempelanlagen Maltas. Zunächst ist das gesamte Heiligtum von einer Mauer umgeben, die zwischen 7 und 10 Meter hoch gewesen sein muss. Auch der Baustoff unterscheidet sich: Andere Tempel wurden aus hartem Korallengestein errichtet, hier wurde der weichere Globigerinenkalk

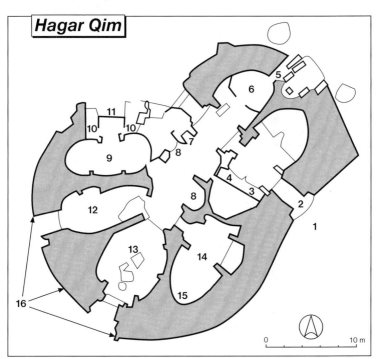

Hagar Qim

0   10 m

1	Platte mit Fessellöchern	9	Ovale Kammer
2	Trilithenzugang	10	Trilithnischen
3	Fensterstein	11	Schwellenstein
4	Altar	12	Ovale Kammer
5	Orakelloch	13	Runde Kammer
6	Orakelkammer	14	Torbabodenkammer
7	T-Altäre	15	Kalksteinsäule
8	Trilithaltäre	16	Monolithenwall

verwendet. Dies erklärt die deutlich sichtbaren Verwitterungsspuren auf der seewärtigen Seite der Anlage.

Vor dem Haupteingang befindet sich links eine große **Bodenplatte** mit zum Teil über ½ m großen Löchern. Während in anderen Tempeln kleinere Löcher zum Anbinden der Opfertiere gefunden wurden, scheinen derartige Konstruktionen in Ħaġar Qim außen gelegen zu haben.

Um die Ecke rechts außen steht ein gigantischer, 60 Tonnen schwerer **Monolith** von sechs Metern Länge und drei Metern Breite. Er steht exakt östlich des Tempels, in Richtung Sonnenaufgang. Man vermutet daher, dass er für eine kurze Zeit einen Schatten warf, der durch ein Loch in das Innere der Anlage fiel und damit eine bestimmte Zeremonie, möglicherweise das Orakel, begann oder beendete.

Hinter dem Trilitheneingang lag linker Hand der **erste Altarraum,** in dem der berühmte Ħaġar-Qim-Altar gefunden und später durch eine Nachbildung ersetzt wurde (Original im Nationalmuseum in Valletta).

Daran schließt sich die große Halle mit mehreren Seitenkammern an. In diese **Haupthalle** waren mehrere kleinere Seitenkapellen integriert, in denen u.a. neun Magna-Mater-Figuren sowie die Venus von Ħaġar Qim (ebenfalls im Nationalmuseum) gefunden wurden. Die leicht nach außen gewölbten Altarsteine dienten vermutlich als Opfertische. Diese waren mit seitlichen Erhöhungen versehen, damit das Blut der Opfertiere gesammelt werden konnte.

Am rechten Ende der Haupthalle liegt eine große **Orakelkammer** mit einem nach außen führenden Orakelloch, in der die Priester in meditativer Isolation ihre Entschlüsse fassten und durch das Loch der wartenden Menge außen kundtaten – eine in der Jungsteinzeit weit verbreitete Frühform der religiösen Lenkung der Menschen.

Am anderen Ende der Haupthalle führt eine Stufe in einen leicht vertieften Raum, vermutlich das **Heiligtum** der Anlage; auch hier wurden Magna-Mater-Figuren gefunden.

Die drei anderen **Nebenräume** sind zwar an die Haupthalle direkt angebaut, konnten aber nur durch einen jeweils eigenen Eingang an Nord-, West- und Südseite der Anlage betreten werden. Alle Eingänge scheinen jeweils auf einen bestimmten Sonnenstand hin ausgerichtet zu sein. In die Fassaden dieser drei Räume waren verschiedene Reliefs der Magna Mater eingearbeitet, die noch heute ansatzweise zu erkennen sind.

In den kleinen Nischen außen an der Nordseite der **Außenmauer** sind deutlich weitere Löcher zu erkennen, an denen vermutlich Opfertiere mit Seilen festgebunden wurden.

● **Öffnungszeiten:** im Winter täglich außer sonn- und feiertags 8:15–17 Uhr, im Sommer (15.6.–30.9.) Mo, Mi, Fr, So 7:45–17:30 Uhr und Di, Do, Sa 7:45–14 Uhr.

● **Eintritt** Lm 3, Kinder Lm 1,50

● Vor dem Tempel liegt ein größerer **Parkplatz,** auf dem während der Tempelöffnungszeiten zusätzlich kassiert wird.

● Direkt am Parkplatz liegt das **Ħaġar Qim Bar & Restaurant,** in dem abends oft Gruppen live auftreten.

●**Busse 38** und **138** enden hier (Valletta – Żurrieq – Blue Grotto – Ḥaġar Qim), es gibt allerdings keine Querverbindung zu Għar Lapsi (2,5 km).

●Alternativ bleibt die Fahrt bis Qrendi und von dort ab der Kapelle/Maqluba-Senke die Triq Ḥaġar Qim knapp 3 km **zu Fuß** (schneller als von Żurrieq).

Mnajdra

Von Ḥaġar Qim aus 250 Meter dem befestigten Pfad zur Küste folgend, erreicht man den oberhalb der Klippen malerisch-pittoresk gelegenen Steinzeittempel Mnajdra. Die Anlage besteht aus **drei aneinander gereihten Tempeln,** die in der Zeit um 3500 v. Chr. (Osttempel) bis 3000 v. Chr. (Mittel- und Westtempel) entstanden. Mnajdra wurde 1840 freigelegt und von *A. Mayr* in seinem Bericht über Ḥaġar Qim mit erwähnt. Auch hier wurden die Forschungsergebnisse hauptsächlich während der Restauration in den 1950er Jahren gewonnen.

Vom Fußweg stößt man zunächst auf den kleinen, mit Ausnahme der Eingangsmegalithen komplett restaurierten **Osttempel.** Gut zu erkennen ist, dass dieser Teil aus nur einer Kammer mit einer Sakralnische bestand.

Der **Mitteltempel** ist wesentlich besser erhalten und führt über eine terrassenähnliche Treppe in eine Vorhalle. Der Eingang wurde aus einem „Fensterstein" gebildet, eine auf Malta ansonsten unbekannte Bauweise. Dabei wurde in den Trilitheneingang ein steinernes Fenster eingesetzt, der Eingang damit zum Durchschlupf verkleinert. Beidseitig des Übergangs zur Haupt-

halle befinden sich Opferaltäre. In die Haupthalle sind mehrere Nischen integriert, am dem Zugang gegenüberliegenden Ende ein Hauptaltar, rechts ein Trilithaltar, links ein Fensterstein sowie eine kleine Kammer mit einem eigenen Altar.

Als am schönsten erhalten erweist sich aber der **Westtempel** mit einem

Mnajdra, Westtempel mit Trilith-Eingang

aufwendig „verlochten" Trilith-Zugang. Diese Bohrungen sollten möglicherweise die einzelnen Sonnenstrahlen symbolisieren. Im Eingangsbereich führt ein Fensterstein rechts in einen Vorraum zwischen Außenmauer und der Wand der Vorhalle. Dieser Raum konnte von innen verschlossen werden, man nimmt daher an, dass es sich um eine Art Privatkammer des Hohepriesters gehandelt haben muss. In der beinahe 100 m² großen Vorhalle sind rechts zwei Orakellöcher und links zwei Trilithnischen gut zu erkennen. Wie beim Mitteltempel wird der Durchgang zur Haupthalle auch hier von zwei kleinen Blockaltären flankiert. Die Haupthalle erscheint – anders als beim Mitteltempel – wesentlich ungleichmäßiger und unübersichtlicher. Zwar liegt auch hier der Hauptaltar dem Eingang gegenüber, ein rechter Seitenraum (dessen Nutzung nicht geklärt ist) wurde aber deutlich sichtbar baulich abgetrennt. Links bildet der große Opferstein den Übergang zu einem zweiten Nebenraum mit drei kleineren Trilithaltären.

Auf den Fußweg zurückblickend, liegt links ein Hügel mit steinernen Behältern. Diese 4000 Jahre alten **Wasserbehälter,** die vermutlich auch die Tempelanlage mit Wasser versorgten, werden noch heute von den Bauern der angrenzenden Felder benutzt.

● In den vergangenen Jahren wurde Mnajdra immer wieder durch die Erschütterungen bei Sprengungen in einem nahe gelegenen Steinbruch in Mitleidenschaft gezogen, der Tempel wird daher oft gesperrt.
● Anfahrt sowie Eintritt und Öffnungszeiten wie Ħaġar Qim.

Għar Lapsi
[Aħr Lapsi] ♫ VII/D3

Fragt man einen Malteser nach schönen Badeplätzen auf Malta, so wird mit Sicherheit Għar Lapsi bei der Antwort dabei sein. Nun werden derartige Einschätzungen, nicht nur von dem zugegeben netten **Felsbadestrand** beeinflusst, sondern beruhen vielmehr auf der Tatsache, dass sich jedes zweite maltesische Pärchen schon einmal zu einem Rendezvous bei Sonnenuntergang in Għar Lapsi verabredet hat. Von nahem gesehen wirkt der Strand eher klein, überfüllt und unspektakulär. Dennoch ist Għar Lapsi wegen des flachen Wassers gerade bei Familien mit Kindern sehr beliebt, und auch für Taucher ist die Bucht von Interesse (♫ Tauchen).

Am Parkplatz liegt zunächst rechts ein kleiner „Park", links eine **Polizeistation,** Tel: 21611491, sowie das **Lapsi View Bar & Restaurant,** Tel: 21821608. Zu den Steinbadebuchten geht es rechts den Betonpfad hinunter.

Pfade führen weiter oberhalb des Ufers entlang, mehrere **Wachtürme** aus der Zeit *Wignacourts* säumen die Küste.

Die blauen Rohrleitungen, die während der Fahrt die Serpentine herunter zu sehen sind, gehören zu einer **Meerwasser-Entsalzungsanlage** *(Reverse Osmose Plant)* in unmittelbarer Nähe.

● **Bus 89** fährt die Route Valletta – Siġġiewi, Linie **94** Siġġiewi – Għar Lapsi, allerdings unregelmäßig und nur im Sommer.
● **Zu Fuß** sind es drei Kilometer bis Ħaġar Qim (sehr leicht zu gehen), bis Siġġiewi knapp 5 km (keine schöne Strecke).

Siġġiewi
[Sidschiui]   ↗ VII/D2

An den wichtigen Verbindungsstraßen gelegen, ist Siġġiewi ein Orientierungs- und Ausgangspunkt für Wanderungen nach ↗ Għar Lapsi oder ↗ Laferla Cross Vista, beide nicht per Bus zu erreichen. Die etwa 6000 Einwohner leben überwiegend von der Landwirtschaft, Touristen verirren sich seit Fertigstellung der Umgehungsstraße kaum noch in den Ort.

Weithin sichtbar dominiert die **St.-Nicholas-Pfarrkirche** die Gemeinde. Sie wurde im Wesentlichen ab 1675 von *L. Gafà* gebaut, der seine Erfahrungen als Assistent *Buonamicis* beim Bau von St. Paul's, Rabat, hier eindrucksvoll umsetzte. Dies zeigt sich besonders an der erhöhten Kuppel und den vielen kleinen Fensternischen. Eingangsportal und Fassade stammen allerdings von *N. Zammit*, der St. Nicholas um 1865 aufwendig restaurierte.

Die Kirche steht im Zentrum auf dem gleichnamigen **Nikolausplatz,** eine große Statue des Heiligen ist am der Kirche gegenüberliegenden Ende des Platzes zu sehen.

● Ebenfalls am Platz liegen eine **Tankstelle,** die **Bar der Partit Nationalista** und die **Friend-to-All-Bar** sowie die **Endstation der Busse 89** und **94** (Letzterer fährt im Sommer bis Għar Lapsi).

St. Nicholas Church

217-M Fotos: wl

●Der ausgeschilderten Straße nach Għar Lapsi folgend, liegt linker Hand eine Filiale der **Bank of Valletta.**

●Im Zusammenhang mit der Globigerinerkalksteingewinnung auf Malta wurde die neue **Multimediashow „Limestone Heritage"**, Tel: 21464931, Mo–Fr 9–15, Sa, So 9–12 Uhr) ins Leben gerufen, die eine Art Zeitreise durch Maltas 20.000-jährige (Bau-) Geschichte darstellt. **Bus 89** nach Siġġiewi, von der Nikolausakirche ca. 300 m zu Fuß (beschildert).

Tal Providenza ♫ VII/D3

Folgt man der Beschilderung Richtung Għar Lapsi weiter, erreicht man nach 2 km die winzige Siedlung Tal Providenza mit der kleinen Kirche **Knisja Tal-Providenza.** Sie wurde um 1750 erstmals erwähnt. Nach einem Blitzeinschlag am Anfang des 19. Jh. restaurierte M. Cachia das in Mitlei-

denschaft gezogene Bauwerk und fügte aus Stabilitätsgründen einen Portikus an.

Żebbuġ

[Sebbudsch] ♫ VII/D2

Żebbuġ (10.000 Einwohner) liegt zentral zwischen dem Großraum Valletta, Rabat und Siġġiewi. Einige ursprünglich getrennte bäuerliche Siedlungen wuchsen bereits im 18. Jh. zusammen, unter Großmeister E. de Rohan wurde Żebbuġ daher 1780 zur Stadt erhoben.

An diese Zeit erinnert noch der **De Rohan Arch** am östlichen Ortsende (Richtung Qormi). Inmitten des Kreis-

218-M Fotos: wf

verkehrs vor dem Rohan-Bogen wurde ein Denkmal zu Ehren des maltesischen Künstlers **M. A. Vassalli** (1764–1829) errichtet.

Für die Malteser ist Żebbuġ allerdings vor allem als Heimat des Bildhauers **A. Sciortino** (1879–1947, ⤳ Glossar) von Bedeutung.

Im Ortszentrum steht die **St. Philip's Church** von 1599, ein typisches Bauwerk der späten Renaissance auf Malta, die Fassade mit dem Balkon erinnert auffällig an die St. John's Co-Cathedral (Valletta, *G. Cassar*) und wird deshalb dem Sohn *Vittorio Cassar* zugeschrieben. Etliche barocke Elemente im Inneren, insbesondere die Ausgestaltung der Seitenkapellen, führten zu der Annahme, dass St. Phillip's von *P. P. Troisi* (1686–1750) zumindest wesentlich umgestaltet wurde.

●Um die Kirche herum findet man einige Pastizzi-Bäckereien, von denen **Sunny's Takeaway** besonders leckere Snacks bietet.
●**Bus 88** fährt via Hamrun und Qormi von Valletta nach Żebbuġ.

Rund um die Buskett Gardens

Die Gegend zwischen Dingli, Rabat und Siġġiewi im südlichen Hochland birgt eine ganze Reihe sehenswerter Punkte in fantastischer Lage, und der Besucher trifft auf einen nahezu unberührten Landstrich mit malerischen Ausblicken über die ganze Insel. Diese Unberührtheit hat natürlich ihren (touristischen) Preis: Mit dem Bus sind von den unten genannten Punkten nur die Buskett Forest Gardens direkt zu erreichen, und das auch nur im Sommer, so dass sich hier die Anmietung eines Mopeds oder PKWs empfiehlt; noch schöner sind natürlich ausgedehnte Wanderungen.

Laferla Cross   ⤳ VII/C-D3

Erste Station ist das Laferla Cross, unübertrefflich an einer kleinen Höhenstraße zwischen Dingli und Siġġiewi

Malerischer Aussichtspunkt bei Laferla Cross

gelegen. Die Anfahrt ist von beiden Seiten her gut ausgeschildert, von der kleinen **San Lawrenz Chapel** müssen die letzten 300 m zu Fuß zurückgelegt werden.

Das weithin sichtbare, 12 m hohe **Kreuz** auf 229 Höhenmetern wurde 1901 neben der kleinen **Marienkapelle** aus dem Jahre 1856 aufgestellt. Diese Kapelle, gebaut von *Micalef*, ist leider meist verschlossen und innen nicht sonderlich gut erhalten, abgesehen von den 12 feinen Ölgemälden der Kreuzstationen.

Der **Rundumblick** zum Verdala Palace, zu den Dingli-Klippen und weit über Siġġiewi und Żebbuġ hinweg ist fantastisch und macht den Weg hierher unbedingt lohnenswert. Kaum ein Tourist verirrt sich hinauf zu einem der schönsten Aussichtspunkte auf Malta.

Inquisitorenpalast ⌖ VII/C3

Vom Laferla Cross Richtung Südwest trifft man nach 1,5 km auf die Hauptstraße Dingli – Siġġiewi. Hier nach rechts liegt nach 500 Metern der ehemalige Inquisitorenpalast rechter Hand. Das in einem hübschen Grüngürtel gelegene Gebäude ist heute in Privatbesitz, man kann nur von einem Haltepunkt an der Straße einen Blick hinüber werfen. Großmeister *de la Cassière* bat 1574 den Papst um Entsendung eines Inquisitors, der in Vittoriosa seinen Sitz nahm und hier im etwas kühleren Hochland diese bemerkenswerte Sommerresidenz errichten ließ.

Clapham Junction Cart Ruts ⌖ VII/C3

Nach weiteren gut 200 m biegt ein schmaler Weg scharf nach links ab hinauf zu den seltsamen Clapham Junction Cart Ruts (an der Abzweigung ist der Hinweispfeil nur aus Richtung Buskett lesbar, grünes Tor links beachten). Es handelt sich dabei um die bekanntesten jener ominösen **„Schleifspuren"** auf Malta, für deren Ursprung die unterschiedlichsten Erklärungen kursieren (⌖ Geschichte, Bronzezeit). Den Begriff *Clapham Junction* prägte ein britischer Kolonialbeamter, der die hier kreuz und quer verlaufenden Spuren mit einem Rangierbahnhof bei London verglich.

Buskett Forest Gardens ⌖ VII/C2-3

Ein kurzes Stück weiter folgen die Buskett Forest Gardens, bei dessen Bezeichnung *Forest* der Mitteleuropäer die Stirn runzelt und sich der Kanadier in Unglauben abwendet. Immerhin handelt es sich bei diesem hübschen Park um das einzige zusammenhängende Baumgebiet auf Malta.

Unübersehbares Glanzstück im Park ist der **Verdala Palace,** der manch anderem Turm oder Festungsbauwerk auf Malta als Vorbild diente. Der trutzburgartige Palast wurde auf Betreiben des Großmeister *Hughues Loubens de Verdalle* von *G. Cassar* 1586, also nur 20 Jahre nach der „großen Belagerung" und unter dem Eindruck einer andauernden Bedrohung durch die Türken errichtet. Der Verteidigungscharakter ist deutlich an den Wehrtürmchen und dem typischen, quadratischen Grundriss zu erkennen.

Erst in den nachfolgenden Jahrzehnten entstand der Park mit Orangenhainen und aus Südfrankreich importierten, Schatten spendenden Pinien, so dass Buskett im 18. Jh. allmählich zum **Lustschloss und Jagdrevier** der Ritter wurde. *Ferdinand Hompesch* residierte hier als letzter Großmeister, nach ihm wurden die oberen Etagen des Palastes zum französischen Offizierssitz. Doch lange konnten die Franzosen den Luxus nicht genießen, ab 1802 wurden sie von den Engländern einige Etagen tiefer gebeten und eingekerkert. Um die Folterkammern und Geheimgänge des Verdala Palace ranken sich teils mehr, teils weniger glaubhafte Legenden, auch aus jüngerer Zeit. Höchste Staatsgäste werden hier untergebracht, unter anderem *Ghaddafi*. Ihm soll aus einem Geheimgang der Burg ein Geist ins Schlafgemach gefolgt sein, woraufhin er mit seinem gesamten Stab angeblich unverzüglich ins (libysche) *Korinthia Palace Hotel* nach Marsaskala zog.

● Im Park befinden sich mehrere **Picknickplätze.**
● Gegenüber der Zufahrt zum Parkplatz (von Clapham Junction kommend an der kleinen Kreuzung links) liegt das etwas noblere **Buskett Forest Restaurant.**
● Der **Eintritt** zum Park ist frei; Verdala Palace ist der Öffentlichkeit derzeit nicht zugänglich.
● *Bus 81* Rabat – Dingli (nur im Sommer).

Dingli Cliffs ⟋ VII/C3

Vom Park aus sind es nur knapp 4 km bis zur alten Hauptstadt Mdina und 1½ km bis zum Dörfchen Dingli und den nach ihm benannten, in zahllosen Volksweisen besungenen **Klippen.**

Hier präsentiert sich die unwirtliche Steilküste in einer seltsamen Stimmung. Auf den höchsten Erhebungen – die Klippen erreichen bis zu 262 m – hat der Besucher einen atemberaubenden **Fernblick** über die blaue See bis Filfla Island, wird aber jenes frustrierende Gefühl der Johanniter nachvollziehen können, als sie 1532 vom fruchtbaren Rhodos auf diese karge Insel kamen. Heute bemühen sich die Bauern, jene „Höhlenbewohner", von denen bei (⟋) Mtaħleb die Rede ist, tief unterhalb der Klippen kleine Felder anzulegen.

Die Klippen sind nahezu menschenleer, vom Restaurant *Bobbyland*, einer fantastisch gelegenen **Magdalenenkapelle** mit herrlicher Aussicht auch auf Verdala Palace sowie einer 500 m weiter gelegenen **Radarstation** abgesehen. Gegenüber der Radarstation geht es zur Ortsmitte von *Dingli.*

● Hier liegt neben der **Post** ein kleiner **Laden** (Triq Parocca) und neben der **Polizei,** Tel: 21454556, eine **Bank of Valletta** (ebenfalls Parocca St.).
● Ferner locken im Ort die **Dingli Swallows Bar** (Triq il-Kbira), die **Bar der Kazin Nationalista** (Triq Buskett) und die **Bar der Partit Laburista** (Triq il-Kbira) mit kühlen Erfrischungen.
● *Bus 81* Rabat – Dingli hat seine Endstation in der Triq il-Kbira/Ecke Buskett (fährt etwa alle 40 Minuten), nur im Sommer (Mitte Juni bis Ende September) fährt er auch über Buskett Gardens.

Mdina [Imdina]
und Rabat ♫ VII/C1-2

Auf dem **Hochplateau,** welches jäh nach drei Seiten abbricht (außer zum Hochland des Südwestens), liegen die alte Hauptstadt Mdina und ihre Schwesterstadt Rabat, deren Sehenswürdigkeiten denen der Städte im Großraum Valletta in nichts nachstehen. Hinzu kommt die spektakuläre Lage mit großartigen Ausblicken von den Mdina umgebenden Festungsmauern über ganz Nordmalta. Auch die Busanbindung ist sehr gut, so dass ein Ausflug nach Mdina und Rabat unbedingt zu empfehlen ist.

222-M Fotos: wl

Mdina ♫ XXIII/C-D1-2

Erste Spuren menschlicher Besiedlung auf dem Hochplateau von Mdina lassen sich über 4000 Jahre zurückverfolgen, wobei vermutlich der natürliche Verteidigungscharakter immer eine Rolle gespielt hat.

Es waren **Phönizier und Punier** im ersten vorchristlichen Jahrtausend, die Mdina sowie Teile des heutigen Rabat mit einem Schutzwall umgaben und diesem Gebilde jenen Namen gaben, den das Land auf Dauer tragen sollte: **Malet** (Zufluchtsort).

Eine erste kulturelle Blüte erfuhr die Stadt unter den **Römern** (ab 218 v. Chr.), Mdina soll damals insgesamt fast fünf mal so groß gewesen sein wie heute. *Cicero* schilderte **Melita,** wie die Römer den phönizischen Namen leicht abwandelten, als „wohlhabende Stadt mit schönen, großen Gebäuden und angenehmem Lebensstil". Der römische Statthalter auf Malta, *Publius*, hatte seinen Amtssitz in der Stadt und trat der Legende nach sogar zum Christentum über, als der Apostel *Paulus* auf Malta strandete und den Vater des *Publius* von einer schweren Krankheit heilte.

Die Grundlagen für das heutige Stadtbild wurden unter den **Arabern** geschaffen, die seit 870 n. Chr. die Inseln beherrschten. Sie umgaben die Stadt mit einer hohen Mauer und nannten diesen Teil „Mdina" (die Ummauerte). Der Rest war Lager und Stal-

Leere Gässchen in der „stillen Stadt"

lungen vorbehalten – genannt „Rabat" (= wo die Pferde angebunden sind). Die Araber brachten nicht nur ihre Sprache nach Malta, sondern auch ausgeklügelte Feld-Bewässerungssysteme sowie die Plantagenwirtschaft für Zitrusfrüchte und Granatäpfel.

Unter den **Normannen** (12.–13. Jh.) und der nominell spanischen Herrschaft (13.–15. Jh.) erfuhr der lokale Adel *(Università)* seine größte Bedeutung durch die weitgehende Selbstverwaltung Maltas. Mdina erhielt von den Spaniern auch den Beinamen **Città Notabile** (bemerkenswerte Stadt).

Den Normannen folgte ein allmählicher Niedergang Mdinas, bedingt durch fortwährende **Piratenüberfälle** und der nachfolgenden Abwanderung großer Teile der Bevölkerung.

Diese Tendenz des Niedergangs zur **Città Vecchia** (alte Stadt) setzte sich auch unter den **Johannitern** fort, während andererseits die Siedlungen um den Grand Harbour erblühten. 1532 verlor Mdina offiziell seine Stellung als Hauptstadt an Birgu (Vittoriosa). Zwar wurden nach dem Erdbeben von 1693 angesichts der großen Zerstörungen unter Großmeister *Vilhena* nochmals zahlreiche Bauten restauriert oder durch Neubauten ersetzt, an die alte Bedeutung als Zentrum Maltas konnte Mdina jedoch nie wieder anknüpfen.

Eine letzte große Rolle spielte Mdina während der französischen Besatzung (1798–1800), als die **Franzosen** trotz des heiligen Eides, man werde Selbstverwaltung und Besitztümer auf Malta unangetastet lassen, Paläste und Kirchen plünderten. Als sich die Franzo-

sen an der Kathedrale von Mdina zu schaffen machten, stürzten die Einwohner *General Masson*, den französischen Kommandeur, über die Balkonbrüstung des Gerichtshofes, womit der landesweite **Aufstand** gegen die Besatzer begann.

Als auch die **Engländer** (seit 1800) den Grand Harbour zum Mittelpunkt Maltas erhoben, verließen erneut viele Menschen den Ort, welcher nun wegen der zahlreichen leer stehenden Paläste den Beinamen **Silent City** (Stil-

Wiċċ Laskri [Uitsch Laskri]

Die Tradition des Karneval war auch auf Malta, und hier vor allem in Mdina bekannt. Großmeister *Jean Lascaris-Casteller* (1637–1657) schien vom Karneval weniger angetan und verbot – als eine seiner ersten Amtshandlungen – den Frauen das Tragen von Masken in der Faschingszeit. Die Begeisterung über diese Maßnahme hielt sich bei der Bevölkerung in Grenzen, die Beliebtheit des Großmeisters sank immens. Nur wenig später wollte er Mdina militärisch gänzlich aufgeben, die Festungsmauern zerstören und die vorhandenen Kanonen nach Valletta verlegen. Als seine Ritter mit den Arbeiten beginnen wollten, war das Maß bei der weiblichen Bevölkerung endgültig voll – die aufgebrachten Frauen schlugen auf die Arbeiter mit Besenstielen und Dreschflegeln so energisch ein, dass *Lascaris-Casteller* seine Leute zurückbeordern und von seinen Plänen Abstand nehmen musste.

Aus diesen Ereignissen ergaben sich die maltesischen Redewendungen *Wiċċ Lascri* (das Gesicht Lascaris), ein Gesichtsausdruck der höchsten Verachtung, sowie die Bezeichnung *Laskari* für einen Menschen, der keinen Spaß versteht.

le Stadt) erhielt. Daran hat sich bis heute kaum etwas geändert, gerade einmal 400 Seelen harren noch in den auffallend ruhigen Gassenschluchten Mdinas aus.

Einige Museen und Einrichtungen sind an Sonntagen geschlossen. An Wochenenden sind auch sehr viele **Touristen** in Mdina unterwegs, so dass es sich empfiehlt, nach Möglichkeit einen Werktag für den Besuch Mdinas vorzusehen. Derzeit wird ganz Mdina allerdings aufgerissen, um alle Kabel unterirdisch zu verlegen und dann das alte Straßenpflaster zu restaurieren. Bis dahin sind Teile der Stadt nur eingeschränkt zugänglich. Die Stille der Stadt wird nach Abschluss der Bauarbeiten dann wieder allenfalls vom Hufklappern der Karozzin unterbrochen werden.

Saqqajja Square   ♫ XXIII/C2

Hier an dem großen Platz zwischen Mdina und Rabat kommen die meisten Besucher per **Bus** an, auch für die **Karozzin** (Pferdedroschken) ist der Saqqajja Square der zentrale Sammelpunkt.

Der kleine Park vor den Festungsmauern entstand in den 20er Jahren des 20. Jh. und wurde nach dem ehemaligen britischen Gouverneur **Howard Gardens** genannt. Inmitten der Pinien steht auch ein Säulenstein, den angeblich der Normannenfürst *Roger I.* 1090 errichten ließ.

Main Gate   ♫ XXIII/C2

Man betritt die alte Hauptstadt über eine kleine Brücke und das Haupttor,

ein unter Großmeister *de Vilhena* 1724 errichtetes **Stadtportal,** welches die ursprüngliche Zugbrücke mit einem älteren Tor ersetzte. Am Portal ist das Wappen *de Vilhenas* sehr gut erhalten, das Wappen an der Innenwand ist das Familienwappen der *Inguanez*, einer alten und vormals einflussreichen Adelsfamilie.

Im Alltag diente das Tor als Wachturm und Zollstation für die einfahrenden Händler, zur Johanniterzeit fand hier zudem eine bedeutende Zeremonie statt: Als die Ritter nach Malta kamen, mussten sie dem Altadel weitgehende innere **Verwaltungsfreiheit**

Stadttor

224-M Foto: wl

schwören – erst danach erhielten sie symbolisch den Schlüssel zur Stadt. Diese Zeremonie musste nach jeder Wahl eines neuen Großmeisters wiederholt werden.

Mdina Dungeons   ⌖ XXIII/D2

Die ehemaligen **Verliese** von Mdina unmittelbar hinter dem Main Gate wurden restauriert und mit mittelalterlichen Folterinstrumenten und lebensgroßen, teilweise automatisierten Figuren ausgestattet. Blutrünstige Folterszenen werden nachgestellt, das Leben im und ums Verlies dargeboten – für viele Besucher ein Hit und sehr publikumswirksam. Insgesamt kurzweilig, wer aber mehr Wert auf Hintergrundinformation legt, sollte eher die Mdina Experience besuchen.

● „Unlocked" (aufgesperrt) Oktober–Mai täglich 10–18 Uhr, Juni–September täglich 10–19 Uhr; Eintritt Lm 2, Kinder die Hälfte; Familientickets (2 Erwachsene, 3 Kinder) Lm 4,50; Tel: 21450267.

Vilhena Palace (Museum of Natural History)   ⌖ XXIII/D2

Im Auftrag des portugiesischen Großmeisters *Manoel de Vilhena* entstand unter der Leitung des maltesischen Architekten *G. Barbera* um 1730 der „Palace of the Grandmaster de Vilhena, Order of St. John of Jerusalem". Die Anlage mit einem von drei Seiten umbauten Innenhof lehnte sich an gleichartige französische Bauten des 18. Jh. im barocken Stil an und diente als **dekorativer Stadtpalast** während der Anwesenheit der Großmeister in Mdina.

König Edward VII. von England eröffnete hier 1909 ein Krankenhaus für die britischen Truppen auf Malta, das Connaught-Hospital.

Seit 1957 fungiert der Vilhena Palace als Sitz des **Naturkunde-Museums** mit Ausstellungen zu ehemaliger und gegenwärtiger Flora und Fauna auf Malta.

● Eintritt Lm 1, geöffnet 9–13:45 Uhr, Oktober–Mai 8–17 Uhr täglich.

Torre dello Stendardo   ⌖ XXIII/D2

Gegenüber des Vilhena Palace wurde im 16. Jh. ein **Wach- und Mannschaftsturm** errichtet; von oben konnte das gesamte Umland bis an die Küsten überblickt werden. Der Turm dient heute der Ortspolizei als Sitz und ist für die Öffentlichkeit leider nicht zugänglich.

Benediktinerinnenkloster   ⌖ XXIII/D2

Die kleine **St. Benedict's Chapel** gehört zum dahinter liegenden, 1418 gegründeten Kloster der Benediktinerinnen. Das vergleichsweise kleine Altargemälde der Madonna gilt als ein Meisterwerk *M. Pretis* aus dem späten 17. Jh. Abgesehen von Ärzten und Kirchenrestauratoren haben hier traditionell nur Frauen Zutritt. Nach einer Ordensregel, die erst vor gut 20 Jahren aufgehoben wurde, durften die Nonnen ihr Kloster nie verlassen, selbst nach ihrem Ableben wurden sie in der klostereigenen Krypta bestattet.

Direkt neben St. Benedict liegt die kleine **St. Agatha's Chapel,** deren ursprüngliches Bauwerk aus dem Jahre 1417 von *L. Gafä* Ende des 17. Jh.

prunkvoll umgestaltet wurde. Die Kapelle liegt ebenfalls auf dem Gelände des Benediktinerinnenklosters und diente während der französischen „Eroberung" Maltas (1798) vielen Frauen Mdinas als Zufluchtsstätte.

Corte Capitanale   ⤢ XXIII/D2

Das **ehemalige Gerichtsgebäude** der Stadt spielte letztmalig 1798 eine wesentliche Rolle: Hier war es, wo die Einwohner Mdinas sich gegen die plündernden Franzosen erhoben und deren Kommandeur *General Masson* vom Balkon stießen. Auf dem Portal sind die juristischen Hoheiten Gerechtigkeit und Gnade figürlich dargestellt sowie der Leitspruch des Gerichtshofes *Legibus et Armis* (mit Gesetzen und Waffen) zu sehen.

Das Gebäude ist heute ziemlich zerfallen, ebenso wie das angrenzende, einst sicherlich stilvolle **Xara Palace Hotel,** auch **Herald's Loggia** genannt – welches übrigens nach wie vor in offiziellen Hotellisten des Fremdenverkehrsamtes als 2-Sterne-Hotel empfohlen wird!

Archbishop's Palace   ⤢ XXIII/D2

Das noch immer prunkvolle letzte Gebäude auf der rechten Seite in der St. Paul's Street beherbergte den **Sitz des Erzbischofs** von Malta und wurde in seiner heutigen Erscheinung erst 1722 fertig gestellt. Der Erzbischof hatte ursprünglich hier in der alten Hauptstadt seinen Sitz, amtierte während der Johanniterzeit aber auch in Vittoriosa und Valletta.

Kathedralmuseum   ⤢ XXIII/D2

Schräg gegenüber, am so genannten Archbishop's Square, liegt das interessante Kathedralmuseum. Ursprünglich von *G. Barbera* als Priesterseminar um 1735 errichtet, werden hier zahllose Kunstschätze der vergangenen Jahrhunderte der Öffentlichkeit zugänglich gemacht. Unter anderem sind hier **Gemälde** aus Italien, den Niederlanden und Malta aus dem 14.–19. Jh. zu sehen, **Schnitzereien** von *Albrecht Dürer* („Kleine Passion", „Marienleben") und dessen Schülern *H. B. Grien, H. von Kulmbach* oder *S. Behams*, ferner maltesische **Stickereien (Klöppelspitzen), Silberarbeiten,** antike **Münzen** sowie punische und römische **Töpferwaren.**

Bemerkenswert sind außerdem ein Evangelium aus dem 11. Jh. sowie 1756 zusammengestellte **Listen aller Schätze der Johanniter.** Schätzungen zufolge ließ *Napoleon* 1798 über 90% der Kostbarkeiten beschlagnahmen, um seinen Ägypten-Feldzug zu finanzieren.

● Geöffnet Mo–Fr 9–16:30 Uhr, Sa 9–14 Uhr, So und feiertags geschlossen, Eintritt Lm 2 (die Kombi-Karte berechtigt auch zum Besuch der St. John's Co-Cathedral, Valletta); Tel: 21454697.

St. Paul's Cathedral   ⤢ XXIII/D1

Im ersten nachchristlichen Jahrhundert hatte der römische Statthalter *Publius* an dieser Stelle seinen Amtssitz. Auf dessen Fundamenten entstand eine frühe christliche Kirche. Nach deren Zerfall errichteten Normannen im späten 12. Jh. hier ebenfalls eine Ka-

thedrale, die aber während des Erdbebens von 1693 weitgehend zerstört wurde. Es war *L. Gafà* vorbehalten, hier sein berühmtestes und weithin sichtbares Werk zu schaffen, wobei er einige Elemente des Vorgängergebäudes, unter anderem Sakristei und Hauptportal (dient heute als Tür zur Sakristei), integrierte. *Gafà* beendete seine Arbeit in nur etwas mehr als fünf Jahren, 1702 schließlich wurde die St. Paul's Cathedral von *Bischof Palmieri* feierlich eingeweiht.

Architektonisch bemerkenswert sind besonders die monumentale, schnörkellose **Fassade** sowie die großartige Kuppel. Über dem Hauptportal sind das Wappen der Stadt, des *Bischofs Palmieri* sowie des Großmeisters *Ramon Perellos y Roccaful* (1697–1720) zu sehen.

Innen sind die **Deckengemälde** aus dem späten 18. Jh. mit Szenen aus dem Leben der Apostel Petrus und Paulus sowie der bombastisch wirkende Marmoraltar von besonderem Interesse.

Die **silbernen Statuen** der Apostel und der Muttergottes wurden von *Napoleon* 1798 geraubt und sollten zu Silberbarren eingeschmolzen werden, konnten aber in letzter Sekunde zu einem Vielfachen ihres Wertes zurückgekauft werden.

Der Fußboden der Kathedrale besteht aus prunkvollen **Grabplatten** – ähnlich wie in der St. John's Co-Cathedral (Valletta) wurden hier Adelige und geistliche Würdenträger Mdinas bestattet.

Hinter dem hölzernen Tor mit Schnitzereien aus der Normannenzeit

befindet sich die **Sakristei** mit Gemälden *M. Pretis*.

● Im Sommer geöffnet Mo–Sa 9–16 Uhr, im Winter Mo–Sa 9:30–11:45 Uhr und 14–17 Uhr; kein Zutritt in kurzen Hosen.

De Redin Bastion   ♪ XXIII/D2

Der sicherlich schönste Festungsabschnitt Mdinas, der allenfalls noch von der Zitadelle in Victoria/Gozo übertroffen wird, liegt zwischen der nach Großmeister *de Redin* benannten Bastion und dem Bastion Square.

Rathaus in Mdina

Südwestmalta

Hinter dem **Fontanella Tea Garden** kann man ein Stück unmittelbar entlang der Bastionsmauer gehen – die Ausblicke auf die Umgebung sind fantastisch.

Palazzo Falzon (Normannenhaus) ♫ XXIII/D1

Gemeinsam mit der Casa Inguanez und dem Palazzo Santa Sofia wirbt das Normannenhaus damit, das älteste noch bestehende Gebäude Mdinas zu sein. Das ursprüngliche Gebäude aus dem späten 11. Jh. im normannischen Stil war allerdings nur einstöckig, das Obergeschoss wurde erst im 15. Jh. aufgesetzt. Zu dieser Zeit wurde auch die damals übliche Aufteilung in Stallungen und Wirtschaftsgebäude unten und Wohnräume mit einem großen Familiensaal oben vorgenommen. Großmeister *L'Isle Adam* nutzte den Sitz der Familie *Falzon* kurzzeitig (1530–32) als Amssitz, als die Johanniter aus Rhodos abzogen und Malta übernahmen.

●Das Gebäude beherbergt heute das Museum einer kleinen, privaten Stiftung, Tel: 21454512, und ist täglich 9–13 Uhr und 14–17:30 Uhr gegen eine Spende auf Klingeln hin geöffnet: „please ring bell and wait"!

Palazzo Notabile (Medieval Museum) ♫ XXIII/D1

In diesem **Palast der Familie Costanzo** an der Villegaignon Street wurden ein Restaurant sowie ein **Mittelalter-Museum** eingerichtet. Die Exponate setzen sich aus Alltagsgegenständen vergangener Zeiten, Waffen und Rüstungen der Johanniter sowie Trachten und Kleidung aus dem mittelalterlichen Mdina zusammen. Ähnlich wie in den Mdina Dungeons wird auch hier mit lebensgroßen Figuren und Geräuschkulisse gearbeitet.

●Tel: 21456425, geöffnet täglich 9:30–21:30 Uhr, Sonntag bis 20 Uhr, Eintritt Lm 2, Kinder Lm 1.

Kapelle St. Roque ♫ XXIII/D1

Vom 14. bis ins 18. Jh. war der schwarze Tod überall in Europa gefürchtet. Malta dagegen blieb, nicht zuletzt wegen des von den Johannitern eingeführten hohen Hygienestandards, von großen Pestepidemien weitgehend verschont. Zu Ehren des *Rocco* (Roque), dem **Schutzheiligen gegen die Pest,** wurde beim heutigen City Gate die Kapelle Madonna Tad-Dawl errichtet, unter Großmeister *Vilhena* aber 1728 als St. Roque Kapelle in die Villegaignon Street verlegt, um Platz für das Stadttor zu schaffen.

Ironischerweise war es später gerade Malta, wo noch 1938 eine Pestepidemie zu 28 Krankheitsfällen führte.

Karmeliterkloster ♫ XXIII/D1

260 Jahre nach ihrer Entstehung auf dem europäischen Festland gründeten die Karmeliter 1630 in Mdina den maltesischen Ordenszweig und ließen von *F. Zammut* die **Karmeliterkapelle** mit dem angrenzenden Kloster errichten. Die Kapelle mit ovalem Grundriss und sieben Nischen wurde mit einem Altarbild (Mariä Verkündigung) von *S. Erardi* ausgeschmückt. Die Karmeliter sammelten eifrig Kunstschätze, ihr Kloster war daher 1798 während der

Südwestmalta

napoleonischen Plünderung eines der begehrtesten Objekte der Franzosen. Der Raub sakraler Kunstschätze von hier, wie auch aus der St. Paul's Cathedral, führte zu jenem Aufstand von 1798, der das Ende der französischen Besatzung einleitete.

●Gegenüber liegt das Andenkengeschäft **Maltese Falcon,** welches gleichzeitig als **Post** von Mdina dient.

Karrozin an der Karmeliterkirche

Palazzo Santa Sofia   ⌖ XXIII/D1

Das Erdgeschoss dieses Normannenhauses stammt aus dem Jahre 1233 und ist somit eines der ältesten Gebäude in Mdina. Hier sind einige typisch normannische Stilelemente wie die Rundbögen oberhalb der Portale oder die doppelte Dreiecksgirlande unterhalb des ehemaligen Dachs im Erdgeschoss sehr gut zu erkennen.

Banca Giuratale   ⌖ XXIII/D1

Auch dieses Gebäude wurde von Großmeister *de Vilhena* 1730 in Auftrag gegeben und diente dem lokalen Adel, der **Università** als Sitz. Nachdem diese bereits von den Johannitern in ihren politischen Befugnissen weitgehend eingeschränkt worden war, steuerte sie von hier aus noch die Lebensmittelimporte, bis sie 1819 vom britischen Gouverneur *Thomas Maitland* vollends abgeschafft wurde.

Casa Testaferrata   ⌖ XXIII/D1-2

Das sehr hübsch verzierte Stammhaus der Familie *Testaferrata* entstand im späten 17. Jh. Die adelige Familie war ein fester Bestandteil der Università und brachte zahlreiche hohe kirchliche Würdenträger hervor.

Casa Inguanez   ⌖ XXIII/D1-2

Angeblich ist der **Stadtpalast** der Familie *Inguanez* der älteste Palazzo der Stadt und reicht vermutlich bis in die Mitte des 11. Jh. (Normannenzeit) zurück. In amtlichen Urkunden wird die Casa Inguanez allerdings erst 1423 erwähnt, das genaue Alter ist nicht mehr ermittelbar. Der sehr wohlha-

230-M Foto: wl

Fassade der Casa Testaferrata

bende Clan der *Inguanez* spielte eine führende Rolle in der Università und wehrte sich am längsten gegen die Beschneidung der althergebrachten Adelsrechte durch die Johanniter. Einige Besonderheiten mussten auch die Ritter der Familie belassen. So durfte von allen Adeligen die Familie *Inguanez* als einzige ihr Familienwappen am Portal anbringen, was sonst nur den Großmeistern vorbehalten war. Ferner haben bis heute die Monarchen Spaniens in der Casa Inguanez ein dauerndes Wohnrecht, was allerdings sehr selten, zuletzt von *Alfonso XIII.* im Jahre 1927, wahrgenommen wurde.

Mdina Experience ♪ **XXIII/D1**

Nach dem Vorbild der Malta Experience (Valletta) und Gozo Experience (Victoria, Gozo) bietet auch Mdina dem Besucher eine Reise durch 3000 Jahre wechselhafter Geschichte von den Römern bis in die Gegenwart. Die **audiovisuelle Vorführung** in 12 Sprachen (per Kopfhörer) ist zum besseren Verständnis des Landes sehr zu empfehlen.

●Tel: 21454322, geöffnet Mo–Fr 11–16 Uhr, Sa 11–14 Uhr (Vorstellungen stündlich), So geschlossen; Eintritt Lm 2, Kinder Lm 1.

Ähnliches bietet die **Casa Magazini** in der Magazin-Street mit der historischen Multimedia-Show „Knights of Malta", Eintritt Lm 2,50, Kinder Lm 1,25.

Kapelle San Nicolas ⟋ XXIII/D1

An der Ecke Mesquita Street/St. Nicolas Street steht die kleine Kapelle San Nicolas, die schon während der griechisch-byzantinischen Epoche (395–870) entstand. Das heutige Gebäude stammt aus dem 19. Jh. und wurde auf den Fundamenten mehrerer Vorgänger errichtet.

St. Peter und Old Priory ⟋ XXIII/D1

In der kleinen St. Pietru Street wurde 1474 der ehemalige **Sitz des katholischen Kirchenvorstandes** von Mdina errichtet. An der Ecke zur Magazine Street liegt die kleine **Kapelle** St. Peter.

Gegenüber in den **Bastionsmauern** waren die Munitionsvorräte der Stadt während der großen Belagerung von 1565 eingelagert.

Gharrequin Gate und Greek Gate ⟋ XXIII/C-D1

Es führen neben dem Main Gate noch zwei weitere Tore aus Mdina heraus, beide an der St. Peter's Bastion gelegen.

Nördlich dieser Bastion wurden erst 1890 mit dem Bau der Eisenbahnlinie Valletta – Mdina (⟋ Exkurs) die Mauern durchbrochen, um einen Durchgang hinunter zur „Stazzjon", der Endstation, heute Restaurant, zu schaffen.

Das **Griechische Tor** südöstlich der St. Peter's Bastion stammt ursprünglich aus der byzantinischen Phase (395–870) und führte zum griechischen Viertel an der heutigen Triq San Nikolas. Vom Greek Gate kommt man unmittelbar zur Römischen Villa (⟋ Rabat).

Essen und Trinken

Wenn man sich in Mdina umsieht, wird klar, dass der Ort nicht gerade mit Arbeitsplätzen gesegnet ist, vom Tourismus abgesehen. So sehen viele Besitzer der alten Palazzos denn auch ihr Auskommen in der Eröffnung eines Museums oder Restaurants, weshalb in Mdina die höchste Restaurantdichte bezogen auf die Einwohnerzahl herrscht. Insgesamt gehören die Lokale in Mdina der mittleren bis oberen, in Rabat dagegen der unteren bis mittleren Preisklasse an. In Mdina sind besonders zu empfehlen:

●**Stazzjon,** Tel: 21451717, umgebauter Bahnhof. Montags Ruhetag, im Winter nur an Wochenenden geöffnet. Zu erreichen ab Gharrequin Gate 5 Gehminuten Richtung Brücke.

●**La Fontanella Tea-Garden,** Triq is-Sur, Tel: 21450208, hübsch in die De Redin Bastion mit famosen Blicken integriert. Für die Torten kommen selbst Einheimische hierher; Spezialität: Schokoladentorte (vorher fasten!).

●**La Cita Vecchia** wurde direkt in das Endstück der begehbaren Festungsmauer eingearbeitet und vertreibt neben Speisen und Getränken auch Souvenirs; Tel: 21451935.

●**Das** beste Restaurant Mdinas mit französischer Küche (sehr teuer) liegt in der Inguanez Street oberhalb der Main Bastion: **Bacchus,** Tel: 21454981. Die Gebäude wurden von Großmeister *Fra Martin de Redin* (1657–1660) als Pulvermagazin auf den Mauern einer römischen Siedlungsstätte aus dem ersten und einer arabischen Anlage aus dem 10. Jahrhundert errichtet. Das Restaurant wurde originalgetreu restauriert.

●**Bekannt** für die gute maltesische Küche bei gemäßigten Preisen ist das **Mdina Restaurant,** Triq is-Salib Inguanez, Tel: 21454004. Im **Café Mdina** werden reichhaltige Salate (Lm 2,20–3), Pizza (Lm 1,95–3,25), aber auch Toasts (Tunfisch mit Knoblauch oder Schinken mit Kräutermayonnaise) sowie Kuchen oder *Pastizzi* serviert.

Südwestmalta

● Unbedingt empfehlenswert ist auch das Restaurant **Il Vedutta** vor der Stadtmauer am Hang (großartiger Blick) mit schöner Terrasse. Hier werden sowohl kleine Speisen (Lasagne, Pizza, Omelettes, Suppen), als auch vorzügliche Fischgerichte (Scampi Lm 3,60, Lampuki Lm 5,10, Muscheln ab Lm 2,20) köstlich zubereitet.

Sonstiges

● Eine Filiale der **HSBC-Bank** liegt gegenüber der Bushaltestelle, eine Filiale der **Bank of Valletta** liegt ein paar Häuser weiter an der Ecke Saqquaja Square/Augustine Street.
● Eine eigene **Post** gibt es nicht, das Andenkengeschäft „Maltese Falcon" in der Villegaignon Street dient praktisch als Dorfpost.

An-/Abreise

Die zentrale Haltestelle für Mdina und Rabat ist der Saqqajja Square an den Howard Gardens zwischen Rabat und Mdina. Die Anbindung nach Valletta, Sliema und St. Paul's Bay/Buġibba ist gut, Mdina/Rabat dient auch als Umsteigestelle für Busfahrten zu den Dingli-Klippen.

● **Bus 65** Mdina – Ta Qali – Mosta – **Sliema**
● **Bus 80, 81** Mdina – Attard – Balzan – Hamrun – **Valletta**
● **Bus 86** Mdina – Ta Qali – Mosta – St. Paul's – **Buġibba**
● **Bus 81** Mdina – **Dinġli**

Rabat ⚐ XXII-XXIII

Die Schwesterstadt Mdinas schließt sich unmittelbar an den Saqqajja Square nach Südwesten an. Im Gegensatz zum wehrhaften, gedrungen wirkenden Mdina erscheint Rabat weitläufiger und spürbar geräumiger. Einst mit Mdina durch eine gemeinsa-

me Stadtmauer verbunden, zerfiel die Einheit der beiden Schwesterstädte unter den Arabern (ab 870). Während Mdina fortan Herrschaftssitz war, spielte sich das Leben des Volkes, Handel und Verkehr hauptsächlich in Rabat ab. Rund 13.000 Menschen leben heute in der größten Stadt des Südwestens, die zahlreiche interessante Sehenswürdigkeiten und gute Busanbindungen aufweist. Rabat ist zudem der Ausgangspunkt für einige der schönsten und empfehlenswertesten Wanderungen auf Malta.

Für einen Städtebesuch Mdina/Rabat empfiehlt es sich im Sommer, sehr früh aufzubrechen. Viele Museen und Einrichtungen haben nur bis 14 Uhr geöffnet; zudem sind in den Morgenstunden die wenigsten Touristen unterwegs.

Ein anstrengender, aber hervorragender Tagesausflug besteht aus Anfahrt per Bus bis 8 Uhr, Besichtigung Mdinas am Vormittag, St. Paul's Kirche mit Katakomben und römisches Museum in Rabat bis 14 Uhr und anschließender Wanderung (⚐ weiter unten) nach Dingli (2 ½ Stunden) oder Għajn Tuffieha (4–5 Stunden).

Römische Villa und Museum ⚐ XXIII/C1

Vor dem „Greek Gate" außerhalb Mdinas hatten Arbeiter 1881 Reste eines Landhauses aus der Römerzeit (218 v. Chr.–395 n. Chr.) entdeckt. Es dauerte allerdings bis nach dem Ersten Weltkrieg, ehe auf den Fundamenten und unter Einbeziehung eines kleinen, erhaltenen Teiles des antiken Gebäudes das heutige römische Museum im neoklassizistischen Stil errichtet wurde.

Sehr gut erhalten ist der römische **Mosaikboden** des Atriums, er wird in vielen Publikationen und Plakaten stellvertretend für die römische Epoche abgelichtet (das Gesicht dürfte vielen Lateinschülern aus dem Lehrbuch bekannt sein). Speiseraum und Empfangsraum sind dagegen nur noch in Fragmenten erhalten.

Auf dem Museumsgelände und im Untergeschoss sind ferner **Grabsteine** aus der arabischen Epoche auf Malta (870-1090) zu sehen. Die Araber hatten nämlich auf den römischen Fundamenten einen Friedhof angelegt.

●Geöffnet täglich 7:45–14 Uhr, im Winter 8:15–17 Uhr (So bis 16:15), Eintritt Lm 1.

St.-Paul's-Kirche und -Grotte ⌐ XXII/B1

Die Kirche blickt auf eine sehr lange **Geschichte** zurück. Eine Kapelle St. Paul's existierte schon mindestens seit dem 14. Jh. oberhalb der legendären Grotte. 1572 lebte der iberische Adelige *Giovanni Beneguas* in den Grotten als Eremit und ließ die Kapelle St. Publius direkt neben die ältere Kapelle bauen. Nachdem Letztere zerfiel, wurde die heutige Kirche Ende des 17. Jh. von *Lorenzo Gafà* errichtet, wobei St. Publius mit integriert wurde; man betritt sie heute gesondert durch den rechten Kircheneingang. Die letzte Änderung der heute sichtbaren Fassade stammt aus dem 18. Jh.

In der Hauptkirche zeigt das **Altarbild** von *Stefano Erardi* (Ende 16. Jh.)

jene legendäre Begegnung des Apostels mit der Schlange in St. Paul's Bay.

Der interessantere Teil dieser Kirche liegt in bzw. unter der **Kapelle St. Publius.** Weniger das Altarbild von *M. Preti* als vielmehr die Nische links vom Hauptaltar zieht viele Gläubige an, da der **vergoldete Arm** ein Relikt des Apostels Paulus selbst sein soll. Beeindruckend ist hier auch die Marmorstatue des Paulus von *M. Gafà.*

Unterhalb dieser Kapelle liegt die **St. Paul's Grotto,** ein kleines Höhlenlabyrinth, in dem der Apostel während seines angeblichen Aufenthaltes auf Malta gelebt haben soll (⌐ St. Paul's Bay). Es besteht kaum die Chance, alleine durch die kleine Höhle zu streifen, die örtlichen Führer sind allgegenwärtig – man schließt sich einfach der nächstbesten Gruppe an (den englischsprachigen Führern gibt man etwa Lm 0,30–0,50 Trinkgeld pro Person).

Außen an der Kirche erinnert eine Gedenktafel an *Papst Paul II.,* der 1990 Malta und St. Paul's besuchte.

●St. Paul's ist Mo–Sa 9–12 Uhr und 13–17 Uhr, im Sommer nur Mo, Do, Fr 7:45–17:30 Uhr und Di, Mi, Sa 7:45–14 Uhr geöffnet; der Zutritt zur Kirche ist in kurzen Hosen nicht gestattet.

St. Paul's Catacombs ⌐ XXII/A1

Diese wie auch die nahe gelegenen Agatha-Katakomben lagen ursprünglich außerhalb der Stadtmauern, als Mdina und Rabat noch gemeinsam von einer Mauer umsäumt waren (bis 870) und die Katakomben gewissermaßen unserem heutigen Friedhof entsprachen.

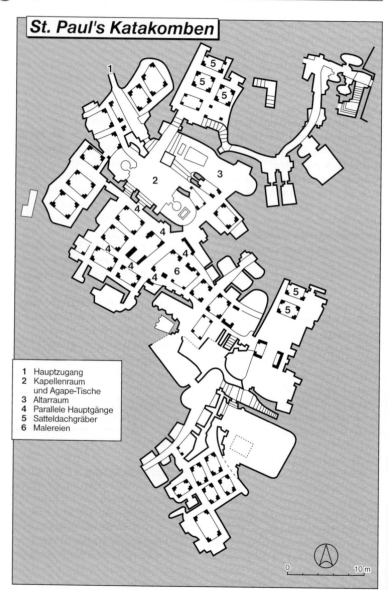

St. Paul's Katakomben

1 Hauptzugang
2 Kapellenraum
  und Agape-Tische
3 Altarraum
4 Parallele Hauptgänge
5 Satteldachgräber
6 Malereien

0   10 m

Für viele Besucher dürften diese etwa auf das fünfte vorchristliche Jahrhundert zurückgehenden, später überwiegend jüdisch-christlichen Grabhöhlen vor allem wegen ihrer **gewaltigen Ausdehnung** beeindruckend sein. Alle Fundstücke wurden dagegen in den vergangen 2500 Jahren geplündert oder entfernt.

Zu sehen ist noch ein so genannter **Agape-Tisch,** ein runder Steintisch mit umliegenden Bänken, auf dem das Mahl der „brüderlichen Liebe" (Agape), vermutlich eine Frühform des Abendmahls, eingenommen wurde.

Gut zu unterscheiden sind auch für Laien die vier Haupttypen der hier vorkommenden **Gräber:** das *Arcosolium* mit gewölbter Wandnische, das *Baldachin-Grab* mit Doppelgrabstein und steinerner Kopfstütze, das *Loculi-Grab* mit viereckiger, von einem Stein verschlossener Wandnische sowie das *Satteldach-Grab* mit steinernem Dach, der Öffnung aber im Sockel.

Der Apostel, nach dem diese Katakomben heute benannt sind, ist zwar niemals auch nur in der Nähe der Grabanlage gewesen, aber es funktioniert: Viele Besucher der Paulskirche werden allein durch den Namen zu einem Besuch verleitet.

●Die Katakomben können täglich 8–17 Uhr, Juni bis Oktober nur Mo, Do, Fr 7:45–17:30 Uhr und Di, Mi, Sa 7:45–14 Uhr besucht werden; Eintritt 2 Lm, Kinder unter 16 Jahren Lm 0,50.

Wignacourt Museum   ♪ XXII/B1

Dieses kleine Museum im ehemaligen von Großmeister *Wignacourt*

1617 gegründeten College zeigt eine interessante Mischung aus geistlichen und weltlichen Exponaten von Messgewändern über seltene alte Schriften bis hin zu Möbeln und Alltagsgegenständen. Das Museum wird auch **Kirchenmuseum** genannt, da das College als Ordensschule für zukünftige Kaplane diente und die St.-Paul's-Kirche zur Kollegiatskirche des Ordens wurde.

●Geöffnet Mo–Fr 9:30–15:30 Uhr, Oktober bis Mai 10–15 Uhr; Eintritt Lm 0,50, Kinder unter 15 Jahren frei.

St.-Agatha-Kirche
und -Katakomben   ♪ XXII/A1

Die meisten Besucher von Rabat bevorzugen die St.-Paul's-Katakomben, doch erweist sich ein Besuch von St. Agatha als mindestens ebenso interessant und dabei weit weniger überlaufen.

Die heutige **Kirche** wurde 1504 auf Mauern römischer (150 n. Chr.) und etruskischer Gebäude (4. Jh.) errichtet. Die Statue der Hl. Agatha kam erst am 20. Juli 1551 während der ersten großen Belagerung in die Kirche, die seitdem den Namen ihrer Schutzpatronin trägt.

Agathe stammte aus Süditalien, vermutlich Catania (Sizilien), und flüchtete im Zuge der Christenverfolgungen zunächst nach Malta. Sie verbarg sich in den Katakomben, kehrte aber kurz darauf nach Sizilien zurück und wurde auf Geheiß des römischen Statthalters von Catania hingerichtet. Eine jährliche **Prozession** am 5. Februar, ihrem angeblichen Todestag im Jahre 251 n. Chr., erinnert an ihren Märtyrertod.

Südwestmalta

Die Fresken der **Höhlenkirche** **(Krypta)** unterhalb der heutigen Kirche reichen teilweise ins 4. Jh. zurück (links hinter dem Zugang), die drei älteren Heiligenbilder stammen aus dem 12. Jh., die übrigen Darstellungen der Schutzpatronin aus dem 15. Jh. Die Gesichter der Figuren sind teilweise stark zerstört, was zum Teil auf die klimatischen Bedingungen zurückzuführen ist. Offiziell aber sollen die Türken 1551 die Figuren unkenntlich gemacht haben.

An die Höhlenkirche schließen sich die eigentlichen **Katakomben** mit Grabstätten verschiedener Kulturen (christlich, jüdisch, spätpunisch) an.

Das **Museum** zeigt frühen Zierrat wie figurine Elefanten und Flusspferde, Kristalle, etruskische Töpfereien und Gemälde, aber auch kirchliche Dekorationsgegenstände.

Ein Besuch von St. Agatha ist nur im Rahmen einer **Führung** (etwa alle 30 Minuten, Lm 2) möglich, die sehr informativ und oft geradezu familiär verläuft.

● Geöffnet Juli–September Mo–Fr 9–17 Uhr, Sa 9–13 Uhr, Oktober–Juni ist wochentags 12–13 Uhr Mittagspause. So/Fe geschlossen. Eintritt (inkl. Führung) Lm 2, Kinder unter 15 Jahren frei.

St. Augustine Church ⟋ XXIII/C2

Diese in mehrfacher Hinsicht interessante Kirche soll 1571 von *Gerolamo Cassar* begonnenen und nach seiner Abberufung zur St. John's Co-Cathedral (Valletta) von Sohn *Vittorio* fertig gestellt worden sein. Jüngste Forschungen favorisieren als Erbauer allerdings *T. Dingli*.

Die **Fassade** ist verglichen mit anderen maltesischen Kirchen dieser Epoche völlig untypisch und orientiert sich am Vorbild italienischer Renaissance-Kirchen, insbesondere der Santa Maria dell' Orto in Rom. Das lange Kirchenschiff mit extrem niedrigen Seitenkapellen wird von der hohen, geschwungenen Fassade beinahe völlig verdeckt, so dass die Kirche von außen kaum als solche zu erkennen ist. St. Augustine gilt deshalb auch als Übergangstyp von den Barock- zu den Renaissancebauten auf Malta.

Sacra Infermeria und Nobelvillen ⟋ XXII/B2

In der Triq Nikol Saura hat Rabat wie auch Vittoriosa und Valletta sein **Ordensspital.** Nach der großen Belagerung und der Gründung der Sacra Infermeria von Valletta sank die Bedeutung des Spitals von Rabat. Heute dient das Gebäude als Altenwohnheim.

Ein kleines Stück weiter die Buskett Road entlang, liegen linker Hand einige kleine, wunderhübsche, teilweise aber auch ziemlich heruntergekommene **Villen,** die noch heute von der Blütezeit Rabats zeugen. Besonders imposant ist hier die Vila Bijou (Nr. 21).

Unterkunft

● Mdina und Rabat sind typische Ausflugsziele, kaum jemand erwägt hier seinen Urlaubsstandort zu wählen. In Mdina selbst wurde der **Xara Palace** (*****), Tel: 21450560, Fax: 21452612, info@xarapalace.com.mt. aufwendig restauriert und erst vor wenigen Jahren als stilvolle Nobelherberge mit einem dem Ort angemessenem klassizistischem Ambiente eröffnet. Nur für große Börsen.

●Am anderen Ende der Preis- Leistungsskala rangiert das *Guesthouse Point de Vue* (**) am Vorplatz außerhalb der Stadtmauern (gegenüber Howard Garden). Sehr zentral, 30 m zum Busplatz. Gutes, einfaches angeschlossenes *Restaurant* und Zimmer mit teilweise sehr schönem Blick.

●Alternativ kommt nur noch (für Selbstverpfleger) das *Aparthotel Buskett Forest* (**), bei ↗ Buskett Gardens von Rabat kommend an der Hauptstrasse rechts, Tel: 21454266, Fax: 2455949, in Betracht. Noch recht junge und überschaubare Anlage mit Ferienapartments mitten im Nirgendwo.

Essen und Trinken

●Selbstverpfleger finden einen gutsortierten *Lebensmittelladen* in der Triq Gheriexem (am römischen Museum die Hauptstraße hinunter), kühle Getränke und günstige Snacks bietet der *Kiosk* neben der Tankstelle am Saqqajja-Square.

●Nebenan bietet das *Point de Vue* (Tel: 21454117) gute Gerichte zu moderaten Preisen.

●Ebenfalls günstige Snacks und kleine Gerichte bietet die *Camp Snackbar* in der Triq il-Kbira (Main Street).

●In der Wagon Street (gegenüber Main Gate, Mdina) liegt eine Reihe einfacher, von Touristen nur selten besuchter *Straßencafés.* Darunter auch die sehr empfehlenswerte, unter schweizerischer Leitung stehende *John's Bar.*

●Ebenfalls günstige Snacks gibt es in der *Windsor Castle Snackbar* gegenüber der Bushaltestelle.

●Gepflegte Speisen, allerdings bei gehobenen Preisen, bietet *Roman's Den,* Tel: 214 56970, in der Triq il Kbira.

●Gegenüber der St. Paul's Church befinden sich etliche Bars und Snackbars, erwähnenswert ist die *Pizzeria Marabu* in der Triq Santa Rita, Tel: 21455950, sowie *Grotto's,* Tel: 214 55138, an der Ecke mit köstlichen Knoblauchgarnelen *(garlic prawns)* zu nur Lm 2,30.

●Gepflegt speisen kann man auch im *Cosmana Navarra* am St. Paul's Square, Tel: 21450638, oder im *Birdcage Restaurant* (Tipp für Geflügelfreunde) in der 22 Guzmana Navarra, Tel: 21455052.

●Für ein kühles Bier bieten sich entweder das *Parteilokal Kazin Laburista* in der St. Paul's Street oder die *Silver Jubilee Bar* in der Triq il-Kbira, Tel: 21454569, an.

Unterhaltung

●Wer über Nacht bleibt, findet abendliche Unterhaltung im *Nigret Nightclub* in der Vjal il-Ħaddiema (gegenüber Medina-Hotel).

●Einen späten Schlummertrunk bekommt man auch in der *Black Cat Bar* sowie der *Saqqajja Bar,* beide am Saqqajja Square neben der Tankstelle.

Sonstiges

●Eine *Poststelle* liegt in der Triq il-Muzeum, quasi gegenüber vom City Gate/Mdina.

●Eine kleine *Polizeistation,* Tel: 21454554, liegt in der Sta. Agatha Street gegenüber der kleinen St.-Paul's-Kapelle.

●Bei *DeLuxe Jeep-Hire* in Nr. 5 St. Publius-Street können Leihwagen gemietet werden.

●Gleiches gilt für *Buskett Forest Car Hire,* Ta Sabbat Rd., Buskett, Tel: 21454266 (Abholservice).

●Für Selbstfahrer gibt es *Tankstellen* direkt am Saqqajja Square sowie in der Triq Nikol Saura.

An-/Abfahrt

Der zentrale Busplatz für Mdina und Rabat liegt am Saqqajja Square; ↗ Mdina.

Südwestmalta

Wanderung Rabat – Għajn Tuffieħa

Diese insgesamt etwa fünfstündige, nicht ganz ungefährliche Wanderung von **Rabat** über die **Fomm ir-Riħ Bay** und den **Mt. Il Pellegrin** nach **Għajn Tuffieħa** ist die schönste und sicherlich spektakulärste auf Malta, kann allerdings nur trittsicheren Wanderern empfohlen werden. Zudem macht die Hitze in den Sommermonaten sehr zu schaffen – andererseits wird man mit Eindrücken abseits der gängigen Routen belohnt, die man sonst kaum zu sehen bekommt. Auch trifft man hier selbst im Hochsommer oft auf keine Menschenseele, ein auf Malta höchst seltenes Gefühl.

So schön die Route ist, sie hat leider zwei Haken: zum einen ein nur 200 Meter langes, aber manchmal verschlossenes (nicht zu umgehendes) Stück Feldweg südlich von Bahrija, zum anderen die Frage, ob der Fomm-ir-Riħ–Pellegrin-Paß geöffnet ist (Erdrutschgefahr). Für beide Fälle werden in der folgenden Beschreibung Notlösungen mit angegeben.

Aus dem Stadttor von Mdina kommend, liegt die „Römische Villa und Museum" rechter Hand an der Straße, der man rechts hinunter **Richtung Fiddien** (mehrfach beschildert) folgt. Auf der anderen Seite der Senke erblickt man rechter Hand den Ort Mtarfa mit seinem markanten Clock Tower.

Die kleine, kaum befahrene Nebenstraße führt durch Felder (Zwiebeln, Tomaten) zu einer Abzweigung, an der man dem Hinweis „Coast Naval Station Telemalta" folgt. Anschließend lässt man die schlechte Piste nach Dingli links liegen (beschildert) und folgt dem Weg geradeaus hinauf zu den Klippen von **Tal Merhla** (jetzt der Beschilderung „Mtaħleb" folgen, nicht mehr „Telemalta"). Nach wenigen Metern erreicht man die „Substant Abuse Unit Mtaħleb", einen gefängnisartigen Bau.

Abstecher (fünf Minuten, die Wanderung geht geradeaus weiter): Sehenswert und malerisch oberhalb der Klippen gelegen ist die kleine **Mtaħleb-Kapelle,** zu der ein Weg am „Gefängnis" links führt. Von der Kapelle aus sieht man dann in den Klippen die älteste noch benutzte Siedlungsform auf Malta: die der **Höhlenbewohner von Mtaħleb.** Seltsamerweise führen etliche der rätselhaften Cart Ruts genau in diese Höhlen hinein. Heute nutzen die Bauern diese uralten, mindestens auf die römische Zeit zurückgehenden Höhlen als Wohnung, der lediglich Fassaden vorgebaut wurden.

Zurück auf dem Weg, folgen abwechslungsreiche Ausblicke auf die verdorrten und eher kargen Parzellen hier oben und unterhalb der Klippen auf das satte Grün der Kohl- und Kapernpflanzungen. Der reizvolle Weg schlängelt sich die **Klippen** entlang, und schließlich erblickt der durstige Wanderer auf der anderen Seite des kleinen Tals auf der rechten Seite das Dörfchen Bahrija, einzige Erfrischungsmöglichkeit zwischen Rabat und Għajn Tuffieħa. Achtung: An einer Stelle führt eine leicht asphaltierte Haarnadelkurve links abwärts – dieser nicht folgen, sondern immer geradeaus. Der zunehmend holprigere Weg passiert nun einen lang gezogenen Felsen auf der linken Seite, in den einige künstliche Nischen geschlagen wurden. Hier verschanzten sich die Bewohner in früheren Jahrhunderten bei Piratenüberfällen.

Kurz darauf teilt sich der Weg: Links und dann gleich wieder links führt ein abfallender Weg zu einer noch nicht näher erforschten **Bronzezeit-Siedlung,** der rechte Weg „endet" vor einem Tor. Meist ist es geöffnet, aber auch wenn es verschlossen sein sollte, muss man hinüberklettern, denn 200 m weiter (zweites Tor) trifft man wieder auf den weiterführenden Weg. Und anders kommt man nicht durch die Wied tal Bahrija genannte, landwirtschaftlich intensiv genutzte Senke (hier gibt es keine Möglichkeit, um die Klippen herumzugehen).

Variante: Wer den Küstenweg wegen des eventuell verschlossenen Tores nicht gehen möchte, beginnt die Tour wie oben beschrieben, folgt aber nicht dem Schild Telemalta, sondern biegt vorher rechts

(Schild: Fiddien/Bahrija/Andrijet, Kuncizz-joni) ab, durchquert Bahrija und biegt hinter dem Ort über eine winzige Feldbrücke rechts ab (das ist der Hauptweg, geradeaus kommt man nur ins Tal) und erreicht über die sich abwärts windende Feldstraße die Fomm ir-Rih Bay (rechts abbiegen; 50 m geradeaus weiter sieht man den links abzweigenden Feldweg mit Tor 2). Diese Variante führt nördlich des Tals entlang, umgeht den möglicherweise geschlossenen Feldweg, ist aber auch nicht halb so interessant.

Wieder auf der Hauptroute, führt der Feldweg auf einen Asphaltweg; hier biegt man erst rechts, nach 50 Metern wieder links ab – bergan käme man aus 500 Meter entfernten Dörfchen *Bahrija,* wo mehrere Bars warten. Von der Bushaltestelle im Ort fährt werktags die 80x tagsüber etwa stündlich nach Rabat.

Doch wir folgen nicht dem Lockruf der Pubs, sondern setzen den Weg zur *Fomm ir- Rih Bay* fort, einer einsamen und malerischen Bucht, die nur höchst selten von Touristen besucht wird – aber Vorsicht: bis hierher, zum Ende des absteigenden, asphaltierten Weges, war diese Route ein Kinderspiel, für den weiteren Weg sind Trittsicherheit und Schwindelfreiheit unabdingbar; ansonsten sollte man von der Fomm ir- Rih Bay nach Bahrija das Sträßchen bergauf laufen und per Bus zurückfahren.

Es gibt zwei gleichermaßen abenteuerliche Möglichkeiten, den Weg fortzusetzen. Hier oberhalb der Bucht und unterhalb der Hänge liegt rechter Hand ein *Trampelpfad* den Hang hinauf auf die Höhe der Klippe Il Pellegrin. Dies ist die einfachere Möglichkeit, nach oben zu kommen – der Pfad ist allerdings nach Regengüssen und in der Blütezeit schwer zu finden, außerdem ist er wegen Einsturzgefahr oft gesperrt.

Ansonsten folge man dem Trampelpfad am Ende des befestigten Weges und halte sich dabei links an den beginnenden *Kreidefelsen.* Ein 30 cm breiter, durch den bröselnden Kalk rutschiger Pfad schlängelt sich oberhalb der Bucht mitten am Fels entlang. Hat man den Kreideweg überstanden, lockt ein Bad in den kristallblauen Fluten der Fomm-ir-Rih-Bucht. Dahinter geht es steil bergan, man orientiere sich an dem Gebäude oben links von der Bucht aus hochblickend. Ein Trampelpfad zu diesem

Südwestmalta

Weites Land bei Mtahleb

239-M Fotto. wl

trutzigen, südländischen Landhaus bietet die einzige Möglichkeit weiterzugehen. Oben angelangt, muss man durch das Tor zur Straße oder (wenn niemand da ist, wird das Tor verschlossen) auf der linken Mauer entlang zum rettenden Weg (Vorsicht: direkt an der Mauer fallen die Klippen steil zum Meer ab).

Wohlbehalten auf der **Hochebene Raddum / Imdawwar** angekommen, einem der besten Weinanbaugebiete Maltas, wendet man sich nach links und folgt dem asphaltierten Weg bis zum Ende.

Von hier aus sind es nur noch etwa 1500 Meter über das **Mt.-Pellegrin-Plateau** (125 Höhenmeter), ehe es in die schon von weitem sicht- und hörbare **Gnejna Bay** hinabgeht. Mehrere Pfade führen hinunter zum erfrischenden Nass, entweder in Form von Meerwasser oder einem kühlen Getränk am Kiosk (nur im Sommer).

Von hier aus kann man entweder der Straße nach (☞) **Mġarr** gut 2 km folgen, wo wieder öffentliche Busse fahren, oder (empfehlenswerter) dem schmalen Pfad entlang der Buchten von Gnejna und **Għajn Tuffieħa** (gut 500 Meter) zum gleichnamigen Ort, in dem es Direktbusse nach Valletta, St. Paul's Bay, Buġibba und Sliema gibt.

Wanderung Rabat – Dingli Cliffs

Eine längst nicht so spektakuläre, wegen der Klippen von Dingli aber ebenfalls sehr schöne Wanderung führt von **Rabat** über Land am **Karmeliterkonvent** vorbei zu den **Klippen** und abschließend ins Dorf **Dingli**. Der Weg zieht sich überwiegend durch Felder, ist weitgehend asphaltiert und gut begehbar.

Die Wanderung dauert insgesamt knapp drei Stunden, und wer per Bus unterwegs ist, sollte zumindest eine Strecke zu den Klippen zu Fuß gehen, da der Bus 81 ohnehin nur in Dingli hält, während die Klippen außerhalb liegen. Es ist angenehmer,

von Rabat aus zu beginnen als umgekehrt; im Hochsommer an hinreichend Flüssigkeit und Sonnenschutz denken!

Man beginnt die Wanderung ab Rabat wie die Wanderung über den Mt. Pellegrin, nur folgt man an der ersten Abzweigung nicht dem Schild „Fiddien", sondern **„Nigret, Dingli"**. Gegenüber vom Medina-Hotel liegt der Nigret-Nachtklub, davor führt rechts eine enge Straße ab, die sich nach 200 m vor einem Haus mit der Jahreszahl 1989 gabelt; hier geht es rechts entlang durch Kürbisfelder, Wein- und Mangoldpflanzungen. Nach 500 m gabelt sich das Sträßchen (hier rechts), nach weiteren 300 m ist das kleine **Karmeliterkonvent** erreicht. Bekanntheit erlangte die angrenzende **Annunciation Church** durch ihre unterirdische Kapelle sowie einmal mehr Cart Ruts (☞ Bronzezeit), die hier auf den Feldern um das Konvent zu finden sind.

An der Kirche geht es rechts entlang, nach 300 m an einer Mauer scharf links und kurz darauf wieder links abwärts, immer durch Tomaten-, Mangold- und Zwiebelfelder zur kleinen Pflanzersiedlung **Misrah Suffara**. Hier teilt sich der Weg erneut: Rechts kommt man zum Weg nach Mtahleb (Wanderung Rabat – Għajn Tuffieħa), links geht es weiter zu den berühmten Klippen von Dingli.

Man folge der Straße bis zu einem Wegweiser, der zurück Richtung Rabat, voran Richtung Dingli weist. 600 m weiter zweigt ein asphaltierter Weg nach rechts ab, dem man durch die Felder bis zum Ende folgt (dort rechts, links geht es nach Dingli-Siedlung). Nach fünf Minuten ist eine Spitzkehre erreicht, der Weg führt nun immer an den Klippen entlang. In der Spitzkehre liegt eine Polizeistation, ein schlechter Pfad geht hier an den Klippen entlang Richtung Mtahleb, der asphaltierte Hauptweg dagegen vorbei an der Klippenschänke **Bobbyland** zu einer kleinen **Radarstation**. Hier (Schilder Bobbyland und Buskett) kann man nun links nach Dingli-Siedlung zur Bushaltestelle gehen (Bus 81, Dingli/Laferla Cross).

Mtarfa [Imtarfa]   ⤢ VII/C1

Wer von den Mauern Mdinas über die alte Bahnstation und das Tal nach Norden blickt, erkennt unschwer den weithin sichtbaren, typisch englischen **Clock Tower der alten britischen Garnison** von Mtarfa. Bis zum Abzug hatten die Briten hier ihren wichtigsten Standort, das alte britische Hospital galt als das beste auf Malta.

Die Garnison wurde, nachdem 1979 der letzte britische Soldat Malta verlassen hatte, in eine Sozialwohnsiedlung umgebaut. Rundum entstehen supermoderne, aber wenig stilvolle Neubauten.

● Zwar fährt **Bus 84** nach Mtarfa, einfacher aber ist ein Gang über die alte Eisenbahnbrücke zwischen Mdina und Mtarfa und das Sträßchen am anderen Ende des Tals hinauf. Links liegt das große Spital, rechts liegt, die Triq L-Imtarfa entlang nach 350 m in die Triq Harlech rechts einbiegend, der Clock-Tower.

Victoria Lines   ⤢ Umschlag hinten

Während Südostmalta mit nur einer überschaubaren Bucht (Marsaxlokk-Bay) relativ einfach zu verteidigen war, bot der Nordwesten mit etlichen Buchten weit mehr Angriffspunkte. In der Tat wurden die Siedlungen im Nordwesten nach Überfällen aufgegeben, der Süden und Südwesten dagegen befestigt. In der **Mitte des 19. Jh.** bauten die Engländer quer durch Malta von der Fomm ir-Rih Bay bis Madliena (nahe Splash Fun Park) einen schier

uneinnehmbaren **Festungszug** auf dem Kamm eines Nord- und Südmalta trennenden Höhengürtels.

Diese nach der englischen *Queen Victoria* (*1819, regierte 1837–1901) genannte Festungsmauer wurde noch im Zweiten Weltkrieg befestigt und ausgebaut, da das britische Oberkommando mit einer Invasion deutschitalienischer Landungstruppen von Mellieħa aus rechnete. Mehrere beeindruckende Abschnitte sind noch gut erhalten.

Mtarfa Clock Tower

te Felder zum schon weithin sichtbaren Fort Binġemma. Die schmale Straße steigt an und zieht sich um das Fort herum am Berg entlang. Kurz hinter der Biegung unterhalb des Forts gabelt sich der Weg.

Links geht es zum Fort hinauf. **Fort Binġemma** ist in Privatbesitz und nicht zu betreten, aber von außen zu besichtigen.

An der genannten Gabelung rechts 250 m auf der Straße weiter zweigt eine Haarnadelkurve nach links ab (geradeaus kommt man beim Fiddien-Reservoir heraus). Die Strecke steigt weiter bis auf 239 Höhenmeter an, wo der **Nadur Tower,** ein Johanniterwachtturm aus dem 18. Jh. mit sensationeller Rundsicht über Malta erreicht ist.

Es folgen nach 500 m Steinfelder, wo wieder **Cart Ruts** (⌇Bronzezeit) zu finden sind.

Victoria Lines bei Mosta ⌇ III/D3

Wer nicht mit einem Leihfahrzeug unterwegs ist, besichtigt die Victoria Lines zweckmäßigerweise bei Mosta; die Wälle, einige Kilometer nordwestlich von Mosta, sieht man besonders gut von Buġibba kommend.

Victoria Lines bei Fort Binġemma, Dwejra Lines ⌇ VI/B1

Weit schöner ist für Selbstfahrer eine wenig befahrene Nebenstrecke: Auf der Route von Mġarr Richtung Gnejna Bay biegt man, kurz bevor die Straße zur Bucht abfällt, links ab und fährt zunächst durch von Mauern begrenz-

Ein kurzes Stück darauf folgt eine Kreuzung (beschildert: rechts Rabat, geradeaus Mosta, links Mġarr). Ein kurzer Abstecher 200 Meter nach links führt zu der kleinen **Kapelle** von *Stanislaus Xara* (1680) mit großartigem Blick ins Tal und auf die Victoria Lines. Unter der Kapelle befinden sich Katakomben, vermutlich eine Grabstätte aus römischer Zeit. Ein Trampelpfad an der Kapelle führt am Tal entlang zu den Mauern der Victoria Lines.

Zurück an der letztgenannten Kreuzung fährt man nun Richtung Mosta (von der Kapelle aus links), immer einen malerischen Höhenweg an dem hier **Dwejra Lines** genannten Abschnitt der Victoria Lines entlang. Nach ein paar Kilometern verlässt man

Britischer Festungsgürtel

242-M Foto: wl

die Höhenbastion durch einen Mauerdurchbruch, die Straße fällt nun ab zur Hauptstraße Mosta/Rabat – Żebbiegħ. Unten links gelangt man via Żebbiegħ nach St. Paul's Bay (Schild Bidnija hinter Żebbiegħ), rechts geht es nach Mosta oder Rabat.

Victoria Lines bei der Kunċizzjoni-Kapelle   ☞ VI/A1

Weitere herrliche Aussichtspunkte entlang der Victoria Lines liegen vom Fiddien-Reservoir die Straße hinauf (oder von Binġemma Fort geradeaus, dann scharf rechts; Schild „Kunċizzjoni" beachten). 300 m vor der Kunċizzjoni-Kapelle passiert man das *Alcazar-Restaurant* (Tel: 21452965), ein bei Einheimischen beliebtes, gutes Ausflugslokal ohne Touristen.

Bald folgt die 1731 gebaute *Kunċizzjoni-Kapelle;* geradeaus weiter liegt am Ende der Straße ein schöner *Aussichtspunkt,* ein schmaler Pfad führt noch ein Stückchen weiter.

Man kann auch vor der Kapelle rechts abbiegen und dem Feldweg 150 Meter folgen. Hier steht man mitten in den Victoria Lines und hat eine weitere Möglichkeit, sich hautnah ein Bild von dieser mächtigen Verteidigungsanlage zu machen. Gerade hier erkennt man gut die mehreren, terrassenförmigen Schichten der Anlage, in der sich die Verteidiger für den Fall der Eroberung einer Schicht sofort hinter der nächsten verschanzen konnten.

Von beiden Aussichtspunkten führen Trampelpfade die Steilhänge hinunter zur *Fomm ir-Riħ Bay* (☞ Wanderung Mdina – Għajn Tuffieħa).

Mġarr und Żebbiegħ

[Imdschar und Sebbieh]   ☞ II/B-C3

Auf dem Weg zur Gnejna Bay, ob per Bus oder Leihfahrzeug, passiert der Besucher in einer fruchtbaren Ebene unterhalb der Victoria Lines die beiden kleinen, nur 1500 Meter auseinander gelegenen Dörfer Mġarr (2000 Einwohner) und Żebbiegħ (900 Einwohner). Trotz – oder wegen – der geringen Entfernung zueinander besteht zwischen den Gemeinden eine geradezu filmreife *Rivalität,* die Einheimischen zufolge „bis in die Steinzeit" zurückreicht. Hatten die Bewohner von Skorba und Ta'Ħaġrat (so werden die hier gefunden Steinzeitanlagen genannt) sich seinerzeit gegenseitig die Frauen entführt, beschränkt sich dieser lustige Zeitvertreib heute auf die Entführung der Fußballtore in der Nacht vor dem nächsten Ligaspiel. Ähnlich wie in Mitteleuropa auch, darf man jedes Match verlieren – nur nicht jenes gegen das Nachbardorf! Nun wird der neutrale Besucher weniger als Friedensbotschafter nach Mġarr oder Żebbiegħ fahren, sondern eher wegen der architektonischen und frühgeschichtlichen Sehenswürdigkeiten.

Skorba-Tempel, Żebbiegħ

An der Stelle der Tempelreste wurde jüngeren Ausgrabungen (1960–63) zufolge bereits um 5200 v. Chr. ein erster Einkammertempel errichtet, der somit der älteste Tempel auf Malta gewesen sein könnte. Davon ist allerdings kaum etwas erhalten, lediglich für den Laien nicht erkennbare Fundamentreste. Allerdings sind die Reste zweier jüngerer Tempelanlagen gut zu erkennen: ein älterer im Kleeblattgrundriss (ca. 3700 v. Chr.) sowie ein doppelnierenförmiger von ca. 3300 v. Chr.

● Links der Hauptstraße nach Għajn Tuffieħa, beschildert

Ta'Ħaġrat-Tempel, Mġarr

Während der Ausgrabungen von *T. Żamit* (1923) wurden die Reste zweier Tempel auf dem Gelände freigelegt. Der ältere, etwa 3700 v. Chr. gebaute Tempel bestand lediglich aus einer Hauptkammer mit vier bogenförmig angeschlossenen Nischen/Kapellen. Deutlich jünger (3000–2500 v. Chr.) ist der zweite, größere und wesentlich deutlicher strukturierte Tempelbau unmittelbar daneben. Ein Trilithenzugang führt in einen Korridor, von dem zunächst rechts und links zwei Kammern abzweigen sowie geradeaus die Haupthalle. Man kann sich den Grundriss wie ein dreiblättriges Kleeblatt mit dem Korridor in der Mitte vorstellen.

● Von Żebbieġħ kommend links in der Triq San Pietro
● Ein Hinweis zu den Steinzeittempeln: Da beide recht klein und selten besucht sind, ist der Erhaltungs- und Pflegezustand deutlich schlechter als etwa bei Pawla oder Ħaġar Qim. Beide Anlagen sind umzäunt und nur nach Voranmeldung beim archäologischen Museum (Valletta) überhaupt betretbar. Andererseits ist es nicht jedermanns Sache, einen Steinzeittempel nach dem anderen zu begutachten, für Familien kann das ganz schön ins Geld gehen. Wer nur einmal einen Blick auf eine solche Anlage werfen oder ein

244+M Foto: wl

Foto machen möchte, ohne sich groß aufzuhalten, steht hier an den Umzäunungen goldrichtig.

Mġarr Parish Church

Der Stolz der Bewohner Mġarrs zeigt sich deutlich in der erst 1954 gebauten **Rotunda.** Nachdem einer alten, wesentlich kleineren Pfarrkirche an gleicher Stelle der Einsturz drohte, sammelten die Einwohner unermüdlich Spenden und beauftragten den Afromalteser *Gużè Damato* (Glossar)

Pfarrkirche

mit dem Bau. *Damato* nahm die berühmten Rotundas von Mosta und Xewkija/Gozo zum Vorbild und schuf eine prunkvolle, verkleinerte Ausgabe, die als Pfarrkirche einer so kleinen Gemeinde ihresgleichen sucht.

● Im Zentrum, vor der Abzweigung zur Gnejna Bay

Gnejna Bay   ⤢ VI/A1

Die hübsche **Sandbucht** unterhalb des Pellegrin-Plateaus ist weit weniger überlaufen als die berühmte Golden Bay. In der Bucht bietet ein in den Sommermonaten geöffneter Kiosk kleine Snacks und Getränke an, ferner besteht die Möglichkeit, Boote oder Strandbedarf zu mieten.

Zwei Punkte sind in dieser Bucht zudem bemerkenswert. Neben der teilweise in die Felsen gebauten **Fischersiedlung** lohnt der Aufstieg zum oben auf dem Hügel thronenden **Kippja Tower,** einem ehemaligen Wach- und Aussichtsturm.

● Man erreicht Gnejna Bay entweder per PKW/Moped via Mġarr oder mit **Bus 47** via Mġarr bzw. Għajn Tuffieħa; ab Mġarr läuft man dann gut 2 km zu Fuß (Triq Il-Kbira). Ab Għajn Tuffieħa läuft man gut 1 km über Pfade um die Buchten herum (⤢ Wanderung Mdina – Għajn Tuffieħa).

Essen & Trinken

● **Trattoria Charles Il Barri,** Tel: 21573235, Triq il-Kbira, direkt am Kirchplatz, ist berühmt für hervorragendes Kaninchen und gutbürgerliche, maltesische Küche.

Anfahrt

● **Bus 47** Valletta – Golden Bay/Għajn Tuffieħa Bay fährt via Żebieħ und Mġarr; Haltestelle in Mġarr direkt am Kirchvorplatz.
● **Bus 44** und **45** von bzw. nach Valletta.

Għajn Tuffieħa

[Ain Tuffieħa]   ⤢ II/B3

Għajn Tuffieħa liegt am westlichen Ende der fruchtbaren St.-Paul's-Senke zwischen Wardija Ridge und Mellieħa Ridge. Während das Landesinnere von intensiver Landwirtschaft geprägt wird, bietet die Küste mehrere **Strände,** unter anderem den sehr beliebten Sandstrand Golden Bay mit einem großen Hotel sowie die direkt benachbarte Għajn Tuffieħa Bay.

Fußpfade führen über das **Ras il-Karraba** zur wenige hundert Meter entfernten Gnejna Bay.

Römisches Bad

Etwa 300 m vom Ta Għajn Tuffieħa Tower die Hauptstraße entlang liegt eine Kreuzung, an der es geradeaus nach St. Paul's, links zur Golden Bay und rechts nach Mġarr geht. Nach 750 m Richtung Mġarr liegen rechter Hand (zu erkennen am umzäunten kleinen Gelände unterhalb der Straße) die besterhaltenen Relikte der Römerzeit auf Malta, ein beinahe vollständig erhaltenes **Thermalbad** (Schild „Roman Baths"). Von Dampfbad, Kaltwasser- und Warmwasserbädern über Umkleidekabinen bis hin zu Toiletten wurde an alles gedacht.

Die Bäder wurden nicht zufällig mitten in die Landschaft gebaut, hier sprudelt die ergiebigste **Quelle** der Insel mit einer Tagesfördermenge von über 300.000 Litern.

Innerhalb der Anlage wird das überdachte Lauwarmwasserhäuschen mit

Südwestmalta

einem sehr gut erhaltenen farbigen *Mosaik* am interessantesten sein.

●Die Anlage wurde in den 1960er Jahren unter UNESCO-Schirmherrschaft restauriert; eine geregelte *Öffnungszeit* scheint es nicht zu geben, obwohl der Zugang für die Öffentlichkeit eigentlich vereinbart worden war. Nachdem in den vergangenen Jahren zumindest je zwei Stunden an Vor- und Nachmittagen ein Rentner das Tor gegen Trinkgeld öffnete, bleiben die Gitter heute oft geschlossen. Einige enttäuschte Besucher berufen sich auf „kulturelle Notwehr" und übersteigen die Mauer auf der linken Seite – davon wird abgeraten; auf die Beschädigung antiker Fundstätten stehen hohe Strafen.

Golden Bay

Golden Bay

Gleichauf mit der Mellieħa Bay, nur schöner gelegen, entwickelte sich die Golden Bay genannte *Badebucht Ramla tal-Mixquqa* mit Sandstrand zum Renner auf Malta.

Der *Pfad an der Küste* entlang führt zu den benachbarten Buchten Għajn Tuffieħa und Gnejna und kann sogar bis Rabat oder Dingli fortgesetzt werden (⊘ Wanderungen bei Rabat).

●Das die Bucht überragende *Hotel Golden Sands* wurde 2005 von der Radisson SAS-Gruppe übernommen, wird bis 2007 aufwendig zum Vier-Sterne-Hotel umgebaut und ist derzeit noch nicht wieder in Betrieb.
●Erfrischungen gibt es in dem kleinen *Café/Restaurant* am Parkplatz/Haltestelle.
●Viele *Obst- und Gemüsehändler* bieten am Parkplatz ihre frischen Erzeugnisse aus dem nahen Umland an.

● Neben etlichen **Wassersport-Möglichkeiten** gibt es an der Bucht die **Reitschule Half Ferh Golden Bay Horse Riding,** Tel: 2157 3360, die auch Ausritte anbietet.

● Auf Grund der großen Beliebtheit der Bucht auch bei Touristen fahren einige **Buslinien** die Golden Bay an: die **47** (Valletta via Mosta) und die **652** (Sliema via Buġibba, St. Paul's Bay) sowie im Sommer zusätzlich Busse von und nach Buġibba.

Għajn Tuffieħa Bay

An der alten, erdrutschgefährdeten und nie fertig gestellten Hotelruine der Bucht von Għajn Tuffieħa führt ein Pfad abwärts zur kleinen, stark frequentierten **Sandbucht** und der bizarren felsigen **Landzunge Ras Il Karraba.** Man kann den Felsen ganz umrunden, wobei sich schöne Blicke über die Buchten von Għajn Tuffieħa eröffnen. Insbesondere die mittlere Bucht ähnelt wegen des dunklen Untergrundes und den steilen Hängen einem Vulkan.

Lässt man den Felsen rechts liegen und folgt dem Pfad steil aufwärts nach links, so erreicht man den Rand der Klippen und kann hier zur mittleren **Felsbucht** gehen. Man erreicht diese vor allem bei Schnorchlern beliebte Bucht auch, wenn man den Trampelpfaden im Hang folgt, doch ist dies nicht ganz ungefährlich. Der Badelustige findet also auf engem Raum mehrere Untergründe, hellen Sand, Fels und dunkles Gestein.

Direkt neben dem alten Hotel oben steht der ehemalige, heute verlassene Wachturm **Ta' Għajn Tuffieħa Tower,** ähnlich dem Kippja Tower nur wenig weiter südlich in der Gnejna Bay.

● Am Parkplatz stehen oft fliegende Händler mit **Obst und Gemüse** aus dem Umland.

● **Anfahrt per Bus:** wie Golden Bay; aussteigen, sobald man den alten Wachturm sieht, bevor der Bus rechts abbiegt.

Manikata

Nur gut 1000 Meter von der Golden Bay entfernt liegt die wenige Dutzend Seelen umfassende **Bauerngemeinde** Manikata.

Hinter Manikata führt eine Piste malerisch die Mellieħa Ridge (↗ Maltas Norden) hinauf, vorbei an einem gut erhaltenen Teil eines alten **Aquädukts,** welcher die Quelle der unmittelbar daran angeschlossenen Pumpstation auf die Felder umleitete.

Es besteht die Möglichkeit, ab Golden Bay zu Fuß bis **Sweethaven (Anchor Bay)** und dem **Popeye Village** zu wandern (knapp 6 km). Hierzu geht man die kleine Nebenstraße von der Golden Bay bis Manikata, dort die Triq Mellieħa hinauf bis zu einer deutlichen rechts-links-Kurve der Straße.

Hier folgt man nicht der Straße, sondern links dem Feldweg. Dieser führt auf dem Höhenzug Bajda Ridge (bis 104 Höhenmeter) zum **Għajn Snuber Tower** und weiter nach Sweethaven. Achtung: trotz der großen Beliebtheit gibt es keine Busanbindung in Sweethaven, man muss noch bis Mellieħa oder zurück zur Golden Bay laufen.

Selbstfahrern sei die **sehr schöne Route** von Żebbieħ über Bidnija (Richtung St. Paul's Bay), über die Wardija Ridge hinunter, über die Straße (St. Paul's/Golden Bay) Richtung L' Imbordin gerade hinüber und dann aufwärts durch das Waldgebiet (!) die Mellieħa Ridge hinauf empfohlen. Eine ganz stille, schöne Route.

Südwestmalta

Nordmalta

Maltas Norden dürfte insbesondere bei Wassersportlern auf großes Interesse stoßen, ein gutes Dutzend Sandstrände und Felsbuchten reihen sich entlang der Küstenlinie. Mit Buġibba hat Nordmalta einen der abwechslungsreichsten Standorte für einen Maltaurlaub, zudem gehören Mosta (Rotunda) und St. Paul's Island (Strandung des Apostels) zu den großen Sehenswürdigkeiten der Insel. Schließlich bieten sich auch hier interessante Wanderungen wie über den 116 m hohen Ġebel Għawżara oder die zerklüftete Küstenroute via Fort Campbell und Selmun Palace an.

Marfa-Ridge ↗ II/A-B1-2

Im äußersten Norden Maltas erhebt sich, beinahe von der übrigen Insel durch Mellieħa Bay und Anchor Bay abgetrennt, der **Höhenzug** Marfa-Ridge, der nach Nordwesten hin abfällt und sich in mehreren Badebuchten öffnet. Die anderen drei Seiten der Marfa-Ridge bestehen aus Steilküste und der einzigen Landverbindung hinunter nach Mellieħa.

Wer in Mellieħa wohnt, kann das Gebiet gut **zu Fuß** durchstreifen, allerdings sollte die stark frequentierte Hauptstraße Mellieħa – Marfa Point (Fähre) gemieden werden.

Am besten fährt man per Bus bis ans Ende der Mellieħa Bay (Haltestelle „Mellieħa Bay Hotel") und folgt dem kleinen Asphaltweg hinter dem Hotel rechts, der nach 1 km in einen nicht befahrbaren Trampelpfad übergeht

und auf eine fast unbefahrene Nebenstraße stößt. Folgt man diesem Sträßchen nach rechts, erreicht man nach einem weiteren Kilometer einen von kleinen Nadelbäumen gesäumten Halteplatz (rechts), von dem aus Trampelpfade zu sehr selten besuchten **Badeplätzen** führen (Felsbuchten).

Das Sträßchen endet an der nur gut 1 m großen, von See her aber weithin sichtbaren **Madonnenstatue Dahlet ix-Xilep** und einer kleinen **Kapelle** mit griechischer Inschrift. Ein Trampelpfad führt hinter der Kapelle an den hier knapp 50 Meter senkrecht zum Meer hin abfallenden Klippen entlang, endet dann aber abrupt.

Einsam wacht ... Red Tower

Zurück auf der Nebenstraße, nimmt man den ersten Weg (nicht befahrbar) nach rechts und kommt so zum nördlichsten Punkt Maltas, dem **Ponta ta'l-Aħrax** sowie dem Johanniterwachturm **White Tower.**

Von hier aus kann man der Küste durch die verschiedenen **Badebuchten** folgen. Nacheinander passiert man **White Tower Bay** (beliebter Campingplatz der Malteser), **Little Armier** mit *Ray's Pizzeria* (Bootsverleih, Tel: 21573457) sowie die sich direkt anschließende **Armier Bay** (überlaufene Sandbucht und Ferienhaussiedlung mit *Farlex Snacklokal* und dem teuren *Belmar Restaurant;* im Sommer auch mit Bus 50 zu erreichen).

Schließlich kommt man zur **Ramla Bay** mit kleinem Jachthafen und dem *Ramla Bay Hotel.*

Von hier aus folgt man der Küstenstraße nach rechts etwa 600 Meter bis zur Haltestelle der Ċirkewwa-Busse am Paradise Bay Hotel. Vor dem Hotel führt links ein befestigter Weg zur stets gut besuchten **Paradise Bay,** einer großen Sandbucht mit Parkplatz und Snackbar.

Ein Feldweg/Trampelpfad (streckenweise nicht einfach zu erkennen) führt an der Steilküste entlang zum **Ras il-Qammieh,** einem zerfallenen ehemaligen britischen Außenposten.

Eine befestigte Nebenstraße führt unmittelbar zum **Red Tower,** auch als **St. Agatha-** oder **Wied Mousa Tower** bekannt. Dieser von Valletta am weitesten entfernte Johanniterturm wurde von GM *Lascaris* 1647/48 in Auftrag gegeben und mit zusätzlichen Wach-

türmchen verstärkt. Der noch heute von der Küstenwache genutzte Turm war einst mit 5 Kanonen und 49 Mann Besatzung bewehrt. Die Sicht nach Mellieħa Bay und Għajn Tuffieħa Bay ist überwältigend.

●Geöffnet täglich 9–16 Uhr, Eintritt 50 Ct. Vom Turm aus sind es nur noch 350 Meter bis zur Kreuzung an der Hauptstraße mit Bushaltestelle.

Unterkunft

Die zahlreichen Badebuchten der Marfa Ridge haben natürlich auch Luxushotels auf den Plan gerufen. Wer keinen kompletten Aktivurlaub gebucht hat, sollte aber besser einen anderen Standort wählen; man ist zwar schnell an der Fähre nach Gozo, die Wanderung auf der Marfa Ridge ist sicher auch sehr nett, aber ansonsten drohen hier draußen gähnende Langeweile und Bettenburgflair.

●*Paradise Bay Hotel* (****), Marfa Point, Tel: 21521166, Fax: 21521153, info@paradise-bay. com, bietet gelegentlich (auch in der Hauptsaison) Übernachtungs-Specials, z.B. unter der Woche Lm 10/Person, Wochenende Lm 13,50/Person an. Hier auch Paradise Bay Tauchschule.
●*Ramla Bay Holiday Complex* (****), Tel: 21522181, Fax: 21575931, ramlabay@digigate.net, langweilige Bettenburg, ohne Wagen ist man hier verloren.

Immer gut besucht: Paradise Bay

An-/Abfahrt

●Alle **Busse von/nach Marfa-Point (Gozo-Fähre)** halten am Paradise Bay Hotel, an der Abzweigung zum Ramla Bay Hotel sowie an der Kreuzung vor der Abfahrt in die Mellieħa Bay. Am häufigsten fahren die Linien **45, 48** und **645.**

●Für **Fußgänger** empfiehlt sich die erwähnte Route über das Mellieħa Bay Hotel.

Il Għadira

[Ilahdira]   ♫ II/A-B2

Viele Besucher fahren nach Mellieħa zum Schwimmen – und sind enttäuscht: Nicht der Ort selbst, sondern die 2,5 km entfernte **Mellieħa Bay** mit der Siedlung Il Għadira ist das eigentliche Ziel der zahllosen Sonnenanbeter.

Mit knapp 1,5 km Länge bietet die Bucht Maltas längsten und meistbesuchten **Sandstrand,** auch einige Nobelherbergen haben die Mellieħa Bay bereits für sich erschlossen. Vom Bananenreiten über Sonnenschirm- und Liegenverleih bis hin zu einer künstlichen Pontoninsel wird so einiges geboten.

Auf der gegenüberliegenden Seite der Hauptstraße wurde ein kleines, für die Öffentlichkeit nicht zugängliches **Vogel-Naturschutzgebiet** und Feuchtbiotop eingerichtet; angesichts der ungebrochenen Beliebtheit des Vogelschießens eher ein Tropfen auf den heißen Stein.

Unterkunft

Die Hotels am Strand bieten reichlich Wassersport, Unterhaltung und vieles mehr und werden durchweg ihrer Kategorie gerecht, sie liegen aber landseitig der vierspurigen Straße was weder uneingeschränkt kindertauglich noch von der Lage her besonders attraktiv ist.

●**Seabank** (****), Tel: 21521460/8, Fax: 2152 1635, seabank@digigate.net, mit angeschlossener Bowlingbahn und Tauchbasis (Meldive).

●**Mellieħa Bay** (****), Tel: 2157384, Fax: 215 76399, info@melliehabayhotel.com, ebenfalls mit Tauchschule (Aqua Dive Centre).

●**Luna Aparthotel** (***), Tel: 21521645, Fax: 21521727, lunacomplex@waldonet.net.mt kurz vor Mellieħa Bay und der Abzweigung zur Anchor Bay auf der rechten Seite.

●**Mellieħa Holiday Centre Tourist Village** (***), Tel: 21573900, Fax: 21573893, diff@vol.net.mt.

Sonstiges

●Im Sommer bieten **Eisverkäufer und Imbissbuden** ihre Waren feil.

●Gepflegter speist man in der **Pizzeria La Mar** am Seabank Hotel.

●Selbstverpfleger finden im Mellieħa Holiday Centre einen **Supermarkt.**

●Für **Wanderer** bietet sich ein Ausflug zur (♫) Marfa-Ridge (Bushaltestelle am Mellieħa Bay Hotel, dahinter rechts) an.

An-/Abfahrt

●Il Għadira ist gut mit den **Gozo-Fährbussen** auf der Strecke Buġibba – Marfa Point zu erreichen, Haltestellen befinden sich an mehreren Punkten in der Bucht.

●Zur **Anchor Bay (Popeye Village)** pendelt stündlich **Bus 441** zwischen Mellieħa Bay und Popeye Village. Zu Fuß geht man vom Seabank Hotel aus 350 Meter die Hauptstraße entlang, dann rechts in den schnurgeraden Asphaltweg oder folgt dem Feldweg hinter dem Hotel, der ebenfalls auf den Weg zur Anchor Bay führt.

●**Zum Strand** Busse **44,45** und **48.**

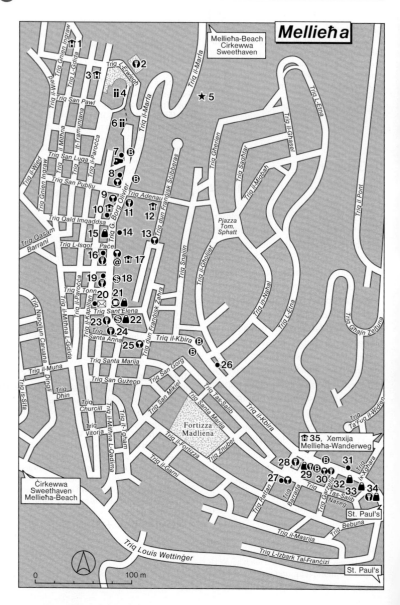

🏠	**1**	Panorama Hotel
❶	**2**	Seaview Snackbar
🏠	**3**	Antmar Ferienwohnungen
⛪	**4**	Pfarrkirche Sta. Marija
★	**5**	Paulsstatue und Höhlenwohnungen
⛪	**6**	Höhlenkapelle
•🚘	**7**	Henry's Car Hire und Polizei
❶•	**8**	Commando Pub, Manuel's Garage
❶	**9**	Stop in Pizza, Greystone Pub
🏠•	**10**	Hotel La Salita, Mellieħa Car Hire
❶	**11**	Al Ponte Pizzeria und
🏠		****Hotel Antonine
🏠	**12**	Pergola Hotel
❶	**13**	Silverstar- und Dom's Bar
•	**14**	Wäscherei
🛗	**15**	Zeitschriften, Briefmarken, Souvenirs
❶•	**16**	Archill Restaurant und PKW-Verleih,
❶@		Campbell's Bar & Internet Café
🏠	**17**	Solana Hotel
•❶	**18**	Wäscherei und Ta Peter Restaurant
💲	**19**	Bank of Valletta (mit EC)
☕🛗	**20**	Café Les Saisons und Minimarkt
•✉	**21**	Rainbow Car Hire und Post
❶	**22**	Pizzerien
💲	**23**	HSBC-Bank (mit EC),
🛗		Concorde-Supermarkt
❶	**24**	L'Escargot Rest.
❶	**25**	Johnny's Bar
•	**26**	Michael's Car Hire
•	**27**	Drifter Fahrzeugverleih
❶		und Reflections Pub
❶	**28**	Misrah tas-Salib
🛗❶	**29**	Minimarkt, Crosskey-,
		Takeaway- und Pizza Land Rest.
❶❶	**30**	Tavern Pub und Andrea Doria Rest.
•	**31**	Fahrzeugverleih
🛗	**32**	Gemüse- und Obsthandel
🛗	**33**	Southern Fried Chicken & Supermarkt
❶	**34**	Le Chateaubriand Restaurant
🛗		und Pastizzi-Bäckerei
🏠	**35**	Selmun Palace Hotel
Ⓑ		Bushaltestellen

Mellieħa

[Melliħa]   🧭 **II/B2**

Ähnlich wie die Marfa-Ridge hebt sich auch die **Mellieħa-Ridge** geographisch deutlich von ihrer Umgebung ab. Im Norden begrenzt die Għadira-Senke mit der Mellieħa Bay das Gebiet, im Süden fällt das Hochplateau entlang der Linie Manikata – Xemxija steil in das St. Paul's Valley ab.

Einzige Siedlung hier ist Maltas nördlichste **Stadt Mellieħa** mit knapp 7000 Einwohnern. Der Ort wurde bereits 1436 als eigenständige Pfarrei urkundlich erwähnt, war aber im 16. Jh. auf Grund der guten Landemöglichkeiten in der nahe gelegenen Mellieħa Bay wiederholtes Ziel von Plünderungen durch Piraten. Mellieħa wurde daher vollständig geräumt, erst unter den Briten erfolgte ab 1840 eine allmähliche Neubesiedelung.

Heute sind drei Teile der Stadt recht deutlich zu unterscheiden: der alte Ortskern um die Pfarrkirche, die „britische" Neusiedlung zwischen Triq il-Kbira und der Umgehungsstraße sowie, von Xemxija kommend rechts der Kbira (Triq il-Kortin), die „Nobelsiedlung" mit den De-luxe-Häusern der oberen Zehntausend.

Auch der **Tourismus** hat Mellieħa und seine zahlreichen Buchten in der Nähe längst entdeckt, dementsprechend gibt es ein breites Angebot an Hotels, Restaurants, PKW-Verleihern usw. – dennoch sind viele Besucher enttäuscht: Man wähnt sein Hotel am Strand, muss aber etwa 20 Minuten entlang der gefährlichen, stark befahrenen Hauptstraße laufen (kein Fußweg!). Wer ein Beachhotel „in Mellieħa" vor-

Nordmalta

Die Pfarrkirche von Mellieħa

Der eigentliche Schatz liegt im Hügel darunter (an der Bushaltestelle die breite Sackgasse hinauf), eine auf die phönizische Zeit (1000-218 v. Chr.) zurückgehende **Höhlenkirche.** Untersuchungen zufolge nutzten sowohl Römer als auch Christen diese älteste Gebetsstätte Maltas als Heiligtum. Der Altarraum ist aus dem bloßen Fels gehauen und zeigt noch heute deutlich ein Muttergottes-Altarbild aus dem späten 11. Jh. Auch die Johanniter nahmen sich der Höhlenkirche ehrfurchtsvoll an und kleideten sie mit Ausnahme des Altarraumes aufwendig mit Marmor aus. Sie beschenkten die Kirche mit Ordensgemälden (zu sehen in der Sakristei) und pilgerten zu besonderen Anlässen von Valletta hierher (geöffnet ab 16 Uhr).

Auf dem Außenweg von der Höhlenkirche zur Pfarrkirche kann man auf der gegenüberliegenden Seite der Straßenschlucht die **Felsenhöhlen** erkennen, in denen sich die Menschen bei Piratenangriffen versteckten. Die weiße **Paulus-Statue** im Fels wurde aufgestellt, um den Apostel um Schutz vor Plünderungen zu bitten.

ab buchen möchte, achte darauf, dass es in Il Għadira (Mellieħa Bay) liegt.

Die größten **Attraktionen** liegen außerhalb der Stadt, insbesondere Mellieħa Bay (⌀ Il Għadira), ⌀ Sweethaven (Popeye Village, Anchor Bay) sowie die Wanderungen Anchor Bay – Manikata – Golden Bay oder Xemxija – Mellieħa.

Sehenswertes

Im Ort ist hauptsächlich die **Pfarrkirche Sta. Marija** von Interesse. Dieses auf dem Hügel thronende Gotteshaus entstand erst 1948 und scheint auf den ersten Blick keine Besonderheiten außer seiner Lage aufzuweisen.

Unterkunft

In Mellieħa selbst wohnen die wenigsten Reisenden, schließlich will man ja auch zum Strand (und der liegt knapp 3 km den Berg hinab (⌀ Għadira). Im Ort selbst gibt es hauptsächlich Vier-Sterne-Hotels, die bevorzugt von älteren Reisegruppen frequentiert zu werden scheinen.

●Eine Ausnahme ist da das traditionelle und stilvolle **Grand Hotel Mercure Coralia Selmun Palace** (****), ein markantes, festungsähnliches Gebäude ca. 2 km außerhalb, Tel:

21521040, Fax: 21521060, h2028@accor-ho tels.com. Das Gebäude wird im Volksmund nur *Selmun Palace* genannt und bei der Wanderung ♫ Xemxija – Mellieħa näher vorgestellt. Hier wohnen auch Flitterwöchner und betuchte Reisende, die in Ruhe und mit Flair wohnen möchten.

● Das **Solana Hotel** (****), Triq G. Borg Olivier (mitten an der Durchgangsstraße), Tel: 21523912, Fax: 21525030, info@solanahotel.com.mt, wurde erst vor wenigen Jahren aufwendig renoviert und spricht eigentlich nur die Reisenden an, die unmittelbar im Ort unterkommen und wenig zu Fuß gehen wollen. Alle Annehmlichkeiten einschließlich eigenem Minibus-Service.

● Eher den Individualreisenden, den auch die spektakuläre Lage am Hang nicht schreckt, spricht wohl das **Panorama Hotel** (***), Triq Dun Belin Azzopardi, Tel: 21521020, Fax: 21523400, panorama@panorama-hotel.com, an. Das kleine und familiäre Hotel ist zwar schon etwas in die Jahre gekommen, hat aber immer noch die vielleicht beste Lage in Mellieħa zu bieten. 35 Dreibettzimmer.

● Vor allem Aparthotels und Ferienwohnungen scheinen in den letzten Jahren zu boomen; das **Pergola Club Hotel** (****), Adenau Street, Tel: 21523912/3, Fax: 521436/7, pergola@maltanet.net, ist eines der renommiertesten Häuser mit guter Lage im Zentrum, aber etwas abseits der Hauptstrasse.

● Ein anderer Apartmentanbieter nennt sich **19A** (***) und kann unter antzarb@waldonet. net.mt kontaktiert werden.

Weiterhin bieten die Agenturen und Fahrzeugvermieter entlang der Hauptstrasse **Apartments** und **Ferienwohnungen** an.

Essen und Trinken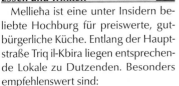

Mellieħa ist eine unter Insidern beliebte Hochburg für preiswerte, gutbürgerliche Küche. Entlang der Hauptstraße Triq il-Kbira liegen entsprechende Lokale zu Dutzenden. Besonders empfehlenswert sind:

● Die **Bäckerei** am Südostrand, Triq K-bira, ist eine der wenigen, in der auch Einheimische von weither ihre Pastizzi holen.

● Selbstversorger finden ein Stückchen weiter einen **Supermarkt** sowie daneben einen **Gemüsehändler.**

● Nebenan liegt **Southern Fried Chicken,** eine Hühnerbraterei amerikanischen Musters.

● Kurz vor dem Misrah-tas-Salib-Platz liegen ein weiterer **Supermarkt** sowie die Restaurants **Crosskey,** Tel: 21572587 (edel und teuer) sowie die sehr gute Pizzeria **Pizza Land,** Tel: 21520434, mit Gerichten auch zum Mitnehmen.

● Gegenüber der HSBC Bank liegen mehrere Restaurants nebeneinander, am beliebtesten ist **Charles' Pizzeria** (preiswert).

● **L'Escargot** gleich nebenan bietet internationale Küche (etwas teurer), sehr beliebt.

● Kleinigkeiten bei herrlichen Ausblicken auf die Mellieħa Bay genießt man am besten in der **Seaview Snackbar** an der Kurve der Hauptstraße oberhalb der Pfarrkirche.

● Internetanschluss, günstige Kleinigkeiten und eine kleine Spielothek bietet das neue **Ta Peter** an der G. Borg Olivier.

Unterhaltung

● Als gute Kneipe mit Billard und jugendlichem Publikum ist der **Reflection's Pub** zu empfehlen.

● Nett sind die benachbarten **Greystone** und **Commando Pubs** beim Salita Hotel gegenüber der zentralen Bushaltestelle.

● Einheimische gehen gerne in **Johnny's Bar** in der Triq il-Kbira, kurz vor Triq Sta. Anna.

Sonstiges

● Eine Reihe von Autovermietern bietet in Mellieħa ihre Dienste an, unter anderen **Mellieħa Car Hire,** Triq il-Kbira, Tel: 21573134, **Manuel's Garage,** Triq il-Kbira, Tel: 21523472, Fax: 21523600, daneben **Henry's Garage,** Tel: 21573645, **Rainbow Cars,** Triq il-Kbira, Tel: 21571184, **Michael's Car Hire** am anderen Ende des Zentrums die Kbira den Hügel hinauf, Tel: 21474089, und **Mellieħa Rent-a-Car** neben der Tankstelle am Ortseingang von Buġibba kommend, Tel: 21573975.

● **Motorräder** gibt es bei **Drifter Car & Motorbikes** am Misrah is-Salib (neben Reflection's Pub).

•Eine kleine **Post** liegt an der Ecke Triq St. Elena/Triq il-Kbira neben Ta Peter's Restaurant, die **Ortspolizei,** Tel: 21574001, befindet sich gegenüber der zentralen Bushaltestelle neben Henry's Garage.

•Am Ortseingang aus Richtung Xemxija kommend finden Selbstfahrer eine große **Tankstelle.**

•**Banken** mit **EC-Automaten** findet man zentral in der Triq Borg.

•Ein **Internet-Café** liegt gegenüber vom Hotel Solana (Campbell's Bar & Internetcafé).

An-/Abfahrt

•Mellieħa liegt verkehrsgünstig zwischen Marfa-Point (Gozo-Fähre) und Buġibba, die **Buslinien 43–45, 48, 50,** und **645** halten hier. Bushaltestellen liegen im Zentrum an der Pfarrkirche (Zentralhaltestelle) sowie mehr-

fach entlang der Triq il-Kbira, unter anderem am Misrah tas-Salib. **Buslinie 441** fährt zum **Popeye Village.**

•**Zu Fuß:** Es wird dringend geraten, auf der Hauptstraße nach Norden (einziger Weg zu Mellieħa Bay und Popeye Village) äußerste Vorsicht walten zu lassen. Die Umgehungsstraße bringt zwar Entlastung, ein Gehsteig fehlt aber nach wie vor.

•Der **Ausgangspunkt der Wanderung nach Xemxija/St. Paul's Bay** ist am einfachsten zu finden, wenn man kurz vor der Tankstelle am Ortsausgang Richtung Xemxija linker Hand der Triq ix-Xgħara bis zur Triq iġ-Ġardell (rechts) folgt – dann immer geradeaus.

Anchor Bay (Popeye Village) ♪ II/A2

Wer kennt ihn nicht, den Spinatdosen futternden, bärbeißigen, bärenstarken und doch liebenswerten Vollblutmatrosen mit Meerschaumpfeife im Mundwinkel? Natürlich – Popeye! Jener Kultheroe der Spinatindustrie entdeckte in einem seiner zahlreichen Abenteuer eine Siedlung in Neufundland und taufte sie Sweethaven. Als sich Regisseur *Robert Altman* 1980 daran machte, das Buch von *Jules Pfeifer* hier in der Anchor Bay auf Malta als Musical zu verfilmen, wurde in über siebenmonatiger Arbeit die **Filmkulisse Sweethaven („Popeye-Village")** aus dem Boden gestampft. 18 Holzhäuschen sowie Popeyes Schiff wurden aus eigens aus Kanada importiertem Holz gebaut. Der Film war nicht unbedingt ein Renner, die Kulisse dafür umso mehr. Nach Abschluss der Dreharbeiten wurde Sweethaven ein beliebtes Ausflugsziel für Alt und Jung.

Popeye Village

- **Geöffnet** täglich 9–19 Uhr, im Winter bis 17 Uhr
- **Eintritt** stolze Lm 3,50, Kinder Lm 1.
- Es gibt einen zu jeder vollen Stunde verkehrenden **Shuttle-Service (Bus 441)** zwischen der Mellieħa Bay-Bushaltestelle und dem Popeye-Village. Wer nicht warten möchte, steigt am besten am Seabank Hotel (Il Ghadira, Mellieħa Bay) aus und läuft (beschildert) die restlichen gut 1500 Meter.

Schwimmen ist in der Anchor Bay bei ruhigem Wetter möglich, Taucher können sich auf einen interessanten Dive freuen (⤳ Tauchen).

Es empfiehlt sich, das Sträßchen entlang der Anchor Bay oberhalb der Klippen ein Stück weiterzugehen, da man von hier oben fantastische Blicke auf die gesamte Anlage hat.

Der asphaltierte, aber nur mit Moped/Rad befahrbare Feldweg trifft nach 1 km auf das Verbindungssträßchen Manikata – Mellieħa (rechts). In der Spitzkehre, dort wo man in der Senke den Aquädukt sieht, führt ein

Pfad an den Resten des Għajn Snuber Towers vorbei in die Badebucht **Għadira Bay,** mangels Busverkehrs recht selten besucht. Von hier aus kann man via Manikata bis zur Golden Bay (Għajn Tuffieħa) laufen, Wegbeschreibung ⤳ Südwestmalta.

St. Paul's Bay (Il Bajja Ta'San Pawl il-Baħar)

[Il Baja Ta' San Paul il-Bahar]

⤳ II/A2

Der Begriff St. Paul's Bay steht einerseits für die große **Bucht** im Norden Maltas zwischen Qawra und St. Paul's Island; andererseits wird St. Paul's Bay auch als Sammelbegriff genutzt für jenes zusammengewachsene und touristisch hervorragend erschlossene **Küstensiedlungsgebiet,** welches sich von Salina Bay (500 Ew.) acht Kilometer an

257-M Foto: wl

Paulus auf Malta – eine lukrative Legende

In der Apostelgeschichte, Kapitel 27–28, berichtet der Evangelist *Lukas* vom Schiffbruch des *Paulus* im Jahre 59 und der sich anschließenden Christianisierung Maltas:

Der Apostel war von den Römern in Palästina festgesetzt worden und sollte dem kaiserlichen Gerichtshof in Rom zugeführt werden. Nach kurzem Aufenthalt auf Kreta geriet das Schiff in einen schweren Sturm und trieb steuerlos im Mittelmeer. An der Insel, die später St. Paul's Island genannt wurde, strandete und zerbrach das Schiff, die Überlebenden konnten sich ans Festland (heutiges San Pawl il-Baħar) retten. Die durchnässten Schiffbrüchigen wollten sich an einem Feuer wärmen, welches die heimischen Fischer entzündet hatten. Auch Paulus warf mehrere Bündel Kleinholz in die Flammen, als eine im Holz verborgene Giftschlange in die Hand des Apostels biss. Die heidnischen Einwohner hielten Paulus für einen Mörder, der dem Schiffbruch entgangen und von der Rachegöttin durch eine Schlange gerichtet werden sollte. Doch dem Apostel geschah nichts – so hielt man ihn für einen Gott. Die ersten drei Tage verbrachten die Gestrandeten in einer Kapelle am Wied il-Ghasel (heute Burmarrad) und kamen dann in das spätere Mdina, das damalige Zentrum der Insel. Von hier aus christianisierte Paulus während seines dreimonatigen Aufenthaltes auf Malta die dortige Bevölkerung und begründete die überragende Stellung der katholischen Kirche auf Malta.

So weit die katholische Version; es gibt auch eine historische, nach der Paulus niemals auf Malta war, sondern auf der griechischen Insel Kephallenia gestrandet sein müsste. Die Meeresströmungen (wonach eine steuerlose Galeere nicht nach Malta treiben konnte), die Beschreibungen der Küstenlandschaft (die auf Malta nicht zutreffen) sowie die Bezeichnung „Barbaren" für die Bevölkerung (die auf die Malteser als Bürger des Imperium Romanorum nie angewandt worden wäre) führen zu diesen neuen Forschungsergebnissen. Doch davon wollen die Malteser und auch die Touristen nichts wissen – man möchte sich weder um die Pauluslegende noch um Jahrtausende alte heilige Stätten bringen.

der Küste entlang über die vier weiteren Teilstädte Qawra (2000 Ew.), Buġibba (6500 Ew.) und San Pawl (1500 Ew.) bis Xemxija (500 Ew.) erstreckt. Zur St. Paul's Bay gehört aber auch die unbewohnte Insel St. Paul's Island, auf der der Apostel seinerzeit Schiffbruch erlitten haben soll.

Mit San Pawl (il-Baħar) meint man dagegen nur einen Teil, nämlich das alte Fischerdorf in der Mitte der Bucht. Diese Unterscheidung spielt im Busverkehr eine Rolle: Wer in Valletta steht und zum Hotel in Qawra möchte, aber „St. Paul's" sagt, landet im Dorf San Pawl und muss dann unter Umständen ein paar Kilometer zum Hotel laufen.

Der gesamte Küstenstreifen ist **touristisch voll erschlossen** und der beliebteste Standort auf Malta; hier gibt es alles, was das Land zu bieten hat, auch die Busanbindungen zu allen wichtigen Punkten Maltas sind ausgezeichnet. Wohnen und essen kann man in allen vier Teilen der St. Paul's Bay, die sich ansonsten aber sehr stark

St. Paul's Island – hier strandete einst der Apostel

voneinander unterscheiden. Qawra ist ein bevorzugtes Wohngebiet und Nobelviertel mit Luxushotels, Buġibba das Mallorca der Briten auf Malta, San Pawl der ruhigste und ursprünglichste Abschnitt, Xemxija schließlich ein Straßendorf am Ende der Bucht, das aber zu weit ab vom pulsierenden Leben Buġibbas ist, um als Standort empfohlen zu werden.

St. Paul's Island ⌁ III/C1-2

Die kleine Insel der St. Paul's Bay, an welcher der Apostel Paulus gestrandet sein soll, ist heute unbewohnt; Hauptattraktion ist die 12 Meter hohe **Statue** des Apostels, errichtet 1865.

261-M-Foto: wf

Einige Mauern deuten darauf hin, dass vor langer Zeit zumindest eine Hand voll Menschen versucht haben muss, dem kargen, mit Disteln und rauem Gestrüpp bewachsenen Boden ein paar Erträge abzuringen.

St. Paul's Island ist nicht mit regelmäßig verkehrenden Booten zu erreichen. **Ausflugsboote,** vor allem in St. Paul's Bay, bieten Rundfahrten an, die einen halbstündigen Halt auf dem Inselchen beinhalten.

Ansonsten kann man nur mit einem Mietboot oder **schwimmend** von der kleinen Bucht unterhalb des alten Fort Campbell (⌁ Wanderung Xemxija – Mellieħa; Badelatschen mit hinübernehmen!) zur Insel gelangen.

Die **Bootsanlegestelle** liegt in der Senke, die beide Inselhälften verbindet, in der man auch ein wenig plantschen kann (Felsbuchten).

Xemxija [Schemschija] ⌁ III/C2

Das kleine Straßendorf Xemxija, an der Westseite der St. Paul's Bay Richtung Mellieħa gelegen, ist spürbar ruhiger und untouristischer als Buġibba und Qawra. Außer einer Hand voll Hotels und Restaurants blieb Xemxija bislang von weitergehender Entwicklung verschont.

Am oberen Ende des Ortes liegt die **Kirche San Ġużepp Ħaddiem** (geöffnet werktags 7–18:30 Uhr, samstags 6–19 Uhr), ein jüngeres Bauwerk, welches vor allem durch seine schöne Aussicht von der Plattform aus auf die St.-Paul's-Insel besticht.

Nordmalta

An der Hauptstraße It-Telgħa-tax-Xemxija sowie an der Shipwreck Promenade unterhalb der Kirche gibt es mehrere kleinere Bademöglichkeiten am Felsstrand, **Pawles Beach** oder **It Telgħa Tax Xemxija** genannt.

Links oberhalb des Mistra Village Club-Hotel wurden 1955 **neolithische Schachtgräber** mit Skeletten, Gefäßen und Amuletten der Jungsteinzeit ausgegraben. Die senkrecht in Felsschächte gehauenen Gräber variieren in Durchmesser und Tiefe beachtlich – das größte erreicht rund 17 m².

Für den Individualreisenden ist Xemxija vor allem als Ausgangspunkt für die empfehlenswerte **Wanderung** Xemxija – Mellieħa via Mistra Bay und Selmun Palace von Bedeutung.

Unterkunft

Xemxija hatte sich schon recht früh wegen seiner Lage mit Blick über die St. Paul's Bay zu einem gehobenen Hotelressort entwickelt, ohne dass das Straßendorf jenen großdörflichen und ursprünglichen Flair von St. Paul's selbst ausstrahlt. Wer ein Leihfahrzeug mietet ist unabhängig; ansonsten muss man sich darüber im klaren sein, dass der Ort außer den Hotelanlagen sehr wenig zu bieten hat und als Standort weniger empfehlenswert scheint.

● Die sehr exklusive Anlage **Corinthia Mistra Village Clubhotel** (****), Xemxija Hill, Tel: 21580481 Fax: 21577802, mistra@corinthia. com, bietet hauptsächlich Apartments für 1–2 Personen und wird vorwiegend von Ruhe suchenden Reisenden mittleren Alters frequentiert.

● Eine gute Alternative der Mittelklasse bietet das **Ambassador-Hotel** (***), Shipwreck Promenade, Tel: 21573870, Fax: 21573722, info@ambassadormalta.com. Nur 33 Einheiten, gute und ruhige Lage in einer Sackgasse oberhalb der Bucht.

Essen und Trinken

Entlang der Hauptstraße It-Telgħa tax liegt gleich ein Dutzend Speisegaststätten.

● Ein heißer Tipp für günstigen fangfrischen Fisch ist die **Xemxija Snack Bar**, wo beispielsweise gebackener Schwertfisch mit Beilagen für Lm 2,50 angeboten wird.

● Deutlich gehobener in Preis und Anspruch ist **Mare d'Oro**, ein dem Ambassador Hotel angeschlossenes Restaurant mit Pizzeria, Dance Club und Bar.

● Kantonesische Küche brät das **ShauKiWan-HongKong-Restaurant**, Tel: 21573678.

● **Sammy's Tavern** ist recht urig, aber nicht ganz billig.

● **Carlos Hideaway Snack Bar & Restaurant** ist sehr beliebt und bietet Gerichte auch zum Mitnehmen.

● Zum Festpreis von Lm 2,80 bietet **Aquarius** dreigängige Menüs inklusive Kaffee und Wein – ein echtes Schnäppchen!

Sonstiges

● **Tony's Travel Agency**, Tel: 2140682, 21573667, bietet PKW-Verleih, Ausflüge und Rundfahrten.

● Organisierte Ausflüge und Touren können bei **Borg's Eurosun Tour Office**, Tel: 2140214, gebucht werden.

An-/Abreise

● Die meisten **Mellieħa-Buġibba-Busse** halten in Xemxija.

● **Zu Fuß** dauert es etwa eine halbe Stunde bis ins Zentrum von St. Paul's Bay.

● Für die **Küstenwanderung** bis Mellieħa benötigt man rund zwei Stunden (☞ Kasten).

San Pawl il-Baħar (St. Paul's) ☞ III/C2

Buġibba und San Pawl sind optisch längst zu einer Stadt verschmolzen, der Hauptunterschied besteht darin, dass Buġibba am Abend erst richtig

Wanderung
Xemxija – Mellieħa

Eine abwechslungsreiche und nicht allzu lange Wanderung an der maltesischen Nordküste führt von der Polizeistation in Xemxija auf einem (nicht befahrbaren) Pfad an einer Mauer vorbei, die einst eine größere Verteidigungsbastion, heute dagegen Feuerwehr und Polizei beherbergt.

Linker Hand blickt man über die wenig fruchtbare, aber emsig bewirtschaftete Tiefebene Kalkara Ravine hinüber zum Nobelhotel Selmun Palace.

Der Pfad führt entlang der Klippen Rdum Rxawn mit herrlichen Ausblicken über Xemxija und St. Paul's Bay zur kleinen Sandbadebucht *Mistra Bay* mit dem guten und idyllisch gelegenen *Palazzo Santa Rosa Restaurant*. Hier folgt man nun ein kurzes Stück dem asphaltierten Weg hinauf zur ehemaligen königlich britischen Batterie, heute nur noch als Lagerschuppen genutzt; das Wappen über der Tür ist der einzige Hinweis auf die ehemaligen Herren hier.

Hinter der Batterie führt ein weiterer Pfad zu den Klippen oberhalb der malerischen *Bucht Rdum il Bies,* einem Paradies für Schnorchler und Taucher. Anschließend geht es ein kurzes Stück steil bergan, wobei die Bezeichnung „Pfad" für die kaum erkennbaren Spuren im Gestein übertrieben scheint.

Oben erreicht man eine kleine Abzweigung: Rechts geht es zur Bucht *Blata L Bajda* mit einem alten Wachturm, einer britischen Küstenartilleriestellung und guten Schwimmöglichkeiten – sogar zur St.-Paul's-Insel kann man mühelos hinüberschwimmen.

An der Abzweigung links geht es weiter zum riesigen, ehemals britischen *Fort Campbell (Tal Blata),* dessen Ausmaße eine Besatzung von mehreren tausend Mann vermuten lässt. Das Fort ist heute vollkommen verlassen und lädt zum Herumstromern ein. Angeblich existieren Pläne, hier ein großes Jugend-Ferienzentrum zu errichten, doch schlummern diese Pläne schon seit etlichen Jahren in der Schublade.

Am Fort trifft der Pfad wieder auf einen asphaltierten Weg, der zum etwa 1 km entfernten *Selmun Palace* führt. Das ältere Hauptgebäude, die turmähnliche Feste, wurde bereits im 17. Jh. von der *Stiftung Monte de Rendenzione* als Sitz gewählt (Architekt: *D. Cachia)*, die heutige Form wurde im 18. Jh. fertig gestellt. Die Hauptaufgabe der Stiftung bestand in der Rücksiedlung maltesischstämmiger Bürger, die während des Mittelalters ins in die frühe Neuzeit von sarazenischen Piraten verschleppt und als Sklaven verkauft worden waren. Im Laufe der Jahrhunderte entfiel die Notwendigkeit der Stiftung zunehmend, und das Anwesen verfiel.

Die Maritim-Hotelkette erwarb das Gelände und errichtete in dem traditionellen Selmun Palace sowie einem direkt integrierten neueren Gebäude ein *Luxushotel* (⌂ Mellieħa). Zum Hotel gehört auch das ausgezeichnete Viersterne-Restaurant *Le Chateau*. Führungen durch das Hotelpersonal sind generell möglich, in der Nebensaison sogar ohne Voranmeldung.

Am Selmun Palace befindet sich eine Wegkreuzung: Rechts nach Norden führt ein asphaltierter Weg zur schönen Selmun Bay, sowie zum *Għajn Hadid (Qawra Tower),* während feindlicher Eroberungsversuche einer der meistbelagerten Außenposten Maltas. Einige Relikte (Kanone, historische Gedenktafel) sind heute auf dem Misraħ tas-Salib in Mellieħa zu sehen.

Der linke Weg der Kreuzung führt hinunter zur Hauptstraße, immer geradeaus (über zwei Kreuzungen hinweg) setzt sich der Wanderweg fort bis nach *Mellieħa;* am Ende der Triq il Gardell biegt man links ab hinauf zur Hauptstraße, dort rechts Richtung Zentrum.

Die reine *Gehzeit* von Xemxija bis Mellieħa mit Abstechern zu den Badebuchten beträgt gut 2 Stunden, ab St. Paul's Bay/Buġibba knapp drei Stunden.

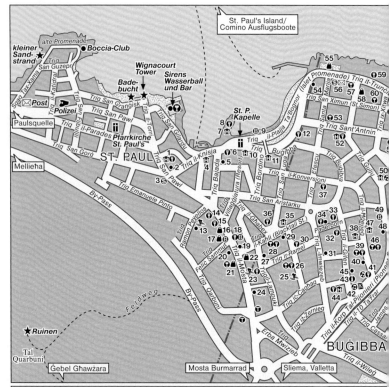

🏛️❶	**1**	Il Gifen Guesthouse mit Bar & Rest.
•	**2**	Air Malta
Ⓢ	**3**	HSBC-Bank
🏛️	**4**	St. Paul's Towers Appartements
•	**5**	Roma Car Hire
❶	**6**	Macedonia Restaurant
🏛️	**7**	Harbour Hotel
❶	**8**	Gillieru Rest. und Mazzoni Restaurant
Ⓑ	**9**	Busse 49, 86, 427, 449
🏛️	**10**	Clejos Court Apartments
🏛️	**11**	(Hotel) Mediterranea mit Restaurant
❶	**12**	Portobello Fisch & Pizza
🤿•	**13**	Strand Divers und Roma Car Hire
❶	**14**	Gandhi Tandoori Restaurant
❶	**15**	Pharao's (und Il Colosso Restaurant)
🛡️	**16**	Azzopardi-Fischgeschäft
🍞Ⓑ	**17**	Bäckerei (auch sonntags), Bushaltestelle
❶	**18**	Chickin' Tickin' Hühnerbraterei
Ⓑ		und Bushaltestelle
•	**19**	J & S Rent a Car
•	**20**	Buġibba Real Estate
❶🛡️	**21**	Remissa Bar, Magpie Curious Shop
🛡️	**22**	Minimarkt
🤿	**23**	Maltaqua-Tauchschule
❶		und La Katrina Snackbar
•	**24**	Captain Morgan Cruises
🤿	**25**	Scubatech Diving Centre
❶❶	**26**	English Pub - Spaghetti Junction
•	**27**	TSA, Carmelo, Sunisle, Etnur
		und Braze PKW-Verleiher
❶❶	**28**	Ziggies Bar & Restaurant
•	**29**	Oasis Tours & Fahrrad/
		Moped/PKW Verleih
❶	**30**	Lemon Tree Restaurant
•	**31**	Acorn Car Rental & Tours
❶	**32**	St. Gallen Court Restaurant
❶	**33**	Paderborn Restaurant
❶•	**34**	Roman Rest. und Wäscherei

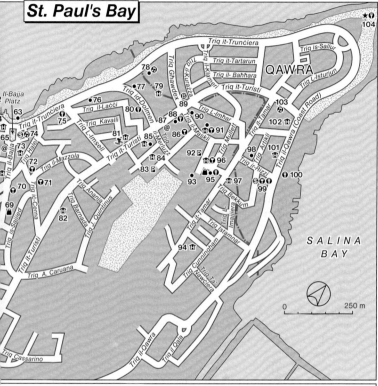

🏨	**35**	San Pawl Hotel
❶	**36**	Black Tale Snackbar
❶	**37**	Porky's Snackbar
🏨	**38**	Solair Holiday Complex
❶❶	**39**	Splitz Bar & Rest. & Bluebird Car Hire
●	**40**	Westminster Car Hire & Tours
❶❶	**41**	Disco und Ta Nato Bar & Restaurant
❶🎦	**42**	Stownes Discothek und Cinema-World
❶	**43**	Palma Tourist Service
❶🏨	**44**	Tandoori Snackbar und Topaz-Hotel
●	**45**	JA Tours und Mopedverleih
❶❶	**46**	Splitz Bar & Rest. & Bluebird Car Hire
🏨	**47**	Solair Holiday Complex
●	**48**	Budget Fahrzeugverleih und Peprina PKW- und Mopedverleih
Ⓑ	**49**	Busse 51, 48, 70, 645, 652
🏨❼	**50**	Limelight Hotel mit Disco
◯	**51**	Gourmet Coffe Shop-Café
🏨❶	**52**	Buccaneers Guesthouse & Restaurant

❶	**53**	Kay Cee Bar
●	**54**	Captain Morgan Tours
▲	**55**	Buden und Rummelplatz
Ⓢ	**56**	Bank of Valetta,
✉		Post (Sub Office) und Angelo II
❶	**57**	Angelo's Beergarden
▲	**58**	Crest Foodstore & Weine
❶	**59**	McDonald's
❶	**60**	Nag's Bar
❶	**61**	Gopal ind. Restaurant
❶	**62**	Restaurant/Pizzeria Bognor, George's Restaurant
●	**63**	Romantika Cruises
❶	**64**	Biz Tit African Restaurant,
🏨		The Maltese Cross Guesthouse,
🏨		International Club Hotel,
❶		Tartan Bar
❶	**65**	Salad Bowl Restaurant
@	**66**	Internetcafé

Fortsetzung folgende Seite

erwacht, während San Pawl noch deutlich spürbar einen dörflichen Charakter aufweist. San Pawl ist sicherlich ein idealer Standort, von dem aus alle Ziele des Landes gut zu erreichen sind und man in fünf Minuten zu Fuß mitten im Nachtleben von Buġibba sein kann. Gleichzeitig bleibt San Pawl ein eher ruhiges Dorf mit Bademöglichkeiten und maltesischen Charme.

Sehenswertes

Am Ortseingang, von Xemxija kommend, liegt ein Kreisverkehr, an dem es zur Golden Bay, Mdina (via Żebbieġħ) sowie zur großen Umgehungsstraße um San Pawl geht. Am Kreisel liegt ein kleiner *Park,* der an *Pierre de Coubertin* (1863–1937) erinnert, den französischen Historiker und Pädagogen, der 1894 die olympische Idee wieder belebte.

Gegenüber erinnert eine Inschrift an Großmeister *Ramon Perellos y Roccaful*, der sich 1715 um den Bau des *Fischereihafens* verdient gemacht hat.

200 Meter weiter liegt rechts an der Hauptstraße die kleine, auch im Hochsommer sprudelnde *Paulsquelle* – hier soll der Apostel Paulus mit seinem Stab Wasser aus dem Felsen geschlagen haben.

Zu Ehren des Apostels wurde die Pfarrkirche in der Triq San Pawl selbstverständlich *St. Paul's Church* genannt. Sehenswert sind im Inneren die großen Gemälde mit Szenen der Strandung des Apostels. Die Kirche ist nur zum Gottesdienst morgens und abends geöffnet. Aber noch interessanter ist die *St. Paul's Shipwreck Chapel* in der Church Road, errichtet oberhalb der Stelle, an der die Schiffbrüchigen 59 n. Chr. von St. Paul's Island herüberschwammen und das Festland betraten. Außen erklären große Tafeln in mehreren Sprachen mit Ausschnitten der Apostelgeschichte den christlichen Hintergrund; das große, die Strandung des Paulus darstellende Ölgemälde im Inneren wird *M. Preti* zugeschrieben. Allmorgendlich findet hier um 7 Uhr eine Andacht statt, sonntags wird um 10 Uhr eine sehr gut besuchte Messe gelesen.

Entgegen anders lautenden Angaben der Fremdenverkehrsbehörde ist im *Wignacourt Tower* eine Ausstellung zu diversen Festungen des Ordens (Erdgeschoss) sowie zur englischen Epoche (Obergeschoss) mit Modellen, Fotos und Skizzen zu sehen. Im Sommer täglich, im Winter nur sonntags geöffnet; Eintritt Lm 0,50.

Schwimmen ist an etlichen Stellen in San Pawl möglich; der schönste *Felsstrand* liegt direkt unterhalb des Wignacourt Tower. Gleich nebenan trainiert die Wasserballmannschaft der *Sirens* – links vom Gebäude befindet sich ein (kostenloser) Schwimmpier.

Ein *Miniatur-Sandstrand* links von der alten Promenade zieht ebenfalls etliche Sonnenanbeter an. Die ehemaligen Salzpfannen am Ufer westlich der Church Street eignen sich hervorragend als Kinderplantschbecken.

Im Sommer werden frühmorgens an den *Bootsanlegestellen* die Pferde im Meer gebadet – ein tolles Fotomotiv. Am gleichen Pier legen wenig später die Ausflugsboote nach Comino ab.

Fortsetzung von Seite 263

- **67** Stumble In Bar,
- Buccaneers G.H.
- Agius Tours und Fahrzeugverleih, Compass Car & Bike, Frank's Car Hire
- **68** Busse 70, 48, 51, 652, 645
- **69** Minimarkt
- **70** Le Bistro Snackbar
- **71** Flamingo Pub
- **72** Sound Pub und Crystal Hotel
- **73** Relax Inn und Primera Hotels
- **74** HSBC-Bank und Cesar's Disco
- **75** Mongolian BBQ
- **76** Angelo's Jeep-Tours und Frank's Car/Bike/ Motorbike-Rental

- **77** Thomas Cook Wechselstube und HERTZ Rent a Car
- **78** Oracles Casino, Amazonia Disco
- **79** New Dolmen Hotel und Bingo Club
- **80** Bonaparte Grill/Brasserie
- **81** Mercure Grandhotel, Underworld Diving
- **82** Bugibba Holiday Complex
- **83** Parkplatz
- **84** Cape Inch Hotel, Freestar Tours, Winston Tours & Apartments
- **85** Freestar Tours, Winston Appartments
- **86** Churchill's Bar und Bingo Bar
- **87** Internetcafé, Billiardbar
- **88** Ausflugsbüros und Snackbars
- **89** zentr. Busbahnhof

- **90** Polizei Bugibba-Qawra
- **91** Park Lane Hotel, Little Waster's Pub,
- Alexander's Rent a Car
- **92** Parkplatz
- **93** Telemalta
- **94** Darel Guesthouse
- **95** Zeitungen, Touren, Rose in Crown Restaurant
- **96** Santana Hotel, Trattoria Calico und und Scerries Bar
- **97** Palm Court Hotel
- **98** Fahrzeugverleih
- **99** HSBC-Bank, Extreme's Bar und Pizza House
- **100** Suncrest Hotel
- **101** Tal Caotan und It Tokk Restaurants
- **102** Qawra Palace Hotel
- **103** Black Rose Disco
- **★104** Qawra Point (Tower, Restaurant und Badeplatz)

Unterkunft

Der älteste und teilweise noch sehr ursprüngliche Abschnitt der Bucht wird von Kennern als der beste Standort bezeichnet, wenn man das Leben der Einheimischen beobachten, morgens an Marketenderwägen Obst und Gemüse einkaufen sowie die spürbar ruhigere Atmosphäre im Vergleich zu Buġibba erleben möchte. Das Unterkunftsangebot beschränkt sich auf wenige Hotels sowie einige Apartmentanlagen.

● Prachtvoll und geradezu wortwörtlich inmitten der Fischerboote des alten Hafens bietet das Hotel **Gillieru Harbour** (****), Church Square, Tel: 21572723, Fax: 215 72745, gillieru@vol.net.mt, ein sehr angenehmes Ambiente und vorzüglichen Komfort. Das Haus ist zwar nicht das modernste, doch bieten praktisch alle Zimmer augrund der besonderen Lage auf einer Landzunge Meerblick. Ein weiteres Plus ist das herausragende angeschlossene **Restaurant** (⌀ Essen und Trinken).

● Das **Mediterranea-Aparthotel** (****), Bordino St., Tel: 21578758 und 21578759, Fax: 21578716, hotomed@vol.net.mt, wäre als einzige Hotelalternative zu nennen; thront

oben an der Klippe von St. Paul's und wurde jüngst mittels einer hässlichen Fußgänger-Brückenkonstruktion direkt mit der weiter unten liegenden Uferpromenade verbunden. Die Unterkünfte sind sehr geschmackvoll ausgestattet. Wer die Möglichkeit hat, sollte Meerblick buchen.

● Wenige Meter nebenan liegen die sehr beliebten Ferienwohnungen **Clejos Court** (***) der Familie *Gauci*, Sir Luigi Preciosi St., Tel: 21488875, Fax: 214823223, gauciautomobiles@keyworld.net. Geräumige Wohnzimmer mit Balkon (toller Meerblick), Küche, Bad und ein bis drei Schlafräume gehören zur Standardausstattung des traditionellen Familienunternehmens. 2 Personen zahlen Lm 105/Woche, 6 Personen Lm 170/ Woche; Flughafentransfer Lm 7/4 Personen. Tipp!

● Alternativ sei auf die **St. Paul's Towers Apartmentanlage** (**), 31 Triq il-Knisja, Tel: 21571616, verwiesen. Die etwas jüngere Anlage liegt unmittelbar gegenüber vom alten Hafen, ist aber wesentlich unpersönlicher. Weitere Ferienwohnungen/Apartments vermitteln die örtlichen Agenturen oder die Tauchschulen, z.B. die *Strand-Divers* schon ab Lm 5/Tag (Kontakt ⌀ Tauchen).

● Traditionelle **Bed & Breakfast Guesthouses** haben einen zunehmend schwereren Stand

Wanderung San Pawl –
Ġebel Għawżara (116 m)
[Dschebel Ausara]

Man mag es kaum für möglich halten, aber direkt ab St. Paul's kann man auf eine etwa dreistündige **Rundwanderung** gehen, ohne auf eine einzige Menschenseele zu treffen. Die hier vorgeschlagene Route ist nicht so anstrengend und schwierig wie Rabat – Għajn Tuffieħa, in den Sommermonaten aber deutlich härter als Xemxija – Mellieħa.

Auf kaum eine andere Weise erhält der Reisende einen tiefen Einblick in die Kargheit des **maltesischen Hinterlandes,** in dem die Menschen mit viel Mühe dem Boden jene wenigen landwirtschaftlichen Produkte abringen, die in den Geschäften der Zentren stets frisch verkauft werden. Nebenbei genießt der Wanderer fantastische Panoramablicke über weite Teile der Insel.

Die Route beginnt am **Kreisverkehr Buġibba/St. Paul's,** wo an der Hauptstraße Richtung Mellieħa etwa 150 Meter hinter dem Kreisel links ein Feldweg abbiegt.

Hier geht es zunächst durch Wein und Tomatenpflanzungen allmählich bergan (ca. 1 km) auf den Hügel **Tal Quarbuni,** wo rechter Hand die Relikte einer ehemaligen Artilleriestellung zu sehen sind. Von hier aus hat man eine feine Aussicht nach Westen über Selmun Palace und Mellieħa bis nach Gozo, im Osten und Südosten von Mosta bis Sliema.

Der Weg (links der Ruinen) führt nach gut 500 m zur **St. John the Baptist Chapel,** die der Öffentlichkeit leider nicht zugänglich ist.

Vor der Kapelle geht es nach links, der Feldweg mündet bald darauf auf einen asphaltierten Weg, der wiederum links hinunter Richtung **Burmarrad** führt. Kurz vor der Hauptstraße geht es nun nach rechts (erste Möglichkeit im Dorf), wieder einen Feldweg durch die steinwüstenähnlichen Felder entlang.

Dieses kleine Tälchen, **Wied Quanotta** genannt, ist dabei noch vergleichsweise fruchtbar, ein Gutteil des maltesischen Weines, Kohl und Tomaten werden hier angebaut. Rechter Hand liegt hoch oben die bereits passierte St. John the Baptist Chapel, links das Plateau Ġebel Għawżara, das Ziel der Wanderung.

Nach etwa 1000 Metern liegt auf der rechten Seite eine **verlassene kleine Kirche;** seit die jüngeren Bauern lieber einen Job in den städtischen Zentren suchen, werden hier keine Messen mehr gelesen. Neben dem Hauptweg führt auch ein Weg von der Kirche weiter nach Südwesten; beide führen zum Ziel, der Hauptweg wird allerdings zunehmend schlechter und endet wenige Meter, bevor er wieder auf den „Kirchenweg" trifft, als Trampelpfad in den Feldern.

Nach gut 1,5 km immer stärkeren Anstieges sind die Ausläufer der landwirtschaftlichen Produktionsgenossenschaft **Wardija** erreicht, zahlreiche größere Treibhäuser zeugen davon.

Am Ende des Weges geht es links, nach 200 m wieder links (Schild „Fireworks Factory") in Richtung **Bidnija.** Hinter der Feuerwerksfabrik, die Massen von Knallkörpern für die Festa von Lija produziert, hält man sich nun halb rechts und geht durch die von Mauern gesäumten, nur im Frühjahr grünen Felder auf das Zentrum der 50-Seelen-Gemeinde Bidnija zu (Orientierungspunkt: großes Windrad). Kurz darauf trifft man auf einen asphaltierten Weg, auf dem es geradeaus zur kleinen Ortskirche geht. Neben der Kirche befindet sich auch ein kleiner Laden, der, sofern geöffnet, eisgekühlte Erfrischungsgetränke anbietet.

Bidnija liegt auf dem **Ġebel-Għawżara-Hochplateau,** von dem aus wieder schöne Rundblicke über die maltesische Hauptinsel die Mühen des Weges lohnen: Mellieħa, Mosta, das Nationalstadion und selbst Sliema liegen im Blickfeld.

Von der Kirche aus gibt es mehrere Möglichkeiten, um **via Burmarrad zurück** nach

St. Paul's zu gelangen. Der erste Weg führt noch vor dem Laden links die kleine Straße hinunter, die sich als Feldweg auf halber Höhe des Ġebel Għawżara mit Blick auf den Talweg der alten Kirche (vom Hinweg) ins Tal hinunter erstreckt. Zwischen Kirche und Laden in Bidnija geht es geradeaus weiter auf dem Plateau entlang, ehe sich der Weg nach etwa 500 Metern verzweigt. Links führt der zunächst asphaltierte, dann allmählich immer schmaler werdende Weg hinunter auf den erstgenannten Weg. Auf halber Höhe, kurz hinter einem Feigenbaum, darf man hier nicht nach rechts auf einen alten britischen Begrenzungsstein zulaufen, sondern muss den schmalen Pfad geradeaus hinunter auf den unten von links kommenden Weg nehmen. Auf dieser zweiten Möglichkeit ab Bidnija ist die Aussicht auf das Tal sicherlich am schönsten.

Geht man an der Abzweigung 500 Meter nach Bidnija weiter geradeaus, endet der asphaltierte Weg nach etwa 300 Metern und zieht sich als steinerner Feldweg um eine Mauer herum, um dann durch Wein- und Tomatenplantagen genau auf Burmarrad zuzulaufen (Orientierungspunkt: kleine Kirche). Hier passiert man die **San Pawl Milqi Chapel,** die auf den Mauern römischer Relikte erbaut wurde. Der mittlerweile betonierte Feldweg wird nun zur Triq San Pawl Milqi, und nach wenigen Metern ist die Hauptstraße von Burmarrad erreicht. Nach links sind es 10 Gehminuten bis zum Kreisverkehr von St. Paul's/Buġibba.

Noch ein Tipp am Rande: Auf halber Strecke zwischen Burmarrad und St. Paul's liegt **Farmer's Wine,** wo der Saft der eben reichlich gesehenen Trauben abgefüllt und zugekorkt erworben werden kann – eine kostenlose Weinprobe versteht sich hier beim Erzeuger von selbst.

gegenüber den großen Anlagen. Allein das **Il Gifen-Guesthouse** (**), St. Paul's St., Tel: 21573291, Fax: 21572878, mit angeschlossenem **Restaurant** und Bar hält derzeit noch die Stellung im Ort. Ordentliche Zimmer.

Essen und Trinken

Die meisten Besucher bevorzugen die zahlreichen Lokale von Buġibba, doch auch San Pawl hat einige „Perlen" unter den maltesischen Restaurants aufzuweisen.

●Die besten Fischgerichte in gehobenem Ambiente zaubert das (nicht billige!) **Gillieru** in der Triq il Knisja, Tel: 21571661, nicht zu verwechseln mit der **Pizzeria Mazzoni** in dem einem Passagierdampfer nachempfundenen Gebäude; abends ab 19 Uhr geöffnet und meist gut gefüllt.

●Sehr gemütlich bei gutem Preis-Leistungsverhältnis isst man im **Don Vito** 100 m oberhalb der Paulskapelle, Obergeschoss, Triq Sir L. Prezziosi, Tel: 21585755.

●Im Ortskern in der Triq San Pawl liegt das von einem lustigen Engländer geführte, recht preiswerte Gartenrestaurant **Sirens,** Palazzo Pescatore, mit guten Fischgerichten; Tel: 21573769.

●Gegenüber der Paulsquelle bietet die zum Nobelrestaurant umgebaute Dorfkneipe **Del Veccja,** 372 St. Paul's Street, Tel: 21582376, maltesisch-italienische Küche.

●Am anderen Ortsende liegen etliche Restaurants in der Triq il-Mosta. Empfehlenswert sind hier das indische **Gandhi Tandoori,** Tel: 21572260, sowie das exquisite **Pharao's,** Tel: 21583231, mit orientalischen Speisen.

●Günstige Kleinigkeiten und Snacks bieten die Hühnerbraterei **Chikin' Tickin'** in der Triq il-Mosta sowie das **Vereinslokal** der San-Pawl-Sirens-Wasserballer vor dem Wignacourt Tower (abends sehr interessant).

●In der kleinen Bar **Boccia-Klab,** alte Uferpromenade, gibt es das berühmte und deftige Hobż biż Żejt.

●Selbstversorger finden zwei **Lebensmittelgeschäfte** an der Hauptstraße Triq il-Mosta.

●Hier liegt auch das ausgezeichnete **Fischgeschäft Azzopardi** sowie eine auch sonntags geöffnete **Bäckerei.**

Nordmalta

Sonstiges

- An der Gabelung Triq San Pawl/Triq il-Para-des liegt die kleine **Dorfpost,** 100 Meter weiter die San Pawl hinein linker Hand ein **Fotogeschäft** sowie die örtliche Polizeidienststelle, Tel: 21572602.
- Eine Filiale der **HSBC Bank** befindet sich in der Ortsmitte an der Ecke Triq San Pawl/Triq San Ġorġ, gegenüber liegt ein Buchungsbüro der **Air Malta.**
- Zeitschriften und **Zeitungen** gibt es in mehreren Geschäften an der Promenade Richtung Buġibba sowie direkt an der Bushaltestelle in der Triq il-Mosta (auch Taschenbücher).
- Telefonkarten gibt es 50 Meter weiter bei **Telemalta,** Tel: 21580511.
- Zwei **Tankstellen** befinden sich am oberen Ende der Triq il-Mosta/Ortsausgang Richtung Salina.
- Der Makler **Buġibba Real Estate,** Tel: 21501111, hat nicht nur normale Kauf-/Mietobjekte im Angebot, sondern bietet auch Ferienwohnungen und Leihwagen an.
- Weitere Fahrzeugverleiher sind **Burton's Car Hire,** gegenüber der Post, Tel: 21442738, sowie **Roma Car Hire** mit zwei Filialen in der Ramon Perellos Street und in der Triq Bajada, Tel: 21577222. *Roma* bietet auch einen Flughafentransfer für Lm 10 an (weitere Verleihstellen, auch Räder ⌁ Buġibba).
- Im Ort sind mehrere **Tauchschulen** ansässig, unter anderem die sehr beliebten *Strand Divers* (deutschsprachige Ausbilder), Triq Ramon Perellos, Tel: 21574572, Fax: 21574502, sowie *Maltaqua*, Triq il-Mosta, Tel: 21571873, Fax: 21580064.
- San Pawl ist ein idealer Ort für **Bootsausflüge** nach St. Paul's Island und Comino (Badeaufenthalt in der Blue Lagoon). Einer der Anbieter ist *Romantika Cruises*, Tel: 0974168 (Mobilnummer), il-Bajja Place, Buġibba, für Lm 3/Person. Sehr bekannt ist *Captain Morgan Cruises* mit zwei Filialen in San Pawl: am Hafen (Bognor Street/Ecke Islet Promenade) sowie in der Triq il-Mosta/Ecke Blacktail St. Neben Comino/Blue Lagoon-Fahrten bietet

Idyllischer Feldweg zum Ġebel Għawżara

268-M Foto: wd

Captain nur in San Pawl mit dem schmucken Segler „Charlotte Louise" eine Luxus-Tagestour (u.a. Blue Lagoon) mit delikatem Buffet und freien Getränken (Lm 25) an.

● Wer unterwegs das elektronische Postfach leeren möchte: ***Internetcafés*** findet man hauptsächlich entlang der Triq it-Turisti schräg gegenüber vom Busbahnhof sowie in der Triq il-Bajja beim Zentralplatz.

An-/Abreise

San Pawl verfügt über keinen eigenen Busbahnhof, alle ***Busse*** halten nur kurz an den ausgewiesenen Haltestellen. Die wichtigsten liegen am oberen Ortsausgang (Buġibba) an der Triq il Mosta/Ecke Triq il-Kali (Wartehäuschen), am unteren Ende (Richtung Xemxija) zwischen Paulsquelle und Coubertin-Park (Linien *43–45, 48, 50–53* und *645*). An der nach Buġibba führenden Uferpromenade unterhalb der Paulskapelle halten die Linien *49, 86, 427* und *449*.

Buġibba

[Budschibba]   ⤢ III/C2

Buġibba ist im Sommer fest in britischer Hand. Von den rund 400.000 Untertanen ihrer Majestät, die alljährlich ihre ehemalige Kolonie besuchen, steigen über die Hälfte in der britischen Variante Mallorcas ab. „Original" englisches Frühstück mit Würstchen und Spiegelei oder Ale in Pints zeugen davon. Das Pfund Sterling hat sich hier sogar zur inoffiziellen Zweitwährung entwickelt, etliche Bars und Restaurants akzeptieren auch britisches Geld und schreiben den Tageskurs auf Tafeln außen an. Dementsprechend bietet Buġibba zahllose Unterkünfte und Restaurants, Dutzende guter „britischer" Pubs und das nach St. Julian's lebhafteste Nachtleben Maltas mit Diskotheken und Kino. Jeder zweite Arbeitsplatz hängt hier direkt oder indirekt vom Tourismus ab. Schon tagsüber flanieren die Besucher entlang der „Islet Promenade", einer von San Pawl bis Qawra führenden Uferpromenade, besuchen Andenkengeschäfte oder genießen eine Abkühlung im Meer. Eine hervorragende Anbindung an das öffentliche Busnetz macht Buġibba zum beliebten Standort, von dem aus Tagesausflüge zu den historischen Stätten Maltas leicht selbst organisiert werden können, während man an den Abenden nicht auf Aktivitäten und Unterhaltung verzichten muss.

Sehenswertes

Buġibba ist ein recht junger Touristenort, der erst in den 70er und 80er Jahren seine heutigen Ausmaße erreichte, kulturelle Relikte sind dagegen rar. So steht hier für die meisten Besucher das Mittelmeer-Feeling im Vordergrund.

Zwar gab es einen kleinen, **„Dolmen"** genannten neolithischen Sakralbau, doch wurde dieser vom neuen *New Dolmen Hotel* fast völlig zugedeckt. Ein Megalithentor wurde in Erinnerung daran in der Triq il-Klameri aufgestellt (vom Hotel die Uferpromenade entlang, zweite Straße rechts).

Ansonsten bietet sich ein ausgedehnter Spaziergang entlang der hübschen **Uferpromenade** mit einem kleinen Rummelplatz, einer Boccia-Anlage und Bootsverleihstellen an.

Nordmalta

Unterkunft

Hotels und Guesthouses

Maltas mit Abstand beliebtester Standort bei Reisenden bietet ein breites Angebot an Unterkünften aller Preisklassen. Auf einen groben Nenner gebracht, steigt in Buġibba eher der preisbewusste Besucher ab, während die etwas wohlhabenderen Touristen im benachbarten Qawra logieren.

Praktisch alle Unterkünfte in Buġibba liegen deutlich landeinwärts; Meerblick und Uferlage findet man in St. Paul's und dann wieder in Qawra.

● Das erst vor wenigen Jahren eröffnete **Topaz Hotel** (****), Triq L-Erba Mwiezeb, Tel: 23510000, Fax: 21571123/13, topazmalta @tumas.com wurde in modernem, westeuropäischem Hotelstandard angelegt. Maltesische „antike" Klasse wurde bewusst außen vor gelassen. Das Topaz bietet alle Annehmlichkeiten, man bedenke aber, dass man eine Viertelstunde zum Meer zu gehen hat.

● Das **Mercure Coralia San Antonio** (****), Triq it-Turisti, Tel: 21583434, Fax: 2157248, h3240@accor-hotels.com, liegt dagegen sehr zentral, nahe vom Busbahnhof und in einer sehr touristischen Durchgangsstrasse, zumindest aber sehr nahe am Meer. Absolut komfortabel, mit angeschlossener Tauchschule.

● Im Bereich des **New Dolmen Hotel** (****), Tel: 21581510, Fax: 21581532, ndhmalta @vol.net.mt, lag einst eine steinzeitliche Megalithenanlage, deren Reste allerdings nicht mehr erkennbar sind. Das Hotel bietet allen Komfort und liegt sehr günstig, sowohl an der Uferpromenade, wie auch zu den zentralen Institutionen und zum Busbahnhof. Offiziell beginnt mit dem New Dolmen an der Promenade entlang auch der Bezirk Qawra, weshalb das Hotel meist auch unter den dortigen Hotels zu finden ist;

● Ein seit vielen Jahren bewährtes Mittelklassehotel ist das **San Pawl** (***), Blacktail Street, Tel: 21571369, Fax: 21573998, lino.cremona @sanpawlhotel.com, reservations@sanpawl hotel.com. Zentral zu allen Aktivitäten gelegen; italienisches Management.

●Unter derselben Leitung stehen das *Limelight Hotel* (***), Triq Gulju, Tel: 21572330, Fax: 21581270, info@limelighthotel.com sowie das *International* (***), Triq Islet Promenade, Tel: 21580941, Fax: 21581270, info@limelighthotel.com. Beide sind räumlich absolut o.k., während aber ersteres weit inländig liegt und eine Disko im Untergeschoss betreibt, liegt letzteres als eines der wenigen Hotels von Buġibba unmittelbar an der Uferpromenade. Wer das *International* gebucht hat, sollte unbedingt darauf achten, dass dieses nicht überbucht ist und man dann im *Limelight* landet.

●Der *Buġibba Holiday Complex* (***), Triq It-Turisti, Tel: 21580861 Fax: 21580867, info@bhc.com.mt, wirkt mit seinen rund 800 Betten ziemlich unpersönlich und blockmäßig, zumindest aber hat man hier auch in der Hauptsaison gute Chancen, ohne Voranmeldung etwas zu bekommen.

●Als Gegenstück dazu erweist sich das *Relax Inn* (***), Triq Il-Halel, Tel: 21570300, Fax: 21570290, relaxinn@maltanet.net. Ein schnuckeliges, mittelgroßes Familienhotel mit 40 Zimmern in guter Lage parallel zum Zentralplatz Il-Bajja.

●Einige preiswerte und ältere Unterkünfte findet man im rückwärtigen Buġibba, so etwa den *Solair Holiday Complex* (**), Triq Il-Gwiebi, Tel: 21577050/21572151, Fax: 215 80048, eine vor allem bei jüngeren Besuchern beliebte Apartmentanlage. Wenig Komfort, aber völlig o.k. und preiswert.

●Bed & Breakfast bietet das *Maltese Cross Guesthouse* (**), Triq Sant Antnin, Tel: 213 73517, Fax: 21372437, welches zwar sehr schlichte Zimmer bietet, dafür aber absolut zentral mitten im Trubel parallel zur Uferpromenade liegt.

●Einen Steinwurf vom Busplatz entfernt und daher für Backpacker logistisch recht günstig bietet *Winston Apartments* (**), Triq It-Turisti, Tel: 21572039, Fax: 21577419, erikamaf@waldotnet.net.mt, kleine, aber voll ausgestattete Ferienwohnungen mit 1 bis 3 Schlafräumen.

●Qualitativ mindestens ebenso gut wie das *Maltese Cross* ist *Buccaneers Guesthouse* (*), Triq Gulju, Tel: 21571671, Fax: 21571671, mail@buccaneers.com.mt, liegt aber ein gutes Stück landseitiger Richtung St. Paul's. Das traditionelle und sehr beliebte Guesthouse hat nahe am Zentralplatz in der Triq il-Bajja eine Filiale (**), das „Stammhaus" in der Triq Gulju ist älter und preiswerter.

Essen und Trinken

Buġibba bietet ein breites Angebot an Imbissstuben und Restaurants in allen Kategorien. Die meisten haben von 15 bis 19 Uhr geschlossen, bieten aber dafür am Abend warme Küche teilweise bis Mitternacht.

●An der Kreuzung Triq L-Alka/Triq ir-Ramel liegt das recht beliebte *Lemon Tree*, Tel: 21582035, sowie gegenüber der (noch bessere) *English Pub/Spaghetti Junction*, Tel: 21572396, beide nicht teuer.

●Urig geht es im *Roman Restaurant*, Triq Paderborn, zu. Das nette Lokal mit rustikaler Küche bietet zum Beispiel einen Eimer Grillknochen für Lm 4 – wer sich schmutzig macht: Gleich nebenan liegt eine Wäscherei.

●Weitaus teurer sind die beiden, ihre jeweiligen Landsleute anziehenden *St. Gallen Court* und *Paderborn*, Tel: 2158 1205, in derselben Straße.

●Das sehr hübsch oberhalb der Bucht gelegene *Portobello*, Triq Buġibba, Tel: 21571661, bietet exzellente (und teure) Fischgerichte, aber auch riesige und sehr günstige Pizzen.

●Gut zwei Dutzend Lokale liegen am und um den Misrah il-Bajja (Bay Square) und die Triq il-Bajja. Hervorzuheben sind hier das afrikanische Spezialitätenrestaurant *Biz Tit*, Triq Sant Antnin, sowie gegenüber das überwiegend vegetarische Lokal *Salad Bowl* mit Gerichten auch zum Mitnehmen, Tel: 21573591.

●Den besten Ruf unter den indischen Restaurants der Stadt genießt *Gopal* in der Triq ix-Xitwa, Tel: 21576581 (sehr teuer).

St Paul's Bay bei Buġibba

● Selbstverpfleger finden **Minimärkte** in der Triq is-Sajf (Crest Foodstore, gute Weinauswahl), um die Ecke an der Islet Promenade, werktags durchgehend, sonntags bis 22:30 Uhr geöffnet sowie in der Qalb ta-Ġesu, Triq il-Bajja, vor der Bushaltestelle halb links.

● Schön auf uferseitiger Terrasse und nicht überteuert kann man im **Restaurant Pizzeria Bognor** günstige und gute Gerichte genießen (u.a. Pizza Lm 1,95–2,65, Pasta Lm 1,95–2,95).

● Bei **George's Pizza** nebenan gibt es außer Pizza auch diverse Frühstücksmenüs (Lm 1,10–1,65), Snacks und Toasts sowie einen eigenen Pool mit Sonnenschirm- und Liegenverleih. Besonderheit ist das „special lunch" am Pool inkl. Liege und Schirm für Lm 3,95.

● Sehr schön – insbesondere aufgrund des sehr großen gartenähnlichen Freigeländes – speist man in der neuen **Brasserie/Grill Bonaparte.** Gehobenes Preissegment (Salate Lm 1,30, Pasta Lm 1,75–2,75, BBQ Lm 3,75, Pizza Lm 2,25–3), Tel: 21336776.

Unterhaltung

Buġibbas Nachtleben steht dem von St. Julian's kaum nach, nur werden die hiesigen Bars und Diskotheken noch weit mehr von Engländern eingenommen als in der Vorstadt von Sliema. Man braucht übrigens keine Angst vor randalierenden „Hooligans" zu haben. Es gibt in Buġibba zwar viel Stimmung und jugendliches Publikum, doch bei der überwiegenden Mehrheit der britischen Touristen handelt es sich um kulturell Interessierte oder aber Veteranen der Kolonialzeit.

Das Leben beginnt im Sommer erst so richtig nach Einbruch der Dämmerung, wenn nicht nur Touristen, sondern auch Einheimische die Uferpromenade bevölkern und durch die zahlreichen Bars und Diskotheken ziehen.

Diskotheken

● Eine Reihe von Hotels hat der Nachfrage nach spätabendlicher Unterhaltung Rechnung getragen und eigene Diskotheken eröffnet, unter anderem das **Limelight,** Triq ic-Centurjun, Tel: 21572330, das **Springfield,** Pioneer Road/Ecke Triq il-Hgejjak.

● Am beliebtesten, vor allem bei Einheimischen, sind die **Stownes Disco** (Pioneer Road/Ecke Triq il-Ġifen, Tel: 21581223), die neue **Black Rose** an der Islet Promenade kurz hinter dem Dolmen Hotel sowie **Cesar's** am Il-Bajja-Platz.

● Im **Amazonia,** an der Promenade nahe Oracles-Casino, wird vorwiegend Dance, Pop, Charts und Rock gespielt, im **Fuego,** Triq il-Qawra, zwischen HSBC-Bank und Suncrest Hotel, vorwiegend Salsa. Beide sind bei Touristen und Einheimischen beliebt, verlangen bei gemäßigten Getränkepreisen einen geringen (oft auch keinen) Eintritt.

Bars und Pubs

● Es gibt kaum eine Straße in Buġibba, in der nicht mindestens ein oder zwei Pubs oder Bars mit kühlen Getränken winken. Das breite Angebot bewirkt besonders außerhalb der Hochsaison einen harten Konkurrenzkampf zugunsten der durstigen Besucher: Zahlreiche Bars bieten „die Halbe" (Ċisk oder Löwenbräu) für rund 50 Ct., so die **Black Tale** (Blacktail Street), **Ziggie's** (gegenüber), **Kay Cee's Bar** (Triq Sant Antnin), **The Stumble In** (Triq Isponz, zwischen Triq Doffli und Triq Qroll) oder **Nags Bar** (Triq San Xmun).

● Andere zeichnen sich durch kleine Besonderheiten aus. So machen in der gut besuchten **Tartan Bar** an der Islet Promenade (am International Club Hotel) abends die „Schotten dicht", das **Mirabelle** (Misrah il-Bajja) wirbt mit internationalen Fußballübertragungen. **Sticky Fingers** (Triq il Turisti, nahe Busplatz) mit Poolbillard ist bei englischen Familien sehr beliebt, auch bei **Porky's Snackbar** (Triq il Konversjoni) wird Poolbillard geboten.

● Im modernen **Miracles** (neben HSBC Bank, Misrah il-Bajja) wird Techno Musik gespielt, das **Flamingo** (Triq il-Mazzola) ist stilvoll und hat gute Musik.

●Das gegenüberliegende **Sound** ist ebenfalls sehr nett, aber nicht ganz so atmosphärisch.
●Nett, aber teuer ist **Angelos Beer Garden** mit zwei getrennten Lokalen, beide an der Promenade (landseitig) nahe McDonald's (abends Livemusik).

Kino

●Maltas neuestes und modernstes Lichtspielhaus **BCC** liegt neben der Stownes Disco in der Pioneer Road. Es wurde erst Anfang 1998 eröffnet und bietet vorwiegend englischsprachige Filme.

PKW- und Fahrradverleih

●An der Ecke Triq il-Bajja/Triq il-Qroll liegen gleich mehrere Verleihstellen für Fahrräder, Mopeds und PKW nebeneinander, so **Agius,** Tel: 21571603, **Compass,** Tel: 21571609 und **Frank's Car Hire,** Tel: 21572215, Filiale an der Promenade nahe Dolmen Hotel.
●**Hertz** bietet seine Leistungen am Dolmen Hotel, Tel: 21571112 an, **Budget** in der Pioneer Road, Tel: 21580274.
●Gleich nebenan liegt die sehr freundliche **Peprina Garage,** Tel/Fax: 21572331 mit Mopeds und Kleinwagen.
●In der Triq il-Hgejjeg, nahe der Pioneer Road, liegen mit **Bluebird,** Tel: 21471700 und **Westminster,** Tel: 21577172 zwei weitere Verleihstellen. Westminster wie **auch Palma Tourist Service,** Tel: 21581345 und **J.A. Tours,** Tel: 21576449 vermieten nicht nur Mopeds und PKW, sondern bieten auch organisierte Rundtouren an.
●In der Triq il-Lampuki/Ecke Triq il-Kahli (Blacktail Street) biett gleich ein halbes Dutzend Verleiher ihre Fahrzeuge an, unter anderem **J. & S. Rent-a-Car,** Tel: 21571841.

Sonstiges

●Eine Zweigstelle des maltesischen **Fremdenverkehrsamtes,** Tel: 21477382 bietet Informationen am Misrah il-Bajja (Bay Square);
●Direkt nebenan liegt eine Filiale der **HSBC Bank,** die **Bank of Valletta** befindet sich, wie auch eine kleine **Poststelle,** in der Islet Promenade.
●Eine kleine **Wäscherei** liegt in der Triq Paderborn (neben dem Roman Restaurant).
●Die **Polizeistation** von Buġibba/Qawra liegt oberhalb vom Busbahnhof in der Triq il-Turisti/Ecke Triq il Maskli, Tel: 21576737.
●Zu den bekannten Tauchbasen vor Ort zählen **Scubatech,** Triq Alka, Tel: 21580617, Fax: 21455916 und **Octopus Garden Diving Centre,** (deutschsprachig, gegenüber New Dolmen Hotel), Tel/Fax: 21582586.
●**Souvenirläden** mit allerlei Mitbringseln säumen fast die gesamte Islet Promenade, Interessantes und Kurioses findet man im Trödel- und Antiquitätenladen **The Magpie Curious Shop** in der Triq il-Mosta.

An-/Abfahrt

Buġibbas **Busbahnhof** liegt oberhalb des New Dolmen Hotel und ist nach Valletta/Floriana der größte auf Malta. Es empfiehlt sich, auch von Qawra (5 Minuten) und San Pawl (10 Minuten) aus zum zentralen Busplatz von Buġibba zu laufen, da hier alle Busse länger stehen, in aller Ruhe der richtige gewählt werden kann und vor allem hier am Ausgangspunkt auch ein Sitzplatz mehr oder weniger garantiert ist.

Vom zentralen Busplatz fahren die folgenden **Linien:**

●**Bus 48** (Ċirkewwa)
●**Bus 49** (Valletta)
●**Bus 51** (Golden Bay)
●**Bus 57** (Valletta)
●**Bus 70** (Sliema)
●**Bus 449, 427** (Marsaxlokk)
●**Bus 86** (Rabat, alle 30 Minuten)
●**Bus 652** (Sliema-Golden Bay)

Weitere **Sammelhaltestellen** liegen am Misrah il-Bajja (Bay Square, 50 Me-

Nordmalta

ter Richtung Dolmen Hotel), in der Triq il-Bajja sowie vor den beiden Tankstellen am Ortseingang San Pawl.

Qawra

['Aura] ♐ III/C-D2

Östlich des New Dolmen Hotel zieht sich die Promenade von Buġibba weiter bis Qawra, allerdings entlang eines zunehmend vornehmeren Wohnviertels. Dieses Gebiet, welches sich rund um die Landzunge und den kleinen St. Paul's Hill bis zu den Salzpfannen der Salina Bay erstreckt, bildet den nobelsten und teuersten Teil der St. Paul's Bay. Hier liegen die spürbar teureren Unterkünfte, und hier haben die wohlhabenderen Geschäftsleute ihren Wohnsitz. Wie in Buġibba wohnen auch hier sehr viele Touristen, doch ist die Stimmung insgesamt gesetzter und längst nicht so „zünftig" wie in Buġibba.

Sehenswertes

Lohnenswert ist ein Spaziergang entlang der **Uferpromenade,** die sich westlich des Landzipfels Qawra Point über einen Kilometer bis Buġibba erstreckt.

Auf der kleinen Landzunge Qawra Point liegt der **Qawra Tower,** ein Johanniter-Wachturm aus dem 17. Jh., der u.a. mit dem Red Tower (Marfa Ridge) und dem Wignacourt Tower (San Pawl) eine durchgehende Meldelinie entlang der Nordostküste bis Valletta bildete.

Qawra Point ist auch ein beliebter **Badeplatz** (Badeschuhe ratsam), Taucher werden hier oft ihren Nachttauchgang durchführen (♐ Tauchen).

Einen interessanten Einblick in das maltesische Alltagsleben vergangener Jahrhunderte bietet das kleine **Museum of Maltese Folklore;** ausgestellt werden vor allem Trachten und Gebrauchsgegenstände

●Das Heimatmuseum liegt in einer kleinen Seitengasse der Triq il Tamar, geöffnet täglich 9:30–13 Uhr, Eintritt Lm 1, Kinder unter 6 Jahren, Rentner und Behinderte frei.

Hauptgeschäftsstraßen sind die Triq il-Qawra (Coast Road) und die Triq it-Tamar, beide liegen südlich des Qawra Point.

Unterkunft

Qawra bildet gewissermaßen das mondäne „East-End" der St. Paul's Bay und weist ein entsprechend hochwertiges Hotelangebot auf. Sehr viele Pauschalreisende und Reisegruppen werden hier untergebracht.

●Die beiden bekanntesten Häuser für Tourgruppen sind das **Suncrest Hotel** (****), Qawra Coast Road, Tel: 21577101, Fax: 215 75478, info@suncresthotel.com, sowie im Nachbarblock das **Qawra Palace** (****), Qawra Coast Road, Tel: 21580131, Fax: 215 80662. Beide bieten allen Komfort wie z.B. Wellnessbereiche, Pools, Sauna und Massage. Sie liegen direkt an der Uferpromenade (kein Strand!).
●Das **Santana Hotel** (****), Triq Il-Maskli, Tel: 21583451/4, Fax: 21583450, info@santanahotel.com, verdient insofern ganz besondere Erwähnung, da es als erstes (und bislang einziges) Hotel auf Malta mit dem erst 2002 von den Vereinten Nationen ins Leben gerufenen Hotel-Öko-Zertifikat für besonders umweltfreundliche Hotelanlagen ausgezeichnet wurde. Die

Kriterien werden jährlich überprüft und basieren auf einem in Spanien entwickelten Modell. Wohnen kann man auch, erstklassig sogar, allerdings liegt das Santana ein Stück landeinwärts, die wenigsten Zimmer haben Meerblick.

●Eine etwas günstigere Alternative bietet das **Palm Court Hotel** (***), Triq It-Tamar, Tel: 21572484/5/6, Fax: 21572339, palmcourt@waldonet.net.mt, mit 700 Betten eines der größten Hotels vor Ort und recht unpersönlich, aber topp in Schuss und ruhig gelegen.

●Die einfachen Unterkünfte sind im mondänen Qawra vom Aussterben bedroht; derzeit bietet noch das **Darel Guesthouse** (***) in der Triq Carmelo de Lucca, Tel: 21576372, Fax: 21412006, die günstigste B&B-Unterkunft. Die Gegend in den Parallelstraßen zum Ufer wird derzeit stark ausgebaut, so dass es mit der bislang ruhigen Lage bald vorbei sein dürfte ...

Essen und Trinken

Die meisten Hotels entlang der Uferpromenade haben einen eigenen Restaurantbetrieb. Reine Speiselokale findet man kaum, aber Buġibba liegt ja gleich um die Ecke.

●Ausnahmen sind die Pizzeria **Pizza House,** Triq ir-Rizzi, oder das gutbürgerliche **Rose in Crown,** Nelson Street.

Unterhaltung

Im Gegensatz zu Restaurants gibt es eine ganze Reihe von Bars in Qawra. Das Zentrum liegt um die Straßen Triq Nelson – Triq il Port Ruman und Triq il-Flieġu herum. Zu den besten Kneipen zählen hier:

●Die **Extreme Bar,** Triq ir-Rizzi, bietet Poolbillard, von jüngeren Gästen bevorzugt.
●Ein angenehmes Ambiente bietet **Churchill's Bar & Restaurant,** Triq il-Fliegu, – very british!
●Im **Little Waster** (um die Ecke von Churchill's zur Triq il-Maskli) wird abends Livemusik geboten.

Sonstiges

●Der kleine **Zeitungshandel** in der Triq it-Tamar (gegenüber Palm Court Hotel) führt auch deutschsprachige Zeitungen.
●Eine **HSBC Bank** liegt neben dem Suncrest Hotel.
●Polizei ☌ Buġibba

An-/Abfahrt

Nur die **Busse 70** und **652** fahren um Qawra Point herum, schneller voran kommt man ab der zentralen Bushaltestelle von Buġibba (gut 5 Gehminuten).

Salina Bay ☌ III/D2

Den südöstlichen Ortsausgang des kleinstädtischen Konglomerates der St. Paul's Bay bildet die Salina Bay, unverkennbar durch die bis heute genutzten, Jahrhunderte alten **Salzpfannen** in der Bucht.

An der Spitze der Salina Bay liegt der **Kennedy Memorial Grove,** ein beliebter Picknickplatz und Spazierpark, angelegt 1963 im Gedenken an den ermordeten amerikanischen Präsidenten J. F. Kennedy.

Gleich hinter dem Park zweigt ein Feldweg rechts von der Hauptstraße ab; dieser führt zur kleinen **St. Michael's Chapel** sowie zu den stark zerfallen Resten des **Megalithentempels Tal Qadi.**

Um die Bucht herum zweigt rechts eine Nebenstraße nach Naxxar ab; hier liegt auch die **Siedlung Salina** mit dem ausgezeichneten Restaurant Charlie's Inn, Tel: 21573455, dessen

Nordmalta

ofengebackene Kaninchen ein Gedicht sind; Reservierung ratsam.

Unterkunft 🛏

Man sollte nicht ohne fahrbaren Untersatz in Salina wohnen, denn man muss, um nach Qawra oder Buġibba zu gelangen, an der stark befahrenen Hauptstraße entlang gehen – ohne Fußgängerweg. Salina liegt ziemlich weit außerhalb, vom Coastline Hotel läuft man, selbst wenn man sich auskennt, mindestens eine halbe Stunde bis Ortseingang San Pawl oder Qawra.

●Hauptsächlich sind es Reisegruppen, die ins **Coastline** (****), Tel: 21573781, Fax: 215 81104, info@coastline.com.mt, unmittelbar an der stark befahrenen Hauptstrasse bugsiert werden. Bietet zwar den üblichen Komfort, die Lage ist jedoch bescheiden.

Burmarrad ♫ III/C-D2

Das kleine Dorf zwischen Mosta und Buġibba ist zwar arm an Sehenswürdigkeiten, für den Besucher aber in logistischer Hinsicht von mehrfacher Bedeutung. Zum Ersten verläuft die Wanderung St. Paul's Bay – Ġebel Għawżara über Burmarrad, zum Zweiten liegt an der Hauptstraße der größte Supermarkt Maltas, und drittens schätzen Weintrinker den Weinbauern „Farmers Wine" mit kostenloser Weinprobe kurz hinter dem Ortsausgang Richtung St. Paul's Bay.

1964 entdeckten italienische Archäologen an der **Kapelle San Pawl Milqi** in der Triq San Pawl eine umfangreiche Villenanlage aus der Römerzeit mit Öl- und Weinpressen sowie Wohnbereichen für Feldarbeiter. Angeblich verbrachten der Apostel *Paulus* und die anderen Überlebenden der Schiffskatastrophe von 59 n. Chr. ihre ersten drei Tage auf Malta hier in Burmarrad.

Von Burmarrad empfiehlt sich ein Abstecher (2,5 km einfach) durch das Tal **Wied il-Għasel.** Hierzu folgt man der Straße Richtung Naxxar (beschildert) etwa 500 Meter und wendet sich dann nach rechts auf einen Feldweg. Dieser quert eine kleine Brücke – hier folgt man immer dem meist ausgetrockneten Bachbett nach links (kein Weg) 300 Meter bis zur malerisch in die Felsen unterhalb der Victoria-Lines gebauten **Kapelle Sta. Katarina.** Die Kapelle geht angeblich auf eine Höhlenkirche am gleichen Ort zurück, erstmals erwähnt wurde dieser Bau 1646 in den Berichten *Francesco Abelas.* Besonders interessant ist das steinerne Bassin vor der Kapelle, in welchem das Sickerwasser der darüberliegenden Felsen aufgefangen wurde. Dieses Wasser galt als medizinisch besonders rein und wurde von den Johannitern als Tafelwasser getrunken.

Dieser „Weg" zur Kapelle ist vor allem im Frühjahr sehr schön, wenn der Talgrund mit Blumen und üppigem Grün bedeckt ist.

●Man kann auch ganz profan **ab** ♫ **Naxxar** anfahren (Richtung St. Paul's, nach der Spitzkehre links über das Ballut-Betonwerk) oder **ab** ♫ **Fort Mosta** den Pfad an der Victoria Lines hinunterlaufen, wenn man dort jemanden überreden kann, das untere Tor zum Fußweg zu öffnen.

An-/Abreise

Alle Busse Mosta – St. Paul's Bay/ Buġibba fahren via Burmarrad, eine Haltestelle liegt vor dem Supermarkt.

Mosta
♫ III/D3

Das hübsche Städtchen Mosta (10.000 Einwohner) steht bei vielen Besuchern Maltas auf dem Besichtigungsprogramm; immerhin sind hier das aus deutscher Sicht bemerkenswerte „Wunder von Mosta" (♫ Exkurs), nette Altstadtgässchen sowie an mehreren Punkten die Victoria Lines zu sehen. Die Stadt ist ausgezeichnet per Bus zu erreichen und als Stopp auf dem Weg nach Mdina oder Buġibba absolut zu empfehlen. Wer die Möglichkeit hat, sollte Mosta am Abend des 15. August besuchen, wenn hier eine der schönsten Festas des Landes stattfindet (wechselt jährlich mit Birżebbuġa). Haupteinkaufsstraße ist die Triq Il Kostituzzioni mit Boutiquen, Möbel- und Haushaltswarenläden.

Sehenswertes

Rotunda Sta. Marija Assunta

Die **Mariä-Himmelfahrts-Kirche,** gemeinhin nur als „Rotunda" bekannt, besitzt mit einer Höhe von 60 Metern bei einem Durchmesser von 52 Metern die **viertgrößte freitragende Kuppel Europas** (nach Petersdom/Rom, St. Paul's/London und St. John's in Xewkija/Gozo). Schon im 11. Jh. unter den Normannen wurde an dieser Stel-

le eine Kapelle gebaut, die 1614 durch einen frei stehenden Glockenturm erweitert wurde. Nach dem Erdbeben von 1693 wurde diese Kirche noch bis ins frühe 19. Jh. erhalten, dann wurde ein Neubau unabdingbar. Da es keine öffentlichen oder größeren privaten Geldgeber gab, sammelten die Bewohner Mostas Spenden und suchten einen geeigneten Architekten für einen „angemessenen" Kirchenbau. Man fand ihn in dem franco-italienischen Exzentriker *Girogio Grongnet* (♫ Glossar), der sich 1833 mit spärlichsten Mitteln ans Werk machte. Die Einwohner packten selbst an, aus Kostengründen musste auf ein Gerüst gänzlich verzichtet werden – selbst beim Bau der Kuppel! Erst 1871, neun Jahre nach *Grongnets* Tod, war die Rotunda fertig gestellt und bietet heute 1400 Menschen Platz. Die einzelnen Nischen rundum wurden mit Heiligenstatuen und bebilderten Stationen aus dem Leben Christi ausstaffiert.

In der Kuppel hebt sich farblich die Einschlagsstelle der **Fliegerbombe** von 1942 ab. Hinten links liegt die ehemalige Sakristei, heute ein kleiner Souvenirladen und Aufbewahrungsort der berühmten Bombe (♫ Exkurs).

Die große **Marienstatue** der Kirche wird am 15. August durch die Straßen getragen, die Häuser sind dann schwarz und lila beflaggt, und das Kircheninnere versinkt in einem Blumenmeer; einige Frauen laufen dabei als persönliche Buße barfüßig mit.

Außen sind **Uhr- und Kalenderturm** des maltesischen Uhrmachermeisters *M. Sapiano* besonders erwähnenswert.

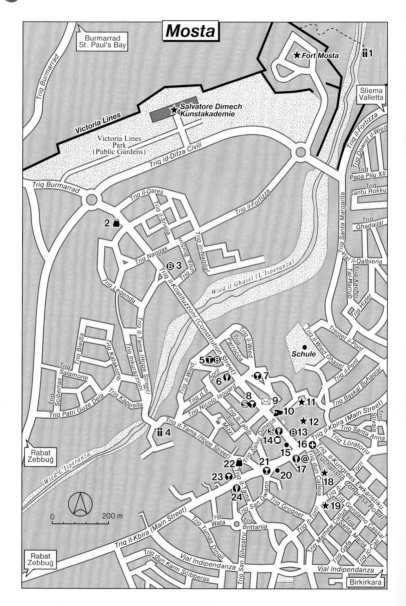

Mosta

Burmarrad
St. Paul's Bay

★ Fort Mosta

ii 1

Sliema
Valletta

Victoria Lines

★ Salvatore Dimech
Kunstakademie

Victoria Lines
Park
(Public Gardens)

Triq id-Difza Civili

Triq Burmarrad

Triq Burmarrad

Triq il-Fortizza

Triq Dawret Il-Wied

Triq Papa Piju XII

Triq Santu Rokku

Triq Santa Margarita

Triq Ghadajjar

Triq il-Qares

Triq il-Fortizza

Vjal il-Qalbiena

Triq Xaghri Ta'Harrub

Triq Hider

2

Triq Isnejja

Triq in-Naggax

Triq Naggax

Triq Bolzan

B 3

Triq il-Kostituzzjoni (Constitution Street)

Triq Legenda

Wied il-Ghasel (L'Isperanza)

Triq il-Wied

Trejqet il-Pont

Triq il-Wied Ghasel

Triq il-Pont

Triq Bledia

Triq Inkurazzjoni

Triq il-Tama (Hope Street)

Triq Patrocca

Schule

Triq Baskal Buhagiar

Triq Salamone

Triq Katakombi

Triq Kappella

Triq il-Wied

5 T B

April

Triq Nicolo Isouard

6

7

Triq Scibberas

Triq Patri Guze Dela

Triq d g

8

9

10

★ 11

Triq Habib

Triq il-Mizzi

Triq Santwarju Dimech

★ 12

B 13

Triq il-Kbira (Main Street)

Triq Santa Anna

Triq Stivala

Rabat
Zebbuġ

ii 4

14

15

16

Triq Loratoriu

Triq il-Kungress Ewkaristiku (Eucharistic Congress Road)

Wied L'Isperanza

22

21

17

Triq dun Callija

18

Triq il-Torri

23

20

★ 19

Triq Gerolamo Cassar

24

Triq San Gwann

Triq Grognet

Triq San Silvestru

Triq Wata

Triq Brittania

Triq Tumas Dingli

Vjal Indipendanza

Vjal Indipendanza

Triq dun Karm Scibberas

Triq Mathew Callus

Triq Gafa

Triq Santa Marija Cali

Rabat
Zebbuġ

0   200 m

Triq il-Kbira (Main Street)

Birkirkara

⚲	1	Kapelle St. Paul der Eremit (Fußweg Richtung Burmarrad)	Ⓑ	13	Busse nach Valletta, Rabat, Dingli
🔒	2	Fischgeschäft	Ⓢ	14	Bank of Valetta (EC),
Ⓑ	3	Bushaltestelle	☉		Snackbar Olympic,
⚲	4	Kapelle ta-L'Isperanza	☉		La Fragola Café
☉	5	Straßentankstelle,	●	15	Kazin Partit Nationalista
		Busse nach St. Paul's/Buġibba	✚	16	Zahnarzt
☉	6	Dim Blue Snackbar	☉	17	Rotunda-Snackbar,
☉	7	Bar Red Devils, Dimple's Pub	@		Piazza Internetcafé
Ⓢ	8	HSBC-Bank,	★	18	Oratorium Papst Wojtyla
☉		Maria Bar	★	19	Marienstatue
✉	9	Post	●	20	Kazin Socjali Tal Haddiema
➤	10	Polizei	☉	21	City Café/Bar
★	11	Rotunda-Park	🔒	22	Minimarkt
★	12	Rotunda	☉	23	San Remo Bar
			☉	24	Pastizzeria

● Die Rotunda ist täglich 6–12 Uhr und 15–21 Uhr geöffnet.

Dem Vorplatz der Rotunda gegenüber liegen die **Parteilokale** der *Kazin Nazionalista* und *Kazin Laburista*; auf dem Balkon des Letzteren stand einst auch *Willy Brandt* als Kanzler während eines Staatsbesuches auf Malta.

Altstadtgassen

Gegenüber des Kirchvorplatzes führt an der Rotunda Snackbar die kleine Triq Dun Calleja durch den alten, ruhigen und sehenswerten Ortskern. Zu sehen sind unter anderem ein **Zala Papa Wojtyla** genanntes Oratorium (Bethaus) sowie eine große **Marienstatue** am Ende der hübschen Altstadtgasse.

Ta L'Isperanza

Über die Triq il-Kbira kommt man zur Triq it-Tarma, an deren Ende eine kleine Brücke liegt. Sie überquert Maltas größten Bach (im Sommer ausge-

trocknet), den **Wied L'Isperanza,** der nahe Fort Mosta durch die Victoria Lines bricht und via Burmarrad als Wied il-Għasel in die Salina Bay fließt.

Vor der Brücke steht die kleine **Kapelle Our Lady of Hope** (Ta L'Isperanza), um die sich eine Legende rankt: Im 17. Jh. verbarg sich ein junges Mädchen in einer Erdhöhle am Fluss vor plündernden Piraten. Sie betete um Hilfe, und eine Spinne wob vor dem Loch ein dichtes Netz. Als die Piraten näher kamen, meinten sie, dass sich wegen des intakten Netzes hier niemand verborgen haben könne – das Mädchen blieb verschont. Als Dank für diesen Beistand wurde oberhalb der Erdhöhle die Kapelle errichtet.

Victoria Lines

Zum Hintergrund der Victoria Lines siehe im Kapitel Südwesten. Wer ohne Fahrzeug diese **britische Verteidigungsanlage** sehen möchte, kann dies am besten an zwei Punkten in Mosta:

Nordmalta

Entlang der Triq id-Difża Ċivili sieht man sehr gut die Hänge in nördlicher Richtung, die in unregelmäßigen Abständen bewehrt wurden. Ein restauriertes Stück der Victoria Lines ist als **Public Gardens** vor der Einfahrt nach Mosta („Targa Gap") von St. Paul's Bay linker Hand nach der Steilkurve zugänglich. Der Weg führt auf der Bastionsmauer entlang zur Salvatore Dimech- oder Targa-Gap-Kunstakademie. Am Ostende des Gartens liegt ein kleines Freilichttheater sowie ein

Denkmal der Studenten zu Ehren des *S. Dimech*. Der Park ist vor allem in den Abendstunden sehr schön (durchgehend geöffnet). Hier stehen übrigens auch Maltas einzige solarbetriebene Parklaternen.

Fort Mosta wurde als eine der befestigten Wehranlagen der Victoria Lines von den Engländern errichtet. Zu sehen sind eine kleine byzantinische Begräbnisanlage aus dem 4.–6. Jahrhundert sowie vier große britische Küstenartilleriegeschütze und etliche

Das „Wunder von Mosta"

Als am 9. April 1942 deutsche Jagdflieger einen Angriff auf Valletta und den britischen Feldflughafen Ta Qali flogen, ereignete sich das so genannte „Wunder von Mosta". Einer der beteiligten Piloten, *Dr. Felix Sauer*, wurde später als Augenzeuge nach Mosta eingeladen und erinnerte sich in einer Rede in der Rotunda 1988:

„Am 9. April 1942, nachmittags gegen 16:40 Uhr, flogen wir einen Einsatz gegen den Grand Harbour und Ta Qali. Sekunden später sah ich eine Staub- und Stichwolke aus der großen Kuppel Ihrer Kirche hochsteigen (...) ich dachte daran, welche furchtbaren Zerstörungen die Bombe im Inneren der Kirche an Leib und Leben der Gläubigen hervorgerufen haben könnte. Als ich 1975 anlässlich eines Besuches auf Malta erfuhr, dass die Bombe nicht explodiert sei, war ich seelisch sehr erleichtert (...) Ich selber habe vier Wochen später eine ebenso wundersame Rettung erfahren dürfen, als ich aus meinem brennenden Flugzeug bei Malta abspringen musste. Nach achttägigem Umhertreiben im Mittelmeer wurde ich längst aufgegeben, schließlich aber doch noch von einem italienischen Kriegsschiff geborgen ..."

Tatsächlich durchschlug die Fliegerbombe das Kuppeldach, detonierte aber

am Boden nicht – zum Glück der rund 300 Kirchenbesucher, von denen niemand verletzt wurde. Diesem „Wunder von Mosta" wird noch heute alljährlich mit einem feierlichen Dankgottesdienst gedacht.

Doch dann begann der absurde Teil der Geschichte: Zu einem perfekten Wunder gehört auch die perfekte Bombe – und damit konnte die zerbeulte deutsche Bombe nicht dienen. Also nahm man eine unbenutzte, entschärfte englische Bombe und stellt sie seither in der Sakristei als jene deutsche Fliegerbombe aus, die damals eingeschlagen habe. Über diesen „historischen Irrtum" hinaus mehrten sich im Laufe der Jahre in zunehmendem Maße die Legenden um dieses Geschoss. Laut ortsansässiger Kirchenführer tauchte 1995 ein österreichischer angeblicher Zeitzeuge auf und behauptete, die Engländer hätten eine mit Sägespänen gefüllte deutsche Bombe abgeworfen. Der Grund sei gewesen, die maltesische Bevölkerung gegen die Deutschen aufzubringen. Auch offizielle Verlautbarungen änderten in der Vergangenheit die Aussage mehrfach: Zunächst war es eine deutsche Bombe, dann eine italienische, mittlerweile legt man sich auf die offizielle Formulierung „feindlich" fest.

Schiffskanonen britischer Schiffe. Die gesamte Anlage wird heute von der Polizei (Kampfhundeausbildung) und Militär (unterirdische Munitionsdepots) genutzt; die sensiblen Bereiche („high voltage", „underground magazines") sind der Öffentlichkeit nicht zugänglich.

●Das Fort liegt direkt an den Hängen der Victoria Lines am Nordende Mostas und ist zu Fuß in 15 Minuten über die Triq il-Konstituzzoni und Triq il-Fortizza (zweite rechts hinter der Brücke) zu erreichen. Derzeit nicht für Besucher geöffnet.

Ta L'Isperanza

Unterkunft

●In Mosta gibt es nur das Hotel **Central** (**) in der Triq Independenzja, Tel: 21432895, Fax: 21414440.

Essen und Trinken

●Ein kühles Ċisk bietet die **Rotunda Snackbar** gegenüber der Pfarrkirche.
●Das **Pjazza Café,** ebenfalls am Vorplatz, Tel: 21413379, mit schönem Ausblick und freundlicher Bedienung bietet sehr gute Nudelgerichte.
●**Ta Maria,** Triq il Konstituzzoni, Tel: 214 34444, ist bekannt für gutbürgerliche maltesische Küche.
●Kleinigkeiten und preiswerte Gerichte gibt es in der **Pastizzeria** in der Triq il-Kbira.
●In der Triq Niccolo Isouard/Ecke Triq Kostituzzjoni bieten **mehrere Pubs** diverse Erfrischungen an.

Nordmalta

●Fastfood gibt es bei **Kentish Fried Chicken** hinter der Brücke über den Wied il-Għasel.
●Selbstversorger finden ein größeres **Lebensmittelgeschäft** am oberen Ende der Kostituzzjoni gegenüber *African Handicrafts.*

Unterhaltung

●Wer abends eine gute Kneipe sucht, landet entweder in der **San Remo Bar** oder der **City Café Bar,** beide Triq il-Kbira.
●In der Triq il-Kostituzzjoni/Ecke Triq Niccolo Isouard liegen mehrere Bars nebeneinander, am beliebtesten ist die **Dim Blue Bar.**

Sonstiges

●Die **Ortspolizei,** Tel: 21433882, liegt in der Triq il Kostituzzjoni (neben dem Dom), ein Stück weiter die **Post** sowie eine Apotheke (Spiżeria tal Gvern).
●**Banken:** Bank of Valletta und HSBC Bank betreiben je eine Filiale mit **EC-Automaten** in der Triq il-Kostituzzjoni (gegenüber Post/Polizei).
●**Fahrräder** können beim **Cycle Store,** 135 Triq il-Kungress Ewkaristiku, Tel: 21432890, oder im **Freewheels Bike Centre,** Triq il-Belt, Tel: 21416801, gemietet werden.

An-/Abreise

●Mosta liegt u. a. (Busplan) auf der Strecke der **Linien 43–45, 49, 50** und **427** (alle Valletta – Buġibba) sowie **65, 86** (Valletta – Mdina).
●Achtung: Direkt vor der Kirche kommen die Busse an und fahren nach Valletta, Rabat/Mdina und Dingli ab. Nach Buġibba/St. Paul's Bay muss man eine **Haltestelle** auf der gegenüberliegenden Straßenseite (etwa 150 m nördlich) nehmen.

Ta Qali [Ta 'Ali] VII/C1

Der **britische Feldflughafen** Ta Qali spielte während der deutsch-italienischen Luftangriffe eine bedeutende Rolle.

Das gesamte Gelände bildet heute den **Ta-Qali-Nationalpark** mit etlichen mehr oder weniger interessanten Touristenattraktionen.

Ein Teil des ehemaligen R. A. F. (Royal Air Force)-Geländes wurde **als Aircraft Museum** eingerichtet, bestehend aus zwei alten Hangars mit Flugzeugteilen und Zubehör.

●Geöffnet 9–18 Uhr, Eintritt Lm 1, Kinder Lm 0,35.

In anderen Hangars gründeten die geschäftstüchtigen Malteser das ausschließlich auf Touristen abzielende **Crafts Village** (Handwerksdorf). Mit Souvenirshops, Textilständen, Töpferwaren und sogar kompletten Ritterrüstungen für die Empfangshalle zum Mitnehmen!

Während sich die Eltern heimische Glasbläsereiprodukte der **Mdina Glass Factory** ansehen, zieht es die jüngeren Besucher in die **Dinosaurus Exhibition** zu ziemlich müden Pappmaschee-Echsen, die den beabsichtigten Gruseleffekt nicht bewirken können.

●Eintritt Lm 1, Kinder Lm 0,50, geöffnet im Sommer 10–18 Uhr, im Winter 11–16 Uhr, Tel: 21416720.

Neu ist die Gokartbahn **Badger Karting,** die vor allem Kinder und Hobby-Schumis anzieht.

Auf dem ehemaligen Kampfgebiet Ta Qali werden auch heute noch heftige Schlachten geschlagen, nämlich um das runde Leder. Das neue, moderne **Nationalstadion** bietet 17.000 Zuschauern Platz und ist der Austragungsort aller internationalen Spiele der maltesischen Fußballmannschaften (Tel: 21411505, Fax: 21411091).

An-/Abfahrt

Die **Busse 80, 81, 84** und **86** passieren das Gelände von Ta Qali und halten an der (beschilderten) Bushaltestelle vor dem Zugang zur Gesamtanlage.

Moderner „Nationalpark" – Ta Qali

Naxxar [Naschar]   III/D3

Nur wenige Kilometer von Mosta gelegen, steht der Ort Naxxar mit seinen 6800 Einwohnern spürbar im Schatten der Rotunda-Stadt. Naxxar liegt an keiner Hauptverkehrsader, und da die öffentlichen Busse von Valletta via B'kara und Mosta fahren, kommen nur wenige Besucher in die Stadt.

Von Mosta kommend, liegen links vor der Kreuzung an den Victoria Lines (links geht es hinunter nach Buġibba und Burmarrad) die schier allgegenwärtigen **Cart Ruts** (Bronzezeit).

Rechts der Triq San Pawl folgend, passiert man die **Kapelle San Pawl tat-Targa** („Pauluskapelle auf der Stufe"), die auf einer natürlichen Stufe liegt. Die Kapelle aus dem 17. Jh. wie auch die davor stehende Statue des Apostels sind zur St. Paul's Bay hin ausgerichtet, wo Paulus angeblich strandete.

Wenige Meter beidseitig neben der Kapelle stehen die Türme **Captain's Tower** und **Gauci Tower,** einstige Wehrtürme im 16. Jh. und heute private Wohnsitze.

150 m weiter führt links die Triq Markiz Scicluna zum modernen Messegelände. Naxxar ist Sitz der alljährlich in den ersten beiden Juliwochen stattfindenden **Malta International Trade Fair** (Industrie- und Dienstleistungsmesse) mit heimischen Produkten (Möbel, Textilien) und Ausstellern aus dem gesamten Mittelmeerraum. Gegenüber vom Parkplatz liegt die teure Caféteria *Gardina*, die ganz auf Messebesucher abzielt.

Weiter Richtung Zentrum liegt linker Hand das Konvent **Little Sisters of the Poor,** am Ende der Scicluna geht es rechts zur Pfarrkirche **Nativity of our Lady.** Sie wurde im frühen 17. Jh. unter der Leitung von *V. Cassar* begonnen, erst nach seinem Tod (1607) fertig gestellt und bis ins 20. Jh. mehrfach modifiziert (Fassade, Seitenkapellen). Interessant ist hier das angeschlossene **Kirchenmuseum** mit Gemälden, Messgewändern und Heiligenfiguren, die seit 1750 in feierlicher Prozession während der Karwoche durch Naxxar getragen werden.

Gegenüber der Kirche liegt der **Palazzo Parisio (Pjazza Vitorja),** Villa des *Marquis John Scicluna* (1903-1970), der sein Haus der Royal Air Force im zweiten Weltkrieg zur Verfügung stellte, nachdem die deutsche Luftwaffe deren Hauptquartier zerstört hatte. Vor der Bankierfamilie *Scicluna* gehörte das 1733 errichtete Gebäude der adeligen Familie *Parisio*, die eine führende Rolle während des Aufstandes von 1798 spielte und die Erhebungen in Naxxar anführte. Der Palazzo ist heute ein privates **Museum** (Lm 2, Kinder Lm 1,50, geöffnet Mo–Sa 9–13 Uhr, Tel: 21231541) und birgt eine interessante Privatsammlung der Familie *Scicluna* mit Alltags- und Ziergegenständen aus den vergangenen Jahrhunderten.

Selbstfahrer von oder nach Għargħur können einen Blick auf die **Old Mill** (aus Għargħur kommend rechter Hand am Ortseingang) werfen; die Windmühlblätter sind leider zerfallen, das Gebäude dient heute als Wohnhaus.

Essen und Trinken

● Rund um Pfarrkirche und Palazzo Parisio liegen etliche Kneipen in Sichtweite nebeneinander, u.a. die **Parteilokale** der **Nationalista** und **Laburista,** der Pub des örtlichen Fußballvereins **Naxxar Lion's** (kleiner Biergarten), das **Caffe o.k.** sowie die **Peace Band Club Bar** – eine typische Dorfkneipe mit maltesischen Spezialitäten und Snacks wie *Timpana, Ħobż biż Żejt* und *Pastizzi.*

An-/Abfahrt

Die **Busse 55, 56** und **159** halten direkt an der Pfarrkirche des Ortes.

Gĥargĥur [Ahruhr]   ♪ IV/A1

Wer von Baħar iċ-Ċagħaq aus über das Madliena Gap nach Naxxar oder Mosta unterwegs ist, sollte kurz im Dorf Għargħur (gut 2000 Einwohner) stoppen.

Gleich am Ortseingang liegt linker Hand der provisorische *Gouverneurspalast* der Engländer während der ersten Tage ihrer Machtübernahme (1800).

Anschließend kommt man an einen kleinen Kreisel, hält sich rechts und erreicht die Ortsmitte mit der *Pfarrkirche St. Bartholomew.* Sie wurde von *T. Dingli* um 1610 errichtet und ist ein weiteres Beispiel der fortwährenden Veränderungen eines Kirchenbaus. Gruseliges „Schmuckstück" im barocken Inneren ist eine lebensgroße Gipsstatue des Bartholomäus, die um ein echtes menschliches Skelett herum geschaffen wurde – eine *M. Gafàs* zugeschriebene Frühform der „Plastinationstechnik".

Am Ortsausgang passiert man in der Triq San Ġwann die *Friedhofskapelle St. John's,* die als Orientierungshilfe nach Naxxar dient.

● In der Bartholomew Street liegen *Playboy Bar,* Polizei, HSBC Bank und die Haltestelle der *Buslinie 55* einträchtig gegenüber der Kirche.

Baħar iċ Ċagĥaq

[Bahar itsch Tschah']   ♪ IV/A1

Die kleine Siedlung an der Küstenstraße zwischen Sliema und Buġibba beherbergt Maltas größten *Vergnügungspark,* den *Splash Fun Park* mit dem *Mediterraneo-Aquarium.*

● Der *Fun Park,* Tel: 21374283, hat täglich 9– 20 Uhr geöffnet, ist auch zur Seeseite hin umzäunt und bietet beaufsichtigte Kinderbadebecken, Wasserrutsche, Dino-Abteilung und Snack-Bar.

● Das *Delfinarium,* Tel: 21372218, ist täglich von 10 bis 19:30 Uhr (September bis Juli bis 18:30 Uhr) geöffnet; Mittagspause von 14 bis 15 Uhr, Einlass bis 45 Min. vor Schließung.

● Der *Eintritt* (Tageskarte) kostet Lm 5 für Erwachsene und Lm 3 für Kinder unter 13 Jahren). Einzelkarten für Pool, Rutsche usw. sind ebenfalls erhältlich.

● Selbstfahrer finden einen großen *Parkplatz* vor der Anlage.

● Beste *Busverbindungen* bestehen mit den Linien *68* (Valletta) und *70* (Sliema – Buġibba), direkt zum Park.

300 m weiter Richtung Sliema führt eine kleine Straße rechts zum *Fort Madliena* (beschildert) sowie malerisch über die östlichen Ausläufer der Victoria Lines nach Għargħur und Naxxar. Rund um die Mauern des Fort Madliena herum stehen heute noble Wohnhäuser sowie ein Funkturm.

Weiter Richtung Għargħur passiert man eine Brücke, dahinter kann man einen malerischen Ausblick rechts hinunter auf die Victoria Lines und das *Madliena Gap* genießen.

● Fort Madliena ist nur sonntags um 10, 11 und 12 Uhr mit einer geführten Tour zu besichtigen; Eintritt frei, ein kleines Trinkgeld wird erwartet.

Nordmalta

Gozo – Insel der Kalypso

287A-M Foto: wl

287B-M Foto: wl

Fjorde der Südküste – Mġarr ix-Xini

Pilger- und Wallfahrtsort: Ta Pinu

Kathedrale der Zitadelle

Überblick

*Jahre waren vergangen nach der Er-
oberung Trojas, nur einer war nicht
heimgekehrt: Odysseus. Hermes, der
Götterbote, schwang sich in den Äther
und flog über das Meer, bis er hinter
Malet die Insel Ogygia [Gozo] erreichte.
Dort fand er die schöngelockte Nymphe
Kalypso in ihrer Grotte. Er sah einen
dichten Hain aus Erlen, Zypressen und
Weinstöcken mit reifen Trauben die
Grotte umgebend, in der sie ihre Ge-
mächer hatte. Kalypso erkannte den
Hermes sogleich; als er seine Botschaft,
Odysseus möge heimkehren, ausgerichtet hatte, rief sie empört: „Ihr grausa-
men Götter! Gönnt ihr mir nicht den geliebten Mann? Habe ich ihn nicht vor
dem sicheren Tod errettet? Doch was
vermag ich auszurichten gegen Zeus,
so mag er denn hinausfahren auf das
unendliche Meer." Odysseus machte
sich ans Werk und baute ein Floß, und
nachdem er Abschied genommen hatte,
verließ er die Insel der Kalypso und
stieß ab ins offene Meer ...* (aus der
griechischen Odysseus-Sage)

Anders als der griechische Götterbote
aus der Sage sieht der normalsterbli-
che Besucher bei der Überfahrt nach
Gozo noch keine fruchtbaren Haine,
sondern (von links) das Ta-Ċenc-Pla-
teau, die Rotunda/Xewkija, das Fort
Chambray und die Kirche von Mġarr.

Għawdex [Audesch], wie die Gozitaner ihre Insel selbst nach dem alten
arabischen Namen nennen, die kleine
Schwesterinsel, sieht Malta vom Um-
riss her mit Steilklippen im Süden und

abgeflachtem, auf Gozo allerdings von
etlichen hohen Tafelbergen unterbro-
chenem Norden auf den ersten Blick
recht ähnlich.

Im Detail betrachtet aber zeigt sich
die Insel in mancherlei Hinsicht vollkommen anders. So prägt die von den
Arabern eingeführte Terrassen-Feld-
bauweise noch heute unverkennbar
das Landschaftsbild. Gozo ist spürbar
fruchtbarer und **weit dünner besiedelt** als die große Schwester, und auch
das Verkehrsaufkommen geht außerhalb der Hauptstrecke Mġarr – Victoria gegen Null. Nur 25.000 Menschen
leben auf der 66 km² großen Insel, die
als Speisekammer der Nation mit Zi-
trusfrüchten, Melonen, Kartoffeln und
Zwiebeln für Malta unermesslich
wichtig ist. Fischerei und Milchwirt-
schaft sind weitere bedeutende landwirtschaftliche Zweige auf Gozo. Insgesamt werden hier rund 2/3 aller
landwirtschaftlichen Produkte Maltas
erzeugt, so dass es nicht weiter verwundert, dass die Bewohner im maltesischen Parlament 1987 sogar einen
eigenen Beauftragten für gozitanische
Angelegenheiten sowie einen Sonder-
etat durchgesetzt haben. Die Industrie
spielt eine geringe Rolle, lediglich ein
Steinbruchgebiet im Westen bei Ġebel
ben-Ġorġ sowie eine Hand voll Textil-
erzeuger bei Xewkija bieten einige Ar-
beitsplätze.

Auch sind die Gozitaner selbst ein
anderer Menschenschlag. Während
die Malteser, insbesondere in und um
Valletta, geradezu weltmännisch wirken, sind die gozitanischen Dorfbe-
wohner von der mühevollen Arbeit auf

Gozos Terrassenfelder

den Feldern geprägt – Maschinen helfen hier wegen der Terrassenfelder kaum. So verwundert es auch nicht, dass die überwiegende Mehrheit der Bevölkerung der konservativen MNP (Partit Nazionalista) angehört und jede (linke) Labour-Regierung der MLP mit Misstrauen beäugt wird.

Besucher sollten auf die Eigenheit Rücksicht nehmen, dass sich die Bewohner Gozos nicht als Malteser, sondern als *Gozitaner* bezeichnen. Auch wenn die Bezeichnung „Malteser" nicht ganz mit der beleidigenden Anrede eines Schotten als „Engländer" gleichzusetzen ist, so ist aber doch auf

Gozo die Reserviertheit gegenüber der Hauptinsel Malta unverkennbar.

Auch die *Geschichte* verlief auf Gozo deutlich anders: Zwar kamen schon in der Jungsteinzeit frühe Siedler nach Gozo (Ġgantija), auch wurde der Ackerbau bis in die Frühzeit der Johanniter anders als auf Malta intensiv vorangetrieben; im 15. und 16. Jahrhundert mehrten sich jedoch Piratenüberfälle auf die ungeschützte Insel. 1551, nach einer vergeblichen Belagerung Maltas, ließ der Piratenführer *Dragut* seinen Zorn an Gozo aus: Über 5000 Einwohner wurden in die Sklaverei verschleppt, alle übrigen Bewohner niedergemetzelt, die Insel verödete. Erst mit der Beherrschung des Mittelmeers durch die Johanniter plante Großmeister *de Vilhena* Anfang des 18. Jh. eine große Rückbesiedelung, mit Ausnahme der Zitadelle (Victoria) und Fort Chambrais (Mġarr) fehlten jedoch die Gelder für ähnliche Wehranlagen wie auf Malta.

Touristisch ist Gozo so weit erschlossen, dass auch weit mehr als ein Tagesausflug möglich ist. Neben der Hauptstadt Victoria erfreuen sich die Strände Ir-Ramla und Ras id-Dwejra, die Steinzeittempel von Ġgantija sowie die Rotunda von Xewkija besonderer Beliebtheit bei Besuchern. In den anderen Dörfern hat man als Besucher beinahe das Gefühl, man würde stören, so ruhig geht es dort zu. Unterkünfte gibt fast nur in Xlendi und Marsalforn, vom Hauptort Victoria fahren Buslinien die wichtigsten Punkte der Insel sternförmig an.

Wer zum ersten Mal nach Malta reist und die Hauptinsel noch nicht so gut kennt, sollte für Gozo zumindest einen **Tagesausflug** (im Sommer an einem Werktag, sonst Fähr-Engpässe) einplanen. Ideal ist eine Tagestour per Moped (kein Anstehen an der Fähre!), da man leicht alle interessanten Punkte inklusive Strandbesuche innerhalb eines Tages sehen kann. Mit den Bussen, kombiniert mit einigen Fußmärschen, sind etwa drei Tage anzusetzen, was sich erst ab einem Gesamtaufenthalt von zwei Wochen in Malta empfiehlt.

Wer dagegen Wert auf Ruhe und Beschaulichkeit legt oder vorwiegend tauchen möchte, wird möglicherweise seinen gesamten **Urlaub auf Gozo** verbringen wollen.

Mġarr

[Imdscharr] ↗ Umschlag vorn/C-D3

Die Fährschiffe legen in Mġarr an, dem einzigen **Hafen** Gozos. Dieser wird aufwendig umgebaut und erweitert; bis zur Fertigstellung (2007) herrscht ein wenig (sympathisches) Chaos und Durcheinander im Vergleich zur maltesischen Seite. Die **Zahlschalter** für Hin- und Rückfahrt befinden sich derzeit in Ċirkewwa, bei der Fahrt von Gozo nach Malta wird derzeit nicht gezahlt. Direkt am Kai findet man den provisorischen **Informationsschalter.**

● Nach Verlassen der Auto-Fähre läuft man auf **Bus 25** zu (Lm 0,20 nach Victoria) oder nimmt eines der wartenden **Taxis** zu anderen Orten Gozos.

● Hinter der Hafenausfahrt liegen entlang der Straße den Hügel hinauf der **Seaview Marina Pub,** das **Gleneagles Restaurant & Bar,** eine **Tankstelle,** eine Filiale der **St. Andrew's Tauchbasis,** Tel: 21556441, Fax: 2156154), ein kleiner **Supermarkt,** sowie der Fahrzeugverleih **Mġarr Rent-a-Car,** Tel: 21556098.

50 Meter weiter zweigt links ein schmales Sträßchen ab zur weithin sichtbaren, oberhalb vom Hafen auf dem Hügel thronenden **Gemeindekirche Our Lady of Lourdes.**

Daneben liegt **Fort Chambray.** Die beeindruckende Festungsanlage wurde unter Großmeister *de Vilhena* 1722 zum Schutz der Hafeneinfahrt geplant und aus eigenen Geldern 1749 von *Fra Jacques de Chambrais* erbaut, dem ↗ Bailli der französischen Zunge, dessen Name das Fort trägt. 1798 leisteten hier einige Ritter den Franzosen noch erbitterten Widerstand, als Malta

längst kapituliert hatte. Im Zweiten Weltkrieg waren hier Briten und Amerikaner stationiert, als die Invasion Siziliens vorbereitet wurde. Das Fort wird derzeit zur Luxus-Wohnanlage umgebaut.

Die Hauptstraße führt links um den Hügel herum über Għajnsielem nach Victoria, rechts (beschildert „Nadur, Qala") kommt man zum **Wohnbezirk** von Mġarr oberhalb der Bucht mit den beiden modernen **Tophotels** des Ortes:

● **L'Imgarr** (*****), Triq San Antnin, Tel: 215 60455, Fax: 21557589. Eines der schönsten Hotels auf Gozo mit malerischem Blick über Comino bis Malta.
● **Grand Hotel Mġarr** (****), Triq San Antnin, Tel: 21556183, Fax: 21559744. Die Lage dieses komfortablen Hotels ist nicht ganz so schön, da es tiefer am Hang liegt und die meisten Zimmer zur Landseite hin liegen.

Der **Wanderweg** Mġarr – Mġarr ix-Xini (↗ Xewkija) beginnt hinter der Bank of Valletta an den Hafengebäuden: Vom asphaltierten Pier führt rechts ein Pfad um Fort Chambray herum.

Għajnsielem

[Ainsihlem] ↗ Umschlag vorn/C2-3

Gut einen Kilometer hinter Mġarr liegt das Dorf Għajnsielem.

● **Rexy Bar & Restaurant,** am Ortseingang von Mġarr kommend links, Tel: 21560871.

Tourgruppen kommen meist nicht umhin, am **Gozo Heritage** zu halten. In gut einer Viertelstunde wird in mehreren Räumen mit lebensgroßen Figuren und akustischer Untermalung (auch in Deutsch) ähnlich wie in den Mdina Dungeons oder dem Medieval Museum (beide Mdina) die Geschichte Gozos von den Anfängen bis zur Gegenwart erzählt. Individualreisende werden die teilweise zur Verkaufsausstellung degradierte Vorstellung eher meiden.

Wichtig für **Selbstversorger** auf Gozo: 400 m vor der Abzweigung zum Heliport (links) liegt rechter Hand das Fischgeschäft Bugeja.

● Am Ortsausgang rechter Hand, kurz vor der Abzweigung zum Heliport, **Bus 25** hält direkt davor; Eintritt Lm 2,50, Kinder Lm 1, geöffnet Mo–Sa 9–17:15 Uhr, Tel: 21551475.

Gegenüber liegt linker Hand der **Sta. Cilja Tower,** ein **Johanniterwachturm** aus dem Jahr 1613 nach dem Vorbild vieler Türme auf Malta.

Dahinter zweigt nach links eine Seitenstraße zum **Hubschrauberlandeplatz (Heliport)** von Għajnsielem ab (↗ Verkehrsmittel).

Xewkija

[Sche-ukia] ↗ Umschlag vorn/B-C2

Südlich der Strecke Victoria – Mġarr liegt das ruhige, von Touristen selten besuchte Dorf Xewkija (2000 Einwohner).

Die **Pfarrkirche St. John the Baptist** (auch **Tarocca tan Ġwann Battista** genannt, geöffnet 5–12 und 15–20 Uhr) kann sich – und das wohlgemerkt in einem kleinen Dorf – der drittgrößten,

Gozo

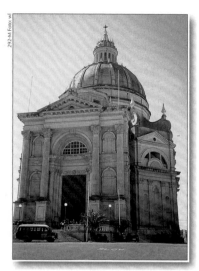

Die alte, ursprüngliche Kapelle von 1665 im Inneren ist als kleines *Museum* (kostenlos) erhalten und bildet mit ihren Grabsteinen und alten Reliquien einen starken Kontrast zur Hauptkirche. Beachtenswert ist der Schutzheilige des Dorfes, Johannes der Täufer, eine Schnitzerei von *P. Azzopardi* (1845).

● Von Mġarr aus kommt man über die Triq San Bert ins Zentrum, ab Victoria fahren die *Busse 42* und *43* hierher.
● Am Kirchplatz Pjazza San Ġwann Battista liegen neben einer Bushaltestelle auch die *Dorfpolizei,* Tel: 21556403, eine *Bank* sowie die Schänken *San Battista Bar* und *Xewkija Tigers FC.*

Etwa drei km südöstlich des Ortskerns (ab Kirche die Triq L-Indipendenża entlang; Schilder „Sannat, Mġarr ix-Xini") liegt in einer fjordähnlichen Schlucht sehr malerisch die kleine Badebucht *Mġarr ix Xini.* Hier kann man sehr gut schwimmen oder schnorcheln, selbst im Hochsommer trifft man nur auf wenige Besucher – ein lohnenswerter Ausflug.

Sehr zu empfehlen ist auch der Spazierweg *an der Küste entlang bis Mġarr* (knapp 4 km). Am Nordende der Bucht führt links eine Felsentreppe hinauf auf die Klippen und von dort ein schmaler Pfad nach rechts Richtung *Mġarr ix-Xini Tower,* einem alten Wachturm. Hinter dem Turm fallen die Klippen allmählich ab, der Pfad führt dann direkt am Meer entlang und endet schließlich unterhalb des Fort Chambrais am Hafen von Mġarr.

Es ist auch möglich, von Mġarr ix-Xini direkt *zum Ta'Ċenċ-Plateau* (↗ Sannat) zu laufen: Auf dem Weg

freitragenden Kuppelkirche Europas rühmen. Die Parallelen zur „Nummer 4" (↗ Mosta) könnten kaum größer sein: Auch hier musste die Gemeinde einen Neubau in Angriff nehmen (1951), auch hier waren keine öffentlichen Gelder vorhanden. Wie in Mosta sammelten auch die Bürger Xewkijas Spendengelder und leisteten im Laufe der folgenden 20 Jahre aufopferungsvolle Eigenarbeit. So wurde um die ursprüngliche Kirche herum unter der Leitung von *J. d'Amato* und *J. Vella* die **Rotunda von Xewkija** bis 1971 fertig gestellt. Innen ist die Rotunda ihrem Vorbild von Mosta zunächst recht ähnlich, sie wirkt auch durch ihre Schlichtheit noch etwas größer.

Rotunda von Xewkija

von der Bucht Richtung Xewkija sieht man rechter Hand ein einzeln stehendes, höheres Gebäude in der Schlucht. 150 Meter zuvor achte man linker Hand auf einen Durchbruch in der Wegmauer – dieser Pfad (nicht befahrbar) führt nach etwa 50 Metern (dort rechts) auf den Weg zum Ta'Ċenċ-Plateau.

Sannat   ⤷ Umschlag vorn/B3

Einer der schönsten Landschaftsteile Gozos liegt zwischen der Bucht Mġarr ix-Xini und dem Dorf Sannat: das auf über 100 Höhenmetern gelegene **Hochplateau von Ta'Ċenċ.** Bevor man zum Ta'Ċenċ-Plateau aufbicht: Picknickkorb, genügend Filmmaterial und kühle Getränke einpacken!

Angeblich liegen auf der Hochebene einige **historische Relikte,** unter anderem der Mrama-Tempel, eine prähistorische Tempelanlage (Dolmen) sowie die unvermeidlichen Cart Ruts (Schleifspuren). Vom Ta'Ċenċ-Hotel kommend geht es rechts zum Weg nach Ta'Ċenċ (Schild Ta'Ċenċ/ Dolmen). Gleich hinter dem Wasserreservoir auf der rechten Seite sind in der Tat ein paar Säulen des ehemaligen Mrama-Tempels zu sehen. Kurz darauf wird der Weg zur Piste und gabelt sich um einen Baum herum. Exakt 100 Meter nach rechts – ohne die Wege zu beachten – liegt kurz vor einer kleinen Senke die neolithische Dolmenanlage. Der mittlere Weg führt auf das Ta'Ċenċ-Plateau, auf dem sich der so genannte Ta-L'Imgramma-Tempel

befand (völlig verschwunden). Dem Weg rechts Richtung Klippen folgend, kann man einige Cart Ruts suchen.

Nun zur Praxis: Zu sehen ist hier von alledem, mit Verlaub, gar nichts. Es ist immer wieder eine filmreife Lachnummer, wie zahllose Touristenpaare, der Mann am Steuer des gemieteten Jeeps, die Gattin mit Landkarte und Reiseführer bewaffnet auf dem Beifahrersitz, am Ta'Ċenċ-Plateau suchend ihre Kreise ziehen, wieder andere steigen ratlos aus und suchen nach den Spuren der Außerirdischen (⤷ Cart Ruts; Bronzezeit) – am besten lässt man sich genüsslich zu einem Picknick an den Klippen nieder und beobachtet in aller Ruhe die Szenerie. Der geteer-

Gozo

Sanap Cliffs

te Weg führt hinab zur ⤤ Mġarr ix Ximi Bucht (Mauer; PKW müssen wieder zurück).

● Zumindest im Sommer fährt **Bus 51** bis zum Ta'Ċenċ-Hotel, ansonsten benötigt man ein eigenes Fahrzeug oder geht zu Fuß ab Xewkija via Mġarr ix-Xini.

Die Straße vom Plateau durch Sannat passiert die **Dorfkirche,** gegenüber liegt eine *Bank of Valletta,* rechts die *Friend to all Bar.* Die Straße gabelt sich hier; rechts geht es nach Victoria, links nach Munxar.

Die steil abfallenden **Klippen** auf der Südseite Gozos können von Sannat aus an zwei Stellen gut besucht werden: In der Ortsmitte weisen Schilder (Munxar, Saguna) zu den **Saguna Cliffs** (knapp 1 km, wird an Parkbank zu Feldweg, diesem bis Ende folgen), mit herrlichen Ausblicken. Vorsicht: Die 100 Meter steil abfallenden Klippenränder sind bei Feuchtigkeit rutschig und nicht gesichert.

300 Meter hinter dem Ortsausgang Richtung Munxar führt ein Feldweg links zu den **Sanap Cliffs** (⤤ Klippenwanderung Xlendi).

Unterkunft

● Wer die absolute Stille und Einsamkeit liebt, liegt beim **Hotel Ta'Ċenċ** (****), The Plateau, Sannat, Tel: 21556819, 21551522, Fax: 215 58199, vjbgozo@maltanet.net, genau richtig. Gäste können den kostenlosen Shuttle-Bus nutzen. Dem Hotel ist zudem der Fahrzeugverleih *Dolmen Car Rental,* Tel: 21553012, bookings@dolmengarage.com, Filiale am Hafen von Mġarr, angeschlossen, so dass man nicht ganz von der Welt abgeschnitten ist.

Victoria (Rabat) ⤤ Umschlag vorn/B2

Historisch betrachtet besteht der Hauptort Gozos genau wie auch die Doppelstadt Mdina/Rabat auf Malta aus zwei Teilen: der burgähnlichen Zitadelle sowie der Wohnstadt Rabat.

Erste Besiedlungen auf dem weithin sichtbaren Tafelberg der Zitadelle reichen bis in die **Bronzezeit** zurück.

Reste eines **phönizischen Astarte-Tempels** wurden unter der Kathedrale gefunden. Aus dieser Phase (1000–218 v. Chr.) stammt auch eine erste Ummauerung, was zur Ernennung der heutigen Zitadelle zum Municipium durch die nachfolgenden **Römer** (218 v. Chr.–395 n. Chr.) führte. Auch die Wohnstadt rund um den heutigen Main Square (It-Tokk) wurde früh ausgebaut, wie Funde eines kompletten römischen Weinkellers bewiesen.

Unter den Byzantinern (bis 870) zerfiel die Wehranlage, erst die **Araber** (870–1090) bauten die Zitadelle etwa in den heutigen Ausmaßen auf. Sie nannten ihre Hauptstadt auf Gozo **Kasr** (Burg), das tieferliegende Wohngebiet – wie auf Malta auch – **Rabat** (etwa: wo die Pferde angebunden sind).

Die „Burg" war der einzig wehrhafte Ort auf Gozo, in dem die Bevölkerung während der zahllosen **Piratenüberfälle** Schutz suchen konnte. Nach der völligen Vernichtung Gozos durch den Piraten *Dragut* (1551) und der Zerstörung der Zitadelle dauerte der Wiederaufbau in seinen heutigen Ausmaßen bis zum Ende des 16. Jh. Die

Johanniter wiesen die Bevölkerung aus Furcht vor weiteren Angriffen auch nach der erfolgreichen Abwehr der Belagerung von 1665 an, sich jede Nacht – einschließlich des Viehs – in der Zitadelle aufzuhalten. Dieses Gesetz wurde erst 1737 wieder aufgehoben und führte zur allmählichen Entwicklung der Vorstadt Rabat.

Nach der Übernahme Maltas durch die **Briten** (1802) wurde Rabat weiter besiedelt und zum 50-jährigen Thronjubiläum der Königin des Empire in **Victoria** umbenannt.

Seit 1960 wurde auch in der alten Hauptstadt Kasr (Zitadelle, engl. **Citadel**) eine Hand voll der alten Wohnhäuser wieder errichtet (der Rest liegt nach wie vor in Trümmern), so dass dort „oben" inzwischen wieder rund 30 Menschen dauerhaft wohnen, während „unten" in Rabat mittlerweile 6000 Einwohner angesiedelt sind.

Der Besucher Gozos sollte sich beide Begriffe merken: Victoria ist zwar der offizielle Name des Hauptortes, doch die Gozitaner selbst nennen ihn weiterhin Rabat. Es kann vorkommen, dass beispielsweise ein Taxifahrer die Stadt Victoria nicht kennt (kennen will?) oder auch Hinweisschilder nur Rabat, nicht aber Victoria anzeigen.

Gozo

Marktzeit am it-Tokk

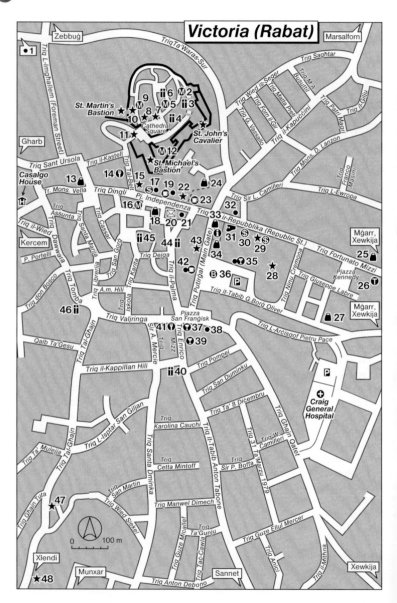

Victoria (Rabat)

●	1	Triq Sara
ⓜ	2	Kathedralmuseum
ⅱ	3	St. Francius Kirche
ⅱ	4	Kathedrale
ⓜ	5	Folklore-Museum
ⅱ	6	St. Joseph-Kapelle
★	7	Gouverneurspalast
★	8	Justizpalast
ⓜ	9	Naturgeschichtliches Museum
★	10	Waffenkammer
★	11	Zitadell-Haupttor
ⓜ	12	Archäologiemuseum
▪	13	Schmuckhändler
◉	14	Citadel Garden Restaurant
★	15	The Gozo Experience/360°-Theater
ⓜ	16	Banca Giuturale
Ⓢ	17	Bank of Valetta, Travelex
▪	18	It Tokk-Marktplatz
◉	19	Main Square Café,
		Agentur Portelli
⊠	20	Post
●	21	Bischofssitz
		und Kaazin P. Nationalista
★	22	Astra Theater
◉	23	Café del Corso
▪	24	Orient Shopping Arcade
▪	25	Einkaufspassage/Supermarkt
⛽	26	Tankstelle
▪	27	Fischgeschäft Xuereb
★	28	Rundle Gardens
★	29	Aurora Theater
Ⓢ		und HSBC-Bank
Ⓢ	30	Bank of Valletta
➳	31	Polizei
●	32	Telemalta
▪	33	Tigrija Palace Shopping Mall,
❶		Touristeninformation
▪	34	Top Discount Boutique
●	35	Spielplatz
◖		und Frankie's Bar
Ⓑ	36	zentraler Busbahnhof
◖	37	Tapie's Bar
●	38	Sekretarijat Parlamentarj
◖	39	Victoria Hotspurs Bar
ⅱ	40	Kapelle
❶	41	Chips and Dale Pizzeria
●	42	Victoria Garage
◖		und Coffe Break Café
★	43	Oratorium Don Bosco
ⅱ	44	Franziskanerinnen-Orden
ⅱ	45	St. Georgs-Kirche
ⅱ	46	St. Augustin Kirche
★	47	steinernes Waschhaus
★	48	Waschhaus

Sehenswertes

Die meisten Besucher kommen am **zentralen Busplatz** von Rabat in der Triq Putirġal (Main Gate Street) an. Hier und entlang der Triq ir-Republika liegen die meisten Geschäfte, Lokale und Institutionen.

Republic Street

Die Republic Street ist die wichtigste **Einkaufs- und Verkehrsstraße** von Rabat mit zahlreichen Läden, Banken, Caféhäusern und Freizeiteinrichtungen.

Unter anderem liegen hier die beiden **Opernhäuser Astra** *(Faces of Gozo Show)* und **Aurora,** Letzteres verziert mit Statuen der gozitanischen Künstler *Lanzon* und *Tabone.*

Ferner lohnt ein Blick in den Park **Rundle Gardens** (Ġnien Rundle) am alten Duke of Edinburgh Hotel, benannt nach dem Naturfreund und ehemaligen britischen Gouveneur (1909–15) *Sir Leslie Rundle.* In dem hübsch begrünten Park mit Vogelvolieren werden gelegentlich auch Open-Air-Konzerte veranstaltet. Im Park sind zwei

Gozo

Büsten der verdienten Ehrenbürger *Laurent Ropa* (1891–1967) sowie *Gantied Argeus de Soldanis* (1712–1770) zu sehen. Selbst im Hochsommer wirkt Rundle Gardens durch die vielfältige und abwechslungsreiche Bepflanzung sehr bunt und schattig, ist daher vielleicht noch sehenswerter als Buskett Forest (↗ Südwestmalta).

Citadel (Kasr)

Über die Castle Hill Road gelangt man zum **Stadttor,** dessen Inschrift an die römische Epoche unter Kaiser *Antonius Pius* (138–161) erinnert.

Dahinter öffnet sich der Cathedral Square (Kathedralplatz) mit dem **Arch-** **bishop's Palace** (Palast des Erzbischofs) rechts und dem ehemaligen **Gerichtshof** linker Hand, wo vom 16. bis 18. Jh. ein Ritter der Johanniter als Gouverneur amtierte und heute die gozitanische Provinzverwaltung sitzt (dieses Gebäude stammt aus dem 17. Jh.).

Die Frontseite des Platzes wird von der **Kathedrale Maria Asuncion** (Mariä Himmelfahrt) eingenommen. An dieser Stelle wurden Reste eines phönizischen Astarte- sowie eines darüber errichteten römischen Juno-Tempels gefunden, später errichteten auch die Araber darauf eine Gebetsstätte. Der Normannenfürst *Roger I.* stiftete an derselben Stelle die lange Zeit einzige Kirche Gozos, die dem Piratenüberfall von 1551 zum Opfer fiel. Zunächst

Citadel

298-M Foto: wl

notdürftig repariert, wurde nach dem Erdbeben von 1693 ein Neubau beschlossen und nach Plänen *L. Gafàs* von 1697 bis 1711 umgesetzt. Die Bauarbeiten waren fortwährend durch finanzielle Engpässe gefährdet, man verzichtete daher auf eine ursprünglich vorgesehene Kuppel und beschränkte sich auf den einfachen Grundriss eines lateinischen Kreuzes und eine schmucklose Fassade. Um dennoch den Eindruck eines Kuppelbaus zu erwecken, schuf *A. M. da Messina* 1739 das berühmte perspektivische Deckengemälde im Inneren, welches mittels optischer Täuschung wie eine Kuppel wirkt. 1864 wurde Gozo zum eigenständigen Bistum ernannt und die Maria-Assunzion-Kirche zur Kathedrale erhoben.

Hinter der Kathedrale (in der Triq Fosse, links der Kathedrale) liegt das **Kathedralmuseum** (geöffnet täglich 10:30–16:30 Uhr, sonn- und feiertags geschlossen, Eintritt Lm 0,50, Kinder unter 10 Jahren frei). Ausgestellt werden u.a. eine Gemäldesammlung zur heiligen Agatha (⌕ Sta.-Agatha-Kirche/Rabat, Malta) sowie Talare und Gewänder ehemaliger kirchlicher Würdenträger von Rabat.

Noch vor dem Kathedralmuseum links in der Seitengasse lohnt ein Besuch des **Folklore-Museums** (geöffnet täglich 8:30–16:30 Uhr, sonntags bis 15 Uhr, Eintritt unter 19 und über 65 frei, sonst Lm 1). Vom Heimatmuseum in Għarb abgesehen wird hier der beste Eindruck vom gozitanischen Alltag früherer Jahrhunderte vermittelt. Zu sehen sind in mehreren zusammenge-

legten alten Wohnbauten u.a. eine alte eselbetriebene Getreidemühle, Trachten, Gebrauchsgegenstände und Handwerkzeuge.

Unvergesslich bleibt auch ein Rundgang auf den **Festungsmauern** mit seinen drei Bastionen St. Michael, St. John und St. Martin. Von hier aus hat man einen famosen Ausblick auf die Insel mit ihren zahlreichen Tafelbergen. Interessant ist der Blick auf die drei „Bergdörfer" Żebugg, Xagħra und Nadur: Sie werden symbolhaft als drei Berge im richterlichen Wappens Gozos (⌕ it-Tokk) dargestellt. Sehr

Gozo

Rundle Gardens mit Zitadelle

schön zu sehen sind auch Gozos höchste Erhebung Jordan Lighthouse (185 m) im Nordwesten und die markante Christusstatue nördlich auf einem Hügel Richtung Marsalforn.

Von der St. John's Bastion steigt man in die Prison Street hinab, wo im ehemaligen Kerker ein sehr interessantes **Crafts Centre** eingerichtet wurde (Eintritt frei, 1.4.–30.9. 8–18:45 Uhr, 1.10.–31.3. bis 16:45 Uhr; an Sonn- und Feiertagen geschlossen). Auf drei Etagen werden Stickerei-, Weberei-, und Töpfereierzeugnisse Gozos vorgestellt.

Am Ende der Prison Street, unterhalb der St. Michael's Bastion, liegt das **Museum of Archeology** (geöffnet täglich 8:30–16:30 Uhr, sonntags bis 15 Uhr, Eintritt Lm 1, unter 19 und über 65 frei). Zu sehen sind u.a. phönizischer Schmuck, ein arabischer Grabstein aus dem 12. Jh. sowie Aquarelle zu den Ausgrabungen von Ġgantija von 1827. Höhepunkt dürfte für Münzsammler die umfangreiche Ausstellung mit Münzen aus den phönizischen, römischen und byzantinischen Phasen auf Malta (datiert 500 v. Chr.-400 n. Chr.) sein.

In der Quarters Street unterhalb St. Martin erfreut sich die **Armeria (Waffenkammer)** gerade bei jüngeren Besuchern großer Beliebtheit (geöffnet täglich 8:30–16:30 Uhr, sonntags bis 15 Uhr, Eintritt unter 19 und über 65 frei, sonst Lm 1). Das ehemalige Getreidelager von 1776 wurde im 19. Jh. als britische Militärunterkunft genutzt, heute können hier Rüstungen und Waffen aus der Johanniterzeit besichtigt werden.

Gegenüber liegt das **Museum of Natural History** (naturgeschichtliches Museum, geöffnet täglich 8:30–16:30 Uhr, sonntags bis 15 Uhr, Eintritt Lm 1, unter 19 und über 65 frei). Ein Gang durch die Sammlung von Kräutern, Sträuchern und Insekten der maltesischen Inseln versetzt in Erstaunen darüber, wie vielfältig Flora und Fauna auf den scheinbar unwirtlichen Inseln sind.

●Für die vier Museen (Natural Science, Folklore, Archeology und Old Prison) wurde ein **Kombi-Ticket** für Lm 2 eingeführt. In allen Museen kann schon heute ersatzweise der Eintritt in Euro (2,50 €) gezahlt werden.

Island of Joy

Abends Kino, tagsüber Touristenattraktion, wirbt Maltas modernstes Kino **Castle Theatre** mit der gut 20-minütigen **360°-Panorama-Lichtbildshow Island of Joy** (Insel der Freude). Die Vorstellung im klimatisierten Hauptsaal zu Geschichte und Gegenwart auf Gozo wird mittels Kopfhörer (acht Sprachen, darunter Deutsch) textlich und musikalisch untermalt.

●Ecke Castle Hill Road/Triq ir-Repubblika, Tel: 21559955, Vorstellungen Mo–Sa 10:30–15:30 Uhr, sonn- und feiertags bis 13 Uhr alle halbe Stunde, Eintritt stolze Lm 2, Kinder Lm 1.

It Tokk (Independence Square) und Altstadtgassen

Am ehemaligen Galgen- und Richtplatz it-Tokk liegt heute das lebhafte kleine **Zentrum Rabats** mit seinen verwinkelten Altstadtgassen.

Auf dem Platz rund um das britische Weltkriegsdenkmal und in den Gassen dahinter findet täglich ein bunter **Vormittagsmarkt** mit Kleidung, Souvenirs, Haushaltswaren und Stoffen statt. Die Fußgängerzone mit kleinen Geschäften und Boutiquen reicht bis zur Georgskirche und der Palm Street.

Am oberen Ende des Platzes steht ein halbrundes Gebäude aus dem frühen 18. Jh., die so genannte **Banca Giuturale,** wo die Richter früher der Menschenmenge Urteile verkündeten und bei Todesurteilen dem Vollzug auf dem Platz beiwohnten. An dem Gebäude ist das richterliche **Wappen** mit drei Hügeln der „Bergdörfer" Zebbuġ, Xagħra und Nadur zu erkennen, ein Symbol des richterlichen Dreierkollegiums und heute Provinzialflagge Gozos.

In der Palm Street liegt ein **Franziskanerinnenkloster** aus dem späten 17. Jh. Die Ordensgemeinschaft war bereits um 1500 nach Gozo gekommen, lebte aber bis zum Bau der Klosteranlage in Grotten unterhalb der Anlage.

St. George's Basilika

Eine St.-Georgs-Pfarrkirche für die Bewohner unterhalb der Zitadelle wurde schon im 15. Jh. errichtet, das aktuelle Bauwerk wurde von *S. Bondi* erst 1672–1678 umgebaut. Die Kuppel fiel dem Erdbeben von 1693 zum Opfer und musste komplett neu aufgebaut werden. 1755 wurde St. Georg vom damaligen Bischof *Bussan* als Basilika inauguriert. 1818 schließlich kamen die beiden symmetrischen Glo-

Traditionelles Waschhaus

Gozo

ckentürme hinzu, und die Fassade wurde zu ihrem heutigen Erscheinungsbild restauriert. Das Titularbild (Hl. Georg) im Inneren der außergewöhnlich prunkvollen Basilika stammt von *M. Preti*, von dem weitere Werke im Quergestühl zu sehen sind.

Għajn il-Kbir – Waschhaus

Verlässt man den Busplatz über die Main Gate Street (Triq Putrigal) nach links über den St. Francis Square hinweg, so erreicht man die **Konventskapelle Our Lady of Pompej.**

Ein Schild davor weist Richtung Xlendi; folgt man diesem etwa fünf Gehminuten die Triq Dminka hinab, ist der Vorort **Fontana** erreicht. In einer Kurve liegt rechts ein (uninteressanter) Andenkenladen, links das noch heute (!) benutzte offene **Steinwaschhaus** Għajn il-Kbir. An der natürlichen Quelle ließ der deutsche Ordensritter *Fra W. P. Guttenberg* um 1800 für die ärmere Bevölkerung Tröge in den Felsen hauen. Seither wird in dieser Grotte dem Anspruch der Johanniter nach Reinlichkeit und Hygiene genüge getan.

Unterkunft

Kurioserweise bietet die gozitanische Hauptstadt keine offiziellen Unterkünfte in Form von Hotels oder Apartmentanlagen.

● Einzig das **Casalgo House,** Kercem Rd., Tel: 21553723, Fax: 21554199, bietet Bed & Breakfast ab Lm 5/Person und Nacht. Wer anruft oder über die Tourist-Information Valletta bucht, wird kostenlos vom Hafen Mġarr abgeholt. Die Besitzerin, Frau *C. Vella*, vermittelt auch preiswert Ferienhäuser und FeWos auf Gozo.
● Darüber hinaus werden in der Triq Wied Sara Street am nordwestlichen Stadtrand einige wenige zu Ferienhäusern umgebaute **Farmhäuser** (Landhäuser) vermietet, etwa **Ta' Wied Sara** (***), Tel: 21557255/6, **Razzett Sara** (***), Tel: 2 561280/1, oder **Razzett Cora** (***), Tel: 21561280/1.

Essen und Trinken

● Rabats Toplokal mit Garten liegt unterhalb der Zitadelle in der Castle Hill Road. Das **Citadello,** Tel: 21556628, 21562062, bietet an Freitagen Grillabende mit folkloristischen Darbietungen; Wein, Antipasti, gegrillter Fisch/Huhn/Steak, Salat und Backkartoffeln sowie Früchte „all you can eat" kosten Lm 6,10 pro Person, für Kinder Lm 3,30.
● Günstig isst man in der Pizzeria **Chips and Dale** (St. Francis Square) mit einfachen Gerichten und Snacks. Spezialität ist die Pizza Gozo Style mit Kartoffelscheiben als Belag.
● Ebenfalls sehr beliebt ist das einfache Café & Restaurant **Belluga** am it-Tokk.
● Im **Coffee Break Café** gegenüber vom Busbahnhof gibt es Kuchen und süßes Gebäck, aber auch günstige Snacks.
● Die Konditorei im netten **Café del Corso** neben dem Astra Theater wird als beste auf ganz Gozo gerühmt.
● Eigentlich ist das **Central Coffee House** (am it-Tokk) nur eine kleine Bar. Das Innere wurde mit Portraits von Rommel und Montgommery dekoriert, ansonsten ist jeder freie Platz an der Wand mit Bierdeckeln aus aller Welt beklebt. Gozitanische Weine können hier vor dem Kauf kostenlos probiert werden.
● Ein zünftigeres Weinlokal ist **Id-Dverna,** 10 St. Georges Street, stilvoll in einem alten Gewölbe eingerichtet.
● Weitere einfache Bars für einen kühlen Drink sind **Tapie's** am St. Francis Square, die **Coney Island Bar** am Sabina Square oder die **Castle Hill Bar** in der Castle Hill Street.
● Besonders beliebt und derzeit absolut in sind die Bars der beiden Opernhäuser **Aurora** und **Astra** in der Triq Republika.

Einkäufe

● Neben dem täglichen **Vormittagsmarkt** am it-Tokk und in den Altstadtgassen lohnt ein

Bummel durch die moderne *Tigrija Palace Shopping Mall* in der Main Gate Street, wo auf vier Etagen zahlreiche Boutiqen, Fachgeschäfte und die Delikatessen-Metzgerei Craj liegen.

●In der *Top Discount Boutique* vor der Shopping Mall sind lokale Textilien gelegentlich zu Schleuderpreisen zu haben.

●Eine weitere Einkaufspassage ist die *Orient Shopping Arcade* (neben dem Astra-Theater) mit Buchladen, Frisör und Bookworm Buchund Zeitschriftenhandel.

●Ganz neu ist die *Arcadia Shopping Mall* in der Triq F. Mizzi. Hier findet man u.a. den besten Supermarkt Gozos (mit Delikatessen und Frischfleischtheke im UG, einen Zeitschriftenhandel und die erste *Mc Donald's* Filiale auf Gozo.

●Sehr zu empfehlen ist ferner für Selbstversorger das *Fischgeschäft* in der Triq G. B. Olivier (5 Min. vom Busplatz entfernt).

Unterhaltung

Es ist erstaunlich, was Victoria – nach mitteleuropäischer Größenordnung nicht mehr als ein größeres Dorf – kulturell zu bieten hat.

●Interessant ist die Filmvorführung *Faces of Gozo* im Astra-Theater (Tel: 21447234, Mo-Sa 11:30 Uhr, Lm 2). Wer mehr über die Hintergründe des Lebens auf Gozo erfahren möchte, sollte sich den Bericht über Kultur, Menschen und Geschichte der Insel einmal ansehen.

●Die „Opernhäuser" *Astra* und *Aurora* (vom Busplatz rechts in die Republic Street) sind beide jeweils knapp 1000 Zuschauern Platz bietende „Multifunktionssäle", in denen gelegentlich sogar Opern aufgeführt werden. Hauptsächlich dienen beide unter der Woche als *Kinos,* an Wochenenden wird der hiesigen Jugend in den Untergeschossen *Diskothekenbetrieb* angeboten. Die aktuellen Programmangebote hängen jeweils außen aus.

●Als Kinosaal dient abends, wenn die Touristen den Ort verlassen haben, auch das *Citadel Theatre,* Castle Hill Rd., Tel: 21559955, wo tagsüber „Island of Joy" läuft.

●Eine sehr beliebte Diskothek ist *Disco Planet,* Triq G. Vella , Tel: 21560325, hinter der Orient Shopping Arcade.

●Vor dem Diskobesuch trifft man sich nebenan im *La Stella Band Club* mit Billard und Snack-Bar.

●Zum Top-Treffpunkt hat sich seit Mitte der 90er Jahre *The Legends Danceclub,* Triq Repubblika, Tel: 21556452, entwickelt.

Leihfahrzeuge

Victoria kann zwar nicht mit dem Angebot in Marsalforn oder Xlendi mithalten, einige Anbieter finden sich aber auch in der Hauptstadt.

●*Gozo Rent-a-Car,* 31 Republic Street, Tel: 21556291, Leihwagen, Flughafentransport.

●*Victoria Garage,* 5 Xaghra Road, Tel: 21552908, Fahrräder, Mopeds, und PKW.

●Eine reine PKW-Mietagentur ist *Mayjo Rent-a-Car,* Triq Fortunato Mizzi, Tel: 21556678, gegenüber Arcadia-Mall.

Information und Agenturen

●Die *Touristen-Information* bietet ihre Dienste (Hilfestellung bei Unterkunftsuche, Auskünfte zu kulturellen Ereignissen usw.) im UG der Tigrija Shopping Mall (Republic St.) Mo-Sa 9:30-12:30, 13-17 Uhr; So/Fe nur 13-17 Uhr.

●Flugtickets, Schiffspassagen (Italien, Nordafrika), Ausflüge aller Art und Sonderexkursionen (z.B. die bei Fotografen beliebte Helikoptersafari über Gozo bei Sonnenuntergang für Lm 29) bietet *John Portelli Enterprises,* Tel: 21550334, heli@datoursgozo.com.

Sonstiges

●*Internet* bieten die Cafés der beiden Theater *Astra* und *Aurora* (Triq Repubblika) oder im UG der Tigrija Shopping-Mall.

●Die *Polizeidienststelle* liegt in der Republic Street/Ecke Main Gate Street und kann unter Tel: 21562040 erreicht werden.

Gozo

- Eine Filiale der **HSBC Bank** liegt neben dem Aurora Theatre, die **Bank of Valletta** mit EC-Automat ist in der Republic Street mit zwei Filialen neben Polizei und Orient Shopping Arcade vertreten.
- Die von Montag bis Samstag nur an Vormittagen geöffnete **Hauptpost** befindet sich in der 129 Triq Repubblika.
- Bei gesundheitlichen Notfällen hilft das **Craig General Hospital,** Archbishop Pietru Pace Street, Tel: 21561600.

An-/Abreise

- Der **Busbahnhof** von Victoria fungiert als zentraler Verkehrsknotenpunkt auf Gozo, sofern man nicht mit einem eigenen Fahrzeug oder Taxi unterwegs ist. Von hier aus fahren alle Busse (⟋ Busplan) sternförmig die wichtigsten Orte der Insel an. Die wichtigste Linie ist die 25, die zwischen Victoria und dem Fährhafen Mġarr verkehrt (Lm 0,20, letzter Bus zur Fähre um 20 Uhr).
- **Taxistände** befinden sich am Busplatz sowie am it-Tokk, eine Fahrt nach Mġarr kostet etwa Lm 6, nach Marsalforn ca. Lm 4.
- Kein Problem bereitet der **Fußweg** nach Xlendi über das Waschhaus Għajn il-Kbir; für die knapp drei Kilometer immer bergab über ein Dorfsträßchen (Waschhaus) benötigt man nicht mehr als eine halbe Stunde. Weniger ratsam ist es, die gut 4 km nach Marsalforn entlang der Hauptstraße zu gehen.

Munxar

[Munschar]   ⟋ Umschlag vorn/B2

Das Dörfchen Munxar, 1,5 km südlich von Victoria gelegen, betreibt traditionell Milchviehzucht in Stallhaltung und Bewirtschaftung der umliegenden Felder – normalerweise also nicht einmal eine Randnotiz wert.

Leider steht der Name Munxar aber auch stellvertretend für ein trauriges Kapitel der maltesischen Gegenwart. Kaum anderswo wird der aufmerksame Beobachter auf mehr **Schrotpatronen** treffen als an der schroffen Felsenküste bei Munxar. Hunderte von Zugvögeln, darunter auch einige bedrohte Arten, fallen der **Vogeljagd,** dem Volkssport Nummer Eins auf Malta gerade hier zum Opfer (⟋ Natur, Tierwelt).

Entlang der ansonsten malerischen **Klippenwanderung** über die Sanap Cliffs von oder nach Xlendi wird der Wanderer genug zu diesem Thema sehen oder hören.

Xlendi

[Schlendi]   ⟋ Umschlag vorn/A2

Im Gegensatz zu Marsalforn mit seinen diversen Stränden bietet das kleine **Fischerdorf** Xlendi nur eine einzige, sehr kleine Strandbucht mit Bademöglichkeit. Der – ohne Touristen – nur 300 Einwohner zählende Ort besticht allerdings durch seine fjordähnliche Lage in den Klippen von Xlendi, die sich beidseitig über 100 Meter hoch erheben. Im Gegensatz zum eher weitläufigen Marsalforn ist Xlendi überschaubar und winzig – und gerade deshalb bei vielen Besuchern besonders beliebt. Bootsausflüge, Wanderungen, Schwimmen und Tauchen sind die Hauptaktivitäten.

Sehenswertes

An der rechten Uferpromenade führt eine in den Felsen gehauene

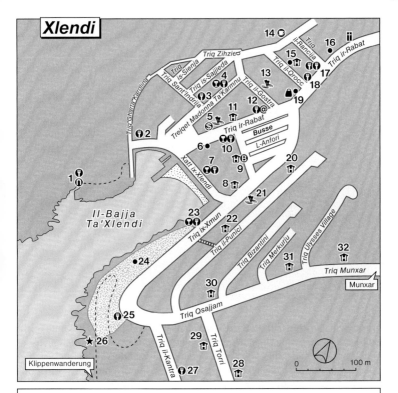

Xlendi

Il-Bajja Ta'Xlendi

Klippenwanderung

0 100 m

- **① 1** Grotte Għar ta-Karolina
- **❶ 2** Ta Carolina Restaurant
- **❶ 3** Laguna Restaurant
  und Josepha Pastizzeria/Snacks
- **❶❶ 4** It Tmun Bar & Restaurant
- **🏠** und Ferienwohnungen
- **Ⓢ☂ 5** HSBC-Bank und Utina Divers
- **● 6** Ulysses-Services
- **❶❶ 7** Moby Dick Bar & chin. Restaurant
- **🏠 8** Hotel San Andrea
- **🏠 9** St. Patrick Hotel
- **Ⓑ** und zentr. Bushaltestelle
- **❶❶ 10** Sunshine Bar & Restaurant
- **🏠 11** Grech-Ferienwohnungen
- **❶ 12** Southern Fried Chicken/
- **@** Internet Café
- **☂ 13** Moby Dives
- **◎ 14** Bajja Rock Café und Xlendi Rock Café
- **● 15** Menter Fahrzeugverleih
- **● 16** Tourist Service Xlendi
- **❶ 17** Valley View
- **❶** und Seashell Restaurants
- **❶ 18** Le Val d'Or Restaurant
- **🍱 19** Mini-Markt,
- **●** Tourist Service AEL
- **🏠 20** Ferienwohnungen Punici-Street
- **☂ 21** St. Andrew Divers
- **🏠 22** Serena Hotel
- **❶❶ 23** Churchill Bar & Restaurant
- **● 24** Badeplatz Grejn
- **❶ 25** Il Terazzo Restaurant
- **★ 26** Xlendi Tower
- **❶ 27** Da Manoel Restaurant
- **🏠 28** Villa Bronja
- **🏠 29** San Antonio Guesthouse
- **🏠 30** Villa Xemxija
- **🏠 31** Ulysses Village
- **★ 32** Xlendi Gardens

Treppe zur **Grotte Għar Ta Karolina,** um die sich eine kleine Legende rankt: Während des türkischen Überfalles von 1551 wurde auch die Bevölkerung von Xlendi verschleppt oder getötet. Einer Fischertochter namens Karolina gelang es, zur Grotte zu schwimmen und sich vor den herannahenden Türken in der Grotte zu verbergen – sie blieb als Einzige unentdeckt und so am Leben.

Am gegenüberliegenden Ende der Bucht führt der Weg vorbei am kleinen **Bade- und Liegeplatz Gnejn** zum **Xlendi-Tower,** einem Johanniterturm von 1658, errichtet unter Großmeister *de Redin.* Von hier aus hat man einen

Xlendi – eingebettet in die Klippen

famosen Blick über die gesamte Bucht und die umliegenden Klippen, insbesondere abends wirkt der ockerfarbene Steinstrand unterhalb des Turms mit seinen zahlreichen Salzpfannen wie eine gemalte, goldgelbe Sandwüste.

Wanderungen

Xlendi ist der beste Ausgangspunkt für kürzere und längere Wanderungen entlang der schroffen Felsenküste Südgozos. Mit ziemlicher Sicherheit werden hier kaum Fußgänger (außer ein paar Vogelschützen) unterwegs sein, so dass man das fantastische Panorama und die Landschaft für sich hat.

● Ein sehr einfacher und empfehlenswerter **Rundweg** führt über den Johanniterwachturm immer oben an den Klippen (Sanap

Cliffs) entlang **nach Munxar,** wo man über die Triq San Pawl/Triq il Bajjada entlang der Felder von Munxar zurück nach Xlendi läuft (insgesamt etwa 1,5 bis 2 Stunden).

●Eine zweite, ebenfalls sehr angenehme, allerdings längere Wanderung **entlang der Küste nach Mġarr** führt zunächst ebenfalls die Sanap-Cliffs entlang bis kurz vor Munxar, wo man dann aber rechts der Nebenstraße bis Sannat zum Ta'Ċenċ-Plateau folgt.

Dort läuft man auf eine mehrfache Verzweigung des Feldweges mit einem Baum in der Mitte zu. Hier halte man sich links und folge dem Weg (wird teilweise asphaltiert, bleibt aber eine Piste) etwa 2 Kilometer, bis man vor einer Rechtskurve linker Hand das Tal Mġarr ix-Xini sieht. Hier führt ein Trampelpfad 50 Meter zum befestigten Weg hinunter, dem man nach rechts bis in die Bucht folgt. Von hier aus kann man den Weg bis Mġarr fortsetzen (↗ Mġarr ix-Xini, Xewkija). Die knapp 12 km lange Gesamtstrecke ist nicht ganz einfach zu bewältigen, zumal es außer in Sannat keine Erfrischungsmöglichkeiten gibt.

Unterkunft

Viele Besucher buchen vor ihrer Anreise ein Arrangement mit Ferienwohnung, daher liegen auch nur wenige **Hotels** im Ort:

●**St. Patrick's Hotel** (****), Xlendi Place, Xlendi, Tel: 21562951, Fax: 21556598, stpatricks@vjborg.com. Bestes und traditionsreichstes Hotel mit Flair auf Gozo.
●Direkt um die Ecke liegt das **San Andrea Hotel** (***), Triq ix-Xmun/St. Simon St., Tel: 21565555, reservations@hotelsanandrea.com, mit angeschlossener Tauchbasis direkt gegenüber.

Beide Hotels sind ältere, traditionelle Häuser deren Hauptplus die zentrale Lage am Ufer ist. Früher Taucherhotel betten heute auch manche Tourgruppen im San Andrea ihr Haupt. Die *St. Andrew Divers*, Tel: 215 51301, Fax: 21561548, arrangieren übrigens Aktivitäten aller Art einschließlich Ferienwohnungen und komplette Reisearrangements.
●Erst vor wenigen Jahren wurde der Bedarf insbesondere von Backpackern an B & B ge-

deckt und das **San Antonio Guesthouse** (***), Triq it-Torri/Tower St., Tel: 21563555, Fax: 21555897, eröffnet, welches sich im typisch maltesischen Stil sehr hübsch ins Straßenbild integriert. Klein und familiär.
●Sehr schöne Zimmer und kleine Apartments werden 100 m weiter auf der gegenüberliegenden Straßenseite bei **Vila Bronja** (**) vermietet, Tel: 21551954, mail@come2gozo. com. Schlicht und ordentlich, Seeblick allerdings nur in den oberen Etagen.
●Ansonsten dominieren in Xlendi die Apartmentanlagen, die teilweise sehr unterschiedliche Leistungen offerieren, dafür allerdings auch vom Preis her kaum zu schlagen sind. Nach umfassender Renovierung erstrahlt die Anlage des **Serena Aparthotel** (**), Triq Punici, Tel: 21553719, Fax: 21557452, serena@ vol.net.mt, unter anderem mit Sub-Post-Office, einem MiniMarkt und einem Privatparkplatz in neuem Glanz mit einem Hauch von Exklusivität.
●Das **Ulysses-Village** (*), Triq Ulysses, Tel: 21551616, Fax: 21554606 moby@digigate.net, eine Anlage der Tauchschule *Moby Divers* im Ort, entstand primär für Taucher, wird mittlerweile aber überwiegend von Nichttauchern und sogar von Einheimischen als Mietwohnung genutzt.
●Nebenan liegen die **Xlendi Gardens** (*) von Mr. *Ludgard Gatt*, Tel: 21553717, Fax: 215 52865, info@gozolastminute.com, der Deutschen gegenüber schnell durch seine „Stuttgarter Zeit" ins Gespräch kommt und sich als Eigentümer persönlich um alles kümmert sowie auf Wunsch Flughafentransfer usw. arrangiert.

Beide Anlagen sind mit großem Wohnzimmer/Terrasse, Küche, Bad und 2 Schlafräumen etwa baugleich und sind schon ab Lm 25/Woche zu haben (zum Vergleich: auf Malta zahlt man durchschnittlich das Dreifache). Beide Anlagen liegen gut 10 Gehminuten vom Zentrum entfernt oben am Berg Richtung Munxar (zu Fuß sehr steil). *Ulysses* liegt eine Reihe näher am Meer, dafür ist Anlage der *Xlendi Gardens* insgesamt etwas hübscher. Bei beiden haben einige wenige Apartments Meerblick.
●Weitere Ferienwohnungen haben auch die zahlreichen ↗ Agenturen im Zentrum im An-

gebot. Zu den Apartmentanlagen fährt im Sommer morgens zwischen 8 und 9 Uhr ein Marketender-Bäckerwagen.

Essen und Trinken

Neben Marsalforn bietet Xlendi das breiteste Angebot an Restaurants und Snackbars auf Gozo, so dass sich hier für jeden Geldbeutel und Geschmack etwas finden lässt.

● An der Uferpromenade Triq il-Marina liegen rechts das **Stonecrab,** Tel: 21556400, und das **Ta Carolina,** Tel: 21559675. Beide sind ausgezeichnet, einen qualitativen Unterschied gibt es kaum, das *Stonecrab* ist allerdings etwas teurer.

● Für maltesische Küche empfiehlt sich **Da Manoel** weit oben in der Trix ix-Xmun, Tel: 21561022; nicht ganz billig, aber ausgezeichnet.

● Exquisite Fisch- und Fleischgerichte am oberen Ende der Preisskala bietet das **It-Tmun,** Trejet Madonna Ta'Karmnu, Tel: 21566276. Man rechne mit Lm 8 pro Menü, geöffnet nur 12–14 Uhr und 18–22 Uhr.

● Um die Ecke (Triq St. Indrija) liegen das günstige **Snacklokal Pastizzeria Josefa** und das gute, nicht überteuerte **Laguna Restaurant,** Tel: 21556323.

● Burger und Hähnchenschenkel gibt es bei **Southern Fried Chicken** in der Triq ir-Rabat.

● Ein paar Häuser weiter die Straße hinauf liegt ein kleiner **Supermarkt** für Selbstversorger.

● Etwas außerhalb an der Straße nach Victoria liegen kurz hinter der Diskothek La Grotta die bei Einheimischen sehr beliebten und guten Restaurants **Il Kenur,** Tel: 21551149, (maltesische Spezialitäten) und **Taverna del Ponte** (internationale Küche).

● Großartig bei leiser Musik sitzt man auf der schönen, die Bucht überschauenden Terrasse von **Il Terazzo,** Triq Qsajjam, Tel: 21434646, oberhalb der Badeplätze. Das Essen ist vorzüglich (täglich frischer Fisch), das wunderbare setting hat natürlich seinen Preis.

Unterhaltung

● Abends sitzt man sehr schön die Bucht überblickend oben am Hügel im **Il Terazzo Bar & Restaurant,** Triq ix-Xmun, Tel: 215 61944.

● Die **Churchill Bar** am linken Ende der Promenade ist etwas preiswerter und einfacher, Tel: 21555614.

● Zumindest im Sommer wird im **Xlendi Rock Café** sowie im benachbarten **Bajja Rock Café** (beide am oberen Ende der Trejjet Madonna ta Karmnu) mit zunehmender Stunde die Stimmung immer besser.

● An der Hauptstraße nach Victoria, etwa 1 km außerhalb (Lärmschutz) liegt die **Disco la Grotta,** Tel: 21551149, die aber vermutlich mangels Besucher bald geschlossen wird.

Tourist Services

Eine Hand voll Institutionen in Xlendi bietet gewissermaßen „Rundum-Sorglos-Pakete" mit Leihfahrzeugen, Wohnungen, Touren usw. aus einer Hand. Diese Unternehmen werden wegen der Bezeichnung „Tourist Service" oft mit der Touristeninformation verwechselt, haben aber mit dem MTO (Malta Tourist Office) nichts zu tun.

● Ein langjähriger und zuverlässiger Anbieter für **Leihfahrzeuge** und **Unterkunftsarrangements** ist *Menter,* Tel: 21557838, in der Triq il-Qrocc. An der Hauptstrasse Triq ir-Rabat haben sich mehrere **Agenturen** etabliert, u.a. *AEL Touristservice,* www.aelgozo.com, mit Fahrzeugverleih, Rädern, Ausflügen, Unterkunft etc. Tel: 21560891. Ähnliches bietet *Gozo Tourist Services,* Triq ir-Rabat, Tel: 215 60683, www.xlendi.com, wo auch Mopeds, Farmhäuser und Bed & Breakfast-Unterkünfte angeboten werden.

Tauchschulen

● Einige Tauchbasen haben sich in Xlendi angesiedelt, die recht neue Schule **Moby Dives** (PADI 5-Star Basis), in der Triq il-Gostra, Tel: 21551616, Fax: 21554606, sowie die **St. Andrew Divers,** Triq ix-Xmun, Tel: 21551301, Fax: 21561548. Letztere bieten auch attraktive Komplettangebote mit Wagen und Wohnung (⌕ Unterkunft und Tauchen).

Bootsausflüge, Bootsverleih

Wer etwas länger in Xlendi bleibt oder den gesamten Urlaub auf Gozo verbringt, kann an diversen Bootsausflügen um Gozo, nach

Comino (Blue Lagoon) oder nach Sweethaven (Anchor Bay/Popeye Village) teilnehmen.

● Der größte Anbieter ist **Xlendi Pleasure Cruises,** Xlendi Promenade, Tel: 21562548. Angeboten wird beispielsweise eine Ganztagestour Comino mit Badeaufenthalt in der blauen Lagune für Lm 3. Der gleiche Veranstalter verleiht auch Ruderboote und bietet Wasserski-Kurse an.

Sonstiges

● Banken mit EC- und Wechselautomaten liegen an der Hauptstraße nahe St. Patrick's Hotel, als „**Hilfspost**" *(Sub Post Office)* dient das Serena Aparthotel.

● Die **Dorfpolizei** liegt in der Triq St. Indrija und ist im Notfall unter Tel: 21556419 zu erreichen.

● Eine **IDD-Telefonzelle** liegt den Hügel hinauf in der Triq ix-Xmun gegenüber Il Terazzo. Karten dafür sind in den Souvenirläden am St. Patrick Hotel erhältlich.

Monument der Johanniter –
der Aquädukt von Gozo

Kerċem und Sta. Lucija

[Kertschem] ⚲ Umschlag vorn/A-B2

Nur knapp 2 km westlich von Victoria, und somit notfalls auch zu Fuß erreichbar, liegt das Gebiet um die **landwirtschaftlich geprägten Siedlungen** Kerċem und Sta. Lucija. Wer zu Fuß nach Dwejra unterwegs ist, sollte ab Victoria via Kerċem und Sta. Lucija laufen. Diese kleine Nebenstrecke ist weit weniger befahren als die Hauptroute Victoria – St. Lawrenz.

Unmittelbar an der Hauptstraße, die keinen Kilometer nördlich von Kerċem verläuft, liegt ein gut erhaltenes Teilstück des **Aquäduktes,** welches im 18. Jh. von einer Quelle des Għejn Abdul bis Rabat verlief.

Gozo

Keine 500 Meter weiter (Richtung St. Lawrenz/Għarb) steht linker Hand die einst sehr wichtige *Getreidemühle St. Nicholas.*

Ġebel Ben Ġorġ
[Dschebel ben Dschordsch]

Landschaftlich interessanter als der Weg über Sta. Lucija ist für Selbstfahrer die Route über den Ġebel Ben Ġorġ und die *Ta Saraflu Cliffs* (westlicher Ortsausgang Kerċem links). An mehreren Aussichtspunkten hat man einen großartigen Blick über die Klippen und hinunter nach Xlendi. Gut zwei Kilometer hinter Kerċem zweigt links ein schmaler, zunächst asphaltierter und nur per Moped befahrbarer Weg ab, zu erkennen an dem kleinen *Gedenkstein* für *Gregory Grech* an der Abzweigung.

Dieser Weg führt auf den Höhenzug Ġebel Ben Ġorġ, an dessen Ende der *Aussichtspunkt Wardija Point* mit herrlichen Ausblicken über die Steilküste liegt. Hier wurden *punische und römische Gräber* entdeckt, von denen aber nur noch Reste zu sehen sind.

Zurück am Gedenkstein, führt die Nebenstraße links hinab zu einem großen *Steinbruch,* wo die ockerfarbenen Globigerinenkalksteine für die Gebäude auf Gozo abgebaut werden.

Hier wird das Sträßchen zur Piste und führt durch das sehr fruchtbare Tälchen *Wied Ilma* (Tomaten, Zwiebeln, Kakteen) nach Norden. 1,5 km

Azure Window

nach dem Steinbruch überquert man eine kleine Brücke, der im Sommer ausgetrocknete Bach Ilma fließt in den Inland Sea bei San Lawrenz.

Rechter Hand liegt die höchste Erhebung Gozos *Għajn Abdul* (195 m), wo jene Quelle entspringt, die GM *Wignacourt* zum Bau des Aquäduktes (⊅ Kerċem) nach Rabat veranlasste. Die Abzweigung hinter der kleinen Talbrücke führt rechts zurück nach Sta. Lucija und Kerċem, links hinauf nach San Lawrenz.

San Lawrenz
[San Laurenz] ⊅ Umschlag vorn/A2

Nach Westen gabelt sich die Hauptstraße 3 km westlich von Rabat und führt rechts nach Għarb, links nach San Lawrenz. Der linken Route 300 m folgend, erreicht man das *Gozo Crafts Centre* (Tel: 21556160, geöffnet Mo–Sa 7:30–16:45 Uhr, Sommer bis 18:45 Uhr, Eintritt frei). Die Gebäude wurden um 1600 von den Johannitern als Kaserne für die in der Zitadelle (Victoria) stationierten Ritter angelegt. Die Engländer nutzten die Gebäude als Zentralgefängnis von Gozo, was sie bis 1960 blieben. Bis 1988 war dann hier das naturgeschichtliche Museum untergebracht, und nach dessen Verlegung in die Zitadelle entstand schließlich das Crafts Centre mit dem Ziel, die gozitanischen Handwerksprodukte vorzustellen. Zu sehen sind unter anderem Töpferwaren, Leder, gewobene Textilien und Schmiedearbeiten.

500 Meter weiter liegt San Lawrenz, benannt nach seiner **Pfarrkirche.** Sie wurde 1956 von dem berühmten *Guzè Damato* (↗ Glossar) auf den Fundamenten des Vorgängerbaus aus dem 17. Jh. errichtet. An der Kirche liegt eine Bar, an der sich die Straße rechts nach Għarb und links zum Dwejra Point, dem eigentlichen Ziel vieler Besucher von San Lawrenz verzweigt.

Die Serpentine führt hinunter zu einem Parkplatz mit Snackbar, rechter Hand weist ein Hinweisschild zum **Inland Sea** (Binnensee). Der Salzwasser-See ist durch einen natürlichen, 200 m langen schnurgeraden Tunnel durch die hohen umgebenden Felsen mit dem offenen Meer verbunden. Es lohnt sich, einmal durch diese Grotte zu schnorcheln. Ein paar Fischer, die am See wohnen, bieten Bootsfahrten vom Inland Sea durch die Grotte und entlang der Küste (Azure Window, Fungus Rock) an, die Preise sind Verhandlungssache und liegen bei Lm 5 pro Boot für einen knapp einstündigen Ausflug.

Am Parkplatz geradeaus gelangt man zu einer malerisch aus dem Meer herausragenden Felsbrücke, die wegen des Farbkontrastes zum blauen Meer **Azure Window** (It-Tiega) genannt wird und eines der beliebtesten Fotomotive auf Gozo ist.

Von hier aus ist auch unterhalb der Klippen das **Blue Hole** zu sehen, ein von der Wasseroberfläche kreisrund in die Tiefe abfallender Krater, der sich

Gozo

durch die Lichtspiegelung tiefblau vom umliegenden Wasser abhebt. Das Blue Hole ist ein beliebter Startpunkt für erfahrene Taucher, wobei sich der Krater erst in einer Tiefe von etwa 15 m ins offene Meer hin öffnet (♫ Tauchen).

Am Parkplatz führt ein Pfad nach links hinunter zum **Qawra-Tower,** dem westlichsten Johanniterwachtturm von 1651. Die Hauptaufgabe der Besatzung war weniger die Beobachtung herannahender Feinde als vielmehr der Schutz des ♫ Fungus Rock.

Der Pfad führt in die beliebte Badebucht **Bajja id-Dwejra (Dwejra Bay).**

Von hier ist auch der legendäre **Fungus Rock** (Il Ġebla tal-General) zu sehen. Auf dem 20 m hohen, aus dem Meer aufragenden Felsen wächst eine in ganz Europa einzigartige und nur auf diesem Felsen vorkommende Pflanze: der **Malteserschwamm** *(Cynomorium Coccineum).* Die Ärzte des Johanniterordens gewannen aus dem Kraut ein Elixier, welches sie in ihren Spitälern als extrem blutstillendes Mittel einsetzten. Das Wundermittel wurde zu hohen Preisen auch an gutbetuchte Monarchen verkauft und erfreute sich großer Beliebtheit. Aus Angst, der Felsen könne „geplündert" werden, ließ GM *Jean Lascaris Casteller* den Qawra Tower bauen und sogar einen Ritter auf dem Felsen stationieren. Doch damit nicht genug: Der ausschließlich Johannitern gestattete Zugang zum Felsen war nur durch eine abenteuerliche Konstruktion mittels eines an einem Seil gezogen Transportkorbes von Gozo fast 40 Meter über das Meer zum Fungus Rock möglich.

Erst Ende der 1960er Jahre wurde das Gewächs auf mögliche Wirkstoffe von englischen Wissenschaftlern untersucht; den Ergebnissen zufolge hat seinerzeit offenbar nur der Glaube Berge versetzt und Blut gestillt ...

An-/Abfahrt

● Die **Busse 91** und **5** (selten) halten sowohl in San Lawrenz als auch direkt am Parkplatz an der Küste.

Unterkunft

● Für prallere Geldbeutel (Sommer/Winter: Lm 55/35/Person inkl. Frühstück) bietet das **San Lawrenz Leisure Resort,** Triq ir-Rokon, San Lawrenz, Tel: 21558640, Fax: 21562977, beachtlichen Luxus als Konferenz-, Heil- und Urlaubszentrum. Die Gäste sind in Suiten (Wohnzimmer, Schlafzimmer, Bad) mit schöner Aussicht untergebracht. Modernes Thalgo Marine Heilcenter, breites Sportangebot: Tennis, Squash, Laufen, Tauchen, Hallensportarten. Achtung! Die Anlage wird derzeit erweitert und ist teilweise eine Baustelle.

Għarb

[Ahrb]   ♫ **Umschlag vorn/A1-2**

Zurück in San Lawrenz, biegt man an der Kirche links ab zum sich unmittelbar nördlich anschließenden Dorf Għarb. Dort liegt am Ortseingang eine verwirrende Straßengabelung: Die vermeintliche Hauptstraße nach links durch Tomatenfelder zum westlichsten Punkt Maltas, dem Ras San Dimitri, ist aber eine Sackgasse.

Die tatsächliche Hauptstraße knickt an den ersten Häusern scharf rechts ab und führt in den Ort; dort verläuft sie dann erneut in einem Rechtsknick, während links eine Gasse zu San Dimitri abzweigt – ein Schild ist nur aus der anderen Richtung zu sehen!

Die kleine **Kapelle San Dimitri** liegt mitten in den Feldern auf einer kleinen Anhöhe mit schönem Rundblick über Nordwest-Gozo und wurde im 17. Jh. errichtet. Weniger das Gebäude selbst als vielmehr die Entstehungsgeschichte verlockt zu einem Besuch: Bereits im 16. Jh. stand an dieser Stelle eine Kapelle zu Ehren des Heilgen *Dimitri*, der hoch zu Ross als große Statue in der Kapelle dargestellt war. Als 1551 der Pirat *Dragut* mit seinen Mannen Gozo vernichtend überfiel, wurde auch die alte Kapelle zerstört und der Sohn einer alten Frau gemeinsam mit vielen anderen in die Sklaverei verschleppt. Die verzweifelte Mutter flehte an den Resten der Kapelle *Dimitri* an, als sich dessen Statue aus den Trümmern leibhaftig zu Pferde erhob und über das Meer den Piraten folgend entschwand. Nach einiger Zeit kehrte *Dimitri* mit dem jungen Mann hinter sich auf dem Pferd nach Għarb zurück, die Kapelle wurde ihm zu Ehren wieder errichtet. An diese Geschichte erinnert das Bildnis in der Kapelle, welches die alte Frau mit dem gefesselten Sohn sowie den Heiligen *Dimitri* zeigt.

Im Ort ist das **Heimatmuseum** an der Kirche sehenswert (geöffnet täglich 9–19 Uhr, Eintritt Lm 1, Kinder Lm 0,50). Das hübsch restaurierte maltesische Farmhaus zeigt in 28 thematisch aufbereiteten Räumen die einstigen Lebens- und Arbeitsbedingungen der Menschen auf dem Land.

Die Pfarrkirche von Għarb **Our Lady of Virtue** wurde 1729 von *G. Azzopardi* auf dem Grundriss eines griechischen Kreuzes und mit symmetrischen Zwillingsglockentürmen errichtet.

An-/Abfahrt

● **Busse 91** und **5** halten an der Pfarrkirche.
● Zur **Dimitri-Kapelle** gelangt man aber nur zu Fuß oder mit eigenem Fahrzeug. Hierzu folgt man ab Pfarrkirche der Triq Birbuba bis zum scharfen Knick der Straße, geradeaus führt der Triq San Dimitri (beschildert) erst als Gasse, dann als Hohlweg zur Kapelle.

Sonstiges

● In der Triq il Knisja (Hauptstraße Richtung Victoria) liegt eine **HSBC Bank** sowie die **Ortspolizei,** Tel: 21556409.

Window

In Għarb zweigt ein zunächst befestigter Feldweg nach Nordosten ab (man kann auch hinter Ta Pinu links den Weg erreichen (↗ Umschlagkarte vorn) und fährt dann auf dem zunehmend unbefestigteren Weg immer grob Richtung Nordküste. Sobald man diese erreicht hat (Plateau, Rechtskurve) sollte man halten um die kleine Schwester des **Azure Window** (San Lawrenz) zu besuchen: Ein vollkommen ungesicherter Bergziegen-Betonpfad führt hinunter. Der Weg führt von hier weiter die Küste entlang bis zu einer Art Kleingärtnerei, wo der Weg wieder befestigt ist; dahinter nimmt man gleich die erste Straße nach links und erreicht bald die Salzpfannen der Xwieni Bay/Marsalforn. Sehr empfehlenswerter Abstecher.

Gozo

Għammar

[Ahmmar] ↗ **Umschlag vorn/A-B1**

Von der Hauptstraße Għarb – Victoria zweigt 700 Meter hinter dem Ortsausgang Għarb nach links eine gut ausgebaute Nebenstraße ab.

Hier liegt nach etwa 1 km linker Hand eine der meistbesuchten Wallfahrtskirchen Gozos. Die **Basilika Ta Pinu** (geöffnet täglich 6:45–18:30 Uhr, um 12:30 Uhr für eine Andacht 30 Minuten geschlossen). Im 16. Jh. stand hier eine kleine Kapelle, an der die Bauern der Gegend um reichhaltige Ernte baten. Erst im September 1883, als die Għarber Bäuerin *Carmela Grima* ein Gebet verrichtete und aus dem kleinen Altar Stimmen zu ihr sprachen, erlangte der Ort inselweite Berühmtheit. Zahlreiche einheimische Pilger folgten und berichteten von wundersamen Genesungen, die sich hier ereignet haben sollen. *Papst Pius XI.* erkannte den Ort als wundersame Wallfahrtsstätte an, was zum Bau der heutigen Wallfahrtskirche Ta Pinu, 1931 zur Basilika geweiht, führte. Das Grab der Bäuerin *Grima* ist in der linken Seitenkapelle zu sehen; zu ihrer letzten Ruhestätte und der Kirche pilgern jährlich Tausende Hilfesuchender. Von Besuchern dieser heiligen Stätte wird besondere Pietät erwartet, ein Betreten in kurzen Hosen oder mit freiem Oberkörper ist nicht gestattet.

Vor dem Ortsausgang von Għammar weist links ein Hinweisschild den Weg hinauf zum **Fanal Ta Ġordan (Gordon Lighthouse)**, der zweithöchsten Erhebung Gozos (185 m). Von der Zitadelle in Victoria abgesehen, genießt man hier den schönsten Blick über die Insel. Der Leuchtturm dient der Schifffahrt zwischen Sizilien und Malta als Orientierungspunkt.

Kurz vor der Kirche von **Għasri** liegt linker Hand ein kleiner Supermarkt, der sich durch eine sehr nützliche Besonderheit auszeichnet: Er ist auch während der Siesta geöffnet!

Unterkunft

● **Camelot House** *G. & P. Strauß*, San Katald Street, 6020 Għarb/Gozo, Tel: 21561596, Ferienwohnungen (Farmhaus). Dort können auch Wagen und Wanderungen gebucht werden.

An-/Abfahrt

● Gleich zwei **Buslinien** bedienen den berühmten Wallfahrtsort: Die **90** fährt von Victoria via San Lawrenz bis Ta Pinu, die **91** weiter über Għasri bis Żebbuġ.

Żebbuġ

[Sebbudsch] ↗ **Umschlag vorn/B1**

Ab Għasri immer links gelangt man zu dem auf einem 160 Meter hohen Tafelberg gelegenen **Höhendorf** Żebbuġ (2000 Einwohner), dem nördlichsten Ort auf Gozo.

Die **Ortskirche** von 1739 weist einen interessanten, mit einer kleinen Geschichte verbundenen „Irrtum" auf: Ein alter Uhrmacher aus Xagħra wurde beauftragt, an den beiden Türmen eine Uhr sowie eine Kalenderuhr anzubringen. Der Mann fertigte aber, sei es aus Senilität, sei es wegen eines Hörfehlers, zwei Uhren und brachte diese an der Kirche an. Als der Irrtum bemerkt wurde, stellte der Mann eine der Uhren ab und bemerkte, dies sei ein Schutz vor dem Teufel, der nun nicht feststellen könne, wessen Zeit in Żebbuġ bereits abgelaufen sei. Daher wird der Besucher noch heute eine laufende und eine stehende Kirchenuhr sehen.

● Entlang der Hauptstraße liegen mehrere *Kneipen,* darunter das *Żebbuġ Rovers Vereinsheim & Bar* und die *Quarju Bar.*
● Beste *Busverbindung* ist die 90, zur Not geht auch die 91 (via San Lawrenz).

Für Selbstfahrer dürfte die Strecke von Żebbuġ *nach Marsalforn* über die Höhen weit interessanter sein als die neue „Autobahn" von Victoria im Tal. Man verlässt Żebbuġ nach Norden entlang der Serpentinen am Fußballplatz der *Żebbuġ Rovers* Richtung Marsalforn.

Zahlreiche *Salzpfannen* liegen unten an der Küste, wo noch heute im Sommer auf traditionelle Weise Salz gewonnen wird: Meerwasser wird eingelassen, und durch die Verdunstung bleibt kristallisiertes Salz zurück.

Marsalforn

⚓ Umschlag vorn/B-C1

Das einst kleine Fischerdorf Marsalforn an der gleichnamigen Bucht hat sich in den vergangenen Jahren rapide zum **beliebtesten Touristenort auf Gozo** entwickelt. Das „gozitanische Buġibba" setzt sich auf einer Länge von drei Kilometern aus mehreren Teilabschnitten entlang der Küste zusammen.

Die Serpentinen von Żebbuġ herunterkommend, erreicht man eine kleine Abzweigung, an der links die Felsbadebucht *Xwejni Bay* sowie einige *Salzpfannen* liegen.

Entlang des Hauptweges rechts weiter erstreckt sich die **Qbajjar Bay** (ebenfalls mit Bademöglichkeit), die sich als modernes Siedlungsgebiet mit einer neuen, großen Uferpromenade Triq Santa Marija bis zum eigentlichen Ort Marsalforn hinzieht. Manche Touristen bevorzugen als Standort das ruhigere Qbajjar gegenüber dem gut 1 km entfernten Marsalforn, eine Erschließung dieses Abschnittes ist noch im Entstehen begriffen.

● Eine sehr schöne Uferpromenade mit Spielplatz führt von Ortsrand Marsalforns über die Klippen bis zur Xwieni Bay (ca. 500 m) und verfügt zwar über keine Gastronomie, aber einige sehr schöne Wohnlagen wie die **Seaview Apartments** (**), Frau *Miriam Azzopardi*, Tel: 21555353, Mobil: 79208899, oder die **Caruana Flats** (**), wunderschöne Ferienwohnungen mit Meerblick, zu buchen unter www.gozovacations.com, Tel: 21563060.

Hier endet auch die Uferpromenade und setzt sich hinter dem kleinen Strand als Ortsteil Xwieni Bay mit dem gehobenen **Restaurant Chez Amand,** der *Horizon Bar* und der *Seagull Pizzeria* fort.

Der **Hauptort Marsalforn** mit seinen zahlreichen Restaurants und Unterkünften wurde besonders durch seinen **Sandstrand** bei Besuchern beliebt. Einen Sandstrand unmittelbar im Ort bietet in ganz Malta sonst nur noch Birżebbuġa, **Wassersport** wie Schwimmen, Tauchen oder Bootsausflüge sind also die Hauptaktivitäten vor Ort.

Gozo

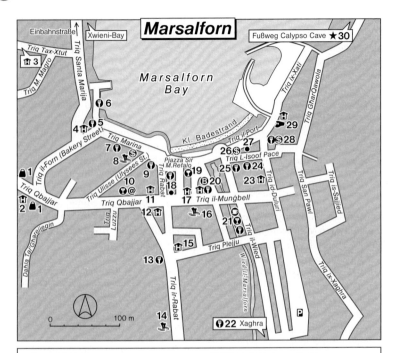

Marsalforn

🛒	1	Mini-Märkte	🏠	17	Maria Giovanna Hostel
🏠	2	Ritz Holiday Flats	●	18	2 Wheels Moped-Verleih,
🏠	3	Atlantis Hotel	🍴		Popeyes und Il Kaptan Restaurants
🏠	4	Green Lantern Flats,	🍴	19	St Paul's Bar
		Xlendi Pleasure Cruises	🏠🍴	20	Il Plajja Guesthouse mit Bar & Rest.,
🍴	5	Neptune und Pierre's Restaurants	⑧		Bus und Telefon
🍴	6	Yellow Rock, Smuggler's Cave und	ⓒ	21	Jessica's Delights Caféteria
		Marlene Restaurants	🍴🍴		und Tom's Tuck Inn Bar & Rest.
🍴	7	Scallops Restaurant	🍴	22	Taj Mahal Restaurant
⑤	8	Bank of Valletta (EC),	🏠	23	Ulysses Village
🤿		Scubatech Divers	🍴	24	Gauleon Restaurant
🍴	9	Pizzeria Ic Kaptan	🍴	25	Pizzeria Ritz
🍴@	10	Yellow Rock Pub u. Internetcafé	⑤	26	APS Bank (EC)
🏠	11	Lantern Guesthouse	●	27	Mayjo Tourist Service
🏠	12	Marsalforn Hotel	🤿		& Calypso Diving Centre
🍴	13	FuHua Chinese Rest.	🍴	28	Republik Restaurant
🤿	14	Gozo Sports Diving Center	⑤		und HSBC-Bank
🏠	15	Peprose Court	🚔	29	Polizei,
		Holiday Accomodation	🏠		Calypso Hotel
🤿	16	Nautic Team Divers	★	30	Gefährlicher Felsstrand

Ansonsten bieten sich **Wanderungen** entlang der Küste via Qbajjar und San Dimitri bis Għarb oder – sehr beliebt – nach Osten zur Calypso Cave an.

Letztere beginnt in der Triq Għar Qawqla beim Calypso Hotel. Am Ende der Straße liegt die Felsbucht **Għar Qawqla,** ein Schild weist auf die Gefahren beim Schwimmen hin. Vor der Treppe führt ein Pfad den Hang hinauf, der die Klippen entlang bis zur 3½ km entfernten ↗ Calypso Cave führt. Sofern man sich an allen Abzweigungen stets links hält, ist ein Verlaufen ausgeschlossen.

Gozos größter Touristenort: Marsalforn

An-/Abfahrt

● Um das touristische Zugpferd Marsalforn noch attraktiver zu gestalten, wurde die **Busverbindung** der Linie **21** erheblich verbessert. Sie fährt mittlerweile noch häufiger (26 Mal am Tag) als die Victoria-Mġarr-Linie; und nicht nur das: Der Bus fährt auch noch – ein in Malta einmaliger Vorgang – bis 22:30 Uhr!
● Nur im Sommer fährt die 21 auch weiter die Küste entlang bis **Qbajjar/Xwieni Bay.**

Unterkunft

Marsalforn ist die Adresse schlechthin für Unterkünfte auf Gozo, insbesondere im unteren und mittleren Preissegment. Dabei sind im Zentrum hauptsächlich Hotel- und Guesthouse-Unterkünfte vertreten, wohingegen schöne Ferienwohnungen mit Meerblick vor allem im Ortsteil Qbajjar zu finden sind (s.o.).

● Das **Calypso Hotel** (***), Marsalforn Bay, Tel: 21562000, Fax: 21562012, hotelcalypso

Gozo

@gozo.com, darf sich als Nummer Eins vor Ort bezeichnen und liegt unmittelbar am alten Bootshafen. Unterkunft der ordentlichen Mittelklasse in guter, zentraler Ortskernlage.

●Alternativ werden Gruppenreisende zunehmend auch im jüngeren *Atlantis* (***), Triq Il-Qolla, Tel: 21554685, Fax: 21555661, atlantis@digigate.net, untergebracht. Einfache, moderne Zimmer in ruhiger Seitenstraßenlage.

●Backpacker wird es freuen dass sich Marsalforn als Hochburg der einfachen Unterkünfte weiterhin großer Beliebtheit erfreut und einige gute und preiswerte Guesthouses bietet. Das *Marsalforn Guesthouse* (*) in der Triq Qbajjar, Tel: 21556147, hat seine besten Zeiten hinter sich (war mal ein Hotel mit 20 Zimmern) und bietet mit Übernachtungspreisen ab Lm 3 die günstigste Möglichkeit vor Ort. Sehr einfach, aber o.k.

●Schräg gegenüber liegt das jüngere *Lantern Guesthouse* (*) (gelegentlich auch als *Green Lantern* bezeichnet), Triq Qbajjar, Tel: 215 56285/21554186, Fax: 21556285. Ebenfalls sehr einfach aber ordentlich, die Preise sind im Sommer leicht höher als im Marsalforn, im Winter gleich.

●Recht neu in Marsalforn ist das *Maria Giovanna Hostel* (**), ebenfalls sehr zentral und nur wenige Meter neben der Bushaltestelle. Die Besitzer *Maria* und *Josef Bugeja* bieten allerlei diverse Unterkünfte von B & B über Apartments bis hin zu Farmhäusern mit Pool im Umland von Marsalforn. Infos und Buchung unter Tel: 21553630, Fax: 21551931, info@tamariagozo.com.

●Weitere Ferienwohnungen ♫ Ortsteil Qbajjar sowie die örtlichen Agenturen.

Essen und Trinken

●Zunächst muss auf die hochklassigen Fischrestaurants am Ende der Triq Marina Aufmerksam gemacht werden. Gleich drei Häuser – *Il Kartell*, *Neptune* und *Pierre's* – konkurrieren unmittelbar nebeneinander, wobei Pierre's eindeutig der Vorzug zu geben ist. Alle drei mit schöner Uferterrasse quasi auf Meeresspiegelhöhe.

●Im *Yellow Rock*, Triq Qbajjar/Ecke Triq Ulysses, wird Pizza (Lm 1,50–2,50), prächtige Salatteller (Lm 1,50–2,25) und leckere Fleisch-

gerichte (ab Lm 3,40) serviert. Abends lebhafter Pub-Betrieb.

●Sehr beliebt ist im mittleren Preissegment *Smugglers Cave* mit großer Außenterrasse bei guten, preiswerten Portionen, wobei vor allem Fischgerichte sehr empfehlenswert sind (Shrimpcocktail Lm 2,10, Lasagne Lm 1,75, gemischte Fischplatte Lm 5,50, *Fenek*/Kaninchen auf Vorbestellung Lm 4,20). (Angeschlossene Autovermietung, Tel: 21551005, Fax: 21559959).

●Etliche einfache Strandlokale findet man an der Uferpromenade. Besonders gut mundet der Garnelencocktail (*prawn salad* Lm 2) bei *Marlene,* Triq Marina, auch die leckeren Omelettes (Lm 2–2,50) sind üppig und mehr als sättigend. Das Interieur orientiert sich übrigens an der gleichnamigen ehemaligen Filmlegende.

●Ganz schlichtes Interieur, aber sehr günstige Preise bietet die kleine *Cocktail Bar & Pizzeria Ritz* (Sandwich 30–45 Ct., Burger 1 Lm, *Local Beer* 40 Ct.), ein Stückchen landseitig in der Triq il-Wied gelegen und meist nur abends geöffnet.

●Selbstverpfleger finden ein paar kleine *Lebensmittelgeschäfte* in der Triq Qbajjar.

●Gebäck und Café bietet *Jessicas Delights* Dolceria/Cafeteria in der Triq il Wied.

Unterhaltung

An den Abenden flanieren Einheimische wie Touristen entlang der Uferpromenade oder sitzen bei einem kühlen Getränk in einer der zahlreichen Bars.

●Nett sind unter anderen die *St. Paul's Bar* am Pjazza M. Refalo sowie *The Yellow Rock Pub* in der Triq Qbajjar/Ecke Triq Ulysses.

●Am späten Abend steigt die Stimmung in der *Disco Platinum* (im Calypso-Hotel, geöffnet ab 22 Uhr).

Aktivitäten

●*Xlendi Pleasure Cruises* (Xlendi) betreiben auch eine Filiale in Marsalforn, gleich am Eingang der Bucht, Tel: 21555667. Bootsausflüge usw. können zu gleichen Preisen auch hier organisiert werden, u.a. gehören die

Nautic Team Divers, Tel: 21558507, in der Triq il Mungħell sowie das *Calypso Diving Centre,* Tel: 21562000, info@calypsodivers.com. Neu sind die *Scubatech-Divers* direkt im Zentrum, Triq Marina, sowie (von Rabat kommend am Ortseingang links) *Gozo-Aquasports* (↗ Tauchschulen).

●Dem Atlantis Hotel ist das *Atlantis Diving Centre,* Qolla Street, Tel: 21560837, 21563623, Fax: 21555661, angeschlossen.

●In Früh- und Spätsommer, insbesondere im September, wird auf Gozo seit neuestem das *Parasurfen* (surfen mit Hilfe eines Gleitfallschirmes) bevorzugt in der Ramla-Bay, betrieben. Clubs und Verleihstellen gibt es noch nicht, doch haben sich schon etliche Freaks um den gozitanischen Surfer *Christopher Tabone* geschart. Er bietet allen Interessenten an, unter it@gozochannel.com Kontakt aufzunehmen.

Sonstiges

●Beim *Mayjo Tourist Service,* Tel: 21555650, www.intersoftgozo.com/mayjo, in der Triq il-Port werden neben Leihfahrzeugen auch Fahrräder und Ferienwohnungen vermietet.

●*Internetcafé & Dive Bar* direkt neben Scubatech an der Uferpromenade.

●*Fahrräder* und *Mopeds* vermietet *On 2 Wheels,* Triq Qbajjar, Tel: 21561503, gegenüber vom Marsalforn-Guesthouse.

●Die örtliche *Polizeistation* liegt unterhalb des Calypso Hotels in der Triq ix-Xatt (Tel: 21556415), daneben eine Filiale der *HSBC Bank.* Eine *Bank of Valletta* befindet sich an der Ecke Triq Marina/Triq Ulysses.

Calypso Cave und Bajja ir-Ramla

↗ Umschlag vorn/C1

Es bleibt zu hoffen, dass die Erwartungen des Lesers nach der Lektüre der griechischen Sage zur Wohnhöhle der Kalypso (↗ Anfang des Gozo-Kapitels) nicht allzu sehr enttäuscht werden. Die *Calypso Cave* oberhalb der Ramla Bay, 2 km nördlich von Xaghra, könnte durchaus unter dem Motto stehen: „Wie mache ich aus einem Loch im Boden eine Touristenattraktion?" In der Tat kommen viele Besucher mit der Vorstellung hierher, eine Oase vorzufinden. Die Realität sieht so aus, dass in einer Mischung aus rutschiger Kletterpartie und kletternder Rutschpartie mit Hilfe einer Taschenlampe (Feuerzeug) die „nackten Tatsachen" der Grotte erkundet werden können. Hernach mochte schon so mancher Besucher dem griechischen Götterboten die gelbe Binde mit den drei schwarzen Punkten verleihen. Immerhin: Es ist rund um die Uhr geöffnet, der Eintritt ist frei.

Herrlich ist dagegen der Ausblick über die östlich der Höhle gelegene *Ramla Bay.*

Blickt man genau geradeaus auf das Meer, so ist schemenhaft 20 Meter vom Ufer entfernt eine Mauer zu erkennen. Sie entstand 1730 unter GM *de Vilhena* als Teil einer *Verteidigungslinie:* Quer durch die gesamte Ramla Bay verlief kurz unter der Wasseroberfläche diese etwa 50 cm breite Mauer. Beidseitig der Bucht wurden etliche etwa 2 Meter tiefe Löcher in den massiven Felsen geschlagen und mit Pulver und Steinen gefüllt. Im Falle einer geplanten Landung in der Ramla Bay wären feindliche Schiffe auf die Mauer gelaufen und zum Halten gezwungen worden; dann wären die „Krater-Mörser" gezündet worden, und ein Steinregen hätte die Schiffe zerstört.

Gozo

●Zur Höhle gelangt man als Selbstfahrer oder Fußgänger via Nadur, Xagħra oder Marsalforn, insbesondere von oder nach Marsalforn bietet sich der Spaziergang entlang der Klippen (♫ Marsalforn) an.

Am Ende des fruchtbaren Ramla-Tals öffnet sich meerseitig die Bucht ir-Ramla. Mit ihrem 400 m breiten Sandstrand lockt die **Ramla Bay** endlose Besucherströme – im Hochsommer fragt man sich in der Tat, wo die Leute alle herkommen. Außerhalb der Hochsaison verlieren sich dagegen nur wenige Touristen in der feinen Sandbucht, die als die schönste von ganz Malta gehandelt wird. Ein paar Imbissstände und Veleihstellen von Strandutensilien säumen die Zufahrt.

●Im Sommer fährt **Bus 42** via Nadur in die Bucht.
●Zwischen der Ramla Bay und der Calypso Cave gibt es keine direkte Verbindung, man muss eine Piste hinauf über die kleine Siedlung **Il Pergla** nördlich von Xagħra fahren (zu Fuß 45 Minuten) oder die Hauptstraße über Xagħra.

Ta-Kola-Windmühle

Xagħra

[Schahra]   ♫ Umschlag vorn/C2

Die Kleinstadt Xagħra (3500 Einwohner) bietet eine ganze Reihe von Sehenswürdigkeiten; von den Besuchern der Steinzeittempel von Ġgantija abgesehen, machen sich allerdings die wenigsten auf den Weg nach Xagħra.

Ausgangspunkt eines Besuches ist die moderne Pfarrkirche am Victory Square, hier zweigt die Racecourse Street (Triq it-Tigrija) ab, der man bis zur Triq Ġnien Xibla folgt; in Haus Nummer 10 verbirgt sich das **Pomskizillious Museum of Toys,** ein kleines privates **Spielzeugmuseum** mit einer interessanten Sammlung kurioser, überwiegend handgefertigter Spielzeuge. Ebenso interessant ist auch der Name des Museums, denn bei dem Wort „pomskizillious" handelt es sich um eine Neuschöpfung des englischen Humoristen und Globetrotters *Edward Lear* (1812–88). *Lear*, Sohn eines wohlhabenden Londoner Börsenmaklers mit 20 Kindern, besuchte auf seinen zahlreichen Reisen auch Malta und Gozo und beschrieb die Inseln schlicht und ergreifend als *pomskizillious*. Der Gründer des Museums war von dieser Umschreibung derart angetan, dass er sein Haus danach benannte.

Nicht weit von der Pfarrkirche (ausgeschildert) lohnt ein Besuch von zwei unterhalb von Wohnhäusern gefundenen **Tropfsteinhöhlen.**

Auf seinem Grundstück in der 17. January Street stieß Herr *Ninu* bei Grabungen auf eine Höhle, **Ninu's Cave,** über deren Alter und Verwendung es zahlreiche Spekulationen gibt. Böse Zungen behaupten, *Ninu* habe, da die Familien *Xerri* und *Ninu* sich nicht grün sind, die Höhle als Attraktion „entdeckt", nur um den *Xerris* eines auszuwischen.

● Geöffnet täglich 8:30–18 Uhr, Tel: 215 56863.

Die zweite Höhle, **Xerri's Grotto,** entdeckte Herr *Xerri* 1923 auf der Suche nach Wasser unterhalb seines Hauses. Er stieß auf eine große Tropfsteinhöhle etwa 10 Meter unter der Oberfläche. Zusätzlich bohrte er einen Brunnen nochmals 5 Meter in die Tiefe.

● Geöffnet täglich 9–19 Uhr, Eintritt Lm 1, die Urenkelin des Herrn *Xerri* führt persönlich.

Von der Kirche der 8. September Street 100 Meter Richtung Ġgantija folgend, liegt linker Hand in der Triq il-Bambina die **Ta-Kola-Windmühle** (beschildert), eine der schönsten erhaltenen Mühlen Maltas.

Im kleinen **Windmill Museum** an der Mühle, der ehemaligen Schmiede von Xagħra, werden alte Werkzeuge, die Schmiede sowie Gegenstände aus der Mühle ausgestellt.

● Eintritt ab 19 Jahre Lm 1, sonst frei; geöffnet Mo–Sa 8:30–17 Uhr, So bis 15 Uhr, Tel: 21560820.

Einen Kilometer südlich von Xagħra, an der großen Kreuzung zur Verbindungsstraße Nadur – Victoria liegt die **Pferderennbahn (Racecourse)** von Gozo, wo in den Wintermonaten allwöchentlich Rennen stattfinden.

● Bei der Pfarrkirche am Victory Square liegen auch die Endstation der **Buslinie 64** (die **65** endet am Spielzeugmuseum), die Filialen der **Bank of Valletta** und der **HSBC Bank,** die **Ortspolizei,** Tel: 21556426, sowie die **Lokale** *Oleander Bar, Diamond Jubilee* und *Olympic Bar.* Eine **Poststelle** befindet sich in der Racecourse Street.

● Das **Cornucopia** (****) ist Xagħras einziges Hotel, 10 Gnien Imrik Street, Tel: 21556486, Fax: 21552910, vjbgozo@maltanet.net, nahe Xerri's Grotto (beschildert ab Kirche). Tolle Lage am Hang, schöne Terrasse, stilgerechte Zimmer, das angeschlossene **Restaurant** lohnt einen Besuch auch für Tagesbesucher.

Ġgantija [Dschantiia]

Den Hauptgrund vieler Besucher für einen Abstecher nach Xagħra bilden die **Ġgantija Prehistoric Temples.** Die Anlage wurde 1827 erstmals freigelegt, die Arbeiten wurden von dem deutschen Zeichner *von Brocktorff* in Skizzen festgehalten. Gründlichere Untersuchungen folgten erst im 20. Jh., nachdem das Nationalmuseum von Valletta den Komplex übernommen hatte. In den 1950er und 60er Jahren schließlich wurden die Steinzeittempel in ihren heutigen Ausmaßen freigelegt und restauriert.

Die Anlage besteht aus zwei getrennten Tempeln, dem kleeblattförmigen, älteren Südtempel (ca. 3600 v. Chr. sowie dem jüngeren, doppelnierenförmigen Nordtempel (ca. 3000 v. Chr.). Wie alle neolithischen Tempel wurde auch Ġgantija ausschließlich zu religiösen Kulthandlungen genutzt (♫ Geschichte).

Beide Tempel werden von einer riesigen gemeinsamen **Mauer** umgeben, die noch heute eine Höhe von bis zu

Gozo

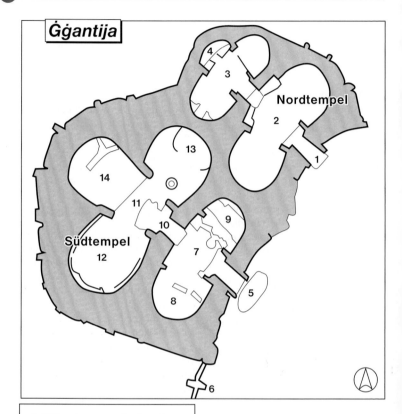

Ġgantija

Nordtempel

Südtempel

1 Trilitheneingang zum Nordtempel
2 Vorraum
3 Hauptraum
4 Zentralnische/Schrein
5 Bodenplatte
  und Zugang zum Südtempel
6 Reste des ehemaligen Vorhofes
7 Vorraum
8 Seitenaltar
9 Abgetrennter Seitenaltar
10 Durchgang mit Bodenlöchern
11 Hauptraum
12 Linke Seitenkammer
13 Rechte Seitenkammer
  mit runder Brandstelle
14 Hauptschrein

acht Metern erreicht und ursprünglich rund 15 Meter hoch gewesen sein soll. Für ihren Bau wurden Einzelfelsen von bis zu 6 Metern Höhe und einem Gewicht von bis zu 60 Tonnen verwendet. Der Name Ġgantija geht auf die heimische Bevölkerung zurück, da die bereits vor den Ausgrabungen aus der Erde herausragenden Megalithen auf eine weibliche Urgottheit (*Ġgantija* = Gigantin) zurückgeführt wurden, analog zur Magna Mater auf Malta.

Den älteren **Südtempel,** mit gut 25 m Achsenlänge das größte und wohl älteste erhaltene Bauwerk seiner Art, betritt man über einen mit Kalksteinplatten ausgelegten Eingang.

Dahinter liegt eine **Vorkammer** mit Altären, Feuerlöchern und mit ockerfarbenen Schlangenlinien verzierten Steinplatten.

Hinter einem drei Meter langen Durchgang an der Stirnseite mit mehreren Fackellöchern im Boden befindet sich der kleeblattförmige **Hauptraum** mit einer Gesamtgrundfläche von etwa 150 m². In den Seitenkapellen rechts und links standen kleinere Altäre und Heiligtümer, das Haupttheiligtum befand sich in dem „Blatt" an der Stirnseite. Alle Wände des Tempels sind außen grob belassen worden, innen abgeschliffen und verziert. Die Innenböden bestehen teilweise aus glatt bearbeiteten Platten sowie dem maltesischen Kalkgips (Torba).

Der jüngere **Nordtempel** ist insgesamt kleiner und besteht aus einem etwas größeren, nierenförmigen Vorraum sowie dem Hauptraum mit dem leicht erhöhten Allerheiligsten, einem (nicht mehr erhaltenen) Trilithenaltar in der Zentralnische an der Stirnseite.

Außerhalb der Mauern von Ġgantija wurde bei den Grabungen von 1827 auch eine jungsteinzeitliche, unterirdische **Begräbnisstätte** entdeckt, die dem Hypogäum von Pawla ähnelt und nach dem seinerzeit der Entdeckung beiwohnenden deutschen Maler **Brocktorff Circle** genannt wurde (auf der anderen Seite der Hauptstraße, nicht zugänglich).

● Ġgantija Prehistoric Temples, 8. September Street (gut ausgeschildert), geöffnet täglich 8:30–17 Uhr, So nur bis 15 Uhr. Eintritt Lm 2.

Nadur   ↗ Umschlag vorn/C2

Nadur (3400 Einwohner) liegt auf einem rund 150 Meter hohen Plateau und gilt als die wohlhabendste Gemeinde auf Gozo. Dies liegt hauptsächlich an den sehr fruchtbaren Tälern rund um Nadur, dem Hauptanbaugebiet gozitanischer Agrarprodukte.

Von Victoria Richtung Nadur fahrend erblickt man schon von weitem den **Kenuna Tower Botanical Garden,** ein auffälliges, turmähnliches Bauwerk am Ortsrand von Nadur. Beim Kenuna Tower handelt es sich um eine unter dem seinerzeitigen Gouverneur *Richard O'Ferrall* 1848 gebaute **ehemalige Telegrafenstation.** Die zusätzliche Bezeichnung „Botanical Garden" für das Areal scheint etwas zu verwirren, da es sich um wenig mehr als einen kleinen öffentlichen Park (Eintritt frei) mit einigen auf den maltesischen Inseln endemischen Pflanzen handelt. Bestechend ist hier hauptsächlich die überragende Aussicht über die südöstliche Hälfte der Insel und Comino bis hinüber nach Malta; absolut untouristisch und empfehlenswert! Am Ortseingang der Haarnadelabzweigung nach rechts hinauf folgen (beschildert).

Im Ort ist der wohl prunkvollste Kirchenbau Gozos sehenswert, die **Pfarrkirche Peter und Paul.** Das Bauwerk entstand in seiner Grundform 1760 bis

Gozo

1804, entscheidende Umbauten gehen auf den örtlichen Priester *M. Camilleri* zurück, der einige Jahre im Vatikan verbracht hatte und die Ortskirche prächtiger gestalten wollte. Er beauftragte 1904 *Francesco Sciortino*, Bruder des berühmteren *Antonio Sciortino*, mit der Erweiterung der Pfarrkirche um eine große Kuppel und Seitentürme sowie mit der aufwendigen Neugestaltung der Fassade. Bis 1914 waren die Arbeiten abgeschlossen.

Von Nadur aus sind zwei hübsche Badebuchten in je etwa 2,5 km Entfernung zu erreichen. Über den Vorort **Bin Gemma** (beschildert „Bin Gemma – St. Blas") führt eine Nebenstraße zur **San Blas Bay,** der vielleicht schönsten und ruhigsten Badebucht auf Gozo. Der Sandstrand wird wesentlich seltener besucht als das im Sommer überlaufene Ramla. Selbstfahrer sollten ihr Fahrzeug in Bin Gemma abstellen, da auf dem schmalen Weg in die Bucht besteht keinerlei Parkmöglichkeiten bestehen.

Auch die nahe gelegene **Daħlet Qorrot Bay** (zwischen Nadur und Bin Gemma beschilderte Abzweigung nach rechts) ist empfehlenswert, aber nicht ganz so hübsch. Immerhin kann man hier von einem 4 Meter hohen Felsen am unteren Ende des Treppengeländers ins Meer springen.

Die Felder rund um beide Buchten sind nicht mit den üblichen Steinmauern, sondern mit **Schilfmatten** abgetrennt, was die Fruchtbarkeit der Gegend unterstreicht.

● Es gibt keine **Busverbindungen** zu den Buchten, die Linien **42** und **43** halten am Pjaz-

za San Pietru u San Pawl vor der Pfarrkirche in Nadur.

● **Fußgänger** gehen über die Triq San Ġwann und Triq San Blas zur San Blas Bay bzw. auf der Triq Daħlet Qorot zur Daħlet Qorot Bay.

Qala

['Ala]   ♫ **Umschlag vorn/D2**

Bei den meisten motorisierten Tagesausflüglern bildet Qala, das östlichste Dorf der Insel, die letzte Station einer Tour durch Gozo.

Von Nadur kommend, liegt an der Hauptstraße die **St.-Joseph-Pfarrkirche** von 1872, wo auch die Busse 42 und 43 halten.

Als Ausflugsziel lockt der **Aussichtspunkt Hondoq ir-Rummien** (Schild „Hondoq" folgen, aufpassen: die Schilder werden zunehmend verwitterter). Auf dem Weg dorthin (Triq Kunċizzjoni) passiert man die Kapelle **Sta. Immaculata** aus dem 11. Jh.

Die **Hondoq-Bay** selbst ist bei weitem nicht so schön wie Ramla oder gar San Blas, dafür besticht aber der Blick über den Gozo-Channel nach Comino. Im Sommer bietet dort ein kleiner Kiosk etliche warme Snacks und Getränke.

● Als preiswerte Unterkunftsalternative zu den Luxushotels von Mġarr bietet sich das kleine **St. Joseph-Guesthouse** (*), 131, Triq Kuncizzjoni, Tel: 21556573, an (nahe Kirche).

Ehemaliges Fort Sta. Marija auf Comino

Comino

🎵 **Umschlag hinten**

Mitten im Malta und Gozo trennenden **Kanal Il-Fliegu (Gozo Channel)** liegt Maltas mit 2,8 km² drittgrößte, verwaltungstechnisch zu Gozo gehörende Insel Comino. Der Name leitet sich aus dem lateinischen Wort für **Kümmel (Cumminum)** ab, dem im Mittelalter auf der Insel hauptsächlich wachsenden Gewürzstrauch.

Wie die großen Inseln des maltesischen Archipels wurde auch Comino schon zur **Bronzezeit** besiedelt, phönizische und römische Grabfunde deuten auf eine Fortsetzung der Besiedlung im Altertum hin. Im Zuge seiner großen Verteidigungslinie mit zahlreichen Wehrtürmen auf Malta und Gozo ließ der Großmeister der **Johanniter** Alof de Wignacourt 1618 auch Comino verstärken.

Für die **Engländer** mit ihren zahlreichen, an Gewürzen reichen Kolonien war Comino jedoch unbedeutend, die Insel verödete und blieb bis in die jüngere Vergangenheit unbewohnt.

Nachdem eine verheerende Schweinepest in den 1980er Jahren den gesamten Bestand Maltas vernichtete, wurde auf Comino ganz allmählich ein neuer **Schweine-Zuchtbetrieb** etabliert.

Gleichzeitig eröffnete ein deutsch-schweizerisches **Nobelhotel** an der Nordseite, so dass heute wieder – von den Touristen abgesehen – rund 25 Menschen die Insel besiedeln.

Comino

Sehenswertes

Alle ankommenden Ausflugsboote, die nicht nur in der Blue Lagoon ankern, legen – wie auch das Fährboot – in der *Sta. Marija Bay* auf der Nordseite an. In der Bucht liegen rechter Hand die Bungalows des Comino-Hotels, den Pfad hinauf links die *Polizei* (Tel: 21573960), der *Campingplatz* sowie die kleine *Kapelle Marija Asunción.*

Die benachbarte **San Niklaw Bay** gehört zum Hotel, das gesamte Gelände ist umzäunt und ausschließlich Hotelgästen zugänglich.

Weiter den Hügel hinauf liegt rechter Hand ein von einer hohen Mauer umgebener katholischer **Friedhof.**

Ein kurzes Stück weiter erheben sich oberhalb der Südklippen das **Fort Sta. Marija** und der **Sta. Marija Tower (Comino Tower).** Beide entstanden auf Anweisung von Großmeister *Wignacourt* von *V. Cassar* (1618). In der Anfangszeit diente das Fort mit seiner 120 Mann starken Besatzung seinem Zweck entsprechend als Verteidigungsposten gegen mögliche Pirateneinfälle. Über die spätere Verwendung gibt es zahlreiche Spekulationen. Einerseits, heißt es, wurde hier eine Strafgefangenen-Kolonie eingerichtet, die für den Anbau des Kümmel zu sorgen hatte. Anderen Quellen zufolge wurde auf Comino eine Quarantänestation für Seuchenbefallene errichtet. Ganz Kühne behaupten gar, die Johanniter hätten hier ein Jagdrevier etabliert und Rotwild sowie Wildschweine importiert, um sie anschließend heldenhaft auf der winzigen Insel jagen zu können. Heute wohnen im alten Fort einige in der Schweinezucht tätige Landwirte.

In den Klippen unterhalb des Turmes befindet sich auf Meereshöhe die so genannte *Zwillingshöhle,* benannt nach ihren zwei Eingängen, von denen einer durch einen Geheimgang mit dem Sta. Marija Tower verbunden gewesen sein soll. Die Höhlen sind nur seeseitig, beispielsweise während der Überfahrt von Malta nach Gozo zu sehen.

Der Weg führt weiter zu einer *Küstenwachstation* sowie zu den Resten eines weiteren Johanniterturmes.

Am Sta. Marija Tower führt ein Trampelpfad die Klippen entlang zur berühmten *Blue Lagoon* (Blaue Lagune). Das kristallklare, im Sonnenlicht in verschiedenen Blautönen schillernde Wasser der Lagune zwischen Comino und dem Nachbarinselchen Cominotto zieht täglich Hunderte von Tagesausflüglern an. Der Badebereich wurde weitläufig abgesichert und ist für Boote nicht zugänglich, Schnorcheln in der zwischen einem und fünf Meter tiefen Lagune lohnt sich vor allem an der Südseite (zwischen Cominotto und dem einzeln stehenden Felsen).

Im Sommer bieten fliegende Eisverkäufer auf Booten sowie ein Kiosk in der Blue Lagoon kühle Getränke und Eiscreme an.

Auf der gerade 0,25 km² großen Insel *Cominotto* deuten ein zerfallenes Gehöft und eine Mauer auf eine ehemalige Besiedlung hin, ansonsten ist die kleine Insel unbewohnt und kahl wie St. Paul's Island.

Der Weg am Friedhof Richtung Westen führt auf den *Ġebel Comino,* mit 84 Metern die höchste Erhebung des Inselchens, unterhalb des Hügels liegt die große Schweinefarm Cominos.

Unterkunft

● Das einzige Hotel auf Comino ist das *Comino-Hotel* (****), Tel: 21529821, Fax: 21529826, info@cominohotels.com. Es bietet auch die einzige Abwechslung am Abenden mit Disko, Wassersportmöglichkeiten (Tauchen, Wasserski), Tennis und Kraftraum.
● Der einzige echte und legale *Campingplatz* Maltas *(Public Camping Site)* liegt in der Sta. Marija Bay hinter der Polizei.

An-/Abfahrt

● Die reguläre *Fährverbindung* führt von Mġarr/Gozo in die Sta. Marija Bay (⊅ Verkehrsmittel).
● Daneben besteht die Möglichkeit, an einem der zahlreichen *Bootsausflüge nach Comino* von Xlendi, Marsalforn, San Pawl oder Sliema teilzunehmen. Insbesondere die Touren ab San Pawl oder Gozo sind wegen der kurzen Fahrtzeit und den ein- bis zweistündigen Aufenthalten auf Comino zuzüglich weiteren Badestopps in der Blue Lagoon für einen Besuch vollkommen hinreichend.
● *Hinweis:* Viele Anbieter in San Pawl und Sliema fahren zunächst die Sta. Marija Bay an, um nach etwa einer Stunde weiterzufahren und in der Blue Lagoon erneut zu ankern. Es bietet sich an, mit dem Kapitän zu vereinbaren, dass man nicht mit den anderen Gästen in der Sta. Marija Bay wieder einsteigt, sondern erst wieder in der Blue Lagoon – dann ist man wesentlich freier im Aufenthalt auf Comino.

Comino

328-M Foto: wl

Tauchen rund um Malta

351-M Foto: wl

337-M Foto: wl

Faszination Tauchen

Das Mittelmeer

Das Mittelmeer, entstanden vor rund 60 Millionen Jahren, ist 2,52 Millionen Quadratkilometer groß und durchschnittlich 1500 Meter tief, wobei die tiefste bisher bekannte Stelle bei 5124 Metern liegt.

Das Besondere am Mittelmeer ist nicht nur seine relative Abgeschiedenheit von den Weltmeeren (die einzige natürliche Verbindung besteht in der Straße von Gibraltar), sondern vor allem die *Zirkulationsverhältnisse.* An der Oberfläche herrscht großer Nährstoffmangel, da einmal abgesunkene Schwebeteilchen nicht – wie in anderen Meeren – durch Strömungen wieder an die Oberfläche gewirbelt werden. Dadurch wächst wenig Plankton, und dies bedingt zum einen sehr klares Wasser, zum anderen aber auch eine relative Fischarmut im offenen Wasser.

Nur in den Küstenregionen tummelt sich vielfältiges Leben, und hier findet man oft schon in geringen Tiefen die Kinderstuben und grünen Lungen des Mittelmeeres: die *Seegraswiesen.* Schon Schnorchler können hier problemlos den Blick in die Unterwasserwelt genießen. Je nach Lichtverhältnissen können Seegraswiesen aber auch bis in 40 Meter Tiefe reichen, eine den Tauchern vorbehaltene Region.

Die *Sandböden* des Mittelmeeres werden vor allem von Plattfischen, Seeigeln und Barben bewohnt. Gräser oder Anemonen kommen hier seltener vor.

Steinige Böden bilden den Lebensraum für sessile (sesshafte) Tier- und Pflanzenarten wie z. B. Korallen, Gorgonien, Muscheln, Anemonen, Röhrenwürmer und viele mehr.

In *Steilwänden, Spalten und Grotten* hausen weitere interessante Lebewesen wie Langusten, Zackenbarsche, Krebse, Muränen, Kraken, Schnecken und sogar Katzenhaie.

Malta

Tauchen auf Malta hat alles, was das Mittelmeer zu bieten hat: Seegrasfelder, kapitale Zackenbarsche, Grotten, Seepferdchen, Steilhänge, Muränen, Höhlen, Brassenschwärme, Nacktschnecken, Barakudas, Wracks, Anemonen, Skorpionfische, Tunfische, Feuerwürmer, Lippfische, Schwämme, Drachenköpfe, Seeigel ... und das alles bei *fantastischen Sichtweiten* bis zu fünfzig Metern noch in dreißig Meter Tiefe.

Einige Aspekte fehlen: z. B. starke Strömungen, großer Tidenhub, starke Planktonblüte durch Überdüngung oder gar die Lizenz zum Harpunieren, aber das dürfte den Taucher nicht allzu sehr schmerzen. Auch Haie oder Delfine gibt es selten bis gar nicht, doch wer schon einmal einen metergroßen Oktopus als lebende Halskette genießen konnte, wird auch dieses Manko verschmerzen können.

Tauchen auf Malta bietet für jeden etwas: Der *Anfänger* kann unbeschwert und angstfrei bei guten Sichtweiten erste kleine Erkundungsgänge durch Felslandschaften und Grotten

Tauchen

unternehmen, der **Fortgeschrittene** erfreut sich an tieferen Tauchgängen und längeren Tunnelsystemen, der **Profi** schließlich kann sich „fallen lassen" und komplexere Höhlen betauchen.

Auf Malta ist Tauchen das ganze Jahr über möglich, wobei die Wintermonate mit **Wassertemperaturen** bei nur 13 °C eher etwas für die Härteren sind. Hier sollte auf einen entsprechend dicken Nassanzug (mindestens 7 mm, unbedingt mit Kopfhaube), besser aber auf einen halbtrockenen oder sogar Trockenanzug zurückgegriffen werden, eine Nierenbeckenentzündung ist schließlich kein Vergnügen.

Durchschnittliche Wassertemperatur an der Oberfläche (°C)

Monat	°C	Monat	°C
Jan.	14,5	Juli	24,5
Feb.	14,5	Aug.	25,6
März	14,5	Sept.	25,0
April	16,1	Okt.	22,2
Mai	18,4	Nov.	19,5
Juni	21,1	Dez.	16,7

Die beste **Reisezeit für Taucher** sind die Monate April bis September; im Spätherbst und in den Wintermonaten wehen zuweilen kräftige Winde, die starke Wellen und Dünung aufkommen lassen, die das Tauchen beeinträchtigen oder sogar ganz verbieten.

In der **Sommersaison** kann praktisch jeden Tag getaucht werden. Dies hängt auch mit den besonderen geografischen Voraussetzungen der Maltesischen Inseln zusammen. Weht einmal eine steife Brise aus Nord, wird im Süden der Inseln getaucht, kommen

die Brecher von Ost, geht's an die Westküste und so weiter. Dabei lässt sich jede Seite mit relativ kurzer Anfahrt erreichen.

Malta zu betauchen, heißt vor allem: die Inseln Malta, Gozo, Comino/Cominotto und St. Paul's Island. Nur wenigen ist mit Ausnahmegenehmigung gestattet, auch das „Inselchen", oder besser gesagt die Felsformation **Filfla** zu betauchen. Nur zwei- bis dreimal pro Jahr kann diese aus Naturschutzgründen und aus Gründen der Tauchersicherheit mit Sondergenehmigung erkundet werden. Filfla wurde Einheimischen zufolge von den Briten so oft als Zielscheibe missbraucht, dass noch viele Blindgänger in unmittelbarer Umgebung vermutet werden.

Boostauchgänge werden selbstverständlich auch angeboten. In der Regel sind diese etwas teurer, und hier kann es bei stärkerem Seegang auch einmal zur Stornierung kommen (ab Oktober ist dies häufiger der Fall). In der Regel wird geankert, **Strömungstauchgänge** (drift dives) sind mangels Strömung rare Ausnahmen.

Auch für **Nachttauchgänge** finden sich attraktive Spots im flacheren Bereich bis ca. 18 m. Häufig kann man nachts vorbeihuschende Sepien oder jagende Oktopusse beobachten. Ein tolles Schauspiel sind auch die Algenmatten auf den steilen Felswänden, die man durch rasches Aufstrudeln des Wassers mit der Hand zum „Funkensprühen" bringen kann.

Wracktauchen ist ein weiterer Höhepunkt Maltas. Neben der künstlich versenkten *Rozi*, die pittoresk auf

Schnorcheln oder Tauchen –

Maltas Unterwasserwelt für Einsteiger

Wer das Wasser liebt, hat sicher schon einmal den Wunsch verspürt, einen Blick unter die Wasseroberfläche zu riskieren und den Dingen auf den Grund zu gehen. Das **Schnorcheln** bietet hierfür den idealen Einstieg. Schon mit wenig Aufwand lässt sich die erstaunliche Unterwasserwelt eindrucksvoll erleben. Zudem kann man relativ große Entfernungen spielend überwinden und leicht auch Tiefen von einigen Metern mit bloßem Luftanhalten erreichen.

Der geringe Aufwand und die einfach zu erlernende Flossen- und Atemtechnik täuschen jedoch leicht darüber hinweg, dass man gerade für das Schnorcheln gut durchtrainiert sein sollte, vor allem, wenn man sich weiter vom Ufer wegbewegen will oder das **Apnoetauchen** (Abtauchen mit Luftanhalten) versuchen will.

Wer einmal „Seegraswiesenluft schnuppern" möchte, den wird das Schnorcheln in flachen, küstennahen Regionen im Mittelmeer faszinieren, und in der Tat bieten die Maltesischen Inseln hierfür ideale Bedingungen: klares Wasser und flache Buchten (z.B. die Blaue Lagune auf Comino, oder Maltas unzählige in Fels gebettete Badebuchten wie die von St. Paul's, Ghar Lapsi oder Xlendi).

Die so genannte **ABC-Ausrüstung,** bestehend aus Maske (unbedingt mit Nasenerker, um den Druckausgleich der Ohren zu ermöglichen), Schnorchel und Flossen, kann in Tauchshops und in Hotels ausgeliehen werden. Es empfiehlt sich aber eine eigene ABC-Ausrüstung. Im Sommer können bei den Verleihstellen Engpässe auftreten, ferner sollte aus Sicherheitsgründen die Ausrüstung stimmen. Die **Maske** muss unbedingt richtig passen, nicht drücken und bruchsicheres Glas aufweisen; die **Flossen** dürfen weder scheuern, drücken, noch schlabbern, da sonst leicht Krämpfe entstehen können, auch sollte aus gleichem Grund das Flossenblatt weder zu hart noch zu lang sein; beim **Schnorchel** ist neben der vorgeschriebenen Größe und Bauart (ca. 35 cm lang, 2,5 cm Durchmesser, ohne Ballventil) vor allem auf ein intaktes und sauberes Mundstück zu achten. In Deutschland sind komplette, hochwertige ABC-Ausrüstungen schon ab 50 € zu erwerben, in Malta wird man ähnlich viel bezahlen.

Da dem Apnoetaucher nach kurzer Zeit und in wenigen Metern Tiefe natürliche Grenzen gesetzt sind und sich Fische unter diesen Bedingungen meist nur unzulänglich beobachten lassen, sollte sich der interessierte Reisende überlegen, ob er den nächsten Schritt zur Erkundung der Unterwasserwelt unternehmen will: **Tauchen.**

Dabei gilt es zu bedenken, dass die **Grundausbildung** ca. fünf Tage in Anspruch nimmt (wobei sich Theorie und Praxis abwechseln) und mit ca. Lm 150 zu Buche schlägt. Falls einem die Urlaubstage hierfür zu kostbar sind, kann der Grundtauchschein selbstverständlich auch zu Hause gemacht werden, was meist etwas teurer ist und in heimischen, kälteren und oft trüben Gewässern nicht immer ein Vergnügen darstellt.

Nach Abschluss des international anerkannten Grundtauchscheines kann man sich dann weltweit **geführten Tauchgängen** anschließen. Tauchen ohne Tauchführer ist auf Malta nur fortgeschrittenen Tauchern gestattet.

Auf der ganzen Welt finden sich immer mehr Sporttaucher, die ihr Hobby nur für wenige Wochen oder gar Tage im Jahr ausüben. Obwohl man zum Tauchen unbedingt körperlich fit sein muss, ist der Tauchsport nicht zu den Hochleistungsportarten zu zählen. Der Taucher sollte – ganz im Gegen-

Tauchen

teil – möglichst ohne jene Anstrengung im Wasser verweilen und zu keinem Zeitpunkt außer Atem geraten. Da große körperliche Kraft keine Vorbedingung für diesen Sport darstellt, ist Tauchen auch eine ideale Sportart für Frauen, Jugendliche (ab ca. 14 Jahren) und selbst für ältere Menschen. Die **Risiken** des Tauchens halten sich bei einer gründlichen Ausbildung, guter Ausrüstung und einer vernünftigen Tauchgangsplanung in kalkulierbaren Grenzen.

Derjenige, der nur ab und zu im Urlaub tauchen will, sollte allerdings immer darauf achten, sich nicht zu überschätzen und auf jeden Fall als ersten Tauchgang nach einer längeren Tauchabstinenz einen flachen **Check-Tauchgang** durchführen, in dem die wichtigsten Übungen und Unterwasser-Verständigungszeichen noch einmal rekapituliert werden.

Malta ist auf Grund seines klaren Wassers und der vielen geschützten Tauchplätze, ein idealer Ort, um das Tauchen zu erlernen. Um diesen Sport vorzustellen, bieten viele Tauchschulen günstige **Schnuppertauchgänge** an, die selten in mehr als sechs Meter Tiefe führen. Wer das Tauchen erlernen will, sollte idealerweise zuvor Erfahrungen mit dem Schnorcheln gemacht haben, für Nichtschwimmer ist das Tauchen selbstverständlich tabu.

Das Mitbringen der eigenen ABC-Ausrüstung ist auch hier aus den voran genannten Gründen empfehlenswert. Die Anschaffung einer kompletten **Tauchausrüstung** vor dem ersten Tauchgang ist hingegen nicht sinnvoll. Zum einen ist eine komplette Ausstattung kein billiges Vergnügen, und man sollte sich absolut sicher sein, dass diese Sportart einem wirklich zusagt. Zum anderen ist die Gefahr von Fehlkäufen groß. Will man zum Beispiel später auch in kälteren Gewässern tauchen, benötigt man ein gänzlich anderes Equipment als der durchschnittliche Sommer- oder Urlaubstaucher.

ihrem 35 m tief liegenden Sandbett ruht, gibt es auch Authentisches zu bewundern: z.B. ein ziemlich gebeuteltes Holzboot im Hafen von Valletta, oder einen Bomber aus dem Zweiten Weltkrieg in stattlichen 42 m Tiefe.

Wer jetzt noch keine Lust auf das gewichtslose Schweben durch gigantische Felsblocklandschaften im blausten Blau bekommen hat, dem ist fast nicht zu helfen ...

Praktische Hinweise

Natürliche Gefahren und menschliches Fehlverhalten

Ein großes Plus für das Tauchen auf Malta ist der **Sicherheitsstandard.** Maltas Tauchbasen sind gut bis sehr gut ausgerüstet, Harpunettis und Freaks haben in der Regel keine Chancen, und im Notfall ist eine Dekokammer (⤤ unten) schnell zu erreichen.

Auch die Gefahren im Meer halten sich in Grenzen. Jeder Taucher weiß, dass er/sie prinzipiell nichts anzufassen hat und stets auf neutrale Tarierung zu achten hat. So sollten sich Dekompressionstauchgänge eigentlich erübrigen, auch wenn das lichtdurchflutete Blau oft eine geringere Tiefe als tatsächlich gegeben vorgaukeln kann.

Tiefe

Der Mensch ist wie so oft für sich selbst die größte Gefahr. Tiefen und deren Wirkungen auf den Menschen werden unterschätzt. Aus Angst, sich vor den Tauchbuddies (Tauchpartnern) zu blamieren, werden eigene psychologische Grenzen nicht eingehalten oder Risiken bewusst eingegangen. Tauchunfälle entstehen in den meisten Fällen weder durch Einfluss von außen (durch Tiere oder Pflanzen) noch auf Grund von Fehlern an der Ausrüstung, sondern vor allem auf Grund menschlichen Fehlverhaltens.

Die Tiefe kann wie ein Magnet wirken; dies ist umso eher gegeben, wenn das Wasser klar ist und Licht bis in große Tiefen fällt. Auch in Maltas Gewässern gilt: Der Taucher sollte sich seinem Ausbildungsstand entsprechend nur in Tiefen vorwagen, die für ihn sicher sind.

Bei geführten Tauchgängen wird man auf Malta selten in die Verlegenheit kommen, an Limits zu stoßen. 40 Meter sind, wie fast überall auf der Welt, das freiwillige Limit der meisten Tauchschulen. Und wenn man in ca. 25 Meter Tiefe an den riesigen Felsblöcken vor St. Paul's Island entlangschwebt, kommt man sich sowieso schon vor wie ein Wurm in der gigantischen See: Tiefer gehen lohnt nicht!

Grotten, Höhlen, Tunnel

Grotten, Höhlen und Tunnelsysteme wecken des Tauchers Neugier. Auf jeden Fall sollte man sich aber der möglichen Gefahren bewusst sein, die ein Tauchgang in einen Bereich mit sich bringt, in dem der direkte Aufstieg an die Oberfläche nicht mehr möglich ist. Eine **Grotte** ist per Definition eine natürliche Einbuchtung im Fels, die so beschaffen sein muss, dass von jeder Position des Tauchers der Ausgang noch zu sehen sein muss. Dies kann im Falle Maltas, wo unter Wasser hervorragende Sicht- und Lichtverhältnisse herrschen, schon eine recht große Einbuchtung sein. Jeder, der schon einmal Streckentauchen geübt hat, weiß wie lang etwa 25 Meter Tauchstrecke sein können. Mit Tauchgerät kann bereits eine wesentlich kürzere Strecke zum Problem werden. Ein guter Buddy (Tauchpartner) befindet sich natürlich immer in Reichweite, aber was, wenn der Buddy just hier keine Lust auf eine Grotte hatte und vor dem Eingang wartet?

Nicht zu unterschätzen ist bei Tauchen in Grotten oder Höhlen die plötzlich auftretende **Verschlechterung der Sicht,** zum Beispiel durch aufgewirbelte Sedimente oder schlicht fehlendes Tageslicht, und die dadurch sofort auftretenden **Orientierungsprobleme,** die beim ungeübten Taucher schnell zu Panikreaktionen führen können. Wer im heimischen Baggersee schon einmal in Schlammsuppe mit Sichtweiten um 20 cm getaucht ist, kann dies nachvollziehen und geht womöglich mit einer solchen, durchaus realistischen Situation bedachter um. Für den ungeübteren Taucher gilt auch hier: sich tunlichst nicht in solche Situationen begeben, die man womöglich nicht mehr unter Kontrolle hat.

Zur Minimalausrüstung beim Tauchen in eine Grotte oder Höhle gehört eine **UW-Lampe** für jeden Taucher, bei größeren Höhlen ist auch ein **Reel (Seil auf Spule)** mitzuführen, das am Eingang sicher befestigt werden muss.

Alle Tauchbasen auf Malta bieten Höhlentauchgänge an. Eine gute Idee ist es, sich auf einem geführten Höhlentauchgang einmal die Anwendungsweise eines Reels demonstrieren zu lassen. Dass das Mitführen solcher Hilfsmittel kein Luxus ist, mussten vor wenigen Jahren drei ortskundige maltesische Ärzte erfahren, als sie sich in einer Höhle mit mehreren Blindgängen vor Qawra Point (bei Buġibba) gegenseitig behinderten, in Panik gerieten und den Ausgang nicht mehr finden konnten, obwohl dieser nur wenige Meter entfernt lag.

Die Tunnelwelt z.B. in Comino oder Għar Lapsi lädt zum Durchtauchen geradezu ein. Die **Tunnel** sind nicht kompliziert aufgebaut und sogar lichtdurchflutet. Auch hier muss sich der Taucher jedoch vor dem Tauchgang kritisch fragen: „Möchte ich durch einen Tunnel tauchen? Wie verhalte ich mich, wenn ich mit der Flasche oder einem sonstigen Ausrüstungsgegenstand anstoße oder gar kurzzeitig hängen bleibe? Wie gehe ich mit der Situation um, im Tunnel Taucher vor und hinter mir zu wissen? Weiß ich, was zu tun ist, wenn der Taucher vor mir Sedimente aufwirbelt?" Angeberei oder Machismo sind hier fehl am Platz, auch die stärksten Typen werden bei Angst klein und reagieren töricht.

Höhleneingang

Wracks

An Wracks gilt es zu beachten, dass hier die **Verletzungsgefahr** relativ groß ist. Scharfe Kanten, verrostete metallene Teile, Kabelsalat aber auch enge Luken und sich verklemmende Türen bilden eine Gefahr für den allzu neugierigen oder schlecht tarierten Taucher. Von oft in Wracks anzutreffenden Congern und Fischen gehen in der Regel keine Gefahren aus, jedoch kann ein versteckter Skorpionfisch höchst unangenehm werden. Obwohl ansonsten abzulehnen, ist das Tragen von Handschuhen bei einem Wracktauchgang keine schlechte Methode, Schnittwunden vorzubeugen.

Das **Ausschlachten von Wracks** ist auf Malta strengstens verboten, seriöse Tauchbasen werden den „sammelwütigen" Taucher nicht wieder mitnehmen.

Eine tolle Gelegenheit für fortgeschrittene Taucher, einmal ein sicheres Wrack in größerer Tiefe zu betauchen, bietet die *Rozi*, ein **künstlich versenktes Schleppboot,** gleich neben dem Fährhafen Ćirkewwa gelegen. Es wurde vor seiner Versenkung tauchersicher gemacht, d.h. scharfe Ecken und Kanten wurden eliminiert, Kabel abgeschnitten und gefährliche Luken zugeschweißt. Dennoch gibt es ein paar sichere Gänge zum Durchtauchen, und die fantastische Lage auf weißem Sandboden ist famos!

Gefährliche Pflanzen und Tiere

Flora und Fauna haben nur wenige giftige Überraschungen in petto. Dennoch sei an dieser Stelle auf einige Gefahren hingewiesen: **Skorpionfische** sind leicht zu übersehen, die Rückenstacheln sind toxisch, aber anfassen ist, wie gesagt, eh' tabu.

Der **Feuerwurm** hat, wie der Name schon vermuten lässt, eine äußerst unangenehme Folge, wenn die neugierige Hand denn doch einmal die wolligen Flanken des roten Wurmes kraulen will. Die brennenden Schmerzen klingen in der Regel aber nach ca. einer Stunde ab, ohne Blasen oder Wunden zu hinterlassen.

Anemonen haben stark nesselnde Arme, die Nesselkapseln entladen sich vor allem dann, wenn man versucht, diese wegzuwischen. Also auch hier gilt: Finger weg.

Muränen werden im Mittelmeer nicht so groß wie ihre Brüder und Schwestern im roten Meer, doch bei **Conger-Aalen** wie auch bei Muränen ist es sicher keine gute Idee zu versuchen, die Tiere aus ihren Höhlen zu ziehen. Mit einem in den Arm verbissenen zwei Meter langen Conger taucht es sich äußerst schlecht.

Stachelrochen und **Haie** sind leider sehr selten geworden. Hat man das Glück, einen der beiden zu sehen, sollte man sich wirklich freuen. Gefahren gehen bei normalem passiven Verhalten von diesen Fischen nicht aus.

Unangenehmer können da **Seeigel** und selten auftretendes **Stingy Weed** (Stechplankton) sein. Das leicht juckende Plankton ist zwar für einen kurzen Moment irritierend, aber harmlos.

Auch hier sei darauf hingewiesen, dass man bei Tauchgängen von Land aus **Füßlinge** (Tauchstiefel) benutzen

Tauchen

337-M Foto: wl

sollte, um Verletzungen durch Seeigel, scharfkantige Muscheln oder Steine bei Ein- und Ausstieg zu vermeiden.

Tauchvorschriften

Zu den Tauchvorschriften auf Malta gehört das **Setzen von Bojen** oder die **Kennzeichnung von Tauchbooten per Flagge** sowie das Verbot, Gegenstände gleich welcher Art vom Meeresgrund mitzunehmen.

Hierzu zählen vor allem **archäologische Funde,** die unbedingt der Polizei oder der Museumsbehörde in Valletta zu melden sind. Die Strafen auf unbe-

Faszinierende Unterwasserwelt

fugtes Entfernen oder gar auf den Versuch, Fundstücke außer Landes zu schmuggeln, sind erheblich.

Attest

Jeder Taucher auf Malta muss ein ärztliches Attest über seine **Tauchbefähigung** vorweisen. Eine solche Bescheinigung kann jeder Allgemein-Mediziner in Deutschland ausstellen.

Getestet werden sollte neben allgemeiner Fitness und Belastbarkeit (z.B. Belastungs-EKG) die Funktionstüchtigkeit der Lunge (mindestens Abhorchen), die Gehörgänge (wichtig für den Druckausgleich) sowie eine Laboruntersuchung des Blutes (z.B. Blutsenkung, kleines Blutbild, Leberwerte, Harnsäure).

Unbedingt sollte der untersuchende Arzt auf eventuell bestehende Allergien, Asthma oder sonstige Kontraindikationen (bestehende Schwangerschaft, Epilepsie, Glaukom etc.) befragt werden.

Im eigenen Interesse ist es sinnvoll, eine gründliche Untersuchung noch **zu Hause** vorzunehmen, da die „nachgeschobene" Untersuchung in Malta aus medizinischer Sicht keine echte Aussage über die Tauchbefähigung zulässt.

Jede Tauchschule auf Malta verlangt zwingend die Vorlage einer medizinischen Bescheinigung; liegt sie nicht vor, weil man sich z.B. erst im Urlaub entschieden hat, das Tauchen zu versuchen, so arrangieren in der Regel die Tauchschulen eine **Schnellvisite beim Arzt,** was mit ca. Lm 4 zu Buche schlägt.

Einen **Schnuppertauchgang,** der in maximal 5–8 Meter führt, kann man aber auch ohne medizinische Vorabuntersuchung belegen.

Achtung: Bei bestehender **Schwangerschaft** ist selbst hiervon abzuraten, mögliche negative Auswirkungen auf den Fötus sind bis heute nicht geklärt.

Harpunieren

Das Harpunieren von Fischen ist **Ausländern** grundsätzlich untersagt. Gelegentlich gibt es unter den Tauchschulen aber schwarze Schafe, die beide Augen fest geschlossen halten, wenn Touristen solche Mordwaffen ausleihen wollen.

Malteser dürfen für ihren eigenen Bedarf harpunieren und tun dies auch leider oft und gerne und nicht immer mit dem nötigen Sachverstand. Einen wenige Zentimeter winzigen Oktopus – wie desöfteren gesehen – zu harpunieren, ist sicherlich ein Meisterstück aus Schützensicht, ob dieser Bissen Meerestier jedoch schon so früh sterben muss, ohne je die Chance gehabt zu haben, für den Fortbestand der Art zu sorgen, erscheint aus ökologischer Sicht mehr als fraglich. Leider stehen die Einheimischen jeder Art von Kritik ähnlich wie beim Thema Vogeljagd grundsätzlich ablehnend gegenüber.

Selbstständig tauchen auf Malta

Um selbstständig ohne Begleitung tauchen zu können, muss mindestens eine **Advanced Open Water Brevetierung** oder eine vergleichbare Qualifikation vorliegen (⌀ Glossar bei den Tauchschulen). Selbst das Ausleihen oder Auffüllen von Flaschen ist ansonsten nicht statthaft.

Ferner wird ein **Malta Dive Permit** benötigt, das man bei jeder Tauchschule per Formular beantragen kann und auch dort ausgestellt bekommt. Diese Genehmigung kostet Lm 3.

Preise

Die Preise für das nasse Vergnügen können durchaus neben denen des Roten Meeres bestehen. Im Paket kostet ein **Tauchgang** bei eigener Ausrüstung um die Lm 15.

Leihausrüstungen schlagen pro Tag im Schnitt mit ca. Lm 5 zu Buche.

Ein **Anfängerkurs** mit international anerkannter Brevetierung (z.B. CMAS oder PADI) kostet inklusive Leihausrüstung ca. Lm 140–150.

Ausrüstung

Für erfahrene Taucher kann auch der **Kauf von Ausrüstung** recht interessant sein. Italienische, französische und sogar finnische Fabrikate (z.B. *Mares, Spiro, Suunto)* sind auf Malta günstig, und Neoprenanzüge aus maltesischer Fabrikation halten durchaus den Vergleich mit manchem Markenprodukt stand.

Das **Mitnehmen der eigenen Ausrüstung** ist vor allem in den Sommermonaten empfehlenswert, da es zu Engpässen bei den Leihausrüstungen kommen kann. Die Mitnahme von übergewichtigem Tauchgepäck sollte bei Charterfliegern wie auch bei *Air Malta* schon bei der Buchung angekündigt werden, damit es nicht zu bösen Überraschungen kommt.

Auch **Schnorchelenthusiasten** sollten an ihre eigene ABC-Ausrüstung (Brille, Flossen, Schnorchel) denken, jedoch lassen sich fehlende Teile auch problemlos auf Malta erstehen.

Die Mitnahme von **Pressluftflaschen** via Flug ist nicht zu empfehlen, da Fluggesellschaften diese nur völlig entleert mitnehmen (und dann hinterher eine TÜV-Abnahme fällig wird und zudem Feuchtigkeit eindringen kann). Außerdem ist die Mitnahme überflüssig, weil das Ausleihen von Flaschen auf Malta problemlos und recht günstig ist. Achtung: Wenige Verleihstellen führen DIN-Flaschen, **INT-Adapter** bei eigener Ausrüstung nicht vergessen!

Getaucht wird auf Malta fast ausschließlich mit Pressluft. **Nitroxtauchen** genauso wie das **Technical Diving** steckt noch in den Anfängen.

Viele wirklich schöne Tauchgänge können von Land aus durchgeführt werden – und dies ohne lästige „Sandfüße" nach dem Tauchgang, da Felsenküsten überwiegen oder sogar von Jetties gesprungen werden kann. Unabdingbar sind **Füßlinge** (Tauchstiefel) bei Tauchgängen von Land, weil sich auf Felsen mit 15 Kilo Gepäck auf dem Buckel nicht besonders elegant laufen lässt. Sollte man über keine eigenen verfügen und die Tauchschule keine passenden Füßlinge haben, so tun es in der Not auch feste Gummilatschen, die beim Tauchgang einfach fest am Jacket befestigt werden.

Versicherungen

Meistens wird die Tauchschule dem Neuankömmling zunächst einen **Haftungsausschluss** vor die Maske halten, der die Tauchbasis von jeglicher Haftung auch bei fahrlässig begangenen Schäden an Mensch und Gerät befreit. Der Taucher hat keine Wahl: Entweder die Unterschrift wird geleistet, oder das feuchte Vergnügen findet nicht statt.

Bei der Ausübung des Tauchsportes empfiehlt sich der Abschluss einer **Auslandsreise-Krankenversicherung** (↗ Versicherungen), die auch mögliche Dekompressionsbehandlungen miteinschließt, sowie eine private

Haftpflichtversicherung (gerade auf wackelnden Booten ist man schnell auf die 200-Euro-Designer-Maske des Nachbarn getrampelt).

Für den passionierten Taucher ist zu überlegen, ob sich ein Beitritt zum *Divers Alert Network (DAN)* lohnt, das neben Rundum-Versicherungs-Policen speziell für Taucher (inklusive Heimtransport) für seine Mitglieder auch regelmäßige Informationen über Dekompressionseinrichtungen, neueste medizinische Erkenntnisse und Vorsorge anbietet (Info unter: 0431-549861).

Dekompressionskammer

Malta verfügt über eine moderne Dekompressionskammer *(Hyperbare Station)* im St. Luke's Hospital (Gwardamanġa), rund um die Uhr unter Tel: 21234765, 21234766 direkt zu erreichen oder über Notruf 196 anzufordern. Dekompressionsunfälle treten selten auf (statistische „Chance" 1:1 Million), dennoch kann ein Notfall immer auftreten. Als eiserne Regeln sollten daher gelten:

● Vermeidung von *dekompressionspflichtigen Tauchgängen!*

● *Sicherheitsreserven* bei Luft und Tiefe einhalten!

● *Persönliche Tagesform* und Tauchumstände beachten (zum Beispiel: Angst vor dem Tauchgang, Frieren im Wasser, starke Arbeit unter Wasser (Strömung), Dehydration durch Krankheit (Durchfall), Schwitzen oder zu wenig Aufnahme von Flüssigkeit, starkes Übergewicht, Menstruation, Restalkohol im Blut!

● Auf keinen Fall bei Auftreten von Anzeichen eines Dekompressionsunfalls (starkes Kribbeln der Haut, Gelenkschmerzen, Atemnot) eine *„nasse Rekompression"* durch erneutes Abtauchen versuchen, sondern sofort reinen Sauerstoff verabreichen, viel trinken (keinen Alkohol, Kaffee oder Tee) und die Notfallkette (Dekokammer) in Gang setzen!

Spots um Malta, Gozo und Comino

Es ist fast vermessen, eine *Auswahl* an Spots um die drei Inseln zu treffen. Alle Tauchplätze auch nur annähernd zu beschreiben, würde einen eigenen Tauchführer erfordern. Daher wurde eine Vorauswahl getroffen, wobei für jeden etwas dabei sein dürfte.

An dieser Stelle sei auch auf den im letzten Jahr erschienenen *Tauchführer* „Maltese Islands" von *Ned Middleton* verwiesen (nur in Englisch erhältlich), der eine Vielzahl von attraktiven Tauchgängen vorstellt und Tier- und Pflanzenwelt in Fotos und Zeichnungen illustriert. Obwohl die Illustrationen der Tauchplätze nicht immer maßstabsgetreu, geschweige denn detailliert genug sind, vermitteln sie doch einen sehr guten Eindruck der Tauchplätze um Malta und können bei der Tauchgangsauswahl äußerst hilfreich sein.

Tauchspots um Malta

Marfa Point

Marfa, benannt nach der nahe gelegenen Siedlung gleichen Namens, wird von Tauchschulen oft auch als **Čirkewwa** bezeichnet, da der Einstieg in der Regel direkt neben dem gleichnamigen Fährhafen nach Gozo gewählt wird. Dieser Spot bietet Möglichkeiten für mindestens fünf verschiedene Tauchgänge. Da hier der Einstieg als auch das Parken für die Tauchjeeps unproblematisch ist, zählt Marfa zu den bestbesuchten Spots auf Malta.

Auch für **Nachttauchgänge** bietet sich dieser Platz an, da der Einstieg komfortabel ist und man sich auf dem Parkplatz, unter Laternen umziehen kann, ohne dabei seine Ausrüstung zu verdrecken oder – schlimmer noch – zu verlieren.

Gerade für Anfänger bietet Marfa einen sicheren und dennoch schönen Tauchplatz. Sogar **Schnorchler** können, derweil die anderen unten vor sich hin blubbern, über die seichten Stellen des Riffs schweben und eine Menge Getier beobachten.

Marfa Statue

Der erste Tauchgang bei Marfa wird in der Regel an der **Marienstatue** vorbeiführen, die in ca. 18 m Tiefe in einer Grotte angebracht wurde. Sie ist sogar mit Plastikblumen geschmückt, und zuweilen sieht man den einen oder anderen Taucher sogar beten oder sich bekreuzigen. Um dorthin zu gelangen, folgt der Taucher einfach der natürlichen Topografie, das heißt durch eine Art Pool gelangt man ca. 30 Meter hinter dem Einstieg an eine senkrecht abfallende Steilwand. Man lässt sich fallen, taucht rechts am Riff entlang, quasi direkt in Madonnas Arme.

Der Tauchgang kann dann z.B. mit dem Riff rechterhand durch zwei kleinere, auf ca. 10 m gelegene Tunnel oder zur **Grotte des Zackenbarsches** weiterführen. Das Durchtauchen der wenige Meter langen Tunnels ist völlig unproblematisch, da man direkt nach dem Hineintauchen den Ausgang bereits vor Augen hat. Auch sind beide Tunnel breit genug, so dass keine Sorgen um ein mögliches Steckenbleiben aufkommen.

Auf dem Rückweg lässt sich bei genügend Luft noch ein **Kamin** „mitnehmen", bei dem darauf geachtet werden muss, dass beim Auftauchen genug Luft aus dem Jacket gelassen wird, damit man nicht wie ein Korken zur Oberfläche schießt.

Marfa Anchor

Ein anspruchsvollerer und weitaus tieferer Tauchgang kann zum **Anker** führen. Dieser dort absichtlich positionierte Anker liegt pittoresk und leicht mit Algen bewachsen auf weißem Sandboden und wird oft umlagert von kleinen Fischen. Der Anker befindet sich auf ziemlich genau 30 m, also sollte man gut auf den Luftvorrat achten und nicht am Boden entlang zu ihm tauchen, da man sonst leicht in einen Dekompressionstauchgang „rasseln" kann. Den Anker kann der Taucher ohne Tauchguide nur schwer finden (auf ca. 330° ab Jetty), ein geführter Tauchgang empfiehlt sich.

Es gibt zwei **Einstiegsmöglichkeiten,** entweder den normalen Einstieg in die Bucht (dann muss aber eine größere Strecke getaucht werden) oder den Sprung von dem nie fertig gestellten, verrosteten Jetty (Bootsanlegestelle) gleich unterhalb des Aussichtsturms. Dieser Sprung ist nicht ganz ohne, da ein großer Satz von einem ca. 1,50 Meter hohen Felsen gemacht werden muss, mancher Taucher platscht dabei ziemlich ins Wasser. Wenn nicht genug Blei mitgenommen wurde oder Ohrenprobleme auftreten, ist ein Ausstieg an dieser Stelle unmöglich. In einem solchen Fall muss um die ganze Riffkante zurückgeschnorchelt werden. Wer hier versuchen will, die Landzunge am Riff heraufzuklettern, kann sich böse die Hände und Füße aufschlitzen.

Rozi

Der Sprung vom Jetty bildet fast immer den Beginn des sicher aufregendsten Tauchgang bei Marfa: das **Wrack** des Schleppers *Rozi*. Die *Rozi* wie auch der Anker, wurde im Jahre 1991 künstlich versenkt, um eine Unterwasserattraktion für das U-Boot der *Captain Morgan Cruises* zu werden. Diese U-Boot-Turns erwiesen sich aber als unrentabel und wurden nach kurzer Zeit eingestellt. Rozi, der Anker und die Marienstatue blieben, sehr zur Freude der Taucher.

Zu U-Boot-Zeiten wurde es höllisch laut da unten, und ein arger Sog machte das Tauchen nicht ungefährlich. Andererseits trugen die Taucher oft zur Erheiterung der Touristen hinter den Bullaugen bei. So bastelten sich Taucher gigantische Schraubenzieher und Mutternschlüsseln und hantierten unter Wasser am U-Boot herum. Auch derbe Späße wie unsittliches „Blitzen" von einschlägigen Körperteilen oder sogar das Überstülpen einer Socke über das Ausguckrohr des Captains sind vorgekommen (was bei letzterem Fall später an Land zu einer handfesten Schlägerei geführt haben soll).

Die ca. 40 Meter lange *Rozi* liegt nicht allzu weit vom Anker (beim Hin- oder Rückweg kann man ihn oft am Boden erkennen, gute Taucher können beide Attraktionen verbinden) auf ca. 35 m Tiefe.

Sie steht aufrecht, mit nur leichter Neigung. Bis auf den Propeller und die Maschinen ist alles vorhanden, obschon das Boot taucherfreundlich gemacht wurde. Scharfe Kanten und Metallspitzen sind abgebogen, Glasfenster, baumelnde Kabel und verrostete Türen entfernt und gefährliche Luken und Einstiege zugeschweißt worden. Trotz dieser Manipulationen ist die *Rozi* ein famoser Tauchplatz. Die ersten Algen und Schwämme haben von ihrer eisernen Hülle Besitz ergriffen, Brassenschwärme umlagern ständig das imposante Wrack.

Es besteht wie bei jedem Tieftauchgang die Gefahr, in eine Dekompressionspflicht zu geraten; ein guter Tauchguide setzt strikte Regeln zur Umkehr und zeitliche Limits. Auf Grund der Tiefe ist es schwierig, die *Rozi* in einem Tauchgang komplett zu erkunden. Glücklicherweise kann hier wegen der

Tauchen

geschützten Lage fast immer getaucht werden.

Auch Strömungen sind, außer bei Nordwind, in der Regel nicht zu erwarten, so dass die *Rozi* selbst bei einem kurzen Tauchaufenthalt problemlos mehrmals betaucht werden kann.

Eine attraktive Variante, die *Rozi* zu betauchen, bietet der **Abstieg im freien Fall.** Hierzu gibt es eine Peillinie (vom Jetty ca. 320° und ein bestimmter Laternenmast vor einer Reklametafel), die man sich allerdings genauestens vor Ort erklären lassen muss. Besser ist es jedoch auch hier, sich einem erfahrenen Guide anzuvertrauen, da die Sicht an der *Rozi* ist nicht so gut ist, als dass man sie von der Oberfläche ausmachen könnte. Das Gefühl, im freien Fall ins schier bodenlose Blau zu gleiten und das Erlebnis schließlich die Umrisse der *Rozi* immer näher und größer auf sich zukommen zu sehen, ist fantastisch.

Marfa Arch

Ein weiterer Tauchgang, unspektakulär, aber für Anfänger oder den zweiten Tauchgang durchaus empfehlenswert, führt zur Marfa Arch, einer **natürlichen Felsformation,** die wie ein gigantischer Torbogen aussieht. In den Grotten und Felsspalten um Marfa Arch leben viele Zackenbarsche und auch Oktopusse. Da dieser Tauchgang nicht sehr häufig gewählt wird und es dementsprechend ruhig zugeht (man springt vom Jetty und wendet sich nach rechts immer am Riff entlang in 12–15 m Tiefe), kann hier vor allem der Fotograf auf seinen Kosten kommen.

Marfa Reef

Als fünfte Möglichkeit bietet sich noch der Einstieg über die Felsen ca. 100 Meter vom großen Einstieg entfernt an. Schnell gelangt man auch hier an das **Steilriff,** das wieder viele Einklüftungen, sehr guten Bewuchs und eine Unzahl von Lebewesen aufweist.

Nachts werden in der Regel eher Marfa Arch oder die Statue betaucht, Anker und *Rozi* liegen zu tief für einen „Fun-Night-Dive". Bei erfahrenen Tauchern mag dieses Argument vielleicht nicht zählen.

Anchor Bay/Popeye Village

Der Einstieg zu diesem feinen Tauchgang sucht seinesgleichen. Während die meisten Besucher des Popeye Village bestenfalls von oben einen Blick auf die Filmkulisse werfen, ansonsten aber brav den Eingangs-Trampelpfad ins Dorf nehmen, gibt es noch den Blick von der befahrbaren **Anlegestelle** aus. Diese bietet unbestreitbar die beste Aussicht auf das gesamte Dorf und die umgebende Schlucht. Die Anlegestelle ist der Ort zum obligatorischen Briefing und zum Anlegen der Ausrüstung.

Der Tauchgang führt Richtung offenes Meer mit der beeindruckenden Felswand an der linken Schulter. Zunächst wird ein großes Seegrasfeld überquert, hier ist die Kinderstube für Oktopusse und Muränen. Bei großem Glück kann man auch die leider selten gewordenen Seepferdchen erspähen.

Große Felsbrocken gilt es zu umtauchen, bis schließlich der Höhepunkt des Tauchgangs ansteht: die **Höhle.**

Der Höhleneingang auf ca. 8 m Tiefe ist groß, mehrere Taucher haben bequem nebeneinander Platz. Trotzdem kann das hier herrschende Zwielicht schnell Gefühle der Enge aufkommen lassen.

Überraschung: Die erste Höhlenkammer ist ein *Dom,* das heißt, hier kann man auftauchen und hat ca. 8 Meter Luftraum über sich. Die erste Kammer ist ein guter Einstieg für Anfänger in das Gefühl des Nacht- oder Höhlentauchens, da das Vorhandensein einer „Luftblase über dem Kopf" keine Angst aufkommen lässt. Das Mitführen einer Taschenlampe zum Ausleuchten der Höhle ist keine schlechte Idee. Für Anfänger sollte in der ersten Kammer allerdings Schluss sein.

Vom Ausgang kann man nach links weiter um gigantische Felsblöcke tauchen und allerlei Getier beobachten. Der erfahrene Taucher kann die Höhle weiter erkunden, eine Lampe ist Pflicht, und ein Reel bietet Sicherheit im Falle des Falles. Am hinteren Ende der ersten Kammer geht ein *Gang* tiefer in den Berg hinein, zwischen steinigen Passagen kommen immer wieder sandige Abschnitte, die leicht aufwirbeln. Irgendwann nach ca. 50–60 weiteren Metern wird es eng und zugleich sehr flach, und siehe da, auch hier besteht die Möglichkeit, an der Oberfläche Luft zu schnappen, wobei die Luft hier recht stickig ist. Dieser Tauchgang geht nie tiefer als 15–17 m.

Wenn das Wasser in die Bucht getrieben wird, ist unbedingt vom Tauchen an dieser Stelle abzuraten, da sich dann allerlei *Unrat* in der Bucht

sammelt – angeblich ist eine von Maltas Kläranlagen nicht allzu weit entfernt von hier.

St. Paul's Island Point

Diesen Tauchgang muss man mit einem *Tauchguide* machen, da sich der Tauchplatz ca. 10 Minuten per Boot von St. Paul's Bay befindet. Und dies ist auch besser so, da man sich ziemlich leicht vertauchen kann.

Den *Einstieg* an der Westspitze des Eilands markiert ein seegrasbewachsenes Plateau auf ca. 10 m, das bald in einen Drop-Off (Steilabfall) mündet.

Auf ca. 25 m Tiefe taucht man am Riff (rechterhand) entlang, bis man schließlich an eine markante Faltung im Gestein kommt, hinter der eine Art *Hohlweg* mit Sandboden beginnt, die schließlich wieder am Plateau endet. Der Hohlweg ist schnurgerade und mutet geradezu künstlich an. Dieser Tauchgang bietet quasi Tintenfisch-Garantie. Das Felsriff ist zerklüftet, in den Felsspalten sprießt und wuchert allerlei Leben, eine Lampe erweist sich als nützlich, um in die am Boden befindlichen Mini-Grotten oder unter Überhänge zu leuchten.

In der Regel ist die Sicht hier sehr gut, nur nach starken Regenfällen können Auswaschungen von der nahe gelegenen St. Paul's Insel die Sicht trüben. Die maximale Tiefe beträgt 29–31 m.

HMS Maori

Her Majesty's Ship, der Torpedozerstörer Maori wurde ein Opfer der Kriegswirren, als sie 1942 fest am Kai

im Hafen Vallettas vertäut bei einem deutschen Luftangriff getroffen wurde und sofort sank. An jener Stelle stellte das Schiff aber ein solches Hindernis für die Schifffahrt dar, dass das Wrack angehoben und „umgebettet" wurde und schließlich in ruhigeren Gewässern sein nasses Grab fand: vor dem Fort St. Elmo in der kleinen **St. Elmo Bay.**

Für Taucher ist Wracktauchen immer ein besonderes Erlebnis. Ein Wrack mitten in der Bucht einer Stadt zu betauchen, ist aber noch eine Steigerung. Vom Parkplatz gleich an den dicken Außenmauern der Stadt hat man einen fantastischen Blick auf Ft. St. Elmo und die Hafenausfahrt.

In ehemaligen Vorratskammern in den Mauern werden **Hunde** gehalten. Geschichten über hier stattfindende nächtliche Hundekämpfe werden von den Einheimischen berichtet.

Über eine Felstreppe in der Kaimauer gelangt man zum felsigen Ufer. Ein kleiner Sprung ins Nass, und dann geht es ca. 120 Meter parallel zur Begrenzungsmauer von St. Elmo. Die Sicht hier ist nicht besonders gut, doch einem Wrack steht ein bisschen mystischer Nebel sowieso gut zu Gesicht. Leider zerbrach das **Wrack** bei der Umbettung in mehrere Teile, das hier ruhende Mittelstück ist ca. 25 Meter lang (das Trümmerfeld erstreckt sich noch einige Meter weiter) und entsprechend arg ramponiert. Einige Aufbauten sind noch gut erkennbar, der gesamte Schiffsrumpf lässt sich bequem betauchen, wenn auch hier und da metallene Zacken im Wege hängen. Der Boden ist stark mit Sedimen-

ten bedeckt, entsprechend vorsichtig muss geflösselt werden. Da das Wrack nur in 13–16 m Tiefe liegt, kann es auch der Anfänger oder „Luftfresser" ausgiebig besichtigen.

Etwas Zeit sollte man sich auf jeden Fall auch für die unmittelbare **Umgebung** lassen. Die von Seegras und Algen bewachsenen Planken und Steine bieten den idealen Lebensraum für Nacktschnecken, Skorpionfische, kleine Zackenbarsche, Krebse und sogar Miniatur-Papageienfische. Makrofotografen können hier besonders gut ihrer Passion frönen.

Blenheim Bomber

Es gibt angeblich nur einen Skipper/ Tauchguide, der „die Blenheim" unter Garantie aufspürt: *Ray Ciancio* vom Jerma Palace Hotel. *Ray* sagte mir, dass er in der Tat ein Geheimnis hat, diesen im Zweiten Weltkrieg abgeschossenen Bomber (genaues Datum und Umstände unbekannt) zu finden. Früher, als die Sendemasten der Deutschen Welle noch standen, konnte man diese zur **Peilung** heranziehen. Nun sind sie abgerissen, und eine unter der Oberfläche in einigen Metern Tiefe angebrachte Markierung muss herhalten. Die genauen Koordinaten verrät er nicht, die sind seine Lebensversicherung. Präziseste Peilung ist bei diesem Tauchgang „strictly for advanced divers" (nur für Fortgeschrittene) das non plus ultra, denn mehr als einen Versuch hat man bei diesem Tauchgang nicht.

Die Blenheim liegt auf **Sandboden** in 42 m Tiefe, eine Ortung von der

Lippfisch

Oberfläche ist ausgeschlossen, die Nullzeit bei einem nicht-dekopflichtigen Tauchgang beträgt gerade einmal 8 kurze Minuten. Die acht Minuten sind gut investiert: Wo sonst auf der Welt gibt es die Möglichkeit, einen Bomber der Blenheim-Staffel, quasi völlig intakt mit Flügeln, Rumpf, Propeller und selbst Cockpit, zu betauchen? Eine Lampe ist unbedingt mitzuführen, aber das wird *Ray* schon alles erzählen ... viel Spaß!

Għar Lapsi

Auch diese Tunnelwelt im Süden Maltas lässt sich problemlos von Land betauchen. Die Siedlung Għar Lapsi selbst besteht nur aus einem Parkplatz mit ein paar umliegenden Häusern und einem sehr steilen Teersträßchen in die beliebte Badebucht.

Für den Taucher ist es ziemlich ungewohnt, unter lauter plantschenden Kindern und Müttern abzutauchen. Da der **Einstieg** in den Tunnel auf ca. 2 m gleich am anderen Ende der kleinen, geschützen Bucht liegt, lässt sich dies aber nicht vermeiden.

Der **Tunnel** ist eng, nichts für Klaustrophobiker, das gleich vorweg. Er ist ca. 25 Meter lang, mit drei möglichen Ausgängen. Das besondere an ihm ist,

Tauchen

das er immer wieder Zerklüftungen aufweist, die durch die Nachmittagssonne mit schönsten Lichtbündeln durchflutet werden. Es bietet sich an, aus dem einen Ausgang heraus und gleich wieder herein zu tauchen und aus dem nächsten oder übernächsten wieder heraus, da so keine Gefühle des Eingesperrtsein aufkommen.

Der Tauchguide muss darauf hinweisen, dass gelegentliches Anschlagen mit der Ausrüstung an der Decke oder den Seiten fast unausweichlich ist, was kein Grund zur Panik sein darf. An einer Stelle ist es so eng, dass man mit Flossenschlag fast nicht mehr vorwärts kommt und die Hände zur Hilfe nehmen muss.

Nach dem Tunnel, an der Außenwand wird man in eine mit großen **Felsbrocken** verzierte Landschaft gelangen. Die Dünung (der Wellengang unter Wasser) kann bei Südwind recht beträchtlich sein, und auch die Orientierung ist nicht einfach, wenn man sich dazu verleiten lässt, planlos um die einzelnen Felsformationen herumzutauchen.

Den **Wiedereinstieg** in den Tunnel zu finden, gestaltet sich auch schwierig. Ohne Restluft von mindestens 50 bar in der Flasche sollte man lieber den Weg um die Landzunge zurück in die kleine Bucht wählen (Wand linke Schulter), anstatt den Tunnel erneut zu durchtauchen. Sollte man nämlich auf dem Rückweg im Tunnel auf eine entgegenkommende Tauchergruppe stoßen, ist das Umdrehen in einer solchen Enge kein Spaß, das Aneinandervorbeiquetschen ebenso wenig.

Fazit: Für Unerschrockene ein schöner, flacher Tauchgang (maximal ca. 15–17 m), für absolute Anfänger oder klaustrophobisch Veranlagte ist eher ein erfrischendes Bad in der Bucht angesagt.

Wied iz-Żurrieq

Wied iz-Żurrieq ist der Name des Tales und der kleinen Siedlung, von der auch die Ausflugsboote in die Blaue Grotte starten.

Und hier liegt bereits ein kleines Problem dieses Tauchganges. Es ist unabdingbar, dass sich der Taucher in dem schmalen, langen **Hafen** niemals in der Mitte an der Oberfläche befindet, sondern immer möglichst nahe an der Wand auf- oder abtaucht. Die Kapitäne der Touristenboote hier gehören leider nicht zu der rücksichtsvollsten Spezies. Der Einstieg mit Sprung von der Kaimauer ist bequem. Witzigerweise weisen quergespannte, mit Kanistern beschwerte Seile den Weg in das offene Meer. Der Weg knapp über den Boden lohnt hier: In der wellengeschützten Bucht haben manche Fische ihre Kinderstuben. Wenn man Riesenglück hat, kann man hier auch den bizarren und seltenen Zeus Faber (engl.: *John Dory*) mit seiner „Punkfrisur" bewundern.

Am Ausgang zum Meer angekommen, hat der Taucher die Wahl, geradeaus über dichte **Seegraswiesen** allmählich bis auf über 30 Meter Tiefe zu tauchen und dann im 60°-Winkel nach rechts zur Felswand zurück oder (besser) gleich am Fels entlang (rechte Schulter), um nach wenigen Metern in eine kleine **sandige Grotte** (25 m) zu spähen oder sich sogar hineinzubegeben (groß genug). Wagemutige können durch ein weiter oben in der Grotte befindliches Loch wieder hinaus, welches allerdings enger als das untere ist. Falls die Gruppe größer ist, empfiehlt sich diese Variante nicht, da in der Regel zu viel aufgewirbelter Sand die Sicht nimmt.

Man folgt der Wand weiter nach rechts und gelangt zu einer weiteren **größeren Grotte,** die i. d. R. auch zum Umkehrpunkt bestimmt wird.

Die Orientierung bei diesem Tauchgang ist leicht. Die **Morgenstunden** sind wegen des Sonneneinfalls zu bevorzugen, allerdings sind diese auch die Stoßzeit der Besucher der Blauen Grotte, was die Tauchfreuden durch immer wieder auftretenden Motorenlärm erheblich trüben kann.

Dieser Tauchgang kann nicht bei starkem Südwind mit hohem Wellengang (der die Wellen in den Hafen treibt) durchgeführt werden, da dann nicht nur der Ein-/Ausstieg bei überfluteter Kaimauer, sondern auch die Dünung in Richtung Felswand zu gefährlich wären.

Tauchspots um Comino

Comino hat einige exquisite Spots zu bieten und ist trotz seiner Schönheit taucherisch nicht überlaufen. Die Unterwasser-Inselwelt kann **nur per Bootstauchgang** erkundet werden. Eine Mitfahrgelegenheit auf einem der vielen Touristenboote, die die Blaue Lagune ansteuern, ist wenig nützlich, da die guten Spots nicht in der unmittelbaren Nähe der Blauen Lagune liegen.

In der Regel machen die Tauchboote eine Tagesfahrt nach Comino. Die Mittagspause findet dann in der **Blauen Lagune** statt. Hier kann man sich unbeschwert unter die Schnorchel- und Schwimmtouristen mischen.

Für die passionierten Wasserratten ist ein **Schnorcheltrip** zu den der Blauen Lagune vorgelagerten Felsen auf der gegenüberliegenden Seite durchaus lohnend. Hier kann man seine ABC-Fähigkeiten voll einbringen, da zunächst ca. 300 Meter Streckenschnorcheln auf dem Programm steht und dann Tauchübungen in überaus reizvoller Umgebung gemacht werden können: Es gibt Spalten und Bögen zum Durchtauchen, Cominotto kann auch komplett umschnorchelt werden; dabei ist das Wasser glasklar, praktisch immer ohne Strömung und mit einer für das Mittelmeer atemberaubenden Fischvielfalt mit Schwärmen von Brassen, Lippfischen und vielem mehr.

Comino Caves

Eine ca. zehnminütige Bootsfahrt von der berühmten Blauen Lagune entfernt liegt der wohl beliebteste Tauchspot Cominos: die *Caves* (Höhlen). Eigentlich wäre der Begriff **Tunnel** allerdings treffender. Der unerfahrene Taucher braucht keine Sorge vor Dunkelheit und Irrgängen zu haben, ab und zu wird es ein bisschen eng, aber immer nur für ein kurzes Stück, und in der Regel sieht man auch gleich den Tunnelausgang in diesem unwiderstehlichen Blau vor sich.

Die **Eingänge** der Höhlen, die sich in der L-förmigen Felswand befinden, sind schon über Wasser klar auszumachen. In der Tat sind die Einbuchtungen so groß, dass sich auch kleine Touristenboote in den Eingang zwängen können. Hierin liegt leider ein Nachteil dieses Tauchspots. Es kann einem passieren, dass gerade ein paar Boote über einen hinwegdonnern.

Entschädigt wird man aber beim Anblick der Fischmassen, die einen gleich beim Abstieg freundlich begrüßen. Das hat seinen Grund. Die Tauchschulen haben sich darauf verständigt, an dieser sandigen Stelle (auf ca. 9 m) die **Fische mit Brotresten zu füttern.** Man sollte also bei einer Cominotour einen trockenen Brotkanten im Jacket haben, denn die Zuteilung durch den Guide kann mickrig ausfallen. Derart gut gerüstet, wird der Taucher im Spendierjacket von Fischen (vor allem Brassen) derart umlagert und bedrängt, dass einem schier schwindelig werden kann. Die Fische fressen aus der Hand. Leere Tüten werden genauestens auf Krümelchen untersucht (bitte Tüten wieder mitnehmen!).

Nach diesem Schauspiel geht es zu den **Höhlen.** Diese sind gleich hinter den Eingängen aus blankem Stein, was den angenehmen Effekt hat, dass kein Sand aufgewirbelt wird und die Sicht voll genossen werden kann.

Der meistbetauchte Tunnel hat eine Art **Neptunsgabel-Form,** d.h. es gibt drei verschiedene Eingänge (von denen einer etwas eng ist), aber nur einen großen Ausgang auf der anderen Seite der Landzunge. Daneben gibt es

kleinere Tunnel und ein weiteres größeres Tunnelsystem.

Es gibt sehr **viele Möglichkeiten** der Tauchgangsgestaltung an dieser Stelle (z.B. Rückweg um die mit großen Steinbrocken gesäumte Landzunge), und jeder Guide entwickelt eine eigene „Dramaturgie". Der Anfangs- und Endpunkt wird aber in der Regel die L-förmige Wand sein.

Es ist nicht die schlechteste Idee, sich für den **Sicherheitsstopp** noch eine kleine Reservesemmel aufzuheben. Einen unterhaltsameren Stopp kann sich das Taucherherz kaum wünschen.

Selbst Fotoamateure sollten hier einmal die Probe auf's Exempel wagen und sich eine **Einwegkamera** zulegen. Die kann man sich bequem am Ende des Tauchgangs vom Boot reichen lassen, um dann noch ein paar Schnappschüsse vom „Taucher in Fischsuppe" im 3-Meter-Bereich zu machen. Bitte die Ritsch-Ratsch-Klick-Boxen nicht auf den gesamten Tauchgang mitnehmen, der auf eine Tiefe von maximal 18 Metern führen kann, denn dann ist die Plastikbox garantiert abgesoffen.

Kleiner Tipp für junge Tauch-Hasen: Da während des Tauchgangs neue Boote anlegen können, sollte man sich die **Unterseite** (z.B. Stellung der Leiter, Rumpfform, etc.) **beim Abtauchen einprägen.** Nichts (!) ist so peinlich wie das Auftauchen am falschen Kutter und hämische Blicke von der Crew.

Comino Lighthouse (Lantern Point/ Irqieqa)

Wie der Name schon vermuten lässt, hat man den Leuchtturm von Comino an Cominos Südspitze beim *Einstieg* direkt vor der Maske. Die Tauchgruppe sammelt sich auf dem Grund des auf ca. 9 Meter Tiefe gelegenen Plateaus, um sich dann entweder durch einen dramatischen *Kamin* oder in eine *Schlucht* fallen zu lassen. Beide Varianten enden an riesigen Felsblöcken, die immer wieder Möglichkeiten zum Durchtauchen bieten. Sicher geht hier jedem durch den Kopf: was, wenn die Steine jetzt ins Rollen geraten würden ...? Die Antwort spart man sich besser.

Der Tauchgang führt dann mit der senkrechten und schön bewucherten *Felswand* rechterhand tiefer und tiefer. Man kann bis auf fast 50 Meter Tiefe gehen; selbstredend muss sich an die im Briefing abgesprochene Maximaltiefe gehalten werden.

Ab ca. 30 Meter wird das Wasser erst schlierig, dann schlagartig ziemlich frisch. Die *Sprungschicht* ist enorm spürbar, und darunter wird das Wasser plötzlich glasklar.

Über dem *Sandboden* kann man mit Taucherglück auf Rochen treffen. Kapitale Zackenbarsche dümpeln hinter jedem zweiten Felsbrocken in friedlicher Eintracht mit Tintenfischen und Mittelmeermuränen. Im Blau schwimmen bisweilen Tunfischschwärme, es lohnt sich, einen Blick zu riskieren.

Beim *Rückweg* bieten sich wieder die Varianten Schlucht oder Chimney (Kamin) an. Vorsicht: Im Kamin muss darauf geachtet werden, frühzeitig Luft aus der Tarierweste zu lassen, da der Eingang bei ca. 17 m, der Ausgang hier auf 8 m liegt.

Da dieser Tauchgang immer an der 30-Meter-Marke kratzen wird, ist er *dem erfahreneren Taucher vorbehalten,* der genügend Disziplin zur sorgfältigen Kontrolle seines Luftvorrates mitbringen sollte. Es wäre ärgerlich, wenn die gesamte Gruppe den Tauchgang – anders als geplant – im langweiligen, direkten Aufstieg beenden muss, weil jemand am Oktopus (Einsatzatemregler) des Tauchguides „hängt": Der Aufstieg durch den Kamin am Zweitautomaten des Partners ist nämlich unmöglich.

Der *Sicherheitsstopp* wird wieder am Plateau gemacht, hier tobt sich der eine oder andere maltesische Taucher zuweilen mit dem Jagen von Tintenfischen aus.

Tauchspots um Gozo

Die „kleine Schwester Maltas" ist unter Tauchern bekannt für ihre dramatischen Tauchplätze. Auch für Gozo gilt: Die Sichtweiten sind meistens hervorragend und die Unterwasserlandschaften von Felsformationen geprägt. Auch auf Gozo können viele Tauchgänge ganz unkompliziert von Land aus gemacht werden, was vor allem derjenige begrüßt, der auf eigene Faust unterwegs ist. Das Mitführen von Pressluftflaschen im Leihwagen ist übrigens auf den Malta-Gozo-Fähren kein Problem. Andererseits ist dies nicht notwendig, da es auch auf Gozo einige wenige Tauchshops mit Verleih gibt. Wer nur wenig Zeit hat, sollte zumindestens die Tauchgänge am Azure Window (Inland Sea und Blue Hole) genießen.

Tauchen

Taucher beim Einstieg

Inland Sea

Ein Tauchgang vom Inland Sea aus wird jedem Taucher unvergesslich bleiben. Der Inland Sea ist eine natürliche Einbuchtung des Meeres, wobei das offene Meer aber nur durch einen schmalen, langen *Tunnel* erreicht werden kann.

Leider ist der Tunnel auch breit genug für kleine *Boote* mit Außenborder, so dass von diesen wieder die größten Gefahren wie auch die größte Nerverei ausgehen können. Da am frühen Morgen der Ausflugsverkehr in der Regel noch nicht so stark ist (und dieser Tauchgang auch eher der tiefere des Tages zu werden verspricht), empfiehlt es sich, den Inland Sea als ersten Tauchgang zu planen.

Der *Einstieg* am See ist äußerst bequem, da man praktisch unmittelbar am See parken kann, sich auf befestigtem Grund umziehen kann und schließlich gemütlich in das seichte (und sehr warme) Wasser watscheln kann. Nur etwas glitschig kann es auf den veralgten Steinen werden.

In ein bis zwei Meter Tiefe dümpelt man in etwas trüber Brühe Richtung **Tunneleingang.** Riesige Felsbrocken scheinen den Weg zu versperren, doch dann geben sie den Blick frei in diesen fantastischen Tunnel.

Tiefes Blauschwarz empfängt den Taucher, der sich gleich nach dem Eingang erst einmal fallen lassen kann. Um die Größe des Tunnels zur Gänze genießen zu können, sollte man aber nicht am Boden entlang kriechen, sondern ruhig **in der Mitte** schwebend tauchen. Nach kurzer Zeit (je nach Sonnenintensität) kann man den Ausgang erahnen: Ein riesiger blauer Schlund öffnet sich ins Meer. Langsam gleitet man diesem Schlund entgegen. Der sandige Grund des Tunnels liegt in über zwanzig Metern Tiefe. Ein bisschen Selbstdisziplin gehört dazu, hier nicht zu lange zu gründeln und unnötig Luft zu verblasen. „Akrobatisch veranlagte" Taucher werden es sich sicher nicht nehmen lassen, einen Teil des Tauchganges auf dem Rücken schwimmend zu absolvieren, die blanken Höhlenwände, die Lichtspiegelungen auf und im Wasser laden förmlich dazu ein.

Am **Ausgang** des Tunnels erwarten einen nach links und rechts dramatisch abfallende Steilwände. Nichts anderes hat man beim Anblick der steilen Felsküste erwartet. Man kann hier tief gehen, ob es sich wirklich lohnt, muss der verantwortungsbewusste Taucher selbst entscheiden. Die Wahl, ob man einen Schlenker nach rechts oder links macht, spielt keine Rolle. Will man aber die weite (sehr weit, nur für „Kiemenatmer") Strecke bis zum Blue Hole zurücklegen, wende man sich nach links.

Blue Hole/Azure Window

„Blue Hole" – der Name allein klingt schon verheißungsvoll. Die Tauchgänge am Blue Hole zählen zu den Klassikern der Mittelmeer-Tauchspots. Beim „Blauen Loch" handelt es sich um eine natürliche Felsformation, die in Jahrtausenden vom Meer gestaltet wurde.

Um zur **Einstiegsstelle** zu gelangen, muss eine längere Strecke vom Parkplatz gelaufen werden. Der Pfad ist ein **Klettersteig** über scharfe Felsen, wer hier nichts an den Füßen trägt, hat wirklich ein größeres Problem. Im Sommer ist es zudem ratsam, eine Flasche Wasser im Gepäck zu haben und sich vor dem Fußmarsch wenigstens den Kopf zu benetzen (besser gleich einen kräftigen Schluck in den Anzug kippen), ansonsten kann man auf Grund der Anstrengung sehr leicht überhitzen.

Einmal am Blue Hole angelangt, sollte man gemütlich an der Oberfäche plantschend erst einmal den Pulsschlag etwas normalisieren lassen. Dies ist auch dann die richtige Verhaltensweise, wenn der Guide drängelt oder die nächste Gruppe im Anmarsch ist.

Völlig entspannt lässt man sich dann langsam absinken. Das Loch hat einen Durchmesser von ca. 10 Metern und verfügt am Grund (in ca. 15 m Tiefe) über zwei „Bonbons". Zum einen gibt es einen großen **Durchbruch ins offene Meer,** zum anderen befindet sich an seiner Rückwand der Eingang in eine geräumige *Grotte* mit feinem Sandboden. Fast unnötig zu erwähnen, dass in der Mittagssonne das gesamte Loch in lichtdurchflutetem Blau leuchtet und der Blick von der Grotte aus in das Blue Hole das Herz höher schlagen lässt.

Gleich hinter dem Durchbruch im offenen Meer befinden sich eine *Felsbrockenlandschaft*, dicht bewachsen, dunkelgrün und mit großer Zackenbarschpopulation.

Eine beliebte Tauchgangs-Variante führt nach rechts, um durch das *Azure Window* zurückzukommen. Dieser Tauchgang führt nach den Felsbrocken an der Steilwand entlang.

Den Eingang ins Azure Window kann man verfehlen, wenn man sich ihm zu tief (ab unter 15 m Tiefe) nähert. Dann kann es passieren, dass man sich nach langer, schier nicht enden wollender Steilwand plötzlich am *Tunneleingang zum Inland Sea* befindet. Dieser Tauchgang ist zwar möglich, bedarf aber fast der absoluten Sparatmung und ist auch nicht so interessant wie der Tauchgang durch das Window mit anschließendem Exkurs durch den Chimney (Kamin).

Um zum *Chimney* zu gelangen, muss man am Durchbruch vom Blue Hole vorbei (oder, falls man den Chimney an den Anfang setzt, wende man sich gleich nach links). Der Kamin ist ziemlich eng, zwei Taucher nebeneinander finden keinen Platz, aber das durch die Spalten dringende Tageslicht lässt in der Regel keine Angst aufkommen.

Am Ende des Tauchgangs steht meist noch einmal ein kurzer Abstecher in

die Grotte des Blue Hole, um sich dann schweren Herzens wieder aus dieser Traumwelt zu verabschieden.

Xlendi Cave und Xlendi Reef

Dass man in der romantischen und vor Wind und Wellen gut geschützten Felsenbucht von Xlendi gut tauchen können müsste, kann sich jeder schon beim ersten Anblick vorstellen. Dass sich aber in der Felsnase der Bucht ein die gesamte Felsnase durchschneidender Tunnel verbirgt, kann man nicht erahnen.

Als Einstieg für diese Tauchgang-Varianten wird in der Regel der letzte Zipfel der gegenüberliegenden *Kaimauer* gewählt, hier gibt es auch diverse Steintreppen.

Selbstverständlich kann aber auch ein Einstieg von der *Bootsanlegestelle* gemacht werden, dann empfiehlt es sich aber, ein gutes Stück an der Wand entlang zu schnorcheln, um Luft für den eigentlichen Tauchgang zu sparen.

Wichtig bei beiden Einstiegsvarianten ist der Hinweis auf den regen *Bootsverkehr* (vor allem Ausflugsboote) in der Hafenbucht. Daher muss unbedingt an der Wand entlang geschnorchelt werden, bzw. bei Durchquerung der Bucht direkt abgetaucht und in mindestens 3 Meter Tiefe (besser: Bodennähe in ca. 10 m) gequert werden.

Der *Einstieg in den Tunnel* befindet sich in ca. 6 m Tiefe. Der Tunnel, der von dieser Seite her betrachtet schmaler anfängt und sich gegen Ende öffnet, ist gebogen, so dass der Taucher

Tauchen

nicht das Ende des Tunnels im Blick hat. Die Wände sind aus blankem Fels, nur die Eingangsbereiche sind sandig und schön bewachsen. Der Ausgang der Höhle liegt am Grund auf ca. 12 Metern, im letzten Abschnitt des Tunnels kann man theoretisch sogar an der Oberfläche Luft schnappen gehen. Wer Tunnel mag, sollte auch den Weg zurück wieder durch den Tunnel wählen, da sich Hin- und Rückweg immer unterscheiden.

Eine andere Variante bietet hingegen das Umtauchen des **Felsriffs** von Xlendi, das quasi die Unterwasser-Fortsetzung der Felsnase ist. Hierzu halte man sich nach dem Tunnelausgang sofort scharf links. Das Riff, das teilweise wunderschön bewachsen ist, kann (stets linker Hand) in ca. 16 bis maximal 18 m Tiefe umtaucht werden. Es bietet sich aber auch an, die großen Felsbrocken einmal aus der Vogelperspektive (insofern dieser Ausdruck überhaupt unter Wasser anwendbar ist) auf sich wirken zu lassen. Wenn die Landzunge schließlich wieder in die Felswand übergeht, ist man fast schon wieder am Tunneleingang angelangt. Von einer erneuten Durchquerung sollte man aber allein schon aus tauchmedizinischer Sicht (Stichwort JoJo-Tauchgang) absehen.

Für diesen Tauchgang ist eine **Lampe** mehr als empfehlenswert. Makrofotografen werden in den seegrasbewachsenen Bereichen in jedem Fall auf ihre Kosten kommen.

Seepferdchen

Tauchen

Tauchschulen

Vorab ein genereller Hinweis: Da es auf Malta und Gozo mittlerweile eine Vielzahl von Tauchschulen gibt, die sich in der Saison kräftig Konkurrenz machen, lohnt sich ein **Preisvergleich.** Es ist nicht unbedingt erforderlich (oder preislich günstiger), Vorabbuchungen von zu Hause aus zu machen.

In der **Nebensaison** ab November haben nur noch wenige Tauchschulen geöffnet, hier lohnt sich eine vorherige Kontaktaufnahme auf jeden Fall.

Fast alle Tauchschulen holen die Taucher vom Hotel ab (zuweilen wird hierfür allerdings ein Transportzuschlag erhoben), dennoch ist es äußerst sinnvoll, eine der Unterkunft nahe gelegene Tauchschule zu wählen, da sonst zu viel Zeit mit Warten und **Transport** verloren geht.

In fast allen Tauchschulen findet die **erste Ausfahrt** morgens um 9 Uhr statt, zum zweiten Tauchgang wird gegen 14 Uhr aufgebrochen. Das heißt, dass eine ruhige Gangart vorherrscht und genug Zeit zum Sonnenbaden, Regenieren und Essen bleibt. Es kann daher sinnvoll sein, Brotzeit und Getränke mitzunehmen.

Die **Sicherheitsstandards** und die Qualität der Ausrüstung sind in der Regel gut bis sehr gut.

Auf Malta liegen die meisten Basen im Nordwesten um St. Paul's und Buġibba, eine weitere Taucherhochburg befindet sich in Sliema/St. Julian's. Östlich von Valletta gibt es nur in Marsaskala eine Basis, die Südküste ist tauchschulenfreie Zone.

Auf Gozo gibt es zwei Zentren: Xlendi und Marsalforn.

Tauchverbände

Die am häufigsten auf Malta vertretenen Tauchverbände sind:

●**PADI** (Professional Association of Diving Instructors, größter Weltverband)
●**NAUI** (National Association of Underwater Instructors)
●**CMAS** (Confédération Mondiale des Activités Subaquatique, europäischer Tauchverband)
●Die maltesische CMAS-Abteilung **FUAM** (Federation of Underwater Activities in Malta)
●**BSAC** (British Sub Aqua Club)
●Einige wenige Basen brevetieren auch nach den deutschen **VDST-Richtlinien.**

Glossar zu den Tauchschulen in Malta

●**TG** – Tauchgang
●**OWD** – Open Water Diver, Anfängerbrevet bei PADI, ca. 5-tägige Ausbildung.
●**AOWD** – Advanced Open Water Diver, Brevet für Fortgeschrittene bei PADI, dauert 2–3 Tage.
●**Rescue** – Rettungstaucher-Brevet bei PADI (setzt einen Erste-Hilfe-Kurs voraus), dauert 3 Tage.
●**DM/Divemaster** – Mindestvoraussetzung 60 TG und Rescue Diver Brevet, umfasst Mithilfe bei Anfängerausbildung, Zeitbedarf: mindestens 2 Wochen.
●**CMAS** * – „Ein Stern" oder Bronze, entspricht in etwa dem OWD.
●**CMAS** ** – „Zwei Stern" oder Silber, entspricht in etwa dem AOWD.
●**CMAS** *** – „Drei Stern" oder Gold, entspricht in etwa dem Divemaster.

● **TG-Box** – auch „Dive Box", Paketangebot von 5/6 oder 10 TG.

● **Schnuppertauchen** – TG zum Ausprobieren, entweder im Pool oder in sehr flachem Wasser ohne Strömung oder Wellengang.

● **Specialty Brevets** – Spezialscheine, umfassen bei PADI (CMAS hat ähnliche Brevets im Angebot): Ausbildung zum Wracktaucher, Tieftaucher (30–40 m), Nachttaucher, Bootstaucher, Unterwasser-Navigator, Bergungstaucher, Unterwasserfotograf, Trockentaucher, Unterwasser-Naturspezialist, Ausrüstungs-Spezialist, Unterwasser-Video-Spezialist, Multi-Bereichs-Taucher, Peak Buoyancy (Tarierungsspezialist), Höhlentaucher sowie Nitrox-Taucher.

Diese Brevets machen sich zwar gut in der Plastikartensammlung eines Tauchers, geben einem sicherlich den einen oder anderen Tipp oder vertiefen bereits Gelerntes, sind aber ansonsten eine ziemliche Beutelschneiderei. Wirklich sinnvoll ist der AOWD, da dieser einem später auch die Teilnahme an tieferen oder komplizierteren TG ermöglicht.

● **Leihausrüstung** – gemeint ist die volle Ausrüstung, bestehend aus Nassanzug (im Sommer Shorty, ab Herbst „Long John" mit Jacke), Tarierweste (BCD), ABC-Ausrüstung (Flossen, Schnorchel, Maske), Lungenautomat.

Preise

Die Preise sind bei den einzelnen Tauchschulen ähnlich, die Verbände verlangen unterschiedliche Prüfungs- und Brevetgebühren, die sich dann als leichter Preisunterschied bemerkbar machen.

Kurse

Derzeit kostet etwa der **PADI-Open Water Kurs** (4–5 Tage) bzw. **CMAS *** usw. inkl. Ausrüstung und aller Gebühren rund Lm 140–150, der 3–4 tägige **Fortgeschrittenenkurs** (CMAS **, Advanced Open Water usw.) rund Lm 90. Natürlich gehört auch **Nitroxtauchen** zum Angebot, der Basiskurs dauert 2 Tage (Theorie und 2 Tauchgänge) und kostet rund Lm 60. Wichtig ist es sich

von seinem Hausarzt ein Tauchattest ausstellen zu lassen. Dies kann zwar von der Tauchschule organisiert werden, ist aber etwas teurer und mit einigem Aufwand verbunden.

Begleitete Tauchgänge

Wer einen Kurs absolviert und sein Brevet in der Tasche hat (Lichtbild nicht vergessen!), kann sich den geführten Tauchgängen anschließen, die zu den schönsten Tauchstellen der maltesischen Inselwelt – u.a. den oben beschriebenen – führen. Hierfür sind bei eigener Ausrüstung durchschnittlich Lm 12–13 pro Tauchgang zu zahlen (Zylinder und Blei erhält man natürlich von der Basis). Günstiger wird es mit so genannten *dive packages* (Tauchpaketen), wo z.B. 10 Tauchgänge rund Lm 100 kosten. Diese kann man dann nach Belieben einteilen, also etwa auch einmal einen Tag aussetzen, um dann eventuell zweimal einen Nachttauchgang durchzuführen. Für Nachttauchgänge werden i.d.R. Lm 8–9 extra berechnet (erhöhter Personalaufwand, Tauchlampenmiete), ebenso für Tauchgänge per Boot (Lm 4–6). Tauchcomputer, Lampe, Kompass etc. sind **Extras.** Bei allen begleiteten Tauchgängen sind Blei und Flasche im Preis enthalten.

Selbsttaucher

Weit fortgeschrittene Taucher werden sicherlich auch einmal (oder öfters) ohne die Gruppe tauchen wollen; Wichtig ist die **Genehmigung,** die von jeder Tauchbasis arrangiert werden kann (Lm 4–5). Hierzu ist wie bei Kursen oder geführten Tauchgängen ein ärztliches Tauchattest sowie die Vorlage von Brevet und Logbuch notwendig. Dann kann man eine Flasche mieten, der *refill* kostet ca. Lm 0,20/Liter, eine 10 l Flasche also Lm 2.

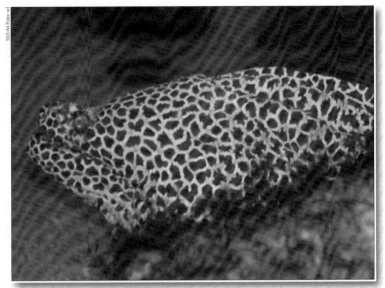

503-M Fotz: vl

Tauchschulen auf Malta

Strand Diving Services

● Ramon Perellos Street (Ecke Mosta Road), St. Paul's Bay, Malta, Tel: 21574502, 215 77 480, Fax: 21577480.

● *Info:* PADI, CMAS, SSI, FUAM verfügt über eigenen Shop (Scubapro, Suunto, Mares, Uwatec und andere), führt Reparaturen aus. Günstigste Tauchschule auf Malta, wobei aber keine Kompromisse bei der Sicherheit gemacht werden. Ganzjährig geöffnet ab 8:30 Uhr bis 18 Uhr.

● *Tauchen:* ca. 30 Tauchplätze um Malta, Gozo und Comino, abwechslungsreiches Wochenprogramm, Gozo, Comino und St. Paul's Island werden – falls es das Wetter zulässt – jede Woche angeboten, sehr populäre Tauchschule – daher zuweilen etwas große Gruppen. Bei Tauchausbildung aber maximal 4–5 Taucher.

● *Sonstiges:* Ausbildung auch auf Deutsch, Vermittlung von günstigen Unterkünften,

sehr lebhafte und freundliche Basis, kostenloser Pick-up von Tauchgästen wird täglich arrangiert, vermittelt Transfers zum/vom Flughafen und hilft beim Mieten von Leihwagen, organisiert tauchmedizinische Untersuchung (Lm 4), der Eigentümer der Basis, *Lawrence Spagnol*, ist ein alter Hase im Tauchgeschäft, gerne gibt er auch Tipps für Individualtaucher. *Strand Diving Services* war maßgeblich an der Erstellung des empfehlenswerten Tauchführers von *Ned Middleton* beteiligt (hier auch käuflich erhältlich), kostenloses Aufbewahren von eigener Tauchausrüstung auch an tauchfreien Tagen.

Sub Aqua

● *Hotel Mistra Village,* St. Paul's Bay, Tel: 21580481, Fax: 21582841.

● *Hotel Cavaliere,* Spinola Road, St. Julian's, Tel: 21336255, Fax: 21330542.

● *Info:* PADI, CMAS, NAUI, BSAC, FUAM, VDST, geöffnet Mai–Oktober (Hotel Cavaliere), bzw. ganzjährig (Mistra Village), Mo–Sa 9:30–19 Uhr, So 8:30–19 Uhr, verfügt über einen Shop, führt Scubapro, Mares, Technisub, IQ, Aquapro,Uwatec.

●*Kurse:* Alle PADI und NAUI Brevets, Marinbiologische Kurse, DAN Oxygen Provider.

●*Tauchen:* ca. 30 Tauchplätze um Gozo, Comino und Malta (auch Blenheim-Bomber und diverse „Geheimspots"), Gruppengröße: 1–5 Taucher, bei Kursen max. 5 Schüler.

●*Sonstiges:* Ausbildung auch in Deutsch u. Niederländisch, 35 komplette Ausrüstungen (Scubapro), direkter Hotelanschluss – aber auch Tagesgäste willkommen, bietet Transfer ab/zur Unterkunft, Reiseveranstalter: Sub Aqua/Feria, eigenes Boot für Tagesfahrten.

Scubatech

●Alka Street, St. Paul's Bay, Tel: 21580617, 21582287, Fax: 21455916, www.divemalta-gozo.com. Info: BSAC, IDD, CMAS, PADI geöffnet März–November. Noch recht jung, aber schon außerordentlich beliebt ist die Filiale in Marsalforn, Triq Marina (an der zentralen Promenade), Tel: 21565612.

●*Tauchen:* ca. 20 Tauchplätze um Malta, Comino und Gozo.

●*Spezielle Kurse:* diverse CMAS- und PADI-Kurse auf Anfrage.

●*Sonstiges:* Überwiegend britisches Publikum, Ausbildung in Englisch.

Maltaqua

●Mosta Road, St. Paul's Bay, Tel: 21571873, 21572558, Fax: 21580064, maltaqua@keyworld.net, www.maltaqua.com.

●*Info:* BSAC, PADI (5* Center), VDST, basiseigener Shop mit Reparaturwerkstatt (Scubapro, Mares u.a.), eigene Nasstauchanzug-Schneiderei.

●*Tauchen:* ca. 20 Tauchplätze um Malta, Comino und Gozo, basiseigenes Boot (RIB).

●*Spezielle Kurse:* alle PADI-Brevets (Lm 29–Lm 53), Möglichkeit eines sechswöchigen Praktikums im Anschluss z.B. an den zweiwöchigen *Assistant Instructor* Kurs (Lm 165)

●*Sonstiges:* Ausbildung auch in Deutsch, Transfers zum/vom Flughafen, Vermittlung von Apartments und Unterkünften.

SubWay Scuba Diving School

mit vier Filialen:

●Head Office, Pioneer Road, Buġibba, Tel: 21572997, Fax: 21577086, info@subwayscuba.com, www.subwayscuba.com.

●39, Xemxija Hill, St. Paul's Bay, Tel: 215 80611, Fax: 21577086.

●Subway Scuba Diving Centre, Barcelo Rivera Resort & Spa, Marfa, L/O Mellieha, Tel: 21520169, Fax: 21577086.

Im Büro einer Tauchschule

Tauchen

●Comino Dive Centre, Comino Island, Tel: 21570354, Fax: 21577086, www.cominodivecentre.com, E-mail s. o.
●*Info:* PADI (5* Center).
●*Tauchen:* ca. 30 Tauchplätze um Malta, Comino und Gozo.
●*Spezielle Kurse:* alle PADI-Speciality-Brevets (Lm 50–60), Schnorchellehrgang Lm 25, Sonstiges: Ausbildung vorwiegend auf Englisch, Subway organisiert jedes Jahr im November einen UW-Fotowettbewerb (The Blue Dolphin of Malta), auch Videoaufnahmen von Tauchern werden angeboten.

Gillieru Diving Center
●Church Square, St. Paul's Bay, Tel: 219 421242, Fax: 21572745.
●*Info:* PADI, geöffnet April bis Oktober, Mo-Sa 8:30–18 Uhr, kleiner Shop (Mares, Scubapro (authorisierter Händler), Cressi Sub, Kowalski).
●*Tauchen:* bevorzugt Tauchen um Gozo und Comino aber auch Malta, ca. 20 Spots, Gruppengröße 2–4 Taucher, 3 gemietete Tauchboote für 11 bis 30 Personen.
●*Sonstiges:* Ausbildung auch auf Deutsch, 12 kompl. Leihausrüstungen (Polaris, Scubapro, Mares), per Boot nur Eintagestouren, Hotelanschluss (Hotel Gillieru), Bus 49 hält gleich nebenan, legen großen Wert auf familiäre Atmosphäre.

Suncrest Hotel
●Qawra Road, Arzella Flat 5, Qawra Bay, Tel: 21973585, 21577101, Fax: 21575478, 215 81166.
●*Info:* CMAS, VDST, ITLA, PADI geöffnet März–Dezember Mo–Sa 9–18 Uhr, So 11–15 Uhr (nur auf Anfrage), verfügt über einen Shop, führt Scubapro (Vertragshändler, auch Reparaturen).
●*Tauchen:* ca. 30 Tauchplätze um Gozo, Comino und Malta, Maximale Gruppengröße: 1–3 Taucher, Minimum bei Nacht-TG: 2 Taucher.
●*Spezielle Kurse:* Alle VDST und CMAS Spezialbrevets möglich.
●*Sonstiges:* Ausbildung auch auf Deutsch, 35 komplette Ausrüstungen (Action Sport, Scubapro, Aquapro), direkter Hotelanschluss

(Suncrest Hotel) – aber auch Tagesgäste willkommen, bietet Transfer ab/zur Unterkunft, eigenes Schlauchboot (RIB) für max. 12 Taucher.

Octopus Garden Diving Centre
●*New Dolmen Hotel Beachclub,* Qawra, Tel: 21582586, Fax: 21582586, www.octopusgarden.com (auch auf Deutsch).
●*Info:* PADI, VDST, IDA, CMAS, geöffnet ganzjährig (von November bis März mit eingeschränkten Öffnungszeiten), eigener Shop, Reparatur-Service.
●*Tauchen:* Bootstauchgänge meist ab eigenem Jetty in Gruppen bis zu 6 Tauchern, Tagestouren nach Comino und Gozo.
●*Sonstiges:* Tauchausbildung auch auf Deutsch, Flaschen- und Ausrüstungsverleih, angeschlossen an New Dolmen Hotel Beachclub (auch Apartmentvermittlung) aber auch Tagesgäste sind willkommen.

Meldives
●*Sea Bank Hotel*
Triq il-Maarfa, Mellieha Bay, Tel: 21522595, 21573116, Fax: 21522595, 21572020.
●*Info:* PADI (5* IDC Centre), BSAC, ist direkt an das Seabank Hotel angeschlossen, auch Tagesgäste sind willkommen, bietet alle PADI-Brevets an, Preise auf Anfrage, Gruppenrabatte und Pauschalarrangements möglich.

Seashell Dive Cove
Neue Basis, angeschlossen an das *Pergola Club Hotel,* 82 Triq Dun Franzis Sciberas, Mellieha. Tel: 21521062, seashell@vol. net.mt.
●*Info:* PADI, CMAS, Kurse auf Englisch, Deutsch, Italienisch. Betauchen gleichmäßig Spots auf Malta und Gozo.

Paradise Diving School
●*Paradise Bay Hotel,* Ċirkewwa, Tel: 21573981, 21315169, Fax: 21573115.
●*Info:* PADI, CMAS, PDSA, direkt an das Paradise Bay Hotel angeschlossene Tauchbasis ohne Shop, geöffnet Mai bis Oktober, tgl. 9:30–19 Uhr.
●*Tauchen:* Gruppengröße 1–7 Taucher, hauptsächlich Comino und Gozo und nördliches Malta, nur Tagestouren möglich, Tau-

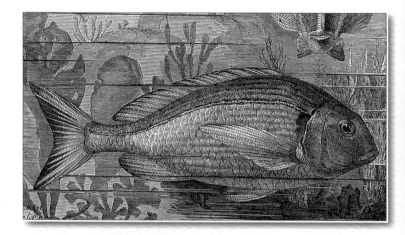

chen auch für Behinderte, Ausbildung nicht auf Deutsch, basiseigenes Speedboot.

●**Sonstiges:** direkter Hotelanschluss an das 4-Sterne Paradise Bay Hotel, Busse Nr. 45 und 645 (nach Ċirkewwa) halten am Hotel, kostenlose Aufbewahrung des Equipments auch an tauchfreien Tagen, privater Strand mit Duschen, Snackbar und Restaurant.

Divecare

●Ġorġ Borg Olivier Street, St. Julian's, Tel: 21319994, Fax: 21341729, www.digigate.net/divecare.

●**Info:** PADI, CMAS, BSAC geöffnet ganzjährig, Mo–Sa. 8:30–18 Uhr, verfügt über Shop (auch Reparaturen).

●**Tauchen:** ca. 20 Tauchplätze um Gozo, Comino und Malta, Maximale Gruppengröße: 3–5 Taucher, Minimum bei Nacht-TG: 2.

Spezielle Kurse: Tauchen für Jugendliche ab 14 Jahren, Tauchen für Behinderte, alle PADI-Spezialbrevets.

●**Sonstiges:** Ausbildung nicht auf Deutsch, 20 komplette Ausrüstungen (Scubapro, Spiro), bietet Transfer ab/zur Unterkunft, Lagerung des Tauchequipments auch während einer Tauchpause möglich.

Divewise Services Ltd.

●Dragonara Peninsula, St Julian's, Tel: 2133 6441, Fax: 21310708.

●**Info:** Mit der folgenden Tauchschule unter einem Management, PADI, CMAS, BSAC, geöffnet ganzjährig (ab 9 Uhr). verfügt über einen Shop, auch Reparaturen.

●**Tauchen:** ca. 25 Tauchplätze um Malta, Gozo und Comino, es wird versucht, Gruppen

Junge Goldbrasse

klein zu halten und gemäß Erfahrung einzustufen.

●*Spezielle Kurse:* keine

●*Sonstiges:* Ausbildung auf Englisch, direkter Hotelanschluss bei Divewise (Westin Dragonara Hotel) – aber auch Tagesgäste willkommen, sehr gut organisierte Basen mit gepflegtem Equipment, Transfers zum/vom Flughafen werden organisiert.

The Golden Amberjack Diving Co. Ltd.

●*Cresta Diving Centre,*
St. Georges Bay, Malta,
Tel: 21310743, Fax: 21372589

●*Info:* Mit der vorhergehenden Tauchschule unter einem Management, siehe dort.

Dive Systems Watersports Limited

●St. Julian's Tower, Sliema, Tel: 21319123, Fax: 21342040, www.divesystemsmalta.com.

●*Info:* Zwei eigene Shops: Aquamarina Sports, 48 Gzira Road, Gzira, Tel: 317137 und EXPO Subaqua Services, 20, St. John Street, Valletta, Tel: 21223586 (von beiden auch Abholung zum Tauchen möglich), PADI, BSAC, SAA, geöffnet ganzjährig, führt auch Reparaturen durch).

●*Tauchen:* ca. 25 Tauchplätze um Malta, gelegentlich Gozo, Comino.

●*Spezielle Kurse:* Alle Specialty-PADI-Brevets (Lm 40–55).

●*Sonstiges:* Ausbildung auf Englisch, basiseigenes Tauchboot für bis zu 50 Personen (auch an Gruppen zu vermieten für Lm 90/Tag inkl. Skipper).

Northeast Diving Services Ltd.

●Postadresse: 9, Belvedere Street, Gzira, Malta, Geschäftsstelle: Pebbles Lido, Qui-si-sana, Sliema, Tel: 21340511, Fax: 21340506, dereksnds@dream.vol.net.mt.

●*Info:* CMAS, IDD geöffnet März bis November.

●*Tauchen:* ca. 20 Tauchplätze um Malta, Comino und Gozo.

●*Spezielle Kurse:* diverse CMAS Kurse auf Anfrage.

●*Sonstiges:* Ausbildung auf Englisch, direkter Hotelanschluss (Lido Pebbles) mit diversen Wassersportmöglichkeiten, Transfers zum/vom Flughafen oder Exkursionen zu touristischen Einrichtungen werden organisiert.

Jerma Palace Watersports Centre

●Dawret il Torri, Marsaskala, Tel: 21633222, 21639292, Fax: 21662647, sportdiv@digigate.net.

●*Info:* CMAS, IDD, geöffnet ganzjährig (ab 9 Uhr), verfügt über einen Shop, auch Reparaturen.

●*Tauchen:* ca. 20 Tauchplätze um Malta, diese Tauchschule behauptet das Geheimnis um den genauen Friedhof des Blenheim-Bombers zu hüten und hat diesen auch unter der Wasseroberfläche markiert, so dass das Auffinden auch bei schlechteren Bedingungen garantiert ist. Wer den Blenheim-Bomber besuchen will, sollte direkt nach *Ray Ciancio* fragen, schon ab 2 Personen wird getaucht.

●*Spezielle Kurse:* keine

●*Sonstiges:* Ausbildung auf Englisch, direkter Hotelanschluss *(Jerma Palace Hotel)* aber auch Tagesgäste sind willkommen, basiseigenes Tauchboot, Transfers zum/vom Flughafen werden organisiert. Familiäre und ruhige Tauchschule mit gemütlicher Atmosphäre.

Tauchschulen auf Gozo

Nautic Team Gozo

●Volcano Street, Marsalforn, Gozo, Tel: 215 58507, Fax: 21558507, www.nauticteam.com (auch auf Deutsch).

●*Info:* PADI, SSI, CMAS, VDST und Barakuda, geöffnet März bis Dezember, tgl. außer sonntags, verfügt über einen Shop, führt Scubapro (auch Reparaturen), Mares (auch Reparaturen), Technisub, Uwatec, Hartenberger, Sherwood.

●*Tauchen:* ca. 35 Tauchplätze um Gozo, Comino und Čirkewwa (Malta), Gruppengröße 1–3 Taucher.

●*Spezielle Kurse:* Tauchen für Jugendliche ab 14 Jahren, Tauchen für Senioren, Rettungstaucher.

Tauchen

●*Sonstiges:* Ausbildung auf Deutsch, 40 komplette Ausrüstungen (Scubapro), direkt buchbar über Reisegesellschaften Air Aqua, Barakuda und Nautic Team Essen, zwei basiseigene Boote und Busse, Vermittlung von Apartments, Hotels, Transfers, Organisation von Kulturtrips, einzige deutsche Tauchschule auf Gozo.

Atlantis Hotel

●Qolla Street, Marsalforn Bay VCT 116, Gozo, Tel: 21561826, 21560837, 21554685, Fax: 21555661, info@atlantisgozo.com, www.atlantisgozo.com.
●*Info:* PADI, ganzjährig geöffnet, verfügt über einen Shop (Scubapro, Mares, Technisub, Cressi, Aquapro, Apeks).
●*Tauchen:* hauptsächlich Gozo, Ausfahrten schon ab 1 Taucher.
●*Spezielle Kurse:* PADI-Spezialbrevets.
●*Sonstiges:* Ausbildung auf Englisch, basiseigenes Boot, alle Ausrüstungen Scubapro (Jackets Aquapro), nur Stahlflaschen, direkter Hotelanschluss (Atlantis Hotel, Bus Nr. 21 hält gleich nebenan), kombinierte Paketpreise (z.B. 1 Woche Tauchen (11 TG: 4 Boot/6 Land/1 Nacht-TG), bei Übernachtung mit Frühstück, Transfers vom/zum Flughafen ab Lm 131/Person), auch Apartments vorhanden.

Calypso Diving Center

●*Calypso Hotel,* Marsalforn, Gozo, Tel: 215 61757, Fax: 21562020, caldive@digigate.net, www.calypsodivers.com.
●*Info:* PADI, alle Brevets.
●*Tauchen:* hauptsächlich um Gozo, Ausbildung vornehmlich auf Englisch.
●*Sonstiges:* Hotelanschluss, Zimmervermittlung, Transferservice.

Gozo Aqua Sports Diving Center

●Rabat Road, Marsalforn, (von Victoria kommend am Ortseingang linker Hand), Tel: 21563037, Fax: 21559388, www.gozo-aquasports.com.
●*Info:* PADI (5*), Tauchshop.
●*Kurse/Preise:* alle PADI Kurse von OWD bis Assistant Instructor, alle PADI-Spezialbrevets,

Preise auf Anfrage (wechseln je nach Saison), Gruppenrabatte möglich.
●*Tauchen:* 25 Tauchspots rund um Gozo, es wird versucht, Gruppen klein zu halten (bis maximal sechs Taucher), Ausbildung auch auf Deutsch.
●*Sonstiges:* basiseigenes Tauchboot, Apartment-, Hotel- und Mietwagenvermittlung, Transfer von/zum Flughafen.

Dwejra Divers

●Inland Sea, Dwejra, Gozo, Tel: 21553525, Fax: 21552056, Postanschrift: P.O Box 3, GRB 101, Gharb, Gozo.
●*Info:* Tauchbasis direkt am Inlandsee gelegen, geöffnet ganzjährig, von November bis März gibt es spezielle Gruppenrabatte (Preise auf Anfrage), Ausbildung eher zweitrangig, vor allem geführte TG und Verleih von Ausrüstung und Flaschen, Rabatte ab Gruppen von 4 Personen. Vermittlung von Apartments (Mietwagen ist erforderlich, da Busverbindung zum isoliert gelegenen Inland Sea dürftig ist), Transfer vom/zum Flughafen.

Diving unlimited

●18 Franġisk Portelli Street, Għarb, Gozo, Tel: 21559594, Fax: 21559594.
●*Info:* PADI, geöffnet März–November.
●*Tauchen:* PADI Kurse, Spezialbrevets, Nitroxtauchen, spezielle Kurse für Höhlentaucher.
●*Sonstiges:* Vermittlung von Mietwagen, Transfers und Unterbringung, Angebot von Pauschalangeboten auch für Alleinreisende, Gruppen (auch Schulklassen).

Frankie's Gozo Diving Centre

●Mġarr Road, Xewkija, Gozo, Tel: 21551315, Fax: 21560356, frankie@digigate.net, www.gozodiving.com.
●*Info:* PADI, SSI, CMAS, geöffnet ganzjährig und tgl., verfügt über einen Shop, führt Scubapro (auch Reparaturen), Mares, Technisub (auch Reparaturen), Spiro.
●*Tauchen:* ca. 25 Tauchplätze um Gozo, Comino und Malta, Maximale Gruppengröße: 6 Taucher, auch Mehrtagesfahrten möglich, auch Liveaboard möglich.

Seeaal (Conger)

•**Spezielle Kurse:** Tauchen für Senioren.
•**Sonstiges:** Ausbildung auch auf Deutsch und holländisch, 30 komplette Ausrüstungen (Scubapro, Mares, Technisub, Spiro), direkter Hotelanschluss (Bus 25 ab Mgarr/Gozo hält direkt vor der Basis), legt absoluten Schwerpunkt auf Sicherheit beim Tauchen.

St. Andrew's Divers Cove/Xlendi

•St. Simon Street, Xlendi Bay, Gozo, Tel: 21551301, Fax 21561548, standrew@digigate.net, www.gozodive.com.

St Andrew's Divers Cove/Mġarr

•Shore Street, Mġarr Harbour, Gozo, Tel: 21556441, Fax: 21561548.
•**Info:** PADI, SSI, CMAS, SAA; IDD, geöffnet ganzjährig und tgl., verfügt über einen Shop, führt Scubapro (auch Reparaturen), Mares, Technisub.

●*Tauchen:* ca. 25 Tauchplätze um Gozo, Comino und Malta, Maximale Gruppengröße: 6 Taucher, in der Nebensaison wird sehr gut auf die Wünsche der Taucher eingegangen.

●*Spezielle Kurse:* PADI- und SSI-Spezialbrevets

●*Sonstiges:* Ausbildung mittlerweile auch auf Deutsch, 30 komplette Ausrüstungen, Vermittlung von Unterkunft im nahe gelegenen (Xlendi) Vier-Sterne-Hotel „St. Patrick's" möglich (Preise ab Lm 7,70/Person in der Nebensaison, Lm 14,30 in der Hauptsaison) oder in Apartments (ab Lm 8 für 2 Personen). Die Leute von *St. Andrew's* achten genau auf das Vorhandensein eines ärztlichen Attests, falls keines vorhanden ist, arrangieren sie gerne einen Arztbesuch (bei Belegung von Kursen ist dieser mit inbegriffen), Transfer vom/zum Flughafen kann arrangiert werden.

Moby Dives Co. Ltd.

●Triq il Gostra, Xlendi Bay, Gozo, Tel: 215 51616, 21564429, Fax: 21554606, info@mobydivesgozo.com, www.mobydivesgozo. com.

●*Info:* PADI (5 Star IDC!), geöffnet ganzjährig Mo–So 8:30–19 Uhr, verfügt über einen Shop, führt Scubapro, Mares, Oceanic (für alle auch Reparaturen).

●*Tauchen:* ca. vor allem Gozo, Comino und Malta auf Anfrage, Gruppengröße: 1–6 Taucher.

●*Spezielle Kurse:* Tauchen für Behinderte (speziell ausgebildet/HSA& IHAD, Lm 130),

Tauchen für Senioren, Marinbiologische Kurse, Tauchen für Jugendliche ab 14 Jahre, Nitroxtauchen, PADI-Spezialbrevets (ab Lm 25).

●*Sonstiges:* Ausbildung auch auf Deutsch u. Niederländisch, 40 komplette Ausrüstungen (Scubapro, Aquapro), direkter Hotelanschluss *(Ulysses Village)* – aber auch Tagesgäste willkommen, auch Apartmentvermittlung, bietet Transfer ab/zur Unterkunft, Reiseveranstalter: Jahn, Kreutzer, Feria, ActionSport, TUI (auch komplett mit Unterkunft buchbar), Basis verfügt über einen eigenen Pool, drei Klassenzimmer, legt großen Wert auf „Buddykompatibilität", arrangiert tauchmedizinische Untersuchung.

Tauchschule auf Comino

Tony's Diver Services Comino

●*Hotel Comino,* Comino, Tel: 215298219, 21315611, Fax: 21529826, 21315611, cominohtl@digigate.net.

●*Info:* PADI, CMAS, geöffnet März bis November (ab 9 Uhr), verfügt über einen Shop, führt Scubapro, Mares, Technisub (für alle auch Reparaturen).

●*Tauchen:* ca. 25 Tauchplätze um Comino, seltener auch Malta (Čirkewwa), sicherlich die beste Möglichkeit, die Spots um Comino kennen zu lernen, da die meisten anderen Schulen lediglich die Höhepunkte (Comino Caves und Iriequa/Lantern Point anfahren),

Schriftbarsch

351-M Fotex: wl

maximale Gruppengröße: 1–8 Taucher, kleinere Gruppen bei Ausbildung.

● **Spezielle Kurse:** Tauchen für Senioren. Alle PADI-Brevets.

● **Sonstiges:** Ausbildung auch auf Deutsch, direkter Hotelanschluss (Comino Hotel, Nautico Hotel), auch Schnorchelausflüge werden organisiert (Lm 3/Person), basiseigene Tauchboote, Transfers zum/vom Flughafen, in der Regel ist *Tony's* vor allem den Gästen der Hotels vorbehalten, mit telefonischer Voranmeldung sind aber auch Tagesgäste willkommen.

Die Auflistung von Tauchschulen erfolgte aufgrund von persönlichen Erfahrungen mit den langjährig ansässigen Basen und erhebt keinerlei Anspruch auf Vollständigkeit! Die Preisangaben verstehen sich als Anhaltspunkt.
● **Buchtipp:** „Tauchen in warmen Gewässern", erschienen in der Reihe Praxis im REISE KNOW-HOW Verlag.

Blue Waters Dive Cove

Kuncizjoni St, Qala, Tel: 21565626, info@dive bluewaters.com, www.divebluewaters.com.
● **Info:** Ganz neue Basis auf Gozo (PADI, CMAS), die sich ausschließlich auf gozitanische Tauchspots spezialisiert. Kurse auf Englisch.

Morgendliches Auslaufen zu den Spots

Anhang

Kleines Malta-Glossar

Auberge — Sitz einer Landsmannschaft des Johanniter-Ordens.

Bailli (Bailif) — Oberster Verwaltungsbeamter einer Zunge (Landsmannschaft).

Bastion — Besonders verstärkter und schiffsbugförmig hervorstehender Teil einer Festung, von dem aus die Angreifer nach allen Seiten bekämpft werden konnten.

Bronzezeit — Zeit um 2000–1000 v. Chr.

Cavalier — Vorstehender und erhöhter Teil einer Festung, meist als Plattform für Kanonen oder als Beobachtungsstelle gedacht.

Curtain — (s. Kurtine)

Dekret — (päpstlicher) Erlass, Anordnung

endemisch — Durch die natürliche Lage (z.B. Insel) nur an einem Platz der Erde vorkommend.

Fra — Ordensbruder (von lat.: *Frater* = Bruder)

Großmeister — Oberster Führer der Johanniter, im 18. Jh. mit zunehmend absolutistischen Zügen.

Katakomben — Frühchristliche, unterirdische Begräbnisstätte mit Kammern und Grabnischen.

Kurtine — Festungsmauer zwischen zwei Bastionen.

Monolith — Einzeln stehender, großer Stein, auf Malta bis zu 50 Tonnen schwer.

Neolithikum — Jungsteinzeit, auf Malta bezogen, von etwa 5500–2500 v. Chr.

Orthostat — Senkrechter Steinquader als architektonische Stütze von kirchlichen oder weltlichen Bauten.

Pilar (Pilier) — Höchster Würdenträger einer einzelnen Zunge, quasi ein „Großmeister" innerhalb der Landsmannschaft.

Sacra Infermeria — Spitäler des Johanniterordens auf Malta.

Sarkophag — Steinerner oder tönerner Sarg mit Verzierungen.

Torba — Gemahlener Globigerinenkalk mit Wasser angerührt, wird fest wie Zement und wurde in Steinzeittempeln für den Boden benutzt.

Trilith　　　Jungsteinzeitliches Portal oder Altar, bestehend aus drei großen Steinen (griech.: tri = drei, lithos = Stein), von denen zwei senkrecht stehen und mit dem dritten waagerecht bedeckt werden.

Università　　Vereinigung des lokalen maltesischen Adels (1397–1819) als Fortsetzung des seit den Normannen existierenden *Consiglio Populare* (Rates). Zunächst mit hoher Autonomie in der inneren Selbstverwaltung, die unter den Johannitern zunehmend beschnitten wurde und sich im 18. Jh. auf rein logistische Funktionen (Lebensmittel- und Getreidehandel) beschränkte.

Vedette　　　Posten, Ausguck

Zunge　　　Im Gegensatz zum Deutschen bedeutet der Begriff „Zunge" in vielen anderen Sprachen auch „Sprache", was bezüglich der Ordenszungen eigentlich die bessere Bezeichnung wäre. Gemeint sind Sprach- und Kulturgemeinschaften („Landsmannschaften") innerhalb des Johanniterordens, die als jeweils eine gemeinsame Zunge einen eigenen Sitz (Herberge, frz.: *Auberge*) hatten.

Kurzbiographien

Adami, Dr. Edward Fenech　　Präsident der Republik, *1934, ausgebildet am Jesuitenkolleg der Universität von Malta in Wirtschaft, Klassizistik und Rechtswissenschaften. Adami zog 1969 erstmals in das maltesische Abgeordnetenhaus ein und wurde 1987 zum Regierungschef (Premier) ernannt. Diese Funktion übt er, unterbrochen nur vom kurzzeitigen Wahlsieg der MLP (Sant, 1996–98) bis heute aus. In seine Verantwortung fielen wesentliche strukturelle Änderungen in Malta wie die Privatisierung von Staatsmonopolen (Telekom, Bankenwesen), EU-Integration oder die Einführung der Mehrwertsteuer. Fenech Adami ist verheiratet und Vater von fünf Kindern.

Attard, Giovanni　　Maltesischer Architekt und Steinmetz (1570–1636), von A. de Wignacourt mit dem Bau des Wignacourt-Aquäduktes beauftragt; am Bau der Kirche Madonna tal-Għar (Rabat) und der Kirche Sta. Maria (Attard) beteiligt.

Barbara, Giovanni　　Maltesischer Architekt (1642–1728), Analphabet bis ins hohe Alter. Baute die Pfarrkirche von Lija.

Ball, Alexander　　Kommandeur der britischen Truppen (Flotte), die 1800 zusammen mit der maltesischen Bevölkerung die Franzosen aus Malta vertreiben konnten. A. Ball wurde anschließend erster Gouverneur der Briten in Malta.

Barry, Edwar　　Britischer Stararchitekt adeliger Herkunft (1830–1880). Baute u.a. die königliche Oper in Italien, den New Palace/Westminster und in Valletta das Royal Opera House.

Belli, Andrea　　Maltesischer Baumeister (1703–1772), der insbesondere von der österreichischen und deutschen Architektur beeinflusst wurde. Wichtigste

Bauwerke in Malta sind die Augustinerkirche in Rabat, der Bischofspalast sowie das nationale Kunstmuseum (beide Valletta).

Bonavia, Giovanni

Lokalarchitekt in Żabbar (1671–1730), verantwortlich u.a. für den Bau der Kirche Our Lady of Graces, Żabbar. Nicht zu verwechseln mit seinem Namensvetter *Guiseppe Bonavia*.

Bonavia, Giuseppe

G. Bonavia (1821–1885) stammte aus Valletta und baute die St. Andrew Church, Valletta, renovierte bzw. erweiterte u.a. die Karmeliterkirche von Valletta und die Kirche Stella Maris, Sliema.

Bonnici, Giuseppe

Architekt und hoher Verwaltungsbeamter in der Stadtplanung (1707–1779). Baute u.a. 1774 das Zollhaus sowie die St. Augustine Church (ab 1765), beide Valletta.

Borg, Dr. Joe

Außenminister, Mitglied der regierenden NP, *1952, promovierter Jurist (Spezialist für EG-Recht), starker Verfechter des maltesischen EU-Beitritts. Im Außenamt Nachfolger des derzeitigen Präsidenten de Marco seit April 1999. Er ist verheiratet und hat zwei Kinder.

Buonamici, Francesco

Italienischer Baumeister (1596–1677), der als Assistent von P. P. Floriani den Barock nach Malta brachte. Zu seinen Hauptwerken zählen der Inquisitorenpalast, Vittoriosa, die St. Nicholas Kirche, Valletta, sowie die St. Paul's Kirche, Rabat.

Cachia, Antonio

Eigentlich zuständig für die Leitung des Opernhauses, Valletta, beschäftigte sich Cachia (ca. 1745–1815) auch mit der Architektur. Er soll u.a. am Bau der Nationalbibliothek (Valletta), St. Augustine (Valletta) und den Argotti Gardens beteiligt gewesen sein.

Cachia, Domenico

D. Cachia (1690–1761) leitete das Manoel-Theater, Valletta, und war angeblich am Bau des Selmun Palace bei Mellieħa, sowie von St. Helena, Birkirkara, maßgeblich beteiligt.

Cachia, Michele

M. Cachia (1760–1839) nahm am Aufstand gegen die Franzosen von 1800 teil und reiste anschließend als einer der Vertreter Maltas nach England. Nach Großvater Nunziato und Vater Giovanni schloss er die Arbeiten an der Pfarrkirche von Żejtun ab. Sein bekanntestes Bauwerk ist die Kapelle Tal-Providenza bei Siġġiewi.

Caravaggio, Michelangelo Merisi da

Caravaggio (1573–1610), ein genialer Maler aus der Lombardei, kam 1606 nach Malta, wo er nach einjähriger Schaffensperiode zum Ehrenritter geschlagen wurde (Anmerkung: zahlreiche ausländische Künstler ohne konkreten Auftrag kamen nach Malta, arbeiteten umsonst, um dann zum Ritter geschlagen zu werden). Caravaggio schuf hier u.a. die berühmte Enthauptung des Apostel und endlos viele Portraits diverser Ordensritter. Nach einem heftigen Streit mit einem Ordensritter wurde er 1608 ausgestoßen und floh nach Palermo, wo Häscher des auf Blutrache sinnenden Ordens ihn 1609 stellten und so schwer verletzten, dass er an den Folgen der Verwundung 1610 starb.

Cassar, Gerolamo

Maltesischer Militärarchitekt (1520–1592) aus Gudja, der unter dem Italiener Laparelli an der äußeren Festung Vallettas mitarbeitete und nach der Heimreise Laparellis u.a. federführend beim Bau von sieben der acht Ordensherbergen, dem Großmeisterpalast, der Konventskirche St. John (alle Valletta), der Augustinerkirche von Rabat sowie dem Verdala Palace bei Rabat war. Cassars Bauwerke zeichnen sich stets durch verteidigungsbezogenen Charakter aus, den er außer von Laparelli auch bei diversen Festungsarchitekten in Italien erlernt hatte.

Cassar, Vittorio

Sohn von Gerolamo und Ordensmitglied in der Zunge der Provence (1550–1607). Folgte seinem Vater als Ordensarchitekt und baute zahlreiche Wachtürme auf den maltesischen Inseln, u.a. Comino-Tower. Zu seinen bedeutendsten Sakralbauten gehören die Kirchen Sta. Maria (Attard), Sta. Maria (Birkirkara) und Our Lady of Victory (Naxxar).

Damato, Guże

Damato (1886–1963), geboren in Tunesien, kam erst im Alter von 19 Jahren nach Malta, wo er im Handel tätig war. In Neapel hatte er Architektur studiert, ein Fach, dem seine ganze Hingabe galt. Für seine Werke nahm er niemals Geld an und half so insbesondere kleineren Gemeinden zu wahren Meisterbauten. Er errichtete u.a. die Pfarrkirche von Pawla, sowie sein Meisterwerk, die Rotunda von Xewkija, Gozo.

Dingli, Tommaso

Steinmetz und Architekt aus Attard (1591–1666). War an vielen bedeutenden Kirchen maßgeblich beteiligt, u.a. St. Phillip (Żebbuġ) und Sta. Maria (Birkirkara). Sein bedeutendstes Werk war die Gestaltung der Sakristei der Kathedrale von Mdina.

Dobbie, William

Generalleutnant, verantwortlicher Gouverneur Britanniens auf Malta während des 2. Weltkrieges. Protestant und Schotte mit eisenhartem Durchhaltewillen. Bei den Maltesern äußerst beliebt.

Floriani, Pietro Paolo

Berühmter italienischer Festungsbaumeister (1585–1638), der u.a. die Festungen von Tunis, Algier und Innsbruck baute. 1635 wurde er von Papst Urban VII zum Bau der „Vorfestung" Vallettas, dem nach ihm benannten Floriana, nach Malta entsandt.

Gafà, Lorenzo

Berühmtester Barockarchitekt Maltas aus Vittoriosa (1639–1703), wo er auch sein ganzes Leben verbrachte. Er war u.a. verantwortlich für die St. Paul Shipwreck Church (Valletta) und die Karmeliterkirche von Mdina. Zumindest maßgeblich beteiligt an Planung und Bau war Gafà an zahllosen Bauten Maltas, u.a. St. Lawrenz (Vittoriosa), St. Nicholas (Siġġiewi), der Kathedrale von Mdina oder Our Lady of Victory, Valletta.

Grongnet, Giorgio

Italo-Franzose mit breiten Kenntnissen in Archäologie, Wissenschaft und Architektur (1774–1862). Er galt als Exzentriker, der stets seine Größe zu dokumentieren versuchte. Grongnet schloss sich der napoleonischen Armee an und war nach der Rückkehr aus Ägypten von der Idee besessen, sein Lebenswerk architektonisch zu krönen. Daher bot er sich für den Auftrag der Rotunda von Mostar an. Entgegen allen herkömmlichen Methoden schuf er eine gigantische, freitragende Kuppel, was ihm einigen Ruhm und eine Dauerrente durch den Prince of Wales einbrachte.

Laparelli da Cortona, Francesco

Laparelli da Cortona (1521–1570) stammt aus einer Adelsfamilie aus Cortona, Italien, tat zunächst 1545 als Soldat Dienst und baute anschließend in Rom Befestigungen in päpstlichem Auftrag. 1665, nach Ende der großen Belagerung, entsandte Papst Pius IV Laparelli nach Malta, um den Bau der neuen Bastionsstadt Valletta zu leiten. Er bildete auch Gerolamo Cassar aus, der nach der Rückkehr Laparellis nach Rom 1568 zahlreiche Bauten Vallettas nach den Konzepten Laparellis errichtete.

Marco, Prof. Guido de

Guido de Marco (*1931) war bis April 2004 Präsident der Republik Malta. Nach dem Wahlsieg der MNP 1998 war er es, der den Beitrittsantrag Maltas zur EU neu präsentierte (was er schon 1990 als Außenminister getan hatte, durch den zwischenzeitlichen Regierungswechsel unter dem EU-Gegner Sant war der Antrag aber eingefroren worden). Von Haus aus promovierter Jurist, war er lange Jahre als Innen- und Justizminister tätig, spezialisierte sich dabei auf internationale Menschen- und Polizeirechte, insbesondere im Zusammenhang mit der EU-Harmonisierung. Internationaler Höhepunkt seiner Laufbahn war die Präsidentschaft der UN-Generalversammlung 1990–96. De Marco ist verheiratet und Vater dreier Kinder.

Preti, Mattia

Preti (1613–1699) stammt aus dem kalabrischen Taverna und gilt als Schlüsselfigur für die sakrale Malerei auf Malta im Übergang vom Hoch- zum Spätbarock. Ab 1661 schuf er zahlreiche Innendekorationen und Malereien in den Kirchen Maltas, sein bedeutendstes Werk war die Innengestaltung der St. John´s Co-Cathedral. Bemerkenswert hier sowohl das Titularbild Johannes des Täufers, als auch die architektonischen Umgestaltungen, welche Cassars Wehrcharakter mit geringen Änderungen in den Hintergrund treten ließen.

Sant, Dr. Alfred

Sant (*1948) ist Oppositionsführer der MLP, Diplom-Physiker und -Mathematiker, promoviert in Wirtschaft- und Administration in Cambridge. Publiziert literarische und Bühnenwerke. Seit 1992 Parteichef der MLP, 1996-98 Premierminister. Tritt für einen maltesischen Sonderweg als Schaltstelle im Mittelmeer ein.

Sciortino, Antonio

Bekanntester moderner maltesischer Künstler und Bildhauer (1879–1947). Sciortino, dessen Werke Merkmale des Expressionismus wie auch des Naturalismus tragen, schuf unter anderem das Monument am Great Siege Square sowie die Statue des Lord Strickland und die Bronzegruppe „Les Gavroches" (Gassenkinder), beide in den Upper Baracca Gardens.

Vassallo, Andrea

Der gelernte Steinmetz (1856–1928) diente unter den Engländern in der Verwaltung und beschäftigte sich zunächst rein privat mit Architektur. Erst 1907 wurde Vassallo von den Engländern als Architekt offiziell anerkannt. Neben zahlreichen Restaurationen – u.a. der Dom von St. Nicholas in Siġġiewi stammt von Vassallo – machte er sich mit dem Bau der Wallfahrtskirche Ta Pinu (Gozo) einen Namen.

Zammit, Nicola

Zammit (1815–1899) stammt aus Siġġiewi und war eigentlich Mediziner, Professor der Philosophie und Schriftsteller. Nachdem er 1856 zum Chef der Wasserwerke ernannt worden war, wurde er auch mit der Restauration und Neugestaltung einiger alter Kirchenfassaden betraut, u.a. bei den Pfarrkirchen von Floriana, Siġġiewi und Żurrieq, sowie der St. Paul's Shipwreck Church, Valletta.

Anhang

Literaturtipps

Zu Malta als traditionellem Reiseland dominiert zumindest in deutscher Sprache die Reiseliteratur, allenfalls sind noch Werke zur maltesischen Geschichte (Schwerpunkt Johanniter) zu finden. Hier eine kleine Auswahl an deutsch- und englischsprachiger Literatur zu verschiedensten Themengebieten:

- *Balbi, Francisco & Bradford, Ernle:* **The Siege of Malta 1565.** Boydell & Brewer-Verlag, 2005. Englische Übersetzung des spanischen Originals von 1568 zur detaillierten Beschreibung der Vorgänge der großen Belagerung von 1565. Vorrangig für Historiker von Interesse.
- *Bradford, Ernle:* **Johanniter und Malteser.** Universitas-Verlag, 2006. Der britische Malta-Spezialist Ernle Bradford dokumentiert zahllose Veröffentlichungen zur großen Belagerung, Malta im 2. Weltkrieg und dem Johanniterorden und beschreibt die Herkunft und Geschichte des Ordens in aller Ausführlichkeit. Das Buch basiert auf Bradfords „Mit Kreuz und Schwert" (1972), welches im Ullstein Verlag 1995 übersetzt und als Taschenbuch herausgegeben wurde (vergriffen).
- *Bradford, Ernle:* **Siege of Malta 1940–1942.** Pen & Sword Books-Verlag, 2003. Der bekannte Malta-Spezialist beschreibt die Ereignisse um das Archipel während des 2. Weltkrieges (in Englisch).
- *Caruana, Claudia:* **Taste of Malta.** Hippocrene-Verlag (GB), 2006. Beste Sammlung traditioneller maltesischer Kochrezepte (in Englisch) einschließlich einer Einführung in die maltesiche Geschichte sowie der Enstehungsgeschichte der maltesischen Kochkunst.
- *Demurger, Prof. Dr. Alain:* **Die Ritter des Herrn.** München, 2003. Der Spezialist für mittelalterliche Geschichte der Pariser Universität Sorbonne beschreibt die Geschichte der geistlichen Ritterorden, insbesondere der maltesischen Johanniter in Abgrenzung zu Deutschorden und Tempelritterorden.
- *Hohlbein, Wolfgang:* **Die Chronik der Unsterblichen – Der Gejagte.** Egmont-Verlagsgesellschaft, 2004. Tatsächlich spielt diese Teil der „Chroniken" des bekannten Romanautors auf Malta, wobei die Helden *Andrej* und *Abu Dun* dort einem „Unsterblichen" begegnen.
- *Kent, Alexander:* **Donner unter der Kimm – Admiral Bolitho und das Tribunal von Malta.** Ullstein-Verlag, 2005. Historischer Abenteuerroman aus der Frühzeit der Briten auf Malta. Kurzweilige und leichte Unterhaltung.
- *Mahoney, Leonard:* **5000 years in maltese Architecture.** Valletta, 1996. Beste und umfangreichste Gesamtdarstellung der Architekturgeschichte Maltas mit detaillierter Beschreibung aller größeren Bauwerke (in Englisch, in Malta erhältlich).
- *Middleton, Ned:* **The Maltese Islands.** Luqa 1997. Beschreibung der wichtigsten Tauchplätze der maltesichen Inseln mit Skizzen und Farbabbildungen; in deutscher Übersetzung beim Jahr-Verlag, Hamburg, erhältlich, ansonsten auch auf Malta.

HILFE!

Dieses Reisehandbuch ist gespickt mit unzähligen Adressen, Preisen, Tipps und Infos. Nur vor Ort kann überprüft werden, was noch stimmt, was sich verändert hat, ob Preise gestiegen oder gefallen sind, ob ein Hotel, ein Restaurant immer noch empfehlenswert ist oder nicht mehr, ob ein Ziel noch oder jetzt erreichbar ist, ob es eine lohnende Alternative gibt usw.

Unsere Autoren sind zwar stetig unterwegs und versuchen, alle zwei Jahre eine komplette Aktualisierung zu erstellen, aber auf die Mithilfe von Reisenden können sie nicht verzichten.

Darum: Schreiben Sie uns, was sich geändert hat, was besser sein könnte, was gestrichen bzw. ergänzt werden soll. Nur so bleibt dieses Buch immer aktuell und zuverlässig. Wenn sich die Infos direkt auf das Buch beziehen, würde die Seitenangabe uns die Arbeit sehr erleichtern. Gut verwertbare Informationen belohnt der Verlag mit einem Sprechführer Ihrer Wahl aus der über 200 Bände umfassenden Reihe „Kauderwelsch" (siehe unten).

Bitte schreiben Sie an:

REISE KNOW-HOW Verlag Peter Rump GmbH, Postfach 140666
D-33649 Bielefeld, oder per e-mail an: info@reise-know-how.de

Danke!

Kauderwelsch-Sprechführer –
sprechen und verstehen rund um den Globus

Afrikaans ● Albanisch ● Amerikanisch – *American Slang, More American Slang,* Amerikanisch oder Britisch? ● Amharisch ● Arabisch - Hocharabisch, für Ägypten, Algerien, Golfstaaten, Irak, Jemen, Marokko, ● Palästina & Syrien, Sudan, Tunesien ● Armenisch ● *Bairisch* ● Balinesisch ● Baskisch ● Bengali ● *Berlinerisch* ● Brasilianisch ● Bulgarisch ● Burmesisch ● Cebuano ● Chinesisch - Hochchinesisch, kulinarisch ● Dänisch ● Deutsch - *Allemand, Almanca, Duits, German, Nemjetzkii, Tedesco* ● *Elsässisch* ● Englisch - *British Slang, Australian Slang, Canadian Slang, Neuseeland Slang,* für Australien, für Indien ● Färöisch ● Esperanto ● Estnisch ● Finnisch ● Französisch - kulinarisch, für den Senegal, für Tunesien, *Französisch Slang, Franko-Kanadisch* ● Galicisch ● Georgisch ● Griechisch ● Guarani ● Gujarati ● Hausa ● Hebräisch ● Hieroglyphisch ● Hindi ● Indonesisch ● Irisch-Gälisch ● Isländisch ● Italienisch - *Italienisch Slang,* für Opernfans, kulinarisch ● Japanisch ● Javanisch ● Jiddisch ● Kantonesisch ● Kasachisch ● Katalanisch ● Khmer ● Kirgisisch ● Kisuaheli ● Kinyarwanda ● *Kölsch* ● Koreanisch ● Kreol für Trinidad & Tobago ● Kroatisch ● Kurdisch ● Laotisch ● Lettisch ● Lëtzebuergesch ● Lingala ● Litauisch ● Madagassisch ● Mazedonisch ● Malaiisch ● Mallorquinisch ● Maltesisch ● Mandinka ● Marathi ● Modernes Latein ● Mongolisch ● Nepali ● Niederländisch - *Niederländisch Slang,* Flämisch ● Norwegisch ● Paschto ● Patois ● Persisch ● Pidgin-English ● *Plattdüütsch* ● Polnisch ● Portugiesisch ● Punjabi ● Quechua ● *Ruhrdeutsch* ● Rumänisch ● Russisch ● *Sächsisch* ● *Schwäbisch* ● Schwedisch ● *Schwiizertüütsch* ● *Scots* ● Serbisch ● Singhalesisch ● Sizilianisch ● Slowakisch ● Slowenisch ● Spanisch - *Spanisch Slang,* für Lateinamerika, für Argentinien, Chile, Costa Rica, Cuba, Dominikanische Republik, Ecuador, Guatemala, Honduras, Mexiko, Nicaragua, Panama, Peru, Venezuela, kulinarisch ● Tadschikisch ● Tagalog ● Tamil ● Tatarisch ● Thai ● Tibetisch ● Tschechisch ● Türkisch ● Twi ● Ukrainisch ● Ungarisch ● Urdu ● Usbekisch ● Vietnamesisch ● Walisisch ● Weißrussisch ● *Wienerisch* ● Wolof ● Xhosa

Die Reiseführer von Reise

Reisehandbücher
Urlaubshandbücher
Reisesachbücher
Rad & Bike

Algarve, Lissabon
Amrum
Amsterdam
Andalusien
Apulien
Athen
Auvergne,
  Cevennen

Barcelona
Berlin
Borkum
Bretagne
Budapest
Bulgarien
Burgund

City-Trips mit
  Billigfliegern
City-Trips mit
  Billigfliegern, Bd. 2
Cornwall
Costa Blanca
Costa Brava
Costa de la Luz
Costa del Sol
Costa Dorada

Dalmatien
Dänemarks
  Nordseeküste
Disneyland
  Resort Paris

Eifel
El Hierro
Elsass, Vogesen
England – Süden
Erste Hilfe unterwegs
Europa BikeBuch

Fahrrad-Weltführer
Fehmarn
Föhr
Formentera
Friaul, Venetien
Fuerteventura
Fußballstädte
  Deutschland 2006

Gardasee, Trentino
Golf von Neapel,
  Kampanien
Gomera
Gotland
Gran Canaria
Großbritannien

Hamburg
Helgoland
Hollands
  Nordseeinseln
Hollands Westküste
Holsteinische Schweiz

Ibiza, Formentera
Irland
Island
Istanbul
Istrien, Kvarner Bucht

Juist

Kalabrien, Basilikata
Katalonien
Köln
Korfu, Ionische Inseln
Korsika
Krakau
Kreta
Kreuzfahrtführer

Kroatien
Kroatien, Wohnmobil-
  Tourguide

Langeoog
Latium
La Palma
Lanzarote
Leipzig
Ligurien, Riviera
Litauen
London

Madeira
Madrid
Mallorca
Mallorca, Leben/Arbeiten
Mallorca, Wandern
Malta, Gozo
Mecklenb./Brandenb.:
  Wasserwandern
Mecklenburg-Vorp.
  Binnenland
Menorca
Montenegro
Motorradreisen
München

Norderney
Nordseeküste
  Niedersachsens
Nordseeküste
  Schleswig-Holstein
Nordseeinseln, Dt.
Nordspanien
Normandie
Norwegen

Ostfriesische Inseln
Ostseeküste
  Mecklenburg-Vorp.
Ostseeküste
  Schleswig-Holstein
Outdoor-Praxis

Paris
Polens Norden
Polens Süden
Prag

Provence
Provence, Templer
Provence, Wohnmobil-
  Tourguide
Pyrenäen

Rhodos
Rom
Rügen, Hiddensee
Ruhrgebiet
Rumänien, Moldau

Sächsische Schweiz
Salzburg
Sardinien
Sardinien, Wohnmobil-
  Tourguide
Schottland
Schwarzwald, südl.
Schweiz, Liechtenstein
Sizilien
Skandinavien – Norden
Slowakei
Slowenien, Triest
Spaniens
  Mittelmeerküste
Spiekeroog
St. Tropez
  und Umgebung
Südnorwegen, Lofoten
Südwestfrankreich
Sylt

Teneriffa
Tessin, Lago Maggiore
Thüringer Wald
Toscana
Tschechien

Umbrien
Usedom

Venedig

Wales
Warschau
Wien

Zypern

Know-How auf einen Blick

Edition RKH

Durchgedreht –
Sieben Jahre im Sattel
Eine Finca auf Mallorca
Geschichten aus dem
anderen Mallorca
Mallorca für Leib
und Seele
Rad ab!

Praxis

Aktiv Algarve
Aktiv Andalusien
Aktiv Dalmatien
Aktiv frz. Atlantikküste
Aktiv Gardasee
Aktiv Gran Canaria
Aktiv Istrien
Aktiv Katalonien
Aktiv Marokko
Aktiv Polen
Aktiv Slowenien
All inclusive?
Bordbuch Südeuropa
Canyoning
Clever buchen,
besser fliegen
Clever kuren
Drogen in Reiseländern
Feste Europas
Fliegen ohne Angst
Frau allein unterwegs
Fun u. Sport im Schnee
Geolog. Erscheinungen

Gesundheitsurlaub
in Dtl. Heilthermen
GPS f. Auto, Motorrad
GPS Outdoor
Handy global
Höhlen erkunden
Hund, Verreisen mit
Inline Skating
Inline-Skaten Bodensee
Internet für die Reise
Kanu-Handbuch
Kartenlesen
Kommunikation unterw.
Kreuzfahrt-Handbuch
Küstensegeln
Marathon-Guide
Deutschland
Mountainbiking
Mushing/Hundeschlitten
Nordkap Routen
Orientierung mit
Kompass und GPS
Paragliding-Handbuch
Pferdetrekking
Radreisen
Reisefotografie
Reisefotografie digital
Reisen und Schreiben
Reiserecht
Respektvoll reisen
Schutz vor Gewalt
und Kriminalität
Schwanger reisen
Selbstdiagnose
unterwegs
Sicherheit Meer
Sonne, Wind,
Reisewetter

Spaniens Fiestas
Sprachen lernen
Survival-Handbuch
Naturkatastrophen
Tauchen Kaltwasser
Tauchen Warmwasser
Trekking-Handbuch
Unterkunft/Mietwagen
Vulkane besteigen
Wandern im Watt
Wann wohin reisen?
Wein-Reiseführer
Deutschland
Wein-Reiseführer
Italien
Wein-Reiseführer
Toskana
Wildnis-Ausrüstung
Wildnis-Backpacking
Wildnis-Küche
Winterwandern
Wohnmobil-Ausrüstung
Wohnmobil-Reisen
Wracktauchen
Zahnersatz, Reiseziel

KulturSchock

Familenmanagement
im Ausland
Finnland
Frankreich
Islam
Leben in fremden
Kulturen
Polen
Rumänien
Russland
Spanien
Türkei
Ukraine
Ungarn

Anhang

Register

A
Adami, Dr. Edward Fenech 99, 369
Adapter 28
Aktivitäten 52
Alte Universität Valetta 136
An- und Rückreise 20
Anchor Bay 256, 343
Angeln 52
Ankunft 20, 21
Archbishop's Palace, Valetta 138
Archbishop's Palace, Mdina 226
Architektur 110, 116
Argotti Botanic Gardens 149
Attard 163, 164
Attard, Giovanni 369
Auberge d' Angleterre et Bavière 138
Auberge d' Aragon 138
Auberge de Castille 122
Auberge de France 120
Auberge de Provence 124
Ausflüge 22
Ausrüstung 23, 339
Ausspracheregeln 58
Azure Window 352

B
Baħar iċ Ċagħaq 285
Badebuchten 17
Badminton 56
Bahn 67
Bajja ir-Ramla 319
Balluta Bay 154
Balzan 163
Bauernhäuser, ehemalige 62
Behinderte 24
Bekleidung 23
Bevölkerung 106
Bildung 108
Birżebbuġa 199
Birkirkara 163
Bischofspalast 179
Blenheim Bomber 345
Blue Grotto 211

Blue Hole 352
Boffa-Memorial 121
Borġ in-Nadur 200
Borg, Dr. Joe 370
Bowling 52
Brauchtum 107
British Empire, The 96
Buġibba 14, 269
Burmarrad 276
Bus 67
Bushaltestellen 68
Buskett Forest Gardens 220
Buskett Gardens 219

C
Calypso Cave 319
Camping 62
Cart Ruts 220
Casa Inguanez, Mdina 229
Casa Testaferrata, Mdina 229
Citadel, Victoria 298
City Gate, Valetta 118
Clapham Junction 220
Comino 325
Cospicua 182
Cottonera 173

D
De Redin Bastion 227
Dekompressionskammer 39, 340
Delimara 193
Dingli Cliffs 221
Dingli, Tommaso 371
Dokumente 24
Dragunara Point 159
Dragut Point 153

E
Ein- und Ausreise- bestimmungen 24
Einkäufe 26
Eintrittspreise 46
Elektrizität 27
Englischunterricht 59
Essen 28
EU-Beitritt 100

F
Fähren 63
Fahrpläne, Busse 68
Fallschirmspringen 52
Feiertage 32, 34
Felsbadeplätze 55
Ferdinand von Hompesch 186
Fernsehen 47
Festas 32
Festivals 34
Feuerwerk 33
Filfla Island 212
Film 35, 109
Fischen 52
FKK 23
Floriana 147
Flug 20
Flughafentransfer 21
Flugpreise 20
Fort Benghisa 204
Fort Rinella 183
Fort St. Angelo 177
Fort St. Elmo 117, 141
Fort St. Michael 180
Foto 35
Fototipps 36
Frauen, Maltesische 107
Freedom Memorial 177
Fremdenverkehrsamt 39
Fremdsprachen 59
Fußball 52

G
Ġebel Ben Ġorġ 310
Geldangelegenheiten 35
Geldwechsel 35
Geographie 80
Gerichte, Maltesische 29
Geschichte 82, 116
Gesundheit 39
Getränke 31
Gewichte 46
Ġgantija 321
Għajn Tuffieħa 245
Għajn Tuffieħa Bay 247
Għajnsielem 291
Għammar 314
Għar Hazan 204

Għar Lapsi 216, 346
Għarb 312
Għargħur 285
Gharrequin Gate, Mdina 231
Glasbläserei 109
Globigerinenkalk 80
Glossar, Malta 368
Gnejna Bay 245
Golden Bay 246
Golf 53
Gozo 287
Great Siege Square 130
Großmeisterpalast, Valetta 132
Grotte Għar Ta Karolina 306
Grotten 334
Ġudja 207
Guesthouses 61
Gwardamanġa 150

H
Ħaġar Qim 84, 212
Ħal Far 204
Hamrun 166
Handel 103
Handy 60
Harpunieren 52, 338
Hastings Gardens 119
Health Centres 39
Helikopter 64
Herbergen der Zungen 178
Höchstgeschwindigkeit 66
Höhlen 334
Hompesch Arch 186
Hotels 61
Hygiene 39
Hypogäum 84, 167

I
Il Fortizza 153
Il Għadira 251
Indipendenzia 148
Industrie 103
Informationsstellen 39
Inland Sea 351
Inquisitorenpalast 175, 220
Internet 41

J
Johanniter, Die 83, 90, 92, 97
Jugendherbergen 62
Justizpalast, Valetta 130

K
Kalkara 183
Kapelle Ħal-Millieri 210
Kapelle St. Roque 228
Kapelle Tad Dawl 191
Karozzin 74
Karthager 86
Kathedralmuseum, Mdina 226
Kerċem 309
Kinder 42
Kirkop 207
Klima 43
Klöppeln 109
Kosten 45
Krankenhäuser 39
Kreditkarten 38
Küche, Maltesische 28
Kunst 109
Kurzaufenthalte 16
Kurzbiographien 369

L
Laferla Cross 219
Last-Minute-Flüge 20
Leihmotorrad 65
Leihwagen 15, 65
Lija 163, 166
Linksverkehr 66, 76
Lira Malti 35
Literaturtipps 373
Lower Barakka Gardens 138
Luqa International Airport 21, 207

M
Mġarr 243, 290
Maglio Gardens 148
Magna Mater 84
Main Gate, Mdina 224
Malta Experience 140

Malta Film Studios 109, 183
Malta Gouvernment Crafts Centre 124
Malteser Ritter-Orden 42
Malteserkreuz, Das 101
Malti 58
Manikata 247
Manoel Island 151
Manoel Theater 137
Marco, Prof. Guido de 372
Marfa Arch 343
Marfa Point 341
Marfa Reef 343
Marfa-Ridge 248
Maritime Museum 177
Marsa 167
Marsalforn 14, 315
Marsaskala 14, 185, 188
Marsaxlokk 195
Maße 46
Mdina 222
Mdina Dungeons 225
Mdina Experience 230
Medien 47
Meerwasser-Entsalzungs-anlagen 81
Mellieħa 253
Mentalität 107
Menüsprachführer 30
Mietwagen 15, 65
Mittelmeer, Das 330
Mnajdra 212, 215
Mobiltelefon 60
Mosta 277, 280
Mqabba 207
Msida 150
Mtarfa 241
Müll 105
Munxar 304
Musik 109

N
Nachtleben 47
Nadur 323
Napoleon 95
National Library 130
National Museum of Fine Arts 119
Nationalhymne 102

Nationalmuseum für
  Archäologie 124
Natur 80
Naxxar 283
Neolithikum, Das 83
Normannen 88, 179
Notfälle 48

O

Öffnungszeiten 38, 49
Oratorium St. Joseph's 176
Orientierung 49
Our Lady of Mount Carmel
  Church 137
Our Lady of Damascus 136
Our Lady of Pompej 196
Our Lady of Victory 180

P

Palazzo Falzon, Mdina 228
Palazzo Notabile, Mdina 228
Palazzo Parisio 122
Palazzo Santa Sofia, Mdina
  229
Palazzo Università 179
Pannendienst 66
Parasurfen 53
Parkplätze 66
Parteilokale 32, 279
Pastizzi 29
Paulus, Apostel 258
Pawla 167
Pflanzen 80
Phönizier 86
Pièta 150
Popeye Village 256, 343
Post 50
Prepaid-Karten 60
Pretty Bay 199

Q

Qala 324
Qawra 274
Qormi 166
Qrendi 208
Quallen 39

R

Rabat 222, 232
Rad fahren 53
Radio 47
RAF Memorial 148
Ramla Bay 320
Reisezeit 43, 45
Reiten 54
Religion 106
Republic Street, Valetta 118
Republic Street, Victoria 297
Ritterorden, Malteser 42
Römer 86
Rotunda Sta. Marija Assunta
  277
Royal Navy Spital 183
Royal Opera 120
Rozi 342

S

Sa Maison 150
Sa Maison Gardens 150
Salina Bay 275
San Girgor 187
San Lawrenz 310
San Pawl il-Baħar 260
Sandstrände 55
Sannat 293
Sant, Dr. Alfred 372
Schulpflicht 108
Schwimmen 55
Segeln 55
Senglea 179
Siġġiewi 217
Siesta 107
Sliema 14, 152
Souvenirs 26
Spinola Bay 158
Sport 52
Sprache 58
Sprachschulen 59
Squash 56
St. Barbara Church 121
St. Catherine Church 122
St. Catherine of Alexandria
  187
St. Filipo Garden 149
St. Francis Church 121
St. George's Basilika 301

St. George's Bay 196
St. James Church 124
St. John's Cavalier 119
St. John's Co-Cathedral 126
St. Julian's 14, 158
St. Julian's Tower 154
St. Lucian's Tower 196
St. Nicholas Church 217
St. Paul's Shipwreck Church
  131
St. Paul's Bay 14, 257
St. Paul's Catacombs 233
St. Paul's Cathedral, Mdina
  226
St. Paul's Grotto, Rabat 233
St. Paul's Island 259
St. Paul's Island Point 344
St. Thomas Tower 191
St. Thomas' Bay 193
Sta. Lucija 309
Sta. Marija 208
Staat 102
Staatsflagge 100
Staatswappen 101
Staufer 88
Stechmücken 39
Stella Maris Church 154
Straßenzustand 66
Studium 108
Surfen 55

T

Ta L'Isperanza 279
Ta Qali 282
Ta Xbiex 151
Ta'Ħaġrat-Tempel,
  Mġarr 244
Tal Providenza 218
Tankstellen 66
Tarxien 84, 167
Tarxien,
  Tempelanlagen von 171
Tas Silġ 193
Tauchen 56, 329
Tauchschulen 355, 356
Tauchspots 341, 348, 350
Tauchverbände 355
Tauchvorschriften 337
Taxi 74
Telefonieren 60

Anhang

Tennis 56
The „Three Cities" 173
The Great Siege 92
The Strand 152
Tierwelt 81
Tontaubenschießen 56
Torri iġ-Ġwarena 208
Touren 22
Tourismus 103, 104
Tourist Villages 61
Tourist-Service-System 63
Traditionelle Künste 109
Tretboote 56
Trinken 28
Trinkwasser 39
Tritonenbrunnen 147
Tunnel 334

U
Umwelt 105
Unterkunft 15, 61
Upper Barakka Gardens 123

V
Valletta 14, 115
Valletta Experience 136
Valletta-Rabat-Bahn 164
Verkehr 105
Verkehrsmittel 63
Verleihstellen 66
Versicherungen 76
Victoria 14, 294
Victoria Lines 241, 279
Victoria Gate 123
Vittoriosa 174
Vogeljagd 82
Vorwahlen 61

W
Währung 35
Wandern 56
Wandern,
    an der Ostküste 194
Wanderung,
    Rabat – Għajn Tuffieħa 238
Wanderung,

Xemxija – Mellieħa 261
Wanderung,
San Pawl – Ġebel Għawżara
    266
War Memorial 148
Wartime Experience 136
Wasser 81
Wasserscooter 56
Wassertemperatur 331
Wechselkurse 35
Wein, Maltesischer 31
Wied iż-Żurrieq 211, 347
Wignacourt Museum 235
Wignacourt Tower 149
Wignacourt-Aquädukt 164
Wind 44
Wirtschaft 103
Wracks 336
Wracktauchen 331

X
Xagħra 320
Xarolla Windmill 210
Xemxija 259, 291
Xgħajra 184
Xlendi 14, 304
Xlendi Cave 353
Xlendi Reef 353

Z
Żabbar 185
Żebbiegħ 243
Żebbuġ 218, 314
Zeitungen 47
Żejtun 186
Żurrieq 210
Zugvögel 82

Der Autor

Werner Lips betätigte sich nach dem Studium der Ostsprachen und Geschichte auf unterschiedliche Weise: vom Balkaneinsatz als Offizier über den Manager bei Markenunternehmen und Betriebsleiter in der Baunebenbranche bis hin zum Fachhochschuldozenten für Sprachen und Kulturwissenschaften. Als gefragter Experte im Bereich Osteuropa/Asien beriet er wiederholt Fernsehen (WDR, VOX, ZDF/Arte) und Behörden. Der Taucher, Motorradfahrer und Trekker ist seit vielen Jahren intensiv über und unter Wasser rund ums Mittelmeer unterwegs auf der Suche nach interessanten Reisezielen.

Malta fasziniert ihn wegen der beeindruckenden Unterwasserwelt und der zahlreichen historischen Stätten. Von Werner Lips sind im Reise Know-How Verlag u.a. Reisebücher zu Kroatien, Zypern und der Algarve erschienen.

Kartenverzeichnis

(Römische Ziffern beziehen sich auf den Kartenatlas)

Birżebbuġa.............................201
Comino..................Umschlag hinten
Cottonera ....XX/XXI
Ġgantija 322
Gozo..........................Umschlag vorn
Ħagar Qim..................................213
Hypogäum...................................169
Malta ....II/IX
Malta, Tauchspots I
Maltas Lage ....Umschlag
   im Mittelmeer .... hinten
Maltesische Inseln ..Umschl. hinten
Marsalforn 316
Marsaskala 190
Marsaxlokk..................................197
Mdina ....XXII/XXIII

Mellieħa 252
Mosta 278
Paceville ....XVIII/XIX
Rabat ....XXII/XXIII
Rabat, St. Paul's Katakomben....234
Sliema.....................................XVI/XVII
St. Pauls Bay................................262
St.Julian's, ...XVIII/XIX
Tarxien 171
Valletta ....XIV/XV
Valletta, Großmeisterpalast 133
Valletta, Großraum ....X/XI
Valletta, St. John's Co-Cathedral 127
Victoria (Rabat)...........................296
Xlendi 305

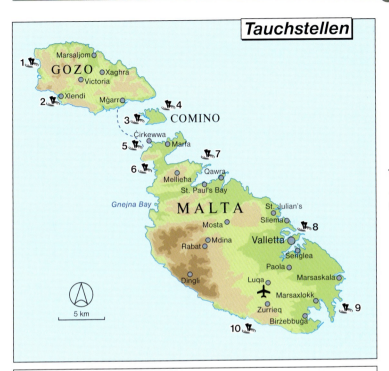

Tauchstellen

🌋	**1**	Dwejra & Fungus Rock (Inland Sea, Blue Hole, Azure Window)	🌋	**6** Anchor Bay/ Popeye Village
🌋	**2**	Xlendi	🌋	**7** St. Paul's Islands
🌋	**3**	Irqieqa Point (Comino Lighthouse)	🌋	**8** HMS Maori
🌋	**4**	St. Maria Caves	🌋	**9** Blenheim Bomber
🌋	**5**	Ċirkewwa/ Marfa	🌋	**10** Wied iz-Żurrieq & Għar Lapsi

Nordwestmalta

COMINO

Umschlag hinten

Comino

Gozo

Il-Fliegu Ta'Malta
(South Comino Channel)

Ahrax
Point

White Tower ★

White Tower Bay

Armier
Bay

Madonnenstatue ℹ
und Kapelle

Dahlet
ix-Xilep

Ramla
Bay

★ Felsbadeplatz

H 1

Marfa
Point
Ċirkewwa

Marfa Ridge

MITTELMEER

Paradise
Bay

H B
2

P

Mellieħa
Bay

Qawra Tower ★

Sel

Red Tower ★
Id-Dahar

H 3

Naturschutzgebiet

Il-Kortin ta'
Għajn Żejtuna

★ Ruinen

Il Ghadira

4 H

H 6

H 5

7 H

Ras il
Quammieħ

Mellieħa

Anchor
Bay

★
Sweethaven/
Popeye Village

Mellieħa Ridge

Is-Sim

Ghadira
Bay

Miżieb

L-Imbordi

★
Għain Snuber
Tower

Aquädukt

Aufforstung

Wardija Ridge

Manikata

In-Naħħalija

Għajn
Tuffieħa

8
H B

0   2 km

Golden
Bay

★ Għajn
Tuffieħa
Tower

★ Röm.
Thermalbad

A

Għajn
Tuffieħa Bay
Ras il Karraba

Mġarr

B

Gnejna Bay

Ta Ħaġ
Tempe

Kartenatlas

🏨 1	Ramla Bay Hotel	🏨 7	Selmun Palace
🏨 2	Paradise Bay Hotel	🏨 8	Golden Sands Hotel
Ⓑ	Bushalt. (45,48,645)		und zentr. Bushaltestelle
🏨 3	Mellieħa Bay Hotel	Ⓑ	
🏨 4	Mellieħa Holiday Centre	● 9	Farmer's Wine
🏨 5	Seabank Hotel	🏨 10	Coastline Hotel
🏨 6	Luna Hotel	🛒 11	Supermarkt und
			Fischfleischmarkt

Gozo (nur Ausflugsboote)

St.-Pauls-Inseln

ieplätze

★ St. Paul's Statue

Fort Campbell

Qawra Point

★ Qawra Tower

Sliema, Valletta (nur Ausflugsboote)

Qawra

Salina Bay

Ras il-Qrejten Tower ★

anc

Mistra Bay

St Paul's Bay

🏨 10

Müll-verbrennungs-platz

Buġibba

Salina

Salzpfannen

tra Village nplex

ii

Xemxija

St. Paul

Maghtab

★ Kennedy Memorial Grove

St Paul's Bay (San Pawl il-Baħar)

● 9

Tal Qarbuni ★

🛒 11

★ Tempel Tal Qadi

St. John's ii

Burmarrad

ii Alte Kapelle

ii San Pawl Milqi

Wied il-Ghasel

★ Cart Ruts

San Pawl tat-Torġa

ii

Wardija

ii Sta. Katarina

Ġebel Ghawzara

Victoria Lines

★ Messe

an Martin

ii Bidnija

★ Fort Mosta

Naxxar

ii Pfarrkirche

Ta'Saliba

Bidnija

Mosta

★ Skorba Tempel

Żebbieħ

Beżbeżija

D

🎵 VI

C

🎵 VII

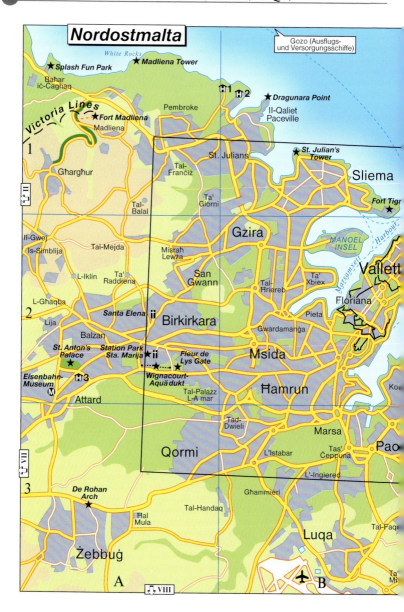

Nordostmalta

Gozo (Ausflugs- und Versorgungsschiffe)

White Rocks

★ Splash Fun Park

★ Madliena Tower

Baħar iċ-Ċagħaq

ᴴ1 ᴴ2

★ Dragunara Point

Il-Qaliet
Paceville

Victoria Lines

★ Fort Madliena

Pembroke

Madliena

Għargħur

St. Julians

★ St. Julian's Tower

Tal-Franċiż

Sliema

Ta' Giorni

Fort Tigr ★

Tal-Balal

Gzira

Il-Gwej

MANOEL INSEL

Is-Simblija

Tal-Mejda

Misraħ Lewża

Vallett

L-Iklin

Ta' Raddiena

San Gwann

Ta' Xbiex

Tal-Hriereb

Floriana

L-Għaqba

Santa Elena ii

Birkirkara

Pieta

Lija

Gwardamanġa

Balzan

St. Anton's Palace ★

Station Park Sta. Marija ★ ii

Fleur de Lys Gate

Msida

Eisenbahn-Museum Ⓜ

ᴴ3

Wignacourt-Aquädukt

Ħamrun

Attard

Tal-Palazz L-A mar

Tad-Dwieli

Marsa

Qormi

L'Istabar

Tas' Ċeppuna

Pao

L'-Ingiered

De Rohan Arch ★

Għammieri

Ħal Mula

Tal-Ħandaq

Luqa

Tal-Faq

Żebbuġ

A

♫ VIII

✈ B

🏨	**1**	Corinthia San Ġorg-Hotel
🏨	**2**	Radisson Bay Point Hotel
🏨	**3**	Corinthia Palace Hotel
★	**4**	Ta Grazzia, Hompesch-Büste
🏨	**5**	Hotel Jerma Palace

Sizilien, Italien

0   2 km

M I T T E L M E E R

Siehe Karte S. X

N-Afrika

kartenatlas

Fort Ricasoli

Fort Rinella *Filmstudios*

Rinella   Fort   Ras il
Santu Rokku   Ġebel

Birgu   Kalkara   Xgħajra   ★ *Ruinen*
Il-Kortin   Fort
San Leonardo

Il-Wileġ

englea   ★ **4**

ottonera   Żabbar   Żonqor
Żonqor
Cospicua   Point

M'scala Bay

Has-Sajd   Il-Bidni

Għajn Dwieli   **Marsaskala**   🏨 **5**
Tal-Liedna   ★ *Hompesch*
Arch   Il-Ħamrija
Tal Borg   Bulebel
Iż-Żgħir   Ta'Ciantar
Fgura

Tarxien   *St. Thomas Bay*

hinesischer
arten   ℹ️ **Żejtun**
Santa
Lucia   Tal-Munxar

Misraħ Strejnu

Għaxaq   Bir id-Diheb   ℹ️ *Tas Silġ*   ★ *Grabungsstätte*
Marsaxlokk   **D**
Ix-Xlejli   **C**   ♪ IX

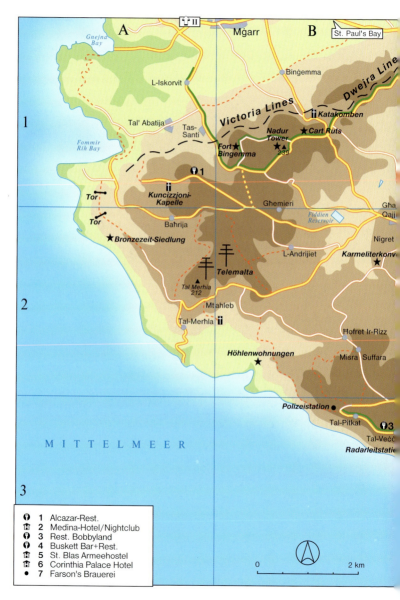

A

Mġarr

St. Paul's Bay

B

Gnejna Bay

L-Iskorvit

Binġemma

Dwejra Line

Tal' Abatija

Tas-Santi

Victoria Lines

ii Katakomben

1

Fomm ir Rih Bay

Fort ★ Bingemma

Nadur Tower ★

★ Cart Ruts

▲▲ 239

Ghemieri

Gha

Qajj

ii *Kuncizzjoni-Kapelle*

Tor

Tor

Bahrija

Fiddien Reservoir

★ *Bronzezeit-Siedlung*

L-Andrijiet

Nigret

Karmeliterkonv

★

Telemalta

▲ *Tal Merhla 212*

2

Mtahleb

Tal-Merhla ii

Hofret Ir-Rizz

Misra Suffara

Höhlenwohnungen ★

Polizeistation ●

Tal-Pitkat

3

Tal-Veċċ

Radarleitstatic

M I T T E L M E E R

3

1	Alcazar-Rest.
2	Medina-Hotel/Nightclub
3	Rest. Bobbyland
4	Buskett Bar+Rest.
5	St. Blas Armeehostel
6	Corinthia Palace Hotel
7	Farson's Brauerei

0   2 km

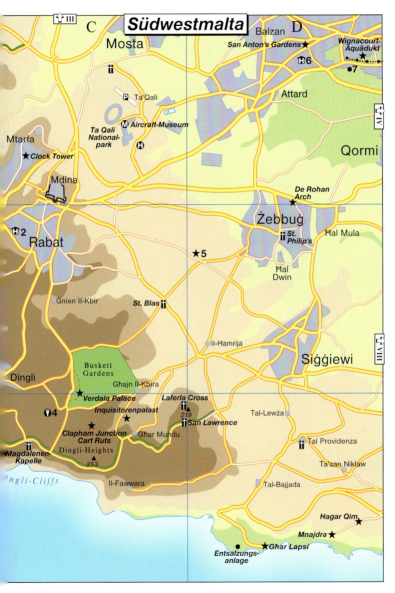

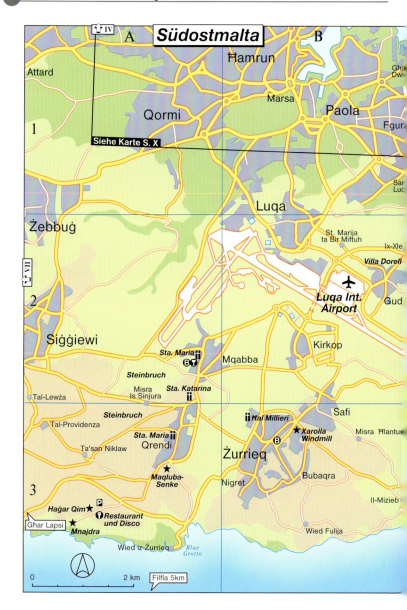

Südostmalta

A · B

Attard

Ħamrun

Marsa

Qormi

Paola

Fgura

1

Siehe Karte S. X

Żebbuġ

Luqa

St. Marija
ta Bir Miftuħ

Ix-Xle

Villa Dorell

✈
Luqa Int.
Airport

Gud

2

Siġġiewi

Kirkop

Sta. Maria
B

Mqabba

Steinbruch

Misra
Is Sinjura

Sta. Katarina

Tal-Lewża

Ħal Millieri

Safi

Steinbruch

Tal-Providenza

Sta. Maria
Qrendi

★Xarolla
Windmill

Misra Ħlantun

Ta'san Niklaw

Żurrieq

B

★
Maqluba-
Senke

Nigret

Bubaqra

Il-Miżieb

3

Ħaġar Qim ★ P

Ghar Lapsi

Restaurant
und Disco

★
Mnajdra

Wied Fulija

Wied iz-Żurrieq

Blue
Grotto

0

2 km

Filfla 5km

Żonqor

Ż C
🏴 V

Żabbar

Has-Sajd
Il-Bidni

Ta'Ciantar

Marsaskala

D

Marsaskala Bay

arxien

St. Thomas Bay

Sta. Katarina 🏛

Zejtun

Ⓑ

Tal-Munxar

*ehem.
Sendeanlage
Dt. Welle*
★

Misra Strejnu

🏛
Tas Silġ

Xrobb
il-Għagin

★
**Fort Tas Silġ
und Ausgrabungsstätte**

Marsaxlokk

Ghaxaq

Bur
Maghtab

Ⓘ *Għar Dalam*

Il-Qajjenza

Borġ in-
Nadur

*Peter's
Pool*

*St. George's
Bay*

*Marsaxlokk
Bucht*

Fort Delimara

★
**Delimara
Lighthouse**

*Slug's
Pool*

Birżebbuġa

*Pretty
Bay*

Free-
port I

*Freeport
II*

Hafenstraße

Kalafrana

Ħal Far

Benghisa

**Industriegeb. und
ehem. Flughafen**

★ **Fort Benghisa**

Ⓘ *Għar Ħasan*

M I T T E L M E E R

C **Großraum Valletta** D

Gozo (Fracht)

Sizilien, Italien

0   1 km

M I T T E L M E E R

Dragut
Point

St. Elmo
Point

Siehe S. XIV

★34

Ricasoli
Point

Fort Ricasoli

35 ★   ★36

Fort St. Rocco

Felsstrand

Nordafrika

Valletta

Rinella Creek

Rinella

Industriegebiet

Xghajra

Vittoriosa
(Birgu)

Siehe S. XXI

★37

Kalkara Creek

Kalkara

Il-Wileġ

Grand Harbour

★38

Dockyard Creek

Senglea

French Creek

Cospicua

Cottonera Lines

★39

Żabbar

M'skala

Docks

Il-Kortin

40 ⚓

Has-Sajd

Kordin

Werften und
Industrie

Ghajn Dwieli

★43

⚓44

Tal-Liedna

★41

★42

Buleben
Iż-Zghir

Ta'Ciantar

Tal Borg

aola

Fgura

46★   ★45

Tarxien

Il-Minżel

47

Żejtun

Kartenatlas

Legende zum Großraum Valletta

- ★ 1 Eisenbahn-Park
- ★ 2 Wignacourt-Aquädukt
- Ⓢ 3 HSBC Bank
- Ⓢ 4 Bank of Valetta
- ★ 5 Fleur de Lys Gate
- ● 6 Sta. Venera Tunnel
- ✚ 7 San-Raffael-Hospital
  - und Universität
- ● 8 Sun Yat Sen Tunnel
- ★ 9 St. Julian's Tower
- 🖪 10 Film/Fotoladen
- 🎧 11 Mr. Maxim's Pastizzi
  - und Dixie Fried Chicken
- 🎧 12 Bank of Valletta und Britannia Bar
- ● 13 Segelhafen-Verwaltung
- ★ 14 Wasservogel-Schutzgebiet
- ★ 15 Phönizische Glasbläserei
- ★ 16 Bombenlager
- ★ 17 Fort Manoel
- ⚓ 18 Segelclub
- 🏨 19 Grand Hotel Les Lapins
- 🖪 20 Supermarkt
- 🏨 21 Charlie's Guesthouse
- Ⓑ 22 Bushaltestelle und
- 🏨 Marina Palace Hotel
- ⚓ 23 Msida Segelclub
- 🏨 24 Helena Hotel
- ✚ 25 St. Luke's Hospital

- ★ 26 Sa Maison Frachthafen (Gozo)
  - und Küstenwache
- ★ 27 Sa Maison Gardens
- ★ 28 Argotti Botanic Gardens,
  - St. Filipo Gardens
- ⛪ 29 Kapuzinerkloster
- ⛪ 30 Sarria Church
- ★ und Wignacourt Gardens
- ⛪ 31 St. Publius Church
- ● 32 Fährhafen Italien/Nordafrika
- ★ 33 Tritonenbrunnen
- ★ 34 Fort San Elmo
- ★ 35 Fort Rinella
- ★ 36 Malta Film Studios
- ★ 37 Fort San Angelo
- ★ 38 Vedette
- ★ 39 Żabbar Gate
- ⛪ 40 Pfarrkirche Żabbar
- ★ 41 Hompesch Arch
- ★ 42 Playmobil-Park
- ★ 43 Kordin-Tempel (nur über Anmeldung
  - im Nationalmuseum zugänglich)
- ☪ 44 Moschee
- ★ 45 Tarxien-Tempel
- ★ 46 Hypogäum
- ★ 47 Adolorata Cemetery
- ● 48 Leichtathlethik-Stadion
- ★ 49 Pferderennbahn
- ● 50 Cricket-, Tennis- und Schwimmstadion

Legende zu Valletta

Sehenswertes

(Die Reihenfolge entspricht der Beschreibung im Kapitel Valletta)

- ★ 1 City Gate
- ❶ 2 Touristeninformation
- ★ 3 St. John's Cavalier
- ★ 4 Hastings Gardens
- ★ 5 St. James Cavalier
- Ⓜ 6 National Museum of Fine Arts
- ★ 7 Weltkriegsdenkmal
  - und Workers Memorial Building
- ⛪ 8 St. Augustine's Church
- ★ 9 Buttigieg-Francia Palace
- ★ 10 Ruinen des Royal Opera House
- ⛪ 11 St. Francis Church
- ⛪ 12 St. Barbara Church
- ⛪ 13 Kirche Our Lady of Victory
- ⛪ 14 St. Catherine Church
- ★ 15 Auberge de Castille, Leon et Portugal
- ★ 16 Palazzo Parisio

- ★ 17 Sacred Island Show
  - & Upper Barracca Gardens
- ★ 18 Victoria Gate
- ★ 19 Castellania
- ● 20 John Portell Travel Agent
- ⛪ 21 St. James Church
- ★ 22 Malta Gouvernment Crafts Centre
- Ⓜ 23 Auberge de Provence
  - (Archäologiemuseum)
- ⛪ 24 St. John's Co-Cathedral
- ★ 25 Great Siege Square und Denkmal
- ★ 26 Oberster Gerichtshof
  - (ehem. Auberge de Auvergne)
- ★ 27 Nationalbibliothek,
- ★ Great Siege
- ⛪ 28 St. Paul's Shipwreck Church
- 🖪 29 Markthalle

Legende zu Valletta (Fortsetzung)

★ 30 Großmeisterpalast
★ 31 Hauptwache
★ 32 Wartime Experience
und Civil Service Sports Centre
ii 33 Kirche Our Lady of Damascus
ii 34 Jesuitenkirche (alte Universität)
★ 35 Casa Rocca Piccola,
Ⓜ Toy (Spielzeug-) Museum
★ 36 Manoel-Theater
ii 37 Karmeliterkirche
ii 38 Anglikanische Kirche (St. Paul's)
★ 39 Auberge de Aragon
★ 40 Archbishop's Palace
★ 41 Auberge d'Angleterre et de Bavière
★ 42 Lower Baracca Gardens
★ 43 Siege Bell Memorial
★ 44 Sacra Infermeria,
Mediterranean Conference Centre
★ 45 Malta Experience
★ 46 St. Lazarus Bastion
● 47 Sliema-Fähre
★ 48 Fischmarkt, Boote nach Birgu
ii 49 Notre Dame de Liesse
★ 50 Old Customs House
★ 51 Lascaris War Rooms
★ 52 Tritonenbrunnen
★ 53 Independenzia Statue
★ 54 Royal Air Force Memorial
★ 55 War Memorial
★ 56 Lascaris Gardens
★ 57 Maglio Gardens
ii 58 St. Publius Church

Sonstiges

● 59 Passagierhafen (Sizilien, Nordafrika)
✚ 60 Paul Boffa Spital
Ⓢ 61 Central Bank of Malta
🄿 62 Parkhaus-Tiefgarage
Ⓑ 63 Zentraler Busbahnhof
● 64 Air Malta
★ 65 Pawlu Baffa Denkmal
★ 66 Manwell Dimech Denkmal
✉ 67 Hauptpost
★ 68 Gorg Borg Olivier Denkmal
🏨 69 Castille Hotel,
● MBC-Travel
❶ 70 Papagall Rest.
● und Britannica Reisebüro
🏨 71 Asti Guesthouse
🏨 72 British Hotel,
🏨 Grand Harbour Hotel
🏨 73 Midland Guesthouse und
❶ Bridge Bar

🍴 74 Agius Bäckerei
ii 75 Kirche Sta. Lucia
❶ 76 Still Alive Restaurant
★ 77 Arcades Hole
☕ 78 Café Marquee,
❶ Gambrinus Snackbar
☕ 79 Café La Veneziana
● 80 Schweizer Honorarkonsulat
❶ 81 Café Capri
Ⓢ 82 Bank of Valletta
🍴 83 Sapienzas Buchhandlung,
❶ McDonalds
❶ 84 Chick King Hühnerbraterei
(EC-Automat)
🄺 85 Citylight Kino
🍴 86 Buchhandlung
☕ 87 Jubilee Café, Il Kikkra Café
★ 88 National Art Gallery
🍴 89 Shopping Mall
☕ 90 Cafeteria da Lucia
❶ 91 Cocopazzo Restaurant
❶ 92 Scalini Rest.
🏨 93 Royal Guesthouse
🏨 94 Bonheur Guesthouse
❶❶ und Lantern Bar & Rest.
☕ 95 The Stable Coffee-Bar
❶ 96 Metropolis Pub
🏨 97 Osborne Hotel
🏨 98 Coronation Guesthouse
❶ 99 Royal British Legion Bar
❶100 Pizzeria Al Mare
❶101 Snackbars
●102 Super Travel Reisebüro
❶103 Café Cordina
❶104 The Pub
🍴105 Maltesische Handelskammer
●106 Dt.-Malt. Zirkel, Österr. Gen.konsul.
Ⓢ107 HSBC-Bank-Zentrale
❶108 Windsor Pub,
● Emirates Airlines
●109 Resort Reisebüro
ii 110 Our Lady of Pilar Kirche
❶ 111 Gun Post Snackbar
★112 Jew´s Gate (geschlossen)
V 113 Lebensmittel- und Weinhandel
Ⓜ 114 Kriegsmuseum
★115 Droschkenplatz
➤116 Police Academy
ii und Chapel of Bones-Ruinen
❶ 117 Boccia Bar
☕❶118 QE II Café & Pub

Kartenatlas

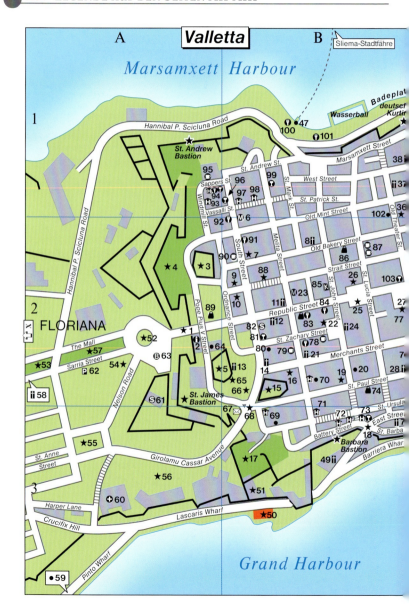

C — **D**

0 — 200 m

St. Sebastian Bastion

engl. Kurtine

110 ★ ⚲
West St.
111
41 ★
Bounty St.
St. Charles St.
112
Old Mint St.
Bull St.
113
Old Bakery Street
Fountain Street
108
Strait St.
St. Joseph Street
107
Republic St.
M 35
106
105
St. Frederick Street
33
30 104
Merchants Street
34
29
St. Paul Street
St. Ursula Street

St. Christopher St.
St. Dominic Street
St. Nicholas Street
Old Hospital Street
North Street
Spur St.
St. Elmo Granaries

Gregor-Bastion
Kurtine d. Toscana
Bastion der unbefl. Empfängnis
Gregor-Kurtine
Kurtine Sta. Scolastica
frz. Kurtine
M 114
Fort St. Elmo
siehe Vergrößerung
St. John Bastion
115
Kurtine Sta. Ubaldesca
116
46
44 ★ 45

MITTELMEER

Triq Metiterran
43
118 ⚲ 117
Sta Lucia-Kurtine
42
Christophorus-Bastion
Barriera Wharf
48

Fort St. Elmo

a Vandome Bastion
b Cavalier
c Denkmal für die Opfer des ersten Angriffs
d Leuchtturm (1766)
e Kaserne
f Piazza
g Kapelle
h Haupteingang
i Schießgelände
j Graben

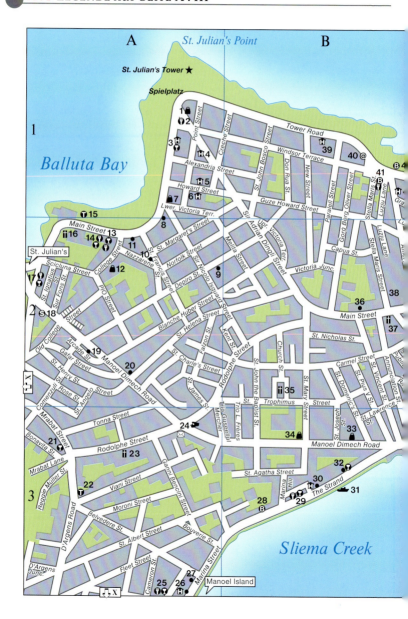

Sliema

C   D

0   200 m

MITTELMEER

Strandbad

44
Ⓢ
46 ⓞ   45
Sliema Point
...er St.
48
ⓞ 49
50
ar-id-Dud Street
Ghar-il-
Lembi St.
51
52
55
53
56 Ⓢ
● 54
Cathedral St.
57
58 ●   61
59   Qui-Si-Sana Place
Spielplatz
Tower Road
Tigne Street
Hughes Hallet St.
Thornton St.
Locker St.
Maciver St.
Dragut St.
62   Northeast
Diving Service
Bisazza St.
63   66
Fawwara Lane
64
St. Antony St.
Tigne Sea Front
★ 65
Pace Street
Tigne Terrace
St. Mary Street
Tigne Street
Dive Shack
Dive Systems
Sliema Wanderers
★
Fort Tigné
(Baustelle bis 2007)
★ Entsalzungs-
anlage
Valletta-Stadtfähre
Dragut Point

Legende zu Sliema

- ⌂ 1 Supermarkt
- ☎ 2 Cucina Italiana Restaurant
- 🏨 3 Adelaide Hotel
- ☎ Old Victoria Pub
- 🏨 4 Metropole Hotel
- 🏨 5 Trafalgar Guesthouse
- 🏨 6 Patricia Hotel
- ⌂ 7 Zeitungshandel
- ● 8 ATV Travel Agency
- ● 9 Baden Powell Knabeninternat
- ● 10 Windsor Car Rental
- ● 11 Budget Rent a car
- ⌂ 12 Mini-Markt
- ☎ 13 Plough & Anchor Bar,
- ☎ Snoopy's Restaurant
- ☎ 14 Rawhide Restaurant,
- ☎ Barney's Snackbar
- ⛽ 15 Tankstelle
- ⛪ 16 Karmeliterkloster
- ☎ 17 Scrupos Restaurant
- ☎ Zeppi's Bar
- 🏦 18 Bank of Valletta
- ● 19 Princess Car Hire
- ● 20 Sliema Wanderers Vereinslokal
- ☎ 21 Shutter Pub
- ⛽ 22 Tankstelle
- ⛪ 23 Trinity-Kapelle
- 🚓 24 Polizei,
- ✉ Post
- ☎☎25 Vince's Restaurant & Bar
- 🏨●26 Petit Paradis Hotel,
- ● St Paul's Car Rental
- ● 27 Tim Travel,
- ● Picko-PKW/Mopedverleih
- Ⓑ 28 Bushaltestelle
- ☎ 29 Krishna Restaurant,
- ☎ Black Gold Bar/Rest.
- 🏨 30 New Strand Pebbles GH,
- ● Captain Morgan Tours und Planet Travel
- 🚢 31 Sizilien-Ausflugsboote
- ● 32 Münzwaschmaschinen,
- ☎ Joker's Bar
- ⌂ 33 George's Souvenirs
- ⌂ 34 Digitone und Opcom Computerläden
- ⛪ 35 Our Lady of Sacred Heart
- ● 36 Wäscherei,
- ☎ Salisbury Arms Pub
- ⛪ 37 Stella Maris Church
- ⌂ 38 Nicholsons Supermarkt
- 🏨 39 Diplomat Hotel
- @ 40 Internetcafé
- ☎ 41 Ponte Vecchio Restaurant,
- Ⓑ Bushaltestelle
- Ⓑ 42 Bushaltestelle
- 🏨 43 Penthouse Guesthouse
- ● 44 Spanische Botschaft,
- Ⓢ Wechselstube
- 🏊 45 Freibad und Tauchschule Aquariggo
- ● 46 Swan Laundry,
- ☎ Marianna TexMex Restaurant
- Ⓢ 47 Lombard Bank
- 🏨 48 Preluna Hotel,
- ☎ Times Square Restaurant
- ☎ 49 Towers Café
- 🏨 50 Soleado Guesthouse
- 🏨 51 Hotel La Roma und Montana Steakhouse
- ● 52 Deutsche Botschaft,
- Ⓢ Thomas Cook Wechselstube
- ☎ 53 Maxman Pastizzi Takeaway
- ● 54 Town Square (in Bau)
- ⌂ 55 Supermarkt Tower
- Ⓢ 56 HSBC Bank und Bank of Valletta
- ● 56 English Language Academy
- ● 57 Inlingua Sprachschule
- ◒ 58 Café
- Ⓑ 60 Zentr. Busplatz
- ⌂ 61 The Plaza Shopping Mall
- ☎ 62 Lady D Pub
- ☎ 63 Ta'Kris Restaurant
- ☎ 64 Burger King
- ★ 65 Alte Entsalzungsanlage
- 🏨 66 Crown Plaza Hotel

Paceville/St. Julians

- 🏨🏊 1 San Ġorġ Korinthia Hotel und Tauchschule
- 🏨 2 Villa Rosa Hotel
- ★ 3 Kleiner Sandstrand
- 🏊 4 Cresta Bay Diving Centre
- 🏨 5 Hotel Bernard
- 🏨 6 Dragunara Hotel
- ★ 7 Dragunara Point Casino
- 🏊 8 Dragunara Reef Club Strandbad & Tauchsch.
- Ⓢ☎ 9 Bank of Valletta und Bamboo Bar.
- 🏨 10 Vivaldi Hotel
- 🏨 11 St. George's Park Hotel
- 🏨 12 St. Julian's Hotel
- ☎ 13 Best in Town Pub
- 🏨 14 Easy Rider und Going Places Aparthotel
- ☎ 15 Chick King
- ☎ 16 Peppermint Bar und Park Bar
- ☎ 17 Southern Fried Chicken
- ● 18 AXIS
- ☎ 19 Fuego Salsa-Bar
- ⌂ 20 Bay Street Arcade mit MacDonalds
- ☎ 21 Bar Native, Moskito Bar
- ☎ 22 Vodka Bar Cube, Pizza Take-away
- 🎞 23 Imax Filmcentre (Kino) und
- 🏨 Intercontinental Hotel
- ●◒ 24 Empire, Footloose
- ☎ 25 Burger King
- ✉ 26 Post
- ●Ⓢ 27 Telemalta, Wechselstube
- ● 28 Cpt. Morgan Kfz.

⊠	29	Post	
⌂	30	Mamo Flats	
⌂	31	Tropicana Hotel und Ferienwohnungen	
⌂❶	33	Navigator's Inn und Borgo Vecchio Rest.	
❶	32	Da Giuseppe Restaurant	
❶	34	The Zulu tribe	
❶❶	35	Stables Pub und La Maltija Restaurant	
⌂	36	Alexandra Palace Hotel	
♦	37	Arcadia Supermarkt	
⌂	38	Hotel Rokna und Zenith Bar	
❶	39	Elangues English Language School	
❶	40	Scotsman Bar & Restaurant,	
⑨		Bank of Valetta (EC)	
•❶	41	Orient Express und Sundown Restaurants	
⌂	42	Rafael Spinola Hotel	

⌂	43	Adams Guesthouse	
⌂❶	44	Dean Aparthotel, Anvil Pub	
⌂	45	President Hotel	
⌂❶	46	Alfonso Hotel & Restaurant	
⑨	47	HSBC-Bank	
★	48	Palazzo Spinola	
❶	49	Stefano's Restaurant	
❶	50	Dick's Bar	
❶	51	Pizza Hut	
•	52	Joe's Garage Car Hire	
➤•	53	Polizei, Laburista	
⑧	54	zentr. Bushaltestelle	
•	55	Med Sun Rent a Car	
♦	56	Tower Supermarket	
⚓	57	Dive Care Tauchschule	

Vittoriosa:

- ★ 1 Stadttor
- ★ 2 St. John's Kavalier
- ★ 3 Poste de France/Poste d'Aragon
- ⓘ 4 Annunciation Church
- ★ 5 Inquisitorenpalast
- ★ⓞ 6 Victory Square mit Café de Brasil und Pastizzeria-Pizzeria (Takeaway)
- ★Ⓜ 7 St.-Joseph-Oratorium/Museum
- ⓘ 8 Kirche San Lorenzo
- ★ 9 Freedom Memorial
- Ⓜ 10 Maritim-Museum
- ★ 11 Galley Harbour
- ★ 12 Fort St. Angelo
- ★ 13 Auberge d'Allemagne

- ★ 14 Auberge d'Angleterre
- ★ 15 Auberge d'Auvergne et Provence
- ★ 16 Auberge de France
- ★ 17 Auberge de Castille et de Portugal
- ★ 18 Auberge d'Italie
- ★ 19 Poste de Castille
- ⓞ 20 Ordensspital Sacra Infermeria
- ★ 21 Normannenhaus
- ★ 22 Palast des Erzbischofs
- ★ 23 Palazzo Università
- ●ⓘ 24 Mt.-Carmel-Schule mit Kapelle
- ★ 25 Haus der Kaplane
- ★ 26 Waffenkammer
- Ⓑ 27 zentrale Bushaltestelle (Richtung Valletta)

Cottonera (The Three Cities)

Zabbar

Triq il Kottonera

Cottonera Lines

Margarita

★ 38

★ 36

Triq Santa Margarita

★ 39

Lines

Triq San Nikola

Triq ir-Regatta

Triq l'Oratorja

★ 37

XI

lw ta' Filfla

ii 35

Triq Immakulata

Cospicua (Bormla)

★ 40

Triq San Pawl

Triq San Frangisk

Triq San Gwann

★ 41

Triq G'hajn Dwieli

Cottonera Lines

cks

Valletta ★ 42 XI

Kartenatlas

Senglea:
- ★ 28 Fort St. Michael
- ii 29 Pfarrkirche und Statue Our Lady of Victory
- ★ 30 Vedette (La Gardjola) und Safe Haven Garden
- 🏧🅱 31 Minimarkt, Bushaltestellen,
- ➤🆒 Polizei und Bank of Valletta
- 🎧 32 Queen's Own Band Club
- 🎧 33 Senglea Social Centre Bar
- ii 34 St. Philip's Chapel

Cospicua:
- ii 35 Pfarrkirche Immaculate Conception
- ★ 36 Sta. Margarita Bastion
- ★ 37 St. Helena Bastion
- ★ 38 Notre Dame Bastion
- ★ 39 St. Clement Bastion
- ★ 40 St. Nicholas Bastion
- ★ 41 St. John's Bastion
- ★ 42 St. Paul's Bastion

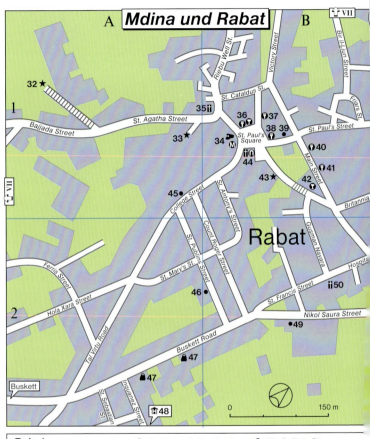

Mdina und Rabat

Rabat:

★ 32 St.-Agatha-Kirche und -Katakomben
★ 33 St. Paul's Katakomben
Ⓜ 34 Wignacourt Museum, Polizei
ⅱ 35 St. Paul's Kapelle
⓸❶36 Snackbars und Bars
❶ 37 Marabu Restaurant
❶ 38 Cosmana Navarra Restaurant
• 39 Kazin Partit Laburista
❶ 40 Camp Snackbar

❶ 41 Roman's Den Rest.
❶ 42 Silver Jubilee Bar
★ 43 St. Paul's Statue
ⅱ 44 St. Paul's Kirche mit Grotte
ⓘ
• 45 Grundschule
• 46 DeLuxe Jeep Hire
🔒 47 Vila Bijou und Herrenhäuser
🏨 48 Grand Hotel Verdala
• 49 ehem. Ordensspital Sacra Infermeria/ Altenheim
ⅱ 50 St.-Francis-Kirche

❶ 51 Café de Rio
ⅱ 52 St. Augustine
❶ 53 Windsor Castle Snackb
💲 54 Bank of Valetta
Ⓑ 55 zentr. Bushaltestelle am Saqqajja Square
⓸❶56 La Rondine Pizza, Saqqajja- und Black Cat Bar
🏨 57 Point de Vue Guesthou
💲 58 HSBC Bank
✉ 59 Post
Ⓞ 60 Straßencafés

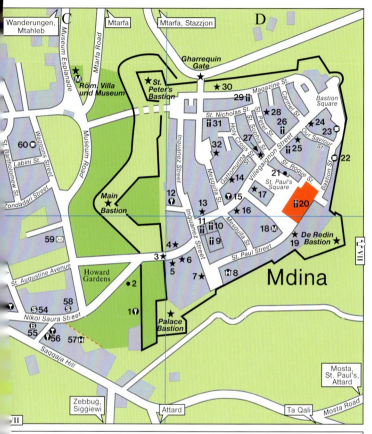

Mdina:

	1	Restaurant Il Vedutta	ii 10	St. Agatha's Chapel	○ 22	Fontanella Tea Garden
	2	Karozzin-Halteplatz, Spielplatz	ii 11	St.-Benedict-Klosterkapelle	○ 23	Cia Peppi's Tea Garden
	3	Main Gate	○ 12	Restaurant Bacchus	★ 24	Palazzo Falzon
	4	Torre dello Standardo	★ 13	Casa Inguanez	★ 25	Palazzo Notabile,
	5	Mdina Dungeons	★ 14	Palazzo Gatto Murina	ii	Kapelle St. Roque
	6	Vilhena Palace	○ 15	Café-Restaurant Medina	ii 26	Karmeliterkloster
	7	Corte Capitanale	★ 16	Casa Testaferrata	★ 27	Palazzo Santa Sofia
	8	Xara Palace Hotel/ Trattoria 1530	★ 17	Banca Giuratale	★ 28	Old Priory
	9	Benediktinerinnen-kloster	Ⓜ 18	Kathedralmuseum	ii 29	Kapelle St. Peter
			★ 19	Archbishop's Palace	★ 30	Casa Magazini
			ii 20	St. Paul's Cathedral	ii 31	Kapelle St. Nicholas
			• 21	Rathaus	★ 32	Mdina Experience

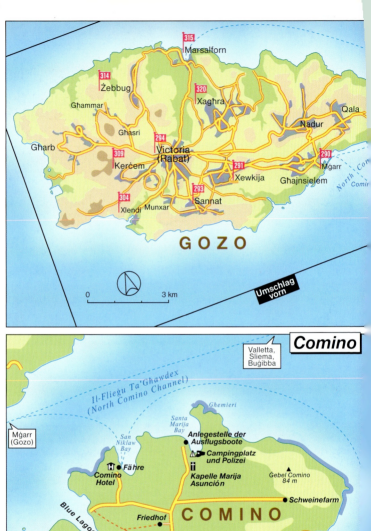

315 Marsalforn

314 Żebbug

Ghammar

320 Xaghra

Qala

Ghasri

Nadur

Gharb

294

Victoria
(Rabat)

309 Kerċem

291

290

Mġarr

Xewkija

Ghajnsielem

North Com
Comir

304

293

Sannat

Xlendi Munxar

G O Z O

0   3 km

Umschlag
vorn

Comino

Valletta,
Sliema,
Buġibba

Il-Fliegu Ta'Ghawdex
(North Comino Channel)

Ghemieri

Santa
Marija
Bay

Mġarr
(Gozo)

San
Niklaw
Bay

Anlegestelle der
Ausflugsboote

Campingplatz
und Polizei

Fähre

Comino
Hotel

Kapelle Marija
Asunción

Gebel Comino
84 m

Schweinefarm

Cominotto

Blue Lagoon

Friedhof

C O M I N O

Il-Fliegu Ta'Malta
(South Comino Channel)

ehem. Fort Sta.
Marija

Comino
Tower

Küsten-
wachstation

Zwillings-
höhle

Ras l-Irqieqa

Ċirkewwa

0   1 km

Ċirkewwa